W9-BIH-183

The Concise Red Book of SPANISH VERBS

Ronni L. Gordon, Ph.D. • David M. Stillman, Ph.D.

McGraw Hill

New York Chicago San Francisco Lisbon London Madrid Mexico City
Milan New Delhi San Juan Seoul Singapore Sydney Toronto

Para Mimi, Alex, Kathleen, y Juliana,
los soles de nuestro universo

1 2 3 4 5 6 7 8 9 10 11 12 13 14 15   QFR/QFR   1 9 8 7 6 5 4 3 2 1

ISBN   978-0-07-176104-8
MHID   0-07-176104-7

Library of Congress Cataloging-in-Publication Data

Gordon, Ronni L.
　　The concise red book of Spanish verbs / Ronni Gordon & David Stillman.
　　　　p.　　cm.
　　Includes index.
　　ISBN 978-0-07-176104-8 (alk. paper)

　　　1. Spanish language—Verb.　I. Stillman, David M.　II. Title.
　　PC4271.S85　　2011
　　468.2′421—dc22　　　　　　　　　　　　　　2011009485

McGraw-Hill books are available at special quantity discounts to use as premiums and sales promotions or for use in corporate training programs. To contact a representative, please e-mail us at bulksales@mcgraw-hill.com.

Bonus Practice Online!

This convenient application provides a 100-question diagnostic test that will pinpoint areas of strength and weakness to help your study. In addition, it includes more than 100 interactive exercises covering all key tenses, as well as audio recordings of sample conversations showing high-frequency verbs in use.

　　Go to **mhprofessional.com** to locate the Product Page for this book (shortcut: key 0071761047 into the Search panel), then click Launch to open the online practice application.

Contents

Preface

*It was the Verb that mixed the hands, it was the Verb that lacked
stability, it was the Verb that had no permanent opinion about
anything, it was the Verb that was always dodging the issue and
putting out the light and making all the trouble . . . I must catch
a Verb and tame it.*

MARK TWAIN

The Concise Red Book of Spanish Verbs sets a new standard for verb reference books by combining a traditional book format with the power of
the Internet to guide the learner toward mastery of the Spanish verb system. *The Concise Red Book of Spanish Verbs* is designed to provide beginning through advanced learners of Spanish with a far-reaching reference
and practice tool. It can be used successfully by independent learners, in
conjunction with any self-teaching program, as well as in a classroom
setting.

The Concise Red Book of Spanish Verbs contains a "Spanish Tense Pro-
files" section that provides comprehensive guidance on verb formation
and how to use the tenses of Spanish verbs correctly; 333 fully conjugated
verbs and more than 2,300 verbs cross-referenced in the index; the Top 30
Verbs selected for their high frequency; and productive examples that
make use of all tenses in the *Usage* sections. We have included hundreds of
examples in many fields in the *Usage* sections based on the contemporary
language written and spoken by educated Spanish speakers in Spanish-
speaking countries so that learners using *The Concise Red Book of Spanish
Verbs* are exposed to rich and expressive current, everyday Spanish. Thus,
learners are provided with numerous examples of idiomatic Spanish that
they can incorporate into their own repertoire.

Easy-to-read verb charts are essential for a verb reference book. The
333 charts in this book offer a highly accessible and manageable organi-
zation of verb tenses and paradigms, ensuring clarity and ease of use.
These tables are cross-referenced to the English-Spanish Verb Index,
Irregular Verb Form Index, and the extensive Spanish Verb Index at the
back of the book.

A unique and dynamic dimension to this book is the bonus online
component, featuring hundreds of oral exercises that will take you from
conjugation to conversation. The online application also includes con-
versational exchanges based on the *Usage* sections of the Top 30 Verbs
and are read by native speakers of Spanish, with pauses to allow you to

repeat. These *Mini-Diálogos—¡Vamos a conversar!* appear on screen with their English translations as they are read. An Audio Practice section, *¿Comprende Ud.?*, includes 100 oral multiple choice questions that are read by native speakers of Spanish. Immediate feedback is provided by means of a "correct/incorrect" screen that gives you the option of hearing the question again, seeing the question written out, or proceeding to the next question.

We have included another important and highly effective feature, *Listening for Key Contrasts—Los sonidos del español.* These listening drills target some of the key sound contrasts in the Spanish verb system. By learning to listen for subtle differences in spoken Spanish, learners improve their comprehension so that they can understand everyday speech.

The Concise Red Book of Spanish Verbs provides you with the information you need to conjugate and use any Spanish verb you may encounter. Mastering the Spanish verb system is the key first step to communicating with confidence. To that end, we recommend using our acclaimed texts, *The Ultimate Spanish Review and Practice with CD-ROM, Second Edition*, and *The Ultimate Spanish Verb Review and Practice*, as companion texts for grammar review and the development of proficiency in Spanish.

Spanish
Tense Profiles

THE BASICS OF CONJUGATION

Conjugation is a list of the forms of the verb in a conventional order. The forms of the verb in a particular tense vary to show person and number. The three persons are: the speaker, or first person (I), the person spoken to, or second person (you), and the person or thing referred to, or third person (he, she, it). There are two numbers in English and Spanish, singular and plural. The verb forms are designated by person and number, as summarized in the chart below:

	SINGULAR	PLURAL
FIRST PERSON	I	we
SECOND PERSON	you	you
THIRD PERSON	he, she, it	they

Thus, in the English conjugation of the verb *to be*

	SINGULAR	PLURAL
FIRST PERSON	I am	we are
SECOND PERSON	you are	you are
THIRD PERSON	he, she, it is	they are

We say that *am* is first-person singular, while *is* is third-person singular. The form *are* is used for the second-person singular and plural as well as for the first- and third-persons plural. The above order of forms is called a conjugation paradigm and is conventional in both English and Spanish for the presentation of verb forms. This is the pattern that will be used to present the forms of Spanish verbs in this book.

The Persons of the Verb in Spanish

The subject pronouns in Spanish do not correspond exactly to the English system.

	SINGULAR	PLURAL
FIRST PERSON	yo	nosotros, nosotras
SECOND PERSON	tú	vosotros, vosotras
THIRD PERSON	él, ella, usted	ellos, ellas, ustedes

1

Note the following:

1 · **Usted** and **ustedes** are often abbreviated in writing as **Ud.** and **Uds.**, respectively. The abbreviations **Vd.** and **Vds.** are also used.

2 · The Spanish of Spain has four forms for *you*. They vary for formality and number. **Tú** is informal singular, **vosotros(-as)** is informal plural. **Ud.** (singular) and **Uds.** (plural) are markers of formality, politeness, and seniority.

3 · In Spanish America, **vosotros(-as)** is not used. **Uds.** is used as the plural of both **tú** and **Ud.**

4 · **Ud.** and **Uds.** are used with third-person, not second-person verbs, in spite of the fact that they mean *you*.

5 · The plural pronouns in Spanish distinguish gender: **nosotros** vs. **nosotras**; **vosotros** vs. **vosotras**; **ellos** vs. **ellas**. The feminine form is used for groups consisting solely of females. The masculine form is used for groups of males or groups of males and females.

6 · Subject pronouns are often omitted in Spanish since the verb endings make the subject clear. Subject pronouns are used for emphasis or contrast. Compare:

Él estudia marketing.	*He is studying marketing.*
Él estudia marketing pero **ella** estudia contabilidad.	*He is studying marketing, but **she** is studying accounting.*

Verb Classes

Spanish verbs differ from English verbs in that they have endings that show both who is performing the action (the subject of the sentence) and when the action occurs (the tense—present, past, future, etc.).

All Spanish verbs fall into three major classes, called conjugations. Each conjugation has its own set of endings, although there is quite a bit of overlap among the three. The conjugation to which a verb belongs is shown by the *infinitive*, the form ending in -**r** that is not marked for person or tense. The key element is the vowel that comes before the -**r** of the infinitive. The verbs **hablar** *to speak*, **vender** *to sell*, and **vivir** *to live* represent the three conjugations. Notice the names used for the conjugations:

hablar	first-conjugation verb OR -**ar** verb
vender	second-conjugation verb OR -**er** verb
vivir	third-conjugation verb OR -**ir** verb

THE SIMPLE TENSES

There are seven simple (single-word) tenses in Spanish.

The Present Tense	page 3
The Imperfect Tense	page 7
The Preterit Tense	page 8
The Future Tense	page 11
The Conditional Tense	page 13
The Present Subjunctive	page 15
The Imperfect Subjunctive	page 19

Verbs with Spelling Changes

Verbs with spelling changes in Spanish are verbs that are regular in speech but have different spellings in some forms. These changes in the written language are not really irregularities but follow the rules of the Spanish spelling system.

Spelling changes are easier to understand if you first examine how Spanish writes certain sounds. The following sounds are written differently before the letters **e** and **i** than before other letters.

- The sound /k/ is written as **c** before **a, o, u** but as **qu** before **e** and **i**:
  ca, que, qui, co, cu
- The sound /g/ is written as **g** before **a, o, u** but as **gu** before **e** and **i**:
  ga, gue, gui, go, gu
- The sound /s/ (/th/ in Spain) is written as **z** before **a, o, u** but as **c** before **e** and **i**:
  za, ce, ci, zo, zu

Thus, -**ar** verbs whose stem ends in **c, g,** or **z** will show a change in spelling before those endings that begin with **e**; in other words, the **yo** form of the preterit, the present subjunctive, and the command forms taken from the present subjunctive.

VERB	PRETERIT (yo FORM)	PRESENT SUBJUNCTIVE
buscar	busqué	busque, busques, busque, busquemos, busquéis, busquen
pagar	pagué	pague, pagues, pague, paguemos, paguéis, paguen
comenzar	comencé	comience, comiences, comience, comencemos, comencéis, comiencen

-**Er** and -**ir** verbs whose stem ends in **c** or **gu** will show a change in spelling before those endings that begin with **a** or **o**; in other words, the **yo** form of the present, the present subjunctive, and the command forms taken from the present subjunctive.

VERB	PRESENT (yo FORM)	PRESENT SUBJUNCTIVE
vencer	venzo	venza, venzas, venza, venzamos, venzáis, venzan
zurcir	zurzo	zurza, zurzas, zurza, zurzamos, zurzáis, zurzan
seguir	sigo	siga, sigas, siga, sigamos, sigáis, sigan

Note that most verbs ending in -**cer** and -**cir** preceded by a vowel have **zc** in the **yo** form of the present and in the present subjunctive. (See Irregular Verbs, page 6.)

The sound of the letter **j** in Spanish is usually represented by **j** before **a, o,** and **u,** but by **g** before **e** and **i**. Thus, verbs ending in -**ger** and -**gir** change **g** > **j** in the **yo** form of the present and in the present subjunctive.

VERB	PRESENT (yo FORM)	PRESENT SUBJUNCTIVE
coger	cojo	coja, cojas, coja, cojamos, cojáis, cojan
surgir	surjo	surja, surjas, surja, surjamos, surjáis, surjan

Note, however, that verbs ending in -**jar**, such as **trabajar**, are spelled with **j** in all forms, including those where the ending begins with **e**: trabajo, trabaja, trabaje.

The Present Tense

We can analyze the present tense forms of Spanish verbs as consisting of a stem and an ending. The ending shows the person who performs the act and the tense. The stem is formed by dropping the infinitive ending: -**ar**, -**er**, -**ir**.

INFINITIVE		STEM
hablar	>	habl-
vender	>	vend-
vivir	>	viv-

Examine the conjugations of the three model verbs in the present tense: The stressed vowels are underlined in the conjugations. You will see that this shift in stress is one of the key features of the Spanish verb system.

hablar *to speak*

habl + o > hablo (h<u>a</u>blo)	habl + amos > hablamos (habl<u>a</u>mos)
habl + as > hablas (h<u>a</u>blas)	habl + áis > habláis (habl<u>á</u>is)
habl + a > habla (h<u>a</u>bla)	habl + an > hablan (h<u>a</u>blan)

vender *to sell*

vend + o > vendo (v<u>e</u>ndo)	vend + emos > vendemos (vend<u>e</u>mos)
vend + es> vendes (v<u>e</u>ndes)	vend + éis > vendéis (vend<u>é</u>is)
vend + e > vende (v<u>e</u>nde)	vend + en > venden (v<u>e</u>nden)

vivir *to live*

viv + o > vivo (v<u>i</u>vo)	viv + imos > vivimos (viv<u>i</u>mos)
viv + es > vives (v<u>i</u>ves)	viv + ís > vivís (viv<u>í</u>s)
viv + e > vive (v<u>i</u>ve)	viv + en > viven (v<u>i</u>ven)

Notice the following peculiarities about the conjugation:

1 · The first-person (**yo** form) singular of all three conjugations ends in **-o**.

2 · **-Ir** verbs have the same endings as **-er** verbs except in the first- and second-persons plural (**vivimos, vivís**).

3 · In all three conjugations there is an important shift in stress. The three forms of the singular and the third-person plural are stressed on the vowel of the stem. The first- and second-persons plural are stressed on the class vowel. Examine the conjugation of **vender** again.

Stem-Changing Verbs

Certain **-ar** and **-er** verbs have changes in the stem vowel in those forms where the stem vowel is stressed. The vowel changes are **e > ie** and **o > ue**.

Study the following conjugations:

pensar *to think*   mostrar *to show*

pensar		mostrar	
pienso	pensamos	muestro	mostramos
piensas	pensáis	muestras	mostráis
piensa	piensan	muestra	muestran

querer *to want*   volver *to return*

querer		volver	
quiero	queremos	vuelvo	volvemos
quieres	queréis	vuelves	volvéis
quiere	quieren	vuelve	vuelven

Some stem-changing **-ir** verbs have a change of **e > i**.

pedir *to ask for*

pido	pedimos
pides	pedís
pide	piden

Stem changes cannot be predicted from the infinitive. **Comer** does not have a change of **o > ue**, but **volver** does. Stem changes are usually indicated in one of the following ways in verb lists and dictionaries:

> **pensar (e > ie)**
> **volver (ue)**

Stem changes occur in the present tense and in forms derived from the present: the present subjunctive and the command forms.

Verbs Ending in -*iar* and -*uar*

Verbs ending in -**iar** and -**uar** pattern like stem-changing verbs. Some verbs ending in -**iar** and almost all verbs ending in -**uar** stress the vowel before the **a** of the infinitive in the singular and the third-person plural in the present indicative and the present subjunctive. An accent mark is written over the **i** and **u** in those forms. See the conjugation tables for these verbs: **actuar, continuar, criar, efectuar, enviar, esquiar, fiarse, guiar, resfriarse, vaciar, variar**.

Irregular Verbs

Many verbs do not follow the conjugation patterns above. These are called *irregular verbs*.

Verbs with Irregular Stems in -*g*-

Many irregular verbs are irregular only in the first-person singular (**yo**) form of the present tense. The other five forms of such verbs are regular. A common irregularity is the appearance of a **g** before the -**o** ending of the first-person singular and in the present subjunctive. We call these verbs *g verbs*. See the conjugation tables for these verbs: **caer, decir, hacer, oír, poner, salir, tener, traer, valer, venir**.

Verbs Ending in -*cer*

Verbs that end in a vowel + -**cer** have **zc** in the **yo** form of the present tense and in all forms of the present subjunctive. The rest of the conjugation is regular. See the conjugation tables for these verbs: **agradecer, aparecer, crecer, conocer, desaparecer, enloquecerse, establecer, favorecer, merecer, obedecer, palidecer, parecer, pertenecer, reconocer**.

Verbs that end in -**cer** preceded by a consonant do *not* have **zc** in the **yo** form. However, the final **c** of the stem changes to **z** in this form. See the conjugation tables for these verbs: **convencer, ejercer, torcer, vencer**.

The verbs **mecer** *to rock* (a child), *to swing* (in a swing) (see conjugation table) and **cocer** (**o > ue**) *to cook* have **z**, not **zc**, in the first-person singular of the present tense and in the present subjunctive.

cocer *to cook*	
cuezo	cocemos
cueces	cocéis
cuece	cuecen

Verbs Ending in -*ucir*

Verbs ending in -**ucir** have **zco** in the **yo** form of the present tense and **zc** in the present subjunctive. Verbs ending in -**ducir** have -**duj**- in the preterit. See the conjugation tables for these verbs: **conducir, introducir, lucir, producir, traducir**.

Verbs Ending in -*uir*

Verbs ending in -**uir** (but not -**guir**) insert a **y** between the stem and those present tense endings that are unstressed (the singular endings and the third-person plural).

The **y** also appears in all forms of the present subjunctive. The **y** is clearly sounded where it appears. See the conjugation tables for these verbs: **atribuir, concluir, construir, contribuir, destruir, huir, incluir, influir, sustituir.**

Uses of the Present Tense

1 · The present tense is used to express ongoing or habitual actions in the present.

El señor Domínguez **trabaja** hoy en la otra oficina.	Mr. Dominguez **is working** in the other office today.
Todos los días **regreso** a casa a las seis y cuarto.	**I return** home every day at six fifteen.
Siguen cursos de antropología e historia en la universidad.	**They're taking** anthropology and history courses at the university.

The English auxiliary verb *do/does* is not translated before Spanish verb forms in questions and in negative sentences.

—¿**Comprendes** la lección?	**Do you understand** the lesson?
—No, **no comprendo** porque no estudio.	No, **I don't understand** because I don't study.

2 · The present tense can express future time when another element of the sentence makes it clear that the future is being referred to.

—¿**Vuelves** mañana?	**Will you return** tomorrow?
—No, **me quedo** hasta la semana que viene.	No, **I'll stay** until next week.

3 · The present tense is used to indicate actions that began in the past but that continue into the present. English uses *have been doing something* to express this.

—¿Cuánto (tiempo) hace que **viven** aquí?	How long **have you been living** here?
—Hace un año que **vivimos** aquí.	**We've been living** here for a year now.
—¿Desde cuándo **busca** Marta empleo?	Since when **has Marta been looking for** a job?
—**Busca** empleo desde enero.	**She's been looking for** work since January.

Note the use of **hace** + time expression to label how long the action has been going on and the use of **desde** + a moment in time to label the time when the action began.

4 · The present tense can be used to refer to the past for dramatic effect. This is called the historical present.

A fines del siglo XV los españoles **emprenden** la conquista de. América	At the end of the 15th century the Spanish **undertook** the conquest of America.
El príncipe Juan Carlos de Borbón **sube** al trono en 1975.	Prince Juan Carlos de Borbón **ascended** the throne in 1975.
Al año siguiente **se firma** otro tratado de paz.	The following year another peace treaty **was signed**.

The Imperfect Tense

The imperfect tense is one of the most regular tenses in Spanish. It is formed by adding the endings of the imperfect to the stem. The endings are based on the syllables **-aba** for **-ar** verbs and **-ía** for **-er** and **-ir** verbs.

-ar verbs

habl + aba	> hablaba	habl + ábamos	> hablábamos
habl + abas	> hablabas	habl + abais	> hablabais
habl + aba	> hablaba	habl + aban	> hablaban

-er verbs

vend + ía	> vendía	vend + íamos	> vendíamos
vend + ías	> vendías	vend + íais	> vendíais
vend + ía	> vendía	vend + ían	> vendían

-ir verbs

viv + ía	> vivía	viv + íamos	> vivíamos
viv + ías	> vivías	viv + íais	> vivíais
viv + ía	> vivía	viv + ían	> vivían

Note that **-er** and **-ir** verbs have the same endings in the imperfect.

Only three verbs have irregular imperfects: **ser**, **ir**, and **ver**.

ser *to be*

era	éramos
eras	erais
era	eran

ir *to go*

iba	íbamos
ibas	ibais
iba	iban

ver *to see*

veía	veíamos
veías	veíais
veía	veían

Uses of the Imperfect Tense

The imperfect tense expresses one of the two aspects of past time in Spanish (the other is expressed by the preterit). The imperfect is used to indicate actions that the speaker sees as continuing in the past, without reference to their beginning or end. The imperfect is therefore used to refer to:

1 · actions that are seen as forming a background to other actions, such as time or weather; only the imperfect is used to tell what time it was in the past

Eran las diez cuando llegaron los amigos.	*It was ten o'clock when our friends arrived.*
Cuando yo salí, **hacía frío** y **llovía**.	*When I left, it was cold and was raining.*

2 · actions that were habitual in the past with no reference to their beginning or end (English *used to*)

Cuando **vivíamos** en Puerto Rico, **íbamos** mucho a la playa.	When **we lived** in Puerto Rico **we used to go** to the beach a lot.
Siempre **cenábamos** en aquel restaurante porque **se comía** muy bien.	We always **used to have dinner** at that restaurant because **the food was good.**

3 · descriptions of states or conditions that existed in the past (as opposed to events)

La casa **era** nueva y **tenía** habitaciones grandes y cómodas.	The house **was** new and **had** big, comfortable rooms.
El sol **se ponía** y **se encendían** los faroles. La gente ya **se paseaba** en las calles.	The sun **was setting** and the street lights **were being turned on**. People **were** already **strolling** in the streets.

4 · actions that were repeated in the past with no reference to their beginning or end

Cuando yo **era** estudiante, **iba** a la biblioteca todos los días.	When I **was** a student, I **went** to the library every day.
Los fines de semana mis amigos y yo **nos veíamos** en el café.	On the weekends my friends and I **would see each other** at the café.

The imperfect tense is used in indirect discourse, that is, to report what someone said. It follows the preterit form of verbs such as **decir** and **escribir**.

Me **dijo** que **iba** al cine.	She **told** me **she was going** to the movies.
Les **escribimos** que **pensábamos** verlos en Londres.	We **wrote** them that we **intended** to see them in London.

The Preterit Tense

The preterit tense has the most irregularities in Spanish. It is formed by adding a special set of endings to the verb. -**Er** and -**ir** verbs have the same endings in the preterit.

-*ar* verbs

habl + é	> hablé	habl + amos	> hablamos
habl + aste	> hablaste	habl + asteis	> hablasteis
habl + ó	> habló	habl + aron	> hablaron

-*er* verbs

vend + í	> vendí	vend + imos	> vendimos
vend + iste	> vendiste	vend + isteis	> vendisteis
vend + ió	> vendió	vend + ieron	> vendieron

-*ir* verbs

viv + í	> viví	viv + imos	> vivimos
viv + iste	> viviste	viv + isteis	> vivisteis
viv + ió	> vivió	viv + ieron	> vivieron

If the stem of an -**er** or -**ir** verb ends in a vowel, an accent mark is added to the class vowel -**i**- of the second-person singular and plural and of the first-person plural. The **i** of the third-person endings -**ió** and -**ieron** changes to **y**.

caer *to fall*		**leer** *to read*		**oír** *to hear*	
caí	caímos	leí	leímos	oí	oímos
caíste	caísteis	leíste	leísteis	oíste	oísteis
cayó	cayeron	leyó	leyeron	oyó	oyeron

Many common verbs have an irregular stem in the preterit. These are conjugated like -**er** and -**ir** verbs, except for the first- and third-persons singular, which are the only preterit forms that have *unstressed* endings. These irregular preterits occur in the most common verbs in the language.

Irregular stem with the vowel -*u*-

andar *to walk*		**caber** *to fit*		**conducir** *to drive*	
anduve	anduvimos	cupe	cupimos	conduje	condujimos
anduviste	anduvisteis	cupiste	cupisteis	condujiste	condujisteis
anduvo	anduvieron	cupo	cupieron	condujo	condujeron

estar *to be*		**poder** *to be able*		**poner** *to put*	
estuve	estuvimos	pude	pudimos	puse	pusimos
estuviste	estuvisteis	pudiste	pudisteis	pusiste	pusisteis
estuvo	estuvieron	pudo	pudieron	puso	pusieron

saber *to know*		**tener** *to have*	
supe	supimos	tuve	tuvimos
supiste	supisteis	tuviste	tuvisteis
supo	supieron	tuvo	tuvieron

Irregular stem with the vowel -i-

decir *to say*		**hacer** *to do, make*		**venir** *to come*	
dije	dijimos	hice	hicimos	vine	vinimos
dijiste	dijisteis	hiciste	hicisteis	viniste	vinisteis
dijo	dijeron	hizo	hicieron	vino	vinieron

querer *to want*	
quise	quisimos
quisiste	quisisteis
quiso	quisieron

Irregular stem with the vowel -*a*-

traer *to bring*	
traje	trajimos
trajiste	trajisteis
trajo	trajeron

Some observations on these irregular preterits:

1 · Note the spelling change of **c** > **z** in **hizo** (from **hacer**).

2 · Note that in irregular preterit stems ending in **j**, the third-person plural ending is -**eron**, not -**ieron**: **condujeron, dijeron, trajeron.**

3 · Compounds of the irregular verbs show the same irregular stem in the preterit: **componer** > **compuse, distraer** > **distraje, prevenir** > **previne, rehacer** > **rehice, sostener** > **sostuve,** etc.

4 · The verbs **ir** and **ser** have the same forms in the preterit. This conjugation is completely irregular.

ir/ser	
fui	fuimos
fuiste	fuisteis
fue	fueron

5 · **Dar** is conjugated with the endings of regular -er and -ir verbs in the preterit. Both **dar** and **ver** do not use accent marks in the first- and third-person singular because those forms have only one syllable.

dar *to give*		**ver** *to see*	
di	dimos	vi	vimos
diste	disteis	viste	visteis
dio	dieron	vio	vieron

6 · The preterit of **hay** is **hubo** *there was, there were.*

Uses of the Preterit Tense

1 · The preterit is used to tell what happened in the past. When a speaker selects the preterit, he sees the action of the verb as completed in the past. Note how the preterit is used to narrate a series of events in the past.

Me levanté a las ocho.	*I **got up** at eight o'clock.*
Me lavé.	*I **washed up.***
Sonó el teléfono.	*The phone **rang.***
Contesté.	*I **answered.***
Hablé con Raquel.	*I **spoke** with Raquel.*
Me cité con ella para las diez.	*I **made an appointment** with her for ten.*
Salí de casa y **subí** al autobús.	*I **left** the house and **got on** the bus.*
Encontré un asiento libre y **me senté.**	*I **found** an empty seat and **sat down.***
Fui al centro donde Raquel y yo **tomamos** un café.	*I **went** downtown where Raquel and I **had** coffee.*
Después, **me fui** a uno de los almacenes.	*Then I **went** to one of the department stores.*
Me compré unas camisas.	*I **bought (myself)** some shirts.*
Volví a casa a las cinco.	*I **returned** home at five o'clock.*
Hice la cena y **comí.**	*I **made** dinner and **ate.***
Vi las noticias en la tele y **me acosté** a las once.	*I **watched** the news on TV and **went to bed** at eleven o'clock.*

2 · The distinction between the imperfect and the preterit is not mandatory in English, and the same English form can be used to translate both of the Spanish tenses in some cases.

Durante las vacaciones, **yo dormía** muy bien.	*During vacation I **slept** very well.*
Anoche **dormí** bien.	*Last night I **slept** well.*
Cuando yo era joven, **estudiaba** mucho.	*When I was young I **studied** a lot.*
El año pasado **estudié** mucho.	*Last year I **studied** a lot.*

| En verano los chicos siempre **se divertían mucho**. | *In the summer the children always **had a very good time**.* |
| El verano pasado los chicos **se divirtieron mucho**. | *Last summer the children **had a very good time**.* |

3 · The preterit and the imperfect are often played off against each other in a single sentence or in a series of sentences in Spanish. The imperfect indicates the background against which the events narrated in the preterit take place.

| Mientras **yo leía** el periódico, **sonó** el teléfono. | *While **I was reading** the newspaper, the phone **rang**. (The reading is the background against which the ringing of the phone occurred.)* |

Notice that the preterit and imperfect can be shifted to create a difference in meaning.

Mientras **yo leía** el periódico, **sonaba** el teléfono.	*While **I was reading** the newspaper, the phone **was ringing**. (Neither the reading nor the ringing of the telephone are seen as events. Both express ongoing actions in the past.)*
Yo leí el periódico y **sonó** el teléfono.	*I **read** the newspaper and the phone **rang**. (The use of the preterit for both verbs conveys the idea that the speaker sees both the reading and the ringing of the telephone as events.)*
Yo leí el periódico mientras **sonaba** el teléfono.	*I **read** the newspaper while the phone **was ringing**. (In this version of the sentence, the ringing of the telephone is the background for the event: the reading of the newspaper.)*

The Future Tense

The future tense in Spanish is formed not from the stem, but from the infinitive. A special set of endings is added to the infinitive. These endings are the same for *all* verbs.

hablar + é > **hablaré**
vender + é > **venderé**
vivir + é > **viviré**

hablar		vender		vivir	
hablaré	hablaremos	venderé	venderemos	viviré	viviremos
hablarás	hablaréis	venderás	venderéis	vivirás	viviréis
hablará	hablarán	venderá	venderán	vivirá	vivirán

Many common verbs use modified forms of the infinitive in forming the future. The endings are the same.

• reduced infinitives

decir > **diré**
hacer > **haré**

- the vowel -**e**- or -**i**- before the -**r** of the infinitive is replaced by -**d**-

poner	>	**pondré**
salir	>	**saldré**
tener	>	**tendré**
valer	>	**valdré**
venir	>	**vendré**

- the vowel -**e**- before the -**r** of the infinitive drops

caber	>	**cabré**
haber	>	**habré**
poder	>	**podré**
querer	>	**querré**
saber	>	**sabré**

Note:

1 · -**Ir** verbs that have an accent mark in the infinitive, such as **oír** and **reír**, lose that accent mark in the future: **oiré, reiré**.

2 · Compound verbs of the irregular verbs share the same irregularities: **componer (compondré), detener (detendré), convenir (convendré)**, etc.

3 · The future of **hay** is **habrá** *there will be*.

Uses of the Future Tense

The future tense is one of the ways Spanish refers to future time.

> **Juan se graduará el año que viene.**   *Juan will graduate next year.*

In speech, the future is often replaced by either the **ir a** + infinitive construction

> **Juan se va a graduar el año que viene.**

or by the simple present, which can be used when another element of the sentence makes it clear that the future, not the present, is meant.

> **Juan se gradúa el año que viene.**

One of the most common uses of the future tense is to speculate or conjecture about the present. This is called the future of probability. For instance, speakers use the future tense to wonder about things going on at the present time.

¿Qué hora **será**?	*What time **can it be**?*
¿Quién **será**? *(upon hearing a knock at the door)*	*I **wonder** who **it is** / who **it can be**.*
¿Cuántos años **tendrá** la niña?	*I **wonder** how old the child **is**.*
¿Con quiénes **saldrán**?	*Whom **can they be going out** with?*

The future can also be used to mention things that are probably happening in present time.

Los turistas **querrán** ver la catedral.	*The tourists **probably want** to see the cathedral.*
Sarita **sabrá** dónde viven.	*I **guess** Sarita **knows** where they live.*
Estarán satisfechos con el resultado.	*They're **probably** happy with the result.*
¿No ha llegado el avión? **Habrá** una demora.	*The plane hasn't arrived yet? **There must be** a delay.*

The future is also common after **no saber si** *not to know whether* when the main verb is in the present tense.

No sé **si podré** ir.	*I don't know **whether I'll be able** to go.*

The future is common to report speech (*indirect discourse*) after verbs of communication, such as **decir** or **escribir**, when the main verb of the sentence is in the present tense.

Dice que no lo **hará**.	*He says that **he won't do it**.*
Escribe que **vendrá**.	*She writes that **she will come**.*

The future tense is used in the main clause of a conditional sentence when the **si-**clause (*if*-clause), which is the subordinate or dependent clause, has the verb in the present tense.

Si Uds. **salen**, yo **saldré** también.	*If you **leave**, I **will leave** too.*
(OR Yo **saldré** si Uds. **salen**.)	

The Conditional Tense

The conditional tense (English *would*) is formed by adding the endings of the imperfect tense of -**er** and -**ir** verbs to the infinitive.

hablar + ía > hablaría

hablaría	hablaríamos
hablarías	hablaríais
hablaría	hablarían

vender + ía > vendería

vendería	venderíamos
venderías	venderíais
vendería	venderían

vivir + ía > viviría

viviría	viviríamos
vivirías	viviríais
viviría	vivirían

Verbs that have modified infinitives in the future use that same modified form in the conditional.

- reduced infinitives

decir	>	**diría**
hacer	>	**haría**

- the vowel -**e**- or -**i**- before the -**r** of the infinitive is replaced by -**d**-

poner	>	**pondría**
salir	>	**saldría**
tener	>	**tendría**
valer	>	**valdría**
venir	>	**vendría**

- the vowel -**e**- before the -**r** of the infinitive drops

caber	>	**cabría**
haber	>	**habría**
poder	>	**podría**
querer	>	**querría**
saber	>	**sabría**

Note:

1 · **-Ir** verbs that have an accent mark in the infinitive, such as **oír** and **reír**, lose that accent mark in the conditional: **oiría, reiría**.

2 · Compound verbs of the irregular verbs share the same irregularities: **componer (compondría), detener (detendría), convenir (convendría),** etc.

3 · The conditional of **hay** is **habría** *there would be*.

Uses of the Conditional Tense

The conditional tense tells what would happen.

En ese caso, yo te **prestaría** el dinero.	In that case I **would lend** you the money.

The conditional is used to express probability or conjecture in the past. This is called the conditional of probability. Verbs such as **ser, estar, tener, haber** are very commonly used in this way.

—¿Qué hora **sería**?	**I wonder** what time **it was**.
—**Serían** las siete.	**It was probably** seven o'clock.
Estarían encantados con un regalo así.	**I'll bet they were** thrilled with a gift like that.
Tendrían prisa.	**Maybe they were** in a hurry.
No **habría** nada que hacer.	**There was probably** nothing to do.
¿Cuántos años **tendría**?	How old **do you think** she **was**?

The conditional is also common after **no saber si** *not to know whether* when the main verb is in one of the past tenses.

No sabía **si vendrías**.	I didn't know **whether you would come**.

The conditional is common to report speech (*indirect discourse*) after verbs of communication, such as **decir** or **escribir,** when the main verb of the sentence is in one of the past tenses.

Dijo que no lo **haría**.	He said that **he wouldn't do it**.
Escribió que **vendría**.	She wrote that **she would come**.

Note that not every occurrence of *would* in English indicates a conditional in Spanish. English often uses the verb *would* to indicate habitual, repeated actions in the past. That use of *would* requires an imperfect, not a conditional, in Spanish.

Cuando yo era joven, **iba** todos los días a la playa.	When I was young, **I would go** to the beach every day.
Servía torta cuando invitaba.	**She would serve** cake when she had company.

The conditional tense is used in the main clause of a conditional sentence when the **si**-clause (*if*-clause), which is the subordinate or dependent clause, has the verb in the imperfect subjunctive. (These are called contrary-to-fact clauses.)

Si **Uds. salieran, yo saldría** también. (OR **Yo saldría** si **Uds. salieran**.)	If **you were to leave, I would leave** too.

The conditional of some verbs is used to express polite requests, suggestions, or refusals. The English conditional is often used in the same way.

¿Nos **podría** Ud. llevar al aeropuerto?	**Could** you take us to the airport?
¿Les **gustaría** tomar un trago?	**Would** you like to have a drink?

The Present Subjunctive

The present subjunctive is formed from the first-person singular of the present tense. The ending **-o** is dropped and the subjunctive endings are added. **-Ar** verbs use the endings of **-er** and **-ir** verbs, while **-er** and **-ir** verbs use the endings of **-ar** verbs in the present subjunctive. The **yo** form and the third-person singular of the subjunctive are the same for all verbs.

hablar		vender	
que hable	que hablemos	que venda	que vendamos
que hables	que habléis	que vendas	que vendáis
que hable	que hablen	que venda	que vendan

vivir	
que viva	que vivamos
que vivas	que viváis
que viva	que vivan

Irregular Present Tense Forms

If there is an irregularity in the first-person singular of the present tense, that irregularity will appear in all persons of the present subjunctive. There are several types of irregular **yo** forms.

- **-g-** verbs (the stem is extended by **-g-** in the **yo** form). Since these are all **-er** and **-ir** verbs, the endings of **-ar** verbs are used in the present subjunctive.

decir > digo		hacer > hago	
que diga	que digamos	que haga	que hagamos
que digas	que digáis	que hagas	que hagáis
que diga	que digan	que haga	que hagan

oír > oigo		poner > pongo	
que oiga	que oigamos	que ponga	que pongamos
que oigas	que oigáis	que pongas	que pongáis
que oiga	que oigan	que ponga	que pongan

salir > salgo		tener > tengo	
que salga	que salgamos	que tenga	que tengamos
que salgas	que salgáis	que tengas	que tengáis
que salga	que salgan	que tenga	que tengan

traer > traigo		venir > vengo	
que traiga	que traigamos	que venga	que vengamos
que traigas	que traigáis	que vengas	que vengáis
que traiga	que traigan	que venga	que vengan

- **-zc-** verbs (the stem ends in **-zc-** in the **yo** form). **Conocer** and most verbs with infinitives ending in **-ecer** are **-zc-** verbs.

conocer > conozco		ofrecer > ofrezco	
que conozca	que conozcamos	que ofrezca	que ofrezcamos
que conozcas	que conozcáis	que ofrezcas	que ofrezcáis
que conozca	que conozcan	que ofrezca	que ofrezcan

- verbs with extended stems (the **yo** form has a longer stem than the other forms).

ver > veo

que vea	que veamos
que veas	que veáis
que vea	que vean

- verbs stressed on the endings. The verbs **dar** and **estar** are stressed on the final syllable in the present subjunctive and have accent marks on some of the forms.

dar   **estar**

que **dé**	que **demos**	que **esté**	que **estemos**
que **des**	que **deis**	que **estés**	que **estéis**
que **dé**	que **den**	que **esté**	que **estén**

- verbs with irregular **yo** forms.

caber > quepo

que **quepa**	que **quepamos**
que **quepas**	que **quepáis**
que **quepa**	que **quepan**

- verbs that have unpredictable stems in the present subjunctive.

haber   **ir**

que **haya**	que **hayamos**	que **vaya**	que **vayamos**
que **hayas**	que **hayáis**	que **vayas**	que **vayáis**
que **haya**	que **hayan**	que **vaya**	que **vayan**

saber   **ser**

que **sepa**	que **sepamos**	que **sea**	que **seamos**
que **sepas**	que **sepáis**	que **seas**	que **seáis**
que **sepa**	que **sepan**	que **sea**	que **sean**

- stem-changing verbs. -**Ar** and -**er** verbs with vowel changes of the stem, **e > ie** or **o > ue**, in the present indicative have the same stem change in the corresponding forms of the present subjunctive.

  que **pienses**
  que **vuelvan**

  -**Ir** verbs that have the change **e > ie** or **e > i** in the present indicative also have these changes in the present subjunctive. They also have **i** in the stem of the **nosotros** and **vosotros** forms in the present subjunctive. **Dormir** and **morir** have the **o > ue** change and **u** in the stem of the **nosotros** and **vosotros** forms.

que **te diviertas**	que **sirvan**	que **duerma**
que **nos divirtamos**	que **sirvamos**	que **durmamos**

- spelling changes in the present subjunctive. -**Ar** verbs whose stems end in **c**, **g**, or **z** change these letters in the present subjunctive. -**Ar** verbs whose stems end in **j** do not change **j** to **g** before **e**.

  c > qu
  Busca empleo. / Dudamos que **busque** empleo.

  g > gu
  Llegan mañana. / Es probable que **lleguen** mañana.

z > c

Empiezan el proyecto. / Insisto en que **empiecen** el proyecto.

-**Er** and -**ir** verbs whose stems end in **g**, **gu**, or **c** change these letters.

g > j

Recogemos los papeles. / Nos piden que **recojamos** los papeles.

gu > g

Consigue los billetes. / Es importante que **consiga** los billetes.

c > z

Vence a sus enemigos. / Ojalá que **venza** a sus enemigos.

Uses of the Subjunctive

The subjunctive in Spanish is not a tense, but a mood. The subjunctive has four tenses: the present, the imperfect, the present perfect, and the past perfect. The subjunctive is used largely in subordinate clauses (dependent clauses that are part of a larger sentence) introduced by the conjunction **que**. Most cases of the subjunctive are predictable.

Turning a sentence into a subordinate clause allows the sentence to function as a noun or an adjective or an adverb within a larger sentence.

Compare the following two sentences:

Digo **la verdad**.	*I tell **the truth**.*
Digo **que Juan llegará pronto**.	*I say **that Juan will arrive soon**.*

Both **la verdad** and **que Juan llegará pronto** function as direct objects of the verb **digo**. Thus, the subordinate clause **que Juan llegará pronto** functions as a noun, and is therefore called a noun clause.

Now compare the following two sentences.

Tenemos una programadora **francesa**.	*We have a **French** programmer.*
Tenemos una programadora **que habla francés**.	*We have a programmer **who speaks French**.*

Both **francesa** and **que habla francés** modify the noun **programadora**. The subordinate clause **que habla francés** functions like an adjective and is therefore called an adjective clause.

Adverb clauses are introduced by conjunctions other than **que**. Compare the following two sentences.

Claudia viene **a las dos**.	*Claudia is coming **at two**.*
Claudia viene **cuando puede**.	*Claudia comes **when she can**.*

Both **a las dos** and the clause **cuando puede** modify the verb in the same way: they tell when the action takes place. **Cuando puede** is therefore called an adverb clause.

The question then arises in which subordinate clauses you use the subjunctive instead of the indicative. The subjunctive is used when the subordinate clause is dependent on a verb that means or implies imposition of will, emotion, doubt, or non-existence.

The subjunctive is used in noun clauses that are dependent on verbs such as **querer (que)**, **insistir en (que)**, **aconsejarle a uno (que)**, **recomendarle a uno (que)**, **mandarle a uno (que)**, etc.

No **quiero** *que te vayas*.	*I **don't want** you to go away.*
Te **pido** *que te vayas*.	*I'm **asking** you to leave.*

El profesor **insiste en** *que hagamos* el trabajo.	*The teacher **insists that we do** the work.*
Me aconsejan *que me quede* aquí.	*They **advise me to stay** here.*
Recomiendo *que tomes* el tren.	*I **recommend that you take** the train.*
Les **mandan** a los soldados *que vuelvan.*	*They **order the soldiers to return.***

Some other common phrases of influence or imposition of will: **impedir que, obligar que, permitir que, prohibir que, sugerir que**, etc.

Note that after verbs of communication (*say, tell, write*) the indicative and subjunctive contrast with each other.

Me **dice** *que sale.*	*He tells me **that he's going out.***
Me **dice** *que salga.*	*He tells me **to go out.***

The following expressions of emotion, fear, hope, anger, surprise, and annoyance are followed by the subjunctive:

alegrarse (de) que	*to be glad/happy that*
estar contento/triste que	*to be happy/sad that*
estar furioso/molesto que	*to be furious/annoyed that*
(no) me gusta que	*I (don't) like the fact that*
me molesta que / me fastidia que	*it bothers me that / it annoys me that*
sorprenderse que / me sorprende que	*to be surprised that / it surprises me that*
me irrita que	*it irritates me that*
tener miedo (de) que / temer que	*to be afraid that*
esperar que	*to hope that*

After **esperar**, the indicative and the subjunctive are used, but with a difference in the meaning of **esperar**:

Esperaban **que viniéramos.**	*They hoped **we would come.***
Esperaban **que vendríamos.**	*They expected **us to come.***

The subjunctive is used after expressions of doubt. These may entail noun clauses after verbs like **dudar** and adjective clauses where the antecedent is negated or indefinite.

Noun clauses

Dudo **que Uds. sepan** la respuesta.	*I doubt **you know** the answer.*
Negamos **que él tenga** la culpa.	*We deny **that he is** at fault.*

Noun clauses after the negative of *creer, pensar, parecer*

No creo **que me puedas** ayudar.	*I don't think **you can help me.***
No me parece **que él te conozca.**	*I don't think **he knows you.***

Note that when **dudar** and **negar** are negative, no doubt is implied, and the indicative is used in the dependent noun clause:

No dudo **que Uds. saben** la respuesta.	*I don't doubt **you know** the answer.*
No negamos **que él tiene** la culpa.	*We don't deny **that he is** at fault.*

The affirmative of **creer, pensar, parecer** is followed by the indicative:

Creo **que me puedes ayudar.**	*I think **you can help me.***
Me parece **que él te conoce.**	*I think **he knows you.***

Adjective clauses after negative or indefinite antecedents also take the subjunctive:

Busco un amigo **que me ayude.**	*I'm looking for a friend **who will help me.***
No hay programa de tele **que me interese.**	*There's no TV show **that interests me.***

Note that when these antecedents are not negative or when they are definite, the indicative, not the subjunctive, is used in the adjective clause:

Tengo un amigo **que me ayuda**.	*I have a friend **who will help me.***
Hay un programa de tele **que me interesa**.	*There's a TV show **that interests me.***

Impersonal expressions that express imposition of will, emotion, doubt, or non-existence are followed by the subjunctive.

Es necesario/preciso que	*It's necessary that*
Es importante/esencial que	*It's important/essential that*
Es obligatorio/imprescindible que	*It's obligatory/indispensable that*
Es bueno/malo/mejor/peor que	*It's good/bad/better/worse that*
Es posible/imposible que	*It's possible/impossible that*
Es probable que	*It's probable that*
Es poco probable/improbable que	*It's not likely that / It's improbable that*
Es dudoso que	*It's doubtful that*
No es verdad/cierto que	*It's not true that*

Note that **no es dudoso** and **es verdad/cierto** do not express doubt or negation and therefore are followed by the indicative.

The Imperfect Subjunctive

This tense is derived from the third-person plural of the preterit. To form the imperfect subjunctive, you drop the **-ron** of the preterit and add one of the two imperfect subjunctive markers **-ra-** or **-se-** and the person endings.

Note that in the imperfect subjunctive, both **-er** and **-ir** verbs use **ie** as the class vowel.

hablar > hablaron > habla-

que habl**ara**	OR	que habl**ase**	que habl**áramos**	OR	que habl**ásemos**
que habl**aras**	OR	que habl**ases**	que habl**arais**	OR	que habl**aseis**
que habl**ara**	OR	que habl**ase**	que habl**aran**	OR	que habl**asen**

vender > vendieron > vendie-

que vend**iera**	OR	que vend**iese**	que vend**iéramos**	OR	que vend**iésemos**
que vend**ieras**	OR	que vend**ieses**	que vend**ierais**	OR	que vend**ieseis**
que vend**iera**	OR	que vend**iese**	que vend**ieran**	OR	que vend**iesen**

vivir > vivieron > vivie-

que viv**iera**	OR	que viv**iese**	que viv**iéramos**	OR	que viv**iésemos**
que viv**ieras**	OR	que viv**ieses**	que viv**ierais**	OR	que viv**ieseis**
que viv**iera**	OR	que viv**iese**	que viv**ieran**	OR	que viv**iesen**

The forms with the imperfect subjunctive marker **-ra-** are more common in speech than those using **-se-**, especially in Spanish America.

Note that any irregularity in the third-person plural of the preterit occurs in all forms of the imperfect subjunctive:

hacer > hicieron   ir/ser > fueron

que **hic**iera	que **hic**iéramos	que **fue**ra	que **fué**ramos
que **hic**ieras	que **hic**ierais	que **fue**ras	que **fue**rais
que **hic**iera	que **hic**ieran	que **fue**ra	que **fue**ran

decir > di̱jeron		saber > su̱pieron	
que **dij**era	que **dij**éramos	que **sup**iera	que **sup**iéramos
que **dij**eras	que **dij**erais	que **sup**ieras	que **sup**ierais
que **dij**era	que **dij**eran	que **sup**iera	que **sup**ieran

dar > di̱eron		tener > tu̱vieron	
que **d**iera	que **d**iéramos	que **tuv**iera	que **tuv**iéramos
que **d**ieras	que **d**ierais	que **tuv**ieras	que **tuv**ierais
que **d**iera	que **d**ieran	que **tuv**iera	que **tuv**ieran

Uses of the Imperfect Subjunctive

The imperfect subjunctive replaces the present subjunctive when the verb of the main clause is in a past tense: preterit, imperfect, or past perfect. Note that after the present perfect, the present subjunctive is usually used.

Quiero que me **ayudes**.	*I want you to help me.*
Quería que me **ayudaras**.	*I wanted you to help me.*
¿Por qué no le **dices** que **se calle**?	*Why don't you tell him to be quiet?*
¿Por qué no le **dijiste** que **se callara**?	*Why didn't you tell him to be quiet?*
Nos **ha pedido** que **entremos**.	*He has asked us to come in.*
Nos **había pedido** que **entráramos**.	*He had asked us to come in.*
Se alegran de que **vengamos**.	*They're glad we're coming.*
Se alegraban de que **viniéramos**.	*They were glad we were coming.*
Es bueno que **salgan** juntos.	*It's good that they are going out together.*
Fue bueno que **salieran** juntos.	*It was good that they went out together.*
Es preciso que nos lo **digas**.	*It is necessary for you to tell it to us.*
Fue preciso que nos lo **dijeras**.	*It was necessary for you to tell it to us.*
No creo que lo **sepan**.	*I don't think they know it.*
No creía que lo **supieran**.	*I didn't think they knew it.*

The imperfect subjunctive is used to express hypotheses or conditions. Typically in these sentences, the imperfect subjunctive appears in the **si**-clause and the conditional in the main clause. These are known as contrary-to-fact clauses.

Si **vinieran**, **podríamos** hablar con ellos.	*If they came, we would be able to speak with them.*
Si **pusieras** más atención, **aprenderías**.	*If you paid more attention, you would learn.*
Si **tuviera** coche, no **tendría** que ir en autobús.	*If I had a car, I wouldn't have to go by bus.*

The imperfect subjunctive is used to express wishes after **ojalá**. It implies a wish for something that most likely will not happen. The present subjunctive is used to wish for something that may happen. Compare:

Ojalá que **puedas** venir.	*I hope you can come.*
Ojalá que Juan **sepa** el número.	*I hope Juan knows the phone number.*
Ojalá que no le **digan**.	*I hope they won't tell him.*
Ojalá que **tuvieran** tiempo.	*I wish they had time.*
Ojalá que no **estuvieras** acatarrado.	*I wish you didn't have a cold.*
Ojalá que mi hijo **estudiara** medicina.	*I wish my son would study medicine.*

THE COMPOUND TENSES

Compound tenses in Spanish are formed with the auxiliary verb **haber**, which shows tense, person, and mood (indicative or subjunctive), plus the past participle. The past participle is also called the -**do** form, since most Spanish past participles end in -**do**. The ending is -**ado** for -**ar** verbs and -**ido** for -**er** and -**ir** verbs.

hablar	habl + a + do	>	hablado
vender	vend + i + do	>	vendido
vivir	viv + i + do	>	vivido

If the stem of an -**er** or -**ir** verb ends in a vowel, an accent mark is added to the class vowel -**i**- of the past participle.

VERB	PAST PARTICIPLE
caer	**caído**
creer	**creído**
leer	**leído**
oír	**oído**
poseer	**poseído**
reír	**reído**
sonreír	**sonreído**
traer	**traído**

Some verbs have irregular past participles. These past participles end in -**to** or -**cho**:

VERB	PAST PARTICIPLE
abrir	**abierto**
cubrir	**cubierto**
decir	**dicho**
descubrir	**descubierto**
devolver	**devuelto**
escribir	**escrito**
hacer	**hecho**
morir	**muerto**
poner	**puesto**
resolver	**resuelto**
romper	**roto**
ver	**visto**
volver	**vuelto**

In the compound tenses when **haber** is the auxiliary verb, the past participle never changes to show gender and number. It always ends in -**o**.

The past participle of **ser** is **sido** and of **ir**, **ido**.

There are seven compound tenses in addition to the progressive tenses, which are formed with **estar** as their auxiliary.

The Present Perfect Tense

This tense consists of the present tense of the auxiliary verb **haber** and the past participle (*I have spoken, sold, lived*).

hablar	vender	vivir
he hablado	**he** vendido	**he** vivido
has hablado	**has** vendido	**has** vivido
ha hablado	**ha** vendido	**ha** vivido
hemos hablado	**hemos** vendido	**hemos** vivido
habéis hablado	**habéis** vendido	**habéis** vivido
han hablado	**han** vendido	**han** vivido

Use of the Present Perfect Tense

The present perfect tense expresses a past event or action that the speaker sees as related to or having consequences for the present.

Mira. **He terminado** el informe.   *Look. **I've finished** the report.*

Note that Spanish prefers the present tense for actions beginning in the past and continuing into the present, especially in sentences where you specify how long the action has been going on.

—¿Cuánto tiempo hace que **vives** aquí?   *How long **have you been living** here?*

—Hace dos años que **tenemos** este apartamento.   ***We've had** this apartment for two years.*

The Pluperfect (or Past Perfect) Tense

This tense consists of the imperfect tense of the auxiliary verb **haber** and the past participle (*I had spoken, sold, lived*).

hablar	vender	vivir
había hablado	**había** vendido	**había** vivido
habías hablado	**habías** vendido	**habías** vivido
había hablado	**había** vendido	**había** vivido
habíamos hablado	**habíamos** vendido	**habíamos** vivido
habíais hablado	**habíais** vendido	**habíais** vivido
habían hablado	**habían** vendido	**habían** vivido

Use of the Pluperfect (or Past Perfect) Tense

The past perfect tense is used to specify an action or event as happening further back in the past than another action or event, which usually appears in the preterit.

Ellos ya **habían salido** cuando tú **llamaste**.   ***They had** already **gone out** when **you called**. (Their going out took place further back in the past than your calling.)*

Juan todavía **no había llegado** cuando yo **empecé** a comer.   *Juan still **hadn't arrived** when I **began** to eat. (Juan's arrival was expected further back in the past than my beginning to eat.)*

The Preterit Perfect Tense

This tense consists of the preterit tense of the auxiliary verb **haber** and the past participle (*I had spoken, sold, lived*).

hablar	vender	vivir
hube hablado	**hube** vendido	**hube** vivido
hubiste hablado	**hubiste** vendido	**hubiste** vivido
hubo hablado	**hubo** vendido	**hubo** vivido
hubimos hablado	**hubimos** vendido	**hubimos** vivido
hubisteis hablado	**hubisteis** vendido	**hubisteis** vivido
hubieron hablado	**hubieron** vendido	**hubieron** vivido

Use of the Preterit Perfect Tense

The preterit perfect tense is rarely used in speech. It is a feature of formal, literary Spanish, where it may be used after the conjunctions **apenas, después de que, así que, cuando, enseguida que, en cuanto, tan pronto como, una vez que**.

> Tomé las medidas necesarias tan pronto como me **hubieron explicado** el asunto.

> *I took the necessary measures as soon as **they had explained** the matter to me.*

> Apenas **hubo terminado**, salió.

> *He had just finished when he left.*

In everyday language, the preterit perfect is replaced by the preterit:

> Apenas **terminó**, salió.

> *He had just finished when he left.*

The Future Perfect Tense

This tense consists of the future of the auxiliary verb **haber** and the past participle (*I will have spoken, sold, lived*).

hablar	vender	vivir
habré hablado	**habré** vendido	**habré** vivido
habrás hablado	**habrás** vendido	**habrás** vivido
habrá hablado	**habrá** vendido	**habrá** vivido
habremos hablado	**habremos** vendido	**habremos** vivido
habréis hablado	**habréis** vendido	**habréis** vivido
habrán hablado	**habrán** vendido	**habrán** vivido

Uses of the Future Perfect Tense

The future perfect tense is used to label a future action as completed before another future action takes place. The second future action is often in the subjunctive.

> **Habremos terminado** de comer antes de que él llegue.

> *We will have finished eating before he arrives.*

The most common use of the future perfect is to express a conjecture or guess about what happened in the past.

> —¡Qué sorpresa! Nuestros primos ya están aquí.

> *What a surprise! Our cousins are already here.*

> —**Habrán tomado** el tren de las diez.

> *They probably took the ten o'clock train.*

> —El jefe no está.

> *The boss isn't in.*

> —**Habrá salido**.

> *He must have gone out.*

> Los **habrás visto**.

> *You probably saw them.*

The Conditional Perfect Tense

This tense consists of the conditional of the auxiliary verb **haber** and the past participle (*I would have spoken, sold, lived*).

hablar	vender	vivir
habría hablado	**habría** vendido	**habría** vivido
habrías hablado	**habrías** vendido	**habrías** vivido
habría hablado	**habría** vendido	**habría** vivido
habríamos hablado	**habríamos** vendido	**habríamos** vivido
habríais hablado	**habríais** vendido	**habríais** vivido
habrían hablado	**habrían** vendido	**habrían** vivido

Uses of the Conditional Perfect Tense

The conditional perfect is most commonly used in conditional sentences that present hypotheses contrary to facts in the past.

Fact

Juan no vino. Por eso no lo vimos.   *Juan didn't come. That's why we didn't see him.*

Contrary-to-fact conditional sentence

Si Juan **hubiera venido**, nosotros lo **habríamos visto**.   *If Juan **had come**, we **would have seen** him.*

The conditional perfect is also used to express probability in the past.

Se habrían conocido en el cibercafé.   ***They had probably met** at the Internet café.*

The Present Perfect Subjunctive

This tense consists of the present subjunctive of the auxiliary verb **haber** and the past participle.

hablar	vender	vivir
que **haya** hablado	que **haya** vendido	que **haya** vivido
que **hayas** hablado	que **hayas** vendido	que **hayas** vivido
que **haya** hablado	que **haya** vendido	que **haya** vivido
que **hayamos** hablado	que **hayamos** vendido	que **hayamos** vivido
que **hayáis** hablado	que **hayáis** vendido	que **hayáis** vivido
que **hayan** hablado	que **hayan** vendido	que **hayan** vivido

Uses of the Present Perfect Subjunctive

The present perfect subjunctive is used in clauses that require the subjunctive to indicate that the action of the subordinate clause happens prior to the action of the main clause. Examine the following contrasting sentences.

Siento mucho que lo **hagas**.   *I'm very sorry that **you're doing** that.*

Siento mucho que lo **hayas hecho**.   *I'm very sorry that **you did** that.*

No creo que **salgan**.   *I don't think they're going out / that they will go out.*

No creo que **hayan salido**.   *I don't think they went out.*

Notice that the present subjunctive can designate either present or future time, and indicates an action either simultaneous with or subsequent to the action of the main clause.

The Past Perfect (or Pluperfect) Subjunctive

This tense consists of the imperfect subjunctive of the auxiliary verb **haber** and the past participle. Either the -**ra** or -**se** form of the auxiliary may be used.

hablar	vender	vivir
que **hubiera** hablado	que **hubiera** vendido	que **hubiera** vivido
que **hubieras** hablado	que **hubieras** vendido	que **hubieras** vivido
que **hubiera** hablado	que **hubiera** vendido	que **hubiera** vivido
que **hubiéramos** hablado	que **hubiéramos** vendido	que **hubiéramos** vivido
que **hubierais** hablado	que **hubierais** vendido	que **hubierais** vivido
que **hubieran** hablado	que **hubieran** vendido	que **hubieran** vivido

OR

hablar	vender	vivir
que **hubiese** hablado	que **hubiese** vendido	que **hubiese** vivido
que **hubieses** hablado	que **hubieses** vendido	que **hubieses** vivido
que **hubiese** hablado	que **hubiese** vendido	que **hubiese** vivido
que **hubiésemos** hablado	que **hubiésemos** vendido	que **hubiésemos** vivido
que **hubieseis** hablado	que **hubieseis** vendido	que **hubieseis** vivido
que **hubiesen** hablado	que **hubiesen** vendido	que **hubiesen** vivido

Use of the Past Perfect (or Pluperfect) Subjunctive

This tense has several uses. It parallels the use of the present perfect subjunctive in that it indicates an action prior to the action of the main verb when that verb is in the preterit, imperfect, or pluperfect. Examine the following contrasting sentences.

Tenía miedo de que **no se fueran**.	*I was afraid **they weren't leaving**.*
Tenía miedo de que **no se hubieran ido**.	*I was afraid **they hadn't left**.*
Me alegré de que **se graduara**.	*I was glad **he was graduating**.*
Me alegré de que **se hubiera graduado**.	*I was glad **he had graduated**.*

The pluperfect subjunctive is used in the **si**-clause of conditional sentences expressing conditions contrary to past facts.

Fact

Yo perdí mis boletos. Por eso no pude ver el partido.	*I lost my tickets. That's why I couldn't see the match.*

Conditional sentence

Si **yo no hubiera perdido** mis boletos, habría podido ver el partido.	*If **I hadn't lost** my tickets, I would have been able to see the match.*

The pluperfect subjunctive may replace the conditional perfect in the above conditional sentence:

Si yo no hubiera perdido mis boletos,
hubiera podido ver el partido.

The pluperfect subjunctive is used after **ojalá** to express an impossible wish, one which the speaker knows cannot come true. Note that these wishes are contrary to past facts.

Ojalá que **te hubiéramos avisado**.	*I wish **we had notified you**.*
	(FACT: No te avisamos.)
Ojalá que **se hubieran dado cuenta**.	*I wish **they had realized**.*
	(FACT: No se dieron cuenta.)

The Progressive Tenses

In Spanish, the progressive tenses are formed from the present, preterit, imperfect, future, conditional, or subjunctive forms of the verb **estar** + the -**ndo** form or gerund. The gerund, also known as the present participle, corresponds to English *-ing*. For -**ar** verbs, the ending of the gerund is -**ando**, and for -**er** and -**ir** verbs, the ending is -**iendo**.

viajar	viaj**ando**
aprender	aprend**iendo**
abrir	abr**iendo**

-**Er** and -**ir** verbs whose stem ends in a vowel use -**yendo**, not -**iendo**, to form the gerund.

leer	le**yendo**
oír	o**yendo**

-**Ir** verbs that have a change in the vowel of the stem in the third-person singular of the preterit, have the same change in the gerund.

INFINITIVE	PRETERIT	GERUND
decir	dijo	**diciendo**
dormir	durmió	**durmiendo**

Note that **ir** and **poder** have irregular gerunds.

ir	**yendo**
poder	**pudiendo**

In this book, the progressive tenses appear in the following form for each verb.

Present	estoy, estás, está, estamos, estáis, están
Preterit	estuve, estuviste, estuvo, estuvimos, estuvisteis, estuvieron
Imperfect	estaba, estabas, estaba, estábamos, estabais, estaban
Future	estaré, estarás, estará, estaremos, estaréis, estarán
Conditional	estaría, estarías, estaría, estaríamos, estaríais, estarían
Subjunctive	que + *corresponding subjunctive tense of* estar (*see verb 252*)

> viajando

Estuviste viajando.	*You were traveling.*
Estaba viajando.	*He was traveling.*
Estaremos viajando.	*We'll be traveling.*
Estarían viajando.	*They'd be traveling.*
Dudo que esté viajando.	*I doubt she's traveling.*

Uses of the Progressive Tenses

The progressive tenses differ from the simple tenses in that they suggest that the action is or was in progress. They may also be used to indicate that the action is temporary.

Oigo música.	*I **listen** to music.* (habitual action)
Estoy oyendo música.	*I'm **listening** to music.* (temporary action or an action just begun)

The present progressive in Spanish, unlike English, can never be used to refer to the future. Spanish uses the simple present tense, the future tense, or the **ir a** + infinitive construction to express future time.

Nos **visitan** el viernes.
Nos **visitarán** el viernes. } *They're visiting / They will visit us on Friday.*
Nos **van a visitar** el viernes.

The preterit progressive is used to show an action that was in progress in the past but is now completed. Usually completion of the action is also indicated.

Estuvimos leyendo hasta que llegaron. *We were reading until they arrived.*

THE INFINITIVE

The Spanish infinitive ends in **-ar, -er,** or **-ir** and has several key functions.

1 · It is the form that appears in word lists and dictionaries.

2 · It serves as the complement of a verb in verb + infinitive constructions.

querer + infinitive *to want to do something*
poder + infinitive *to be able to do something*

3 · It serves as the complement of a preposition or connector in verb + preposition/ connector + infinitive constructions.

acabar de + infinitive *to have just done something*
tener que + infinitive *to have to do something*

4 · The infinitive serves as the "verbal noun"—it can be used as the subject or object of another verb. The English equivalent of this form is the *-ing* form. Note that in this function the Spanish infinitive may be preceded by the definite article **el**.

(El) Nadar es un buen ejercicio. *Swimming is a good exercise.*

The infinitive can be used for impersonal instructions.

Arrastrar y soltar. *Drag and drop.*
Copiar, cortar y pegar. *Copy, cut, and paste.*
No molestar. *Do not disturb.*
Tomar la autopista I-95 sur hasta *Take I-95 south to exit 24.*
  la salida 24.
Doblar a la derecha en el tercer *Turn right at the third traffic light.*
  semáforo.
Tomar una pastilla dos veces al día. *Take one pill twice a day.*

Verb + Infinitive Constructions

Some Spanish verbs can be followed directly by an infinitive to form a verb + infinitive construction. In the following list of verbs commonly used with an infinitive, **hacer algo** represents any infinitive.

conseguir (e > i) hacer algo *to succeed in doing something, manage something to do*

deber hacer algo *ought to do something, should do something*

decidir hacer algo *to decide to do something*
dejar hacer algo *to let do / allow to do something*
desear hacer algo *to want to do something*
escoger (escojo) hacer algo *to choose to do something*
esperar hacer algo *to hope to do something*
hacer hacer algo *to make do something; to have something done*

lograr hacer algo	to succeed in doing something, manage to do something
necesitar hacer algo	to need to do something
olvidar hacer algo	to forget to do something
pedir (e > i) hacer algo	to ask to do something
pensar (e > ie) hacer algo	to intend to / plan to do something
poder (o > ue) hacer algo	to be able to do something, can do something
preferir (e > ie) hacer algo	to prefer to do something
querer (e > ie) hacer algo	to want to do something
recordar (o > ue) hacer algo	to remember to do something
saber hacer algo	to know how to do something
sentir (e > ie) hacer algo	to be sorry for / regret doing something
temer hacer algo	to be afraid to do something
—Necesito redactar el informe hoy.	I have to edit the report today.
—No olvide hacer una copia de seguridad.	Don't forget to back it up.
—¿A quién piensas llevar a la fiesta?	Whom do you intend to take to the party?
—Decidí no invitar a nadie.	I decided not to invite anyone.
—¿Adónde quieren ir de vacaciones?	Where do you want to go on vacation?
—Yo espero ir al campo pero mi esposa prefiere ir al mar.	I hope to go to the country, but my wife prefers to go to the shore.
—¿Pudiste aprovechar las ofertas temporales?	Were you able to take advantage of the seasonal sales?
—Ah, sí. Logré encontrar unos zapatos de buena calidad bien rebajados.	Oh, yes. I managed to find good shoes at reduced prices.
—¿No hay nadie en la oficina que sepa programar?	Isn't there anyone in the office who knows how to program?
—Debe haber algún programador en el sitio.	There must be a programmer on the premises.

Verb + Preposition/Connector + Infinitive Constructions

Some Spanish verbs require a preposition or connector to link them to a following infinitive. The most common prepositions are **a** and **de**. In the following lists, **hacer algo** represents any infinitive.

Verbs connected by *a* to a following infinitive

acostumbrarse a hacer algo	to be accustomed to doing something
aprender a hacer algo	to learn to do something
atreverse a hacer algo	to dare to do something
ayudar a uno a hacer algo	to help someone do something
comenzar (e > ie) a hacer algo	to begin to do something
dedicarse a hacer algo	to devote oneself to doing something
echar(se) a hacer algo	to begin to do something
empezar (e > ie) a hacer algo	to begin to do something
enseñar a hacer algo	to teach/show how to do something
ir a hacer algo	to be going to do something
llegar a hacer algo	to succeed in doing something, manage to do something
negarse (e > ie) a hacer algo	to refuse to do something
ponerse a hacer algo	to begin to do something
volver (o > ue) a hacer algo	to do something again
—Voy a ir al supermercado ahora.	I'm going to go to the supermarket now.

—Comencemos a hacer la cena cuando vuelvas.	*Let's start to make dinner when you get back.*
—¿Sara te ayudó a colgar los cuadros?	*Did Sara help you hang the paintings?*
—No, se negó a ayudarme.	*No, she refused to help me.*
—¿Cómo aprendiste a crear el sitio web?	*How did you learn to create the website?*
—Juan me enseñó a hacerlo.	*Juan showed me how to do it.*

Verbs of motion connected by *a* to a following infinitive

bajar a hacer algo	*to go downstairs to do something*
pasar a hacer algo	*to stop by to do something*
salir a hacer algo	*to go out(side) to do something*
subir a hacer algo	*to go upstairs to do something*
venir a hacer algo	*to come to do something*
—Salimos a cenar a las ocho.	*We're going out to have dinner at eight o'clock.*
—Pasen a recogernos a las siete y media.	*Come by to get us at 7:30.*

Verbs connected by *de* to a following infinitive

acabar de hacer algo	*to have just done something*
acordarse (o > ue) de hacer algo	*to remember to do something*
alegrarse de hacer algo	*to be glad to do something*
arrepentirse (e > ie) de hacer algo	*to regret doing something*
cansarse de hacer algo	*to get tired of doing something*
dejar de hacer algo	*to stop doing something*
encargarse de hacer algo	*to take charge of doing something*
olvidarse de hacer algo	*to forget to do something*
terminar de hacer algo	*to finish doing something*
tratar de hacer algo	*to try to do something*
—Yo me encargo de dirigir este proyecto.	*I've taken charge of running this project.*
—¿Cuándo dejó de trabajar en el anterior?	*When did you stop working on the previous one?*

Verbs connected by *en* to a following infinitive

consistir en hacer algo	*to consist of doing something*
dudar en hacer algo	*to hesitate / be hesitant to do something*
esforzarse (o > ue) en hacer algo	*to strive to do something*
empeñarse en hacer algo	*to insist on / be determined to do something*
insistir en hacer algo	*to insist on doing something*
interesarse en/por hacer algo	*to be interested in doing something*
quedar en hacer algo	*to agree to do something*
tardar en hacer algo	*to take time / delay / take long in doing something*
—Se empeñan en seguir adelante.	*They're determined to get ahead.*
—Y no dudan en hacer todo lo posible por triunfar.	*And they don't hesitate to do everything possible to succeed.*

Verbs connected by *con* to a following infinitive

amenazar con hacer algo	*to threaten to do something*
contar (o > ue) con hacer algo	*to count on / rely on doing something*
soñar (o > ue) con hacer algo	*to dream of/about doing something*
Los jugadores sueñan con ganar el campeonato.	*The players are dreaming about winning the championship.*

Cuentan con tener acceso al correo electrónico cuando viajan.	*They count on having e-mail access when they travel.*

Verbs connected by *por* to a following infinitive

esforzarse (o > ue) por/en hacer algo	*to strive / work hard to do something*
empezar (e > ie) por hacer algo	*to begin by doing something*
interesarse por/en hacer algo	*to be interested in doing something*
optar por hacer algo	*to opt/choose to do something*
—Se esfuerzan por hacer crecer su negocio.	*They're working hard to grow their business.*
—Empezaron por invertir una fuerte cantidad de dinero propio.	*They began by investing a large amount of their own money.*

There are two verbs that use **que** as the connector to a following infinitive.

tener que hacer algo	*to have to do something*
hay que hacer algo	*one must do something*

Hay que is not conjugated. It expresses a general obligation, not a personal one. Sometimes the English passive voice best translates **hay que hacer algo**.

—¿Ud. tiene que asistir a la reunión esta tarde?	*Do you have to go to the meeting this afternoon?*
—Por supuesto, tengo que presidirla.	*Of course, I have to chair it.*
—Hay que cuidarse bien.	*We have to take good care of ourselves. / People have to take good care of themselves.*
—Por eso hay que comer sano.	*That's why we have to eat well (a healthy diet).*

PRINCIPAL PARTS OF THE VERB

The first-person singular present, the third-person plural preterit, the past participle, and the present participle comprise the *principal parts* of the verb. For almost all Spanish verbs, knowledge of these four forms allows you to construct all the forms of the verb. In this book, the principal parts of the verb appear below the infinitive. For example:

poner
pongo · pusieron · puesto · poniendo

1. The First-Person Singular (yo Form) of the Present Tense

Many Spanish verbs in the present tense have an irregular **yo** form, but the remaining forms are regular. The conjugation of **poner** in the present is typical of these verbs:

poner

	SINGULAR	PLURAL
FIRST PERSON	**pongo**	ponemos
SECOND PERSON	pones	ponéis
THIRD PERSON	pone	ponen

The present subjunctive, the formal commands, and the negative informal commands derive from the irregular **yo** form.

2. Irregular Preterit

Many common Spanish verbs have an irregular stem in the preterit tense. These verbs have a special set of endings in the preterit in which the first- and third-person singular forms are **not** stressed, and therefore have no accent marks as regular preterit forms do.

poner

	SINGULAR	PLURAL
FIRST PERSON	**puse**	**pusimos**
SECOND PERSON	**pusiste**	**pusisteis**
THIRD PERSON	**puso**	**pusieron**

For **poner** the irregular stem **pus-** appears in all forms of the preterit and the **yo** and **él/ella** forms (**puse, puso**) have no accent marks. (Compare the **yo** and **él/ella** forms of the preterit of the regular -**er** verb **vender**: **vendí, vendió**.)

The imperfect subjunctive is derived from the **ellos/ellas** form of the preterit.

3. The Past Participle (-*do/-to/-cho* Form)

Many common verbs have an irregular past participle. These forms have to be memorized. The past participle appears in all the compound tenses and in all the tenses of the passive voice. The past participle of **poner** is **puesto**. (See page 25.)

4. The Present Participle (-*ndo* Form)

Most verbs in Spanish have a regular present participle. The present participle is an important form because it appears in all the progressive tenses. The present participle of **poner** is regular: **poniendo**. (See page 30.)

Use of the Principal Parts of the Verb

If you know the principal parts of the verb, you can predict the forms of almost all Spanish verbs. Let's take the example of the principal parts of the regular verb **tomar** *to take*:

tomar
tomo · tomaron · tomado · tomando

From the infinitive (**tomar**) you form the following tenses:

1 · the future: **tomaré, tomarás, tomará, tomaremos, tomaréis, tomarán**

2 · the conditional: **tomaría, tomarías, tomaría, tomaríamos, tomaríais, tomarían**

From the first-person singular of the present tense (**tomo**), you derive the following:

1 · the rest of the present tense: **tomas, toma, tomamos, tomáis, toman**

2 · the imperfect: **tomaba, tomabas, tomaba, tomábamos, tomabais, tomaban**

3 · the present subjunctive: **tome, tomes, tome, tomemos, toméis, tomen**

Formal commands and negative informal commands are derived from the subjunctive.

From the third-person plural of the preterit (**tomaron**) you derive the following forms:

1 · the rest of the preterit: **tomé, tomaste, tomó, tomamos, tomasteis**

2 · the imperfect subjunctive: **tomara, tomaras, tomara, tomáramos, tomarais, tomaran** or **tomase, tomases, tomase, tomásemos, tomaseis, tomasen**

The past participle is used to form the following compound tenses:

PRESENT PERFECT	**he tomado**
PLUPERFECT (PAST PERFECT)	**había tomado**
PRETERIT PERFECT	**hube tomado**
FUTURE PERFECT	**habré tomado**
CONDITIONAL PERFECT	**habría tomado**
PRESENT PERFECT SUBJUNCTIVE	que **haya tomado**
PAST PERFECT SUBJUNCTIVE (PLUPERFECT)	que **hubiera/hubiese tomado**

The past participle is also used with **ser** to form the passive: **es tomado**, etc.

The present participle is used to form the progressive tenses:

PRESENT PROGRESSIVE	**estoy tomando**
IMPERFECT PROGRESSIVE	**estaba tomando**
PRETERIT PROGRESSIVE	**estuve tomando**
FUTURE PROGRESSIVE	**estaré tomando**
CONDITIONAL PROGRESSIVE	**estaría tomando**
PRESENT PERFECT PROGRESSIVE	**he estado tomando**
PAST PERFECT PROGRESSIVE	**había estado tomando**
PRESENT SUBJUNCTIVE PROGRESSIVE	que **esté tomando**
IMPERFECT SUBJUNCTIVE PROGRESSIVE	que **estuviera tomando**
PRESENT PERFECT SUBJUNCTIVE PROGRESSIVE	que **haya estado tomando**
PAST PERFECT SUBJUNCTIVE PROGRESSIVE	que **hubiera estado tomando**

THE IMPERATIVE (COMMANDS)

The imperative or command forms in Spanish are used to tell someone to do something or not to do something. Most imperative forms require a change in the vowel of the verb ending.

Ud. and Uds. (Formal Commands)

The command forms for **Ud.** and **Uds.** are derived from the subjunctive. Negative commands are formed by placing **no** before the verb. The addition of the subject pronouns **Ud.** and **Uds.** after the command form of the verb adds a note of politeness, equivalent to English *please.*

STATEMENT FORM	COMMAND FORM
entrar	
(Ud.) entra	entre (Ud.) *come in*
(Uds.) entran	entren (Uds.) *come in*
correr	
(Ud.) no corre	no corra (Ud.) *don't run*
(Uds.) no corren	no corran (Uds.) *don't run*

escribir

(Ud.) escribe	escriba (Ud.) *write*
(Uds.) escriben	escriban (Uds.) *write*

entender

(Ud.) entiende	entienda (Ud.) *understand*
(Uds.) entienden	entiendan (Uds.) *understand*

volver

(Ud.) vuelve	vuelva (Ud.) *come back*
(Uds.) vuelven	vuelvan (Uds.) *come back*

mentir

(Ud.) no miente	no mienta (Ud.) *don't lie*
(Uds.) no mienten	no mientan (Uds.) *don't lie*

Nosotros

The command forms for nosotros are also taken from the subjunctive.

STATEMENT FORM	COMMAND FORM
cant**amos**	cant**emos** *let's sing*
com**emos**	com**amos** *let's eat*
le**emos**	le**amos** *let's read*
sub**imos**	sub**amos** *let's go up*

Verbs ending in **-car**, **-gar**, **-zar**, **-ger**, **-gir**, **-cer**, and **-cir** have the same spelling changes in the **Ud.**, **Uds.**, and **nosotros** command forms that they have in the present subjunctive.

INFINITIVE	**Ud.** COMMAND	**Uds.** COMMAND	**nosotros** COMMAND
practicar	practi**que**	practi**quen**	practi**quemos**
llegar	lle**gue**	lle**guen**	lle**guemos**
analizar	anali**ce**	anali**cen**	anali**cemos**
escoger	esco**ja**	esco**jan**	esco**jamos**
dirigir	diri**ja**	diri**jan**	diri**jamos**
torcer	tuer**za**	tuer**zan**	torzamos
zurcir	zur**za**	zur**zan**	zur**zamos**

Any irregularity in the present subjunctive form appears in the command forms.

INFINITIVE	**Ud.** COMMAND	**Uds.** COMMAND	**nosotros** COMMAND
salir	**salga**	**salgan**	**salgamos**
producir	**produzca**	**produzcan**	**produzcamos**
ver	**vea**	**vean**	**veamos**
ser	**sea**	**sean**	**seamos**
ir	**vaya**	**vayan**	**vayamos**
saber	**sepa**	**sepan**	**sepamos**

Remember that stem-changing **-ir** verbs have a vowel change in the **nosotros** forms of the subjunctive as well.

INFINITIVE	COMMAND FORM
convertir	convirtamos
servir	sirvamos
dormir	durmamos

The **Ud.** command form of **dar** and the **Ud.** and **Uds.** command forms of **estar** have accent marks.

INFINITIVE	Ud. COMMAND	Uds. COMMAND
dar	**dé**	**den**
estar	**esté**	**estén**

In everyday speech, **vamos a** + infinitive replaces the **nosotros** command.

nosotros COMMAND (FORMAL)	nosotros COMMAND (EVERYDAY SPEECH)
Mandemos un e-mail.	**Vamos a mandar** un e-mail. *Let's send an e-mail.*
Hagamos planes.	**Vamos a hacer** planes. *Let's make plans.*
Juguemos al tenis.	**Vamos a jugar** al tenis. *Let's play tennis.*

Spanish sentences that use the **vamos a** + infinitive construction instead of the **nosotros** command can have two meanings.

Vamos a hacer planes.	*Let's make plans.* OR *We're going to make plans.*

To express a negative **nosotros** command, the formal **no** + the **nosotros** command form must be used since the **no vamos a** + infinitive construction can only mean *we are not going to do something.*

Vamos is used for *let's go,* but you must use **no vayamos** to express *let's not go.*

The final **-s** of affirmative **nosotros** commands for reflexive verbs drops when the pronoun **-nos** is added.

Arreglémonos.	*Let's get ready.*
Reunámonos.	*Let's get together.*
Tranquilicémonos.	*Let's calm down.*

Tú and *vosotros* (Informal Commands)

For most verbs, the affirmative **tú** command is formed by dropping the **-s** ending of the present tense.

STATEMENT FORM	COMMAND FORM
trabaj**as**	trabaja *work*
piens**as**	piensa *think*
aprend**es**	aprende *learn*
resuelv**es**	resuelve *solve*
discut**es**	discute *discuss*
consigu**es**	consigue *get*
duerm**es**	duerme *sleep*

Eight verbs have irregular one-syllable affirmative **tú** command forms.

INFINITIVE	tú COMMAND
decir	**di** *say*
hacer	**haz** *do*
ir	**ve** *go*
poner	**pon** *put*
salir	**sal** *leave*
ser	**sé** *be*
tener	**ten** *have, hold*
venir	**ven** *come*

Note that the affirmative **tú** command forms for the verbs **ir** and **ver** are identical: **ve.** Context clarifies which verb is intended.

Compounds of the above eight verbs have the same irregularity in their affirmative **tú** command forms. Accent marks are used on compound command forms ending in **-n.**

INFINITIVE	tú COMMAND
rehacer	**rehaz** *redo*
proponer	**propón** *propose*
mantener	**mantén** *maintain*

Negative **tú** commands are taken from the subjunctive.

no compr**es**	*don't buy*
no empiec**es**	*don't begin*
no beb**as**	*don't drink*
no vuelv**as**	*don't return*
no imprim**as**	*don't print*
no sirv**as**	*don't serve*
no sal**gas**	*don't go out*
no d**es**	*don't give*
no **vayas**	*don't go*

No compres esa computadora.	*Don't buy that computer.*
Compra ésta.	*Buy this one.*
No sirvas pescado. **Sirve** pollo.	*Don't serve fish. Serve chicken.*
No salgas todavía. **Sal** más tarde.	*Don't leave yet. Leave later.*

For all verbs, the affirmative **vosotros** command is formed by replacing the **-r** ending of the infinitive with **-d.** All **vosotros** commands are regular. Negative **vosotros** commands are taken from the subjunctive.

INFINITIVE	vosotros COMMAND	NEGATIVE vosotros COMMAND
habl**ar**	habla**d** *speak*	no habl**éis** *don't speak*
comenz**ar**	comenza**d** *begin*	no comenc**éis** *don't begin*
com**er**	come**d** *eat*	no com**áis** *don't eat*
volv**er**	volve**d** *return*	no volv**áis** *don't return*
abr**ir**	abri**d** *open*	no abr**áis** *don't open*
ir	i**d** *go*	no vay**áis** *don't go*
ped**ir**	pedi**d** *ask for*	no pid**áis** *don't ask for*
dorm**ir**	dormi**d** *sleep*	no durm**áis** *don't sleep*

Object Pronouns with Command Forms

In negative commands, object pronouns (direct, indirect, and reflexive) are placed in their usual position before the verb.

No **lo** firme.	*Don't sign it.*
No **lo** hagas.	*Don't do it.*
No **te los** pongas.	*Don't put them on.*
No **se la** entreguen.	*Don't hand it in to them.*
No **nos** paseemos.	*Let's not go for a walk.*
No **se las** traigáis.	*Don't bring them to him.*

In affirmative commands, object pronouns follow the verb and are attached to it. When attached in writing, an accent mark is placed over the stressed syllable, except when a single object pronoun is added to a one-syllable command form: **dime** *tell*

me, **dímelo** *tell me it.* However, **dé, esté,** and **está** may keep their accent marks when
a single object pronoun is added: **deme** OR **déme.**

Fírme**lo.**	*Sign it.*
Haz**lo.**	*Do it.*
Pónte**los.**	*Put them on.*
Entréguen**sela.**	*Hand it in to them.*
Paseémo**nos.**	*Let's go for a walk.*
Traéd**selas.**	*Bring them to him.*

Indirect Commands

Indirect commands in Spanish, equivalent to English *Let* or *Have him/her/it/them do
something,* consist of **que** + present subjunctive. Object and reflexive pronouns are
placed before the verb.

Que regrese.	*Have him come back.*
Que duerma.	*Let her sleep.*
Que no nos esperen.	*Don't have them wait for us.*
Que se vayan.	*Have them go away.*
Que se lo explique.	*Let him explain it to you.*
Que los deje en paz.	*Have her leave them alone.*

Indirect commands formed with the **se le** construction for unplanned or unexpected
occurrences are usually equivalent to regular commands in English.

Que no se te quede el BlackBerry en la oficina.	*Don't leave your BlackBerry at the office.*
Que no se le olviden los billetes.	*Don't forget the tickets.*
Que no se les caigan las copas.	*Don't drop the wineglasses.*

REFLEXIVE VERBS

Spanish has a large class of verbs known as reflexive verbs. These verbs always appear
with a reflexive pronoun referring back to the subject. Reflexive verbs occur in all
tenses. Study the present tense of **levantarse.**

levantarse *to get up*

Me levanto a las ocho.	**Nos** levantamos a las ocho.
Te levantas a las ocho.	**Os** levantáis a las ocho.
Se levanta a las ocho.	**Se** levantan a las ocho.

In the progressive tenses, reflexive verbs can be formed in either of two ways. Reflexive pronouns can precede the auxiliary verb or they can be attached to the end of the
present participle. When the reflexive pronoun is attached to the present participle,
an accent mark is added.

Me estoy vistiendo. / Estoy vistiéndome.	*I am getting dressed.*
Te estuviste quejando. / Estuviste quejándote.	*You were complaining.*
Se estaba negando. / Estaba negándose.	*She was refusing.*
Nos estaremos levantando. / Estaremos levantándonos.	*We will be getting up.*
Os estaríais preocupando. / Estaríais preocupándoos.	*You would be worrying.*
Para que se estén fijando... / Para que estén fijándose...	*So that they will be noticing . . .*

Uses of Reflexive Verbs

Reflexive verb forms in English are followed by a pronoun that ends in *-self* or *-selves* (*I cut myself.* / *They hurt themselves.*). This is a relatively small class of verbs in English. Most reflexive verbs in Spanish correspond to English intransitive verbs, that is, verbs that have no direct object, or English verb constructions with *get* or *be*.

Se despertó a las siete.	*She woke up at seven o'clock.*
Te enojaste.	*You got angry.*
Van a lavarse. ⎤ Se van a lavar. ⎦	*They're going to wash up.*

In the case of some reflexive verbs, the reflexive pronoun is an indirect object rather than a direct object. These verbs can have a direct object as well as the reflexive pronoun. **Ponerse** *to put on an article of clothing* and **quitarse** *to take off an article of clothing* are two such examples.

Me puse la camisa.	***I put** my shirt **on**.* (shirt = direct object)
Nos quitamos la chaqueta.	***We took** our jackets **off**.* (jackets = direct object)
Se lava la cara.	***She's washing** her face.* (face = direct object)

Note that Spanish uses the reflexive pronoun where English uses a possessive adjective for articles of clothing and parts of the body.

Se ponen el sombrero.	*They put on **their** hats.*
Se ponen los zapatos.	*They put on **their** shoes.*
Nos lavamos la cara.	*We washed **our** faces.*
Nos lavamos las manos.	*We washed **our** hands.*

Some common reflexive verbs used this way:

lastimarse + *part of the body*	*to hurt*
lavarse + *part of the body*	*to wash*
ponerse + *article of clothing*	*to put on*
quebrarse (e > ie) + *part of the body*	*to break*
quemarse + *part of the body*	*to burn*
quitarse + *article of clothing*	*to take off*
romperse + *part of the body;* *article of clothing*	*to break; to tear*

Reflexive verbs, when used in the plural, may convey a *reciprocal meaning* equivalent to English "each other."

Gabriel y Sofía **se quieren**.	*Gabriel and Sofía love each other.*
Isabel y yo **nos vemos** los viernes.	*Isabel and I see each other on Fridays.*
¿Dónde **se conocieron** Uds.?	*Where did you meet each other?*
Rafael y yo **nos tuteamos**.	*Rafael and I address each other as* tú *(informally).*
Se escribían correos electrónicos.	*They wrote e-mails to each other.*
David y yo **nos ayudamos**.	*David and I help each other.*

REVERSE CONSTRUCTION VERBS

Reverse construction verbs in Spanish typically occur with an indirect object pronoun. In the English translations of sentences with these verbs, the Spanish subject corresponds to the English direct object, and the English subject corresponds to the Spanish indirect object. These verbs are used mostly in third-person singular and third-person plural forms. **Gustar** *to like* (verb 289) is one of the most common of these verbs.

Me	gusta	la música.		I	like	music.
INDIRECT OBJECT		SUBJECT		SUBJECT		DIRECT OBJECT
Me	gustan	los conciertos.		I	like	concerts.
INDIRECT OBJECT		SUBJECT		SUBJECT		DIRECT OBJECT

I is the subject of the English sentences, **la música** and **los conciertos** are the subjects of the Spanish sentences. *Music* and *concerts* are the direct objects of the English sentences, **me** is the indirect object of the verb **gustar** in the Spanish sentences.

When the grammatical subject of a reverse construction verb is an infinitive, the verb is always in the third-person singular.

Les urge llegar a un acuerdo.	*It's urgent that they come to an agreement.*
Nos hará falta analizar los datos.	*We'll need to analyze the data.*

Reverse construction verbs and verb phrases

agradarle a uno	*to like something, find something pleasing*
caerle bien/mal a uno	*to like/dislike (usually a person)*
convenirle a uno	*to suit someone, be good for someone*
desagradarle a uno	*to dislike something, find something unpleasant*
disgustarle a uno	*to dislike something, find something unpleasant*
encantarle a uno	*to love something*
entusiasmarle a uno	*to be excited about something*
faltarle a uno	*to be missing something, not have something; to be short of something (money, time)*
fascinarle a uno	*to be fascinated by something, like something*
hacerle falta a uno	*to need something*
importarle a uno	*to care about something; to mind; to matter*
interesarle a uno	*to be interested in something*
quedarle a uno	*to have something left*
sobrarle a uno	*to have more than enough of something*
tocarle a uno	*to be someone's turn*
urgirle a uno	*to be urgent for someone to do something*

—¿Les gustó la película?	*Did you like the film?*
—Sí, nos encantó.	*Yes, we loved it.*
—Me entusiasma el proyecto. ¿Y a ti?	*I'm excited about the project. How about you?*
—A mí no me interesa para nada.	*I'm not interested in it at all.*
—Paloma nos cae muy bien.	*We like Paloma very much.*
—Claro. Le sobra gracia.	*Of course. She's very charming. (She has charm to spare.)*
—¿Os falta dinero?	*Are you short money?*
—Al contrario, nos sobra.	*On the contrary, we have more than enough.*
—Su actitud les va a disgustar.	*They're not going to like her attitude.*
—No les va a importar en lo más mínimo.	*They're not going to care at all.*

THE PASSIVE VOICE

The passive voice in Spanish is formed as in English. It consists of **ser** + the past participle. The past participle agrees in gender and number with the subject of the sentence. The passive may be used in any tense.

Aquel señor **es** muy **respetado.**	*That man **is** very **respected.***
Las computadoras **fueron vendidas** a mitad de precio.	*The computers **were sold** at half price.*

Passives commonly include a phrase beginning with **por** to tell who (or what) is performing the action.

La ciudad **fue quemada por los enemigos.**	*The city **was burned down by the enemies.***
Muchas escuelas **serán construidas por el gobierno.**	*Many schools **will be built by the government.***

Even the progressive tenses may be used in the passive, but this is rare except in documents translated from English.

El proyecto de ley **estaba siendo considerado** por el Senado.	*The bill **was being considered** by the Senate.*
El asunto **está siendo investigado** por la policía.	*The matter **is being investigated** by the police.*

Uses of the Passive Voice

The passive voice is used largely in written Spanish, not spoken Spanish. In active sentences (e.g., *The dog bites the man.*), the focus is on the performer of the action (the subject). In the passive, the focus is shifted from the performer of the action to the object, which becomes the grammatical subject of the sentence (e.g., *The man is bitten by the dog.*).

The most common Spanish equivalent of the English passive is a construction consisting of **se** + the third-person singular or plural of the verb. In this construction, the performer of the action is not mentioned. A phrase with **por** cannot be added to the **se** construction.

Se respeta mucho a aquel señor.	*That man **is** very **respected.***
Se vendió la casa.	*The house **was sold.***
¿Cuándo **se encontrará** una solución?	*When **will** a solution **be found?***
Se construirán muchas casas.	*Many houses **will be built.***

When the performer of the action has to be mentioned, the active voice is used in spoken Spanish.

Los enemigos **quemaron** la ciudad.	*The enemies **burned down** the city.*
El gobierno **construirá** muchas escuelas.	*The government **will build** many schools.*
El Senado **está considerando** el proyecto de ley.	*The Senate **is considering** the bill.*

SE LE CONSTRUCTION FOR UNPLANNED OR UNEXPECTED OCCURRENCES

The indirect object pronoun can be added to a **se** construction with certain verbs to express unplanned or unexpected occurrences. The **se le** construction focuses on the object affected rather than on the person involved.

acabársele a uno	*to run out of something*
averiársele a uno	*to get damaged, break down, fail*
caérsele a uno	*to drop*
descomponérsele a uno	*to have something break down*
ocurrírsele a uno	*to dawn on, get the idea of*
olvidársele a uno	*to forget*
perdérsele a uno	*to lose*
quebrársele a uno	*to break*
quedársele a uno	*to leave something behind*
rompérsele a uno	*to break*

—¿Al lanzador se le quebró un dedo?	*Did the pitcher break a finger?*
—Por desgracia, se le quebraron dos.	*Unfortunately, he broke two.*
En plena canción, se le quebró la voz.	*In the middle of the song, her voice cracked.*
Se les descompuso el coche en un camino rural.	*Their car broke down on a back road.*
—¿Se te perdió tu celular?	*Did you lose your cell phone?*
—No, se me había olvidado en casa.	*No, I had forgotten it at home.*

Many other verbs can be used in this construction:

Se nos fue el avión.	*The plane left. (We missed the plane.)*
Se les murió el gato.	*Their cat died.*
Se le llenaron los ojos de lágrimas.	*Her eyes filled with tears.*
Ven cuando se te antoje.	*Come when you feel like it.*
Se le escapó su perro.	*Her dog got away.*
Al gobernador se le agotó su capital político.	*The governor used up his political capital.*

FULLY CONJUGATED VERBS

Top 30 Verbs

The following thirty verbs have been selected for their high frequency and their use within many common idiomatic expressions. A full page of example sentences and phrases provides guidance on correct usage and immediately precedes or follows the conjugation table.

acabar *to finish, end* 4
andar *to walk* 24
buscar *to look for, search* 51
caer *to fall* 53
dar *to give* 99
decir *to say, tell* 102
echar *to throw, throw out, give off* 121
estar *to be* 151
hacer *to do, make* 170
ir *to go* 186
llegar *to arrive* 193
llevar *to carry, take, lead, have, wear* 194
meter *to put, put in* 206
pasar *to pass, happen, spend time* 232
pensar *to think* 235
perder *to lose, waste, miss* 236
poder *to be able, can* 242
poner *to put, place, set* 243
querer *to want, wish, love* 257
saber *to know, know how, taste* 279
salir *to go out, leave* 281
seguir *to follow, continue, pursue* 284
ser *to be* 287
servir *to serve* 288
tener *to have, hold, take, be* 307
tomar *to take, have to eat or drink* 309
traer *to bring* 313
venir *to come, arrive* 324
ver *to see, watch, look at* 325
volver *to go/come back, return, turn* 331

-ar verb; spelling change: z > c/e | **abrazo · abrazaron · abrazado · abrazando**

PRESENT

abrazo	abrazamos
abrazas	abrazáis
abraza	abrazan

PRETERIT

abracé	abrazamos
abrazaste	abrazasteis
abrazó	abrazaron

IMPERFECT

abrazaba	abrazábamos
abrazabas	abrazabais
abrazaba	abrazaban

PRESENT PERFECT

he abrazado	hemos abrazado
has abrazado	habéis abrazado
ha abrazado	han abrazado

FUTURE

abrazaré	abrazaremos
abrazarás	abrazaréis
abrazará	abrazarán

CONDITIONAL

abrazaría	abrazaríamos
abrazarías	abrazaríais
abrazaría	abrazarían

PLUPERFECT

había abrazado	habíamos abrazado
habías abrazado	habíais abrazado
había abrazado	habían abrazado

PRETERIT PERFECT

hube abrazado	hubimos abrazado
hubiste abrazado	hubisteis abrazado
hubo abrazado	hubieron abrazado

FUTURE PERFECT

habré abrazado	habremos abrazado
habrás abrazado	habréis abrazado
habrá abrazado	habrán abrazado

CONDITIONAL PERFECT

habría abrazado	habríamos abrazado
habrías abrazado	habríais abrazado
habría abrazado	habrían abrazado

PRESENT SUBJUNCTIVE

abrace	abracemos
abraces	abracéis
abrace	abracen

PRESENT PERFECT SUBJUNCTIVE

haya abrazado	hayamos abrazado
hayas abrazado	hayáis abrazado
haya abrazado	hayan abrazado

IMPERFECT SUBJUNCTIVE (-ra)

abrazara	abrazáramos
abrazaras	abrazarais
abrazara	abrazaran

or IMPERFECT SUBJUNCTIVE (-se)

abrazase	abrazásemos
abrazases	abrazaseis
abrazase	abrazasen

PAST PERFECT SUBJUNCTIVE (-ra)

hubiera abrazado	hubiéramos abrazado
hubieras abrazado	hubierais abrazado
hubiera abrazado	hubieran abrazado

or PAST PERFECT SUBJUNCTIVE (-se)

hubiese abrazado	hubiésemos abrazado
hubieses abrazado	hubieseis abrazado
hubiese abrazado	hubiesen abrazado

PROGRESSIVE TENSES

PRESENT	estoy, estás, está, estamos, estáis, están
PRETERIT	estuve, estuviste, estuvo, estuvimos, estuvisteis, estuvieron
IMPERFECT	estaba, estabas, estaba, estábamos, estabais, estaban
FUTURE	estaré, estarás, estará, estaremos, estaréis, estarán
CONDITIONAL	estaría, estarías, estaría, estaríamos, estaríais, estarían
SUBJUNCTIVE	que + corresponding subjunctive tense of estar (see verb 151)

} abrazando

COMMANDS

	(nosotros) abracemos/no abracemos
(tú) abraza/no abraces	(vosotros) abrazad/no abracéis
(Ud.) abrace/no abrace	(Uds.) abracen/no abracen

Usage

—Abraza a tu tía, hija.	*Give your aunt a hug.*
—Ya le di un abrazo, mamá.	*I already hugged her, Mom.*
El documento abraza varios temas.	*The document covers several topics.*
Un abrazo de Laura	*Best regards,/Love, Laura (letter)*

abrir *to open*

abro · abrieron · abierto · abriendo   *-ir* verb; irregular past participle

PRESENT		PRETERIT	
abro	abrimos	abrí	abrimos
abres	abrís	abriste	abristeis
abre	abren	abrió	abrieron

IMPERFECT		PRESENT PERFECT	
abría	abríamos	he abierto	hemos abierto
abrías	abríais	has abierto	habéis abierto
abría	abrían	ha abierto	han abierto

FUTURE		CONDITIONAL	
abriré	abriremos	abriría	abriríamos
abrirás	abriréis	abrirías	abriríais
abrirá	abrirán	abriría	abrirían

PLUPERFECT		PRETERIT PERFECT	
había abierto	habíamos abierto	hube abierto	hubimos abierto
habías abierto	habíais abierto	hubiste abierto	hubisteis abierto
había abierto	habían abierto	hubo abierto	hubieron abierto

FUTURE PERFECT		CONDITIONAL PERFECT	
habré abierto	habremos abierto	habría abierto	habríamos abierto
habrás abierto	habréis abierto	habrías abierto	habríais abierto
habrá abierto	habrán abierto	habría abierto	habrían abierto

PRESENT SUBJUNCTIVE		PRESENT PERFECT SUBJUNCTIVE	
abra	abramos	haya abierto	hayamos abierto
abras	abráis	hayas abierto	hayáis abierto
abra	abran	haya abierto	hayan abierto

IMPERFECT SUBJUNCTIVE (-ra)		*or* IMPERFECT SUBJUNCTIVE (-se)	
abriera	abriéramos	abriese	abriésemos
abrieras	abrierais	abrieses	abrieseis
abriera	abrieran	abriese	abriesen

PAST PERFECT SUBJUNCTIVE (-ra)		*or* PAST PERFECT SUBJUNCTIVE (-se)	
hubiera abierto	hubiéramos abierto	hubiese abierto	hubiésemos abierto
hubieras abierto	hubierais abierto	hubieses abierto	hubieseis abierto
hubiera abierto	hubieran abierto	hubiese abierto	hubiesen abierto

PROGRESSIVE TENSES

PRESENT	estoy, estás, está, estamos, estáis, están	
PRETERIT	estuve, estuviste, estuvo, estuvimos, estuvisteis, estuvieron	
IMPERFECT	estaba, estabas, estaba, estábamos, estabais, estaban	abriendo
FUTURE	estaré, estarás, estará, estaremos, estaréis, estarán	
CONDITIONAL	estaría, estarías, estaría, estaríamos, estaríais, estarían	
SUBJUNCTIVE	que + *corresponding subjunctive tense of* estar (*see verb 151*)	

COMMANDS

	(nosotros) abramos/no abramos
(tú) abre/no abras	(vosotros) abrid/no abráis
(Ud.) abra/no abra	(Uds.) abran/no abran

Usage

El museo abre a las diez, ¿verdad?	*The museum opens at 10:00, doesn't it?*
Acabo de abrir una cuenta de crédito.	*I've just opened a charge account.*
No quiso abrirse con nadie.	*He refused to confide in anyone.*
La lata está abierta. Usé el abrelatas.	*The can is open. I used the can opener.*

regular *-ir* reflexive verb

aburro · aburrieron · aburrido · aburriéndose

PRESENT

me aburro	nos aburrimos
te aburres	os aburrís
se aburre	se aburren

PRETERIT

me aburrí	nos aburrimos
te aburriste	os aburristeis
se aburrió	se aburrieron

IMPERFECT

me aburría	nos aburríamos
te aburrías	os aburríais
se aburría	se aburrían

PRESENT PERFECT

me he aburrido	nos hemos aburrido
te has aburrido	os habéis aburrido
se ha aburrido	se han aburrido

FUTURE

me aburriré	nos aburriremos
te aburrirás	os aburriréis
se aburrirá	se aburrirán

CONDITIONAL

me aburriría	nos aburriríamos
te aburrirías	os aburriríais
se aburriría	se aburrirían

PLUPERFECT

me había aburrido	nos habíamos aburrido
te habías aburrido	os habíais aburrido
se había aburrido	se habían aburrido

PRETERIT PERFECT

me hube aburrido	nos hubimos aburrido
te hubiste aburrido	os hubisteis aburrido
se hubo aburrido	se hubieron aburrido

FUTURE PERFECT

me habré aburrido	nos habremos aburrido
te habrás aburrido	os habréis aburrido
se habrá aburrido	se habrán aburrido

CONDITIONAL PERFECT

me habría aburrido	nos habríamos aburrido
te habrías aburrido	os habríais aburrido
se habría aburrido	se habrían aburrido

PRESENT SUBJUNCTIVE

me aburra	nos aburramos
te aburras	os aburráis
se aburra	se aburran

PRESENT PERFECT SUBJUNCTIVE

me haya aburrido	nos hayamos aburrido
te hayas aburrido	os hayáis aburrido
se haya aburrido	se hayan aburrido

IMPERFECT SUBJUNCTIVE (-ra)

me aburriera	nos aburriéramos
te aburrieras	os aburrierais
se aburriera	se aburrieran

or **IMPERFECT SUBJUNCTIVE (-se)**

me aburriese	nos aburriésemos
te aburrieses	os aburrieseis
se aburriese	se aburriesen

PAST PERFECT SUBJUNCTIVE (-ra)

me hubiera aburrido	nos hubiéramos aburrido
te hubieras aburrido	os hubierais aburrido
se hubiera aburrido	se hubieran aburrido

or **PAST PERFECT SUBJUNCTIVE (-se)**

me hubiese aburrido	nos hubiésemos aburrido
te hubieses aburrido	os hubieseis aburrido
se hubiese aburrido	se hubiesen aburrido

PROGRESSIVE TENSES

PRESENT	estoy, estás, está, estamos, estáis, están
PRETERIT	estuve, estuviste, estuvo, estuvimos, estuvisteis, estuvieron
IMPERFECT	estaba, estabas, estaba, estábamos, estabais, estaban
FUTURE	estaré, estarás, estará, estaremos, estaréis, estarán
CONDITIONAL	estaría, estarías, estaría, estaríamos, estaríais, estarían
SUBJUNCTIVE	que + *corresponding subjunctive tense of* estar (*see verb 151*)

aburriendo
(*see page 36*)

COMMANDS

	(nosotros) aburrámonos/no nos aburramos
(tú) abúrrete/no te aburras	(vosotros) aburridos/no os aburráis
(Ud.) abúrrase/no se aburra	(Uds.) abúrranse/no se aburran

Usage

Se aburre como una ostra.	*She's bored stiff* (lit., *bored as an oyster*).
Nos aburrió su conversación pesada.	*His tedious conversation bored us.*
Es una persona muy aburrida.	*She's a very boring person.*
Dudo que estén aburridos.	*I doubt they're bored.*

acabar *to finish, end*

acabo · acabaron · acabado · acabando   regular *-ar* verb

¿Cuándo se acabará el proyecto?	When will the project be completed?
¡Acabad el trabajo de una vez!	Finish the work once and for all!
Acabemos esta discusión de una vez.	Let's end this argument once and for all.
Acaben la comida y vamos al cine.	Finish up your meal and we'll go to the movies.
Se acaba la función a las diez.	The performance is over at ten o'clock.
Acabó el cuadro.	He put the finishing touches to the painting.
Su plan de acción acabó mal.	His plan of action didn't work out.

acabar de + infinitive *to have/had just done something*

Ya han llegado. Acabo de verlos.	They've arrived. I've just seen them.
Acabábamos de tomar asiento cuando el conferenciante comenzó a hablar.	We had just taken our seats when the lecturer began to talk.

acabar por + infinitive; acabar + -ndo *finally, in the end*

—¿El ingeniero acabó por firmar el contrato?	Did the engineer finally end up signing the contract?
—Sí, acabó firmándolo.	Yes, he finally signed it.
¿Acabaron por arreglar los asuntos?	Did you finally straighten out your affairs?

acabar con *to finish with/off, put an end to, break with*

—Estos pagos mensuales acabarán conmigo.	These monthly payments will finish me off.
—¿No has acabado con los pagos todavía?	You're not done with the payments yet?
Acabó con su novio.	She broke up with her boyfriend.
¡Acaba con tus ideas estrafalarias!	Get rid of your outlandish/bizarre notions!

acabar en *to end in*

Sus conversaciones siempre acaban en disputas.	Their conversations always end in quarrels.

acabársele a alguien (unplanned occurrences) *to run out of*

—¿Se te acabó el pan?	Did you run out of bread?
—Algo peor. ¡Se me acabaron las galletas!	Something worse. I ran out of cookies!
¿Se les ha acabado el dinero?	Have they run out of money?
Se nos acabó la paciencia.	Our patience has come to an end./We've run out of patience.

Other Uses

El trabajo está acabado. ¡Y yo estoy acabado!	The work is finished. And I'm worn out!
Es una escultura acabada.	It's a perfect piece of sculpture.
Prefiero el acabado brillante para las fotos.	I prefer the glossy finish for the photos.

regular *-ar* verb

acabo · acabaron · acabado · acabando

PRESENT		**PRETERIT**	
acabo	acabamos	acabé	acabamos
acabas	acabáis	acabaste	acabasteis
acaba	acaban	acabó	acabaron

IMPERFECT		**PRESENT PERFECT**	
acababa	acabábamos	he acabado	hemos acabado
acababas	acababais	has acabado	habéis acabado
acababa	acababan	ha acabado	han acabado

FUTURE		**CONDITIONAL**	
acabaré	acabaremos	acabaría	acabaríamos
acabarás	acabaréis	acabarías	acabaríais
acabará	acabarán	acabaría	acabarían

PLUPERFECT		**PRETERIT PERFECT**	
había acabado	habíamos acabado	hube acabado	hubimos acabado
habías acabado	habíais acabado	hubiste acabado	hubisteis acabado
había acabado	habían acabado	hubo acabado	hubieron acabado

FUTURE PERFECT		**CONDITIONAL PERFECT**	
habré acabado	habremos acabado	habría acabado	habríamos acabado
habrás acabado	habréis acabado	habrías acabado	habríais acabado
habrá acabado	habrán acabado	habría acabado	habrían acabado

PRESENT SUBJUNCTIVE		**PRESENT PERFECT SUBJUNCTIVE**	
acabe	acabemos	haya acabado	hayamos acabado
acabes	acabéis	hayas acabado	hayáis acabado
acabe	acaben	haya acabado	hayan acabado

IMPERFECT SUBJUNCTIVE (-ra)		*or* **IMPERFECT SUBJUNCTIVE (-se)**	
acabara	acabáramos	acabase	acabásemos
acabaras	acabarais	acabases	acabaseis
acabara	acabaran	acabase	acabasen

PAST PERFECT SUBJUNCTIVE (-ra)		*or* **PAST PERFECT SUBJUNCTIVE (-se)**	
hubiera acabado	hubiéramos acabado	hubiese acabado	hubiésemos acabado
hubieras acabado	hubierais acabado	hubieses acabado	hubieseis acabado
hubiera acabado	hubieran acabado	hubiese acabado	hubiesen acabado

PROGRESSIVE TENSES

PRESENT	estoy, estás, está, estamos, estáis, están	
PRETERIT	estuve, estuviste, estuvo, estuvimos, estuvisteis, estuvieron	
IMPERFECT	estaba, estabas, estaba, estábamos, estabais, estaban	acabando
FUTURE	estaré, estarás, estará, estaremos, estaréis, estarán	
CONDITIONAL	estaría, estarías, estaría, estaríamos, estaríais, estarían	
SUBJUNCTIVE	que + *corresponding subjunctive tense of* estar (*see verb 151*)	

COMMANDS

	(nosotros) acabemos/no acabemos
(tú) acaba/no acabes	(vosotros) acabad/no acabéis
(Ud.) acabe/no acabe	(Uds.) acaben/no acaben

Usage

Cuando acabes el libro, préstamelo.	*When you finish the book, lend it to me.*
Acaban de llamarnos por teléfono.	*They've just phoned us.*
Siempre acaba hablando estupideces.	*She always ends up saying silly things.*
Se nos acabó el papel glaseado.	*We ran out of glossy paper.*

5

acercarse *to approach, come over, bring near/over*

acerco · acercaron · acercado · acercándose   *-ar reflexive verb; spelling change: c > qu/e*

PRESENT		PRETERIT	
me acerco	nos acercamos	me acerqué	nos acercamos
te acercas	os acercáis	te acercaste	os acercasteis
se acerca	se acercan	se acercó	se acercaron

IMPERFECT		PRESENT PERFECT	
me acercaba	nos acercábamos	me he acercado	nos hemos acercado
te acercabas	os acercabais	te has acercado	os habéis acercado
se acercaba	se acercaban	se ha acercado	se han acercado

FUTURE		CONDITIONAL	
me acercaré	nos acercaremos	me acercaría	nos acercaríamos
te acercarás	os acercaréis	te acercarías	os acercaríais
se acercará	se acercarán	se acercaría	se acercarían

PLUPERFECT		PRETERIT PERFECT	
me había acercado	nos habíamos acercado	me hube acercado	nos hubimos acercado
te habías acercado	os habíais acercado	te hubiste acercado	os hubisteis acercado
se había acercado	se habían acercado	se hubo acercado	se hubieron acercado

FUTURE PERFECT		CONDITIONAL PERFECT	
me habré acercado	nos habremos acercado	me habría acercado	nos habríamos acercado
te habrás acercado	os habréis acercado	te habrías acercado	os habríais acercado
se habrá acercado	se habrán acercado	se habría acercado	se habrían acercado

PRESENT SUBJUNCTIVE		PRESENT PERFECT SUBJUNCTIVE	
me acerque	nos acerquemos	me haya acercado	nos hayamos acercado
te acerques	os acerquéis	te hayas acercado	os hayáis acercado
se acerque	se acerquen	se haya acercado	se hayan acercado

IMPERFECT SUBJUNCTIVE (-ra)		*or*	IMPERFECT SUBJUNCTIVE (-se)	
me acercara	nos acercáramos		me acercase	nos acercásemos
te acercaras	os acercarais		te acercases	os acercaseis
se acercara	se acercaran		se acercase	se acercasen

PAST PERFECT SUBJUNCTIVE (-ra)		*or*	PAST PERFECT SUBJUNCTIVE (-se)	
me hubiera acercado	nos hubiéramos acercado		me hubiese acercado	nos hubiésemos acercado
te hubieras acercado	os hubierais acercado		te hubieses acercado	os hubieseis acercado
se hubiera acercado	se hubieran acercado		se hubiese acercado	se hubiesen acercado

PROGRESSIVE TENSES

PRESENT	estoy, estás, está, estamos, estáis, están
PRETERIT	estuve, estuviste, estuvo, estuvimos, estuvisteis, estuvieron
IMPERFECT	estaba, estabas, estaba, estábamos, estabais, estaban
FUTURE	estaré, estarás, estará, estaremos, estaréis, estarán
CONDITIONAL	estaría, estarías, estaría, estaríamos, estaríais, estarían
SUBJUNCTIVE	que + *corresponding subjunctive tense of* estar (*see verb 151*)

} acercando
(*see page 36*)

COMMANDS

	(nosotros) acerquémonos/no nos acerquemos
(tú) acércate/no te acerques	(vosotros) acercaos/no os acerquéis
(Ud.) acérquese/no se acerque	(Uds.) acérquense/no se acerquen

Usage

Se acercó a nosotros.	*He approached/came over to us.*
Acércate a la pantalla.	*Go closer to the screen.*
Acerque la impresora.	*Bring the printer nearer.*
VIven cerca del centro.	*They live near the downtown area.*

stem-changing -ar verb: e > ie   **acierto · acertaron · acertado · acertando**

PRESENT

acierto	acertamos
aciertas	acertáis
acierta	aciertan

PRETERIT

acerté	acertamos
acertaste	acertasteis
acertó	acertaron

IMPERFECT

acertaba	acertábamos
acertabas	acertabais
acertaba	acertaban

PRESENT PERFECT

he acertado	hemos acertado
has acertado	habéis acertado
ha acertado	han acertado

FUTURE

acertaré	acertaremos
acertarás	acertaréis
acertará	acertarán

CONDITIONAL

acertaría	acertaríamos
acertarías	acertaríais
acertaría	acertarían

PLUPERFECT

había acertado	habíamos acertado
habías acertado	habíais acertado
había acertado	habían acertado

PRETERIT PERFECT

hube acertado	hubimos acertado
hubiste acertado	hubisteis acertado
hubo acertado	hubieron acertado

FUTURE PERFECT

habré acertado	habremos acertado
habrás acertado	habréis acertado
habrá acertado	habrán acertado

CONDITIONAL PERFECT

habría acertado	habríamos acertado
habrías acertado	habríais acertado
habría acertado	habrían acertado

PRESENT SUBJUNCTIVE

acierte	acertemos
aciertes	acertéis
acierte	acierten

PRESENT PERFECT SUBJUNCTIVE

haya acertado	hayamos acertado
hayas acertado	hayáis acertado
haya acertado	hayan acertado

IMPERFECT SUBJUNCTIVE (-ra)

acertara	acertáramos
acertaras	acertarais
acertara	acertaran

or **IMPERFECT SUBJUNCTIVE (-se)**

acertase	acertásemos
acertases	acertaseis
acertase	acertasen

PAST PERFECT SUBJUNCTIVE (-ra)

hubiera acertado	hubiéramos acertado
hubieras acertado	hubierais acertado
hubiera acertado	hubieran acertado

or **PAST PERFECT SUBJUNCTIVE (-se)**

hubiese acertado	hubiésemos acertado
hubieses acertado	hubieseis acertado
hubiese acertado	hubiesen acertado

PROGRESSIVE TENSES

PRESENT	estoy, estás, está, estamos, estáis, están
PRETERIT	estuve, estuviste, estuvo, estuvimos, estuvisteis, estuvieron
IMPERFECT	estaba, estabas, estaba, estábamos, estabais, estaban
FUTURE	estaré, estarás, estará, estaremos, estaréis, estarán
CONDITIONAL	estaría, estarías, estaría, estaríamos, estaríais, estarían
SUBJUNCTIVE	que + *corresponding subjunctive tense of* estar (*see verb 151*)

acertando

COMMANDS

	(nosotros) acertemos/no acertemos
(tú) acierta/no aciertes	(vosotros) acertad/no acertéis
(Ud.) acierte/no acierte	(Uds.) acierten/no acierten

Usage

Acertaste.	*You're right.*
Dudo que lo hayan acertado.	*I doubt they are/guessed right.*
Acertaste con la marca que yo buscaba.	*You found the brand I was looking for.*
Acertó en decírselo.	*He did the right thing in telling them.*

aconsejar *to advise*

aconsejo · aconsejaron · aconsejado · aconsejando

regular -*ar* verb

PRESENT		PRETERIT	
aconsejo	aconsejamos	aconsejé	aconsejamos
aconsejas	aconsejáis	aconsejaste	aconsejasteis
aconseja	aconsejan	aconsejó	aconsejaron

IMPERFECT		PRESENT PERFECT	
aconsejaba	aconsejábamos	he aconsejado	hemos aconsejado
aconsejabas	aconsejabais	has aconsejado	habéis aconsejado
aconsejaba	aconsejaban	ha aconsejado	han aconsejado

FUTURE		CONDITIONAL	
aconsejaré	aconsejaremos	aconsejaría	aconsejaríamos
aconsejarás	aconsejaréis	aconsejarías	aconsejaríais
aconsejará	aconsejarán	aconsejaría	aconsejarían

PLUPERFECT		PRETERIT PERFECT	
había aconsejado	habíamos aconsejado	hube aconsejado	hubimos aconsejado
habías aconsejado	habíais aconsejado	hubiste aconsejado	hubisteis aconsejado
había aconsejado	habían aconsejado	hubo aconsejado	hubieron aconsejado

FUTURE PERFECT		CONDITIONAL PERFECT	
habré aconsejado	habremos aconsejado	habría aconsejado	habríamos aconsejado
habrás aconsejado	habréis aconsejado	habrías aconsejado	habríais aconsejado
habrá aconsejado	habrán aconsejado	habría aconsejado	habrían aconsejado

PRESENT SUBJUNCTIVE		PRESENT PERFECT SUBJUNCTIVE	
aconseje	aconsejemos	haya aconsejado	hayamos aconsejado
aconsejes	aconsejéis	hayas aconsejado	hayáis aconsejado
aconseje	aconsejen	haya aconsejado	hayan aconsejado

IMPERFECT SUBJUNCTIVE (-ra)		*or* IMPERFECT SUBJUNCTIVE (-se)	
aconsejara	aconsejáramos	aconsejase	aconsejásemos
aconsejaras	aconsejarais	aconsejases	aconsejaseis
aconsejara	aconsejaran	aconsejase	aconsejasen

PAST PERFECT SUBJUNCTIVE (-ra)		*or* PAST PERFECT SUBJUNCTIVE (-se)	
hubiera aconsejado	hubiéramos aconsejado	hubiese aconsejado	hubiésemos aconsejado
hubieras aconsejado	hubierais aconsejado	hubieses aconsejado	hubieseis aconsejado
hubiera aconsejado	hubieran aconsejado	hubiese aconsejado	hubiesen aconsejado

PROGRESSIVE TENSES

PRESENT	estoy, estás, está, estamos, estáis, están	
PRETERIT	estuve, estuviste, estuvo, estuvimos, estuvisteis, estuvieron	
IMPERFECT	estaba, estabas, estaba, estábamos, estabais, estaban	aconsejando
FUTURE	estaré, estarás, estará, estaremos, estaréis, estarán	
CONDITIONAL	estaría, estarías, estaría, estaríamos, estaríais, estarían	
SUBJUNCTIVE	que + *corresponding subjunctive tense of* estar (*see verb 151*)	

COMMANDS

	(nosotros) aconsejemos/no aconsejemos
(tú) aconseja/no aconsejes	(vosotros) aconsejad/no aconsejéis
(Ud.) aconseje/no aconseje	(Uds.) aconsejen/no aconsejen

Usage

Te aconsejo que tomes el auto-expreso.	*I advise you to take the auto train.*
Le han aconsejado estudiar marketing.	*They've advised her to study marketing.*
Sigan los consejos del director.	*Follow the director's advice.*
Aconséjese con su consejero.	*Consult your advisor/counselor.*

stem-changing -ar verb: *o > ue*   **acuerdo · acordaron · acordado · acordándose**

PRESENT

me acuerdo	nos acordamos
te acuerdas	os acordáis
se acuerda	se acuerdan

PRETERIT

me acordé	nos acordamos
te acordaste	os acordasteis
se acordó	se acordaron

IMPERFECT

me acordaba	nos acordábamos
te acordabas	os acordabais
se acordaba	se acordaban

PRESENT PERFECT

me he acordado	nos hemos acordado
te has acordado	os habéis acordado
se ha acordado	se han acordado

FUTURE

me acordaré	nos acordaremos
te acordarás	os acordaréis
se acordará	se acordarán

CONDITIONAL

me acordaría	nos acordaríamos
te acordarías	os acordaríais
se acordaría	se acordarían

PLUPERFECT

me había acordado	nos habíamos acordado
te habías acordado	os habíais acordado
se había acordado	se habían acordado

PRETERIT PERFECT

me hube acordado	nos hubimos acordado
te hubiste acordado	os hubisteis acordado
se hubo acordado	se hubieron acordado

FUTURE PERFECT

me habré acordado	nos habremos acordado
te habrás acordado	os habréis acordado
se habrá acordado	se habrán acordado

CONDITIONAL PERFECT

me habría acordado	nos habríamos acordado
te habrías acordado	os habríais acordado
se habría acordado	se habrían acordado

PRESENT SUBJUNCTIVE

me acuerde	nos acordemos
te acuerdes	os acordéis
se acuerde	se acuerden

PRESENT PERFECT SUBJUNCTIVE

me haya acordado	nos hayamos acordado
te hayas acordado	os hayáis acordado
se haya acordado	se hayan acordado

IMPERFECT SUBJUNCTIVE (-ra)

me acordara	nos acordáramos
te acordaras	os acordarais
se acordara	se acordaran

or **IMPERFECT SUBJUNCTIVE (-se)**

me acordase	nos acordásemos
te acordases	os acordaseis
se acordase	se acordasen

PAST PERFECT SUBJUNCTIVE (-ra)

me hubiera acordado	nos hubiéramos acordado
te hubieras acordado	os hubierais acordado
se hubiera acordado	se hubieran acordado

or **PAST PERFECT SUBJUNCTIVE (-se)**

me hubiese acordado	nos hubiésemos acordado
te hubieses acordado	os hubieseis acordado
se hubiese acordado	se hubiesen acordado

PROGRESSIVE TENSES

PRESENT	estoy, estás, está, estamos, estáis, están
PRETERIT	estuve, estuviste, estuvo, estuvimos, estuvisteis, estuvieron
IMPERFECT	estaba, estabas, estaba, estábamos, estabais, estaban
FUTURE	estaré, estarás, estará, estaremos, estaréis, estarán
CONDITIONAL	estaría, estarías, estaría, estaríamos, estaríais, estarían
SUBJUNCTIVE	que + *corresponding subjunctive tense of* estar *(see verb 151)*

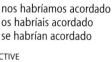 acordando
(see page 36)

COMMANDS

	(nosotros) acordémonos/no nos acordemos
(tú) acuérdate/no te acuerdes	(vosotros) acordaos/no os acordéis
(Ud.) acuérdese/no se acuerde	(Uds.) acuérdense/no se acuerden

Usage

—Te acuerdas de ellos, ¿verdad?	*You remember them, don't you?*
—No, no me acuerdo ni de él ni de ella.	*No, I don't remember either him or her.*
Acuérdate de comprarle un regalo.	*Remember to buy her a gift.*
Nos acordamos de la cita.	*We remembered that we have an appointment.*

9 | **acostarse** *to go to bed*

acuesto · acostaron · acostado · acostándose   stem-changing *-ar* reflexive verb: *o > ue*

PRESENT		PRETERIT	
me acuesto	nos acostamos	me acosté	nos acostamos
te acuestas	os acostáis	te acostaste	os acostasteis
se acuesta	se acuestan	se acostó	se acostaron

IMPERFECT		PRESENT PERFECT	
me acostaba	nos acostábamos	me he acostado	nos hemos acostado
te acostabas	os acostabais	te has acostado	os habéis acostado
se acostaba	se acostaban	se ha acostado	se han acostado

FUTURE		CONDITIONAL	
me acostaré	nos acostaremos	me acostaría	nos acostaríamos
te acostarás	os acostaréis	te acostarías	os acostaríais
se acostará	se acostarán	se acostaría	se acostarían

PLUPERFECT		PRETERIT PERFECT	
me había acostado	nos habíamos acostado	me hube acostado	nos hubimos acostado
te habías acostado	os habíais acostado	te hubiste acostado	os hubisteis acostado
se había acostado	se habían acostado	se hubo acostado	se hubieron acostado

FUTURE PERFECT		CONDITIONAL PERFECT	
me habré acostado	nos habremos acostado	me habría acostado	nos habríamos acostado
te habrás acostado	os habréis acostado	te habrías acostado	os habríais acostado
se habrá acostado	se habrán acostado	se habría acostado	se habrían acostado

PRESENT SUBJUNCTIVE		PRESENT PERFECT SUBJUNCTIVE	
me acueste	nos acostemos	me haya acostado	nos hayamos acostado
te acuestes	os acostéis	te hayas acostado	os hayáis acostado
se acueste	se acuesten	se haya acostado	se hayan acostado

IMPERFECT SUBJUNCTIVE (-ra)		*or*	IMPERFECT SUBJUNCTIVE (-se)	
me acostara	nos acostáramos		me acostase	nos acostásemos
te acostaras	os acostarais		te acostases	os acostaseis
se acostara	se acostaran		se acostase	se acostasen

PAST PERFECT SUBJUNCTIVE (-ra)		*or*	PAST PERFECT SUBJUNCTIVE (-se)	
me hubiera acostado	nos hubiéramos acostado		me hubiese acostado	nos hubiésemos acostado
te hubieras acostado	os hubierais acostado		te hubieses acostado	os hubieseis acostado
se hubiera acostado	se hubieran acostado		se hubiese acostado	se hubiesen acostado

PROGRESSIVE TENSES

PRESENT	estoy, estás, está, estamos, estáis, están
PRETERIT	estuve, estuviste, estuvo, estuvimos, estuvisteis, estuvieron
IMPERFECT	estaba, estabas, estaba, estábamos, estabais, estaban
FUTURE	estaré, estarás, estará, estaremos, estaréis, estarán
CONDITIONAL	estaría, estarías, estaría, estaríamos, estaríais, estarían
SUBJUNCTIVE	que + *corresponding subjunctive tense of* estar (*see verb 151*)

} acostando (*see page 36*)

COMMANDS

	(nosotros) acostémonos/no nos acostemos
(tú) acuéstate/no te acuestes	(vosotros) acostaos/no os acostéis
(Ud.) acuéstese/no se acueste	(Uds.) acuéstense/no se acuesten

Usage

Acuéstate.	*Go to bed.*
—Acuesta a los niños.	*Put the kids to bed.*
—Ya están acostados.	*They've already gone to bed.*
Se acostaron en el dormitorio de Juan.	*They slept in Juan's room.*

regular -ar
reflexive verb

acostumbro · acostumbraron · acostumbrado · acostumbrándose

PRESENT

me acostumbro	nos acostumbramos
te acostumbras	os acostumbráis
se acostumbra	se acostumbran

PRETERIT

me acostumbré	nos acostumbramos
te acostumbraste	os acostumbrasteis
se acostumbró	se acostumbraron

IMPERFECT

me acostumbraba	nos acostumbrábamos
te acostumbrabas	os acostumbrabais
se acostumbraba	se acostumbraban

PRESENT PERFECT

me he acostumbrado	nos hemos acostumbrado
te has acostumbrado	os habéis acostumbrado
se ha acostumbrado	se han acostumbrado

FUTURE

me acostumbraré	nos acostumbraremos
te acostumbrarás	os acostumbraréis
se acostumbrará	se acostumbrarán

CONDITIONAL

me acostumbraría	nos acostumbraríamos
te acostumbrarías	os acostumbraríais
se acostumbraría	se acostumbrarían

PLUPERFECT

me había acostumbrado	nos habíamos acostumbrado
te habías acostumbrado	os habíais acostumbrado
se había acostumbrado	se habían acostumbrado

PRETERIT PERFECT

me hube acostumbrado	nos hubimos acostumbrado
te hubiste acostumbrado	os hubisteis acostumbrado
se hubo acostumbrado	se hubieron acostumbrado

FUTURE PERFECT

me habré acostumbrado	nos habremos acostumbrado
te habrás acostumbrado	os habréis acostumbrado
se habrá acostumbrado	se habrán acostumbrado

CONDITIONAL PERFECT

me habría acostumbrado	nos habríamos acostumbrado
te habrías acostumbrado	os habríais acostumbrado
se habría acostumbrado	se habrían acostumbrado

PRESENT SUBJUNCTIVE

me acostumbre	nos acostumbremos
te acostumbres	os acostumbréis
se acostumbre	se acostumbren

PRESENT PERFECT SUBJUNCTIVE

me haya acostumbrado	nos hayamos acostumbrado
te hayas acostumbrado	os hayáis acostumbrado
se haya acostumbrado	se hayan acostumbrado

IMPERFECT SUBJUNCTIVE (-ra)   *or* **IMPERFECT SUBJUNCTIVE (-se)**

me acostumbrara	nos acostumbráramos	me acostumbrase	nos acostumbrásemos
te acostumbraras	os acostumbrarais	te acostumbrases	os acostumbraseis
se acostumbrara	se acostumbraran	se acostumbrase	se acostumbrasen

PAST PERFECT SUBJUNCTIVE (-ra)   *or* **PAST PERFECT SUBJUNCTIVE (-se)**

me hubiera acostumbrado	nos hubiéramos acostumbrado	me hubiese acostumbrado	nos hubiésemos acostumbrado
te hubieras acostumbrado	os hubierais acostumbrado	te hubieses acostumbrado	os hubieseis acostumbrado
se hubiera acostumbrado	se hubieran acostumbrado	se hubiese acostumbrado	se hubiesen acostumbrado

PROGRESSIVE TENSES

PRESENT	estoy, estás, está, estamos, estáis, están
PRETERIT	estuve, estuviste, estuvo, estuvimos, estuvisteis, estuvieron
IMPERFECT	estaba, estabas, estaba, estábamos, estabais, estaban
FUTURE	estaré, estarás, estará, estaremos, estaréis, estarán
CONDITIONAL	estaría, estarías, estaría, estaríamos, estaríais, estarían
SUBJUNCTIVE	que + *corresponding subjunctive tense of* estar (*see verb 151*)

} acostumbrando
(*see page 36*)

COMMANDS

	(nosotros) acostumbrémonos/no nos acostumbremos
(tú) acostúmbrate/no te acostumbres	(vosotros) acostumbraos/no os acostumbréis
(Ud.) acostúmbrese/no se acostumbre	(Uds.) acostúmbrense/no se acostumbren

Usage

No se acostumbraban al clima.	*They weren't getting used to the climate.*
—Espero que se acostumbren a vivir allí.	*I hope they'll get used to living there.*
—Me parece que están acostumbrados ya.	*I think they're already used to it.*
Tenía la costumbre de acostarse tarde.	*He was in the habit of going to bed late.*

11

actuar *to act, perform, behave*

actúo · actuaron · actuado · actuando

-ar verb; spelling change:
$u > ú$ when stressed

PRESENT		PRETERIT	
actúo	actuamos	actué	actuamos
actúas	actuáis	actuaste	actuasteis
actúa	actúan	actuó	actuaron

IMPERFECT		PRESENT PERFECT	
actuaba	actuábamos	he actuado	hemos actuado
actuabas	actuabais	has actuado	habéis actuado
actuaba	actuaban	ha actuado	han actuado

FUTURE		CONDITIONAL	
actuaré	actuaremos	actuaría	actuaríamos
actuarás	actuaréis	actuarías	actuaríais
actuará	actuarán	actuaría	actuarían

PLUPERFECT		PRETERIT PERFECT	
había actuado	habíamos actuado	hube actuado	hubimos actuado
habías actuado	habíais actuado	hubiste actuado	hubisteis actuado
había actuado	habían actuado	hubo actuado	hubieron actuado

FUTURE PERFECT		CONDITIONAL PERFECT	
habré actuado	habremos actuado	habría actuado	habríamos actuado
habrás actuado	habréis actuado	habrías actuado	habríais actuado
habrá actuado	habrán actuado	habría actuado	habrían actuado

PRESENT SUBJUNCTIVE		PRESENT PERFECT SUBJUNCTIVE	
actúe	actuemos	haya actuado	hayamos actuado
actúes	actuéis	hayas actuado	hayáis actuado
actúe	actúen	haya actuado	hayan actuado

IMPERFECT SUBJUNCTIVE (-ra)		*or* IMPERFECT SUBJUNCTIVE (-se)	
actuara	actuáramos	actuase	actuásemos
actuaras	actuarais	actuases	actuaseis
actuara	actuaran	actuase	actuasen

PAST PERFECT SUBJUNCTIVE (-ra)		*or* PAST PERFECT SUBJUNCTIVE (-se)	
hubiera actuado	hubiéramos actuado	hubiese actuado	hubiésemos actuado
hubieras actuado	hubierais actuado	hubieses actuado	hubieseis actuado
hubiera actuado	hubieran actuado	hubiese actuado	hubiesen actuado

PROGRESSIVE TENSES

PRESENT	estoy, estás, está, estamos, estáis, están	
PRETERIT	estuve, estuviste, estuvo, estuvimos, estuvisteis, estuvieron	
IMPERFECT	estaba, estabas, estaba, estábamos, estabais, estaban	actuando
FUTURE	estaré, estarás, estará, estaremos, estaréis, estarán	
CONDITIONAL	estaría, estarías, estaría, estaríamos, estaríais, estarían	
SUBJUNCTIVE	que + *corresponding subjunctive tense of* estar (*see verb 151*)	

COMMANDS

	(nosotros) actuemos/no actuemos
(tú) actúa/no actúes	(vosotros) actuad/no actuéis
(Ud.) actúe/no actúe	(Uds.) actúen/no actúen

Usage

Actúa de presidente de la junta.	*He's acting (as) president of the board.*
Los músicos actuaron estupendamente.	*The musicians performed marvelously.*
Estáis actuando mal con ellos.	*You're behaving badly with them.*
El café actúa como estimulante.	*Coffee acts as a stimulant.*

regular *-ir* verb

acudo · acudieron · acudido · acudiendo

PRESENT		**PRETERIT**	
acudo	acudimos	acudí	acudimos
acudes	acudís	acudiste	acudisteis
acude	acuden	acudió	acudieron

IMPERFECT		**PRESENT PERFECT**	
acudía	acudíamos	he acudido	hemos acudido
acudías	acudíais	has acudido	habéis acudido
acudía	acudían	ha acudido	han acudido

FUTURE		**CONDITIONAL**	
acudiré	acudiremos	acudiría	acudiríamos
acudirás	acudiréis	acudirías	acudiríais
acudirá	acudirán	acudiría	acudirían

PLUPERFECT		**PRETERIT PERFECT**	
había acudido	habíamos acudido	hube acudido	hubimos acudido
habías acudido	habíais acudido	hubiste acudido	hubisteis acudido
había acudido	habían acudido	hubo acudido	hubieron acudido

FUTURE PERFECT		**CONDITIONAL PERFECT**	
habré acudido	habremos acudido	habría acudido	habríamos acudido
habrás acudido	habréis acudido	habrías acudido	habríais acudido
habrá acudido	habrán acudido	habría acudido	habrían acudido

PRESENT SUBJUNCTIVE		**PRESENT PERFECT SUBJUNCTIVE**	
acuda	acudamos	haya acudido	hayamos acudido
acudas	acudáis	hayas acudido	hayáis acudido
acuda	acudan	haya acudido	hayan acudido

IMPERFECT SUBJUNCTIVE (-ra)		*or* **IMPERFECT SUBJUNCTIVE (-se)**	
acudiera	acudiéramos	acudiese	acudiésemos
acudieras	acudierais	acudieses	acudieseis
acudiera	acudieran	acudiese	acudiesen

PAST PERFECT SUBJUNCTIVE (-ra)		*or* **PAST PERFECT SUBJUNCTIVE (-se)**	
hubiera acudido	hubiéramos acudido	hubiese acudido	hubiésemos acudido
hubieras acudido	hubierais acudido	hubieses acudido	hubieseis acudido
hubiera acudido	hubieran acudido	hubiese acudido	hubiesen acudido

PROGRESSIVE TENSES

PRESENT	estoy, estás, está, estamos, estáis, están	
PRETERIT	estuve, estuviste, estuvo, estuvimos, estuvisteis, estuvieron	
IMPERFECT	estaba, estabas, estaba, estábamos, estabais, estaban	acudiendo
FUTURE	estaré, estarás, estará, estaremos, estaréis, estarán	
CONDITIONAL	estaría, estarías, estaría, estaríamos, estaríais, estarían	
SUBJUNCTIVE	que + *corresponding subjunctive tense of* estar (*see verb 151*)	

COMMANDS

	(nosotros) acudamos/no acudamos
(tú) acude/no acudas	(vosotros) acudid/no acudáis
(Ud.) acuda/no acuda	(Uds.) acudan/no acudan

Usage

Las familias suelen acudir a la función de la tarde.	*Families usually attend the matinee.*
Acudí a la cita.	*I kept the appointment.*
Los empleados no acudieron a trabajar ese día.	*The employees didn't show up/report for work that day.*

adelgazar *to get thin, lose weight*

adelgazo · adelgazaron · adelgazado · adelgazando

-ar verb;
spelling change: *z* > *c/e*

PRESENT		PRETERIT	
adelgazo	adelgazamos	adelgacé	adelgazamos
adelgazas	adelgazáis	adelgazaste	adelgazasteis
adelgaza	adelgazan	adelgazó	adelgazaron

IMPERFECT		PRESENT PERFECT	
adelgazaba	adelgazábamos	he adelgazado	hemos adelgazado
adelgazabas	adelgazabais	has adelgazado	habéis adelgazado
adelgazaba	adelgazaban	ha adelgazado	han adelgazado

FUTURE		CONDITIONAL	
adelgazaré	adelgazaremos	adelgazaría	adelgazaríamos
adelgazarás	adelgazaréis	adelgazarías	adelgazaríais
adelgazará	adelgazarán	adelgazaría	adelgazarían

PLUPERFECT		PRETERIT PERFECT	
había adelgazado	habíamos adelgazado	hube adelgazado	hubimos adelgazado
habías adelgazado	habíais adelgazado	hubiste adelgazado	hubisteis adelgazado
había adelgazado	habían adelgazado	hubo adelgazado	hubieron adelgazado

FUTURE PERFECT		CONDITIONAL PERFECT	
habré adelgazado	habremos adelgazado	habría adelgazado	habríamos adelgazado
habrás adelgazado	habréis adelgazado	habrías adelgazado	habríais adelgazado
habrá adelgazado	habrán adelgazado	habría adelgazado	habrían adelgazado

PRESENT SUBJUNCTIVE		PRESENT PERFECT SUBJUNCTIVE	
adelgace	adelgacemos	haya adelgazado	hayamos adelgazado
adelgaces	adelgacéis	hayas adelgazado	hayáis adelgazado
adelgace	adelgacen	haya adelgazado	hayan adelgazado

IMPERFECT SUBJUNCTIVE (-ra)		*or*	IMPERFECT SUBJUNCTIVE (-se)	
adelgazara	adelgazáramos		adelgazase	adelgazásemos
adelgazaras	adelgazarais		adelgazases	adelgazaseis
adelgazara	adelgazaran		adelgazase	adelgazasen

PAST PERFECT SUBJUNCTIVE (-ra)		*or*	PAST PERFECT SUBJUNCTIVE (-se)	
hubiera adelgazado	hubiéramos adelgazado		hubiese adelgazado	hubiésemos adelgazado
hubieras adelgazado	hubierais adelgazado		hubieses adelgazado	hubieseis adelgazado
hubiera adelgazado	hubieran adelgazado		hubiese adelgazado	hubiesen adelgazado

PROGRESSIVE TENSES

PRESENT	estoy, estás, está, estamos, estáis, están
PRETERIT	estuve, estuviste, estuvo, estuvimos, estuvisteis, estuvieron
IMPERFECT	estaba, estabas, estaba, estábamos, estabais, estaban
FUTURE	estaré, estarás, estará, estaremos, estaréis, estarán
CONDITIONAL	estaría, estarías, estaría, estaríamos, estaríais, estarían
SUBJUNCTIVE	que + *corresponding subjunctive tense of* estar (*see verb 151*)

} adelgazando

COMMANDS

	(nosotros) adelgacemos/no adelgacemos
(tú) adelgaza/no adelgaces	(vosotros) adelgazad/no adelgacéis
(Ud.) adelgace/no adelgace	(Uds.) adelgacen/no adelgacen

Usage

—He tratado de adelgazar.
—Se nota que te has puesto más delgado.

Adelgacé cinco libras.
Este traje te adelgaza.

I've tried to lose weight.
I can see that you've gotten thinner.

I lost five pounds.
This suit makes you look thinner.

stem-changing *-ir* verb: *i > ie* | **adquiero · adquirieron · adquirido · adquiriendo**

PRESENT		PRETERIT	
adquiero	adquirimos	adquirí	adquirimos
adquieres	adquirís	adquiriste	adquiristeis
adquiere	adquieren	adquirió	adquirieron

IMPERFECT		PRESENT PERFECT	
adquiría	adquiríamos	he adquirido	hemos adquirido
adquirías	adquiríais	has adquirido	habéis adquirido
adquiría	adquirían	ha adquirido	han adquirido

FUTURE		CONDITIONAL	
adquiriré	adquiriremos	adquiriría	adquiriríamos
adquirirás	adquiriréis	adquirirías	adquiriríais
adquirirá	adquirirán	adquiriría	adquirirían

PLUPERFECT		PRETERIT PERFECT	
había adquirido	habíamos adquirido	hube adquirido	hubimos adquirido
habías adquirido	habíais adquirido	hubiste adquirido	hubisteis adquirido
había adquirido	habían adquirido	hubo adquirido	hubieron adquirido

FUTURE PERFECT		CONDITIONAL PERFECT	
habré adquirido	habremos adquirido	habría adquirido	habríamos adquirido
habrás adquirido	habréis adquirido	habrías adquirido	habríais adquirido
habrá adquirido	habrán adquirido	habría adquirido	habrían adquirido

PRESENT SUBJUNCTIVE		PRESENT PERFECT SUBJUNCTIVE	
adquiera	adquiramos	haya adquirido	hayamos adquirido
adquieras	adquiráis	hayas adquirido	hayáis adquirido
adquiera	adquieran	haya adquirido	hayan adquirido

IMPERFECT SUBJUNCTIVE (-ra)		*or* IMPERFECT SUBJUNCTIVE (-se)	
adquiriera	adquiriéramos	adquiriese	adquiriésemos
adquirieras	adquirierais	adquirieses	adquirieseis
adquiriera	adquirieran	adquiriese	adquiriesen

PAST PERFECT SUBJUNCTIVE (-ra)		*or* PAST PERFECT SUBJUNCTIVE (-se)	
hubiera adquirido	hubiéramos adquirido	hubiese adquirido	hubiésemos adquirido
hubieras adquirido	hubierais adquirido	hubieses adquirido	hubieseis adquirido
hubiera adquirido	hubieran adquirido	hubiese adquirido	hubiesen adquirido

PROGRESSIVE TENSES

PRESENT	estoy, estás, está, estamos, estáis, están	
PRETERIT	estuve, estuviste, estuvo, estuvimos, estuvisteis, estuvieron	
IMPERFECT	estaba, estabas, estaba, estábamos, estabais, estaban	adquiriendo
FUTURE	estaré, estarás, estará, estaremos, estaréis, estarán	
CONDITIONAL	estaría, estarías, estaría, estaríamos, estaríais, estarían	
SUBJUNCTIVE	que + *corresponding subjunctive tense of* estar (*see verb 151*)	

COMMANDS

	(nosotros) adquiramos/no adquiramos
(tú) adquiere/no adquieras	(vosotros) adquirid/no adquiráis
(Ud.) adquiera/no adquiera	(Uds.) adquieran/no adquieran

Usage

Los chicos van adquiriendo malos hábitos.	*The children are acquiring bad habits.*
Acaba de adquirir un nuevo módem.	*He has just purchased a new modem.*
Esta agencia ha adquirido más importancia.	*This agency has become more important.*
Son gustos adquiridos con el tiempo.	*They are acquired tastes.*

advertir *to warn, advise, tell*

advierto · advirtieron · advertido · advirtiendo   stem-changing -ir verb: *i > ie*

PRESENT		PRETERIT	
advierto	advertimos	advertí	advertimos
adviertes	advertís	advertiste	advertisteis
advierte	advierten	advirtió	advirtieron

IMPERFECT		PRESENT PERFECT	
advertía	advertíamos	he advertido	hemos advertido
advertías	advertíais	has advertido	habéis advertido
advertía	advertían	ha advertido	han advertido

FUTURE		CONDITIONAL	
advertiré	advertiremos	advertiría	advertiríamos
advertirás	advertiréis	advertirías	advertiríais
advertirá	advertirán	advertiría	advertirían

PLUPERFECT		PRETERIT PERFECT	
había advertido	habíamos advertido	hube advertido	hubimos advertido
habías advertido	habíais advertido	hubiste advertido	hubísteis advertido
había advertido	habían advertido	hubo advertido	hubieron advertido

FUTURE PERFECT		CONDITIONAL PERFECT	
habré advertido	habremos advertido	habría advertido	habríamos advertido
habrás advertido	habréis advertido	habrías advertido	habríais advertido
habrá advertido	habrán advertido	habría advertido	habrían advertido

PRESENT SUBJUNCTIVE		PRESENT PERFECT SUBJUNCTIVE	
advierta	advirtamos	haya advertido	hayamos advertido
adviertas	advirtáis	hayas advertido	hayáis advertido
advierta	adviertan	haya advertido	hayan advertido

IMPERFECT SUBJUNCTIVE (-ra)		*or* IMPERFECT SUBJUNCTIVE (-se)	
advirtiera	advirtiéramos	advirtiese	advirtiésemos
advirtieras	advirtierais	advirtieses	advirtieseis
advirtiera	advirtieran	advirtiese	advirtiesen

PAST PERFECT SUBJUNCTIVE (-ra)		*or* PAST PERFECT SUBJUNCTIVE (-se)	
hubiera advertido	hubiéramos advertido	hubiese advertido	hubiésemos advertido
hubieras advertido	hubierais advertido	hubieses advertido	hubieseis advertido
hubiera advertido	hubieran advertido	hubiese advertido	hubiesen advertido

PROGRESSIVE TENSES

PRESENT	estoy, estás, está, estamos, estáis, están
PRETERIT	estuve, estuviste, estuvo, estuvimos, estuvisteis, estuvieron
IMPERFECT	estaba, estabas, estaba, estábamos, estabais, estaban
FUTURE	estaré, estarás, estará, estaremos, estaréis, estarán
CONDITIONAL	estaría, estarías, estaría, estaríamos, estaríais, estarían
SUBJUNCTIVE	que + *corresponding subjunctive tense of* estar (*see verb 151*)

advirtiendo

COMMANDS

	(nosotros) advirtamos/no advirtamos
(tú) advierte/no adviertas	(vosotros) advertid/no advirtáis
(Ud.) advierta/no advierta	(Uds.) adviertan/no adviertan

Usage

Te advierto que es peligroso.	*I'm warning you it's dangerous.*
Me advirtió que hablara con el gerente.	*He advised me to speak with the manager.*
Les advertimos que no nos importa.	*We told them it doesn't matter to us.*
¡Queden advertidos que no soporto más!	*Be warned that I won't take any more!*

-ir verb; spelling change: g > j/o, a | **aflijo · afligieron · afligido · afligiendo**

PRESENT		PRETERIT	
aflijo	afligimos	afligí	afligimos
afliges	afligís	afligiste	afligisteis
aflige	afligen	afligió	afligieron

IMPERFECT		PRESENT PERFECT	
afligía	afligíamos	he afligido	hemos afligido
afligías	afligíais	has afligido	habéis afligido
afligía	afligían	ha afligido	han afligido

FUTURE		CONDITIONAL	
afligiré	afligiremos	afligiría	afligiríamos
afligirás	afligiréis	afligirías	afligiríais
afligirá	afligirán	afligiría	afligirían

PLUPERFECT		PRETERIT PERFECT	
había afligido	habíamos afligido	hube afligido	hubimos afligido
habías afligido	habíais afligido	hubiste afligido	hubisteis afligido
había afligido	habían afligido	hubo afligido	hubieron afligido

FUTURE PERFECT		CONDITIONAL PERFECT	
habré afligido	habremos afligido	habría afligido	habríamos afligido
habrás afligido	habréis afligido	habrías afligido	habríais afligido
habrá afligido	habrán afligido	habría afligido	habrían afligido

PRESENT SUBJUNCTIVE		PRESENT PERFECT SUBJUNCTIVE	
aflija	aflijamos	haya afligido	hayamos afligido
aflijas	aflijáis	hayas afligido	hayáis afligido
aflija	aflijan	haya afligido	hayan afligido

IMPERFECT SUBJUNCTIVE (-ra)		or IMPERFECT SUBJUNCTIVE (-se)	
afligiera	afligiéramos	afligiese	afligiésemos
afligieras	afligierais	afligieses	afligieseis
afligiera	afligieran	afligiese	afligiesen

PAST PERFECT SUBJUNCTIVE (-ra)		or PAST PERFECT SUBJUNCTIVE (-se)	
hubiera afligido	hubiéramos afligido	hubiese afligido	hubiésemos afligido
hubieras afligido	hubierais afligido	hubieses afligido	hubieseis afligido
hubiera afligido	hubieran afligido	hubiese afligido	hubiesen afligido

PROGRESSIVE TENSES

PRESENT	estoy, estás, está, estamos, estáis, están	
PRETERIT	estuve, estuviste, estuvo, estuvimos, estuvisteis, estuvieron	
IMPERFECT	estaba, estabas, estaba, estábamos, estabais, estaban	afligiendo
FUTURE	estaré, estarás, estará, estaremos, estaréis, estarán	
CONDITIONAL	estaría, estarías, estaría, estaríamos, estaríais, estarían	
SUBJUNCTIVE	que + *corresponding subjunctive tense of* estar (*see verb 151*)	

COMMANDS

	(nosotros) aflijamos/no aflijamos
(tú) aflige/no aflijas	(vosotros) afligid/no aflijáis
(Ud.) aflija/no aflija	(Uds.) aflijan/no aflijan

Usage

La pena les aflige.	*They're afflicted by sorrow.*
No te aflijas.	*Don't be distressed/upset.*
Se aflige del accidente.	*He's grieving over the accident.*
Estaba afligida de artritis.	*She was suffering from arthritis.*

agradecer *to thank, be grateful*

agradezco · agradecieron · agradecido · agradeciendo   *-er* verb; spelling change:
c > zc/o, a

PRESENT		PRETERIT	
agradezco	agradecemos	agradecí	agradecimos
agradeces	agradecéis	agradeciste	agradecisteis
agradece	agradecen	agradeció	agradecieron

IMPERFECT		PRESENT PERFECT	
agradecía	agradecíamos	he agradecido	hemos agradecido
agradecías	agradecíais	has agradecido	habéis agradecido
agradecía	agradecían	ha agradecido	han agradecido

FUTURE		CONDITIONAL	
agradeceré	agradeceremos	agradecería	agradeceríamos
agradecerás	agradeceréis	agradecerías	agradeceríais
agradecerá	agradecerán	agradecería	agradecerían

PLUPERFECT		PRETERIT PERFECT	
había agradecido	habíamos agradecido	hube agradecido	hubimos agradecido
habías agradecido	habíais agradecido	hubiste agradecido	hubisteis agradecido
había agradecido	habían agradecido	hubo agradecido	hubieron agradecido

FUTURE PERFECT		CONDITIONAL PERFECT	
habré agradecido	habremos agradecido	habría agradecido	habríamos agradecido
habrás agradecido	habréis agradecido	habrías agradecido	habríais agradecido
habrá agradecido	habrán agradecido	habría agradecido	habrían agradecido

PRESENT SUBJUNCTIVE		PRESENT PERFECT SUBJUNCTIVE	
agradezca	agradezcamos	haya agradecido	hayamos agradecido
agradezcas	agradezcáis	hayas agradecido	hayáis agradecido
agradezca	agradezcan	haya agradecido	hayan agradecido

IMPERFECT SUBJUNCTIVE (-ra)		*or*	IMPERFECT SUBJUNCTIVE (-se)	
agradeciera	agradeciéramos		agradeciese	agradeciésemos
agradecieras	agradecierais		agradecieses	agradecieseis
agradeciera	agradecieran		agradeciese	agradeciesen

PAST PERFECT SUBJUNCTIVE (-ra)		*or*	PAST PERFECT SUBJUNCTIVE (-se)	
hubiera agradecido	hubiéramos agradecido		hubiese agradecido	hubiésemos agradecido
hubieras agradecido	hubierais agradecido		hubieses agradecido	hubieseis agradecido
hubiera agradecido	hubieran agradecido		hubiese agradecido	hubiesen agradecido

PROGRESSIVE TENSES

PRESENT	estoy, estás, está, estamos, estáis, están	
PRETERIT	estuve, estuviste, estuvo, estuvimos, estuvisteis, estuvieron	
IMPERFECT	estaba, estabas, estaba, estábamos, estabais, estaban	agradeciendo
FUTURE	estaré, estarás, estará, estaremos, estaréis, estarán	
CONDITIONAL	estaría, estarías, estaría, estaríamos, estaríais, estarían	
SUBJUNCTIVE	que + *corresponding subjunctive tense of* estar *(see verb 151)*	

COMMANDS

	(nosotros) agradezcamos/no agradezcamos
(tú) agradece/no agradezcas	(vosotros) agradeced/no agradezcáis
(Ud.) agradezca/no agradezca	(Uds.) agradezcan/no agradezcan

Usage

Se lo agradezco mucho.	*Thank you very much.*
Le agradecemos su atención.	*We're grateful for your consideration.*
La cortesía siempre se agradece.	*Politeness is always appreciated.*
Estoy agradecida por el favor que me hiciste.	*I'm grateful for the favor you did for me.*

-ar verb; spelling change: g > gu/e   **agrego · agregaron · agregado · agregando**

PRESENT

agrego	agregamos		
agregas	agregáis		
agrega	agregan		

PRETERIT

agregué	agregamos
agregaste	agregasteis
agregó	agregaron

IMPERFECT

agregaba	agregábamos
agregabas	agregabais
agregaba	agregaban

PRESENT PERFECT

he agregado	hemos agregado
has agregado	habéis agregado
ha agregado	han agregado

FUTURE

agregaré	agregaremos
agregarás	agregaréis
agregará	agregarán

CONDITIONAL

agregaría	agregaríamos
agregarías	agregaríais
agregaría	agregarían

PLUPERFECT

había agregado	habíamos agregado
habías agregado	habíais agregado
había agregado	habían agregado

PRETERIT PERFECT

hube agregado	hubimos agregado
hubiste agregado	hubisteis agregado
hubo agregado	hubieron agregado

FUTURE PERFECT

habré agregado	habremos agregado
habrás agregado	habréis agregado
habrá agregado	habrán agregado

CONDITIONAL PERFECT

habría agregado	habríamos agregado
habrías agregado	habríais agregado
habría agregado	habrían agregado

PRESENT SUBJUNCTIVE

agregue	agreguemos
agregues	agreguéis
agregue	agreguen

PRESENT PERFECT SUBJUNCTIVE

haya agregado	hayamos agregado
hayas agregado	hayáis agregado
haya agregado	hayan agregado

IMPERFECT SUBJUNCTIVE (-ra)

agregara	agregáramos
agregaras	agregarais
agregara	agregaran

or **IMPERFECT SUBJUNCTIVE (-se)**

agregase	agregásemos
agregases	agregaseis
agregase	agregasen

PAST PERFECT SUBJUNCTIVE (-ra)

hubiera agregado	hubiéramos agregado
hubieras agregado	hubierais agregado
hubiera agregado	hubieran agregado

or **PAST PERFECT SUBJUNCTIVE (-se)**

hubiese agregado	hubiésemos agregado
hubieses agregado	hubieseis agregado
hubiese agregado	hubiesen agregado

PROGRESSIVE TENSES

PRESENT	estoy, estás, está, estamos, estáis, están
PRETERIT	estuve, estuviste, estuvo, estuvimos, estuvisteis, estuvieron
IMPERFECT	estaba, estabas, estaba, estábamos, estabais, estaban
FUTURE	estaré, estarás, estará, estaremos, estaréis, estarán
CONDITIONAL	estaría, estarías, estaría, estaríamos, estaríais, estarían
SUBJUNCTIVE	que + *corresponding subjunctive tense of* estar (*see verb 151*)

} agregando

COMMANDS

	(nosotros) agreguemos/no agreguemos
(tú) agrega/no agregues	(vosotros) agregad/no agreguéis
(Ud.) agregue/no agregue	(Uds.) agreguen/no agreguen

Usage

Agregue una explicación.	*Add an explanation.*
—¿Se agregó al comité?	*Did you join the committee?*
—Fui agregado hace un mes.	*I was appointed a month ago.*
Tratemos de agregar más dinero.	*Let's try to amass more money.*

alcanzar *to reach, catch up, succeed, manage*

alcanzo · alcanzaron · alcanzado · alcanzando   *-ar* verb; spelling change: *z > c/e*

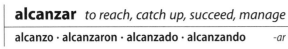

PRESENT		PRETERIT	
alcanzo	alcanzamos	alcancé	alcanzamos
alcanzas	alcanzáis	alcanzaste	alcanzasteis
alcanza	alcanzan	alcanzó	alcanzaron

IMPERFECT		PRESENT PERFECT	
alcanzaba	alcanzábamos	he alcanzado	hemos alcanzado
alcanzabas	alcanzabais	has alcanzado	habéis alcanzado
alcanzaba	alcanzaban	ha alcanzado	han alcanzado

FUTURE		CONDITIONAL	
alcanzaré	alcanzaremos	alcanzaría	alcanzaríamos
alcanzarás	alcanzaréis	alcanzarías	alcanzaríais
alcanzará	alcanzarán	alcanzaría	alcanzarían

PLUPERFECT		PRETERIT PERFECT	
había alcanzado	habíamos alcanzado	hube alcanzado	hubimos alcanzado
habías alcanzado	habíais alcanzado	hubiste alcanzado	hubisteis alcanzado
había alcanzado	habían alcanzado	hubo alcanzado	hubieron alcanzado

FUTURE PERFECT		CONDITIONAL PERFECT	
habré alcanzado	habremos alcanzado	habría alcanzado	habríamos alcanzado
habrás alcanzado	habréis alcanzado	habrías alcanzado	habríais alcanzado
habrá alcanzado	habrán alcanzado	habría alcanzado	habrían alcanzado

PRESENT SUBJUNCTIVE		PRESENT PERFECT SUBJUNCTIVE	
alcance	alcancemos	haya alcanzado	hayamos alcanzado
alcances	alcancéis	hayas alcanzado	hayáis alcanzado
alcance	alcancen	haya alcanzado	hayan alcanzado

IMPERFECT SUBJUNCTIVE (-ra)		*or*	IMPERFECT SUBJUNCTIVE (-se)	
alcanzara	alcanzáramos		alcanzase	alcanzásemos
alcanzaras	alcanzarais		alcanzases	alcanzaseis
alcanzara	alcanzaran		alcanzase	alcanzasen

PAST PERFECT SUBJUNCTIVE (-ra)		*or*	PAST PERFECT SUBJUNCTIVE (-se)	
hubiera alcanzado	hubiéramos alcanzado		hubiese alcanzado	hubiésemos alcanzado
hubieras alcanzado	hubierais alcanzado		hubieses alcanzado	hubieseis alcanzado
hubiera alcanzado	hubieran alcanzado		hubiese alcanzado	hubiesen alcanzado

PROGRESSIVE TENSES

PRESENT	estoy, estás, está, estamos, estáis, están
PRETERIT	estuve, estuviste, estuvo, estuvimos, estuvisteis, estuvieron
IMPERFECT	estaba, estabas, estaba, estábamos, estabais, estaban
FUTURE	estaré, estarás, estará, estaremos, estaréis, estarán
CONDITIONAL	estaría, estarías, estaría, estaríamos, estaríais, estarían
SUBJUNCTIVE	que + *corresponding subjunctive tense of* estar (*see verb 151*)

} alcanzando

COMMANDS

	(nosotros) alcancemos/no alcancemos
(tú) alcanza/no alcances	(vosotros) alcanzad/no alcancéis
(Ud.) alcance/no alcance	(Uds.) alcancen/no alcancen

Usage

No alcanzo las peras del peral con la mano.	*I can't reach the pears in the pear tree.*
No pudo alcanzar a los otros nadadores.	*He didn't manage to catch up with the other swimmers.*
¿Pudiste alcanzar tu objetivo?	*Were you able to reach your goal?*

regular *-ar* reflexive verb | **alegro · alegraron · alegrado · alegrándose**

PRESENT

me alegro	nos alegramos
te alegras	os alegráis
se alegra	se alegran

PRETERIT

me alegré	nos alegramos
te alegraste	os alegrasteis
se alegró	se alegraron

IMPERFECT

me alegraba	nos alegrábamos
te alegrabas	os alegrabais
se alegraba	se alegraban

PRESENT PERFECT

me he alegrado	nos hemos alegrado
te has alegrado	os habéis alegrado
se ha alegrado	se han alegrado

FUTURE

me alegraré	nos alegraremos
te alegrarás	os alegraréis
se alegrará	se alegrarán

CONDITIONAL

me alegraría	nos alegraríamos
te alegrarías	os alegraríais
se alegraría	se alegrarían

PLUPERFECT

me había alegrado	nos habíamos alegrado
te habías alegrado	os habíais alegrado
se había alegrado	se habían alegrado

PRETERIT PERFECT

me hube alegrado	nos hubimos alegrado
te hubiste alegrado	os hubisteis alegrado
se hubo alegrado	se hubieron alegrado

FUTURE PERFECT

me habré alegrado	nos habremos alegrado
te habrás alegrado	os habréis alegrado
se habrá alegrado	se habrán alegrado

CONDITIONAL PERFECT

me habría alegrado	nos habríamos alegrado
te habrías alegrado	os habríais alegrado
se habría alegrado	se habrían alegrado

PRESENT SUBJUNCTIVE

me alegre	nos alegremos
te alegres	os alegréis
se alegre	se alegren

PRESENT PERFECT SUBJUNCTIVE

me haya alegrado	nos hayamos alegrado
te hayas alegrado	os hayáis alegrado
se haya alegrado	se hayan alegrado

IMPERFECT SUBJUNCTIVE (-ra)   *or*

me alegrara	nos alegráramos
te alegraras	os alegrarais
se alegrara	se alegraran

IMPERFECT SUBJUNCTIVE (-se)

me alegrase	nos alegrásemos
te alegrases	os alegraseis
se alegrase	se alegrasen

PAST PERFECT SUBJUNCTIVE (-ra)   *or*

me hubiera alegrado	nos hubiéramos alegrado
te hubieras alegrado	os hubierais alegrado
se hubiera alegrado	se hubieran alegrado

PAST PERFECT SUBJUNCTIVE (-se)

me hubiese alegrado	nos hubiésemos alegrado
te hubieses alegrado	os hubieseis alegrado
se hubiese alegrado	se hubiesen alegrado

PROGRESSIVE TENSES

PRESENT	estoy, estás, está, estamos, estáis, están
PRETERIT	estuve, estuviste, estuvo, estuvimos, estuvisteis, estuvieron
IMPERFECT	estaba, estabas, estaba, estábamos, estabais, estaban
FUTURE	estaré, estarás, estará, estaremos, estaréis, estarán
CONDITIONAL	estaría, estarías, estaría, estaríamos, estaríais, estarían
SUBJUNCTIVE	que + *corresponding subjunctive tense of* estar (*see verb 151*)

alegrando
(*see page 36*)

COMMANDS

	(nosotros) alegrémonos/no nos alegremos
(tú) alégrate/no te alegres	(vosotros) alegraos/no os alegréis
(Ud.) alégrese/no se alegre	(Uds.) alégrense/no se alegren

Usage

—Me alegro de verlos.	*I'm happy to see you.*
—Nos alegramos que hayas venido.	*We're glad you've come.*
Alégrate. Ponte una cara alegre.	*Cheer up. Put on a happy face.*
La música alegrará la fiesta.	*Music will liven up the party.*

almorzar *to have lunch*

almuerzo · almorzaron · almorzado · almorzando

stem-changing *-ar* verb: *o > ue*;
spelling change: *z > c/e*

PRESENT

almuerzo	almorzamos
almuerzas	almorzáis
almuerza	almuerzan

PRETERIT

almorcé	almorzamos
almorzaste	almorzasteis
almorzó	almorzaron

IMPERFECT

almorzaba	almorzábamos
almorzabas	almorzabais
almorzaba	almorzaban

PRESENT PERFECT

he almorzado	hemos almorzado
has almorzado	habéis almorzado
ha almorzado	han almorzado

FUTURE

almorzaré	almorzaremos
almorzarás	almorzaréis
almorzará	almorzarán

CONDITIONAL

almorzaría	almorzaríamos
almorzarías	almorzaríais
almorzaría	almorzarían

PLUPERFECT

había almorzado	habíamos almorzado
habías almorzado	habíais almorzado
había almorzado	habían almorzado

PRETERIT PERFECT

hube almorzado	hubimos almorzado
hubiste almorzado	hubisteis almorzado
hubo almorzado	hubieron almorzado

FUTURE PERFECT

habré almorzado	habremos almorzado
habrás almorzado	habréis almorzado
habrá almorzado	habrán almorzado

CONDITIONAL PERFECT

habría almorzado	habríamos almorzado
habrías almorzado	habríais almorzado
habría almorzado	habrían almorzado

PRESENT SUBJUNCTIVE

almuerce	almorcemos
almuerces	almorcéis
almuerce	almuercen

PRESENT PERFECT SUBJUNCTIVE

haya almorzado	hayamos almorzado
hayas almorzado	hayáis almorzado
haya almorzado	hayan almorzado

IMPERFECT SUBJUNCTIVE (-ra)

almorzara	almorzáramos
almorzaras	almorzarais
almorzara	almorzaran

or IMPERFECT SUBJUNCTIVE (-se)

almorzase	almorzásemos
almorzases	almorzaseis
almorzase	almorzasen

PAST PERFECT SUBJUNCTIVE (-ra)

hubiera almorzado	hubiéramos almorzado
hubieras almorzado	hubierais almorzado
hubiera almorzado	hubieran almorzado

or PAST PERFECT SUBJUNCTIVE (-se)

hubiese almorzado	hubiésemos almorzado
hubieses almorzado	hubieseis almorzado
hubiese almorzado	hubiesen almorzado

PROGRESSIVE TENSES

PRESENT	estoy, estás, está, estamos, estáis, están
PRETERIT	estuve, estuviste, estuvo, estuvimos, estuvisteis, estuvieron
IMPERFECT	estaba, estabas, estaba, estábamos, estabais, estaban
FUTURE	estaré, estarás, estará, estaremos, estaréis, estarán
CONDITIONAL	estaría, estarías, estaría, estaríamos, estaríais, estarían
SUBJUNCTIVE	que + *corresponding subjunctive tense of* estar (*see verb 151*)

} almorzando

COMMANDS

	(nosotros) almorcemos/no almorcemos
(tú) almuerza/no almuerces	(vosotros) almorzad/no almorcéis
(Ud.) almuerce/no almuerce	(Uds.) almuercen/no almuercen

Usage

—¿A qué hora almuerzas?

—Tomo el almuerzo entre la una y las dos.

No almorcé porque había desayunado
  fuerte.

At what time do you have lunch?

I have lunch between 1:00 and 2:00.

*I didn't have lunch because I had eaten a
  big breakfast.*

regular *-ar* verb | **amo · amaron · amado · amando**

PRESENT

amo	amamos
amas	amáis
ama	aman

IMPERFECT

amaba	amábamos
amabas	amabais
amaba	amaban

FUTURE

amaré	amaremos
amarás	amaréis
amará	amarán

PLUPERFECT

había amado	habíamos amado
habías amado	habíais amado
había amado	habían amado

FUTURE PERFECT

habré amado	habremos amado
habrás amado	habréis amado
habrá amado	habrán amado

PRESENT SUBJUNCTIVE

ame	amemos
ames	améis
ame	amen

IMPERFECT SUBJUNCTIVE (-ra)

amara	amáramos
amaras	amarais
amara	amaran

PAST PERFECT SUBJUNCTIVE (-ra)

hubiera amado	hubiéramos amado
hubieras amado	hubierais amado
hubiera amado	hubieran amado

PRETERIT

amé	amamos
amaste	amasteis
amó	amaron

PRESENT PERFECT

he amado	hemos amado
has amado	habéis amado
ha amado	han amado

CONDITIONAL

amaría	amaríamos
amarías	amaríais
amaría	amarían

PRETERIT PERFECT

hube amado	hubimos amado
hubiste amado	hubisteis amado
hubo amado	hubieron amado

CONDITIONAL PERFECT

habría amado	habríamos amado
habrías amado	habríais amado
habría amado	habrían amado

PRESENT PERFECT SUBJUNCTIVE

haya amado	hayamos amado
hayas amado	hayáis amado
haya amado	hayan amado

or ### IMPERFECT SUBJUNCTIVE (-se)

amase	amásemos
amases	amaseis
amase	amasen

or ### PAST PERFECT SUBJUNCTIVE (-se)

hubiese amado	hubiésemos amado
hubieses amado	hubieseis amado
hubiese amado	hubiesen amado

PROGRESSIVE TENSES

PRESENT	estoy, estás, está, estamos, estáis, están
PRETERIT	estuve, estuviste, estuvo, estuvimos, estuvisteis, estuvieron
IMPERFECT	estaba, estabas, estaba, estábamos, estabais, estaban
FUTURE	estaré, estarás, estará, estaremos, estaréis, estarán
CONDITIONAL	estaría, estarías, estaría, estaríamos, estaríais, estarían
SUBJUNCTIVE	que + *corresponding subjunctive tense of* estar (*see verb* 151)

} amando

COMMANDS

	(nosotros) amemos/no amemos
(tú) ama/no ames	(vosotros) amad/no améis
(Ud.) ame/no ame	(Uds.) amen/no amen

Usage

Se enamoraron hace cincuenta años.	*They fell in love 50 years ago.*
Y todavía se aman con locura.	*And they still love each other madly.*
¡Cuánto amamos a nuestra patria!	*We love our country so much!*
Es amante de la historia.	*He's fond of history.*

amenazar *to threaten, menace*

amenazo · amenazaron · amenazado · amenazando   *-ar* verb; spelling change:
z > c/e

PRESENT		PRETERIT	
amenazo	amenazamos	amenacé	amenazamos
amenazas	amenazáis	amenazaste	amenazasteis
amenaza	amenazan	amenazó	amenazaron

IMPERFECT		PRESENT PERFECT	
amenazaba	amenazábamos	he amenazado	hemos amenazado
amenazabas	amenazabais	has amenazado	habéis amenazado
amenazaba	amenazaban	ha amenazado	han amenazado

FUTURE		CONDITIONAL	
amenazaré	amenazaremos	amenazaría	amenazaríamos
amenazarás	amenazaréis	amenazarías	amenazaríais
amenazará	amenazarán	amenazaría	amenazarían

PLUPERFECT		PRETERIT PERFECT	
había amenazado	habíamos amenazado	hube amenazado	hubimos amenazado
habías amenazado	habíais amenazado	hubiste amenazado	hubisteis amenazado
había amenazado	habían amenazado	hubo amenazado	hubieron amenazado

FUTURE PERFECT		CONDITIONAL PERFECT	
habré amenazado	habremos amenazado	habría amenazado	habríamos amenazado
habrás amenazado	habréis amenazado	habrías amenazado	habríais amenazado
habrá amenazado	habrán amenazado	habría amenazado	habrían amenazado

PRESENT SUBJUNCTIVE		PRESENT PERFECT SUBJUNCTIVE	
amenace	amenacemos	haya amenazado	hayamos amenazado
amenaces	amenacéis	hayas amenazado	hayáis amenazado
amenace	amenacen	haya amenazado	hayan amenazado

IMPERFECT SUBJUNCTIVE (-ra)		*or* IMPERFECT SUBJUNCTIVE (-se)	
amenazara	amenazáramos	amenazase	amenazásemos
amenazaras	amenazarais	amenazases	amenazaseis
amenazara	amenazaran	amenazase	amenazasen

PAST PERFECT SUBJUNCTIVE (-ra)		*or* PAST PERFECT SUBJUNCTIVE (-se)	
hubiera amenazado	hubiéramos amenazado	hubiese amenazado	hubiésemos amenazado
hubieras amenazado	hubierais amenazado	hubieses amenazado	hubieseis amenazado
hubiera amenazado	hubieran amenazado	hubiese amenazado	hubiesen amenazado

PROGRESSIVE TENSES

PRESENT	estoy, estás, está, estamos, estáis, están	
PRETERIT	estuve, estuviste, estuvo, estuvimos, estuvisteis, estuvieron	
IMPERFECT	estaba, estabas, estaba, estábamos, estabais, estaban	amenazando
FUTURE	estaré, estarás, estará, estaremos, estaréis, estarán	
CONDITIONAL	estaría, estarías, estaría, estaríamos, estaríais, estarían	
SUBJUNCTIVE	que + *corresponding subjunctive tense of* estar (*see verb 151*)	

COMMANDS

	(nosotros) amenacemos/no amenacemos
(tú) amenaza/no amenaces	(vosotros) amenazad/no amenacéis
(Ud.) amenace/no amenace	(Uds.) amenacen/no amenacen

Usage

Los amenazó con matarlos.	He threatened to kill them.
Habló con un tono amenazador.	She spoke with a menacing tone.
Viven amenazados por las tempestades.	They live threatened by storms.
Amenaza lluvia.	Rain is imminent./It threatens to rain.

-*ar* verb, irregular in preterit | **ando · anduvieron · andado · andando**

PRESENT		PRETERIT	
ando	andamos	anduve	anduvimos
andas	andáis	anduviste	anduvisteis
anda	andan	anduvo	anduvieron

IMPERFECT		PRESENT PERFECT	
andaba	andábamos	he andado	hemos andado
andabas	andabais	has andado	habéis andado
andaba	andaban	ha andado	han andado

FUTURE		CONDITIONAL	
andaré	andaremos	andaría	andaríamos
andarás	andaréis	andarías	andaríais
andará	andarán	andaría	andarían

PLUPERFECT		PRETERIT PERFECT	
había andado	habíamos andado	hube andado	hubimos andado
habías andado	habíais andado	hubiste andado	hubisteis andado
había andado	habían andado	hubo andado	hubieron andado

FUTURE PERFECT		CONDITIONAL PERFECT	
habré andado	habremos andado	habría andado	habríamos andado
habrás andado	habréis andado	habrías andado	habríais andado
habrá andado	habrán andado	habría andado	habrían andado

PRESENT SUBJUNCTIVE		PRESENT PERFECT SUBJUNCTIVE	
ande	andemos	haya andado	hayamos andado
andes	andéis	hayas andado	hayáis andado
ande	anden	haya andado	hayan andado

IMPERFECT SUBJUNCTIVE (-ra)		*or*	IMPERFECT SUBJUNCTIVE (-se)	
anduviera	anduviéramos		anduviese	anduviésemos
anduvieras	anduvierais		anduvieses	anduvieseis
anduviera	anduvieran		anduviese	anduviesen

PAST PERFECT SUBJUNCTIVE (-ra)		*or*	PAST PERFECT SUBJUNCTIVE (-se)	
hubiera andado	hubiéramos andado		hubiese andado	hubiésemos andado
hubieras andado	hubierais andado		hubieses andado	hubieseis andado
hubiera andado	hubieran andado		hubiese andado	hubiesen andado

PROGRESSIVE TENSES

PRESENT	estoy, estás, está, estamos, estáis, están	
PRETERIT	estuve, estuviste, estuvo, estuvimos, estuvisteis, estuvieron	
IMPERFECT	estaba, estabas, estaba, estábamos, estabais, estaban	andando
FUTURE	estaré, estarás, estará, estaremos, estaréis, estarán	
CONDITIONAL	estaría, estarías, estaría, estaríamos, estaríais, estarían	
SUBJUNCTIVE	que + *corresponding subjunctive tense of* estar (*see verb 151*)	

COMMANDS

	(nosotros) andemos/no andemos
(tú) anda/no andes	(vosotros) andad/no andéis
(Ud.) ande/no ande	(Uds.) anden/no anden

Usage

Anduvieron rápidamente/de puntillas.	*They walked quickly/on tiptoe.*
Los negocios andan bien/mal.	*The business is doing well/badly.*
Andaba bien/mal de salud.	*She was in good/bad health.*
Han andado muy ocupados.	*They've been very busy.*

TOP 30 VERB ☞

Los chicos andan por aquí/por allí.	*The kids are around here/there.*
Anduvo quince millas.	*She walked/covered/traveled fifteen miles.*
—¡Ya han andado cuatro millas!	*They've already walked four miles!*
—Es que andan muy de prisa.	*They walk very quickly.*
—¿Qué tal las ganancias este año?	*How are earnings this year?*
—La empresa anda muy bien.	*The firm is doing very well.*
—¿Dónde están los documentos?	*Where are the documents?*
—Andarán por aquí.	*They're probably around here somewhere.*
—Mi reloj no anda bien.	*My watch isn't working well.*
—¿Anda atrasado o adelantado?	*Is it fast or slow?*
—¿Vamos en metro o a pie?	*Shall we go by subway or walk?*
—Yo prefiero ir andando.	*I prefer to walk.*
Me alegro de que anden bien de salud.	*I'm glad they're in good health.*

andar con + noun   *to be* + adjective

Anda con cuidado.	*Be careful.*
No andes con miedo.	*Don't be afraid.*

¡Anda! *Come on!* (to encourage someone), *Go on!* (wariness)

¡Anda! ¡Marca un gol!	*Come on! Score a goal!*
¡Anda! Dime la verdad.	*Go on! Tell me the truth.*

Other Uses

—El bebé aprende a andar.	*The baby is learning how to walk.*
—Por ahora anda a gatas.	*For now he's walking on all fours.*
—Se quebró la pierna y no podía andar.	*She broke her leg and couldn't walk.*
—Pero ahora tiene el andar ligero y seguro.	*But now she has a brisk and steady walk/gait.*
—Nos encantan las caminatas.	*We love long walks.*
—Uds. siempre eran muy andariegos.	*You were always very fond of walking.*
Anda por las nubes.	*She has her head in the clouds./ She's daydreaming.*
Don Quijote es un caballero andante.	*Don Quijote is a knight-errant.*
Deja de andar con rodeos.	*Stop beating around the bush.*
¡Andáis en boca de todos!	*You're the talk of the town!*
Dime con quién andas y te diré quién eres.	*A man is known by the company he keeps.*
Quien mal anda, mal acaba.	*He who falls into bad ways will come to a bad end.*

regular -*ir* verb | añado · añadieron · añadido · añadiendo

PRESENT		PRETERIT	
añado	añadimos	añadí	añadimos
añades	añadís	añadiste	añadisteis
añade	añaden	añadió	añadieron

IMPERFECT		PRESENT PERFECT	
añadía	añadíamos	he añadido	hemos añadido
añadías	añadíais	has añadido	habéis añadido
añadía	añadían	ha añadido	han añadido

FUTURE		CONDITIONAL	
añadiré	añadiremos	añadiría	añadiríamos
añadirás	añadiréis	añadirías	añadiríais
añadirá	añadirán	añadiría	añadirían

PLUPERFECT		PRETERIT PERFECT	
había añadido	habíamos añadido	hube añadido	hubimos añadido
habías añadido	habíais añadido	hubiste añadido	hubisteis añadido
había añadido	habían añadido	hubo añadido	hubieron añadido

FUTURE PERFECT		CONDITIONAL PERFECT	
habré añadido	habremos añadido	habría añadido	habríamos añadido
habrás añadido	habréis añadido	habrías añadido	habríais añadido
habrá añadido	habrán añadido	habría añadido	habrían añadido

PRESENT SUBJUNCTIVE		PRESENT PERFECT SUBJUNCTIVE	
añada	añadamos	haya añadido	hayamos añadido
añadas	añadáis	hayas añadido	hayáis añadido
añada	añadan	haya añadido	hayan añadido

IMPERFECT SUBJUNCTIVE (-ra)		*or*	IMPERFECT SUBJUNCTIVE (-se)	
añadiera	añadiéramos		añadiese	añadiésemos
añadieras	añadierais		añadieses	añadieseis
añadiera	añadieran		añadiese	añadiesen

PAST PERFECT SUBJUNCTIVE (-ra)		*or*	PAST PERFECT SUBJUNCTIVE (-se)	
hubiera añadido	hubiéramos añadido		hubiese añadido	hubiésemos añadido
hubieras añadido	hubierais añadido		hubieses añadido	hubieseis añadido
hubiera añadido	hubieran añadido		hubiese añadido	hubiesen añadido

PROGRESSIVE TENSES

PRESENT	estoy, estás, está, estamos, estáis, están	
PRETERIT	estuve, estuviste, estuvo, estuvimos, estuvisteis, estuvieron	
IMPERFECT	estaba, estabas, estaba, estábamos, estabais, estaban	añadiendo
FUTURE	estaré, estarás, estará, estaremos, estaréis, estarán	
CONDITIONAL	estaría, estarías, estaría, estaríamos, estaríais, estarían	
SUBJUNCTIVE	que + *corresponding subjunctive tense of* estar (*see verb 151*)	

COMMANDS

	(nosotros) añadamos/no añadamos
(tú) añade/no añadas	(vosotros) añadid/no añadáis
(Ud.) añada/no añada	(Uds.) añadan/no añadan

Usage

Añada más sal al guisado.	Add more salt to the stew.
Los claveles rojos añaden color a la mesa.	The red carnations add color to the table.
No hay lugar para lo añadido.	There's no room for what was added.
Por añadidura...	Besides . . ./In addition . . .

apagar   *to put out, extinguish, turn/shut off, muffle*

apago · apagaron · apagado · apagando   *-ar* verb; spelling change: *g > gu/e*

PRESENT		PRETERIT	
apago	apagamos	apagué	apagamos
apagas	apagáis	apagaste	apagasteis
apaga	apagan	apagó	apagaron

IMPERFECT		PRESENT PERFECT	
apagaba	apagábamos	he apagado	hemos apagado
apagabas	apagabais	has apagado	habéis apagado
apagaba	apagaban	ha apagado	han apagado

FUTURE		CONDITIONAL	
apagaré	apagaremos	apagaría	apagaríamos
apagarás	apagaréis	apagarías	apagaríais
apagará	apagarán	apagaría	apagarían

PLUPERFECT		PRETERIT PERFECT	
había apagado	habíamos apagado	hube apagado	hubimos apagado
habías apagado	habíais apagado	hubiste apagado	hubisteis apagado
había apagado	habían apagado	hubo apagado	hubieron apagado

FUTURE PERFECT		CONDITIONAL PERFECT	
habré apagado	habremos apagado	habría apagado	habríamos apagado
habrás apagado	habréis apagado	habrías apagado	habríais apagado
habrá apagado	habrán apagado	habría apagado	habrían apagado

PRESENT SUBJUNCTIVE		PRESENT PERFECT SUBJUNCTIVE	
apague	apaguemos	haya apagado	hayamos apagado
apagues	apaguéis	hayas apagado	hayáis apagado
apague	apaguen	haya apagado	hayan apagado

IMPERFECT SUBJUNCTIVE (-ra)		*or* IMPERFECT SUBJUNCTIVE (-se)	
apagara	apagáramos	apagase	apagásemos
apagaras	apagarais	apagases	apagaseis
apagara	apagaran	apagase	apagasen

PAST PERFECT SUBJUNCTIVE (-ra)		*or* PAST PERFECT SUBJUNCTIVE (-se)	
hubiera apagado	hubiéramos apagado	hubiese apagado	hubiésemos apagado
hubieras apagado	hubierais apagado	hubieses apagado	hubieseis apagado
hubiera apagado	hubieran apagado	hubiese apagado	hubiesen apagado

PROGRESSIVE TENSES

PRESENT	estoy, estás, está, estamos, estáis, están	
PRETERIT	estuve, estuviste, estuvo, estuvimos, estuvisteis, estuvieron	
IMPERFECT	estaba, estabas, estaba, estábamos, estabais, estaban	apagando
FUTURE	estaré, estarás, estará, estaremos, estaréis, estarán	
CONDITIONAL	estaría, estarías, estaría, estaríamos, estaríais, estarían	
SUBJUNCTIVE	que + *corresponding subjunctive tense of* estar (*see verb 151*)	

COMMANDS

	(nosotros) apaguemos/no apaguemos
(tú) apaga/no apagues	(vosotros) apagad/no apaguéis
(Ud.) apague/no apague	(Uds.) apaguen/no apaguen

Usage

Los bomberos apagaron el incendio.	*The firefighters put out the fire.*
Apaga la tele y las luces cuando salgas.	*Shut off the TV and the lights when you go out.*
Hubo apagón durante la ola de calor.	*There was a power outage during the heat wave.*
Es una persona apagada con voz apagada.	*She's a dull person with a weak voice.*

-er verb; spelling change: **aparezco · aparecieron · aparecido · apareciendo**
c > zc/o, a

PRESENT		PRETERIT	
aparezco	aparecemos	aparecí	aparecimos
apareces	aparecéis	apareciste	aparecisteis
aparece	aparecen	apareció	aparecieron

IMPERFECT		PRESENT PERFECT	
aparecía	aparecíamos	he aparecido	hemos aparecido
aparecías	aparecíais	has aparecido	habéis aparecido
aparecía	aparecían	ha aparecido	han aparecido

FUTURE		CONDITIONAL	
apareceré	apareceremos	aparecería	apareceríamos
aparecerás	apareceréis	aparecerías	apareceríais
aparecerá	aparecerán	aparecería	aparecerían

PLUPERFECT		PRETERIT PERFECT	
había aparecido	habíamos aparecido	hube aparecido	hubimos aparecido
habías aparecido	habíais aparecido	hubiste aparecido	hubisteis aparecido
había aparecido	habían aparecido	hubo aparecido	hubieron aparecido

FUTURE PERFECT		CONDITIONAL PERFECT	
habré aparecido	habremos aparecido	habría aparecido	habríamos aparecido
habrás aparecido	habréis aparecido	habrías aparecido	habríais aparecido
habrá aparecido	habrán aparecido	habría aparecido	habrían aparecido

PRESENT SUBJUNCTIVE		PRESENT PERFECT SUBJUNCTIVE	
aparezca	aparezcamos	haya aparecido	hayamos aparecido
aparezcas	aparezcáis	hayas aparecido	hayáis aparecido
aparezca	aparezcan	haya aparecido	hayan aparecido

IMPERFECT SUBJUNCTIVE (-ra)		*or*	IMPERFECT SUBJUNCTIVE (-se)	
apareciera	apareciéramos		apareciese	apareciésemos
aparecieras	aparecierais		aparecieses	aparecieseis
apareciera	aparecieran		apareciese	apareciesen

PAST PERFECT SUBJUNCTIVE (-ra)		*or*	PAST PERFECT SUBJUNCTIVE (-se)	
hubiera aparecido	hubiéramos aparecido		hubiese aparecido	hubiésemos aparecido
hubieras aparecido	hubierais aparecido		hubieses aparecido	hubieseis aparecido
hubiera aparecido	hubieran aparecido		hubiese aparecido	hubiesen aparecido

PROGRESSIVE TENSES

PRESENT	estoy, estás, está, estamos, estáis, están	
PRETERIT	estuve, estuviste, estuvo, estuvimos, estuvisteis, estuvieron	
IMPERFECT	estaba, estabas, estaba, estábamos, estabais, estaban	apareciendo
FUTURE	estaré, estarás, estará, estaremos, estaréis, estarán	
CONDITIONAL	estaría, estarías, estaría, estaríamos, estaríais, estarían	
SUBJUNCTIVE	que + *corresponding subjunctive tense of* estar (*see verb 151*)	

COMMANDS

	(nosotros) aparezcamos/no aparezcamos
(tú) aparece/no aparezcas	(vosotros) apareced/no aparezcáis
(Ud.) aparezca/no aparezca	(Uds.) aparezcan/no aparezcan

Usage

Sólo apareció en escena el actor principal.	*Only the lead actor appeared on stage.*
Apareció la segunda edición del libro.	*The second edition of the book came out.*
Dudo que aparezcan hoy.	*I doubt they'll show up today.*
No suele aparecer antes de las once.	*She doesn't usually turn up before 11:00.*

aplazar *to postpone, defer*

aplazo · aplazaron · aplazado · aplazando   *-ar verb; spelling change:* $z > c/e$

PRESENT		PRETERIT	
aplazo	aplazamos	aplacé	aplazamos
aplazas	aplazáis	aplazaste	aplazasteis
aplaza	aplazan	aplazó	aplazaron

IMPERFECT		PRESENT PERFECT	
aplazaba	aplazábamos	he aplazado	hemos aplazado
aplazabas	aplazabais	has aplazado	habéis aplazado
aplazaba	aplazaban	ha aplazado	han aplazado

FUTURE		CONDITIONAL	
aplazaré	aplazaremos	aplazaría	aplazaríamos
aplazarás	aplazaréis	aplazarías	aplazaríais
aplazará	aplazarán	aplazaría	aplazarían

PLUPERFECT		PRETERIT PERFECT	
había aplazado	habíamos aplazado	hube aplazado	hubimos aplazado
habías aplazado	habíais aplazado	hubiste aplazado	hubisteis aplazado
había aplazado	habían aplazado	hubo aplazado	hubieron aplazado

FUTURE PERFECT		CONDITIONAL PERFECT	
habré aplazado	habremos aplazado	habría aplazado	habríamos aplazado
habrás aplazado	habréis aplazado	habrías aplazado	habríais aplazado
habrá aplazado	habrán aplazado	habría aplazado	habrían aplazado

PRESENT SUBJUNCTIVE		PRESENT PERFECT SUBJUNCTIVE	
aplace	aplacemos	haya aplazado	hayamos aplazado
aplaces	aplacéis	hayas aplazado	hayáis aplazado
aplace	aplacen	haya aplazado	hayan aplazado

IMPERFECT SUBJUNCTIVE (-ra)		*or* IMPERFECT SUBJUNCTIVE (-se)	
aplazara	aplazáramos	aplazase	aplazásemos
aplazaras	aplazarais	aplazases	aplazaseis
aplazara	aplazaran	aplazase	aplazasen

PAST PERFECT SUBJUNCTIVE (-ra)		*or* PAST PERFECT SUBJUNCTIVE (-se)	
hubiera aplazado	hubiéramos aplazado	hubiese aplazado	hubiésemos aplazado
hubieras aplazado	hubierais aplazado	hubieses aplazado	hubieseis aplazado
hubiera aplazado	hubieran aplazado	hubiese aplazado	hubiesen aplazado

PROGRESSIVE TENSES

PRESENT	estoy, estás, está, estamos, estáis, están	
PRETERIT	estuve, estuviste, estuvo, estuvimos, estuvisteis, estuvieron	
IMPERFECT	estaba, estabas, estaba, estábamos, estabais, estaban	aplazando
FUTURE	estaré, estarás, estará, estaremos, estaréis, estarán	
CONDITIONAL	estaría, estarías, estaría, estaríamos, estaríais, estarían	
SUBJUNCTIVE	que + *corresponding subjunctive tense of* estar *(see verb 151)*	

COMMANDS

	(nosotros) aplacemos/no aplacemos
(tú) aplaza/no aplaces	(vosotros) aplazad/no aplacéis
(Ud.) aplace/no aplace	(Uds.) aplacen/no aplacen

Usage

La reunión será aplazada para el dos de marzo.	*The meeting will be postponed until March 2.*
Se aplaza el pago.	*The payment is being deferred.*
Aplacemos la excursión hasta que se despeje.	*Let's postpone the outing until it clears up.*

-ar verb; spelling change: $c > qu/e$

aplico · aplicaron · aplicado · aplicando

PRESENT

aplico	aplicamos
aplicas	aplicáis
aplica	aplican

IMPERFECT

aplicaba	aplicábamos
aplicabas	aplicabais
aplicaba	aplicaban

FUTURE

aplicaré	aplicaremos
aplicarás	aplicaréis
aplicará	aplicarán

PLUPERFECT

había aplicado	habíamos aplicado
habías aplicado	habíais aplicado
había aplicado	habían aplicado

FUTURE PERFECT

habré aplicado	habremos aplicado
habrás aplicado	habréis aplicado
habrá aplicado	habrán aplicado

PRESENT SUBJUNCTIVE

aplique	apliquemos
apliques	apliquéis
aplique	apliquen

IMPERFECT SUBJUNCTIVE (-ra)

aplicara	aplicáramos
aplicaras	aplicarais
aplicara	aplicaran

PAST PERFECT SUBJUNCTIVE (-ra)

hubiera aplicado	hubiéramos aplicado
hubieras aplicado	hubierais aplicado
hubiera aplicado	hubieran aplicado

PRETERIT

apliqué	aplicamos
aplicaste	aplicasteis
aplicó	aplicaron

PRESENT PERFECT

he aplicado	hemos aplicado
has aplicado	habéis aplicado
ha aplicado	han aplicado

CONDITIONAL

aplicaría	aplicaríamos
aplicarías	aplicaríais
aplicaría	aplicarían

PRETERIT PERFECT

hube aplicado	hubimos aplicado
hubiste aplicado	hubisteis aplicado
hubo aplicado	hubieron aplicado

CONDITIONAL PERFECT

habría aplicado	habríamos aplicado
habrías aplicado	habríais aplicado
habría aplicado	habrían aplicado

PRESENT PERFECT SUBJUNCTIVE

haya aplicado	hayamos aplicado
hayas aplicado	hayáis aplicado
haya aplicado	hayan aplicado

or **IMPERFECT SUBJUNCTIVE (-se)**

aplicase	aplicásemos
aplicases	aplicaseis
aplicase	aplicasen

or **PAST PERFECT SUBJUNCTIVE (-se)**

hubiese aplicado	hubiésemos aplicado
hubieses aplicado	hubieseis aplicado
hubiese aplicado	hubiesen aplicado

PROGRESSIVE TENSES

PRESENT	estoy, estás, está, estamos, estáis, están
PRETERIT	estuve, estuviste, estuvo, estuvimos, estuvisteis, estuvieron
IMPERFECT	estaba, estabas, estaba, estábamos, estabais, estaban
FUTURE	estaré, estarás, estará, estaremos, estaréis, estarán
CONDITIONAL	estaría, estarías, estaría, estaríamos, estaríais, estarían
SUBJUNCTIVE	que + *corresponding subjunctive tense of* estar (*see verb 151*)

} aplicando

COMMANDS

	(nosotros) apliquemos/no apliquemos
(tú) aplica/no apliques	(vosotros) aplicad/no apliquéis
(Ud.) aplique/no aplique	(Uds.) apliquen/no apliquen

Usage

Apliqué el barniz.	*I applied the varnish.*
Las leyes se aplican a todos los ciudadanos.	*The laws apply to all the citizens.*
Se aplica mucho en el estudio. Es muy aplicada.	*She works very hard at/devotes herself to her studies. She's very studious.*

aprender *to learn*

aprendo · aprendieron · aprendido · aprendiendo regular *-er* verb

PRESENT		PRETERIT	
aprendo	aprendemos	aprendí	aprendimos
aprendes	aprendéis	aprendiste	aprendisteis
aprende	aprenden	aprendió	aprendieron

IMPERFECT		PRESENT PERFECT	
aprendía	aprendíamos	he aprendido	hemos aprendido
aprendías	aprendíais	has aprendido	habéis aprendido
aprendía	aprendían	ha aprendido	han aprendido

FUTURE		CONDITIONAL	
aprenderé	aprenderemos	aprendería	aprenderíamos
aprenderás	aprenderéis	aprenderías	aprenderíais
aprenderá	aprenderán	aprendería	aprenderían

PLUPERFECT		PRETERIT PERFECT	
había aprendido	habíamos aprendido	hube aprendido	hubimos aprendido
habías aprendido	habíais aprendido	hubiste aprendido	hubisteis aprendido
había aprendido	habían aprendido	hubo aprendido	hubieron aprendido

FUTURE PERFECT		CONDITIONAL PERFECT	
habré aprendido	habremos aprendido	habría aprendido	habríamos aprendido
habrás aprendido	habréis aprendido	habrías aprendido	habríais aprendido
habrá aprendido	habrán aprendido	habría aprendido	habrían aprendido

PRESENT SUBJUNCTIVE		PRESENT PERFECT SUBJUNCTIVE	
aprenda	aprendamos	haya aprendido	hayamos aprendido
aprendas	aprendáis	hayas aprendido	hayáis aprendido
aprenda	aprendan	haya aprendido	hayan aprendido

IMPERFECT SUBJUNCTIVE (-ra)		*or* IMPERFECT SUBJUNCTIVE (-se)	
aprendiera	aprendiéramos	aprendiese	aprendiésemos
aprendieras	aprendierais	aprendieses	aprendieseis
aprendiera	aprendieran	aprendiese	aprendiesen

PAST PERFECT SUBJUNCTIVE (-ra)		*or* PAST PERFECT SUBJUNCTIVE (-se)	
hubiera aprendido	hubiéramos aprendido	hubiese aprendido	hubiésemos aprendido
hubieras aprendido	hubierais aprendido	hubieses aprendido	hubieseis aprendido
hubiera aprendido	hubieran aprendido	hubiese aprendido	hubiesen aprendido

PROGRESSIVE TENSES

PRESENT	estoy, estás, está, estamos, estáis, están
PRETERIT	estuve, estuviste, estuvo, estuvimos, estuvisteis, estuvieron
IMPERFECT	estaba, estabas, estaba, estábamos, estabais, estaban
FUTURE	estaré, estarás, estará, estaremos, estaréis, estarán
CONDITIONAL	estaría, estarías, estaría, estaríamos, estaríais, estarían
SUBJUNCTIVE	que + *corresponding subjunctive tense of* estar (*see verb 151*)

} aprendiendo

COMMANDS

	(nosotros) aprendamos/no aprendamos
(tú) aprende/no aprendas	(vosotros) aprended/no aprendáis
(Ud.) aprenda/no aprenda	(Uds.) aprendan/no aprendan

Usage

Aprendió a reparar su ordenador (*Spain*).	*He learned how to repair his computer.*
¿Habéis aprendido todas las fechas de memoria?	*You've memorized all the dates?*
Espero que aprendan de experiencia.	*I hope you'll learn from your mistakes.*
Cada día se aprende algo.	*It's never too late to learn.*

stem-changing -ar verb: o > ue   **apruebo · aprobaron · aprobado · aprobando**

PRESENT		PRETERIT	
apruebo	aprobamos	aprobé	aprobamos
apruebas	aprobáis	aprobaste	aprobasteis
aprueba	aprueban	aprobó	aprobaron

IMPERFECT		PRESENT PERFECT	
aprobaba	aprobábamos	he aprobado	hemos aprobado
aprobabas	aprobabais	has aprobado	habéis aprobado
aprobaba	aprobaban	ha aprobado	han aprobado

FUTURE		CONDITIONAL	
aprobaré	aprobaremos	aprobaría	aprobaríamos
aprobarás	aprobaréis	aprobarías	aprobaríais
aprobará	aprobarán	aprobaría	aprobarían

PLUPERFECT		PRETERIT PERFECT	
había aprobado	habíamos aprobado	hube aprobado	hubimos aprobado
habías aprobado	habíais aprobado	hubiste aprobado	hubisteis aprobado
había aprobado	habían aprobado	hubo aprobado	hubieron aprobado

FUTURE PERFECT		CONDITIONAL PERFECT	
habré aprobado	habremos aprobado	habría aprobado	habríamos aprobado
habrás aprobado	habréis aprobado	habrías aprobado	habríais aprobado
habrá aprobado	habrán aprobado	habría aprobado	habrían aprobado

PRESENT SUBJUNCTIVE		PRESENT PERFECT SUBJUNCTIVE	
apruebe	aprobemos	haya aprobado	hayamos aprobado
apruebes	aprobéis	hayas aprobado	hayáis aprobado
apruebe	aprueben	haya aprobado	hayan aprobado

IMPERFECT SUBJUNCTIVE (-ra)		*or*	IMPERFECT SUBJUNCTIVE (-se)	
aprobara	aprobáramos		aprobase	aprobásemos
aprobaras	aprobarais		aprobases	aprobaseis
aprobara	aprobaran		aprobase	aprobasen

PAST PERFECT SUBJUNCTIVE (-ra)		*or*	PAST PERFECT SUBJUNCTIVE (-se)	
hubiera aprobado	hubiéramos aprobado		hubiese aprobado	hubiésemos aprobado
hubieras aprobado	hubierais aprobado		hubieses aprobado	hubieseis aprobado
hubiera aprobado	hubieran aprobado		hubiese aprobado	hubiesen aprobado

PROGRESSIVE TENSES

PRESENT	estoy, estás, está, estamos, estáis, están	
PRETERIT	estuve, estuviste, estuvo, estuvimos, estuvisteis, estuvieron	
IMPERFECT	estaba, estabas, estaba, estábamos, estabais, estaban	aprobando
FUTURE	estaré, estarás, estará, estaremos, estaréis, estarán	
CONDITIONAL	estaría, estarías, estaría, estaríamos, estaríais, estarían	
SUBJUNCTIVE	que + *corresponding subjunctive tense of* estar (*see verb 151*)	

COMMANDS

	(nosotros) aprobemos/no aprobemos
(tú) aprueba/no apruebes	(vosotros) aprobad/no aprobéis
(Ud.) apruebe/no apruebe	(Uds.) aprueben/no aprueben

Usage

El departamento de consumo aprobó los nuevos productos.	*The department of consumer affairs approved the new products.*
Se aprobó la ley de impuestos.	*The tax law was passed.*
Salió aprobado en todos los exámenes.	*He passed all his exams.*

PRESENT

arranco	arrancamos
arrancas	arrancáis
arranca	arrancan

IMPERFECT

arrancaba	arrancábamos
arrancabas	arrancabais
arrancaba	arrancaban

FUTURE

arrancaré	arrancaremos
arrancarás	arrancaréis
arrancará	arrancarán

PLUPERFECT

había arrancado	habíamos arrancado
habías arrancado	habíais arrancado
había arrancado	habían arrancado

FUTURE PERFECT

habré arrancado	habremos arrancado
habrás arrancado	habréis arrancado
habrá arrancado	habrán arrancado

PRESENT SUBJUNCTIVE

arranque	arranquemos
arranques	arranquéis
arranque	arranquen

IMPERFECT SUBJUNCTIVE (-ra)

arrancara	arrancáramos
arrancaras	arrancarais
arrancara	arrancaran

PAST PERFECT SUBJUNCTIVE (-ra)

hubiera arrancado	hubiéramos arrancado
hubieras arrancado	hubierais arrancado
hubiera arrancado	hubieran arrancado

PRETERIT

arranqué	arrancamos
arrancaste	arrancasteis
arrancó	arrancaron

PRESENT PERFECT

he arrancado	hemos arrancado
has arrancado	habéis arrancado
ha arrancado	han arrancado

CONDITIONAL

arrancaría	arrancaríamos
arrancarías	arrancaríais
arrancaría	arrancarían

PRETERIT PERFECT

hube arrancado	hubimos arrancado
hubiste arrancado	hubisteis arrancado
hubo arrancado	hubieron arrancado

CONDITIONAL PERFECT

habría arrancado	habríamos arrancado
habrías arrancado	habríais arrancado
habría arrancado	habrían arrancado

PRESENT PERFECT SUBJUNCTIVE

haya arrancado	hayamos arrancado
hayas arrancado	hayáis arrancado
haya arrancado	hayan arrancado

or **IMPERFECT SUBJUNCTIVE (-se)**

arrancase	arrancásemos
arrancases	arrancaseis
arrancase	arrancasen

or **PAST PERFECT SUBJUNCTIVE (-se)**

hubiese arrancado	hubiésemos arrancado
hubieses arrancado	hubieseis arrancado
hubiese arrancado	hubiesen arrancado

PROGRESSIVE TENSES

PRESENT	estoy, estás, está, estamos, estáis, están
PRETERIT	estuve, estuviste, estuvo, estuvimos, estuvisteis, estuvieron
IMPERFECT	estaba, estabas, estaba, estábamos, estabais, estaban
FUTURE	estaré, estarás, estará, estaremos, estaréis, estarán
CONDITIONAL	estaría, estarías, estaría, estaríamos, estaríais, estarían
SUBJUNCTIVE	que + *corresponding subjunctive tense of* estar (*see verb 151*)

} arrancando

COMMANDS

	(nosotros) arranquemos/no arranquemos
(tú) arranca/no arranques	(vosotros) arrancad/no arranquéis
(Ud.) arranque/no arranque	(Uds.) arranquen/no arranquen

Usage

Hay que arrancar las plantas muertas.	*We have to pull up the dead plants.*
Le arrancaron los detalles de la intriga.	*They got the details about the plot out of him.*
El coche/El tren arrancó.	*The car/train started to go.*

regular *-ar* verb   **arreglo · arreglaron · arreglado · arreglando**

PRESENT		PRETERIT	
arreglo	arreglamos	arreglé	arreglamos
arreglas	arregláis	arreglaste	arreglasteis
arregla	arreglan	arregló	arreglaron

IMPERFECT		PRESENT PERFECT	
arreglaba	arreglábamos	he arreglado	hemos arreglado
arreglabas	arreglabais	has arreglado	habéis arreglado
arreglaba	arreglaban	ha arreglado	han arreglado

FUTURE		CONDITIONAL	
arreglaré	arreglaremos	arreglaría	arreglaríamos
arreglarás	arreglaréis	arreglarías	arreglaríais
arreglará	arreglarán	arreglaría	arreglarían

PLUPERFECT		PRETERIT PERFECT	
había arreglado	habíamos arreglado	hube arreglado	hubimos arreglado
habías arreglado	habíais arreglado	hubiste arreglado	hubisteis arreglado
había arreglado	habían arreglado	hubo arreglado	hubieron arreglado

FUTURE PERFECT		CONDITIONAL PERFECT	
habré arreglado	habremos arreglado	habría arreglado	habríamos arreglado
habrás arreglado	habréis arreglado	habrías arreglado	habríais arreglado
habrá arreglado	habrán arreglado	habría arreglado	habrían arreglado

PRESENT SUBJUNCTIVE		PRESENT PERFECT SUBJUNCTIVE	
arregle	arreglemos	haya arreglado	hayamos arreglado
arregles	arregléis	hayas arreglado	hayáis arreglado
arregle	arreglen	haya arreglado	hayan arreglado

IMPERFECT SUBJUNCTIVE (-ra)		*or* IMPERFECT SUBJUNCTIVE (-se)	
arreglara	arregláramos	arreglase	arreglásemos
arreglaras	arreglarais	arreglases	arreglaseis
arreglara	arreglaran	arreglase	arreglasen

PAST PERFECT SUBJUNCTIVE (-ra)		*or* PAST PERFECT SUBJUNCTIVE (-se)	
hubiera arreglado	hubiéramos arreglado	hubiese arreglado	hubiésemos arreglado
hubieras arreglado	hubierais arreglado	hubieses arreglado	hubieseis arreglado
hubiera arreglado	hubieran arreglado	hubiese arreglado	hubiesen arreglado

PROGRESSIVE TENSES

PRESENT	estoy, estás, está, estamos, estáis, están	
PRETERIT	estuve, estuviste, estuvo, estuvimos, estuvisteis, estuvieron	
IMPERFECT	estaba, estabas, estaba, estábamos, estabais, estaban	arreglando
FUTURE	estaré, estarás, estará, estaremos, estaréis, estarán	
CONDITIONAL	estaría, estarías, estaría, estaríamos, estaríais, estarían	
SUBJUNCTIVE	que + *corresponding subjunctive tense of* estar (*see verb 151*)	

COMMANDS

	(nosotros) arreglemos/no arreglemos
(tú) arregla/no arregles	(vosotros) arreglad/no arregléis
(Ud.) arregle/no arregle	(Uds.) arreglen/no arreglen

Usage

—Arreglemos el asunto cuanto antes.	*Let's settle the matter as soon as possible.*
—Dudo que tenga arreglo.	*I doubt there's a solution.*
Arreglaré los ficheros.	*I'll put the files in order.*
Arréglate mientras yo me arreglo el pelo.	*Get ready while I fix my hair.*

asisto · asistieron · asistido · asistiendo   regular *-ir* verb

PRESENT		PRETERIT	
asisto	asistimos	asistí	asistimos
asistes	asistís	asististe	asististeis
asiste	asisten	asistió	asistieron

IMPERFECT		PRESENT PERFECT	
asistía	asistíamos	he asistido	hemos asistido
asistías	asistíais	has asistido	habéis asistido
asistía	asistían	ha asistido	han asistido

FUTURE		CONDITIONAL	
asistiré	asistiremos	asistiría	asistiríamos
asistirás	asistiréis	asistirías	asistiríais
asistirá	asistirán	asistiría	asistirían

PLUPERFECT		PRETERIT PERFECT	
había asistido	habíamos asistido	hube asistido	hubimos asistido
habías asistido	habíais asistido	hubiste asistido	hubisteis asistido
había asistido	habían asistido	hubo asistido	hubieron asistido

FUTURE PERFECT		CONDITIONAL PERFECT	
habré asistido	habremos asistido	habría asistido	habríamos asistido
habrás asistido	habréis asistido	habrías asistido	habríais asistido
habrá asistido	habrán asistido	habría asistido	habrían asistido

PRESENT SUBJUNCTIVE		PRESENT PERFECT SUBJUNCTIVE	
asista	asistamos	haya asistido	hayamos asistido
asistas	asistáis	hayas asistido	hayáis asistido
asista	asistan	haya asistido	hayan asistido

IMPERFECT SUBJUNCTIVE (-ra)		*or* IMPERFECT SUBJUNCTIVE (-se)	
asistiera	asistiéramos	asistiese	asistiésemos
asistieras	asistierais	asistieses	asistieseis
asistiera	asistieran	asistiese	asistiesen

PAST PERFECT SUBJUNCTIVE (-ra)		*or* PAST PERFECT SUBJUNCTIVE (-se)	
hubiera asistido	hubiéramos asistido	hubiese asistido	hubiésemos asistido
hubieras asistido	hubierais asistido	hubieses asistido	hubieseis asistido
hubiera asistido	hubieran asistido	hubiese asistido	hubiesen asistido

PROGRESSIVE TENSES

PRESENT	estoy, estás, está, estamos, estáis, están	
PRETERIT	estuve, estuviste, estuvo, estuvimos, estuvisteis, estuvieron	
IMPERFECT	estaba, estabas, estaba, estábamos, estabais, estaban	asistiendo
FUTURE	estaré, estarás, estará, estaremos, estaréis, estarán	
CONDITIONAL	estaría, estarías, estaría, estaríamos, estaríais, estarían	
SUBJUNCTIVE	que + *corresponding subjunctive tense of* estar (*see verb 151*)	

COMMANDS

	(nosotros) asistamos/no asistamos
(tú) asiste/no asistas	(vosotros) asistid/no asistáis
(Ud.) asista/no asista	(Uds.) asistan/no asistan

Usage

Asistamos a la conferencia.	*Let's attend the lecture.*
El aprender asistido por computadora es cada día más importante.	*Computer-based learning is more important every day.*
Había muchos asistentes.	*There were many people present/attending.*

-ar verb; spelling change: c > qu/e   **ataco · atacaron · atacado · atacando**

PRESENT		PRETERIT	
ataco	atacamos	ataqué	atacamos
atacas	atacáis	atacaste	atacasteis
ataca	atacan	atacó	atacaron

IMPERFECT		PRESENT PERFECT	
atacaba	atacábamos	he atacado	hemos atacado
atacabas	atacabais	has atacado	habéis atacado
atacaba	atacaban	ha atacado	han atacado

FUTURE		CONDITIONAL	
atacaré	atacaremos	atacaría	atacaríamos
atacarás	atacaréis	atacarías	atacaríais
atacará	atacarán	atacaría	atacarían

PLUPERFECT		PRETERIT PERFECT	
había atacado	habíamos atacado	hube atacado	hubimos atacado
habías atacado	habíais atacado	hubiste atacado	hubisteis atacado
había atacado	habían atacado	hubo atacado	hubieron atacado

FUTURE PERFECT		CONDITIONAL PERFECT	
habré atacado	habremos atacado	habría atacado	habríamos atacado
habrás atacado	habréis atacado	habrías atacado	habríais atacado
habrá atacado	habrán atacado	habría atacado	habrían atacado

PRESENT SUBJUNCTIVE		PRESENT PERFECT SUBJUNCTIVE	
ataque	ataquemos	haya atacado	hayamos atacado
ataques	ataquéis	hayas atacado	hayáis atacado
ataque	ataquen	haya atacado	hayan atacado

IMPERFECT SUBJUNCTIVE (-ra)		or IMPERFECT SUBJUNCTIVE (-se)	
atacara	atacáramos	atacase	atacásemos
atacaras	atacarais	atacases	atacaseis
atacara	atacaran	atacase	atacasen

PAST PERFECT SUBJUNCTIVE (-ra)		or PAST PERFECT SUBJUNCTIVE (-se)	
hubiera atacado	hubiéramos atacado	hubiese atacado	hubiésemos atacado
hubieras atacado	hubierais atacado	hubieses atacado	hubieseis atacado
hubiera atacado	hubieran atacado	hubiese atacado	hubiesen atacado

PROGRESSIVE TENSES

PRESENT	estoy, estás, está, estamos, estáis, están	
PRETERIT	estuve, estuviste, estuvo, estuvimos, estuvisteis, estuvieron	
IMPERFECT	estaba, estabas, estaba, estábamos, estabais, estaban	atacando
FUTURE	estaré, estarás, estará, estaremos, estaréis, estarán	
CONDITIONAL	estaría, estarías, estaría, estaríamos, estaríais, estarían	
SUBJUNCTIVE	que + corresponding subjunctive tense of estar (see verb 151)	

COMMANDS

	(nosotros) ataquemos/no ataquemos
(tú) ataca/no ataques	(vosotros) atacad/no ataquéis
(Ud.) ataque/no ataque	(Uds.) ataquen/no ataquen

Usage

Los soldados atacaron al ejército enemigo.	The soldiers attacked the enemy's army.
Es necesario que ataquemos el problema.	It's necessary that we attack the problem.
Le dio un ataque de risa/tos/nervios.	She had a fit of laughter/coughing/nerves.
Usó movimientos de ataque para ganar.	He used aggressive moves to win.

PRESENT		PRETERIT	
atiendo	atendemos	atendí	atendimos
atiendes	atendéis	atendiste	atendisteis
atiende	atienden	atendió	atendieron

IMPERFECT		PRESENT PERFECT	
atendía	atendíamos	he atendido	hemos atendido
atendías	atendíais	has atendido	habéis atendido
atendía	atendían	ha atendido	han atendido

FUTURE		CONDITIONAL	
atenderé	atenderemos	atendería	atenderíamos
atenderás	atenderéis	atenderías	atenderíais
atenderá	atenderán	atendería	atenderían

PLUPERFECT		PRETERIT PERFECT	
había atendido	habíamos atendido	hube atendido	hubimos atendido
habías atendido	habíais atendido	hubiste atendido	hubisteis atendido
había atendido	habían atendido	hubo atendido	hubieron atendido

FUTURE PERFECT		CONDITIONAL PERFECT	
habré atendido	habremos atendido	habría atendido	habríamos atendido
habrás atendido	habréis atendido	habrías atendido	habríais atendido
habrá atendido	habrán atendido	habría atendido	habrían atendido

PRESENT SUBJUNCTIVE		PRESENT PERFECT SUBJUNCTIVE	
atienda	atendamos	haya atendido	hayamos atendido
atiendas	atendáis	hayas atendido	hayáis atendido
atienda	atiendan	haya atendido	hayan atendido

IMPERFECT SUBJUNCTIVE (-ra)		*or* IMPERFECT SUBJUNCTIVE (-se)	
atendiera	atendiéramos	atendiese	atendiésemos
atendieras	atendierais	atendieses	atendieseis
atendiera	atendieran	atendiese	atendiesen

PAST PERFECT SUBJUNCTIVE (-ra)		*or* PAST PERFECT SUBJUNCTIVE (-se)	
hubiera atendido	hubiéramos atendido	hubiese atendido	hubiésemos atendido
hubieras atendido	hubierais atendido	hubieses atendido	hubieseis atendido
hubiera atendido	hubieran atendido	hubiese atendido	hubiesen atendido

PROGRESSIVE TENSES

PRESENT	estoy, estás, está, estamos, estáis, están
PRETERIT	estuve, estuviste, estuvo, estuvimos, estuvisteis, estuvieron
IMPERFECT	estaba, estabas, estaba, estábamos, estabais, estaban
FUTURE	estaré, estarás, estará, estaremos, estaréis, estarán
CONDITIONAL	estaría, estarías, estaría, estaríamos, estaríais, estarían
SUBJUNCTIVE	que + *corresponding subjunctive tense of* estar (*see verb 151*)

atendiendo

COMMANDS

	(nosotros) atendamos/no atendamos
(tú) atiende/no atiendas	(vosotros) atended/no atendáis
(Ud.) atienda/no atienda	(Uds.) atiendan/no atiendan

Usage

Yo atiendo al teléfono.	*I'll answer the telephone.*
Atiéndelos en la antesala.	*See/Receive them in the anteroom.*
—¿Le atienden?	*Are you being served?* (in a store)
—Sí, la dependiente está atendiéndome.	*Yes, the saleswoman is taking care of me.*

irregular verb (like **traer**)   **atraigo · atrajeron · atraído · atrayendo**

PRESENT		PRETERIT	
atraigo	atraemos	atraje	atrajimos
atraes	atraéis	atrajiste	atrajisteis
atrae	atraen	atrajo	atrajeron

IMPERFECT		PRESENT PERFECT	
atraía	atraíamos	he atraído	hemos atraído
atraías	atraíais	has atraído	habéis atraído
atraía	atraían	ha atraído	han atraído

FUTURE		CONDITIONAL	
atraeré	atraeremos	atraería	atraeríamos
atraerás	atraeréis	atraerías	atraeríais
atraerá	atraerán	atraería	atraerían

PLUPERFECT		PRETERIT PERFECT	
había atraído	habíamos atraído	hube atraído	hubimos atraído
habías atraído	habíais atraído	hubiste atraído	hubisteis atraído
había atraído	habían atraído	hubo atraído	hubieron atraído

FUTURE PERFECT		CONDITIONAL PERFECT	
habré atraído	habremos atraído	habría atraído	habríamos atraído
habrás atraído	habréis atraído	habrías atraído	habríais atraído
habrá atraído	habrán atraído	habría atraído	habrían atraído

PRESENT SUBJUNCTIVE		PRESENT PERFECT SUBJUNCTIVE	
atraiga	atraigamos	haya atraído	hayamos atraído
atraigas	atraigáis	hayas atraído	hayáis atraído
atraiga	atraigan	haya atraído	hayan atraído

IMPERFECT SUBJUNCTIVE (-ra)		*or* IMPERFECT SUBJUNCTIVE (-se)	
atrajera	atrajéramos	atrajese	atrajésemos
atrajeras	atrajerais	atrajeses	atrajeseis
atrajera	atrajeran	atrajese	atrajesen

PAST PERFECT SUBJUNCTIVE (-ra)		*or* PAST PERFECT SUBJUNCTIVE (-se)	
hubiera atraído	hubiéramos atraído	hubiese atraído	hubiésemos atraído
hubieras atraído	hubierais atraído	hubieses atraído	hubieseis atraído
hubiera atraído	hubieran atraído	hubiese atraído	hubiesen atraído

PROGRESSIVE TENSES

PRESENT	estoy, estás, está, estamos, estáis, están	
PRETERIT	estuve, estuviste, estuvo, estuvimos, estuvisteis, estuvieron	
IMPERFECT	estaba, estabas, estaba, estábamos, estabais, estaban	atrayendo
FUTURE	estaré, estarás, estará, estaremos, estaréis, estarán	
CONDITIONAL	estaría, estarías, estaría, estaríamos, estaríais, estarían	
SUBJUNCTIVE	que + *corresponding subjunctive tense of* estar (*see verb* 151)	

COMMANDS

	(nosotros) atraigamos/no atraigamos
(tú) atrae/no atraigas	(vosotros) atraed/no atraigáis
(Ud.) atraiga/no atraiga	(Uds.) atraigan/no atraigan

Usage

—¿Qué les atrae más del museo?	*What attracts you/do you like most in the museum?*
—Nos atrae más la pintura neoclásica.	*We like neoclassical painting most.*
Los precios módicos atraen a la gente.	*People are lured by the moderate prices.*

atravesar *to cross, go across, pass through*

atravieso · atravesaron · atravesado · atravesando   stem-changing -ar verb: *e > ie*

PRESENT		PRETERIT	
atravieso	atravesamos	atravesé	atravesamos
atraviesas	atravesáis	atravesaste	atravesasteis
atraviesa	atraviesan	atravesó	atravesaron

IMPERFECT		PRESENT PERFECT	
atravesaba	atravesábamos	he atravesado	hemos atravesado
atravesabas	atravesabais	has atravesado	habéis atravesado
atravesaba	atravesaban	ha atravesado	han atravesado

FUTURE		CONDITIONAL	
atravesaré	atravesaremos	atravesaría	atravesaríamos
atravesarás	atravesaréis	atravesarías	atravesaríais
atravesará	atravesarán	atravesaría	atravesarían

PLUPERFECT		PRETERIT PERFECT	
había atravesado	habíamos atravesado	hube atravesado	hubimos atravesado
habías atravesado	habíais atravesado	hubiste atravesado	hubisteis atravesado
había atravesado	habían atravesado	hubo atravesado	hubieron atravesado

FUTURE PERFECT		CONDITIONAL PERFECT	
habré atravesado	habremos atravesado	habría atravesado	habríamos atravesado
habrás atravesado	habréis atravesado	habrías atravesado	habríais atravesado
habrá atravesado	habrán atravesado	habría atravesado	habrían atravesado

PRESENT SUBJUNCTIVE		PRESENT PERFECT SUBJUNCTIVE	
atraviese	atravesemos	haya atravesado	hayamos atravesado
atravieses	atraveséis	hayas atravesado	hayáis atravesado
atraviese	atraviesen	haya atravesado	hayan atravesado

IMPERFECT SUBJUNCTIVE (-ra)		*or*	IMPERFECT SUBJUNCTIVE (-se)	
atravesara	atravesáramos		atravesase	atravesásemos
atravesaras	atravesarais		atravesases	atravesaseis
atravesara	atravesaran		atravesase	atravesasen

PAST PERFECT SUBJUNCTIVE (-ra)		*or*	PAST PERFECT SUBJUNCTIVE (-se)	
hubiera atravesado	hubiéramos atravesado		hubiese atravesado	hubiésemos atravesado
hubieras atravesado	hubierais atravesado		hubieses atravesado	hubieseis atravesado
hubiera atravesado	hubieran atravesado		hubiese atravesado	hubiesen atravesado

PROGRESSIVE TENSES

PRESENT	estoy, estás, está, estamos, estáis, están	
PRETERIT	estuve, estuviste, estuvo, estuvimos, estuvisteis, estuvieron	
IMPERFECT	estaba, estabas, estaba, estábamos, estabais, estaban	atravesando
FUTURE	estaré, estarás, estará, estaremos, estaréis, estarán	
CONDITIONAL	estaría, estarías, estaría, estaríamos, estaríais, estarían	
SUBJUNCTIVE	que + *corresponding subjunctive tense of* estar (*see verb 151*)	

COMMANDS

	(nosotros) atravesemos/no atravesemos
(tú) atraviesa/no atravieses	(vosotros) atravesad/no atraveséis
(Ud.) atraviese/no atraviese	(Uds.) atraviesen/no atraviesen

Usage

Atravesemos la calle en la esquina.	*Let's cross the street at the corner.*
Tres puentes atraviesan el río.	*Three bridges span the river.*
La cordillera de los Andes atraviesa Sudamérica.	*The Andes go through South America.*
Lo supe a través del periódico.	*I found out about it through the newspaper.*

regular *-er* reflexive verb   **atrevo · atrevieron · atrevido · atreviéndose**

PRESENT		PRETERIT	
me atrevo	nos atrevemos	me atreví	nos atrevimos
te atreves	os atrevéis	te atreviste	os atrevisteis
se atreve	se atreven	se atrevió	se atrevieron

IMPERFECT		PRESENT PERFECT	
me atrevía	nos atrevíamos	me he atrevido	nos hemos atrevido
te atrevías	os atrevíais	te has atrevido	os habéis atrevido
se atrevía	se atrevían	se ha atrevido	se han atrevido

FUTURE		CONDITIONAL	
me atreveré	nos atreveremos	me atrevería	nos atreveríamos
te atreverás	os atreveréis	te atreverías	os atreveríais
se atreverá	se atreverán	se atrevería	se atreverían

PLUPERFECT		PRETERIT PERFECT	
me había atrevido	nos habíamos atrevido	me hube atrevido	nos hubimos atrevido
te habías atrevido	os habíais atrevido	te hubiste atrevido	os hubisteis atrevido
se había atrevido	se habían atrevido	se hubo atrevido	se hubieron atrevido

FUTURE PERFECT		CONDITIONAL PERFECT	
me habré atrevido	nos habremos atrevido	me habría atrevido	nos habríamos atrevido
te habrás atrevido	os habréis atrevido	te habrías atrevido	os habríais atrevido
se habrá atrevido	se habrán atrevido	se habría atrevido	se habrían atrevido

PRESENT SUBJUNCTIVE		PRESENT PERFECT SUBJUNCTIVE	
me atreva	nos atrevamos	me haya atrevido	nos hayamos atrevido
te atrevas	os atreváis	te hayas atrevido	os hayáis atrevido
se atreva	se atrevan	se haya atrevido	se hayan atrevido

IMPERFECT SUBJUNCTIVE (-ra)		*or* IMPERFECT SUBJUNCTIVE (-se)	
me atreviera	nos atreviéramos	me atreviese	nos atreviésemos
te atrevieras	os atrevierais	te atrevieses	os atrevieseis
se atreviera	se atrevieran	se atreviese	se atreviesen

PAST PERFECT SUBJUNCTIVE (-ra)		*or* PAST PERFECT SUBJUNCTIVE (-se)	
me hubiera atrevido	nos hubiéramos atrevido	me hubiese atrevido	nos hubiésemos atrevido
te hubieras atrevido	os hubierais atrevido	te hubieses atrevido	os hubieseis atrevido
se hubiera atrevido	se hubieran atrevido	se hubiese atrevido	se hubiesen atrevido

PROGRESSIVE TENSES

PRESENT	estoy, estás, está, estamos, estáis, están
PRETERIT	estuve, estuviste, estuvo, estuvimos, estuvisteis, estuvieron
IMPERFECT	estaba, estabas, estaba, estábamos, estabais, estaban
FUTURE	estaré, estarás, estará, estaremos, estaréis, estarán
CONDITIONAL	estaría, estarías, estaría, estaríamos, estaríais, estarían
SUBJUNCTIVE	que + *corresponding subjunctive tense of* estar (*see verb 151*)

atreviendo
(*see page 36*)

COMMANDS

	(nosotros) atrevámonos/no nos atrevamos
(tú) atrévete/no te atrevas	(vosotros) atreveos/no os atreváis
(Ud.) atrévase/no se atreva	(Uds.) atrévanse/no se atrevan

Usage

¿Cómo te atreves a hablarles así?	*How do you dare talk to them like that?*
Se atrevió con su jefe.	*She was disrespectful with her boss.*
¡Qué bombones más ricos! ¿Te atreves con uno más?	*What delicious candies! Could you manage (to eat) one more?*

atribuir *to attribute, credit*

atribuyo · atribuyeron · atribuido · atribuyendo *-ir* verb; spelling change: adds *y* before *o, a, e*

PRESENT		PRETERIT	
atribuyo	atribuimos	atribuí	atribuimos
atribuyes	atribuís	atribuiste	atribuisteis
atribuye	atribuyen	atribuyó	atribuyeron

IMPERFECT		PRESENT PERFECT	
atribuía	atribuíamos	he atribuido	hemos atribuido
atribuías	atribuíais	has atribuido	habéis atribuido
atribuía	atribuían	ha atribuido	han atribuido

FUTURE		CONDITIONAL	
atribuiré	atribuiremos	atribuiría	atribuiríamos
atribuirás	atribuiréis	atribuirías	atribuiríais
atribuirá	atribuirán	atribuiría	atribuirían

PLUPERFECT		PRETERIT PERFECT	
había atribuido	habíamos atribuido	hube atribuido	hubimos atribuido
habías atribuido	habíais atribuido	hubiste atribuido	hubisteis atribuido
había atribuido	habían atribuido	hubo atribuido	hubieron atribuido

FUTURE PERFECT		CONDITIONAL PERFECT	
habré atribuido	habremos atribuido	habría atribuido	habríamos atribuido
habrás atribuido	habréis atribuido	habrías atribuido	habríais atribuido
habrá atribuido	habrán atribuido	habría atribuido	habrían atribuido

PRESENT SUBJUNCTIVE		PRESENT PERFECT SUBJUNCTIVE	
atribuya	atribuyamos	haya atribuido	hayamos atribuido
atribuyas	atribuyáis	hayas atribuido	hayáis atribuido
atribuya	atribuyan	haya atribuido	hayan atribuido

IMPERFECT SUBJUNCTIVE (-ra)		*or* IMPERFECT SUBJUNCTIVE (-se)	
atribuyera	atribuyéramos	atribuyese	atribuyésemos
atribuyeras	atribuyerais	atribuyeses	atribuyeseis
atribuyera	atribuyeran	atribuyese	atribuyesen

PAST PERFECT SUBJUNCTIVE (-ra)		*or* PAST PERFECT SUBJUNCTIVE (-se)	
hubiera atribuido	hubiéramos atribuido	hubiese atribuido	hubiésemos atribuido
hubieras atribuido	hubierais atribuido	hubieses atribuido	hubieseis atribuido
hubiera atribuido	hubieran atribuido	hubiese atribuido	hubiesen atribuido

PROGRESSIVE TENSES

PRESENT	estoy, estás, está, estamos, estáis, están	
PRETERIT	estuve, estuviste, estuvo, estuvimos, estuvisteis, estuvieron	
IMPERFECT	estaba, estabas, estaba, estábamos, estabais, estaban	atribuyendo
FUTURE	estaré, estarás, estará, estaremos, estaréis, estarán	
CONDITIONAL	estaría, estarías, estaría, estaríamos, estaríais, estarían	
SUBJUNCTIVE	que + *corresponding subjunctive tense of* estar (*see verb 151*)	

COMMANDS

	(nosotros) atribuyamos/no atribuyamos
(tú) atribuye/no atribuyas	(vosotros) atribuid/no atribuyáis
(Ud.) atribuya/no atribuya	(Uds.) atribuyan/no atribuyan

Usage

—Varios musicólogos le atribuyen la sonata a Bach.   *Several musicologists attribute the sonata to Bach.*

—Otros no apoyan esta atribución.   *Others don't support this attribution.*

Se atribuyó las ganancias de la firma.   *He took credit for the firm's profits.*

-ar verb; spelling change: z > c/e   **avanzo · avanzaron · avanzado · avanzando**

PRESENT		PRETERIT	
avanzo	avanzamos	avancé	avanzamos
avanzas	avanzáis	avanzaste	avanzasteis
avanza	avanzan	avanzó	avanzaron

IMPERFECT		PRESENT PERFECT	
avanzaba	avanzábamos	he avanzado	hemos avanzado
avanzabas	avanzabais	has avanzado	habéis avanzado
avanzaba	avanzaban	ha avanzado	han avanzado

FUTURE		CONDITIONAL	
avanzaré	avanzaremos	avanzaría	avanzaríamos
avanzarás	avanzaréis	avanzarías	avanzaríais
avanzará	avanzarán	avanzaría	avanzarían

PLUPERFECT		PRETERIT PERFECT	
había avanzado	habíamos avanzado	hube avanzado	hubimos avanzado
habías avanzado	habíais avanzado	hubiste avanzado	hubisteis avanzado
había avanzado	habían avanzado	hubo avanzado	hubieron avanzado

FUTURE PERFECT		CONDITIONAL PERFECT	
habré avanzado	habremos avanzado	habría avanzado	habríamos avanzado
habrás avanzado	habréis avanzado	habrías avanzado	habríais avanzado
habrá avanzado	habrán avanzado	habría avanzado	habrían avanzado

PRESENT SUBJUNCTIVE		PRESENT PERFECT SUBJUNCTIVE	
avance	avancemos	haya avanzado	hayamos avanzado
avances	avancéis	hayas avanzado	hayáis avanzado
avance	avancen	haya avanzado	hayan avanzado

IMPERFECT SUBJUNCTIVE (-ra)		*or* IMPERFECT SUBJUNCTIVE (-se)	
avanzara	avanzáramos	avanzase	avanzásemos
avanzaras	avanzarais	avanzases	avanzaseis
avanzara	avanzaran	avanzase	avanzasen

PAST PERFECT SUBJUNCTIVE (-ra)		*or* PAST PERFECT SUBJUNCTIVE (-se)	
hubiera avanzado	hubiéramos avanzado	hubiese avanzado	hubiésemos avanzado
hubieras avanzado	hubierais avanzado	hubieses avanzado	hubieseis avanzado
hubiera avanzado	hubieran avanzado	hubiese avanzado	hubiesen avanzado

PROGRESSIVE TENSES

PRESENT	estoy, estás, está, estamos, estáis, están	
PRETERIT	estuve, estuviste, estuvo, estuvimos, estuvisteis, estuvieron	
IMPERFECT	estaba, estabas, estaba, estábamos, estabais, estaban	avanzando
FUTURE	estaré, estarás, estará, estaremos, estaréis, estarán	
CONDITIONAL	estaría, estarías, estaría, estaríamos, estaríais, estarían	
SUBJUNCTIVE	que + *corresponding subjunctive tense of* estar (*see verb 151*)	

COMMANDS

	(nosotros) avancemos/no avancemos
(tú) avanza/no avances	(vosotros) avanzad/no avancéis
(Ud.) avance/no avance	(Uds.) avancen/no avancen

Usage

Los soldados avanzaron al frente.	*The soldiers advanced to the front.*
Se avanza muy lentamente en esta cola.	*You move forward very slowly in this line.*
Te toca a ti avanzar una pieza.	*It's your turn to move.* (board game)
La directora financiera es de edad avanzada.	*The financial director is elderly.*

avergüenzo · avergonzaron · avergonzado · avergonzándose

stem-changing -*ar* reflexive verb: *o* > *üe*; spelling change: *z* > *c/e*

PRESENT		PRETERIT	
me avergüenzo	nos avergonzamos	me avergoncé	nos avergonzamos
te avergüenzas	os avergonzáis	te avergonzaste	os avergonzasteis
se avergüenza	se avergüenzan	se avergonzó	se avergonzaron

IMPERFECT		PRESENT PERFECT	
me avergonzaba	nos avergonzábamos	me he avergonzado	nos hemos avergonzado
te avergonzabas	os avergonzabais	te has avergonzado	os habéis avergonzado
se avergonzaba	se avergonzaban	se ha avergonzado	se han avergonzado

FUTURE		CONDITIONAL	
me avergonzaré	nos avergonzaremos	me avergonzaría	nos avergonzaríamos
te avergonzarás	os avergonzaréis	te avergonzarías	os avergonzaríais
se avergonzará	se avergonzarán	se avergonzaría	se avergonzarían

PLUPERFECT		PRETERIT PERFECT	
me había avergonzado	nos habíamos avergonzado	me hube avergonzado	nos hubimos avergonzado
te habías avergonzado	os habíais avergonzado	te hubiste avergonzado	os hubisteis avergonzado
se había avergonzado	se habían avergonzado	se hubo avergonzado	se hubieron avergonzado

FUTURE PERFECT		CONDITIONAL PERFECT	
me habré avergonzado	nos habremos avergonzado	me habría avergonzado	nos habríamos avergonzado
te habrás avergonzado	os habréis avergonzado	te habrías avergonzado	os habríais avergonzado
se habrá avergonzado	se habrán avergonzado	se habría avergonzado	se habrían avergonzado

PRESENT SUBJUNCTIVE		PRESENT PERFECT SUBJUNCTIVE	
me avergüence	nos avergoncemos	me haya avergonzado	nos hayamos avergonzado
te avergüences	os avergoncéis	te hayas avergonzado	os hayáis avergonzado
se avergüence	se avergüencen	se haya avergonzado	se hayan avergonzado

IMPERFECT SUBJUNCTIVE (-ra)		*or*	IMPERFECT SUBJUNCTIVE (-se)	
me avergonzara	nos avergonzáramos		me avergonzase	nos avergonzásemos
te avergonzaras	os avergonzarais		te avergonzases	os avergonzaseis
se avergonzara	se avergonzaran		se avergonzase	se avergonzasen

PAST PERFECT SUBJUNCTIVE (-ra)		*or*	PAST PERFECT SUBJUNCTIVE (-se)	
me hubiera avergonzado	nos hubiéramos avergonzado		me hubiese avergonzado	nos hubiésemos avergonzado
te hubieras avergonzado	os hubierais avergonzado		te hubieses avergonzado	os hubieseis avergonzado
se hubiera avergonzado	se hubieran avergonzado		se hubiese avergonzado	se hubiesen avergonzado

PROGRESSIVE TENSES

PRESENT	estoy, estás, está, estamos, estáis, están
PRETERIT	estuve, estuviste, estuvo, estuvimos, estuvisteis, estuvieron
IMPERFECT	estaba, estabas, estaba, estábamos, estabais, estaban
FUTURE	estaré, estarás, estará, estaremos, estaréis, estarán
CONDITIONAL	estaría, estarías, estaría, estaríamos, estaríais, estarían
SUBJUNCTIVE	que + *corresponding subjunctive tense of* estar (*see verb 151*)

avergonzando
(*see page 36*)

COMMANDS

	(nosotros) avergoncémonos/no nos avergoncemos
(tú) avergüénzate/no te avergüences	(vosotros) avergonzaos/no os avergoncéis
(Ud.) avergüéncese/no se avergüence	(Uds.) avergüéncense/no se avergüencen

Usage

—Me avergüenzo de lo que dije.	*I'm ashamed of what I said.*
—No tienes porqué avergonzarte.	*You have no reason to be ashamed.*
—Están avergonzados por su comportamiento.	*They're ashamed of their behavior.*
—¿Que tienen vergüenza? Y con razón.	*So they're ashamed? And rightly so.*

-ar verb; spelling change:
u > ü/e

averiguo · averiguaron · averiguado · averiguando

PRESENT		PRETERIT	
averiguo	averiguamos	averigüé	averiguamos
averiguas	averiguáis	averiguaste	averiguasteis
averigua	averiguan	averiguó	averiguaron

IMPERFECT		PRESENT PERFECT	
averiguaba	averiguábamos	he averiguado	hemos averiguado
averiguabas	averiguabais	has averiguado	habéis averiguado
averiguaba	averiguaban	ha averiguado	han averiguado

FUTURE		CONDITIONAL	
averiguaré	averiguaremos	averiguaría	averiguaríamos
averiguarás	averiguaréis	averiguarías	averiguaríais
averiguará	averiguarán	averiguaría	averiguarían

PLUPERFECT		PRETERIT PERFECT	
había averiguado	habíamos averiguado	hube averiguado	hubimos averiguado
habías averiguado	habíais averiguado	hubiste averiguado	hubisteis averiguado
había averiguado	habían averiguado	hubo averiguado	hubieron averiguado

FUTURE PERFECT		CONDITIONAL PERFECT	
habré averiguado	habremos averiguado	habría averiguado	habríamos averiguado
habrás averiguado	habréis averiguado	habrías averiguado	habríais averiguado
habrá averiguado	habrán averiguado	habría averiguado	habrían averiguado

PRESENT SUBJUNCTIVE		PRESENT PERFECT SUBJUNCTIVE	
averigüe	averigüemos	haya averiguado	hayamos averiguado
averigües	averigüéis	hayas averiguado	hayáis averiguado
averigüe	averigüen	haya averiguado	hayan averiguado

IMPERFECT SUBJUNCTIVE (-ra)		or IMPERFECT SUBJUNCTIVE (-se)	
averiguara	averiguáramos	averiguase	averiguásemos
averiguaras	averiguarais	averiguases	averiguaseis
averiguara	averiguaran	averiguase	averiguasen

PAST PERFECT SUBJUNCTIVE (-ra)		or PAST PERFECT SUBJUNCTIVE (-se)	
hubiera averiguado	hubiéramos averiguado	hubiese averiguado	hubiésemos averiguado
hubieras averiguado	hubierais averiguado	hubieses averiguado	hubieseis averiguado
hubiera averiguado	hubieran averiguado	hubiese averiguado	hubiesen averiguado

PROGRESSIVE TENSES

PRESENT	estoy, estás, está, estamos, estáis, están	
PRETERIT	estuve, estuviste, estuvo, estuvimos, estuvisteis, estuvieron	
IMPERFECT	estaba, estabas, estaba, estábamos, estabais, estaban	averiguando
FUTURE	estaré, estarás, estará, estaremos, estaréis, estarán	
CONDITIONAL	estaría, estarías, estaría, estaríamos, estaríais, estarían	
SUBJUNCTIVE	que + corresponding subjunctive tense of estar (see verb 151)	

COMMANDS

	(nosotros) averigüemos/no averigüemos
(tú) averigua/no averigües	(vosotros) averiguad/no averigüéis
(Ud.) averigüe/no averigüe	(Uds.) averigüen/no averigüen

Usage

Averigüe lo que pasó.	Find out what happened.
Hay que averiguar los datos estadísticos.	We must check the statistical data.
Hicieron averiguaciones sobre los crímenes.	They investigated/inquired into the crimes.

ayudar *to help*

ayudo · ayudaron · ayudado · ayudando   regular *-ar* verb

PRESENT		PRETERIT	
ayudo	ayudamos	ayudé	ayudamos
ayudas	ayudáis	ayudaste	ayudasteis
ayuda	ayudan	ayudó	ayudaron

IMPERFECT		PRESENT PERFECT	
ayudaba	ayudábamos	he ayudado	hemos ayudado
ayudabas	ayudabais	has ayudado	habéis ayudado
ayudaba	ayudaban	ha ayudado	han ayudado

FUTURE		CONDITIONAL	
ayudaré	ayudaremos	ayudaría	ayudaríamos
ayudarás	ayudaréis	ayudarías	ayudaríais
ayudará	ayudarán	ayudaría	ayudarían

PLUPERFECT		PRETERIT PERFECT	
había ayudado	habíamos ayudado	hube ayudado	hubimos ayudado
habías ayudado	habíais ayudado	hubiste ayudado	hubisteis ayudado
había ayudado	habían ayudado	hubo ayudado	hubieron ayudado

FUTURE PERFECT		CONDITIONAL PERFECT	
habré ayudado	habremos ayudado	habría ayudado	habríamos ayudado
habrás ayudado	habréis ayudado	habrías ayudado	habríais ayudado
habrá ayudado	habrán ayudado	habría ayudado	habrían ayudado

PRESENT SUBJUNCTIVE		PRESENT PERFECT SUBJUNCTIVE	
ayude	ayudemos	haya ayudado	hayamos ayudado
ayudes	ayudéis	hayas ayudado	hayáis ayudado
ayude	ayuden	haya ayudado	hayan ayudado

IMPERFECT SUBJUNCTIVE (-ra)		*or* IMPERFECT SUBJUNCTIVE (-se)	
ayudara	ayudáramos	ayudase	ayudásemos
ayudaras	ayudarais	ayudases	ayudaseis
ayudara	ayudaran	ayudase	ayudasen

PAST PERFECT SUBJUNCTIVE (-ra)		*or* PAST PERFECT SUBJUNCTIVE (-se)	
hubiera ayudado	hubiéramos ayudado	hubiese ayudado	hubiésemos ayudado
hubieras ayudado	hubierais ayudado	hubieses ayudado	hubieseis ayudado
hubiera ayudado	hubieran ayudado	hubiese ayudado	hubiesen ayudado

PROGRESSIVE TENSES

PRESENT	estoy, estás, está, estamos, estáis, están
PRETERIT	estuve, estuviste, estuvo, estuvimos, estuvisteis, estuvieron
IMPERFECT	estaba, estabas, estaba, estábamos, estabais, estaban
FUTURE	estaré, estarás, estará, estaremos, estaréis, estarán
CONDITIONAL	estaría, estarías, estaría, estaríamos, estaríais, estarían
SUBJUNCTIVE	que + *corresponding subjunctive tense of* estar (*see verb* 151)

ayudando

COMMANDS

	(nosotros) ayudemos/no ayudemos
(tú) ayuda/no ayudes	(vosotros) ayudad/no ayudéis
(Ud.) ayude/no ayude	(Uds.) ayuden/no ayuden

Usage

¿Me ayudas a hacer una copia de seguridad?   *Will you help me make a backup copy?*
Ayúdelos con el programa de gráficas.   *Help them with the graphics program.*
Necesita ayuda financiera para asistir a la   *She needs financial aid in order to attend*
  universidad.   *the university.*

regular *-ar* verb

bajo · bajaron · bajado · bajando

PRESENT

bajo	bajamos
bajas	bajáis
baja	bajan

PRETERIT

bajé	bajamos
bajaste	bajasteis
bajó	bajaron

IMPERFECT

bajaba	bajábamos
bajabas	bajabais
bajaba	bajaban

PRESENT PERFECT

he bajado	hemos bajado
has bajado	habéis bajado
ha bajado	han bajado

FUTURE

bajaré	bajaremos
bajarás	bajaréis
bajará	bajarán

CONDITIONAL

bajaría	bajaríamos
bajarías	bajaríais
bajaría	bajarían

PLUPERFECT

había bajado	habíamos bajado
habías bajado	habíais bajado
había bajado	habían bajado

PRETERIT PERFECT

hube bajado	hubimos bajado
hubiste bajado	hubisteis bajado
hubo bajado	hubieron bajado

FUTURE PERFECT

habré bajado	habremos bajado
habrás bajado	habréis bajado
habrá bajado	habrán bajado

CONDITIONAL PERFECT

habría bajado	habríamos bajado
habrías bajado	habríais bajado
habría bajado	habrían bajado

PRESENT SUBJUNCTIVE

baje	bajemos
bajes	bajéis
baje	bajen

PRESENT PERFECT SUBJUNCTIVE

haya bajado	hayamos bajado
hayas bajado	hayáis bajado
haya bajado	hayan bajado

IMPERFECT SUBJUNCTIVE (-ra)

bajara	bajáramos
bajaras	bajarais
bajara	bajaran

or **IMPERFECT SUBJUNCTIVE (-se)**

bajase	bajásemos
bajases	bajaseis
bajase	bajasen

PAST PERFECT SUBJUNCTIVE (-ra)

hubiera bajado	hubiéramos bajado
hubieras bajado	hubierais bajado
hubiera bajado	hubieran bajado

or **PAST PERFECT SUBJUNCTIVE (-se)**

hubiese bajado	hubiésemos bajado
hubieses bajado	hubieseis bajado
hubiese bajado	hubiesen bajado

PROGRESSIVE TENSES

PRESENT	estoy, estás, está, estamos, estáis, están	
PRETERIT	estuve, estuviste, estuvo, estuvimos, estuvisteis, estuvieron	
IMPERFECT	estaba, estabas, estaba, estábamos, estabais, estaban	bajando
FUTURE	estaré, estarás, estará, estaremos, estaréis, estarán	
CONDITIONAL	estaría, estarías, estaría, estaríamos, estaríais, estarían	
SUBJUNCTIVE	que + *corresponding subjunctive tense of* estar (*see verb 151*)	

COMMANDS

	(nosotros) bajemos/no bajemos
(tú) baja/no bajes	(vosotros) bajad/no bajéis
(Ud.) baje/no baje	(Uds.) bajen/no bajen

Usage

Se baja en escalera mecánica.	*You can go down by escalator.*
Bajemos del autobús en la esquina.	*Let's get off the bus at the corner.*
Bájame el maletín, por favor.	*Please get the little suitcase down for me.*
Habla más bajo.	*Speak more softly.*

bautizar *to baptize, christen, name*

bautizo · bautizaron · bautizado · bautizando   *-ar verb; spelling change: z > c/e*

PRESENT		PRETERIT	
bautizo	bautizamos	bauticé	bautizamos
bautizas	bautizáis	bautizaste	bautizasteis
bautiza	bautizan	bautizó	bautizaron

IMPERFECT		PRESENT PERFECT	
bautizaba	bautizábamos	he bautizado	hemos bautizado
bautizabas	bautizabais	has bautizado	habéis bautizado
bautizaba	bautizaban	ha bautizado	han bautizado

FUTURE		CONDITIONAL	
bautizaré	bautizaremos	bautizaría	bautizaríamos
bautizarás	bautizaréis	bautizarías	bautizaríais
bautizará	bautizarán	bautizaría	bautizarían

PLUPERFECT		PRETERIT PERFECT	
había bautizado	habíamos bautizado	hube bautizado	hubimos bautizado
habías bautizado	habíais bautizado	hubiste bautizado	hubisteis bautizado
había bautizado	habían bautizado	hubo bautizado	hubieron bautizado

FUTURE PERFECT		CONDITIONAL PERFECT	
habré bautizado	habremos bautizado	habría bautizado	habríamos bautizado
habrás bautizado	habréis bautizado	habrías bautizado	habríais bautizado
habrá bautizado	habrán bautizado	habría bautizado	habrían bautizado

PRESENT SUBJUNCTIVE		PRESENT PERFECT SUBJUNCTIVE	
bautice	bauticemos	haya bautizado	hayamos bautizado
bautices	bauticéis	hayas bautizado	hayáis bautizado
bautice	bauticen	haya bautizado	hayan bautizado

IMPERFECT SUBJUNCTIVE (-ra)		*or* IMPERFECT SUBJUNCTIVE (-se)	
bautizara	bautizáramos	bautizase	bautizásemos
bautizaras	bautizarais	bautizases	bautizaseis
bautizara	bautizaran	bautizase	bautizasen

PAST PERFECT SUBJUNCTIVE (-ra)		*or* PAST PERFECT SUBJUNCTIVE (-se)	
hubiera bautizado	hubiéramos bautizado	hubiese bautizado	hubiésemos bautizado
hubieras bautizado	hubierais bautizado	hubieses bautizado	hubieseis bautizado
hubiera bautizado	hubieran bautizado	hubiese bautizado	hubiesen bautizado

PROGRESSIVE TENSES

PRESENT	estoy, estás, está, estamos, estáis, están
PRETERIT	estuve, estuviste, estuvo, estuvimos, estuvisteis, estuvieron
IMPERFECT	estaba, estabas, estaba, estábamos, estabais, estaban
FUTURE	estaré, estarás, estará, estaremos, estaréis, estarán
CONDITIONAL	estaría, estarías, estaría, estaríamos, estaríais, estarían
SUBJUNCTIVE	que + *corresponding subjunctive tense of* estar (*see verb 151*)

} bautizando

COMMANDS

	(nosotros) bauticemos/no bauticemos
(tú) bautiza/no bautices	(vosotros) bautizad/no bauticéis
(Ud.) bautice/no bautice	(Uds.) bauticen/no bauticen

Usage

—Bautizarán a la niña el domingo.
—¿A qué hora será el bautizo?
Cristóbal Colón bautizó las carabelas Niña, Pinta y Santa María.

The little girl will be baptized on Sunday.
At what time will the christening take place?
Christopher Columbus named his ships Niña, Pinta, and Santa María.

regular -er verb

bebo · bebieron · bebido · bebiendo

PRESENT

bebo	bebemos
bebes	bebéis
bebe	beben

PRETERIT

bebí	bebimos
bebiste	bebisteis
bebió	bebieron

IMPERFECT

bebía	bebíamos
bebías	bebíais
bebía	bebían

PRESENT PERFECT

he bebido	hemos bebido
has bebido	habéis bebido
ha bebido	han bebido

FUTURE

beberé	beberemos
beberás	beberéis
beberá	beberán

CONDITIONAL

bebería	beberíamos
beberías	beberíais
bebería	beberían

PLUPERFECT

había bebido	habíamos bebido
habías bebido	habíais bebido
había bebido	habían bebido

PRETERIT PERFECT

hube bebido	hubimos bebido
hubiste bebido	hubisteis bebido
hubo bebido	hubieron bebido

FUTURE PERFECT

habré bebido	habremos bebido
habrás bebido	habréis bebido
habrá bebido	habrán bebido

CONDITIONAL PERFECT

habría bebido	habríamos bebido
habrías bebido	habríais bebido
habría bebido	habrían bebido

PRESENT SUBJUNCTIVE

beba	bebamos
bebas	bebáis
beba	beban

PRESENT PERFECT SUBJUNCTIVE

haya bebido	hayamos bebido
hayas bebido	hayáis bebido
haya bebido	hayan bebido

IMPERFECT SUBJUNCTIVE (-ra)

bebiera	bebiéramos
bebieras	bebierais
bebiera	bebieran

or IMPERFECT SUBJUNCTIVE (-se)

bebiese	bebiésemos
bebieses	bebieseis
bebiese	bebiesen

PAST PERFECT SUBJUNCTIVE (-ra)

hubiera bebido	hubiéramos bebido
hubieras bebido	hubierais bebido
hubiera bebido	hubieran bebido

or PAST PERFECT SUBJUNCTIVE (-se)

hubiese bebido	hubiésemos bebido
hubieses bebido	hubieseis bebido
hubiese bebido	hubiesen bebido

PROGRESSIVE TENSES

PRESENT	estoy, estás, está, estamos, estáis, están
PRETERIT	estuve, estuviste, estuvo, estuvimos, estuvisteis, estuvieron
IMPERFECT	estaba, estabas, estaba, estábamos, estabais, estaban
FUTURE	estaré, estarás, estará, estaremos, estaréis, estarán
CONDITIONAL	estaría, estarías, estaría, estaríamos, estaríais, estarían
SUBJUNCTIVE	que + corresponding subjunctive tense of estar (see verb 151)

} bebiendo

COMMANDS

	(nosotros) bebamos/no bebamos
(tú) bebe/no bebas	(vosotros) bebed/no bebáis
(Ud.) beba/no beba	(Uds.) beban/no beban

Usage

Bebí agua.	I drank water.
Dale de beber al perro.	Give the dog water.
Bebamos a su salud.	Let's drink to him/to his health.
El bebé bebe del biberón todavía.	The baby still drinks from a bottle.

bendecir *to bless*

bendigo · bendijeron · bendecido (also **bendito**, used as adjective) **· bendiciendo**

irregular verb

PRESENT		PRETERIT	
bendigo	bendecimos	bendije	bendijimos
bendices	bendecís	bendijiste	bendijisteis
bendice	bendicen	bendijo	bendijeron

IMPERFECT		PRESENT PERFECT	
bendecía	bendecíamos	he bendecido	hemos bendecido
bendecías	bendecíais	has bendecido	habéis bendecido
bendecía	bendecían	ha bendecido	han bendecido

FUTURE		CONDITIONAL	
bendeciré	bendeciremos	bendeciría	bendeciríamos
bendecirás	bendeciréis	bendecirías	bendeciríais
bendecirá	bendecirán	bendeciría	bendecirían

PLUPERFECT		PRETERIT PERFECT	
había bendecido	habíamos bendecido	hube bendecido	hubimos bendecido
habías bendecido	habíais bendecido	hubiste bendecido	hubisteis bendecido
había bendecido	habían bendecido	hubo bendecido	hubieron bendecido

FUTURE PERFECT		CONDITIONAL PERFECT	
habré bendecido	habremos bendecido	habría bendecido	habríamos bendecido
habrás bendecido	habréis bendecido	habrías bendecido	habríais bendecido
habrá bendecido	habrán bendecido	habría bendecido	habrían bendecido

PRESENT SUBJUNCTIVE		PRESENT PERFECT SUBJUNCTIVE	
bendiga	bendigamos	haya bendecido	hayamos bendecido
bendigas	bendigáis	hayas bendecido	hayáis bendecido
bendiga	bendigan	haya bendecido	hayan bendecido

IMPERFECT SUBJUNCTIVE (-ra)		*or* IMPERFECT SUBJUNCTIVE (-se)	
bendijera	bendijéramos	bendijese	bendijésemos
bendijeras	bendijerais	bendijeses	bendijeseis
bendijera	bendijeran	bendijese	bendijesen

PAST PERFECT SUBJUNCTIVE (-ra)		*or* PAST PERFECT SUBJUNCTIVE (-se)	
hubiera bendecido	hubiéramos bendecido	hubiese bendecido	hubiésemos bendecido
hubieras bendecido	hubierais bendecido	hubieses bendecido	hubieseis bendecido
hubiera bendecido	hubieran bendecido	hubiese bendecido	hubiesen bendecido

PROGRESSIVE TENSES

PRESENT	estoy, estás, está, estamos, estáis, están	
PRETERIT	estuve, estuviste, estuvo, estuvimos, estuvisteis, estuvieron	
IMPERFECT	estaba, estabas, estaba, estábamos, estabais, estaban	bendiciendo
FUTURE	estaré, estarás, estará, estaremos, estaréis, estarán	
CONDITIONAL	estaría, estarías, estaría, estaríamos, estaríais, estarían	
SUBJUNCTIVE	que + *corresponding subjunctive tense of* estar (*see verb 151*)	

COMMANDS

	(nosotros) bendigamos/no bendigamos
(tú) bendice/no bendigas	(vosotros) bendecid/no bendigáis
(Ud.) bendiga/no bendiga	(Uds.) bendigan/no bendigan

Usage

¡Que Dios los bendiga, hijos!	*May God bless you, my children.*
El pueblo fue bendecido por el Papa.	*The people were blessed by the Pope.*
Hay que dar la bendición de la mesa.	*We must say grace.*
¡Qué bendito es!	*What a saint/good person he is!*

-ar verb; spelling change: $z > c/e$ **bostezo · bostezaron · bostezado · bostezando**

PRESENT		PRETERIT	
bostezo	bostezamos	bostecé	bostezamos
bostezas	bostezáis	bostezaste	bostezasteis
bosteza	bostezan	bostezó	bostezaron

IMPERFECT		PRESENT PERFECT	
bostezaba	bostezábamos	he bostezado	hemos bostezado
bostezabas	bostezabais	has bostezado	habéis bostezado
bostezaba	bostezaban	ha bostezado	han bostezado

FUTURE		CONDITIONAL	
bostezaré	bostezaremos	bostezaría	bostezaríamos
bostezarás	bostezaréis	bostezarías	bostezaríais
bostezará	bostezarán	bostezaría	bostezarían

PLUPERFECT		PRETERIT PERFECT	
había bostezado	habíamos bostezado	hube bostezado	hubimos bostezado
habías bostezado	habíais bostezado	hubiste bostezado	hubisteis bostezado
había bostezado	habían bostezado	hubo bostezado	hubieron bostezado

FUTURE PERFECT		CONDITIONAL PERFECT	
habré bostezado	habremos bostezado	habría bostezado	habríamos bostezado
habrás bostezado	habréis bostezado	habrías bostezado	habríais bostezado
habrá bostezado	habrán bostezado	habría bostezado	habrían bostezado

PRESENT SUBJUNCTIVE		PRESENT PERFECT SUBJUNCTIVE	
bostece	bostecemos	haya bostezado	hayamos bostezado
bosteces	bostecéis	hayas bostezado	hayáis bostezado
bostece	bostecen	haya bostezado	hayan bostezado

IMPERFECT SUBJUNCTIVE (-ra)		*or* IMPERFECT SUBJUNCTIVE (-se)	
bostezara	bostezáramos	bostezase	bostezásemos
bostezaras	bostezarais	bostezases	bostezaseis
bostezara	bostezaran	bostezase	bostezasen

PAST PERFECT SUBJUNCTIVE (-ra)		*or* PAST PERFECT SUBJUNCTIVE (-se)	
hubiera bostezado	hubiéramos bostezado	hubiese bostezado	hubiésemos bostezado
hubieras bostezado	hubierais bostezado	hubieses bostezado	hubieseis bostezado
hubiera bostezado	hubieran bostezado	hubiese bostezado	hubiesen bostezado

PROGRESSIVE TENSES

PRESENT	estoy, estás, está, estamos, estáis, están	
PRETERIT	estuve, estuviste, estuvo, estuvimos, estuvisteis, estuvieron	
IMPERFECT	estaba, estabas, estaba, estábamos, estabais, estaban	bostezando
FUTURE	estaré, estarás, estará, estaremos, estaréis, estarán	
CONDITIONAL	estaría, estarías, estaría, estaríamos, estaríais, estarían	
SUBJUNCTIVE	que + *corresponding subjunctive tense of* estar (*see verb 151*)	

COMMANDS

	(nosotros) bostecemos/no bostecemos
(tú) bosteza/no bosteces	(vosotros) bostezad/no bostecéis
(Ud.) bostece/no bostece	(Uds.) bostecen/no bostecen

Usage

—¡Cuánto bostezas! ¿Tienes sueño?   *You're yawning so much! Are you sleepy?*
—Bostezo por la falta de aire.   *I'm yawning because of the lack of air.*
¡Tápense la boca cuando bostezan!   *Cover your mouths when you yawn!*
¡Tantos bostezos! ¡Te dolerán las mandíbulas!   *So much yawning! Your jaws must hurt!*

PRESENT		PRETERIT	
brinco	brincamos	brinqué	brincamos
brincas	brincáis	brincaste	brincasteis
brinca	brincan	brincó	brincaron

IMPERFECT		PRESENT PERFECT	
brincaba	brincábamos	he brincado	hemos brincado
brincabas	brincabais	has brincado	habéis brincado
brincaba	brincaban	ha brincado	han brincado

FUTURE		CONDITIONAL	
brincaré	brincaremos	brincaría	brincaríamos
brincarás	brincaréis	brincarías	brincaríais
brincará	brincarán	brincaría	brincarían

PLUPERFECT		PRETERIT PERFECT	
había brincado	habíamos brincado	hube brincado	hubimos brincado
habías brincado	habíais brincado	hubiste brincado	hubisteis brincado
había brincado	habían brincado	hubo brincado	hubieron brincado

FUTURE PERFECT		CONDITIONAL PERFECT	
habré brincado	habremos brincado	habría brincado	habríamos brincado
habrás brincado	habréis brincado	habrías brincado	habríais brincado
habrá brincado	habrán brincado	habría brincado	habrían brincado

PRESENT SUBJUNCTIVE		PRESENT PERFECT SUBJUNCTIVE	
brinque	brinquemos	haya brincado	hayamos brincado
brinques	brinquéis	hayas brincado	hayáis brincado
brinque	brinquen	haya brincado	hayan brincado

IMPERFECT SUBJUNCTIVE (-ra)		*or* IMPERFECT SUBJUNCTIVE (-se)	
brincara	brincáramos	brincase	brincásemos
brincaras	brincarais	brincases	brincaseis
brincara	brincaran	brincase	brincasen

PAST PERFECT SUBJUNCTIVE (-ra)		*or* PAST PERFECT SUBJUNCTIVE (-se)	
hubiera brincado	hubiéramos brincado	hubiese brincado	hubiésemos brincado
hubieras brincado	hubierais brincado	hubieses brincado	hubieseis brincado
hubiera brincado	hubieran brincado	hubiese brincado	hubiesen brincado

PROGRESSIVE TENSES

PRESENT	estoy, estás, está, estamos, estáis, están
PRETERIT	estuve, estuviste, estuvo, estuvimos, estuvisteis, estuvieron
IMPERFECT	estaba, estabas, estaba, estábamos, estabais, estaban
FUTURE	estaré, estarás, estará, estaremos, estaréis, estarán
CONDITIONAL	estaría, estarías, estaría, estaríamos, estaríais, estarían
SUBJUNCTIVE	que + *corresponding subjunctive tense of* estar (*see verb 151*)

} brincando

COMMANDS

	(nosotros) brinquemos/no brinquemos
(tú) brinca/no brinques	(vosotros) brincad/no brinquéis
(Ud.) brinque/no brinque	(Uds.) brinquen/no brinquen

Usage

Brincó de alegría al oír la noticia.	*She jumped for joy when she heard the news.*
¡Niños, no brinquen en el sofá!	*Children, don't jump around on the couch!*
Dio un brinco cuando se enteró.	*He jumped up when he found out.*
Los corderos brincaban en el prado.	*The lambs were gamboling in the meadow.*

-ar verb; spelling change: *c > qu/e*

busco · buscaron · buscado · buscando

PRESENT		PRETERIT	
busco	buscamos	busqué	buscamos
buscas	buscáis	buscaste	buscasteis
busca	buscan	buscó	buscaron

IMPERFECT		PRESENT PERFECT	
buscaba	buscábamos	he buscado	hemos buscado
buscabas	buscabais	has buscado	habéis buscado
buscaba	buscaban	ha buscado	han buscado

FUTURE		CONDITIONAL	
buscaré	buscaremos	buscaría	buscaríamos
buscarás	buscaréis	buscarías	buscaríais
buscará	buscarán	buscaría	buscarían

PLUPERFECT		PRETERIT PERFECT	
había buscado	habíamos buscado	hube buscado	hubimos buscado
habías buscado	habíais buscado	hubiste buscado	hubisteis buscado
había buscado	habían buscado	hubo buscado	hubieron buscado

FUTURE PERFECT		CONDITIONAL PERFECT	
habré buscado	habremos buscado	habría buscado	habríamos buscado
habrás buscado	habréis buscado	habrías buscado	habríais buscado
habrá buscado	habrán buscado	habría buscado	habrían buscado

PRESENT SUBJUNCTIVE		PRESENT PERFECT SUBJUNCTIVE	
busque	busquemos	haya buscado	hayamos buscado
busques	busquéis	hayas buscado	hayáis buscado
busque	busquen	haya buscado	hayan buscado

IMPERFECT SUBJUNCTIVE (-ra)		*or* IMPERFECT SUBJUNCTIVE (-se)	
buscara	buscáramos	buscase	buscásemos
buscaras	buscarais	buscases	buscaseis
buscara	buscaran	buscase	buscasen

PAST PERFECT SUBJUNCTIVE (-ra)		*or* PAST PERFECT SUBJUNCTIVE (-se)	
hubiera buscado	hubiéramos buscado	hubiese buscado	hubiésemos buscado
hubieras buscado	hubierais buscado	hubieses buscado	hubieseis buscado
hubiera buscado	hubieran buscado	hubiese buscado	hubiesen buscado

PROGRESSIVE TENSES

PRESENT	estoy, estás, está, estamos, estáis, están	
PRETERIT	estuve, estuviste, estuvo, estuvimos, estuvisteis, estuvieron	
IMPERFECT	estaba, estabas, estaba, estábamos, estabais, estaban	buscando
FUTURE	estaré, estarás, estará, estaremos, estaréis, estarán	
CONDITIONAL	estaría, estarías, estaría, estaríamos, estaríais, estarían	
SUBJUNCTIVE	que + *corresponding subjunctive tense of* estar (*see verb 151*)	

COMMANDS

	(nosotros) busquemos/no busquemos
(tú) busca/no busques	(vosotros) buscad/no busquéis
(Ud.) busque/no busque	(Uds.) busquen/no busquen

Usage

Está buscando su pasaporte.	*He's searching for his passport.*
Busquen al gato en el patio.	*Look for the cat on the patio.*
Se busca trabajo.	*They're looking for work.*

TOP 30 VERB ☞

Buscamos un gerente que tenga don de gentes.
We're seeking a manager who is personable/ has a way with people.

Buscaba un novio que tuviera un buen sentido del humor.
She was looking for a boyfriend who had a good sense of humor.

¿Sigues buscando empleo?
Are you still looking for a job?

Se busca casa/apartamento.
They're house-hunting/apartment-hunting.

Se busca programador/arquitecto.
We're looking for a programmer/an architect.

Busqué la palabra en el diccionario.
I looked up the word in the dictionary.

Ve a buscar el periódico.
Go and get/bring the newspaper.

Búscame unos entremeses, por favor.
Please get me some hors d'oeuvres.

—Buscamos una solución a este problema.
We're looking for a solution to this problem.

—Les recomiendo que busquen consejos.
I recommend that you seek advice.

No busques problemas.
Don't look for/ask for problems.

Other Uses

Te buscaremos a las siete.
We'll pick you up at seven o'clock.

No se expresa bien. Busca sus palabras.
He doesn't express himself well. He fumbles for his words.

—No encuentro la llave en mi bolsa.
I can't find the key in my bag.

—Sácalo todo para no tener que buscarla a tientas.
Take everything out so that you don't have to fumble for it.

Se busca la vida mientras toma clases.
She's trying to earn a living while she studies.

Iba en busca de un buen carro de segunda mano.
He was going in search of a good used car.

Quien busca halla.
Seek and ye shall find.

¡No le busques tres pies al gato!
Don't split hairs/complicate matters!

Buscar el anillo es buscar una aguja en un pajar.
Looking for the ring is like looking for a needle in a haystack.

Se hace una búsqueda de ejecutivos.
They're doing an executive search.

Es un buscapleitos.
He's a troublemaker.

Es una buscavidas.
She's a go-getter/busybody.

El buscón es el título de una novela picaresca española.
The Pickpocket/Petty Thief is the title of a Spanish picaresque novel.

El novelista tiene un estilo rebuscado.
The novelist's style is recherché/pedantic/ affected.

TOP 30 VERBS

irregular verb | **quepo · cupieron · cabido · cabiendo**

PRESENT		PRETERIT	
quepo	cabemos	cupe	cupimos
cabes	cabéis	cupiste	cupisteis
cabe	caben	cupo	cupieron

IMPERFECT		PRESENT PERFECT	
cabía	cabíamos	he cabido	hemos cabido
cabías	cabíais	has cabido	habéis cabido
cabía	cabían	ha cabido	han cabido

FUTURE		CONDITIONAL	
cabré	cabremos	cabría	cabríamos
cabrás	cabréis	cabrías	cabríais
cabrá	cabrán	cabría	cabrían

PLUPERFECT		PRETERIT PERFECT	
había cabido	habíamos cabido	hube cabido	hubimos cabido
habías cabido	habíais cabido	hubiste cabido	hubisteis cabido
había cabido	habían cabido	hubo cabido	hubieron cabido

FUTURE PERFECT		CONDITIONAL PERFECT	
habré cabido	habremos cabido	habría cabido	habríamos cabido
habrás cabido	habréis cabido	habrías cabido	habríais cabido
habrá cabido	habrán cabido	habría cabido	habrían cabido

PRESENT SUBJUNCTIVE		PRESENT PERFECT SUBJUNCTIVE	
quepa	quepamos	haya cabido	hayamos cabido
quepas	quepáis	hayas cabido	hayáis cabido
quepa	quepan	haya cabido	hayan cabido

IMPERFECT SUBJUNCTIVE (-ra)		*or* IMPERFECT SUBJUNCTIVE (-se)	
cupiera	cupiéramos	cupiese	cupiésemos
cupieras	cupierais	cupieses	cupieseis
cupiera	cupieran	cupiese	cupiesen

PAST PERFECT SUBJUNCTIVE (-ra)		*or* PAST PERFECT SUBJUNCTIVE (-se)	
hubiera cabido	hubiéramos cabido	hubiese cabido	hubiésemos cabido
hubieras cabido	hubierais cabido	hubieses cabido	hubieseis cabido
hubiera cabido	hubieran cabido	hubiese cabido	hubiesen cabido

PROGRESSIVE TENSES

PRESENT	estoy, estás, está, estamos, estáis, están	
PRETERIT	estuve, estuviste, estuvo, estuvimos, estuvisteis, estuvieron	
IMPERFECT	estaba, estabas, estaba, estábamos, estabais, estaban	cabiendo
FUTURE	estaré, estarás, estará, estaremos, estaréis, estarán	
CONDITIONAL	estaría, estarías, estaría, estaríamos, estaríais, estarían	
SUBJUNCTIVE	que + *corresponding subjunctive tense of* estar (*see verb 151*)	

COMMANDS

	(nosotros) quepamos/no quepamos
(tú) cabe/no quepas	(vosotros) cabed/no quepáis
(Ud.) quepa/no quepa	(Uds.) quepan/no quepan

Usage

No cabe ni una cosa más en la caja.	*Not one more thing will fit in the box.*
Caben 300 personas en la sala de conciertos.	*The concert hall holds 300 people.*
No cabe duda.	*There's no doubt.*
Todo cabe en lo humano.	*Everything is possible.*

Se cayó de la bicicleta.	She fell off her bicycle.
Se me cayó el florero.	I dropped the vase.
Se le cae el pelo.	His hair is falling out.
Cayeron en la trampa.	They fell into the trap.
Caíste en un error.	You made a mistake.
Su cumpleaños cae en viernes.	Her birthday falls on a Friday.
Unos invitados cayeron enfermos.	Some guests fell ill.
Cayó por la casa sin llamar.	He dropped by the house without calling.
Al caer la noche volvimos a la ciudad.	At nightfall we returned to the city.
Le cayó el premio.	He won the prize.
—Ese tipo me cae gordo.	That guy gets on my nerves./I can't stand that guy.
—A mí me cae mal también.	I can't stand him either.
Nos cayó encima la administración de la compañía.	The management of the company fell on our shoulders.

caerse *to fall, fall down*

Nos caímos de risa.	We fell down with/were overcome by laughter.
Se caía de sueño.	He was dropping off/falling asleep on his feet.
—Se cayó del caballo.	She fell off her horse.
—¿Se cayó de espaldas?	Did she fall on her back?

caérsele a alguien **(unplanned occurrence)** *to drop*

El monedero se le habrá caído.	She must have dropped her change purse.
Al niño se le cayó otro diente.	The little boy lost another tooth.
—¡Ay, no! ¡Dejaste caer la torta!	Oh no! You dropped the cake!
—¡Y tú hiciste caer el jugo!	And you knocked over the juice!
Las ideas democráticas hicieron caer el comunismo.	Democratic ideas brought about the fall of communism.
Para estos chicos, los consejos caen en saco roto.	For these kids, advice goes in one ear and out the other.
Derrochó su fortuna. Ahora no tiene dónde caerse muerto.	He squandered his fortune. Now he hasn't a penny to his name.
Cayó en la cuenta de su maleficencia.	She became aware of her wrongdoing.
Hay monumentos a los caídos en las guerras.	There are monuments/memorials to the war dead.
Están decaídos por las últimas noticias.	They're discouraged by the latest news.

TOP 30 VERBS

irregular verb   **caigo · cayeron · caído · cayendo**

PRESENT		PRETERIT	
caigo	caemos	caí	caímos
caes	caéis	caíste	caísteis
cae	caen	cayó	cayeron

IMPERFECT		PRESENT PERFECT	
caía	caíamos	he caído	hemos caído
caías	caíais	has caído	habéis caído
caía	caían	ha caído	han caído

FUTURE		CONDITIONAL	
caeré	caeremos	caería	caeríamos
caerás	caeréis	caerías	caeríais
caerá	caerán	caería	caerían

PLUPERFECT		PRETERIT PERFECT	
había caído	habíamos caído	hube caído	hubimos caído
habías caído	habíais caído	hubiste caído	hubisteis caído
había caído	habían caído	hubo caído	hubieron caído

FUTURE PERFECT		CONDITIONAL PERFECT	
habré caído	habremos caído	habría caído	habríamos caído
habrás caído	habréis caído	habrías caído	habríais caído
habrá caído	habrán caído	habría caído	habrían caído

PRESENT SUBJUNCTIVE		PRESENT PERFECT SUBJUNCTIVE	
caiga	caigamos	haya caído	hayamos caído
caigas	caigáis	hayas caído	hayáis caído
caiga	caigan	haya caído	hayan caído

IMPERFECT SUBJUNCTIVE (-ra)		*or* IMPERFECT SUBJUNCTIVE (-se)	
cayera	cayéramos	cayese	cayésemos
cayeras	cayerais	cayeses	cayeseis
cayera	cayeran	cayese	cayesen

PAST PERFECT SUBJUNCTIVE (-ra)		*or* PAST PERFECT SUBJUNCTIVE (-se)	
hubiera caído	hubiéramos caído	hubiese caído	hubiésemos caído
hubieras caído	hubierais caído	hubieses caído	hubieseis caído
hubiera caído	hubieran caído	hubiese caído	hubiesen caído

PROGRESSIVE TENSES

PRESENT	estoy, estás, está, estamos, estáis, están	
PRETERIT	estuve, estuviste, estuvo, estuvimos, estuvisteis, estuvieron	
IMPERFECT	estaba, estabas, estaba, estábamos, estabais, estaban	cayendo
FUTURE	estaré, estarás, estará, estaremos, estaréis, estarán	
CONDITIONAL	estaría, estarías, estaría, estaríamos, estaríais, estarían	
SUBJUNCTIVE	que + *corresponding subjunctive tense of* estar *(see verb 151)*	

COMMANDS

	(nosotros) caigamos/no caigamos
(tú) cae/no caigas	(vosotros) caed/no caigáis
(Ud.) caiga/no caiga	(Uds.) caigan/no caigan

Usage

Las manzanas caían de los árboles.	*The apples fell from the trees.*
La nieve está cayendo.	*The snow is falling.*
Cayó el sol.	*The sun set.*
Esa computadora cayó en desuso.	*That computer became obsolete.*

calentar *to heat (up), warm (up)*

caliento · calentaron · calentado · calentando   *stem-changing -ar verb: e > ie*

PRESENT		PRETERIT	
caliento	calentamos	calenté	calentamos
calientas	calentáis	calentaste	calentasteis
calienta	calientan	calentó	calentaron

IMPERFECT		PRESENT PERFECT	
calentaba	calentábamos	he calentado	hemos calentado
calentabas	calentabais	has calentado	habéis calentado
calentaba	calentaban	ha calentado	han calentado

FUTURE		CONDITIONAL	
calentaré	calentaremos	calentaría	calentaríamos
calentarás	calentaréis	calentarías	calentaríais
calentará	calentarán	calentaría	calentarían

PLUPERFECT		PRETERIT PERFECT	
había calentado	habíamos calentado	hube calentado	hubimos calentado
habías calentado	habíais calentado	hubiste calentado	hubisteis calentado
había calentado	habían calentado	hubo calentado	hubieron calentado

FUTURE PERFECT		CONDITIONAL PERFECT	
habré calentado	habremos calentado	habría calentado	habríamos calentado
habrás calentado	habréis calentado	habrías calentado	habríais calentado
habrá calentado	habrán calentado	habría calentado	habrían calentado

PRESENT SUBJUNCTIVE		PRESENT PERFECT SUBJUNCTIVE	
caliente	calentemos	haya calentado	hayamos calentado
calientes	calentéis	hayas calentado	hayáis calentado
caliente	calienten	haya calentado	hayan calentado

IMPERFECT SUBJUNCTIVE (-ra)		*or* IMPERFECT SUBJUNCTIVE (-se)	
calentara	calentáramos	calentase	calentásemos
calentaras	calentarais	calentases	calentaseis
calentara	calentaran	calentase	calentasen

PAST PERFECT SUBJUNCTIVE (-ra)		*or* PAST PERFECT SUBJUNCTIVE (-se)	
hubiera calentado	hubiéramos calentado	hubiese calentado	hubiésemos calentado
hubieras calentado	hubierais calentado	hubieses calentado	hubieseis calentado
hubiera calentado	hubieran calentado	hubiese calentado	hubiesen calentado

PROGRESSIVE TENSES

PRESENT	estoy, estás, está, estamos, estáis, están
PRETERIT	estuve, estuviste, estuvo, estuvimos, estuvisteis, estuvieron
IMPERFECT	estaba, estabas, estaba, estábamos, estabais, estaban
FUTURE	estaré, estarás, estará, estaremos, estaréis, estarán
CONDITIONAL	estaría, estarías, estaría, estaríamos, estaríais, estarían
SUBJUNCTIVE	que + *corresponding subjunctive tense of* estar (*see verb 151*)

} calentando

COMMANDS

	(nosotros) calentemos/no calentemos
(tú) calienta/no calientes	(vosotros) calentad/no calentéis
(Ud.) caliente/no caliente	(Uds.) calienten/no calienten

Usage

La sopa no está caliente. Yo te la caliento.	*The soup isn't hot. I'll warm it up for you.*
El lanzador se está calentando.	*The pitcher is warming up.*
Tómate un chocolate para calentarte.	*Have a cup of cocoa to warm yourself up.*
El debate se iba calentando.	*The debate/discussion was heating up.*

regular -*ar* verb   **cambio · cambiaron · cambiado · cambiando**

PRESENT		PRETERIT	
cambio	cambiamos	cambié	cambiamos
cambias	cambiáis	cambiaste	cambiasteis
cambia	cambian	cambió	cambiaron

IMPERFECT		PRESENT PERFECT	
cambiaba	cambiábamos	he cambiado	hemos cambiado
cambiabas	cambiabais	has cambiado	habéis cambiado
cambiaba	cambiaban	ha cambiado	han cambiado

FUTURE		CONDITIONAL	
cambiaré	cambiaremos	cambiaría	cambiaríamos
cambiarás	cambiaréis	cambiarías	cambiaríais
cambiará	cambiarán	cambiaría	cambiarían

PLUPERFECT		PRETERIT PERFECT	
había cambiado	habíamos cambiado	hube cambiado	hubimos cambiado
habías cambiado	habíais cambiado	hubiste cambiado	hubisteis cambiado
había cambiado	habían cambiado	hubo cambiado	hubieron cambiado

FUTURE PERFECT		CONDITIONAL PERFECT	
habré cambiado	habremos cambiado	habría cambiado	habríamos cambiado
habrás cambiado	habréis cambiado	habrías cambiado	habríais cambiado
habrá cambiado	habrán cambiado	habría cambiado	habrían cambiado

PRESENT SUBJUNCTIVE		PRESENT PERFECT SUBJUNCTIVE	
cambie	cambiemos	haya cambiado	hayamos cambiado
cambies	cambiéis	hayas cambiado	hayáis cambiado
cambie	cambien	haya cambiado	hayan cambiado

IMPERFECT SUBJUNCTIVE (-ra)		*or*	IMPERFECT SUBJUNCTIVE (-se)	
cambiara	cambiáramos		cambiase	cambiásemos
cambiaras	cambiarais		cambiases	cambiaseis
cambiara	cambiaran		cambiase	cambiasen

PAST PERFECT SUBJUNCTIVE (-ra)		*or*	PAST PERFECT SUBJUNCTIVE (-se)	
hubiera cambiado	hubiéramos cambiado		hubiese cambiado	hubiésemos cambiado
hubieras cambiado	hubierais cambiado		hubieses cambiado	hubieseis cambiado
hubiera cambiado	hubieran cambiado		hubiese cambiado	hubiesen cambiado

PROGRESSIVE TENSES

PRESENT	estoy, estás, está, estamos, estáis, están
PRETERIT	estuve, estuviste, estuvo, estuvimos, estuvisteis, estuvieron
IMPERFECT	estaba, estabas, estaba, estábamos, estabais, estaban
FUTURE	estaré, estarás, estará, estaremos, estaréis, estarán
CONDITIONAL	estaría, estarías, estaría, estaríamos, estaríais, estarían
SUBJUNCTIVE	que + *corresponding subjunctive tense of* estar (*see verb 151*)

} cambiando

COMMANDS

	(nosotros) cambiemos/no cambiemos
(tú) cambia/no cambies	(vosotros) cambiad/no cambiéis
(Ud.) cambie/no cambie	(Uds.) cambien/no cambien

Usage

Cambió su política a lo largo de los años.	*His policy/politics changed through the years.*
Cambiaron de opinión/idea.	*They changed their minds.*
Cambiemos las pesetas por euros.	*Let's change the pesetas into euros.*
Cambié mi furgoneta por un coche deportivo.	*I traded my station wagon for a sports car.*

caracterizo · caracterizaron · caracterizado · caracterizando   *-ar* verb;
spelling change: *z* > *c/e*

PRESENT		PRETERIT	
caracterizo	caracterizamos	caractericé	caracterizamos
caracterizas	caracterizáis	caracterizaste	caracterizasteis
caracteriza	caracterizan	caracterizó	caracterizaron

IMPERFECT		PRESENT PERFECT	
caracterizaba	caracterizábamos	he caracterizado	hemos caracterizado
caracterizabas	caracterizabais	has caracterizado	habéis caracterizado
caracterizaba	caracterizaban	ha caracterizado	han caracterizado

FUTURE		CONDITIONAL	
caracterizaré	caracterizaremos	caracterizaría	caracterizaríamos
caracterizarás	caracterizaréis	caracterizarías	caracterizaríais
caracterizará	caracterizarán	caracterizaría	caracterizarían

PLUPERFECT		PRETERIT PERFECT	
había caracterizado	habíamos caracterizado	hube caracterizado	hubimos caracterizado
habías caracterizado	habíais caracterizado	hubiste caracterizado	hubisteis caracterizado
había caracterizado	habían caracterizado	hubo caracterizado	hubieron caracterizado

FUTURE PERFECT		CONDITIONAL PERFECT	
habré caracterizado	habremos caracterizado	habría caracterizado	habríamos caracterizado
habrás caracterizado	habréis caracterizado	habrías caracterizado	habríais caracterizado
habrá caracterizado	habrán caracterizado	habría caracterizado	habrían caracterizado

PRESENT SUBJUNCTIVE		PRESENT PERFECT SUBJUNCTIVE	
caracterice	caractericemos	haya caracterizado	hayamos caracterizado
caracterices	caractericéis	hayas caracterizado	hayáis caracterizado
caracterice	caractericen	haya caracterizado	hayan caracterizado

IMPERFECT SUBJUNCTIVE (-ra)		*or* IMPERFECT SUBJUNCTIVE (-se)	
caracterizara	caracterizáramos	caracterizase	caracterizásemos
caracterizaras	caracterizarais	caracterizases	caracterizaseis
caracterizara	caracterizaran	caracterizase	caracterizasen

PAST PERFECT SUBJUNCTIVE (-ra)		*or* PAST PERFECT SUBJUNCTIVE (-se)	
hubiera caracterizado	hubiéramos caracterizado	hubiese caracterizado	hubiésemos caracterizado
hubieras caracterizado	hubierais caracterizado	hubieses caracterizado	hubieseis caracterizado
hubiera caracterizado	hubieran caracterizado	hubiese caracterizado	hubiesen caracterizado

PROGRESSIVE TENSES

PRESENT	estoy, estás, está, estamos, estáis, están
PRETERIT	estuve, estuviste, estuvo, estuvimos, estuvisteis, estuvieron
IMPERFECT	estaba, estabas, estaba, estábamos, estabais, estaban
FUTURE	estaré, estarás, estará, estaremos, estaréis, estarán
CONDITIONAL	estaría, estarías, estaría, estaríamos, estaríais, estarían
SUBJUNCTIVE	que + *corresponding subjunctive tense of* estar (*see verb 151*)

caracterizando

COMMANDS

	(nosotros) caractericemos/no caractericemos
(tú) caracteriza/no caracterices	(vosotros) caracterizad/no caractericéis
(Ud.) caracterice/no caracterice	(Uds.) caractericen/no caractericen

Usage

¿Los personajes? El novelista no los caracteriza bien.
The characters? The novelist doesn't portray/ capture them well.
Últimamente su conducta no es nada característica.
His behavior of late is out of character.

-er verb; spelling change: *c > zc/o, a*   **carezco · carecieron · carecido · careciendo**

PRESENT		PRETERIT	
carezco	carecemos	carecí	carecimos
careces	carecéis	careciste	carecisteis
carece	carecen	careció	carecieron

IMPERFECT		PRESENT PERFECT	
carecía	carecíamos	he carecido	hemos carecido
carecías	carecíais	has carecido	habéis carecido
carecía	carecían	ha carecido	han carecido

FUTURE		CONDITIONAL	
careceré	careceremos	carecería	careceríamos
carecerás	careceréis	carecerías	careceríais
carecerá	carecerán	carecería	carecerían

PLUPERFECT		PRETERIT PERFECT	
había carecido	habíamos carecido	hube carecido	hubimos carecido
habías carecido	habíais carecido	hubiste carecido	hubisteis carecido
había carecido	habían carecido	hubo carecido	hubieron carecido

FUTURE PERFECT		CONDITIONAL PERFECT	
habré carecido	habremos carecido	habría carecido	habríamos carecido
habrás carecido	habréis carecido	habrías carecido	habríais carecido
habrá carecido	habrán carecido	habría carecido	habrían carecido

PRESENT SUBJUNCTIVE		PRESENT PERFECT SUBJUNCTIVE	
carezca	carezcamos	haya carecido	hayamos carecido
carezcas	carezcáis	hayas carecido	hayáis carecido
carezca	carezcan	haya carecido	hayan carecido

IMPERFECT SUBJUNCTIVE (-ra)		*or* IMPERFECT SUBJUNCTIVE (-se)	
careciera	careciéramos	careciese	careciésemos
carecieras	carecierais	carecieses	carecieseis
careciera	carecieran	careciese	careciesen

PAST PERFECT SUBJUNCTIVE (-ra)		*or* PAST PERFECT SUBJUNCTIVE (-se)	
hubiera carecido	hubiéramos carecido	hubiese carecido	hubiésemos carecido
hubieras carecido	hubierais carecido	hubieses carecido	hubieseis carecido
hubiera carecido	hubieran carecido	hubiese carecido	hubiesen carecido

PROGRESSIVE TENSES

PRESENT	estoy, estás, está, estamos, estáis, están	
PRETERIT	estuve, estuviste, estuvo, estuvimos, estuvisteis, estuvieron	
IMPERFECT	estaba, estabas, estaba, estábamos, estabais, estaban	careciendo
FUTURE	estaré, estarás, estará, estaremos, estaréis, estarán	
CONDITIONAL	estaría, estarías, estaría, estaríamos, estaríais, estarían	
SUBJUNCTIVE	que + *corresponding subjunctive tense of* estar *(see verb 151)*	

COMMANDS

	(nosotros) carezcamos/no carezcamos
(tú) carece/no carezcas	(vosotros) careced/no carezcáis
(Ud.) carezca/no carezca	(Uds.) carezcan/no carezcan

Usage

La empresa carece de capital humano.	*The firm lacks human capital.*
Su acusación carece de fundamento.	*Their accusation is groundless/not based in fact.*
Vuestros comentarios carecen de sentido.	*Your remarks lack meaning/make no sense.*

cargar *to load, charge, burden*

cargo · cargaron · cargado · cargando   *-ar* verb; spelling change: *g > gu/e*

PRESENT		PRETERIT	
cargo	cargamos	cargué	cargamos
cargas	cargáis	cargaste	cargasteis
carga	cargan	cargó	cargaron

IMPERFECT		PRESENT PERFECT	
cargaba	cargábamos	he cargado	hemos cargado
cargabas	cargabais	has cargado	habéis cargado
cargaba	cargaban	ha cargado	han cargado

FUTURE		CONDITIONAL	
cargaré	cargaremos	cargaría	cargaríamos
cargarás	cargaréis	cargarías	cargaríais
cargará	cargarán	cargaría	cargarían

PLUPERFECT		PRETERIT PERFECT	
había cargado	habíamos cargado	hube cargado	hubimos cargado
habías cargado	habíais cargado	hubiste cargado	hubisteis cargado
había cargado	habían cargado	hubo cargado	hubieron cargado

FUTURE PERFECT		CONDITIONAL PERFECT	
habré cargado	habremos cargado	habría cargado	habríamos cargado
habrás cargado	habréis cargado	habrías cargado	habríais cargado
habrá cargado	habrán cargado	habría cargado	habrían cargado

PRESENT SUBJUNCTIVE		PRESENT PERFECT SUBJUNCTIVE	
cargue	carguemos	haya cargado	hayamos cargado
cargues	carguéis	hayas cargado	hayáis cargado
cargue	carguen	haya cargado	hayan cargado

IMPERFECT SUBJUNCTIVE (-ra)		*or* IMPERFECT SUBJUNCTIVE (-se)	
cargara	cargáramos	cargase	cargásemos
cargaras	cargarais	cargases	cargaseis
cargara	cargaran	cargase	cargasen

PAST PERFECT SUBJUNCTIVE (-ra)		*or* PAST PERFECT SUBJUNCTIVE (-se)	
hubiera cargado	hubiéramos cargado	hubiese cargado	hubiésemos cargado
hubieras cargado	hubierais cargado	hubieses cargado	hubieseis cargado
hubiera cargado	hubieran cargado	hubiese cargado	hubiesen cargado

PROGRESSIVE TENSES

PRESENT	estoy, estás, está, estamos, estáis, están	
PRETERIT	estuve, estuviste, estuvo, estuvimos, estuvisteis, estuvieron	
IMPERFECT	estaba, estabas, estaba, estábamos, estabais, estaban	cargando
FUTURE	estaré, estarás, estará, estaremos, estaréis, estarán	
CONDITIONAL	estaría, estarías, estaría, estaríamos, estaríais, estarían	
SUBJUNCTIVE	que + *corresponding subjunctive tense of* estar (*see verb 151*)	

COMMANDS

	(nosotros) carguemos/no carguemos
(tú) carga/no cargues	(vosotros) cargad/no carguéis
(Ud.) cargue/no cargue	(Uds.) carguen/no carguen

Usage

Carga la cámara. Aquí tienes el rollo.	*Load the camera. Here's the roll (of film).*
Se han cargado de trabajo.	*They've burdened themselves with work.*
Es urgente que se cargue la batería.	*It's urgent for the battery to be charged.*
Se encuentra cargada de problemas.	*She's burdened with problems.*

-ar verb; spelling change: *g > gu/e*   **castigo · castigaron · castigado · castigando**

PRESENT		PRETERIT	
castigo	castigamos	castigué	castigamos
castigas	castigáis	castigaste	castigasteis
castiga	castigan	castigó	castigaron

IMPERFECT		PRESENT PERFECT	
castigaba	castigábamos	he castigado	hemos castigado
castigabas	castigabais	has castigado	habéis castigado
castigaba	castigaban	ha castigado	han castigado

FUTURE		CONDITIONAL	
castigaré	castigaremos	castigaría	castigaríamos
castigarás	castigaréis	castigarías	castigaríais
castigará	castigarán	castigaría	castigarían

PLUPERFECT		PRETERIT PERFECT	
había castigado	habíamos castigado	hube castigado	hubimos castigado
habías castigado	habíais castigado	hubiste castigado	hubisteis castigado
había castigado	habían castigado	hubo castigado	hubieron castigado

FUTURE PERFECT		CONDITIONAL PERFECT	
habré castigado	habremos castigado	habría castigado	habríamos castigado
habrás castigado	habréis castigado	habrías castigado	habríais castigado
habrá castigado	habrán castigado	habría castigado	habrían castigado

PRESENT SUBJUNCTIVE		PRESENT PERFECT SUBJUNCTIVE	
castigue	castiguemos	haya castigado	hayamos castigado
castigues	castiguéis	hayas castigado	hayáis castigado
castigue	castiguen	haya castigado	hayan castigado

IMPERFECT SUBJUNCTIVE (-ra)		*or* IMPERFECT SUBJUNCTIVE (-se)	
castigara	castigáramos	castigase	castigásemos
castigaras	castigarais	castigases	castigaseis
castigara	castigaran	castigase	castigasen

PAST PERFECT SUBJUNCTIVE (-ra)		*or* PAST PERFECT SUBJUNCTIVE (-se)	
hubiera castigado	hubiéramos castigado	hubiese castigado	hubiésemos castigado
hubieras castigado	hubierais castigado	hubieses castigado	hubieseis castigado
hubiera castigado	hubieran castigado	hubiese castigado	hubiesen castigado

PROGRESSIVE TENSES

PRESENT	estoy, estás, está, estamos, estáis, están	
PRETERIT	estuve, estuviste, estuvo, estuvimos, estuvisteis, estuvieron	
IMPERFECT	estaba, estabas, estaba, estábamos, estabais, estaban	castigando
FUTURE	estaré, estarás, estará, estaremos, estaréis, estarán	
CONDITIONAL	estaría, estarías, estaría, estaríamos, estaríais, estarían	
SUBJUNCTIVE	que + *corresponding subjunctive tense of* estar (*see verb 151*)	

COMMANDS

	(nosotros) castiguemos/no castiguemos
(tú) castiga/no castigues	(vosotros) castigad/no castiguéis
(Ud.) castigue/no castigue	(Uds.) castiguen/no castiguen

Usage

Lo castigaron con la pena de muerte.	*They punished him with the death penalty.*
La enfermedad los ha castigado.	*They have been afflicted by illness.*
El huracán castigaba los países caribeños.	*The hurricane caused damage in the Caribbean countries.*

cerrar *to close*

cierro · cerraron · cerrado · cerrando   stem-changing -ar verb: *e > ie*

PRESENT		PRETERIT	
cierro	cerramos	cerré	cerramos
cierras	cerráis	cerraste	cerrasteis
cierra	cierran	cerró	cerraron

IMPERFECT		PRESENT PERFECT	
cerraba	cerrábamos	he cerrado	hemos cerrado
cerrabas	cerrabais	has cerrado	habéis cerrado
cerraba	cerraban	ha cerrado	han cerrado

FUTURE		CONDITIONAL	
cerraré	cerraremos	cerraría	cerraríamos
cerrarás	cerraréis	cerrarías	cerraríais
cerrará	cerrarán	cerraría	cerrarían

PLUPERFECT		PRETERIT PERFECT	
había cerrado	habíamos cerrado	hube cerrado	hubimos cerrado
habías cerrado	habíais cerrado	hubiste cerrado	hubisteis cerrado
había cerrado	habían cerrado	hubo cerrado	hubieron cerrado

FUTURE PERFECT		CONDITIONAL PERFECT	
habré cerrado	habremos cerrado	habría cerrado	habríamos cerrado
habrás cerrado	habréis cerrado	habrías cerrado	habríais cerrado
habrá cerrado	habrán cerrado	habría cerrado	habrían cerrado

PRESENT SUBJUNCTIVE		PRESENT PERFECT SUBJUNCTIVE	
cierre	cerremos	haya cerrado	hayamos cerrado
cierres	cerréis	hayas cerrado	hayáis cerrado
cierre	cierren	haya cerrado	hayan cerrado

IMPERFECT SUBJUNCTIVE (-ra)		*or* IMPERFECT SUBJUNCTIVE (-se)	
cerrara	cerráramos	cerrase	cerrásemos
cerraras	cerrarais	cerrases	cerraseis
cerrara	cerraran	cerrase	cerrasen

PAST PERFECT SUBJUNCTIVE (-ra)		*or* PAST PERFECT SUBJUNCTIVE (-se)	
hubiera cerrado	hubiéramos cerrado	hubiese cerrado	hubiésemos cerrado
hubieras cerrado	hubierais cerrado	hubieses cerrado	hubieseis cerrado
hubiera cerrado	hubieran cerrado	hubiese cerrado	hubiesen cerrado

PROGRESSIVE TENSES

PRESENT	estoy, estás, está, estamos, estáis, están	
PRETERIT	estuve, estuviste, estuvo, estuvimos, estuvisteis, estuvieron	
IMPERFECT	estaba, estabas, estaba, estábamos, estabais, estaban	cerrando
FUTURE	estaré, estarás, estará, estaremos, estaréis, estarán	
CONDITIONAL	estaría, estarías, estaría, estaríamos, estaríais, estarían	
SUBJUNCTIVE	que + *corresponding subjunctive tense of* estar (*see verb 151*)	

COMMANDS

	(nosotros) cerremos/no cerremos
(tú) cierra/no cierres	(vosotros) cerrad/no cerréis
(Ud.) cierre/no cierre	(Uds.) cierren/no cierren

Usage

—¿Cerraste la puerta?	*Did you shut the door?*
—La cerré con llave.	*I locked it.*
La tienda se cierra a las siete.	*The store closes at 7:00.*
Sus palabras tendrán un sentido cerrado.	*His words probably have a hidden meaning.*

regular *-ar* verb | **charlo · charlaron · charlado · charlando**

PRESENT		PRETERIT	
charlo	charlamos	charlé	charlamos
charlas	charláis	charlaste	charlasteis
charla	charlan	charló	charlaron

IMPERFECT		PRESENT PERFECT	
charlaba	charlábamos	he charlado	hemos charlado
charlabas	charlabais	has charlado	habéis charlado
charlaba	charlaban	ha charlado	han charlado

FUTURE		CONDITIONAL	
charlaré	charlaremos	charlaría	charlaríamos
charlarás	charlaréis	charlarías	charlaríais
charlará	charlarán	charlaría	charlarían

PLUPERFECT		PRETERIT PERFECT	
había charlado	habíamos charlado	hube charlado	hubimos charlado
habías charlado	habíais charlado	hubiste charlado	hubisteis charlado
había charlado	habían charlado	hubo charlado	hubieron charlado

FUTURE PERFECT		CONDITIONAL PERFECT	
habré charlado	habremos charlado	habría charlado	habríamos charlado
habrás charlado	habréis charlado	habrías charlado	habríais charlado
habrá charlado	habrán charlado	habría charlado	habrían charlado

PRESENT SUBJUNCTIVE		PRESENT PERFECT SUBJUNCTIVE	
charle	charlemos	haya charlado	hayamos charlado
charles	charléis	hayas charlado	hayáis charlado
charle	charlen	haya charlado	hayan charlado

IMPERFECT SUBJUNCTIVE (-ra)		*or* IMPERFECT SUBJUNCTIVE (-se)	
charlara	charláramos	charlase	charlásemos
charlaras	charlarais	charlases	charlaseis
charlara	charlaran	charlase	charlasen

PAST PERFECT SUBJUNCTIVE (-ra)		*or* PAST PERFECT SUBJUNCTIVE (-se)	
hubiera charlado	hubiéramos charlado	hubiese charlado	hubiésemos charlado
hubieras charlado	hubierais charlado	hubieses charlado	hubieseis charlado
hubiera charlado	hubieran charlado	hubiese charlado	hubiesen charlado

PROGRESSIVE TENSES

PRESENT	estoy, estás, está, estamos, estáis, están
PRETERIT	estuve, estuviste, estuvo, estuvimos, estuvisteis, estuvieron
IMPERFECT	estaba, estabas, estaba, estábamos, estabais, estaban
FUTURE	estaré, estarás, estará, estaremos, estaréis, estarán
CONDITIONAL	estaría, estarías, estaría, estaríamos, estaríais, estarían
SUBJUNCTIVE	que + *corresponding subjunctive tense of* estar (*see verb 151*)

charlando

COMMANDS

	(nosotros) charlemos/no charlemos
(tú) charla/no charles	(vosotros) charlad/no charléis
(Ud.) charle/no charle	(Uds.) charlen/no charlen

Usage

Tomemos un café mientras charlamos.	*Let's have a cup of coffee while we chat.*
—¡Cuánto charlan esos dos!	*Those two talk so much!*
—No cabe duda que charlan hasta por los codos.	*There's no doubt they're real chatterboxes.*
Habrá una charla en la sala de conferencias.	*There will be a talk in the lecture hall.*

coger *to get, take, grasp*

cojo · cogieron · cogido · cogiendo   *-er verb; spelling change: g > j/o, a*

PRESENT		PRETERIT	
cojo	cogemos	cogí	cogimos
coges	cogéis	cogiste	cogisteis
coge	cogen	cogió	cogieron

IMPERFECT		PRESENT PERFECT	
cogía	cogíamos	he cogido	hemos cogido
cogías	cogíais	has cogido	habéis cogido
cogía	cogían	ha cogido	han cogido

FUTURE		CONDITIONAL	
cogeré	cogeremos	cogería	cogeríamos
cogerás	cogeréis	cogerías	cogeríais
cogerá	cogerán	cogería	cogerían

PLUPERFECT		PRETERIT PERFECT	
había cogido	habíamos cogido	hube cogido	hubimos cogido
habías cogido	habíais cogido	hubiste cogido	hubisteis cogido
había cogido	habían cogido	hubo cogido	hubieron cogido

FUTURE PERFECT		CONDITIONAL PERFECT	
habré cogido	habremos cogido	habría cogido	habríamos cogido
habrás cogido	habréis cogido	habrías cogido	habríais cogido
habrá cogido	habrán cogido	habría cogido	habrían cogido

PRESENT SUBJUNCTIVE		PRESENT PERFECT SUBJUNCTIVE	
coja	cojamos	haya cogido	hayamos cogido
cojas	cojáis	hayas cogido	hayáis cogido
coja	cojan	haya cogido	hayan cogido

IMPERFECT SUBJUNCTIVE (-ra)		*or* IMPERFECT SUBJUNCTIVE (-se)	
cogiera	cogiéramos	cogiese	cogiésemos
cogieras	cogierais	cogieses	cogieseis
cogiera	cogieran	cogiese	cogiesen

PAST PERFECT SUBJUNCTIVE (-ra)		*or* PAST PERFECT SUBJUNCTIVE (-se)	
hubiera cogido	hubiéramos cogido	hubiese cogido	hubiésemos cogido
hubieras cogido	hubierais cogido	hubieses cogido	hubieseis cogido
hubiera cogido	hubieran cogido	hubiese cogido	hubiesen cogido

PROGRESSIVE TENSES

PRESENT	estoy, estás, está, estamos, estáis, están	
PRETERIT	estuve, estuviste, estuvo, estuvimos, estuvisteis, estuvieron	
IMPERFECT	estaba, estabas, estaba, estábamos, estabais, estaban	cogiendo
FUTURE	estaré, estarás, estará, estaremos, estaréis, estarán	
CONDITIONAL	estaría, estarías, estaría, estaríamos, estaríais, estarían	
SUBJUNCTIVE	que + *corresponding subjunctive tense of* estar (*see verb 151*)	

COMMANDS

	(nosotros) cojamos/no cojamos
(tú) coge/no cojas	(vosotros) coged/no cojáis
(Ud.) coja/no coja	(Uds.) cojan/no cojan

Usage

Cojamos el tren.	*Let's get/take the train.*
No cogí lo que dijiste.	*I didn't catch/hear/understand what you said.*

NOTE: The verb *coger* is taboo in many Hispanic countries, including Mexico and Argentina; it is usually replaced with *tomar* or *agarrar*.

stem-changing -ar verb: o > ue   **cuelgo · colgaron · colgado · colgando**

PRESENT

cuelgo	colgamos
cuelgas	colgáis
cuelga	cuelgan

PRETERIT

colgué	colgamos
colgaste	colgasteis
colgó	colgaron

IMPERFECT

colgaba	colgábamos
colgabas	colgabais
colgaba	colgaban

PRESENT PERFECT

he colgado	hemos colgado
has colgado	habéis colgado
ha colgado	han colgado

FUTURE

colgaré	colgaremos
colgarás	colgaréis
colgará	colgarán

CONDITIONAL

colgaría	colgaríamos
colgarías	colgaríais
colgaría	colgarían

PLUPERFECT

había colgado	habíamos colgado
habías colgado	habíais colgado
había colgado	habían colgado

PRETERIT PERFECT

hube colgado	hubimos colgado
hubiste colgado	hubisteis colgado
hubo colgado	hubieron colgado

FUTURE PERFECT

habré colgado	habremos colgado
habrás colgado	habréis colgado
habrá colgado	habrán colgado

CONDITIONAL PERFECT

habría colgado	habríamos colgado
habrías colgado	habríais colgado
habría colgado	habrían colgado

PRESENT SUBJUNCTIVE

cuelgue	colguemos
cuelgues	colguéis
cuelgue	cuelguen

PRESENT PERFECT SUBJUNCTIVE

haya colgado	hayamos colgado
hayas colgado	hayáis colgado
haya colgado	hayan colgado

IMPERFECT SUBJUNCTIVE (-ra)

colgara	colgáramos
colgaras	colgarais
colgara	colgaran

or **IMPERFECT SUBJUNCTIVE (-se)**

colgase	colgásemos
colgases	colgaseis
colgase	colgasen

PAST PERFECT SUBJUNCTIVE (-ra)

hubiera colgado	hubiéramos colgado
hubieras colgado	hubierais colgado
hubiera colgado	hubieran colgado

or **PAST PERFECT SUBJUNCTIVE (-se)**

hubiese colgado	hubiésemos colgado
hubieses colgado	hubieseis colgado
hubiese colgado	hubiesen colgado

PROGRESSIVE TENSES

PRESENT	estoy, estás, está, estamos, estáis, están
PRETERIT	estuve, estuviste, estuvo, estuvimos, estuvisteis, estuvieron
IMPERFECT	estaba, estabas, estaba, estábamos, estabais, estaban
FUTURE	estaré, estarás, estará, estaremos, estaréis, estarán
CONDITIONAL	estaría, estarías, estaría, estaríamos, estaríais, estarían
SUBJUNCTIVE	que + *corresponding subjunctive tense of* estar (*see verb 151*)

⎫ colgando

COMMANDS

	(nosotros) colguemos/no colguemos
(tú) cuelga/no cuelgues	(vosotros) colgad/no colguéis
(Ud.) cuelgue/no cuelgue	(Uds.) cuelguen/no cuelguen

Usage

Cuelga el cuadro en esta pared.	*Hang the picture on this wall.*
Niños, cuelguen su ropa en las perchas.	*Children, hang your clothing on the hangers.*
Por favor, no cuelgue.	*Please don't hang up (the telephone).*
Dejaron el teléfono descolgado.	*They left the telephone off the hook.*

colocar *to put, place*

coloco · colocaron · colocado · colocando   *-ar verb; spelling change:* $c > qu/e$

PRESENT		PRETERIT	
coloco	colocamos	coloqué	colocamos
colocas	colocáis	colocaste	colocasteis
coloca	colocan	colocó	colocaron

IMPERFECT		PRESENT PERFECT	
colocaba	colocábamos	he colocado	hemos colocado
colocabas	colocabais	has colocado	habéis colocado
colocaba	colocaban	ha colocado	han colocado

FUTURE		CONDITIONAL	
colocaré	colocaremos	colocaría	colocaríamos
colocarás	colocaréis	colocarías	colocaríais
colocará	colocarán	colocaría	colocarían

PLUPERFECT		PRETERIT PERFECT	
había colocado	habíamos colocado	hube colocado	hubimos colocado
habías colocado	habíais colocado	hubiste colocado	hubisteis colocado
había colocado	habían colocado	hubo colocado	hubieron colocado

FUTURE PERFECT		CONDITIONAL PERFECT	
habré colocado	habremos colocado	habría colocado	habríamos colocado
habrás colocado	habréis colocado	habrías colocado	habríais colocado
habrá colocado	habrán colocado	habría colocado	habrían colocado

PRESENT SUBJUNCTIVE		PRESENT PERFECT SUBJUNCTIVE	
coloque	coloquemos	haya colocado	hayamos colocado
coloques	coloquéis	hayas colocado	hayáis colocado
coloque	coloquen	haya colocado	hayan colocado

IMPERFECT SUBJUNCTIVE (-ra)		*or* IMPERFECT SUBJUNCTIVE (-se)	
colocara	colocáramos	colocase	colocásemos
colocaras	colocarais	colocases	colocaseis
colocara	colocaran	colocase	colocasen

PAST PERFECT SUBJUNCTIVE (-ra)		*or* PAST PERFECT SUBJUNCTIVE (-se)	
hubiera colocado	hubiéramos colocado	hubiese colocado	hubiésemos colocado
hubieras colocado	hubierais colocado	hubieses colocado	hubieseis colocado
hubiera colocado	hubieran colocado	hubiese colocado	hubiesen colocado

PROGRESSIVE TENSES

PRESENT	estoy, estás, está, estamos, estáis, están	
PRETERIT	estuve, estuviste, estuvo, estuvimos, estuvisteis, estuvieron	
IMPERFECT	estaba, estabas, estaba, estábamos, estabais, estaban	colocando
FUTURE	estaré, estarás, estará, estaremos, estaréis, estarán	
CONDITIONAL	estaría, estarías, estaría, estaríamos, estaríais, estarían	
SUBJUNCTIVE	que + *corresponding subjunctive tense of* estar (*see verb 151*)	

COMMANDS

	(nosotros) coloquemos/no coloquemos
(tú) coloca/no coloques	(vosotros) colocad/no coloquéis
(Ud.) coloque/no coloque	(Uds.) coloquen/no coloquen

Usage

Coloque el correo en mi escritorio.	*Put the mail on my desk.*
Coloquemos más dinero en la bolsa.	*Let's put/invest more money in the stock market.*
—Me dijo que se colocó el mes pasado.	*He told me he found a position last month.*
—Está bien colocado.	*It's a good position./He has a good job.*

stem-changing -ar verb: **comienzo · comenzaron · comenzado · comenzando**
e > ie; spelling change: z > c/e

PRESENT		PRETERIT	
comienzo	comenzamos	comencé	comenzamos
comienzas	comenzáis	comenzaste	comenzasteis
comienza	comienzan	comenzó	comenzaron

IMPERFECT		PRESENT PERFECT	
comenzaba	comenzábamos	he comenzado	hemos comenzado
comenzabas	comenzabais	has comenzado	habéis comenzado
comenzaba	comenzaban	ha comenzado	han comenzado

FUTURE		CONDITIONAL	
comenzaré	comenzaremos	comenzaría	comenzaríamos
comenzarás	comenzaréis	comenzarías	comenzaríais
comenzará	comenzarán	comenzaría	comenzarían

PLUPERFECT		PRETERIT PERFECT	
había comenzado	habíamos comenzado	hube comenzado	hubimos comenzado
habías comenzado	habíais comenzado	hubiste comenzado	hubisteis comenzado
había comenzado	habían comenzado	hubo comenzado	hubieron comenzado

FUTURE PERFECT		CONDITIONAL PERFECT	
habré comenzado	habremos comenzado	habría comenzado	habríamos comenzado
habrás comenzado	habréis comenzado	habrías comenzado	habríais comenzado
habrá comenzado	habrán comenzado	habría comenzado	habrían comenzado

PRESENT SUBJUNCTIVE		PRESENT PERFECT SUBJUNCTIVE	
comience	comencemos	haya comenzado	hayamos comenzado
comiences	comencéis	hayas comenzado	hayáis comenzado
comience	comiencen	haya comenzado	hayan comenzado

IMPERFECT SUBJUNCTIVE (-ra)		*or* IMPERFECT SUBJUNCTIVE (-se)	
comenzara	comenzáramos	comenzase	comenzásemos
comenzaras	comenzarais	comenzases	comenzaseis
comenzara	comenzaran	comenzase	comenzasen

PAST PERFECT SUBJUNCTIVE (-ra)		*or* PAST PERFECT SUBJUNCTIVE (-se)	
hubiera comenzado	hubiéramos comenzado	hubiese comenzado	hubiésemos comenzado
hubieras comenzado	hubierais comenzado	hubieses comenzado	hubieseis comenzado
hubiera comenzado	hubieran comenzado	hubiese comenzado	hubiesen comenzado

PROGRESSIVE TENSES

PRESENT	estoy, estás, está, estamos, estáis, están	
PRETERIT	estuve, estuviste, estuvo, estuvimos, estuvisteis, estuvieron	
IMPERFECT	estaba, estabas, estaba, estábamos, estabais, estaban	comenzando
FUTURE	estaré, estarás, estará, estaremos, estaréis, estarán	
CONDITIONAL	estaría, estarías, estaría, estaríamos, estaríais, estarían	
SUBJUNCTIVE	que + *corresponding subjunctive tense of* estar (*see verb 151*)	

COMMANDS

	(nosotros) comencemos/no comencemos
(tú) comienza/no comiences	(vosotros) comenzad/no comencéis
(Ud.) comience/no comience	(Uds.) comiencen/no comiencen

Usage

Comenzaron la reunión a las tres.	*They began the meeting at 3:00.*
El director comenzó por presentarse.	*The director began by introducing himself.*
Comiencen a comer.	*Start eating.*
Dieron comienzo a la comida con un brindis.	*They started the dinner with a toast.*

comer *to eat*

PRESENT		PRETERIT	
como	comemos	comí	comimos
comes	coméis	comiste	comisteis
come	comen	comió	comieron

IMPERFECT		PRESENT PERFECT	
comía	comíamos	he comido	hemos comido
comías	comíais	has comido	habéis comido
comía	comían	ha comido	han comido

FUTURE		CONDITIONAL	
comeré	comeremos	comería	comeríamos
comerás	comeréis	comerías	comeríais
comerá	comerán	comería	comerían

PLUPERFECT		PRETERIT PERFECT	
había comido	habíamos comido	hube comido	hubimos comido
habías comido	habíais comido	hubiste comido	hubisteis comido
había comido	habían comido	hubo comido	hubieron comido

FUTURE PERFECT		CONDITIONAL PERFECT	
habré comido	habremos comido	habría comido	habríamos comido
habrás comido	habréis comido	habrías comido	habríais comido
habrá comido	habrán comido	habría comido	habrían comido

PRESENT SUBJUNCTIVE		PRESENT PERFECT SUBJUNCTIVE	
coma	comamos	haya comido	hayamos comido
comas	comáis	hayas comido	hayáis comido
coma	coman	haya comido	hayan comido

IMPERFECT SUBJUNCTIVE (-ra)		*or* IMPERFECT SUBJUNCTIVE (-se)	
comiera	comiéramos	comiese	comiésemos
comieras	comierais	comieses	comieseis
comiera	comieran	comiese	comiesen

PAST PERFECT SUBJUNCTIVE (-ra)		*or* PAST PERFECT SUBJUNCTIVE (-se)	
hubiera comido	hubiéramos comido	hubiese comido	hubiésemos comido
hubieras comido	hubierais comido	hubieses comido	hubieseis comido
hubiera comido	hubieran comido	hubiese comido	hubiesen comido

PROGRESSIVE TENSES

PRESENT	estoy, estás, está, estamos, estáis, están	
PRETERIT	estuve, estuviste, estuvo, estuvimos, estuvisteis, estuvieron	
IMPERFECT	estaba, estabas, estaba, estábamos, estabais, estaban	comiendo
FUTURE	estaré, estarás, estará, estaremos, estaréis, estarán	
CONDITIONAL	estaría, estarías, estaría, estaríamos, estaríais, estarían	
SUBJUNCTIVE	que + *corresponding subjunctive tense of* estar (*see verb 151*)	

COMMANDS

	(nosotros) comamos/no comamos
(tú) come/no comas	(vosotros) comed/no comáis
(Ud.) coma/no coma	(Uds.) coman/no coman

Usage

¿Comemos algo ahora?	*Shall we eat something now?*
Se come bien en esta ciudad.	*You can eat well in this city.*
Comimos pollo/carne.	*We ate chicken/meat.*
Donde comen dos comen tres.	*There's always room for one more.*

stem-changing -ir verb: e > i   **compito · compitieron · competido · compitiendo**

PRESENT		PRETERIT	
compito	competimos	competí	competimos
compites	competís	competiste	competisteis
compite	compiten	compitió	compitieron

IMPERFECT		PRESENT PERFECT	
competía	competíamos	he competido	hemos competido
competías	competíais	has competido	habéis competido
competía	competían	ha competido	han competido

FUTURE		CONDITIONAL	
competiré	competiremos	competiría	competiríamos
competirás	competiréis	competirías	competiríais
competirá	competirán	competiría	competirían

PLUPERFECT		PRETERIT PERFECT	
había competido	habíamos competido	hube competido	hubimos competido
habías competido	habíais competido	hubiste competido	hubisteis competido
había competido	habían competido	hubo competido	hubieron competido

FUTURE PERFECT		CONDITIONAL PERFECT	
habré competido	habremos competido	habría competido	habríamos competido
habrás competido	habréis competido	habrías competido	habríais competido
habrá competido	habrán competido	habría competido	habrían competido

PRESENT SUBJUNCTIVE		PRESENT PERFECT SUBJUNCTIVE	
compita	compitamos	haya competido	hayamos competido
compitas	compitáis	hayas competido	hayáis competido
compita	compitan	haya competido	hayan competido

IMPERFECT SUBJUNCTIVE (-ra)		or IMPERFECT SUBJUNCTIVE (-se)	
compitiera	compitiéramos	compitiese	compitiésemos
compitieras	compitierais	compitieses	compitieseis
compitiera	compitieran	compitiese	compitiesen

PAST PERFECT SUBJUNCTIVE (-ra)		or PAST PERFECT SUBJUNCTIVE (-se)	
hubiera competido	hubiéramos competido	hubiese competido	hubiésemos competido
hubieras competido	hubierais competido	hubieses competido	hubieseis competido
hubiera competido	hubieran competido	hubiese competido	hubiesen competido

PROGRESSIVE TENSES

PRESENT	estoy, estás, está, estamos, estáis, están
PRETERIT	estuve, estuviste, estuvo, estuvimos, estuvisteis, estuvieron
IMPERFECT	estaba, estabas, estaba, estábamos, estabais, estaban
FUTURE	estaré, estarás, estará, estaremos, estaréis, estarán
CONDITIONAL	estaría, estarías, estaría, estaríamos, estaríais, estarían
SUBJUNCTIVE	que + corresponding subjunctive tense of estar (see verb 151)

} compitiendo

COMMANDS

	(nosotros) compitamos/no compitamos
(tú) compite/no compitas	(vosotros) competid/no compitáis
(Ud.) compita/no compita	(Uds.) compitan/no compitan

Usage

Los boxeadores compiten para el título. — *The boxers are vying for the title.*
Las tiendas pequeñas no competían con la cadena de grandes almacenes. — *The small stores didn't compete with the chain of department stores.*
Había un buen espíritu competidor. — *There was a good competitive spirit.*

compro · compraron · comprado · comprando   regular *-ar* verb

PRESENT		PRETERIT	
compro	compramos	compré	compramos
compras	compráis	compraste	comprasteis
compra	compran	compró	compraron

IMPERFECT		PRESENT PERFECT	
compraba	comprábamos	he comprado	hemos comprado
comprabas	comprabais	has comprado	habéis comprado
compraba	compraban	ha comprado	han comprado

FUTURE		CONDITIONAL	
compraré	compraremos	compraría	compraríamos
comprarás	compraréis	comprarías	compraríais
comprará	comprarán	compraría	comprarían

PLUPERFECT		PRETERIT PERFECT	
había comprado	habíamos comprado	hube comprado	hubimos comprado
habías comprado	habíais comprado	hubiste comprado	hubisteis comprado
había comprado	habían comprado	hubo comprado	hubieron comprado

FUTURE PERFECT		CONDITIONAL PERFECT	
habré comprado	habremos comprado	habría comprado	habríamos comprado
habrás comprado	habréis comprado	habrías comprado	habríais comprado
habrá comprado	habrán comprado	habría comprado	habrían comprado

PRESENT SUBJUNCTIVE		PRESENT PERFECT SUBJUNCTIVE	
compre	compremos	haya comprado	hayamos comprado
compres	compréis	hayas comprado	hayáis comprado
compre	compren	haya comprado	hayan comprado

IMPERFECT SUBJUNCTIVE (-ra)		*or* IMPERFECT SUBJUNCTIVE (-se)	
comprara	compráramos	comprase	comprásemos
compraras	comprarais	comprases	compraseis
comprara	compraran	comprase	comprasen

PAST PERFECT SUBJUNCTIVE (-ra)		*or* PAST PERFECT SUBJUNCTIVE (-se)	
hubiera comprado	hubiéramos comprado	hubiese comprado	hubiésemos comprado
hubieras comprado	hubierais comprado	hubieses comprado	hubieseis comprado
hubiera comprado	hubieran comprado	hubiese comprado	hubiesen comprado

PROGRESSIVE TENSES

PRESENT	estoy, estás, está, estamos, estáis, están
PRETERIT	estuve, estuviste, estuvo, estuvimos, estuvisteis, estuvieron
IMPERFECT	estaba, estabas, estaba, estábamos, estabais, estaban
FUTURE	estaré, estarás, estará, estaremos, estaréis, estarán
CONDITIONAL	estaría, estarías, estaría, estaríamos, estaríais, estarían
SUBJUNCTIVE	que + *corresponding subjunctive tense of* estar (*see verb 151*)

} comprando

COMMANDS

	(nosotros) compremos/no compremos
(tú) compra/no compres	(vosotros) comprad/no compréis
(Ud.) compre/no compre	(Uds.) compren/no compren

Usage

Compraron un condominio.	*They bought a condominium.*
Se compra al contado.	*You can buy something for cash.*
Vamos a hacer la compra en el centro comercial.	*We're going to do our shopping at the mall.*

regular -*er* verb | **comprendo · comprendieron · comprendido · comprendiendo**

PRESENT

comprendo	comprendemos
comprendes	comprendéis
comprende	comprenden

PRETERIT

comprendí	comprendimos
comprendiste	comprendisteis
comprendió	comprendieron

IMPERFECT

comprendía	comprendíamos
comprendías	comprendíais
comprendía	comprendían

PRESENT PERFECT

he comprendido	hemos comprendido
has comprendido	habéis comprendido
ha comprendido	han comprendido

FUTURE

comprenderé	comprenderemos
comprenderás	comprenderéis
comprenderá	comprenderán

CONDITIONAL

comprendería	comprenderíamos
comprenderías	comprenderíais
comprendería	comprenderían

PLUPERFECT

había comprendido	habíamos comprendido
habías comprendido	habíais comprendido
había comprendido	habían comprendido

PRETERIT PERFECT

hube comprendido	hubimos comprendido
hubiste comprendido	hubisteis comprendido
hubo comprendido	hubieron comprendido

FUTURE PERFECT

habré comprendido	habremos comprendido
habrás comprendido	habréis comprendido
habrá comprendido	habrán comprendido

CONDITIONAL PERFECT

habría comprendido	habríamos comprendido
habrías comprendido	habríais comprendido
habría comprendido	habrían comprendido

PRESENT SUBJUNCTIVE

comprenda	comprendamos
comprendas	comprendáis
comprenda	comprendan

PRESENT PERFECT SUBJUNCTIVE

haya comprendido	hayamos comprendido
hayas comprendido	hayáis comprendido
haya comprendido	hayan comprendido

IMPERFECT SUBJUNCTIVE (-ra)

comprendiera	comprendiéramos
comprendieras	comprendierais
comprendiera	comprendieran

or **IMPERFECT SUBJUNCTIVE (-se)**

comprendiese	comprendiésemos
comprendieses	comprendieseis
comprendiese	comprendiesen

PAST PERFECT SUBJUNCTIVE (-ra)

hubiera comprendido	hubiéramos comprendido
hubieras comprendido	hubierais comprendido
hubiera comprendido	hubieran comprendido

or **PAST PERFECT SUBJUNCTIVE (-se)**

hubiese comprendido	hubiésemos comprendido
hubieses comprendido	hubieseis comprendido
hubiese comprendido	hubiesen comprendido

PROGRESSIVE TENSES

PRESENT	estoy, estás, está, estamos, estáis, están
PRETERIT	estuve, estuviste, estuvo, estuvimos, estuvisteis, estuvieron
IMPERFECT	estaba, estabas, estaba, estábamos, estabais, estaban
FUTURE	estaré, estarás, estará, estaremos, estaréis, estarán
CONDITIONAL	estaría, estarías, estaría, estaríamos, estaríais, estarían
SUBJUNCTIVE	que + *corresponding subjunctive tense of* estar (*see verb 151*)

} comprendiendo

COMMANDS

	(nosotros) comprendamos/no comprendamos
(tú) comprende/no comprendas	(vosotros) comprended/no comprendáis
(Ud.) comprenda/no comprenda	(Uds.) comprendan/no comprendan

Usage

No comprendí lo que dijeron.	*I didn't understand what they said.*
Creo que Uds. han comprendido mal.	*I think you've misunderstood.*
¿Comprendéis japonés?	*Do you understand Japanese?*
Se hace comprender en francés.	*She's making herself understood in French.*

comprobar *to check, prove*

compruebo · comprobaron · comprobado · comprobando

stem-changing
-*ar* verb: *o > ue*

PRESENT		PRETERIT	
compruebo	comprobamos	comprobé	comprobamos
compruebas	comprobáis	comprobaste	comprobasteis
comprueba	comprueban	comprobó	comprobaron

IMPERFECT		PRESENT PERFECT	
comprobaba	comprobábamos	he comprobado	hemos comprobado
comprobabas	comprobabais	has comprobado	habéis comprobado
comprobaba	comprobaban	ha comprobado	han comprobado

FUTURE		CONDITIONAL	
comprobaré	comprobaremos	comprobaría	comprobaríamos
comprobarás	comprobaréis	comprobarías	comprobaríais
comprobará	comprobarán	comprobaría	comprobarían

PLUPERFECT		PRETERIT PERFECT	
había comprobado	habíamos comprobado	hube comprobado	hubimos comprobado
habías comprobado	habíais comprobado	hubiste comprobado	hubisteis comprobado
había comprobado	habían comprobado	hubo comprobado	hubieron comprobado

FUTURE PERFECT		CONDITIONAL PERFECT	
habré comprobado	habremos comprobado	habría comprobado	habríamos comprobado
habrás comprobado	habréis comprobado	habrías comprobado	habríais comprobado
habrá comprobado	habrán comprobado	habría comprobado	habrían comprobado

PRESENT SUBJUNCTIVE		PRESENT PERFECT SUBJUNCTIVE	
compruebe	comprobemos	haya comprobado	hayamos comprobado
compruebes	comprobéis	hayas comprobado	hayáis comprobado
compruebe	comprueben	haya comprobado	hayan comprobado

IMPERFECT SUBJUNCTIVE (-ra)		*or*	IMPERFECT SUBJUNCTIVE (-se)	
comprobara	comprobáramos		comprobase	comprobásemos
comprobaras	comprobarais		comprobases	comprobaseis
comprobara	comprobaran		comprobase	comprobasen

PAST PERFECT SUBJUNCTIVE (-ra)		*or*	PAST PERFECT SUBJUNCTIVE (-se)	
hubiera comprobado	hubiéramos comprobado		hubiese comprobado	hubiésemos comprobado
hubieras comprobado	hubierais comprobado		hubieses comprobado	hubieseis comprobado
hubiera comprobado	hubieran comprobado		hubiese comprobado	hubiesen comprobado

PROGRESSIVE TENSES

PRESENT	estoy, estás, está, estamos, estáis, están	
PRETERIT	estuve, estuviste, estuvo, estuvimos, estuvisteis, estuvieron	
IMPERFECT	estaba, estabas, estaba, estábamos, estabais, estaban	comprobando
FUTURE	estaré, estarás, estará, estaremos, estaréis, estarán	
CONDITIONAL	estaría, estarías, estaría, estaríamos, estaríais, estarían	
SUBJUNCTIVE	que + *corresponding subjunctive tense of* estar (*see verb 151*)	

COMMANDS

	(nosotros) comprobemos/no comprobemos
(tú) comprueba/no compruebes	(vosotros) comprobad/no comprobéis
(Ud.) compruebe/no compruebe	(Uds.) comprueben/no comprueben

Usage

Compruebe el valor de las perlas.	*Check the value of the pearls.*
Ud. mismo comprobó que el paquete fue entregado.	*You yourself saw that the package was delivered.*
Los datos son fáciles de comprobar.	*The facts are easy to confirm.*

stem-changing -*ir* verb: *e* > *i* · **concibo · concibieron · concebido · concibiendo**

PRESENT

concibo	concebimos
concibes	concebís
concibe	conciben

IMPERFECT

concebía	concebíamos
concebías	concebíais
concebía	concebían

FUTURE

concebiré	concebiremos
concebirás	concebiréis
concebirá	concebirán

PLUPERFECT

había concebido	habíamos concebido
habías concebido	habíais concebido
había concebido	habían concebido

FUTURE PERFECT

habré concebido	habremos concebido
habrás concebido	habréis concebido
habrá concebido	habrán concebido

PRESENT SUBJUNCTIVE

conciba	concibamos
concibas	concibáis
conciba	conciban

IMPERFECT SUBJUNCTIVE (-ra)

concibiera	concibiéramos
concibieras	concibierais
concibiera	concibieran

PAST PERFECT SUBJUNCTIVE (-ra)

hubiera concebido	hubiéramos concebido
hubieras concebido	hubierais concebido
hubiera concebido	hubieran concebido

PRETERIT

concebí	concebimos
concebiste	concebisteis
concibió	concibieron

PRESENT PERFECT

he concebido	hemos concebido
has concebido	habéis concebido
ha concebido	han concebido

CONDITIONAL

concebiría	concebiríamos
concebirías	concebiríais
concebiría	concebirían

PRETERIT PERFECT

hube concebido	hubimos concebido
hubiste concebido	hubisteis concebido
hubo concebido	hubieron concebido

CONDITIONAL PERFECT

habría concebido	habríamos concebido
habrías concebido	habríais concebido
habría concebido	habrían concebido

PRESENT PERFECT SUBJUNCTIVE

haya concebido	hayamos concebido
hayas concebido	hayáis concebido
haya concebido	hayan concebido

or **IMPERFECT SUBJUNCTIVE (-se)**

concibiese	concibiésemos
concibieses	concibieseis
concibiese	concibiesen

or **PAST PERFECT SUBJUNCTIVE (-se)**

hubiese concebido	hubiésemos concebido
hubieses concebido	hubieseis concebido
hubiese concebido	hubiesen concebido

PROGRESSIVE TENSES

PRESENT	estoy, estás, está, estamos, estáis, están
PRETERIT	estuve, estuviste, estuvo, estuvimos, estuvisteis, estuvieron
IMPERFECT	estaba, estabas, estaba, estábamos, estabais, estaban
FUTURE	estaré, estarás, estará, estaremos, estaréis, estarán
CONDITIONAL	estaría, estarías, estaría, estaríamos, estaríais, estarían
SUBJUNCTIVE	que + *corresponding subjunctive tense of* estar (*see verb 151*)

} concibiendo

COMMANDS

	(nosotros) concibamos/no concibamos
(tú) concibe/no concibas	(vosotros) concebid/no concibáis
(Ud.) conciba/no conciba	(Uds.) conciban/no conciban

Usage

Concibió unas ideas geniales.	*He conceived some brilliant ideas.*
No pueden concebir tal cosa.	*They can't imagine such a thing.*
La mujer finalmente concibió después de varios años.	*The woman finally conceived after several years.*

concluir *to conclude, finish, close*

concluyo · concluyeron · concluido · concluyendo

-ir verb; spelling change:
adds y before o, a, e

PRESENT

concluyo	concluimos
concluyes	concluís
concluye	concluyen

PRETERIT

concluí	concluimos
concluiste	concluisteis
concluyó	concluyeron

IMPERFECT

concluía	concluíamos
concluías	concluíais
concluía	concluían

PRESENT PERFECT

he concluido	hemos concluido
has concluido	habéis concluido
ha concluido	han concluido

FUTURE

concluiré	concluiremos
concluirás	concluiréis
concluirá	concluirán

CONDITIONAL

concluiría	concluiríamos
concluirías	concluiríais
concluiría	concluirían

PLUPERFECT

había concluido	habíamos concluido
habías concluido	habíais concluido
había concluido	habían concluido

PRETERIT PERFECT

hube concluido	hubimos concluido
hubiste concluido	hubisteis concluido
hubo concluido	hubieron concluido

FUTURE PERFECT

habré concluido	habremos concluido
habrás concluido	habréis concluido
habrá concluido	habrán concluido

CONDITIONAL PERFECT

habría concluido	habríamos concluido
habrías concluido	habríais concluido
habría concluido	habrían concluido

PRESENT SUBJUNCTIVE

concluya	concluyamos
concluyas	concluyáis
concluya	concluyan

PRESENT PERFECT SUBJUNCTIVE

haya concluido	hayamos concluido
hayas concluido	hayáis concluido
haya concluido	hayan concluido

IMPERFECT SUBJUNCTIVE (-ra)

concluyera	concluyéramos
concluyeras	concluyerais
concluyera	concluyeran

or **IMPERFECT SUBJUNCTIVE (-se)**

concluyese	concluyésemos
concluyeses	concluyeseis
concluyese	concluyesen

PAST PERFECT SUBJUNCTIVE (-ra)

hubiera concluido	hubiéramos concluido
hubieras concluido	hubierais concluido
hubiera concluido	hubieran concluido

or **PAST PERFECT SUBJUNCTIVE (-se)**

hubiese concluido	hubiésemos concluido
hubieses concluido	hubieseis concluido
hubiese concluido	hubiesen concluido

PROGRESSIVE TENSES

PRESENT	estoy, estás, está, estamos, estáis, están
PRETERIT	estuve, estuviste, estuvo, estuvimos, estuvisteis, estuvieron
IMPERFECT	estaba, estabas, estaba, estábamos, estabais, estaban
FUTURE	estaré, estarás, estará, estaremos, estaréis, estarán
CONDITIONAL	estaría, estarías, estaría, estaríamos, estaríais, estarían
SUBJUNCTIVE	que + *corresponding subjunctive tense of* estar (*see verb 151*)

} concluyendo

COMMANDS

	(nosotros) concluyamos/no concluyamos
(tú) concluye/no concluyas	(vosotros) concluid/no concluyáis
(Ud.) concluya/no concluya	(Uds.) concluyan/no concluyan

Usage

¿Por qué no concluyes la tarea ya?	*Why don't you finish your assignment already?*
Tengo que concluir que Uds. no quieren ayudar.	*I have to conclude that you don't want to help.*
Concluyamos el negocio lo antes posible.	*Let's close the deal as soon as possible.*

irregular verb; spelling change: **conduzco · condujeron · conducido · conduciendo**
$c > zc/o, a$

PRESENT

conduzco	conducimos
conduces	conducís
conduce	conducen

PRETERIT

conduje	condujimos
condujiste	condujisteis
condujo	condujeron

IMPERFECT

conducía	conducíamos
conducías	conducíais
conducía	conducían

PRESENT PERFECT

he conducido	hemos conducido
has conducido	habéis conducido
ha conducido	han conducido

FUTURE

conduciré	conduciremos
conducirás	conduciréis
conducirá	conducirán

CONDITIONAL

conduciría	conduciríamos
conducirías	conduciríais
conduciría	conducirían

PLUPERFECT

había conducido	habíamos conducido
habías conducido	habíais conducido
había conducido	habían conducido

PRETERIT PERFECT

hube conducido	hubimos conducido
hubiste conducido	hubisteis conducido
hubo conducido	hubieron conducido

FUTURE PERFECT

habré conducido	habremos conducido
habrás conducido	habréis conducido
habrá conducido	habrán conducido

CONDITIONAL PERFECT

habría conducido	habríamos conducido
habrías conducido	habríais conducido
habría conducido	habrían conducido

PRESENT SUBJUNCTIVE

conduzca	conduzcamos
conduzcas	conduzcáis
conduzca	conduzcan

PRESENT PERFECT SUBJUNCTIVE

haya conducido	hayamos conducido
hayas conducido	hayáis conducido
haya conducido	hayan conducido

IMPERFECT SUBJUNCTIVE (-ra)

condujera	condujéramos
condujeras	condujerais
condujera	condujeran

or **IMPERFECT SUBJUNCTIVE (-se)**

condujese	condujésemos
condujeses	condujeseis
condujese	condujesen

PAST PERFECT SUBJUNCTIVE (-ra)

hubiera conducido	hubiéramos conducido
hubieras conducido	hubierais conducido
hubiera conducido	hubieran conducido

or **PAST PERFECT SUBJUNCTIVE (-se)**

hubiese conducido	hubiésemos conducido
hubieses conducido	hubieseis conducido
hubiese conducido	hubiesen conducido

PROGRESSIVE TENSES

PRESENT	estoy, estás, está, estamos, estáis, están
PRETERIT	estuve, estuviste, estuvo, estuvimos, estuvisteis, estuvieron
IMPERFECT	estaba, estabas, estaba, estábamos, estabais, estaban
FUTURE	estaré, estarás, estará, estaremos, estaréis, estarán
CONDITIONAL	estaría, estarías, estaría, estaríamos, estaríais, estarían
SUBJUNCTIVE	que + *corresponding subjunctive tense of* estar (*see verb 151*)

} conduciendo

COMMANDS

	(nosotros) conduzcamos/no conduzcamos
(tú) conduce/no conduzcas	(vosotros) conducid/no conduzcáis
(Ud.) conduzca/no conduzca	(Uds.) conduzcan/no conduzcan

Usage

¿Conduzco yo?	*Shall I drive?*
Condujo a gran velocidad.	*He drove very fast.*
Conducen la empresa con éxito.	*They manage the firm successfully.*
¿Quién conduce la encuesta?	*Who is conducting the survey?*

74 | confesar *to confess, admit*

confieso · confesaron · confesado · confesando   stem-changing -ar verb: *e > ie*

PRESENT		PRETERIT	
confieso	confesamos	confesé	confesamos
confiesas	confesáis	confesaste	confesasteis
confiesa	confiesan	confesó	confesaron

IMPERFECT		PRESENT PERFECT	
confesaba	confesábamos	he confesado	hemos confesado
confesabas	confesabais	has confesado	habéis confesado
confesaba	confesaban	ha confesado	han confesado

FUTURE		CONDITIONAL	
confesaré	confesaremos	confesaría	confesaríamos
confesarás	confesaréis	confesarías	confesaríais
confesará	confesarán	confesaría	confesarían

PLUPERFECT		PRETERIT PERFECT	
había confesado	habíamos confesado	hube confesado	hubimos confesado
habías confesado	habíais confesado	hubiste confesado	hubisteis confesado
había confesado	habían confesado	hubo confesado	hubieron confesado

FUTURE PERFECT		CONDITIONAL PERFECT	
habré confesado	habremos confesado	habría confesado	habríamos confesado
habrás confesado	habréis confesado	habrías confesado	habríais confesado
habrá confesado	habrán confesado	habría confesado	habrían confesado

PRESENT SUBJUNCTIVE		PRESENT PERFECT SUBJUNCTIVE	
confiese	confesemos	haya confesado	hayamos confesado
confieses	confeséis	hayas confesado	hayáis confesado
confiese	confiesen	haya confesado	hayan confesado

IMPERFECT SUBJUNCTIVE (-ra)		*or* IMPERFECT SUBJUNCTIVE (-se)	
confesara	confesáramos	confesase	confesásemos
confesaras	confesarais	confesases	confesaseis
confesara	confesaran	confesase	confesasen

PAST PERFECT SUBJUNCTIVE (-ra)		*or* PAST PERFECT SUBJUNCTIVE (-se)	
hubiera confesado	hubiéramos confesado	hubiese confesado	hubiésemos confesado
hubieras confesado	hubierais confesado	hubieses confesado	hubieseis confesado
hubiera confesado	hubieran confesado	hubiese confesado	hubiesen confesado

PROGRESSIVE TENSES

PRESENT	estoy, estás, está, estamos, estáis, están
PRETERIT	estuve, estuviste, estuvo, estuvimos, estuvisteis, estuvieron
IMPERFECT	estaba, estabas, estaba, estábamos, estabais, estaban
FUTURE	estaré, estarás, estará, estaremos, estaréis, estarán
CONDITIONAL	estaría, estarías, estaría, estaríamos, estaríais, estarían
SUBJUNCTIVE	que + *corresponding subjunctive tense of* estar (*see verb 151*)

} confesando

COMMANDS

	(nosotros) confesemos/no confesemos
(tú) confiesa/no confieses	(vosotros) confesad/no confeséis
(Ud.) confiese/no confiese	(Uds.) confiesen/no confiesen

Usage

Confesó su implicación en la conspiración contra el gobierno.	*He confessed/admitted his involvement in the conspiracy against the government.*
Se confesó culpable.	*He admitted his guilt.*
Se confesaron de plano.	*They owned up to/admitted everything.*

regular -*ar* verb; spelling change:
i > *í* when stressed

confío · confiaron · confiado · confiando

PRESENT

confío	confiamos
confías	confiáis
confía	confían

PRETERIT

confié	confiamos
confiaste	confiasteis
confió	confiaron

IMPERFECT

confiaba	confiábamos
confiabas	confiabais
confiaba	confiaban

PRESENT PERFECT

he confiado	hemos confiado
has confiado	habéis confiado
ha confiado	han confiado

FUTURE

confiaré	confiaremos
confiarás	confiaréis
confiará	confiarán

CONDITIONAL

confiaría	confiaríamos
confiarías	confiaríais
confiaría	confiarían

PLUPERFECT

había confiado	habíamos confiado
habías confiado	habíais confiado
había confiado	habían confiado

PRETERIT PERFECT

hube confiado	hubimos confiado
hubiste confiado	hubisteis confiado
hubo confiado	hubieron confiado

FUTURE PERFECT

habré confiado	habremos confiado
habrás confiado	habréis confiado
habrá confiado	habrán confiado

CONDITIONAL PERFECT

habría confiado	habríamos confiado
habrías confiado	habríais confiado
habría confiado	habrían confiado

PRESENT SUBJUNCTIVE

confíe	confiemos
confíes	confiéis
confíe	confíen

PRESENT PERFECT SUBJUNCTIVE

haya confiado	hayamos confiado
hayas confiado	hayáis confiado
haya confiado	hayan confiado

IMPERFECT SUBJUNCTIVE (-ra)

confiara	confiáramos
confiaras	confiarais
confiara	confiaran

or **IMPERFECT SUBJUNCTIVE (-se)**

confiase	confiásemos
confiases	confiaseis
confiase	confiasen

PAST PERFECT SUBJUNCTIVE (-ra)

hubiera confiado	hubiéramos confiado
hubieras confiado	hubierais confiado
hubiera confiado	hubieran confiado

or **PAST PERFECT SUBJUNCTIVE (-se)**

hubiese confiado	hubiésemos confiado
hubieses confiado	hubieseis confiado
hubiese confiado	hubiesen confiado

PROGRESSIVE TENSES

PRESENT	estoy, estás, está, estamos, estáis, están
PRETERIT	estuve, estuviste, estuvo, estuvimos, estuvisteis, estuvieron
IMPERFECT	estaba, estabas, estaba, estábamos, estabais, estaban
FUTURE	estaré, estarás, estará, estaremos, estaréis, estarán
CONDITIONAL	estaría, estarías, estaría, estaríamos, estaríais, estarían
SUBJUNCTIVE	que + *corresponding subjunctive tense of* estar (*see verb 151*)

} confiando

COMMANDS

	(nosotros) confiemos/no confiemos
(tú) confía/no confíes	(vosotros) confiad/no confiéis
(Ud.) confíe/no confíe	(Uds.) confíen/no confíen

Usage

Confío en su juicio.	*I trust his judgment.*
Confié todas las fechas a la memoria.	*I committed all the dates to memory.*
Confiamos en su competencia.	*We're counting on his expertise/ability.*
Le confió sus problemas a su amiga.	*She confided her problems to her friend.*

conmover *to move, touch*

conmuevo · conmovieron · conmovido · conmoviendo

stem-changing
-er verb: *o > ue*

PRESENT		PRETERIT	
conmuevo	conmovemos	conmoví	conmovimos
conmueves	conmovéis	conmoviste	conmovisteis
conmueve	conmueven	conmovió	conmovieron

IMPERFECT		PRESENT PERFECT	
conmovía	conmovíamos	he conmovido	hemos conmovido
conmovías	conmovíais	has conmovido	habéis conmovido
conmovía	conmovían	ha conmovido	han conmovido

FUTURE		CONDITIONAL	
conmoveré	conmoveremos	conmovería	conmoveríamos
conmoverás	conmoveréis	conmoverías	conmoveríais
conmoverá	conmoverán	conmovería	conmoverían

PLUPERFECT		PRETERIT PERFECT	
había conmovido	habíamos conmovido	hube conmovido	hubimos conmovido
habías conmovido	habíais conmovido	hubiste conmovido	hubisteis conmovido
había conmovido	habían conmovido	hubo conmovido	hubieron conmovido

FUTURE PERFECT		CONDITIONAL PERFECT	
habré conmovido	habremos conmovido	habría conmovido	habríamos conmovido
habrás conmovido	habréis conmovido	habrías conmovido	habríais conmovido
habrá conmovido	habrán conmovido	habría conmovido	habrían conmovido

PRESENT SUBJUNCTIVE		PRESENT PERFECT SUBJUNCTIVE	
conmueva	conmovamos	haya conmovido	hayamos conmovido
conmuevas	conmováis	hayas conmovido	hayáis conmovido
conmueva	conmuevan	haya conmovido	hayan conmovido

IMPERFECT SUBJUNCTIVE (-ra)		*or* IMPERFECT SUBJUNCTIVE (-se)	
conmoviera	conmoviéramos	conmoviese	conmoviésemos
conmovieras	conmovierais	conmovieses	conmovieseis
conmoviera	conmovieran	conmoviese	conmoviesen

PAST PERFECT SUBJUNCTIVE (-ra)		*or* PAST PERFECT SUBJUNCTIVE (-se)	
hubiera conmovido	hubiéramos conmovido	hubiese conmovido	hubiésemos conmovido
hubieras conmovido	hubierais conmovido	hubieses conmovido	hubieseis conmovido
hubiera conmovido	hubieran conmovido	hubiese conmovido	hubiesen conmovido

PROGRESSIVE TENSES

PRESENT	estoy, estás, está, estamos, estáis, están
PRETERIT	estuve, estuviste, estuvo, estuvimos, estuvisteis, estuvieron
IMPERFECT	estaba, estabas, estaba, estábamos, estabais, estaban
FUTURE	estaré, estarás, estará, estaremos, estaréis, estarán
CONDITIONAL	estaría, estarías, estaría, estaríamos, estaríais, estarían
SUBJUNCTIVE	que + *corresponding subjunctive tense of* estar (*see verb 151*)

conmoviendo

COMMANDS

	(nosotros) conmovamos/no conmovamos
(tú) conmueve/no conmuevas	(vosotros) conmoved/no conmováis
(Ud.) conmueva/no conmueva	(Uds.) conmuevan/no conmuevan

Usage

Me conmovió su gentileza.	*I was moved by her kindness.*
Su apuro nos conmueve mucho.	*We are deeply moved by their difficult situation.*
No se conmovió en lo más mínimo por la tragedia.	*He wasn't touched in the least by the tragedy.*

-er verb; spelling change: **conozco · conocieron · conocido · conociendo**
z > zc/o, a

PRESENT		PRETERIT	
conozco	conocemos	conocí	conocimos
conoces	conocéis	conociste	conocisteis
conoce	conocen	conoció	conocieron

IMPERFECT		PRESENT PERFECT	
conocía	conocíamos	he conocido	hemos conocido
conocías	conocíais	has conocido	habéis conocido
conocía	conocían	ha conocido	han conocido

FUTURE		CONDITIONAL	
conoceré	conoceremos	conocería	conoceríamos
conocerás	conoceréis	conocerías	conoceríais
conocerá	conocerán	conocería	conocerían

PLUPERFECT		PRETERIT PERFECT	
había conocido	habíamos conocido	hube conocido	hubimos conocido
habías conocido	habíais conocido	hubiste conocido	hubisteis conocido
había conocido	habían conocido	hubo conocido	hubieron conocido

FUTURE PERFECT		CONDITIONAL PERFECT	
habré conocido	habremos conocido	habría conocido	habríamos conocido
habrás conocido	habréis conocido	habrías conocido	habríais conocido
habrá conocido	habrán conocido	habría conocido	habrían conocido

PRESENT SUBJUNCTIVE		PRESENT PERFECT SUBJUNCTIVE	
conozca	conozcamos	haya conocido	hayamos conocido
conozcas	conozcáis	hayas conocido	hayáis conocido
conozca	conozcan	haya conocido	hayan conocido

IMPERFECT SUBJUNCTIVE (-ra)		or IMPERFECT SUBJUNCTIVE (-se)	
conociera	conociéramos	conociese	conociésemos
conocieras	conocierais	conocieses	conocieseis
conociera	conocieran	conociese	conociesen

PAST PERFECT SUBJUNCTIVE (-ra)		or PAST PERFECT SUBJUNCTIVE (-se)	
hubiera conocido	hubiéramos conocido	hubiese conocido	hubiésemos conocido
hubieras conocido	hubierais conocido	hubieses conocido	hubieseis conocido
hubiera conocido	hubieran conocido	hubiese conocido	hubiesen conocido

PROGRESSIVE TENSES

PRESENT	estoy, estás, está, estamos, estáis, están
PRETERIT	estuve, estuviste, estuvo, estuvimos, estuvisteis, estuvieron
IMPERFECT	estaba, estabas, estaba, estábamos, estabais, estaban
FUTURE	estaré, estarás, estará, estaremos, estaréis, estarán
CONDITIONAL	estaría, estarías, estaría, estaríamos, estaríais, estarían
SUBJUNCTIVE	que + corresponding subjunctive tense of estar (see verb 151)

} conociendo

COMMANDS

	(nosotros) conozcamos/no conozcamos
(tú) conoce/no conozcas	(vosotros) conoced/no conozcáis
(Ud.) conozca/no conozca	(Uds.) conozcan/no conozcan

Usage

—¿Conocéis al nuevo programador?	*Do you know the new programmer?*
—Yo sé quién es pero no lo conocí.	*I know who he is but I haven't met him.*
—Ya conocen Madrid, ¿verdad?	*You've been in Madrid, haven't you?*
—Sí, y conocemos otras ciudades españolas.	*Yes, and we're familiar with other Spanish cities.*

conseguir *to get, obtain*

consigo · consiguieron · conseguido · consiguiendo   stem-changing -*ir* verb: *e* > *i*;
spelling change: *gu* > *g/o, a*

PRESENT		PRETERIT	
consigo	conseguimos	conseguí	conseguimos
consigues	conseguís	conseguiste	conseguisteis
consigue	consiguen	consiguió	consiguieron

IMPERFECT		PRESENT PERFECT	
conseguía	conseguíamos	he conseguido	hemos conseguido
conseguías	conseguíais	has conseguido	habéis conseguido
conseguía	conseguían	ha conseguido	han conseguido

FUTURE		CONDITIONAL	
conseguiré	conseguiremos	conseguiría	conseguiríamos
conseguirás	conseguiréis	conseguirías	conseguiríais
conseguirá	conseguirán	conseguiría	conseguirían

PLUPERFECT		PRETERIT PERFECT	
había conseguido	habíamos conseguido	hube conseguido	hubimos conseguido
habías conseguido	habíais conseguido	hubiste conseguido	hubisteis conseguido
había conseguido	habían conseguido	hubo conseguido	hubieron conseguido

FUTURE PERFECT		CONDITIONAL PERFECT	
habré conseguido	habremos conseguido	habría conseguido	habríamos conseguido
habrás conseguido	habréis conseguido	habrías conseguido	habríais conseguido
habrá conseguido	habrán conseguido	habría conseguido	habrían conseguido

PRESENT SUBJUNCTIVE		PRESENT PERFECT SUBJUNCTIVE	
consiga	consigamos	haya conseguido	hayamos conseguido
consigas	consigáis	hayas conseguido	hayáis conseguido
consiga	consigan	haya conseguido	hayan conseguido

IMPERFECT SUBJUNCTIVE (-ra)		*or* IMPERFECT SUBJUNCTIVE (-se)	
consiguiera	consiguiéramos	consiguiese	consiguiésemos
consiguieras	consiguierais	consiguieses	consiguieseis
consiguiera	consiguieran	consiguiese	consiguiesen

PAST PERFECT SUBJUNCTIVE (-ra)		*or* PAST PERFECT SUBJUNCTIVE (-se)	
hubiera conseguido	hubiéramos conseguido	hubiese conseguido	hubiésemos conseguido
hubieras conseguido	hubierais conseguido	hubieses conseguido	hubieseis conseguido
hubiera conseguido	hubieran conseguido	hubiese conseguido	hubiesen conseguido

PROGRESSIVE TENSES

PRESENT	estoy, estás, está, estamos, estáis, están
PRETERIT	estuve, estuviste, estuvo, estuvimos, estuvisteis, estuvieron
IMPERFECT	estaba, estabas, estaba, estábamos, estabais, estaban
FUTURE	estaré, estarás, estará, estaremos, estaréis, estarán
CONDITIONAL	estaría, estarías, estaría, estaríamos, estaríais, estarían
SUBJUNCTIVE	que + *corresponding subjunctive tense of* estar (*see verb 151*)

} consiguiendo

COMMANDS

	(nosotros) consigamos/no consigamos
(tú) consigue/no consigas	(vosotros) conseguid/no consigáis
(Ud.) consiga/no consiga	(Uds.) consigan/no consigan

Usage

Nos consiguieron las entradas.

—¿Conseguiste un aumento de sueldo?

—¡Qué va! Ni conseguí hablar con el jefe.

They got the theater tickets for us.

Did you get a raise?

Are you kidding! I didn't even manage to speak with my boss.

stem-changing *-ir* verb:
e > *ie* (present), *e* > *i* (preterit)

consiento · consintieron · consentido · consintiendo

PRESENT

consiento	consentimos
consientes	consentís
consiente	consienten

PRETERIT

consentí	consentimos
consentiste	consentisteis
consintió	consintieron

IMPERFECT

consentía	consentíamos
consentías	consentíais
consentía	consentían

PRESENT PERFECT

he consentido	hemos consentido
has consentido	habéis consentido
ha consentido	han consentido

FUTURE

consentiré	consentiremos
consentirás	consentiréis
consentirá	consentirán

CONDITIONAL

consentiría	consentiríamos
consentirías	consentiríais
consentiría	consentirían

PLUPERFECT

había consentido	habíamos consentido
habías consentido	habíais consentido
había consentido	habían consentido

PRETERIT PERFECT

hube consentido	hubimos consentido
hubiste consentido	hubisteis consentido
hubo consentido	hubieron consentido

FUTURE PERFECT

habré consentido	habremos consentido
habrás consentido	habréis consentido
habrá consentido	habrán consentido

CONDITIONAL PERFECT

habría consentido	habríamos consentido
habrías consentido	habríais consentido
habría consentido	habrían consentido

PRESENT SUBJUNCTIVE

consienta	consintamos
consientas	consintáis
consienta	consientan

PRESENT PERFECT SUBJUNCTIVE

haya consentido	hayamos consentido
hayas consentido	hayáis consentido
haya consentido	hayan consentido

IMPERFECT SUBJUNCTIVE (-ra)

consintiera	consintiéramos
consintieras	consintierais
consintiera	consintieran

or IMPERFECT SUBJUNCTIVE (-se)

consintiese	consintiésemos
consintieses	consintieseis
consintiese	consintiesen

PAST PERFECT SUBJUNCTIVE (-ra)

hubiera consentido	hubiéramos consentido
hubieras consentido	hubierais consentido
hubiera consentido	hubieran consentido

or PAST PERFECT SUBJUNCTIVE (-se)

hubiese consentido	hubiésemos consentido
hubieses consentido	hubieseis consentido
hubiese consentido	hubiesen consentido

PROGRESSIVE TENSES

PRESENT	estoy, estás, está, estamos, estáis, están
PRETERIT	estuve, estuviste, estuvo, estuvimos, estuvisteis, estuvieron
IMPERFECT	estaba, estabas, estaba, estábamos, estabais, estaban
FUTURE	estaré, estarás, estará, estaremos, estaréis, estarán
CONDITIONAL	estaría, estarías, estaría, estaríamos, estaríais, estarían
SUBJUNCTIVE	que + *corresponding subjunctive tense of* estar (*see verb 151*)

} consintiendo

COMMANDS

	(nosotros) consintamos/no consintamos
(tú) consiente/no consientas	(vosotros) consentid/no consintáis
(Ud.) consienta/no consienta	(Uds.) consientan/no consientan

Usage

Consiento en apoyar su causa.	*I consent to support their cause.*
No consentimos que trates el asunto así.	*We can't allow you to deal with the matter like this.*
¡Qué mocoso! Sus padres lo consienten.	*What a brat! His parents spoil him.*

construyo · construyeron · construido · construyendo *-ir* verb; spelling change: adds *y* before *o, a, e*

PRESENT		PRETERIT	
construyo	construimos	construí	construimos
construyes	construís	construiste	construisteis
construye	construyen	construyó	construyeron

IMPERFECT		PRESENT PERFECT	
construía	construíamos	he construido	hemos construido
construías	construíais	has construido	habéis construido
construía	construían	ha construido	han construido

FUTURE		CONDITIONAL	
construiré	construiremos	construiría	construiríamos
construirás	construiréis	construirías	construiríais
construirá	construirán	construiría	construirían

PLUPERFECT		PRETERIT PERFECT	
había construido	habíamos construido	hube construido	hubimos construido
habías construido	habíais construido	hubiste construido	hubisteis construido
había construido	habían construido	hubo construido	hubieron construido

FUTURE PERFECT		CONDITIONAL PERFECT	
habré construido	habremos construido	habría construido	habríamos construido
habrás construido	habréis construido	habrías construido	habríais construido
habrá construido	habrán construido	habría construido	habrían construido

PRESENT SUBJUNCTIVE		PRESENT PERFECT SUBJUNCTIVE	
construya	construyamos	haya construido	hayamos construido
construyas	construyáis	hayas construido	hayáis construido
construya	construyan	haya construido	hayan construido

IMPERFECT SUBJUNCTIVE (-ra)		*or* IMPERFECT SUBJUNCTIVE (-se)	
construyera	construyéramos	construyese	construyésemos
construyeras	construyerais	construyeses	construyeseis
construyera	construyeran	construyese	construyesen

PAST PERFECT SUBJUNCTIVE (-ra)		*or* PAST PERFECT SUBJUNCTIVE (-se)	
hubiera construido	hubiéramos construido	hubiese construido	hubiésemos construido
hubieras construido	hubierais construido	hubieses construido	hubieseis construido
hubiera construido	hubieran construido	hubiese construido	hubiesen construido

PROGRESSIVE TENSES

PRESENT	estoy, estás, está, estamos, estáis, están	
PRETERIT	estuve, estuviste, estuvo, estuvimos, estuvisteis, estuvieron	
IMPERFECT	estaba, estabas, estaba, estábamos, estabais, estaban	construyendo
FUTURE	estaré, estarás, estará, estaremos, estaréis, estarán	
CONDITIONAL	estaría, estarías, estaría, estaríamos, estaríais, estarían	
SUBJUNCTIVE	que + *corresponding subjunctive tense of* estar (*see verb 151*)	

COMMANDS

	(nosotros) construyamos/no construyamos
(tú) construye/no construyas	(vosotros) construid/no construyáis
(Ud.) construya/no construya	(Uds.) construyan/no construyan

Usage

Se está construyendo un centro comercial.	*They're building a mall.*
Se construían edificios en el centro.	*They were constructing buildings downtown.*
Hicimos construir una casa de campo.	*We had a country house built.*
El hotel está envías de construcción.	*The hotel is under construction.*

stem-changing -*ar* verb: *o* > *ue*　　　　**cuento · contaron · contado · contando**

PRESENT		PRETERIT	
cuento	contamos	conté	contamos
cuentas	contáis	contaste	contasteis
cuenta	cuentan	contó	contaron

IMPERFECT		PRESENT PERFECT	
contaba	contábamos	he contado	hemos contado
contabas	contabais	has contado	habéis contado
contaba	contaban	ha contado	han contado

FUTURE		CONDITIONAL	
contaré	contaremos	contaría	contaríamos
contarás	contaréis	contarías	contaríais
contará	contarán	contaría	contarían

PLUPERFECT		PRETERIT PERFECT	
había contado	habíamos contado	hube contado	hubimos contado
habías contado	habíais contado	hubiste contado	hubisteis contado
había contado	habían contado	hubo contado	hubieron contado

FUTURE PERFECT		CONDITIONAL PERFECT	
habré contado	habremos contado	habría contado	habríamos contado
habrás contado	habréis contado	habrías contado	habríais contado
habrá contado	habrán contado	habría contado	habrían contado

PRESENT SUBJUNCTIVE		PRESENT PERFECT SUBJUNCTIVE	
cuente	contemos	haya contado	hayamos contado
cuentes	contéis	hayas contado	hayáis contado
cuente	cuenten	haya contado	hayan contado

IMPERFECT SUBJUNCTIVE (-ra)		*or* IMPERFECT SUBJUNCTIVE (-se)	
contara	contáramos	contase	contásemos
contaras	contarais	contases	contaseis
contara	contaran	contase	contasen

PAST PERFECT SUBJUNCTIVE (-ra)		*or* PAST PERFECT SUBJUNCTIVE (-se)	
hubiera contado	hubiéramos contado	hubiese contado	hubiésemos contado
hubieras contado	hubierais contado	hubieses contado	hubieseis contado
hubiera contado	hubieran contado	hubiese contado	hubiesen contado

PROGRESSIVE TENSES

PRESENT	estoy, estás, está, estamos, estáis, están	
PRETERIT	estuve, estuviste, estuvo, estuvimos, estuvisteis, estuvieron	
IMPERFECT	estaba, estabas, estaba, estábamos, estabais, estaban	contando
FUTURE	estaré, estarás, estará, estaremos, estaréis, estarán	
CONDITIONAL	estaría, estarías, estaría, estaríamos, estaríais, estarían	
SUBJUNCTIVE	que + *corresponding subjunctive tense of* estar (*see verb 151*)	

COMMANDS

	(nosotros) contemos/no contemos
(tú) cuenta/no cuentes	(vosotros) contad/no contéis
(Ud.) cuente/no cuente	(Uds.) cuenten/no cuenten

Usage

El niño cuenta hasta veinte.	*The child counts up to 20.*
Cuéntanos lo que pasó.	*Tell us what happened.*
Cuenten con nosotros.	*Count on us.*
Mozo, la cuenta, por favor.	*Waiter, the bill/check, please.*

contener *to contain, restrain, hold back*

contengo · contuvieron · contenido · conteniendo   irregular verb (like **tener**)

PRESENT		PRETERIT	
contengo	contenemos	contuve	contuvimos
contienes	contenéis	contuviste	contuvisteis
contiene	contienen	contuvo	contuvieron

IMPERFECT		PRESENT PERFECT	
contenía	conteníamos	he contenido	hemos contenido
contenías	conteníais	has contenido	habéis contenido
contenía	contenían	ha contenido	han contenido

FUTURE		CONDITIONAL	
contendré	contendremos	contendría	contendríamos
contendrás	contendréis	contendrías	contendríais
contendrá	contendrán	contendría	contendrían

PLUPERFECT		PRETERIT PERFECT	
había contenido	habíamos contenido	hube contenido	hubimos contenido
habías contenido	habíais contenido	hubiste contenido	hubisteis contenido
había contenido	habían contenido	hubo contenido	hubieron contenido

FUTURE PERFECT		CONDITIONAL PERFECT	
habré contenido	habremos contenido	habría contenido	habríamos contenido
habrás contenido	habréis contenido	habrías contenido	habríais contenido
habrá contenido	habrán contenido	habría contenido	habrían contenido

PRESENT SUBJUNCTIVE		PRESENT PERFECT SUBJUNCTIVE	
contenga	contengamos	haya contenido	hayamos contenido
contengas	contengáis	hayas contenido	hayáis contenido
contenga	contengan	haya contenido	hayan contenido

IMPERFECT SUBJUNCTIVE (-ra)		*or* IMPERFECT SUBJUNCTIVE (-se)	
contuviera	contuviéramos	contuviese	contuviésemos
contuvieras	contuvierais	contuvieses	contuvieseis
contuviera	contuvieran	contuviese	contuviesen

PAST PERFECT SUBJUNCTIVE (-ra)		*or* PAST PERFECT SUBJUNCTIVE (-se)	
hubiera contenido	hubiéramos contenido	hubiese contenido	hubiésemos contenido
hubieras contenido	hubierais contenido	hubieses contenido	hubieseis contenido
hubiera contenido	hubieran contenido	hubiese contenido	hubiesen contenido

PROGRESSIVE TENSES

PRESENT	estoy, estás, está, estamos, estáis, están	
PRETERIT	estuve, estuviste, estuvo, estuvimos, estuvisteis, estuvieron	
IMPERFECT	estaba, estabas, estaba, estábamos, estabais, estaban	conteniendo
FUTURE	estaré, estarás, estará, estaremos, estaréis, estarán	
CONDITIONAL	estaría, estarías, estaría, estaríamos, estaríais, estarían	
SUBJUNCTIVE	que + *corresponding subjunctive tense of* estar (*see verb 151*)	

COMMANDS

	(nosotros) contengamos/no contengamos
(tú) contén/no contengas	(vosotros) contened/no contengáis
(Ud.) contenga/no contenga	(Uds.) contengan/no contengan

Usage

¿Qué contiene aquella bolsa?	*What does that bag contain?*
No pudo contener la risa/las lágrimas.	*She couldn't restrain/hold back her laughter/tears.*
¡Qué hemorragia nasal tuvo! Nos fue difícil contener la sangre.	*What a nosebleed he had! We had a hard time stopping the blood.*

regular *-ar* verb   **contesto · contestaron · contestado · contestando**

PRESENT

		PRETERIT	
contesto	contestamos	contesté	contestamos
contestas	contestáis	contestaste	contestasteis
contesta	contestan	contestó	contestaron

IMPERFECT

		PRESENT PERFECT	
contestaba	contestábamos	he contestado	hemos contestado
contestabas	contestabais	has contestado	habéis contestado
contestaba	contestaban	ha contestado	han contestado

FUTURE

		CONDITIONAL	
contestaré	contestaremos	contestaría	contestaríamos
contestarás	contestaréis	contestarías	contestaríais
contestará	contestarán	contestaría	contestarían

PLUPERFECT

		PRETERIT PERFECT	
había contestado	habíamos contestado	hube contestado	hubimos contestado
habías contestado	habíais contestado	hubiste contestado	hubisteis contestado
había contestado	habían contestado	hubo contestado	hubieron contestado

FUTURE PERFECT

		CONDITIONAL PERFECT	
habré contestado	habremos contestado	habría contestado	habríamos contestado
habrás contestado	habréis contestado	habrías contestado	habríais contestado
habrá contestado	habrán contestado	habría contestado	habrían contestado

PRESENT SUBJUNCTIVE

		PRESENT PERFECT SUBJUNCTIVE	
conteste	contestemos	haya contestado	hayamos contestado
contestes	contestéis	hayas contestado	hayáis contestado
conteste	contesten	haya contestado	hayan contestado

IMPERFECT SUBJUNCTIVE (-ra)   *or* **IMPERFECT SUBJUNCTIVE (-se)**

contestara	contestáramos		contestase	contestásemos
contestaras	contestarais		contestases	contestaseis
contestara	contestaran		contestase	contestasen

PAST PERFECT SUBJUNCTIVE (-ra)   *or* **PAST PERFECT SUBJUNCTIVE (-se)**

hubiera contestado	hubiéramos contestado	hubiese contestado	hubiésemos contestado
hubieras contestado	hubierais contestado	hubieses contestado	hubieseis contestado
hubiera contestado	hubieran contestado	hubiese contestado	hubiesen contestado

PROGRESSIVE TENSES

PRESENT	estoy, estás, está, estamos, estáis, están
PRETERIT	estuve, estuviste, estuvo, estuvimos, estuvisteis, estuvieron
IMPERFECT	estaba, estabas, estaba, estábamos, estabais, estaban
FUTURE	estaré, estarás, estará, estaremos, estaréis, estarán
CONDITIONAL	estaría, estarías, estaría, estaríamos, estaríais, estarían
SUBJUNCTIVE	que + *corresponding subjunctive tense of* estar (*see verb 151*)

} contestando

COMMANDS

	(nosotros) contestemos/no contestemos
(tú) contesta/no contestes	(vosotros) contestad/no contestéis
(Ud.) conteste/no conteste	(Uds.) contesten/no contesten

Usage

Contesta el mensaje electrónico.	*He's answering the e-mail message.*
Contesta la pregunta.	*Answer the question.*
¿Has contestado el teléfono?	*Have you answered the telephone?*
¡No nos contestes así!	*Don't talk back to us like that!*

continuar *to continue, go/keep on*

continúo · continuaron · continuado · continuando   *-ar* verb; spelling change: *u > ú* when stressed

PRESENT		PRETERIT	
continúo	continuamos	continué	continuamos
continúas	continuáis	continuaste	continuasteis
continúa	continúan	continuó	continuaron

IMPERFECT		PRESENT PERFECT	
continuaba	continuábamos	he continuado	hemos continuado
continuabas	continuabais	has continuado	habéis continuado
continuaba	continuaban	ha continuado	han continuado

FUTURE		CONDITIONAL	
continuaré	continuaremos	continuaría	continuaríamos
continuarás	continuaréis	continuarías	continuaríais
continuará	continuarán	continuaría	continuarían

PLUPERFECT		PRETERIT PERFECT	
había continuado	habíamos continuado	hube continuado	hubimos continuado
habías continuado	habíais continuado	hubiste continuado	hubisteis continuado
había continuado	habían continuado	hubo continuado	hubieron continuado

FUTURE PERFECT		CONDITIONAL PERFECT	
habré continuado	habremos continuado	habría continuado	habríamos continuado
habrás continuado	habréis continuado	habrías continuado	habríais continuado
habrá continuado	habrán continuado	habría continuado	habrían continuado

PRESENT SUBJUNCTIVE		PRESENT PERFECT SUBJUNCTIVE	
continúe	continuemos	haya continuado	hayamos continuado
continúes	continuéis	hayas continuado	hayáis continuado
continúe	continúen	haya continuado	hayan continuado

IMPERFECT SUBJUNCTIVE (-ra)		*or*	IMPERFECT SUBJUNCTIVE (-se)	
continuara	continuáramos		continuase	continuásemos
continuaras	continuarais		continuases	continuaseis
continuara	continuaran		continuase	continuasen

PAST PERFECT SUBJUNCTIVE (-ra)		*or*	PAST PERFECT SUBJUNCTIVE (-se)	
hubiera continuado	hubiéramos continuado		hubiese continuado	hubiésemos continuado
hubieras continuado	hubierais continuado		hubieses continuado	hubieseis continuado
hubiera continuado	hubieran continuado		hubiese continuado	hubiesen continuado

PROGRESSIVE TENSES

PRESENT	estoy, estás, está, estamos, estáis, están	
PRETERIT	estuve, estuviste, estuvo, estuvimos, estuvisteis, estuvieron	
IMPERFECT	estaba, estabas, estaba, estábamos, estabais, estaban	continuando
FUTURE	estaré, estarás, estará, estaremos, estaréis, estarán	
CONDITIONAL	estaría, estarías, estaría, estaríamos, estaríais, estarían	
SUBJUNCTIVE	que + *corresponding subjunctive tense of* estar (*see verb 151*)	

COMMANDS

	(nosotros) continuemos/no continuemos
(tú) continúa/no continúes	(vosotros) continuad/no continuéis
(Ud.) continúe/no continúe	(Uds.) continúen/no continúen

Usage

Continúan discutiendo.	*They keep on arguing.*
Continúo con mis investigaciones.	*I'm going on with my research.*
Las reglas continúan en vigor.	*The rules are still in force.*
Las notas se encuentran a continuación.	*The notes can be found below.*

-ir verb; spelling change: **contribuyo · contribuyeron · contribuido · contribuyendo**
adds *y* before *o, a, e*

PRESENT		PRETERIT	
contribuyo	contribuimos	contribuí	contribuimos
contribuyes	contribuís	contribuiste	contribuisteis
contribuye	contribuyen	contribuyó	contribuyeron

IMPERFECT		PRESENT PERFECT	
contribuía	contribuíamos	he contribuido	hemos contribuido
contribuías	contribuíais	has contribuido	habéis contribuido
contribuía	contribuían	ha contribuido	han contribuido

FUTURE		CONDITIONAL	
contribuiré	contribuiremos	contribuiría	contribuiríamos
contribuirás	contribuiréis	contribuirías	contribuiríais
contribuirá	contribuirán	contribuiría	contribuirían

PLUPERFECT		PRETERIT PERFECT	
había contribuido	habíamos contribuido	hube contribuido	hubimos contribuido
habías contribuido	habíais contribuido	hubiste contribuido	hubisteis contribuido
había contribuido	habían contribuido	hubo contribuido	hubieron contribuido

FUTURE PERFECT		CONDITIONAL PERFECT	
habré contribuido	habremos contribuido	habría contribuido	habríamos contribuido
habrás contribuido	habréis contribuido	habrías contribuido	habríais contribuido
habrá contribuido	habrán contribuido	habría contribuido	habrían contribuido

PRESENT SUBJUNCTIVE		PRESENT PERFECT SUBJUNCTIVE	
contribuya	contribuyamos	haya contribuido	hayamos contribuido
contribuyas	contribuyáis	hayas contribuido	hayáis contribuido
contribuya	contribuyan	haya contribuido	hayan contribuido

IMPERFECT SUBJUNCTIVE (-ra)		*or*	IMPERFECT SUBJUNCTIVE (-se)	
contribuyera	contribuyéramos		contribuyese	contribuyésemos
contribuyeras	contribuyerais		contribuyeses	contribuyeseis
contribuyera	contribuyeran		contribuyese	contribuyesen

PAST PERFECT SUBJUNCTIVE (-ra)		*or*	PAST PERFECT SUBJUNCTIVE (-se)	
hubiera contribuido	hubiéramos contribuido		hubiese contribuido	hubiésemos contribuido
hubieras contribuido	hubierais contribuido		hubieses contribuido	hubieseis contribuido
hubiera contribuido	hubieran contribuido		hubiese contribuido	hubiesen contribuido

PROGRESSIVE TENSES

PRESENT	estoy, estás, está, estamos, estáis, están	
PRETERIT	estuve, estuviste, estuvo, estuvimos, estuvisteis, estuvieron	
IMPERFECT	estaba, estabas, estaba, estábamos, estabais, estaban	contribuyendo
FUTURE	estaré, estarás, estará, estaremos, estaréis, estarán	
CONDITIONAL	estaría, estarías, estaría, estaríamos, estaríais, estarían	
SUBJUNCTIVE	que + *corresponding subjunctive tense of* estar (*see verb 151*)	

COMMANDS

	(nosotros) contribuyamos/no contribuyamos
(tú) contribuye/no contribuyas	(vosotros) contribuid/no contribuyáis
(Ud.) contribuya/no contribuya	(Uds.) contribuyan/no contribuyan

Usage

Contribuyeron mucho dinero a la caridad.	*They contributed a lot of money to charity.*
No es necesario que contribuyan más.	*It's not necessary for them to contribute more.*
Ojalá nosotros los contribuyentes pagáramos menos impuestos.	*I wish we taxpayers would pay less in taxes.*

convencer *to convince*

convenzo · convencieron · convencido · convenciendo   *-er* verb; spelling change:
c > *z/o, a*

PRESENT		PRETERIT	
convenzo	convencemos	convencí	convencimos
convences	convencéis	convenciste	convencisteis
convence	convencen	convenció	convencieron

IMPERFECT		PRESENT PERFECT	
convencía	convencíamos	he convencido	hemos convencido
convencías	convencíais	has convencido	habéis convencido
convencía	convencían	ha convencido	han convencido

FUTURE		CONDITIONAL	
convenceré	convenceremos	convencería	convenceríamos
convencerás	convenceréis	convencerías	convenceríais
convencerá	convencerán	convencería	convencerían

PLUPERFECT		PRETERIT PERFECT	
había convencido	habíamos convencido	hube convencido	hubimos convencido
habías convencido	habíais convencido	hubiste convencido	hubisteis convencido
había convencido	habían convencido	hubo convencido	hubieron convencido

FUTURE PERFECT		CONDITIONAL PERFECT	
habré convencido	habremos convencido	habría convencido	habríamos convencido
habrás convencido	habréis convencido	habrías convencido	habríais convencido
habrá convencido	habrán convencido	habría convencido	habrían convencido

PRESENT SUBJUNCTIVE		PRESENT PERFECT SUBJUNCTIVE	
convenza	convenzamos	haya convencido	hayamos convencido
convenzas	convenzáis	hayas convencido	hayáis convencido
convenza	convenzan	haya convencido	hayan convencido

IMPERFECT SUBJUNCTIVE (-ra)		*or*	IMPERFECT SUBJUNCTIVE (-se)	
convenciera	convenciéramos		convenciese	convenciésemos
convencieras	convencierais		convencieses	convencieseis
convenciera	convencieran		convenciese	convenciesen

PAST PERFECT SUBJUNCTIVE (-ra)		*or*	PAST PERFECT SUBJUNCTIVE (-se)	
hubiera convencido	hubiéramos convencido		hubiese convencido	hubiésemos convencido
hubieras convencido	hubierais convencido		hubieses convencido	hubieseis convencido
hubiera convencido	hubieran convencido		hubiese convencido	hubiesen convencido

PROGRESSIVE TENSES

PRESENT	estoy, estás, está, estamos, estáis, están
PRETERIT	estuve, estuviste, estuvo, estuvimos, estuvisteis, estuvieron
IMPERFECT	estaba, estabas, estaba, estábamos, estabais, estaban
FUTURE	estaré, estarás, estará, estaremos, estaréis, estarán
CONDITIONAL	estaría, estarías, estaría, estaríamos, estaríais, estarían
SUBJUNCTIVE	que + *corresponding subjunctive tense of* estar (*see verb 151*)

} convenciendo

COMMANDS

	(nosotros) convenzamos/no convenzamos
(tú) convence/no convenzas	(vosotros) convenced/no convenzáis
(Ud.) convenza/no convenza	(Uds.) convenzan/no convenzan

Usage

Trata de convencerles para que nos acompañen.	*Try to convince them to go with us.*
¿Los convenciste?	*Did you convince them?*
Es importante que la convenzáis.	*It's important you convince her.*
Ese abogado no me convence.	*I don't like that lawyer.*

irregular verb (like **venir**)   **convengo · convinieron · convenido · conviniendo**

PRESENT		PRETERIT	
convengo	convenimos	convine	convinimos
convienes	convenís	conviniste	convinisteis
conviene	convienen	convino	convinieron

IMPERFECT		PRESENT PERFECT	
convenía	conveníamos	he convenido	hemos convenido
convenías	conveníais	has convenido	habéis convenido
convenía	convenían	ha convenido	han convenido

FUTURE		CONDITIONAL	
convendré	convendremos	convendría	convendríamos
convendrás	convendréis	convendrías	convendríais
convendrá	convendrán	convendría	convendrían

PLUPERFECT		PRETERIT PERFECT	
había convenido	habíamos convenido	hube convenido	hubimos convenido
habías convenido	habíais convenido	hubiste convenido	hubisteis convenido
había convenido	habían convenido	hubo convenido	hubieron convenido

FUTURE PERFECT		CONDITIONAL PERFECT	
habré convenido	habremos convenido	habría convenido	habríamos convenido
habrás convenido	habréis convenido	habrías convenido	habríais convenido
habrá convenido	habrán convenido	habría convenido	habrían convenido

PRESENT SUBJUNCTIVE		PRESENT PERFECT SUBJUNCTIVE	
convenga	convengamos	haya convenido	hayamos convenido
convengas	convengáis	hayas convenido	hayáis convenido
convenga	convengan	haya convenido	hayan convenido

IMPERFECT SUBJUNCTIVE (-ra)		*or*	IMPERFECT SUBJUNCTIVE (-se)	
conviniera	conviniéramos		conviniese	conviniésemos
convinieras	convinierais		convinieses	convinieseis
conviniera	convinieran		conviniese	conviniesen

PAST PERFECT SUBJUNCTIVE (-ra)		*or*	PAST PERFECT SUBJUNCTIVE (-se)	
hubiera convenido	hubiéramos convenido		hubiese convenido	hubiésemos convenido
hubieras convenido	hubierais convenido		hubieses convenido	hubieseis convenido
hubiera convenido	hubieran convenido		hubiese convenido	hubiesen convenido

PROGRESSIVE TENSES

PRESENT	estoy, estás, está, estamos, estáis, están	
PRETERIT	estuve, estuviste, estuvo, estuvimos, estuvisteis, estuvieron	
IMPERFECT	estaba, estabas, estaba, estábamos, estabais, estaban	conviniendo
FUTURE	estaré, estarás, estará, estaremos, estaréis, estarán	
CONDITIONAL	estaría, estarías, estaría, estaríamos, estaríais, estarían	
SUBJUNCTIVE	que + *corresponding subjunctive tense of* estar (*see verb 151*)	

COMMANDS

	(nosotros) convengamos/no convengamos
(tú) convén/no convengas	(vosotros) convenid/no convengáis
(Ud.) convenga/no convenga	(Uds.) convengan/no convengan

Usage

Todos convinieron en el asunto.	*Everyone agreed about the matter.*
Haz el trabajo cuando te convenga.	*Do the work when it's convenient for you.*
Nos conviene asistir a la reunión.	*It's advisable for us to attend the meeting.*
Te conviene tomar las vacaciones este mes.	*It's better for you to take your vacation this month.*

convertir *to convert, transform*

convierto · convirtieron · convertido · convirtiendo

stem-changing -*ir* verb:
e > *ie* (present), *e* > *i* (preterit)

PRESENT		PRETERIT	
convierto	convertimos	convertí	convertimos
conviertes	convertís	convertiste	convertisteis
convierte	convierten	convirtió	convirtieron

IMPERFECT		PRESENT PERFECT	
convertía	convertíamos	he convertido	hemos convertido
convertías	convertíais	has convertido	habéis convertido
convertía	convertían	ha convertido	han convertido

FUTURE		CONDITIONAL	
convertiré	convertiremos	convertiría	convertiríamos
convertirás	convertiréis	convertirías	convertiríais
convertirá	convertirán	convertiría	convertirían

PLUPERFECT		PRETERIT PERFECT	
había convertido	habíamos convertido	hube convertido	hubimos convertido
habías convertido	habíais convertido	hubiste convertido	hubisteis convertido
había convertido	habían convertido	hubo convertido	hubieron convertido

FUTURE PERFECT		CONDITIONAL PERFECT	
habré convertido	habremos convertido	habría convertido	habríamos convertido
habrás convertido	habréis convertido	habrías convertido	habríais convertido
habrá convertido	habrán convertido	habría convertido	habrían convertido

PRESENT SUBJUNCTIVE		PRESENT PERFECT SUBJUNCTIVE	
convierta	convirtamos	haya convertido	hayamos convertido
conviertas	convirtáis	hayas convertido	hayáis convertido
convierta	conviertan	haya convertido	hayan convertido

IMPERFECT SUBJUNCTIVE (-ra)		*or*	IMPERFECT SUBJUNCTIVE (-se)	
convirtiera	convirtiéramos		convirtiese	convirtiésemos
convirtieras	convirtierais		convirtieses	convirtieseis
convirtiera	convirtieran		convirtiese	convirtiesen

PAST PERFECT SUBJUNCTIVE (-ra)		*or*	PAST PERFECT SUBJUNCTIVE (-se)	
hubiera convertido	hubiéramos convertido		hubiese convertido	hubiésemos convertido
hubieras convertido	hubierais convertido		hubieses convertido	hubieseis convertido
hubiera convertido	hubieran convertido		hubiese convertido	hubiesen convertido

PROGRESSIVE TENSES

PRESENT	estoy, estás, está, estamos, estáis, están	
PRETERIT	estuve, estuviste, estuvo, estuvimos, estuvisteis, estuvieron	
IMPERFECT	estaba, estabas, estaba, estábamos, estabais, estaban	convirtiendo
FUTURE	estaré, estarás, estará, estaremos, estaréis, estarán	
CONDITIONAL	estaría, estarías, estaría, estaríamos, estaríais, estarían	
SUBJUNCTIVE	que + *corresponding subjunctive tense of* estar (*see verb 151*)	

COMMANDS

	(nosotros) convirtamos/no convirtamos
(tú) convierte/no conviertas	(vosotros) convertid/no convirtáis
(Ud.) convierta/no convierta	(Uds.) conviertan/no conviertan

Usage

Convirtieron dólares en euros.	*They changed their dollars into euros.*
El alquimista intentaba convertir los metales en oro.	*The alchemist tried to transform metals into gold.*
El pueblo se convirtió en una gran ciudad.	*The town became a great city.*

-ar verb; spelling change: **convoco · convocaron · convocado · convocando**
c > qu/e

PRESENT		PRETERIT	
convoco	convocamos	convoqué	convocamos
convocas	convocáis	convocaste	convocasteis
convoca	convocan	convocó	convocaron

IMPERFECT		PRESENT PERFECT	
convocaba	convocábamos	he convocado	hemos convocado
convocabas	convocabais	has convocado	habéis convocado
convocaba	convocaban	ha convocado	han convocado

FUTURE		CONDITIONAL	
convocaré	convocaremos	convocaría	convocaríamos
convocarás	convocaréis	convocarías	convocaríais
convocará	convocarán	convocaría	convocarían

PLUPERFECT		PRETERIT PERFECT	
había convocado	habíamos convocado	hube convocado	hubimos convocado
habías convocado	habíais convocado	hubiste convocado	hubisteis convocado
había convocado	habían convocado	hubo convocado	hubieron convocado

FUTURE PERFECT		CONDITIONAL PERFECT	
habré convocado	habremos convocado	habría convocado	habríamos convocado
habrás convocado	habréis convocado	habrías convocado	habríais convocado
habrá convocado	habrán convocado	habría convocado	habrían convocado

PRESENT SUBJUNCTIVE		PRESENT PERFECT SUBJUNCTIVE	
convoque	convoquemos	haya convocado	hayamos convocado
convoques	convoquéis	hayas convocado	hayáis convocado
convoque	convoquen	haya convocado	hayan convocado

IMPERFECT SUBJUNCTIVE (-ra)		*or* IMPERFECT SUBJUNCTIVE (-se)	
convocara	convocáramos	convocase	convocásemos
convocaras	convocarais	convocases	convocaseis
convocara	convocaran	convocase	convocasen

PAST PERFECT SUBJUNCTIVE (-ra)		*or* PAST PERFECT SUBJUNCTIVE (-se)	
hubiera convocado	hubiéramos convocado	hubiese convocado	hubiésemos convocado
hubieras convocado	hubierais convocado	hubieses convocado	hubieseis convocado
hubiera convocado	hubieran convocado	hubiese convocado	hubiesen convocado

PROGRESSIVE TENSES

PRESENT	estoy, estás, está, estamos, estáis, están	
PRETERIT	estuve, estuviste, estuvo, estuvimos, estuvisteis, estuvieron	
IMPERFECT	estaba, estabas, estaba, estábamos, estabais, estaban	convocando
FUTURE	estaré, estarás, estará, estaremos, estaréis, estarán	
CONDITIONAL	estaría, estarías, estaría, estaríamos, estaríais, estarían	
SUBJUNCTIVE	que + *corresponding subjunctive tense of* estar (*see verb 151*)	

COMMANDS

	(nosotros) convoquemos/no convoquemos
(tú) convoca/no convoques	(vosotros) convocad/no convoquéis
(Ud.) convoque/no convoque	(Uds.) convoquen/no convoquen

Usage

El congreso fue convocado.	*The conference was convened.*
El sindicato convocará una huelga.	*The union will call a strike.*
Convoquen la reunión.	*Convene the meeting.*
Los estudiantes se preparan para la convocatoria.	*The students are preparing for the examination period.*

corregir *to correct*

corrijo · corrigieron · corregido · corrigiendo

stem-changing -*ir* verb: *e* > *i*;
spelling change: *g* > *j/o, a*

PRESENT		PRETERIT	
corrijo	corregimos	corregí	corregimos
corriges	corregís	corregiste	corregisteis
corrige	corrigen	corrigió	corrigieron

IMPERFECT		PRESENT PERFECT	
corregía	corregíamos	he corregido	hemos corregido
corregías	corregíais	has corregido	habéis corregido
corregía	corregían	ha corregido	han corregido

FUTURE		CONDITIONAL	
corregiré	corregiremos	corregiría	corregiríamos
corregirás	corregiréis	corregirías	corregiríais
corregirá	corregirán	corregiría	corregirían

PLUPERFECT		PRETERIT PERFECT	
había corregido	habíamos corregido	hube corregido	hubimos corregido
habías corregido	habíais corregido	hubiste corregido	hubisteis corregido
había corregido	habían corregido	hubo corregido	hubieron corregido

FUTURE PERFECT		CONDITIONAL PERFECT	
habré corregido	habremos corregido	habría corregido	habríamos corregido
habrás corregido	habréis corregido	habrías corregido	habríais corregido
habrá corregido	habrán corregido	habría corregido	habrían corregido

PRESENT SUBJUNCTIVE		PRESENT PERFECT SUBJUNCTIVE	
corrija	corrijamos	haya corregido	hayamos corregido
corrijas	corrijáis	hayas corregido	hayáis corregido
corrija	corrijan	haya corregido	hayan corregido

IMPERFECT SUBJUNCTIVE (-ra)		*or* IMPERFECT SUBJUNCTIVE (-se)	
corrigiera	corrigiéramos	corrigiese	corrigiésemos
corrigieras	corrigierais	corrigieses	corrigieseis
corrigiera	corrigieran	corrigiese	corrigiesen

PAST PERFECT SUBJUNCTIVE (-ra)		*or* PAST PERFECT SUBJUNCTIVE (-se)	
hubiera corregido	hubiéramos corregido	hubiese corregido	hubiésemos corregido
hubieras corregido	hubierais corregido	hubieses corregido	hubieseis corregido
hubiera corregido	hubieran corregido	hubiese corregido	hubiesen corregido

PROGRESSIVE TENSES

PRESENT	estoy, estás, está, estamos, estáis, están
PRETERIT	estuve, estuviste, estuvo, estuvimos, estuvisteis, estuvieron
IMPERFECT	estaba, estabas, estaba, estábamos, estabais, estaban
FUTURE	estaré, estarás, estará, estaremos, estaréis, estarán
CONDITIONAL	estaría, estarías, estaría, estaríamos, estaríais, estarían
SUBJUNCTIVE	que + *corresponding subjunctive tense of* estar (*see verb 151*)

} corrigiendo

COMMANDS

	(nosotros) corrijamos/no corrijamos
(tú) corrige/no corrijas	(vosotros) corregid/no corrijáis
(Ud.) corrija/no corrija	(Uds.) corrijan/no corrijan

Usage

Corrija las faltas en el examen.	Correct the errors on the exam.
¿Corregiste a tu hijo por lo que hizo?	Did you scold your child for what he did?
Se corrigió de unas malas costumbres.	She broke herself of some bad habits.
¿La contestación es correcta o falsa?	Is the answer right or wrong?

regular -er verb   **corro · corrieron · corrido · corriendo**

PRESENT		PRETERIT	
corro	corremos	corrí	corrimos
corres	corréis	corriste	corristeis
corre	corren	corrió	corrieron

IMPERFECT		PRESENT PERFECT	
corría	corríamos	he corrido	hemos corrido
corrías	corríais	has corrido	habéis corrido
corría	corrían	ha corrido	han corrido

FUTURE		CONDITIONAL	
correré	correremos	correría	correríamos
correrás	correréis	correrías	correríais
correrá	correrán	correría	correrían

PLUPERFECT		PRETERIT PERFECT	
había corrido	habíamos corrido	hube corrido	hubimos corrido
habías corrido	habíais corrido	hubiste corrido	hubisteis corrido
había corrido	habían corrido	hubo corrido	hubieron corrido

FUTURE PERFECT		CONDITIONAL PERFECT	
habré corrido	habremos corrido	habría corrido	habríamos corrido
habrás corrido	habréis corrido	habrías corrido	habríais corrido
habrá corrido	habrán corrido	habría corrido	habrían corrido

PRESENT SUBJUNCTIVE		PRESENT PERFECT SUBJUNCTIVE	
corra	corramos	haya corrido	hayamos corrido
corras	corráis	hayas corrido	hayáis corrido
corra	corran	haya corrido	hayan corrido

IMPERFECT SUBJUNCTIVE (-ra)		*or* IMPERFECT SUBJUNCTIVE (-se)	
corriera	corriéramos	corriese	corriésemos
corrieras	corrierais	corrieses	corrieseis
corriera	corrieran	corriese	corriesen

PAST PERFECT SUBJUNCTIVE (-ra)		*or* PAST PERFECT SUBJUNCTIVE (-se)	
hubiera corrido	hubiéramos corrido	hubiese corrido	hubiésemos corrido
hubieras corrido	hubierais corrido	hubieses corrido	hubieseis corrido
hubiera corrido	hubieran corrido	hubiese corrido	hubiesen corrido

PROGRESSIVE TENSES

PRESENT	estoy, estás, está, estamos, estáis, están	
PRETERIT	estuve, estuviste, estuvo, estuvimos, estuvisteis, estuvieron	
IMPERFECT	estaba, estabas, estaba, estábamos, estabais, estaban	corriendo
FUTURE	estaré, estarás, estará, estaremos, estaréis, estarán	
CONDITIONAL	estaría, estarías, estaría, estaríamos, estaríais, estarían	
SUBJUNCTIVE	que + *corresponding subjunctive tense of* estar (*see verb 151*)	

COMMANDS

	(nosotros) corramos/no corramos
(tú) corre/no corras	(vosotros) corred/no corráis
(Ud.) corra/no corra	(Uds.) corran/no corran

Usage

Corrió la milla/en la carrera.	*He ran the mile/in the race.*
¡Cómo corre el tiempo!	*How time flies!*
Corre tu silla.	*Move your chair.*
Hemos corrido mundo.	*We've traveled a lot/seen the world.*

costar *to cost*

cuesta · costaron · costado · costando stem-changing -ar verb: *o > ue*; verb used in third-person singular and plural only

PRESENT		PRETERIT	
cuesta	cuestan	costó	costaron

IMPERFECT		PRESENT PERFECT	
costaba	costaban	ha costado	han costado

FUTURE		CONDITIONAL	
costará	costarán	costaría	costarían

PLUPERFECT		PRETERIT PERFECT	
había costado	habían costado	hubo costado	hubieron costado

FUTURE PERFECT		CONDITIONAL PERFECT	
habrá costado	habrán costado	habría costado	habrían costado

PRESENT SUBJUNCTIVE		PRESENT PERFECT SUBJUNCTIVE	
cueste	cuesten	haya costado	hayan costado

IMPERFECT SUBJUNCTIVE (-ra)		*or* IMPERFECT SUBJUNCTIVE (-se)	
costara	costaran	costase	costasen

PAST PERFECT SUBJUNCTIVE (-ra)		*or* PAST PERFECT SUBJUNCTIVE (-se)	
hubiera costado	hubieran costado	hubiese costado	hubiesen costado

PROGRESSIVE TENSES

PRESENT	está, están	
PRETERIT	estuvo, estuvieron	
IMPERFECT	estaba, estaban	
FUTURE	estará, estarán	costando
CONDITIONAL	estaría, estarían	
SUBJUNCTIVE	que + *corresponding subjunctive tense of* estar (*see verb 151*)	

COMMANDS

¡Que cueste!   ¡Que cuesten!

Usage

—¿Cuánto cuesta?	*How much does it cost?/How much is it?*
—No creo que cueste mucho.	*I don't think it costs a lot.*
—¿Cuánto cuestan?	*How much do they cost?/How much are they?*
—Cuestan un ojo de la cara.	*They cost an arm and a leg.*
Cómprenlo cueste lo que cueste.	*Buy it at any cost/whatever the cost.*
Cuesta creer lo que pasó.	*It's difficult to believe what happened.*
Me cuesta entender su motivo.	*I find it hard/It's hard for me to understand his motive.*
—La impresora les habrá costado una fortuna.	*The printer must have cost them a lot.*
—Dudo que haya sido muy costosa.	*I doubt that it was very expensive.*
Me costó mucho trabajo convencerles.	*It took a lot for me to convince them.*
¿Qué tal el costo de la vida en la capital?	*How's the cost of living in the capital city?*
Ninguna empresa está dispuesta a costear el proyecto.	*No firm is willing to finance the project.*

-er verb; spelling change: *z > zc/o, a*   **crezco · crecieron · crecido · creciendo**

PRESENT		PRETERIT	
crezco	crecemos	crecí	crecimos
creces	crecéis	creciste	crecisteis
crece	crecen	creció	crecieron

IMPERFECT		PRESENT PERFECT	
crecía	crecíamos	he crecido	hemos crecido
crecías	crecíais	has crecido	habéis crecido
crecía	crecían	ha crecido	han crecido

FUTURE		CONDITIONAL	
creceré	creceremos	crecería	creceríamos
crecerás	creceréis	crecerías	creceríais
crecerá	crecerán	crecería	crecerían

PLUPERFECT		PRETERIT PERFECT	
había crecido	habíamos crecido	hube crecido	hubimos crecido
habías crecido	habíais crecido	hubiste crecido	hubisteis crecido
había crecido	habían crecido	hubo crecido	hubieron crecido

FUTURE PERFECT		CONDITIONAL PERFECT	
habré crecido	habremos crecido	habría crecido	habríamos crecido
habrás crecido	habréis crecido	habrías crecido	habríais crecido
habrá crecido	habrán crecido	habría crecido	habrían crecido

PRESENT SUBJUNCTIVE		PRESENT PERFECT SUBJUNCTIVE	
crezca	crezcamos	haya crecido	hayamos crecido
crezcas	crezcáis	hayas crecido	hayáis crecido
crezca	crezcan	haya crecido	hayan crecido

IMPERFECT SUBJUNCTIVE (-ra)		*or* IMPERFECT SUBJUNCTIVE (-se)	
creciera	creciéramos	creciese	creciésemos
crecieras	crecierais	crecieses	crecieseis
creciera	crecieran	creciese	creciesen

PAST PERFECT SUBJUNCTIVE (-ra)		*or* PAST PERFECT SUBJUNCTIVE (-se)	
hubiera crecido	hubiéramos crecido	hubiese crecido	hubiésemos crecido
hubieras crecido	hubierais crecido	hubieses crecido	hubieseis crecido
hubiera crecido	hubieran crecido	hubiese crecido	hubiesen crecido

PROGRESSIVE TENSES

PRESENT	estoy, estás, está, estamos, estáis, están
PRETERIT	estuve, estuviste, estuvo, estuvimos, estuvisteis, estuvieron
IMPERFECT	estaba, estabas, estaba, estábamos, estabais, estaban
FUTURE	estaré, estarás, estará, estaremos, estaréis, estarán
CONDITIONAL	estaría, estarías, estaría, estaríamos, estaríais, estarían
SUBJUNCTIVE	que + *corresponding subjunctive tense of* estar (*see verb 151*)

} creciendo

COMMANDS

	(nosotros) crezcamos/no crezcamos
(tú) crece/no crezcas	(vosotros) creced/no crezcáis
(Ud.) crezca/no crezca	(Uds.) crezcan/no crezcan

Usage

¡Cuánto han crecido sus hijos!	*How much your children have grown!*
Su angustia crecía todos los días.	*Their anguish/distress increased each day.*
¿Por qué no dejas crecer tu pelo?	*Why don't you let your hair grow?*
Hay una demanda creciente de teléfonos celulares.	*There's a growing demand for cell phones.*

creo · creyeron · creído · creyendo *-er verb with stem ending in a vowel: third-person singular -ió > -yó and third-person plural -ieron > -yeron in the preterit*

PRESENT		PRETERIT	
creo	creemos	creí	creímos
crees	creéis	creíste	creísteis
cree	creen	creyó	creyeron

IMPERFECT		PRESENT PERFECT	
creía	creíamos	he creído	hemos creído
creías	creíais	has creído	habéis creído
creía	creían	ha creído	han creído

FUTURE		CONDITIONAL	
creeré	creeremos	creería	creeríamos
creerás	creeréis	creerías	creeríais
creerá	creerán	creería	creerían

PLUPERFECT		PRETERIT PERFECT	
había creído	habíamos creído	hube creído	hubimos creído
habías creído	habíais creído	hubiste creído	hubisteis creído
había creído	habían creído	hubo creído	hubieron creído

FUTURE PERFECT		CONDITIONAL PERFECT	
habré creído	habremos creído	habría creído	habríamos creído
habrás creído	habréis creído	habrías creído	habríais creído
habrá creído	habrán creído	habría creído	habrían creído

PRESENT SUBJUNCTIVE		PRESENT PERFECT SUBJUNCTIVE	
crea	creamos	haya creído	hayamos creído
creas	creáis	hayas creído	hayáis creído
crea	crean	haya creído	hayan creído

IMPERFECT SUBJUNCTIVE (-ra)		*or* IMPERFECT SUBJUNCTIVE (-se)	
creyera	creyéramos	creyese	creyésemos
creyeras	creyerais	creyeses	creyeseis
creyera	creyeran	creyese	creyesen

PAST PERFECT SUBJUNCTIVE (-ra)		*or* PAST PERFECT SUBJUNCTIVE (-se)	
hubiera creído	hubiéramos creído	hubiese creído	hubiésemos creído
hubieras creído	hubierais creído	hubieses creído	hubieseis creído
hubiera creído	hubieran creído	hubiese creído	hubiesen creído

PROGRESSIVE TENSES

PRESENT	estoy, estás, está, estamos, estáis, están	
PRETERIT	estuve, estuviste, estuvo, estuvimos, estuvisteis, estuvieron	
IMPERFECT	estaba, estabas, estaba, estábamos, estabais, estaban	creyendo
FUTURE	estaré, estarás, estará, estaremos, estaréis, estarán	
CONDITIONAL	estaría, estarías, estaría, estaríamos, estaríais, estarían	
SUBJUNCTIVE	que + *corresponding subjunctive tense of* estar (*see verb 151*)	

COMMANDS

	(nosotros) creamos/no creamos
(tú) cree/no creas	(vosotros) creed/no creáis
(Ud.) crea/no crea	(Uds.) crean/no crean

Usage

—¿Crees que el almacén está abierto?	*Do you think the department store is open?*
—Creo que sí./Creo que no.	*I think so./I don't think so.*
Ya lo creo.	*Of course./I should say so.*

-*ar* verb; spelling change: *i* > *í* when stressed   **crío · criaron · criado · criando**

PRESENT		PRETERIT	
crío	criamos	crié	criamos
crías	criáis	criaste	criasteis
cría	crían	crió	criaron

IMPERFECT		PRESENT PERFECT	
criaba	criábamos	he criado	hemos criado
criabas	criabais	has criado	habéis criado
criaba	criaban	ha criado	han criado

FUTURE		CONDITIONAL	
criaré	criaremos	criaría	criaríamos
criarás	criaréis	criarías	criaríais
criará	criarán	criaría	criarían

PLUPERFECT		PRETERIT PERFECT	
había criado	habíamos criado	hube criado	hubimos criado
habías criado	habíais criado	hubiste criado	hubisteis criado
había criado	habían criado	hubo criado	hubieron criado

FUTURE PERFECT		CONDITIONAL PERFECT	
habré criado	habremos criado	habría criado	habríamos criado
habrás criado	habréis criado	habrías criado	habríais criado
habrá criado	habrán criado	habría criado	habrían criado

PRESENT SUBJUNCTIVE		PRESENT PERFECT SUBJUNCTIVE	
críe	criemos	haya criado	hayamos criado
críes	criéis	hayas criado	hayáis criado
críe	críen	haya criado	hayan criado

IMPERFECT SUBJUNCTIVE (-ra)		*or* IMPERFECT SUBJUNCTIVE (-se)	
criara	criáramos	criase	criásemos
criaras	criarais	criases	criaseis
criara	criaran	criase	criasen

PAST PERFECT SUBJUNCTIVE (-ra)		*or* PAST PERFECT SUBJUNCTIVE (-se)	
hubiera criado	hubiéramos criado	hubiese criado	hubiésemos criado
hubieras criado	hubierais criado	hubieses criado	hubieseis criado
hubiera criado	hubieran criado	hubiese criado	hubiesen criado

PROGRESSIVE TENSES

PRESENT	estoy, estás, está, estamos, estáis, están	
PRETERIT	estuve, estuviste, estuvo, estuvimos, estuvisteis, estuvieron	
IMPERFECT	estaba, estabas, estaba, estábamos, estabais, estaban	criando
FUTURE	estaré, estarás, estará, estaremos, estaréis, estarán	
CONDITIONAL	estaría, estarías, estaría, estaríamos, estaríais, estarían	
SUBJUNCTIVE	que + *corresponding subjunctive tense of* estar (*see verb 151*)	

COMMANDS

	(nosotros) criemos/no criemos
(tú) cría/no críes	(vosotros) criad/no criéis
(Ud.) críe/no críe	(Uds.) críen/no críen

Usage

Estos niños se crían con mucho cariño.	*These children are brought up with a lot of loving care.*
Se cría ganado en la hacienda.	*They raise cattle on the ranch.*
Dios los cría y ellos se juntan.	*Birds of a feather flock together.*

cruzar *to cross*

cruzo · cruzaron · cruzado · cruzando *-ar* verb; spelling change: *z > c/e*

PRESENT

cruzo	cruzamos
cruzas	cruzáis
cruza	cruzan

PRETERIT

crucé	cruzamos
cruzaste	cruzasteis
cruzó	cruzaron

IMPERFECT

cruzaba	cruzábamos
cruzabas	cruzabais
cruzaba	cruzaban

PRESENT PERFECT

he cruzado	hemos cruzado
has cruzado	habéis cruzado
ha cruzado	han cruzado

FUTURE

cruzaré	cruzaremos
cruzarás	cruzaréis
cruzará	cruzarán

CONDITIONAL

cruzaría	cruzaríamos
cruzarías	cruzaríais
cruzaría	cruzarían

PLUPERFECT

había cruzado	habíamos cruzado
habías cruzado	habíais cruzado
había cruzado	habían cruzado

PRETERIT PERFECT

hube cruzado	hubimos cruzado
hubiste cruzado	hubisteis cruzado
hubo cruzado	hubieron cruzado

FUTURE PERFECT

habré cruzado	habremos cruzado
habrás cruzado	habréis cruzado
habrá cruzado	habrán cruzado

CONDITIONAL PERFECT

habría cruzado	habríamos cruzado
habrías cruzado	habríais cruzado
habría cruzado	habrían cruzado

PRESENT SUBJUNCTIVE

cruce	crucemos
cruces	crucéis
cruce	crucen

PRESENT PERFECT SUBJUNCTIVE

haya cruzado	hayamos cruzado
hayas cruzado	hayáis cruzado
haya cruzado	hayan cruzado

IMPERFECT SUBJUNCTIVE (-ra)   *or*   **IMPERFECT SUBJUNCTIVE (-se)**

cruzara	cruzáramos	cruzase	cruzásemos
cruzaras	cruzarais	cruzases	cruzaseis
cruzara	cruzaran	cruzase	cruzasen

PAST PERFECT SUBJUNCTIVE (-ra)   *or*   **PAST PERFECT SUBJUNCTIVE (-se)**

hubiera cruzado	hubiéramos cruzado	hubiese cruzado	hubiésemos cruzado
hubieras cruzado	hubierais cruzado	hubieses cruzado	hubieseis cruzado
hubiera cruzado	hubieran cruzado	hubiese cruzado	hubiesen cruzado

PROGRESSIVE TENSES

PRESENT	estoy, estás, está, estamos, estáis, están
PRETERIT	estuve, estuviste, estuvo, estuvimos, estuvisteis, estuvieron
IMPERFECT	estaba, estabas, estaba, estábamos, estabais, estaban
FUTURE	estaré, estarás, estará, estaremos, estaréis, estarán
CONDITIONAL	estaría, estarías, estaría, estaríamos, estaríais, estarían
SUBJUNCTIVE	que + *corresponding subjunctive tense of* estar (*see verb 151*)

\} cruzando

COMMANDS

	(nosotros) crucemos/no crucemos
(tú) cruza/no cruces	(vosotros) cruzad/no crucéis
(Ud.) cruce/no cruce	(Uds.) crucen/no crucen

Usage

Crucen la calle con cuidado.	*Cross the street carefully.*
Se cruzaron de palabras.	*They quarreled.*
No nos quedamos con los brazos cruzados.	*We'll not just stand around doing nothing.*
El puente George Washington cruza el río Hudson.	*The George Washington Bridge crosses the Hudson River.*

-*ir* verb; irregular past participle   **cubro · cubrieron · cubierto · cubriendo**

PRESENT		PRETERIT	
cubro	cubrimos	cubrí	cubrimos
cubres	cubrís	cubriste	cubristeis
cubre	cubren	cubrió	cubrieron

IMPERFECT		PRESENT PERFECT	
cubría	cubríamos	he cubierto	hemos cubierto
cubrías	cubríais	has cubierto	habéis cubierto
cubría	cubrían	ha cubierto	han cubierto

FUTURE		CONDITIONAL	
cubriré	cubriremos	cubriría	cubriríamos
cubrirás	cubriréis	cubrirías	cubriríais
cubrirá	cubrirán	cubriría	cubrirían

PLUPERFECT		PRETERIT PERFECT	
había cubierto	habíamos cubierto	hube cubierto	hubimos cubierto
habías cubierto	habíais cubierto	hubiste cubierto	hubisteis cubierto
había cubierto	habían cubierto	hubo cubierto	hubieron cubierto

FUTURE PERFECT		CONDITIONAL PERFECT	
habré cubierto	habremos cubierto	habría cubierto	habríamos cubierto
habrás cubierto	habréis cubierto	habrías cubierto	habríais cubierto
habrá cubierto	habrán cubierto	habría cubierto	habrían cubierto

PRESENT SUBJUNCTIVE		PRESENT PERFECT SUBJUNCTIVE	
cubra	cubramos	haya cubierto	hayamos cubierto
cubras	cubráis	hayas cubierto	hayáis cubierto
cubra	cubran	haya cubierto	hayan cubierto

IMPERFECT SUBJUNCTIVE (-ra)		*or* IMPERFECT SUBJUNCTIVE (-se)	
cubriera	cubriéramos	cubriese	cubriésemos
cubrieras	cubrierais	cubrieses	cubrieseis
cubriera	cubrieran	cubriese	cubriesen

PAST PERFECT SUBJUNCTIVE (-ra)		*or* PAST PERFECT SUBJUNCTIVE (-se)	
hubiera cubierto	hubiéramos cubierto	hubiese cubierto	hubiésemos cubierto
hubieras cubierto	hubierais cubierto	hubieses cubierto	hubieseis cubierto
hubiera cubierto	hubieran cubierto	hubiese cubierto	hubiesen cubierto

PROGRESSIVE TENSES

PRESENT	estoy, estás, está, estamos, estáis, están
PRETERIT	estuve, estuviste, estuvo, estuvimos, estuvisteis, estuvieron
IMPERFECT	estaba, estabas, estaba, estábamos, estabais, estaban
FUTURE	estaré, estarás, estará, estaremos, estaréis, estarán
CONDITIONAL	estaría, estarías, estaría, estaríamos, estaríais, estarían
SUBJUNCTIVE	que + *corresponding subjunctive tense of* estar (*see verb 151*)

} cubriendo

COMMANDS

	(nosotros) cubramos/no cubramos
(tú) cubre/no cubras	(vosotros) cubrid/no cubráis
(Ud.) cubra/no cubra	(Uds.) cubran/no cubran

Usage

Cubre la cama con el cubrecama.	*Cover the bed with the bedspread.*
Hemos cubierto los gastos.	*We've covered/met expenses.*
Cúbrete la cabeza.	*Put on your hat.*
El cielo está cubierto.	*The sky is overcast.*

cumplir *to fulfill, carry out, keep one's word, be ___ years old* (birthday)

cumplo · cumplieron · cumplido · cumpliendo   regular -ir verb

PRESENT		PRETERIT	
cumplo	cumplimos	cumplí	cumplimos
cumples	cumplís	cumpliste	cumplisteis
cumple	cumplen	cumplió	cumplieron

IMPERFECT		PRESENT PERFECT	
cumplía	cumplíamos	he cumplido	hemos cumplido
cumplías	cumplíais	has cumplido	habéis cumplido
cumplía	cumplían	ha cumplido	han cumplido

FUTURE		CONDITIONAL	
cumpliré	cumpliremos	cumpliría	cumpliríamos
cumplirás	cumpliréis	cumplirías	cumpliríais
cumplirá	cumplirán	cumpliría	cumplirían

PLUPERFECT		PRETERIT PERFECT	
había cumplido	habíamos cumplido	hube cumplido	hubimos cumplido
habías cumplido	habíais cumplido	hubiste cumplido	hubisteis cumplido
había cumplido	habían cumplido	hubo cumplido	hubieron cumplido

FUTURE PERFECT		CONDITIONAL PERFECT	
habré cumplido	habremos cumplido	habría cumplido	habríamos cumplido
habrás cumplido	habréis cumplido	habrías cumplido	habríais cumplido
habrá cumplido	habrán cumplido	habría cumplido	habrían cumplido

PRESENT SUBJUNCTIVE		PRESENT PERFECT SUBJUNCTIVE	
cumpla	cumplamos	haya cumplido	hayamos cumplido
cumplas	cumpláis	hayas cumplido	hayáis cumplido
cumpla	cumplan	haya cumplido	hayan cumplido

IMPERFECT SUBJUNCTIVE (-ra)		or	IMPERFECT SUBJUNCTIVE (-se)	
cumpliera	cumpliéramos		cumpliese	cumpliésemos
cumplieras	cumplierais		cumplieses	cumplieseis
cumpliera	cumplieran		cumpliese	cumpliesen

PAST PERFECT SUBJUNCTIVE (-ra)		or	PAST PERFECT SUBJUNCTIVE (-se)	
hubiera cumplido	hubiéramos cumplido		hubiese cumplido	hubiésemos cumplido
hubieras cumplido	hubierais cumplido		hubieses cumplido	hubieseis cumplido
hubiera cumplido	hubieran cumplido		hubiese cumplido	hubiesen cumplido

PROGRESSIVE TENSES

PRESENT	estoy, estás, está, estamos, estáis, están	
PRETERIT	estuve, estuviste, estuvo, estuvimos, estuvisteis, estuvieron	
IMPERFECT	estaba, estabas, estaba, estábamos, estabais, estaban	cumpliendo
FUTURE	estaré, estarás, estará, estaremos, estaréis, estarán	
CONDITIONAL	estaría, estarías, estaría, estaríamos, estaríais, estarían	
SUBJUNCTIVE	que + *corresponding subjunctive tense of* estar (*see verb 151*)	

COMMANDS

	(nosotros) cumplamos/no cumplamos
(tú) cumple/no cumplas	(vosotros) cumplid/no cumpláis
(Ud.) cumpla/no cumpla	(Uds.) cumplan/no cumplan

Usage

Siempre cumple sus promesas. *He always keeps his promises.*
Cumplió sus compromisos con todos. *She fulfilled her commitments to everyone.*
Cumplo 27 años el sábado. *I'll be/turn 27 on Saturday.*
¡Feliz cumpleaños! *Happy birthday!*

irregular verb

doy · dieron · dado · dando

PRESENT

doy	damos
das	dais
da	dan

IMPERFECT

daba	dábamos
dabas	dabais
daba	daban

FUTURE

daré	daremos
darás	daréis
dará	darán

PLUPERFECT

había dado	habíamos dado
habías dado	habíais dado
había dado	habían dado

FUTURE PERFECT

habré dado	habremos dado
habrás dado	habréis dado
habrá dado	habrán dado

PRESENT SUBJUNCTIVE

dé	demos
des	deis
dé	den

IMPERFECT SUBJUNCTIVE (-ra)

diera	diéramos
dieras	dierais
diera	dieran

PAST PERFECT SUBJUNCTIVE (-ra)

hubiera dado	hubiéramos dado
hubieras dado	hubierais dado
hubiera dado	hubieran dado

PRETERIT

di	dimos
diste	disteis
dio	dieron

PRESENT PERFECT

he dado	hemos dado
has dado	habéis dado
ha dado	han dado

CONDITIONAL

daría	daríamos
darías	daríais
daría	darían

PRETERIT PERFECT

hube dado	hubimos dado
hubiste dado	hubisteis dado
hubo dado	hubieron dado

CONDITIONAL PERFECT

habría dado	habríamos dado
habrías dado	habríais dado
habría dado	habrían dado

PRESENT PERFECT SUBJUNCTIVE

haya dado	hayamos dado
hayas dado	hayáis dado
haya dado	hayan dado

or **IMPERFECT SUBJUNCTIVE (-se)**

diese	diésemos
dieses	dieseis
diese	diesen

or **PAST PERFECT SUBJUNCTIVE (-se)**

hubiese dado	hubiésemos dado
hubieses dado	hubieseis dado
hubiese dado	hubiesen dado

PROGRESSIVE TENSES

PRESENT	estoy, estás, está, estamos, estáis, están
PRETERIT	estuve, estuviste, estuvo, estuvimos, estuvisteis, estuvieron
IMPERFECT	estaba, estabas, estaba, estábamos, estabais, estaban
FUTURE	estaré, estarás, estará, estaremos, estaréis, estarán
CONDITIONAL	estaría, estarías, estaría, estaríamos, estaríais, estarían
SUBJUNCTIVE	que + *corresponding subjunctive tense of* estar (*see verb 151*)

} dando

COMMANDS

	(nosotros) demos/no demos
(tú) da/no des	(vosotros) dad/no deis
(Ud.) dé/no dé	(Uds.) den/no den

Usage

Siempre da consejos.	*She always gives advice.*
Nos dieron las gracias.	*They thanked us.*
Les dio miedo/celos.	*It frightened them/made them jealous.*
Dales recuerdos de mi parte.	*Give them my regards.*

TOP 30 VERB

Demos un paseo/una vuelta.	*Let's take a walk.*
¡Dale a la pelota!	*Hit the ball!*
Nos daba pena verlos así.	*We were sorry to see them like that.*
Ya han dado el visto bueno al esquema.	*They've already approved the plan/outline.*
Ve a darles la bienvenida.	*Go ahead and welcome them.*
Da gusto pasar unos días aquí.	*It's nice to spend a few days here.*
Dan un concierto hoy a las tres.	*They're giving a concert at 3:00 today.*
Están dando una película de aventuras.	*They're showing an adventure film.*
—¿Qué más da?	*What difference does it make?*
—Da lo mismo/igual.	*It doesn't matter./It's all the same.*
Ese árbol da manzanas.	*That tree gives/produces apples.*
Nos estás dando mucho trabajo.	*You're giving us a lot of work.*
Lo que dijo nos dio que pensar.	*What he said made us think.*
Su esposa dio a luz anoche.	*His wife gave birth last night.*
El hotel da al mar/a las montañas.	*The hotel faces the sea/the mountains.*
¿Dónde diste con ellas?	*Where did you run/bump into them?*
El reloj dio las nueve.	*The clock struck nine.*
Da de comer/de beber al perro.	*Feed/Give water (a drink) to the dog.*
A mí me da igual.	*It's all the same to me.*
Le dio un catarro.	*She caught a cold.*
Le dio un ataque de risa/tos.	*He had a fit of laughter/coughing fit.*
El sol/el viento me daba en la cara.	*The sun/wind was shining/blowing in my face.*

darse

Nos dimos la mano/los buenos días.	*We shook hands/said hello.*
¡Date prisa!	*Hurry up!*
Se dio cuenta que había un problema.	*She realized there was a problem.*
Se dio por vencido.	*He gave in/up.*
Es dado a trasnochar.	*He's given to/fond of staying up late.*
Dada la hora, hay que suspender la sesión.	*Given the time, we should adjourn the meeting.*

TOP 30 VERBS

regular -er verb

debo · debieron · debido · debiendo

PRESENT		PRETERIT	
debo	debemos	debí	debimos
debes	debéis	debiste	debisteis
debe	deben	debió	debieron

IMPERFECT		PRESENT PERFECT	
debía	debíamos	he debido	hemos debido
debías	debíais	has debido	habéis debido
debía	debían	ha debido	han debido

FUTURE		CONDITIONAL	
deberé	deberemos	debería	deberíamos
deberás	deberéis	deberías	deberíais
deberá	deberán	debería	deberían

PLUPERFECT		PRETERIT PERFECT	
había debido	habíamos debido	hube debido	hubimos debido
habías debido	habíais debido	hubiste debido	hubisteis debido
había debido	habían debido	hubo debido	hubieron debido

FUTURE PERFECT		CONDITIONAL PERFECT	
habré debido	habremos debido	habría debido	habríamos debido
habrás debido	habréis debido	habrías debido	habríais debido
habrá debido	habrán debido	habría debido	habrían debido

PRESENT SUBJUNCTIVE		PRESENT PERFECT SUBJUNCTIVE	
deba	debamos	haya debido	hayamos debido
debas	debáis	hayas debido	hayáis debido
deba	deban	haya debido	hayan debido

IMPERFECT SUBJUNCTIVE (-ra)		*or* IMPERFECT SUBJUNCTIVE (-se)	
debiera	debiéramos	debiese	debiésemos
debieras	debierais	debieses	debieseis
debiera	debieran	debiese	debiesen

PAST PERFECT SUBJUNCTIVE (-ra)		*or* PAST PERFECT SUBJUNCTIVE (-se)	
hubiera debido	hubiéramos debido	hubiese debido	hubiésemos debido
hubieras debido	hubierais debido	hubieses debido	hubieseis debido
hubiera debido	hubieran debido	hubiese debido	hubiesen debido

PROGRESSIVE TENSES

PRESENT	estoy, estás, está, estamos, estáis, están
PRETERIT	estuve, estuviste, estuvo, estuvimos, estuvisteis, estuvieron
IMPERFECT	estaba, estabas, estaba, estábamos, estabais, estaban
FUTURE	estaré, estarás, estará, estaremos, estaréis, estarán
CONDITIONAL	estaría, estarías, estaría, estaríamos, estaríais, estarían
SUBJUNCTIVE	que + *corresponding subjunctive tense of* estar (*see verb 151*)

} debiendo

COMMANDS

	(nosotros) debamos/no debamos
(tú) debe/no debas	(vosotros) debed/no debáis
(Ud.) deba/no deba	(Uds.) deban/no deban

Usage

Me debes cincuenta dólares.	*You owe me fifty dollars.*
Debían haber llegado para las dos.	*They should have arrived by 2:00.*
Debo comprar un nuevo módem.	*I must buy a new modem.*
Debe de haber dejado un recado.	*She must have left a message.*

decidir *to decide*

decido · decidieron · decidido · decidiendo   regular -*ir* verb

PRESENT		PRETERIT	
decido	decidimos	decidí	decidimos
decides	decidís	decidiste	decidisteis
decide	deciden	decidió	decidieron

IMPERFECT		PRESENT PERFECT	
decidía	decidíamos	he decidido	hemos decidido
decidías	decidíais	has decidido	habéis decidido
decidía	decidían	ha decidido	han decidido

FUTURE		CONDITIONAL	
decidiré	decidiremos	decidiría	decidiríamos
decidirás	decidiréis	decidirías	decidiríais
decidirá	decidirán	decidiría	decidirían

PLUPERFECT		PRETERIT PERFECT	
había decidido	habíamos decidido	hube decidido	hubimos decidido
habías decidido	habíais decidido	hubiste decidido	hubisteis decidido
había decidido	habían decidido	hubo decidido	hubieron decidido

FUTURE PERFECT		CONDITIONAL PERFECT	
habré decidido	habremos decidido	habría decidido	habríamos decidido
habrás decidido	habréis decidido	habrías decidido	habríais decidido
habrá decidido	habrán decidido	habría decidido	habrían decidido

PRESENT SUBJUNCTIVE		PRESENT PERFECT SUBJUNCTIVE	
decida	decidamos	haya decidido	hayamos decidido
decidas	decidáis	hayas decidido	hayáis decidido
decida	decidan	haya decidido	hayan decidido

IMPERFECT SUBJUNCTIVE (-ra)		*or* IMPERFECT SUBJUNCTIVE (-se)	
decidiera	decidiéramos	decidiese	decidiésemos
decidieras	decidierais	decidieses	decidieseis
decidiera	decidieran	decidiese	decidiesen

PAST PERFECT SUBJUNCTIVE (-ra)		*or* PAST PERFECT SUBJUNCTIVE (-se)	
hubiera decidido	hubiéramos decidido	hubiese decidido	hubiésemos decidido
hubieras decidido	hubierais decidido	hubieses decidido	hubieseis decidido
hubiera decidido	hubieran decidido	hubiese decidido	hubiesen decidido

PROGRESSIVE TENSES

PRESENT	estoy, estás, está, estamos, estáis, están	
PRETERIT	estuve, estuviste, estuvo, estuvimos, estuvisteis, estuvieron	
IMPERFECT	estaba, estabas, estaba, estábamos, estabais, estaban	decidiendo
FUTURE	estaré, estarás, estará, estaremos, estaréis, estarán	
CONDITIONAL	estaría, estarías, estaría, estaríamos, estaríais, estarían	
SUBJUNCTIVE	que + *corresponding subjunctive tense of* estar (*see verb 151*)	

COMMANDS

	(nosotros) decidamos/no decidamos
(tú) decide/no decidas	(vosotros) decidid/no decidáis
(Ud.) decida/no decida	(Uds.) decidan/no decidan

Usage

Decidí quedarme con la empresa.	I decided to stay with the company.
Se decidió a renunciar a su puesto.	He made up his mind to resign his position.
Nos decidimos por el otro plan.	We decided on/chose the other plan.
Están decididos a compensar sus errores.	They're determined to make amends for their mistakes.

irregular verb

PRESENT		PRETERIT	
digo	decimos	dije	dijimos
dices	decís	dijiste	dijisteis
dice	dicen	dijo	dijeron

IMPERFECT		PRESENT PERFECT	
decía	decíamos	he dicho	hemos dicho
decías	decíais	has dicho	habéis dicho
decía	decían	ha dicho	han dicho

FUTURE		CONDITIONAL	
diré	diremos	diría	diríamos
dirás	diréis	dirías	diríais
dirá	dirán	diría	dirían

PLUPERFECT		PRETERIT PERFECT	
había dicho	habíamos dicho	hube dicho	hubimos dicho
habías dicho	habíais dicho	hubiste dicho	hubisteis dicho
había dicho	habían dicho	hubo dicho	hubieron dicho

FUTURE PERFECT		CONDITIONAL PERFECT	
habré dicho	habremos dicho	habría dicho	habríamos dicho
habrás dicho	habréis dicho	habrías dicho	habríais dicho
habrá dicho	habrán dicho	habría dicho	habrían dicho

PRESENT SUBJUNCTIVE		PRESENT PERFECT SUBJUNCTIVE	
diga	digamos	haya dicho	hayamos dicho
digas	digáis	hayas dicho	hayáis dicho
diga	digan	haya dicho	hayan dicho

IMPERFECT SUBJUNCTIVE (-ra)		*or* IMPERFECT SUBJUNCTIVE (-se)	
dijera	dijéramos	dijese	dijésemos
dijeras	dijerais	dijeses	dijeseis
dijera	dijeran	dijese	dijesen

PAST PERFECT SUBJUNCTIVE (-ra)		*or* PAST PERFECT SUBJUNCTIVE (-se)	
hubiera dicho	hubiéramos dicho	hubiese dicho	hubiésemos dicho
hubieras dicho	hubierais dicho	hubieses dicho	hubieseis dicho
hubiera dicho	hubieran dicho	hubiese dicho	hubiesen dicho

PROGRESSIVE TENSES

PRESENT	estoy, estás, está, estamos, estáis, están	
PRETERIT	estuve, estuviste, estuvo, estuvimos, estuvisteis, estuvieron	
IMPERFECT	estaba, estabas, estaba, estábamos, estabais, estaban	diciendo
FUTURE	estaré, estarás, estará, estaremos, estaréis, estarán	
CONDITIONAL	estaría, estarías, estaría, estaríamos, estaríais, estarían	
SUBJUNCTIVE	que + *corresponding subjunctive tense of* estar (*see verb 151*)	

COMMANDS

	(nosotros) digamos/no digamos
(tú) di/no digas	(vosotros) decid/no digáis
(Ud.) diga/no diga	(Uds.) digan/no digan

Usage

Dijo la verdad/una mentira.	*She told the truth/a lie.*
Dicen que va a nevar.	*They say it's going to snow.*
Di adiós a todos.	*Say good-bye to everyone.*
¿Cómo se dice esto en inglés?	*How do you say this in English?*

TOP 30 VERB ☞

Dime con quién andas y te diré quién eres.	A man is known by the company he keeps.
¡No me digas!	You don't say!/Go on!
Te lo dije bien claro.	I told you so.
Di que sí/que no.	Say yes/no.
Les dije que no volvieran tarde.	I told them not to come back late.
¿Qué dices de esta canción?	What do you think of this song?
Le dicen Daniel.	They call him Daniel.
¡Yo voy a decirles sus cuatro verdades!	I'm going to give them a piece of my mind!
¡Diga!/¡Dígame!	Hello. (telephone)
Digan lo que digan.	Whatever they say.
Es un decir.	It's a saying.
¿Qué quiere decir todo eso?	What does all that mean?
Es decir...	That's to say . . .
Lo dije sin querer.	I didn't mean to say it.
Lo que tú digas.	Whatever you say./It's up to you.
A mí no me importa el qué dirán.	I don't care what others say/think.

tú dirás

—¿Me sirves más vino/ensalada, por favor?
—Claro. Tú dirás.

Would you please serve me more wine/salad?
Of course. Say when. (to indicate enough food or drink)

—¿Para cuándo quieres los billetes?
—Tú dirás.

When do you want the tickets for?
It's up to you.

dicho

Dicho de otro modo...	In other words . . .
Lo dicho, dicho está.	What was said still stands.
Este problema es difícil, o mejor dicho, imposible.	This problem is difficult, or rather, impossible.
Del dicho al hecho hay mucho (un gran) trecho.	There's many a slip twixt the cup and the lip.
Dicho y hecho.	No sooner said than done.

Other Uses

No dije esta boca es mía.	I didn't open my mouth./I didn't say a word.
Se dice que...	It's said/They say that . . .
Lo dijo para sí.	She said it to herself.
¡Dígamelo a mí!	You're telling me!

-ar verb; spelling change: c > qu/e   **dedico · dedicaron · dedicado · dedicando**

PRESENT		PRETERIT	
dedico	dedicamos	dediqué	dedicamos
dedicas	dedicáis	dedicaste	dedicasteis
dedica	dedican	dedicó	dedicaron

IMPERFECT		PRESENT PERFECT	
dedicaba	dedicábamos	he dedicado	hemos dedicado
dedicabas	dedicabais	has dedicado	habéis dedicado
dedicaba	dedicaban	ha dedicado	han dedicado

FUTURE		CONDITIONAL	
dedicaré	dedicaremos	dedicaría	dedicaríamos
dedicarás	dedicaréis	dedicarías	dedicaríais
dedicará	dedicarán	dedicaría	dedicarían

PLUPERFECT		PRETERIT PERFECT	
había dedicado	habíamos dedicado	hube dedicado	hubimos dedicado
habías dedicado	habíais dedicado	hubiste dedicado	hubisteis dedicado
había dedicado	habían dedicado	hubo dedicado	hubieron dedicado

FUTURE PERFECT		CONDITIONAL PERFECT	
habré dedicado	habremos dedicado	habría dedicado	habríamos dedicado
habrás dedicado	habréis dedicado	habrías dedicado	habríais dedicado
habrá dedicado	habrán dedicado	habría dedicado	habrían dedicado

PRESENT SUBJUNCTIVE		PRESENT PERFECT SUBJUNCTIVE	
dedique	dediquemos	haya dedicado	hayamos dedicado
dediques	dediquéis	hayas dedicado	hayáis dedicado
dedique	dediquen	haya dedicado	hayan dedicado

IMPERFECT SUBJUNCTIVE (-ra)		or IMPERFECT SUBJUNCTIVE (-se)	
dedicara	dedicáramos	dedicase	dedicásemos
dedicaras	dedicarais	dedicases	dedicaseis
dedicara	dedicaran	dedicase	dedicasen

PAST PERFECT SUBJUNCTIVE (-ra)		or PAST PERFECT SUBJUNCTIVE (-se)	
hubiera dedicado	hubiéramos dedicado	hubiese dedicado	hubiésemos dedicado
hubieras dedicado	hubierais dedicado	hubieses dedicado	hubieseis dedicado
hubiera dedicado	hubieran dedicado	hubiese dedicado	hubiesen dedicado

PROGRESSIVE TENSES

PRESENT	estoy, estás, está, estamos, estáis, están	
PRETERIT	estuve, estuviste, estuvo, estuvimos, estuvisteis, estuvieron	
IMPERFECT	estaba, estabas, estaba, estábamos, estabais, estaban	dedicando
FUTURE	estaré, estarás, estará, estaremos, estaréis, estarán	
CONDITIONAL	estaría, estarías, estaría, estaríamos, estaríais, estarían	
SUBJUNCTIVE	que + corresponding subjunctive tense of estar (see verb 151)	

COMMANDS

	(nosotros) dediquemos/no dediquemos
(tú) dedica/no dediques	(vosotros) dedicad/no dediquéis
(Ud.) dedique/no dedique	(Uds.) dediquen/no dediquen

Usage

Dediqué mi libro a mis padres.	I dedicated my book to my parents.
Dedica más tiempo a tus estudios.	Devote more time to your studies.
Se dedican a sus hijos.	They devote themselves to their children.
¿A qué se dedica Ud.?	What do you do for a living?

defender *to defend*

stem-changing -er verb:
e > ie

PRESENT		PRETERIT	
defiendo	defendemos	defendí	defendimos
defiendes	defendéis	defendiste	defendisteis
defiende	defienden	defendió	defendieron

IMPERFECT		PRESENT PERFECT	
defendía	defendíamos	he defendido	hemos defendido
defendías	defendíais	has defendido	habéis defendido
defendía	defendían	ha defendido	han defendido

FUTURE		CONDITIONAL	
defenderé	defenderemos	defendería	defenderíamos
defenderás	defenderéis	defenderías	defenderíais
defenderá	defenderán	defendería	defenderían

PLUPERFECT		PRETERIT PERFECT	
había defendido	habíamos defendido	hube defendido	hubimos defendido
habías defendido	habíais defendido	hubiste defendido	hubisteis defendido
había defendido	habían defendido	hubo defendido	hubieron defendido

FUTURE PERFECT		CONDITIONAL PERFECT	
habré defendido	habremos defendido	habría defendido	habríamos defendido
habrás defendido	habréis defendido	habrías defendido	habríais defendido
habrá defendido	habrán defendido	habría defendido	habrían defendido

PRESENT SUBJUNCTIVE		PRESENT PERFECT SUBJUNCTIVE	
defienda	defendamos	haya defendido	hayamos defendido
defiendas	defendáis	hayas defendido	hayáis defendido
defienda	defiendan	haya defendido	hayan defendido

IMPERFECT SUBJUNCTIVE (-ra)		*or* IMPERFECT SUBJUNCTIVE (-se)	
defendiera	defendiéramos	defendiese	defendiésemos
defendieras	defendierais	defendieses	defendieseis
defendiera	defendieran	defendiese	defendiesen

PAST PERFECT SUBJUNCTIVE (-ra)		*or* PAST PERFECT SUBJUNCTIVE (-se)	
hubiera defendido	hubiéramos defendido	hubiese defendido	hubiésemos defendido
hubieras defendido	hubierais defendido	hubieses defendido	hubieseis defendido
hubiera defendido	hubieran defendido	hubiese defendido	hubiesen defendido

PROGRESSIVE TENSES

PRESENT	estoy, estás, está, estamos, estáis, están	
PRETERIT	estuve, estuviste, estuvo, estuvimos, estuvisteis, estuvieron	
IMPERFECT	estaba, estabas, estaba, estábamos, estabais, estaban	defendiendo
FUTURE	estaré, estarás, estará, estaremos, estaréis, estarán	
CONDITIONAL	estaría, estarías, estaría, estaríamos, estaríais, estarían	
SUBJUNCTIVE	que + *corresponding subjunctive tense of* estar (*see verb 151*)	

COMMANDS

	(nosotros) defendamos/no defendamos
(tú) defiende/no defiendas	(vosotros) defended/no defendáis
(Ud.) defienda/no defienda	(Uds.) defiendan/no defiendan

Usage

Los soldados defendían la frontera.	*The soldiers defended the border.*
Defendió a su patria contra sus enemigos.	*He defended his country against its enemies.*
¿Te defiendes en japonés?	*Do you get along in Japanese?*
Salieron en defensa de su colega.	*They came out in defense of their colleague.*

regular -ar verb

dejo · dejaron · dejado · dejando

PRESENT		PRETERIT	
dejo	dejamos	dejé	dejamos
dejas	dejáis	dejaste	dejasteis
deja	dejan	dejó	dejaron

IMPERFECT		PRESENT PERFECT	
dejaba	dejábamos	he dejado	hemos dejado
dejabas	dejabais	has dejado	habéis dejado
dejaba	dejaban	ha dejado	han dejado

FUTURE		CONDITIONAL	
dejaré	dejaremos	dejaría	dejaríamos
dejarás	dejaréis	dejarías	dejaríais
dejará	dejarán	dejaría	dejarían

PLUPERFECT		PRETERIT PERFECT	
había dejado	habíamos dejado	hube dejado	hubimos dejado
habías dejado	habíais dejado	hubiste dejado	hubisteis dejado
había dejado	habían dejado	hubo dejado	hubieron dejado

FUTURE PERFECT		CONDITIONAL PERFECT	
habré dejado	habremos dejado	habría dejado	habríamos dejado
habrás dejado	habréis dejado	habrías dejado	habríais dejado
habrá dejado	habrán dejado	habría dejado	habrían dejado

PRESENT SUBJUNCTIVE		PRESENT PERFECT SUBJUNCTIVE	
deje	dejemos	haya dejado	hayamos dejado
dejes	dejéis	hayas dejado	hayáis dejado
deje	dejen	haya dejado	hayan dejado

IMPERFECT SUBJUNCTIVE (-ra)		*or* IMPERFECT SUBJUNCTIVE (-se)	
dejara	dejáramos	dejase	dejásemos
dejaras	dejarais	dejases	dejaseis
dejara	dejaran	dejase	dejasen

PAST PERFECT SUBJUNCTIVE (-ra)		*or* PAST PERFECT SUBJUNCTIVE (-se)	
hubiera dejado	hubiéramos dejado	hubiese dejado	hubiésemos dejado
hubieras dejado	hubierais dejado	hubieses dejado	hubieseis dejado
hubiera dejado	hubieran dejado	hubiese dejado	hubiesen dejado

PROGRESSIVE TENSES

PRESENT	estoy, estás, está, estamos, estáis, están	
PRETERIT	estuve, estuviste, estuvo, estuvimos, estuvisteis, estuvieron	
IMPERFECT	estaba, estabas, estaba, estábamos, estabais, estaban	dejando
FUTURE	estaré, estarás, estará, estaremos, estaréis, estarán	
CONDITIONAL	estaría, estarías, estaría, estaríamos, estaríais, estarían	
SUBJUNCTIVE	que + *corresponding subjunctive tense of* estar (*see verb 151*)	

COMMANDS

	(nosotros) dejemos/no dejemos
(tú) deja/no dejes	(vosotros) dejad/no dejéis
(Ud.) deje/no deje	(Uds.) dejen/no dejen

Usage

Dejé los papeles en la oficina.	*I left the papers at the office.*
Déjame en paz.	*Leave me alone.*
Dejamos de jugar tenis.	*We stopped playing tennis.*
Déjelos leer el informe.	*Let them read the report.*

demostrar *to show, demonstrate, prove*

demuestro · demostraron · demostrado · demostrando stem-changing *-ar* verb:
o > ue

PRESENT		PRETERIT	
demuestro	demostramos	demostré	demostramos
demuestras	demostráis	demostraste	demostrasteis
demuestra	demuestran	demostró	demostraron

IMPERFECT		PRESENT PERFECT	
demostraba	demostrábamos	he demostrado	hemos demostrado
demostrabas	demostrabais	has demostrado	habéis demostrado
demostraba	demostraban	ha demostrado	han demostrado

FUTURE		CONDITIONAL	
demostraré	demostraremos	demostraría	demostraríamos
demostrarás	demostraréis	demostrarías	demostraríais
demostrará	demostrarán	demostraría	demostrarían

PLUPERFECT		PRETERIT PERFECT	
había demostrado	habíamos demostrado	hube demostrado	hubimos demostrado
habías demostrado	habíais demostrado	hubiste demostrado	hubisteis demostrado
había demostrado	habían demostrado	hubo demostrado	hubieron demostrado

FUTURE PERFECT		CONDITIONAL PERFECT	
habré demostrado	habremos demostrado	habría demostrado	habríamos demostrado
habrás demostrado	habréis demostrado	habrías demostrado	habríais demostrado
habrá demostrado	habrán demostrado	habría demostrado	habrían demostrado

PRESENT SUBJUNCTIVE		PRESENT PERFECT SUBJUNCTIVE	
demuestre	demostremos	haya demostrado	hayamos demostrado
demuestres	demostréis	hayas demostrado	hayáis demostrado
demuestre	demuestren	haya demostrado	hayan demostrado

IMPERFECT SUBJUNCTIVE (-ra)		*or* IMPERFECT SUBJUNCTIVE (-se)	
demostrara	demostráramos	demostrase	demostrásemos
demostraras	demostrarais	demostrases	demostraseis
demostrara	demostraran	demostrase	demostrasen

PAST PERFECT SUBJUNCTIVE (-ra)		*or* PAST PERFECT SUBJUNCTIVE (-se)	
hubiera demostrado	hubiéramos demostrado	hubiese demostrado	hubiésemos demostrado
hubieras demostrado	hubierais demostrado	hubieses demostrado	hubieseis demostrado
hubiera demostrado	hubieran demostrado	hubiese demostrado	hubiesen demostrado

PROGRESSIVE TENSES

PRESENT	estoy, estás, está, estamos, estáis, están
PRETERIT	estuve, estuviste, estuvo, estuvimos, estuvisteis, estuvieron
IMPERFECT	estaba, estabas, estaba, estábamos, estabais, estaban
FUTURE	estaré, estarás, estará, estaremos, estaréis, estarán
CONDITIONAL	estaría, estarías, estaría, estaríamos, estaríais, estarían
SUBJUNCTIVE	que + *corresponding subjunctive tense of* estar (*see verb 151*)

demostrando

COMMANDS

	(nosotros) demostremos/no demostremos
(tú) demuestra/no demuestres	(vosotros) demostrad/no demostréis
(Ud.) demuestre/no demuestre	(Uds.) demuestren/no demuestren

Usage

Demuestran mucho interés en el producto.	*They show a lot of interest in the product.*
¿Cómo demostraron su proposición?	*How did they prove their proposition?*
Demuéstranos cómo funciona.	*Show us how it works.*
Han demostrado su ignorancia en el campo.	*They've demonstrated their ignorance in the field.*

-er verb; spelling **desaparezco · desaparecieron · desaparecido · desapareciendo**
change: *c* > *zc/o, a*

PRESENT

desaparezco	desaparecemos
desapareces	desaparecéis
desaparece	desaparecen

PRETERIT

desaparecí	desaparecimos
desapareciste	desaparecisteis
desapareció	desaparecieron

IMPERFECT

desaparecía	desaparecíamos
desaparecías	desaparecíais
desaparecía	desaparecían

PRESENT PERFECT

he desaparecido	hemos desaparecido
has desaparecido	habéis desaparecido
ha desaparecido	han desaparecido

FUTURE

desapareceré	desapareceremos
desaparecerás	desapareceréis
desaparecerá	desaparecerán

CONDITIONAL

desaparecería	desapareceríamos
desaparecerías	desapareceríais
desaparecería	desaparecerían

PLUPERFECT

había desaparecido	habíamos desaparecido
habías desaparecido	habíais desaparecido
había desaparecido	habían desaparecido

PRETERIT PERFECT

hube desaparecido	hubimos desaparecido
hubiste desaparecido	hubisteis desaparecido
hubo desaparecido	hubieron desaparecido

FUTURE PERFECT

habré desaparecido	habremos desaparecido
habrás desaparecido	habréis desaparecido
habrá desaparecido	habrán desaparecido

CONDITIONAL PERFECT

habría desaparecido	habríamos desaparecido
habrías desaparecido	habríais desaparecido
habría desaparecido	habrían desaparecido

PRESENT SUBJUNCTIVE

desaparezca	desaparezcamos
desaparezcas	desaparezcáis
desaparezca	desaparezcan

PRESENT PERFECT SUBJUNCTIVE

haya desaparecido	hayamos desaparecido
hayas desaparecido	hayáis desaparecido
haya desaparecido	hayan desaparecido

IMPERFECT SUBJUNCTIVE (-ra)

desapareciera	desapareciéramos
desaparecieras	desaparecierais
desapareciera	desaparecieran

or **IMPERFECT SUBJUNCTIVE (-se)**

desapareciese	desapareciésemos
desaparecieses	desaparecieseis
desapareciese	desapareciesen

PAST PERFECT SUBJUNCTIVE (-ra)

hubiera desaparecido	hubiéramos desaparecido
hubieras desaparecido	hubierais desaparecido
hubiera desaparecido	hubieran desaparecido

or **PAST PERFECT SUBJUNCTIVE (-se)**

hubiese desaparecido	hubiésemos desaparecido
hubieses desaparecido	hubieseis desaparecido
hubiese desaparecido	hubiesen desaparecido

PROGRESSIVE TENSES

PRESENT	estoy, estás, está, estamos, estáis, están
PRETERIT	estuve, estuviste, estuvo, estuvimos, estuvisteis, estuvieron
IMPERFECT	estaba, estabas, estaba, estábamos, estabais, estaban
FUTURE	estaré, estarás, estará, estaremos, estaréis, estarán
CONDITIONAL	estaría, estarías, estaría, estaríamos, estaríais, estarían
SUBJUNCTIVE	que + *corresponding subjunctive tense of* estar (*see verb 151*)

} desapareciendo

COMMANDS

	(nosotros) desaparezcamos/no desaparezcamos
(tú) desaparece/no desaparezcas	(vosotros) desapareced/no desaparezcáis
(Ud.) desaparezca/no desaparezca	(Uds.) desaparezcan/no desaparezcan

Usage

Desaparecieron sin dejar rastro.	*They disappeared without leaving a trace.*
El aroma ha desaparecido.	*The aroma is gone/has worn off.*
Desapareció del mapa.	*He disappeared from the face of the earth.*
Hizo desaparecer los bombones.	*She hid/made off with the candy.*

describir *to describe, trace*

describo · describieron · descrito · describiendo   *-ir* verb; irregular past participle

PRESENT		PRETERIT	
describo	describimos	describí	describimos
describes	describís	describiste	describisteis
describe	describen	describió	describieron

IMPERFECT		PRESENT PERFECT	
describía	describíamos	he descrito	hemos descrito
describías	describíais	has descrito	habéis descrito
describía	describían	ha descrito	han descrito

FUTURE		CONDITIONAL	
describiré	describiremos	describiría	describiríamos
describirás	describiréis	describirías	describiríais
describirá	describirán	describiría	describirían

PLUPERFECT		PRETERIT PERFECT	
había descrito	habíamos descrito	hube descrito	hubimos descrito
habías descrito	habíais descrito	hubiste descrito	hubisteis descrito
había descrito	habían descrito	hubo descrito	hubieron descrito

FUTURE PERFECT		CONDITIONAL PERFECT	
habré descrito	habremos descrito	habría descrito	habríamos descrito
habrás descrito	habréis descrito	habrías descrito	habríais descrito
habrá descrito	habrán descrito	habría descrito	habrían descrito

PRESENT SUBJUNCTIVE		PRESENT PERFECT SUBJUNCTIVE	
describa	describamos	haya descrito	hayamos descrito
describas	describáis	hayas descrito	hayáis descrito
describa	describan	haya descrito	hayan descrito

IMPERFECT SUBJUNCTIVE (-ra)		*or* IMPERFECT SUBJUNCTIVE (-se)	
describiera	describiéramos	describiese	describiésemos
describieras	describierais	describieses	describieseis
describiera	describieran	describiese	describiesen

PAST PERFECT SUBJUNCTIVE (-ra)		*or* PAST PERFECT SUBJUNCTIVE (-se)	
hubiera descrito	hubiéramos descrito	hubiese descrito	hubiésemos descrito
hubieras descrito	hubierais descrito	hubieses descrito	hubieseis descrito
hubiera descrito	hubieran descrito	hubiese descrito	hubiesen descrito

PROGRESSIVE TENSES

PRESENT	estoy, estás, está, estamos, estáis, están
PRETERIT	estuve, estuviste, estuvo, estuvimos, estuvisteis, estuvieron
IMPERFECT	estaba, estabas, estaba, estábamos, estabais, estaban
FUTURE	estaré, estarás, estará, estaremos, estaréis, estarán
CONDITIONAL	estaría, estarías, estaría, estaríamos, estaríais, estarían
SUBJUNCTIVE	que + *corresponding subjunctive tense of* estar (*see verb 151*)

} describiendo

COMMANDS

	(nosotros) describamos/no describamos
(tú) describe/no describas	(vosotros) describid/no describáis
(Ud.) describa/no describa	(Uds.) describan/no describan

Usage

Describa lo que vio.	*Describe what you saw.*
Han descrito el suceso detalladamente.	*They've described the event in great detail.*
Describe el contorno del país.	*Trace the outline/contour of the country.*
La nave espacial describió una órbita.	*The spaceship traced an orbit.*

-ir verb;
irregular past participle

descubro · descubrieron · descubierto · descubriendo

PRESENT

descubro	descubrimos
descubres	descubrís
descubre	descubren

PRETERIT

descubrí	descubrimos
descubriste	descubristeis
descubrió	descubrieron

IMPERFECT

descubría	descubríamos
descubrías	descubríais
descubría	descubrían

PRESENT PERFECT

he descubierto	hemos descubierto
has descubierto	habéis descubierto
ha descubierto	han descubierto

FUTURE

descubriré	descubriremos
descubrirás	descubriréis
descubrirá	descubrirán

CONDITIONAL

descubriría	descubriríamos
descubrirías	descubriríais
descubriría	descubrirían

PLUPERFECT

había descubierto	habíamos descubierto
habías descubierto	habíais descubierto
había descubierto	habían descubierto

PRETERIT PERFECT

hube descubierto	hubimos descubierto
hubiste descubierto	hubisteis descubierto
hubo descubierto	hubieron descubierto

FUTURE PERFECT

habré descubierto	habremos descubierto
habrás descubierto	habréis descubierto
habrá descubierto	habrán descubierto

CONDITIONAL PERFECT

habría descubierto	habríamos descubierto
habrías descubierto	habríais descubierto
habría descubierto	habrían descubierto

PRESENT SUBJUNCTIVE

descubra	descubramos
descubras	descubráis
descubra	descubran

PRESENT PERFECT SUBJUNCTIVE

haya descubierto	hayamos descubierto
hayas descubierto	hayáis descubierto
haya descubierto	hayan descubierto

IMPERFECT SUBJUNCTIVE (-ra)

descubriera	descubriéramos
descubrieras	descubrierais
descubriera	descubrieran

or **IMPERFECT SUBJUNCTIVE (-se)**

descubriese	descubriésemos
descubrieses	descubrieseis
descubriese	descubriesen

PAST PERFECT SUBJUNCTIVE (-ra)

hubiera descubierto	hubiéramos descubierto
hubieras descubierto	hubierais descubierto
hubiera descubierto	hubieran descubierto

or **PAST PERFECT SUBJUNCTIVE (-se)**

hubiese descubierto	hubiésemos descubierto
hubieses descubierto	hubieseis descubierto
hubiese descubierto	hubiesen descubierto

PROGRESSIVE TENSES

PRESENT	estoy, estás, está, estamos, estáis, están
PRETERIT	estuve, estuviste, estuvo, estuvimos, estuvisteis, estuvieron
IMPERFECT	estaba, estabas, estaba, estábamos, estabais, estaban
FUTURE	estaré, estarás, estará, estaremos, estaréis, estarán
CONDITIONAL	estaría, estarías, estaría, estaríamos, estaríais, estarían
SUBJUNCTIVE	que + *corresponding subjunctive tense of* estar (*see verb 151*)

} descubriendo

COMMANDS

	(nosotros) descubramos/no descubramos
(tú) descubre/no descubras	(vosotros) descubrid/no descubráis
(Ud.) descubra/no descubra	(Uds.) descubran/no descubran

Usage

Fleming descubrió la penicilina en 1928.	*Fleming discovered penicillin in 1928.*
Descubrieron el tesoro de la Sierra Madre.	*They found the treasure of the Sierra Madre.*
Han descubierto el cuadro.	*They've unveiled the painting.*
Se descubrió la verdad.	*The truth came out.*

desear *to want, wish, desire*

deseo · desearon · deseado · deseando   regular *-ar* verb

PRESENT		PRETERIT	
deseo	deseamos	deseé	deseamos
deseas	deseáis	deseaste	deseasteis
desea	desean	deseó	desearon

IMPERFECT		PRESENT PERFECT	
deseaba	deseábamos	he deseado	hemos deseado
deseabas	deseabais	has deseado	habéis deseado
deseaba	deseaban	ha deseado	han deseado

FUTURE		CONDITIONAL	
desearé	desearemos	desearía	desearíamos
desearás	desearéis	desearías	desearíais
deseará	desearán	desearía	desearían

PLUPERFECT		PRETERIT PERFECT	
había deseado	habíamos deseado	hube deseado	hubimos deseado
habías deseado	habíais deseado	hubiste deseado	hubisteis deseado
había deseado	habían deseado	hubo deseado	hubieron deseado

FUTURE PERFECT		CONDITIONAL PERFECT	
habré deseado	habremos deseado	habría deseado	habríamos deseado
habrás deseado	habréis deseado	habrías deseado	habríais deseado
habrá deseado	habrán deseado	habría deseado	habrían deseado

PRESENT SUBJUNCTIVE		PRESENT PERFECT SUBJUNCTIVE	
desee	deseemos	haya deseado	hayamos deseado
desees	deseéis	hayas deseado	hayáis deseado
desee	deseen	haya deseado	hayan deseado

IMPERFECT SUBJUNCTIVE (-ra)		*or* IMPERFECT SUBJUNCTIVE (-se)	
deseara	deseáramos	desease	deseásemos
desearas	desearais	deseases	deseaseis
deseara	desearan	desease	deseasen

PAST PERFECT SUBJUNCTIVE (-ra)		*or* PAST PERFECT SUBJUNCTIVE (-se)	
hubiera deseado	hubiéramos deseado	hubiese deseado	hubiésemos deseado
hubieras deseado	hubierais deseado	hubieses deseado	hubieseis deseado
hubiera deseado	hubieran deseado	hubiese deseado	hubiesen deseado

PROGRESSIVE TENSES

PRESENT	estoy, estás, está, estamos, estáis, están
PRETERIT	estuve, estuviste, estuvo, estuvimos, estuvisteis, estuvieron
IMPERFECT	estaba, estabas, estaba, estábamos, estabais, estaban
FUTURE	estaré, estarás, estará, estaremos, estaréis, estarán
CONDITIONAL	estaría, estarías, estaría, estaríamos, estaríais, estarían
SUBJUNCTIVE	que + *corresponding subjunctive tense of* estar (*see verb 151*)

} deseando

COMMANDS

	(nosotros) deseemos/no deseemos
(tú) desea/no desees	(vosotros) desead/no deseéis
(Ud.) desee/no desee	(Uds.) deseen/no deseen

Usage

—¿Qué desean para la cena?   *What do you want for dinner?*
—No deseamos nada en particular.   *We don't want anything special.*

—¿Qué desea Ud.?   *What can I do for you?/How might I help you?* (store)
—Desearía ver las blusas de seda.   *I'd like to see the silk blouses.*

stem-changing -ir verb:
e > i (like **pedir**)

despido · despidieron · despedido · despidiendo

PRESENT		PRETERIT	
despido	despedimos	despedí	despedimos
despides	despedís	despediste	despedisteis
despide	despiden	despidió	despidieron

IMPERFECT		PRESENT PERFECT	
despedía	despedíamos	he despedido	hemos despedido
despedías	despedíais	has despedido	habéis despedido
despedía	despedían	ha despedido	han despedido

FUTURE		CONDITIONAL	
despediré	despediremos	despediría	despediríamos
despedirás	despediréis	despedirías	despediríais
despedirá	despedirán	despediría	despedirían

PLUPERFECT		PRETERIT PERFECT	
había despedido	habíamos despedido	hube despedido	hubimos despedido
habías despedido	habíais despedido	hubiste despedido	hubisteis despedido
había despedido	habían despedido	hubo despedido	hubieron despedido

FUTURE PERFECT		CONDITIONAL PERFECT	
habré despedido	habremos despedido	habría despedido	habríamos despedido
habrás despedido	habréis despedido	habrías despedido	habríais despedido
habrá despedido	habrán despedido	habría despedido	habrían despedido

PRESENT SUBJUNCTIVE		PRESENT PERFECT SUBJUNCTIVE	
despida	despidamos	haya despedido	hayamos despedido
despidas	despidáis	hayas despedido	hayáis despedido
despida	despidan	haya despedido	hayan despedido

IMPERFECT SUBJUNCTIVE (-ra)		*or* IMPERFECT SUBJUNCTIVE (-se)	
despidiera	despidiéramos	despidiese	despidiésemos
despidieras	despidierais	despidieses	despidieseis
despidiera	despidieran	despidiese	despidiesen

PAST PERFECT SUBJUNCTIVE (-ra)		*or* PAST PERFECT SUBJUNCTIVE (-se)	
hubiera despedido	hubiéramos despedido	hubiese despedido	hubiésemos despedido
hubieras despedido	hubierais despedido	hubieses despedido	hubieseis despedido
hubiera despedido	hubieran despedido	hubiese despedido	hubiesen despedido

PROGRESSIVE TENSES

PRESENT	estoy, estás, está, estamos, estáis, están
PRETERIT	estuve, estuviste, estuvo, estuvimos, estuvisteis, estuvieron
IMPERFECT	estaba, estabas, estaba, estábamos, estabais, estaban
FUTURE	estaré, estarás, estará, estaremos, estaréis, estarán
CONDITIONAL	estaría, estarías, estaría, estaríamos, estaríais, estarían
SUBJUNCTIVE	que + *corresponding subjunctive tense of* estar (*see verb 151*)

} despidiendo

COMMANDS

	(nosotros) despidamos/no despidamos
(tú) despide/no despidas	(vosotros) despedid/no despidáis
(Ud.) despida/no despida	(Uds.) despidan/no despidan

Usage

El microondas despide rayos.	*The microwave oven emits/gives off rays.*
El jefe despidió a dos empleados.	*The boss fired two employees.*
El inquilino fue despedido.	*The tenant was evicted.*
Se despidieron de nosotros.	*They said good-bye to us.*

despegar   *to take off* (airplane), *detach, unstick*

despego · despegaron · despegado · despegando   *-ar* verb; spelling change:
g > gu/e

PRESENT		PRETERIT	
despego	despegamos	despegué	despegamos
despegas	despegáis	despegaste	despegasteis
despega	despegan	despegó	despegaron

IMPERFECT		PRESENT PERFECT	
despegaba	despegábamos	he despegado	hemos despegado
despegabas	despegabais	has despegado	habéis despegado
despegaba	despegaban	ha despegado	han despegado

FUTURE		CONDITIONAL	
despegaré	despegaremos	despegaría	despegaríamos
despegarás	despegaréis	despegarías	despegaríais
despegará	despegarán	despegaría	despegarían

PLUPERFECT		PRETERIT PERFECT	
había despegado	habíamos despegado	hube despegado	hubimos despegado
habías despegado	habíais despegado	hubiste despegado	hubisteis despegado
había despegado	habían despegado	hubo despegado	hubieron despegado

FUTURE PERFECT		CONDITIONAL PERFECT	
habré despegado	habremos despegado	habría despegado	habríamos despegado
habrás despegado	habréis despegado	habrías despegado	habríais despegado
habrá despegado	habrán despegado	habría despegado	habrían despegado

PRESENT SUBJUNCTIVE		PRESENT PERFECT SUBJUNCTIVE	
despegue	despeguemos	haya despegado	hayamos despegado
despegues	despeguéis	hayas despegado	hayáis despegado
despegue	despeguen	haya despegado	hayan despegado

IMPERFECT SUBJUNCTIVE (-ra)		*or* IMPERFECT SUBJUNCTIVE (-se)	
despegara	despegáramos	despegase	despegásemos
despegaras	despegarais	despegases	despegaseis
despegara	despegaran	despegase	despegasen

PAST PERFECT SUBJUNCTIVE (-ra)		*or* PAST PERFECT SUBJUNCTIVE (-se)	
hubiera despegado	hubiéramos despegado	hubiese despegado	hubiésemos despegado
hubieras despegado	hubierais despegado	hubieses despegado	hubieseis despegado
hubiera despegado	hubieran despegado	hubiese despegado	hubiesen despegado

PROGRESSIVE TENSES

PRESENT	estoy, estás, está, estamos, estáis, están	
PRETERIT	estuve, estuviste, estuvo, estuvimos, estuvisteis, estuvieron	
IMPERFECT	estaba, estabas, estaba, estábamos, estabais, estaban	despegando
FUTURE	estaré, estarás, estará, estaremos, estaréis, estarán	
CONDITIONAL	estaría, estarías, estaría, estaríamos, estaríais, estarían	
SUBJUNCTIVE	que + *corresponding subjunctive tense of* estar (*see verb 151*)	

COMMANDS

	(nosotros) despeguemos/no despeguemos
(tú) despega/no despegues	(vosotros) despegad/no despeguéis
(Ud.) despegue/no despegue	(Uds.) despeguen/no despeguen

Usage

—¿Despega el avión pronto?
—Dudo que despegue antes de las nueve.

Despega el sobre y saca el papel.
No despegó los labios en toda la noche.

Will the airplane take off soon?
I doubt it will take off before 9:00.

Unstick the envelope and take the paper out.
She didn't say a word the whole evening.

stem-changing -ar
reflexive verb: e > ie

despierto · despertaron · despertado · despertándose

PRESENT		PRETERIT	
me despierto	nos despertamos	me desperté	nos despertamos
te despiertas	os despertáis	te despertaste	os despertasteis
se despierta	se despiertan	se despertó	se despertaron

IMPERFECT		PRESENT PERFECT	
me despertaba	nos despertábamos	me he despertado	nos hemos despertado
te despertabas	os despertabais	te has despertado	os habéis despertado
se despertaba	se despertaban	se ha despertado	se han despertado

FUTURE		CONDITIONAL	
me despertaré	nos despertaremos	me despertaría	nos despertaríamos
te despertarás	os despertaréis	te despertarías	os despertaríais
se despertará	se despertarán	se despertaría	se despertarían

PLUPERFECT		PRETERIT PERFECT	
me había despertado	nos habíamos despertado	me hube despertado	nos hubimos despertado
te habías despertado	os habíais despertado	te hubiste despertado	os hubisteis despertado
se había despertado	se habían despertado	se hubo despertado	se hubieron despertado

FUTURE PERFECT		CONDITIONAL PERFECT	
me habré despertado	nos habremos despertado	me habría despertado	nos habríamos despertado
te habrás despertado	os habréis despertado	te habrías despertado	os habríais despertado
se habrá despertado	se habrán despertado	se habría despertado	se habrían despertado

PRESENT SUBJUNCTIVE		PRESENT PERFECT SUBJUNCTIVE	
me despierte	nos despertemos	me haya despertado	nos hayamos despertado
te despiertes	os despertéis	te hayas despertado	os hayáis despertado
se despierte	se despierten	se haya despertado	se hayan despertado

IMPERFECT SUBJUNCTIVE (-ra)		or	IMPERFECT SUBJUNCTIVE (-se)	
me despertara	nos despertáramos		me despertase	nos despertásemos
te despertaras	os despertarais		te despertases	os despertaseis
se despertara	se despertaran		se despertase	se despertasen

PAST PERFECT SUBJUNCTIVE (-ra)		or	PAST PERFECT SUBJUNCTIVE (-se)	
me hubiera despertado	nos hubiéramos despertado		me hubiese despertado	nos hubiésemos despertado
te hubieras despertado	os hubierais despertado		te hubieses despertado	os hubieseis despertado
se hubiera despertado	se hubieran despertado		se hubiese despertado	se hubiesen despertado

PROGRESSIVE TENSES

PRESENT	estoy, estás, está, estamos, estáis, están	
PRETERIT	estuve, estuviste, estuvo, estuvimos, estuvisteis, estuvieron	
IMPERFECT	estaba, estabas, estaba, estábamos, estabais, estaban	despertando (see page 36)
FUTURE	estaré, estarás, estará, estaremos, estaréis, estarán	
CONDITIONAL	estaría, estarías, estaría, estaríamos, estaríais, estarían	
SUBJUNCTIVE	que + corresponding subjunctive tense of estar (see verb 151)	

COMMANDS

	(nosotros) despertémonos/no nos despertemos
(tú) despiértate/no te despiertes	(vosotros) despertaos/no os despertéis
(Ud.) despiértese/no se despierte	(Uds.) despiértense/no se despierten

Usage

Cuando yo me despierte a las siete, te despertaré.	When I wake up at 7:00, I'll wake you up.
¡Despiértate! ¿No oíste el despertador?	Wake up! Didn't you hear the alarm clock?
El tema no ha despertado ningún interés.	The subject hasn't aroused any interest.

destruir *to destroy*

destruyo · destruyeron · destruido · destruyendo   *-ir* verb; spelling change:
adds *y* before *o, a, e*

PRESENT		PRETERIT	
destruyo	destruimos	destruí	destruimos
destruyes	destruís	destruiste	destruisteis
destruye	destruyen	destruyó	destruyeron

IMPERFECT		PRESENT PERFECT	
destruía	destruíamos	he destruido	hemos destruido
destruías	destruíais	has destruido	habéis destruido
destruía	destruían	ha destruido	han destruido

FUTURE		CONDITIONAL	
destruiré	destruiremos	destruiría	destruiríamos
destruirás	destruiréis	destruirías	destruiríais
destruirá	destruirán	destruiría	destruirían

PLUPERFECT		PRETERIT PERFECT	
había destruido	habíamos destruido	hube destruido	hubimos destruido
habías destruido	habíais destruido	hubiste destruido	hubisteis destruido
había destruido	habían destruido	hubo destruido	hubieron destruido

FUTURE PERFECT		CONDITIONAL PERFECT	
habré destruido	habremos destruido	habría destruido	habríamos destruido
habrás destruido	habréis destruido	habrías destruido	habríais destruido
habrá destruido	habrán destruido	habría destruido	habrían destruido

PRESENT SUBJUNCTIVE		PRESENT PERFECT SUBJUNCTIVE	
destruya	destruyamos	haya destruido	hayamos destruido
destruyas	destruyáis	hayas destruido	hayáis destruido
destruya	destruyan	haya destruido	hayan destruido

IMPERFECT SUBJUNCTIVE (-ra)		*or* IMPERFECT SUBJUNCTIVE (-se)	
destruyera	destruyéramos	destruyese	destruyésemos
destruyeras	destruyerais	destruyeses	destruyeseis
destruyera	destruyeran	destruyese	destruyesen

PAST PERFECT SUBJUNCTIVE (-ra)		*or* PAST PERFECT SUBJUNCTIVE (-se)	
hubiera destruido	hubiéramos destruido	hubiese destruido	hubiésemos destruido
hubieras destruido	hubierais destruido	hubieses destruido	hubieseis destruido
hubiera destruido	hubieran destruido	hubiese destruido	hubiesen destruido

PROGRESSIVE TENSES

PRESENT	estoy, estás, está, estamos, estáis, están
PRETERIT	estuve, estuviste, estuvo, estuvimos, estuvisteis, estuvieron
IMPERFECT	estaba, estabas, estaba, estábamos, estabais, estaban
FUTURE	estaré, estarás, estará, estaremos, estaréis, estarán
CONDITIONAL	estaría, estarías, estaría, estaríamos, estaríais, estarían
SUBJUNCTIVE	que + *corresponding subjunctive tense of* estar (*see verb* 151)

destruyendo

COMMANDS

	(nosotros) destruyamos/no destruyamos
(tú) destruye/no destruyas	(vosotros) destruid/no destruyáis
(Ud.) destruya/no destruya	(Uds.) destruyan/no destruyan

Usage

Muchos edificios fueron destruidos por el huracán.	*Many buildings were destroyed/demolished by the hurricane.*
Se destruyó su razonamiento.	*Her reasoning was refuted.*
No destruyas su plan.	*Don't wreck their plan.*

irregular verb (like **tener**)   **detengo · detuvieron · detenido · deteniendo**

PRESENT

detengo	detenemos
detienes	detenéis
detiene	detienen

PRETERIT

detuve	detuvimos
detuviste	detuvisteis
detuvo	detuvieron

IMPERFECT

detenía	deteníamos
detenías	deteníais
detenía	detenían

PRESENT PERFECT

he detenido	hemos detenido
has detenido	habéis detenido
ha detenido	han detenido

FUTURE

detendré	detendremos
detendrás	detendréis
detendrá	detendrán

CONDITIONAL

detendría	detendríamos
detendrías	detendríais
detendría	detendrían

PLUPERFECT

había detenido	habíamos detenido
habías detenido	habíais detenido
había detenido	habían detenido

PRETERIT PERFECT

hube detenido	hubimos detenido
hubiste detenido	hubisteis detenido
hubo detenido	hubieron detenido

FUTURE PERFECT

habré detenido	habremos detenido
habrás detenido	habréis detenido
habrá detenido	habrán detenido

CONDITIONAL PERFECT

habría detenido	habríamos detenido
habrías detenido	habríais detenido
habría detenido	habrían detenido

PRESENT SUBJUNCTIVE

detenga	detengamos
detengas	detengáis
detenga	detengan

PRESENT PERFECT SUBJUNCTIVE

haya detenido	hayamos detenido
hayas detenido	hayáis detenido
haya detenido	hayan detenido

IMPERFECT SUBJUNCTIVE (-ra)

detuviera	detuviéramos
detuvieras	detuvierais
detuviera	detuvieran

or **IMPERFECT SUBJUNCTIVE (-se)**

detuviese	detuviésemos
detuvieses	detuvieseis
detuviese	detuviesen

PAST PERFECT SUBJUNCTIVE (-ra)

hubiera detenido	hubiéramos detenido
hubieras detenido	hubierais detenido
hubiera detenido	hubieran detenido

or **PAST PERFECT SUBJUNCTIVE (-se)**

hubiese detenido	hubiésemos detenido
hubieses detenido	hubieseis detenido
hubiese detenido	hubiesen detenido

PROGRESSIVE TENSES

PRESENT	estoy, estás, está, estamos, estáis, están
PRETERIT	estuve, estuviste, estuvo, estuvimos, estuvisteis, estuvieron
IMPERFECT	estaba, estabas, estaba, estábamos, estabais, estaban
FUTURE	estaré, estarás, estará, estaremos, estaréis, estarán
CONDITIONAL	estaría, estarías, estaría, estaríamos, estaríais, estarían
SUBJUNCTIVE	que + *corresponding subjunctive tense of* estar (*see verb 151*)

} deteniendo

COMMANDS

	(nosotros) detengamos/no detengamos
(tú) detén/no detengas	(vosotros) detened/no detengáis
(Ud.) detenga/no detenga	(Uds.) detengan/no detengan

Usage

Detuvo la bicicleta repentinamente.	*He stopped the bicycle suddenly.*
Siento detenerlos por tanto tiempo.	*I'm sorry to keep you so long.*
El policía detuvo al ratero.	*The policeman arrested the pickpocket.*
Se detuvieron para conocer el centro histórico.	*They stopped to get to know the historic center.*

devolver *to return something, give/put back*

devuelvo · devolvieron · devuelto · devolviendo

stem-changing -er verb:
o > ue (like **volver**)

PRESENT		PRETERIT	
devuelvo	devolvemos	devolví	devolvimos
devuelves	devolvéis	devolviste	devolvisteis
devuelve	devuelven	devolvió	devolvieron

IMPERFECT		PRESENT PERFECT	
devolvía	devolvíamos	he devuelto	hemos devuelto
devolvías	devolvíais	has devuelto	habéis devuelto
devolvía	devolvían	ha devuelto	han devuelto

FUTURE		CONDITIONAL	
devolveré	devolveremos	devolvería	devolveríamos
devolverás	devolveréis	devolverías	devolveríais
devolverá	devolverán	devolvería	devolverían

PLUPERFECT		PRETERIT PERFECT	
había devuelto	habíamos devuelto	hube devuelto	hubimos devuelto
habías devuelto	habíais devuelto	hubiste devuelto	hubisteis devuelto
había devuelto	habían devuelto	hubo devuelto	hubieron devuelto

FUTURE PERFECT		CONDITIONAL PERFECT	
habré devuelto	habremos devuelto	habría devuelto	habríamos devuelto
habrás devuelto	habréis devuelto	habrías devuelto	habríais devuelto
habrá devuelto	habrán devuelto	habría devuelto	habrían devuelto

PRESENT SUBJUNCTIVE		PRESENT PERFECT SUBJUNCTIVE	
devuelva	devolvamos	haya devuelto	hayamos devuelto
devuelvas	devolváis	hayas devuelto	hayáis devuelto
devuelva	devuelvan	haya devuelto	hayan devuelto

IMPERFECT SUBJUNCTIVE (-ra)		*or*	IMPERFECT SUBJUNCTIVE (-se)	
devolviera	devolviéramos		devolviese	devolviésemos
devolvieras	devolvierais		devolvieses	devolvieseis
devolviera	devolvieran		devolviese	devolviesen

PAST PERFECT SUBJUNCTIVE (-ra)		*or*	PAST PERFECT SUBJUNCTIVE (-se)	
hubiera devuelto	hubiéramos devuelto		hubiese devuelto	hubiésemos devuelto
hubieras devuelto	hubierais devuelto		hubieses devuelto	hubieseis devuelto
hubiera devuelto	hubieran devuelto		hubiese devuelto	hubiesen devuelto

PROGRESSIVE TENSES

PRESENT	estoy, estás, está, estamos, estáis, están
PRETERIT	estuve, estuviste, estuvo, estuvimos, estuvisteis, estuvieron
IMPERFECT	estaba, estabas, estaba, estábamos, estabais, estaban
FUTURE	estaré, estarás, estará, estaremos, estaréis, estarán
CONDITIONAL	estaría, estarías, estaría, estaríamos, estaríais, estarían
SUBJUNCTIVE	que + *corresponding subjunctive tense of* estar (*see verb 151*)

} devolviendo

COMMANDS

	(nosotros) devolvamos/no devolvamos
(tú) devuelve/no devuelvas	(vosotros) devolved/no devolváis
(Ud.) devuelva/no devuelva	(Uds.) devuelvan/no devuelvan

Usage

¿Le devolviste el dinero?	*Did you return the money to him?*
Devuelve los libros a la biblioteca.	*Return the books to the library.*
Me han devuelto el favor.	*They've returned the favor to me/paid me back.*
Devuelva lo que pidió prestado.	*Return what you borrowed.*

-ir verb; spelling change: *g* > *j/o, a*   **dirijo · dirigieron · dirigido · dirigiendo**

PRESENT

dirijo	dirigimos
diriges	dirigís
dirige	dirigen

PRETERIT

dirigí	dirigimos
dirigiste	dirigisteis
dirigió	dirigieron

IMPERFECT

dirigía	dirigíamos
dirigías	dirigíais
dirigía	dirigían

PRESENT PERFECT

he dirigido	hemos dirigido
has dirigido	habéis dirigido
ha dirigido	han dirigido

FUTURE

dirigiré	dirigiremos
dirigirás	dirigiréis
dirigirá	dirigirán

CONDITIONAL

dirigiría	dirigiríamos
dirigirías	dirigiríais
dirigiría	dirigirían

PLUPERFECT

había dirigido	habíamos dirigido
habías dirigido	habíais dirigido
había dirigido	habían dirigido

PRETERIT PERFECT

hube dirigido	hubimos dirigido
hubiste dirigido	hubisteis dirigido
hubo dirigido	hubieron dirigido

FUTURE PERFECT

habré dirigido	habremos dirigido
habrás dirigido	habréis dirigido
habrá dirigido	habrán dirigido

CONDITIONAL PERFECT

habría dirigido	habríamos dirigido
habrías dirigido	habríais dirigido
habría dirigido	habrían dirigido

PRESENT SUBJUNCTIVE

dirija	dirijamos
dirijas	dirijáis
dirija	dirijan

PRESENT PERFECT SUBJUNCTIVE

haya dirigido	hayamos dirigido
hayas dirigido	hayáis dirigido
haya dirigido	hayan dirigido

IMPERFECT SUBJUNCTIVE (-ra)

dirigiera	dirigiéramos
dirigieras	dirigierais
dirigiera	dirigieran

or **IMPERFECT SUBJUNCTIVE (-se)**

dirigiese	dirigiésemos
dirigieses	dirigieseis
dirigiese	dirigiesen

PAST PERFECT SUBJUNCTIVE (-ra)

hubiera dirigido	hubiéramos dirigido
hubieras dirigido	hubierais dirigido
hubiera dirigido	hubieran dirigido

or **PAST PERFECT SUBJUNCTIVE (-se)**

hubiese dirigido	hubiésemos dirigido
hubieses dirigido	hubieseis dirigido
hubiese dirigido	hubiesen dirigido

PROGRESSIVE TENSES

PRESENT	estoy, estás, está, estamos, estáis, están
PRETERIT	estuve, estuviste, estuvo, estuvimos, estuvisteis, estuvieron
IMPERFECT	estaba, estabas, estaba, estábamos, estabais, estaban
FUTURE	estaré, estarás, estará, estaremos, estaréis, estarán
CONDITIONAL	estaría, estarías, estaría, estaríamos, estaríais, estarían
SUBJUNCTIVE	que + *corresponding subjunctive tense of* estar (*see verb 151*)

} dirigiendo

COMMANDS

	(nosotros) dirijamos/no dirijamos
(tú) dirige/no dirijas	(vosotros) dirigid/no dirijáis
(Ud.) dirija/no dirija	(Uds.) dirijan/no dirijan

Usage

Dirigió la cámara hacia la cumbre.	*He directed/aimed the camera at the mountain top.*
Nos dirigió al hotel.	*She directed us to the hotel.*
¿Quiénes dirigen la empresa?	*Who is managing/running the business?*
Se dirigieron a casa.	*They headed home/made their way home.*

divertirse *to have a good time*

divierto · divirtieron · divertido · divirtiéndose

stem-changing *-ir* reflexive verb:
e > ie (present), *e > i* (preterit)

PRESENT		PRETERIT	
me divierto	nos divertimos	me divertí	nos divertimos
te diviertes	os divertís	te divertiste	os divertisteis
se divierte	se divierten	se divirtió	se divirtieron

IMPERFECT		PRESENT PERFECT	
me divertía	nos divertíamos	me he divertido	nos hemos divertido
te divertías	os divertíais	te has divertido	os habéis divertido
se divertía	se divertían	se ha divertido	se han divertido

FUTURE		CONDITIONAL	
me divertiré	nos divertiremos	me divertiría	nos divertiríamos
te divertirás	os divertiréis	te divertirías	os divertiríais
se divertirá	se divertirán	se divertiría	se divertirían

PLUPERFECT		PRETERIT PERFECT	
me había divertido	nos habíamos divertido	me hube divertido	nos hubimos divertido
te habías divertido	os habíais divertido	te hubiste divertido	os hubisteis divertido
se había divertido	se habían divertido	se hubo divertido	se hubieron divertido

FUTURE PERFECT		CONDITIONAL PERFECT	
me habré divertido	nos habremos divertido	me habría divertido	nos habríamos divertido
te habrás divertido	os habréis divertido	te habrías divertido	os habríais divertido
se habrá divertido	se habrán divertido	se habría divertido	se habrían divertido

PRESENT SUBJUNCTIVE		PRESENT PERFECT SUBJUNCTIVE	
me divierta	nos divirtamos	me haya divertido	nos hayamos divertido
te diviertas	os divirtáis	te hayas divertido	os hayáis divertido
se divierta	se diviertan	se haya divertido	se hayan divertido

IMPERFECT SUBJUNCTIVE (-ra)		*or* IMPERFECT SUBJUNCTIVE (-se)	
me divirtiera	nos divirtiéramos	me divirtiese	nos divirtiésemos
te divirtieras	os divirtierais	te divirtieses	os divirtieseis
se divirtiera	se divirtieran	se divirtiese	se divirtiesen

PAST PERFECT SUBJUNCTIVE (-ra)		*or* PAST PERFECT SUBJUNCTIVE (-se)	
me hubiera divertido	nos hubiéramos divertido	me hubiese divertido	nos hubiésemos divertido
te hubieras divertido	os hubierais divertido	te hubieses divertido	os hubieseis divertido
se hubiera divertido	se hubieran divertido	se hubiese divertido	se hubiesen divertido

PROGRESSIVE TENSES

PRESENT	estoy, estás, está, estamos, estáis, están
PRETERIT	estuve, estuviste, estuvo, estuvimos, estuvisteis, estuvieron
IMPERFECT	estaba, estabas, estaba, estábamos, estabais, estaban
FUTURE	estaré, estarás, estará, estaremos, estaréis, estarán
CONDITIONAL	estaría, estarías, estaría, estaríamos, estaríais, estarían
SUBJUNCTIVE	que + *corresponding subjunctive tense of* estar (*see verb 151*)

} divirtiendo
(*see page 36*)

COMMANDS

	(nosotros) divirtámonos/no nos divirtamos
(tú) diviértete/no te diviertas	(vosotros) divertíos/no os divirtáis
(Ud.) diviértase/no se divierta	(Uds.) diviértanse/no se diviertan

Usage

Me divertí muchísimo.	*I had a great time.*
Se divierte tocando el piano.	*She amuses herself playing the piano.*
—La película no me divirtió para nada.	*The film didn't amuse me at all.*
—Yo al contrario la encontré muy divertida.	*I, on the other hand, found it very entertaining.*

stem-changing -er verb: o > ue;
used in third-person singular and plural only

duele · dolieron · dolido · doliendo

PRESENT		PRETERIT	
duele	duelen	dolió	dolieron

IMPERFECT		PRESENT PERFECT	
dolía	dolían	ha dolido	han dolido

FUTURE		CONDITIONAL	
dolerá	dolerán	dolería	dolerían

PLUPERFECT		PRETERIT PERFECT	
había dolido	habían dolido	hubo dolido	hubieron dolido

FUTURE PERFECT		CONDITIONAL PERFECT	
habrá dolido	habrán dolido	habría dolido	habrían dolido

PRESENT SUBJUNCTIVE		PRESENT PERFECT SUBJUNCTIVE	
duela	duelan	haya dolido	hayan dolido

IMPERFECT SUBJUNCTIVE (-ra)		or	IMPERFECT SUBJUNCTIVE (-se)	
doliera	dolieran		doliese	doliesen

PAST PERFECT SUBJUNCTIVE (-ra)		or	PAST PERFECT SUBJUNCTIVE (-se)	
hubiera dolido	hubieran dolido		hubiese dolido	hubiesen dolido

PROGRESSIVE TENSES

PRESENT	está, están	
PRETERIT	estuvo, estuvieron	
IMPERFECT	estaba, estaban	doliendo
FUTURE	estará, estarán	
CONDITIONAL	estaría, estarían	
SUBJUNCTIVE	que + *corresponding subjunctive tense of* estar (*see verb 151*)	

VERB NOT USED IN COMMANDS

Usage

—¿Qué te duele?	*What's hurting you?*
—Tengo dolor de cabeza/estómago.	*I have a headache/stomachache.*
¿Le duele algo?	*Is something hurting her?*
Le duele la cabeza.	*She has a headache.*
Le duele el codo.	*His elbow hurts.*
Me duelen los pies.	*My feet hurt.*
—¿Te sigue doliendo la muela?	*Is your tooth still aching?*
—Sí, es un dolor sordo.	*Yes, it's a dull ache.*
Después de caerse le dolían las rodillas.	*After he fell his knees hurt.*
Nos duele su actitud hostil.	*We're distressed by their hostile attitude.*
Os dolía su comportamiento.	*You were distressed by their behavior.*
¿No le duele tener que hablarles así?	*Aren't you sorry to have to speak to them like that?*
Están dolidos.	*They're hurt/distressed.*
El tenista tiene las manos adoloridas.	*The tennis player has sore hands.*
La gente está dolorida por el accidente.	*The people are pained/grief-stricken because of the accident.*
Para nosotros, fue una decisión muy dolorosa.	*For us it was a very painful decision.*

dormir *to sleep*

duermo · durmieron · dormido · durmiendo

stem-changing -ir verb:
o > ue; o > u

PRESENT		PRETERIT	
duermo	dormimos	dormí	dormimos
duermes	dormís	dormiste	dormisteis
duerme	duermen	durmió	durmieron

IMPERFECT		PRESENT PERFECT	
dormía	dormíamos	he dormido	hemos dormido
dormías	dormíais	has dormido	habéis dormido
dormía	dormían	ha dormido	han dormido

FUTURE		CONDITIONAL	
dormiré	dormiremos	dormiría	dormiríamos
dormirás	dormiréis	dormirías	dormiríais
dormirá	dormirán	dormiría	dormirían

PLUPERFECT		PRETERIT PERFECT	
había dormido	habíamos dormido	hube dormido	hubimos dormido
habías dormido	habíais dormido	hubiste dormido	hubisteis dormido
había dormido	habían dormido	hubo dormido	hubieron dormido

FUTURE PERFECT		CONDITIONAL PERFECT	
habré dormido	habremos dormido	habría dormido	habríamos dormido
habrás dormido	habréis dormido	habrías dormido	habríais dormido
habrá dormido	habrán dormido	habría dormido	habrían dormido

PRESENT SUBJUNCTIVE		PRESENT PERFECT SUBJUNCTIVE	
duerma	durmamos	haya dormido	hayamos dormido
duermas	durmáis	hayas dormido	hayáis dormido
duerma	duerman	haya dormido	hayan dormido

IMPERFECT SUBJUNCTIVE (-ra)		*or* IMPERFECT SUBJUNCTIVE (-se)	
durmiera	durmiéramos	durmiese	durmiésemos
durmieras	durmierais	durmieses	durmieseis
durmiera	durmieran	durmiese	durmiesen

PAST PERFECT SUBJUNCTIVE (-ra)		*or* PAST PERFECT SUBJUNCTIVE (-se)	
hubiera dormido	hubiéramos dormido	hubiese dormido	hubiésemos dormido
hubieras dormido	hubierais dormido	hubieses dormido	hubieseis dormido
hubiera dormido	hubieran dormido	hubiese dormido	hubiesen dormido

PROGRESSIVE TENSES

PRESENT	estoy, estás, está, estamos, estáis, están	
PRETERIT	estuve, estuviste, estuvo, estuvimos, estuvisteis, estuvieron	
IMPERFECT	estaba, estabas, estaba, estábamos, estabais, estaban	durmiendo
FUTURE	estaré, estarás, estará, estaremos, estaréis, estarán	
CONDITIONAL	estaría, estarías, estaría, estaríamos, estaríais, estarían	
SUBJUNCTIVE	que + *corresponding subjunctive tense of* estar (*see verb 151*)	

COMMANDS

	(nosotros) durmamos/no durmamos
(tú) duerme/no duermas	(vosotros) dormid/no durmáis
(Ud.) duerma/no duerma	(Uds.) duerman/no duerman

Usage

Durmió muy bien.	*She slept very well.*
Duermen siete horas todas las noches.	*They sleep seven hours every night.*
¿Dormisteis la siesta?	*Did you take a nap?*
Nos dormimos a las once.	*We fell asleep at 11:00.*

regular -*ar* verb

echo · echaron · echado · echando

PRESENT		PRETERIT	
echo	echamos	eché	echamos
echas	echáis	echaste	echasteis
echa	echan	echó	echaron

IMPERFECT		PRESENT PERFECT	
echaba	echábamos	he echado	hemos echado
echabas	echabais	has echado	habéis echado
echaba	echaban	ha echado	han echado

FUTURE		CONDITIONAL	
echaré	echaremos	echaría	echaríamos
echarás	echaréis	echarías	echaríais
echará	echarán	echaría	echarían

PLUPERFECT		PRETERIT PERFECT	
había echado	habíamos echado	hube echado	hubimos echado
habías echado	habíais echado	hubiste echado	hubisteis echado
había echado	habían echado	hubo echado	hubieron echado

FUTURE PERFECT		CONDITIONAL PERFECT	
habré echado	habremos echado	habría echado	habríamos echado
habrás echado	habréis echado	habrías echado	habríais echado
habrá echado	habrán echado	habría echado	habrían echado

PRESENT SUBJUNCTIVE		PRESENT PERFECT SUBJUNCTIVE	
eche	echemos	haya echado	hayamos echado
eches	echéis	hayas echado	hayáis echado
eche	echen	haya echado	hayan echado

IMPERFECT SUBJUNCTIVE (-ra)		*or*	IMPERFECT SUBJUNCTIVE (-se)	
echara	echáramos		echase	echásemos
echaras	echarais		echases	echaseis
echara	echaran		echase	echasen

PAST PERFECT SUBJUNCTIVE (-ra)		*or*	PAST PERFECT SUBJUNCTIVE (-se)	
hubiera echado	hubiéramos echado		hubiese echado	hubiésemos echado
hubieras echado	hubierais echado		hubieses echado	hubieseis echado
hubiera echado	hubieran echado		hubiese echado	hubiesen echado

PROGRESSIVE TENSES

PRESENT	estoy, estás, está, estamos, estáis, están	
PRETERIT	estuve, estuviste, estuvo, estuvimos, estuvisteis, estuvieron	
IMPERFECT	estaba, estabas, estaba, estábamos, estabais, estaban	echando
FUTURE	estaré, estarás, estará, estaremos, estaréis, estarán	
CONDITIONAL	estaría, estarías, estaría, estaríamos, estaríais, estarían	
SUBJUNCTIVE	que + *corresponding subjunctive tense of* estar (*see verb 151*)	

COMMANDS

	(nosotros) echemos/no echemos
(tú) echa/no eches	(vosotros) echad/no echéis
(Ud.) eche/no eche	(Uds.) echen/no echen

Usage

No eches la basura allí.	*Don't throw the garbage there.*
Echa la moneda. ¿Cara o cruz?	*Toss the coin. Heads or tails?*
Echaron al jugador del partido.	*They threw the player out of the game.*

TOP 30 VERB ☞

echar *to throw, throw out, give off*

echo · echaron · echado · echando   regular -ar verb

Las azucenas echan un hermoso olor.	The lilies give off a beautiful smell.
Echaron al director comercial por mala administración.	They fired/threw out the business manager because of mismanagement.
Echen jugo en los vasos.	Pour juice into the glasses.
Echa una mirada a los niños hasta que yo vuelva.	Keep an eye on the kids until I come back.
¿Echáis de menos a vuestros amigos?	Do you miss your friends?
Voy a echar estas cartas al buzón.	I'm going to mail these letters.
Echemos más sal/cilantro al guisado.	Let's add more salt/coriander to the stew.
La familia ha echado raíces en su nuevo pueblo.	The family has put down roots in their new town.
Oye, no me eches la culpa a mí.	Hey, don't put the blame on me.

echar a + infinitive

Echó a reír/gritar/correr.	She started to laugh/shout/run.

echarse

Se echó a perder una gran oportunidad.	A great opportunity was lost/wasted.
Se echaron atrás para evitar una confrontación.	They backed down to avoid a confrontation.
Échate en el sofá.	Lie down/Stretch out on the sofa.
Se las echa de don Juan.	He boasts about being/fancies himself a don Juan.
La nata batida se echó a perder.	The whipped cream spoiled/went bad.

Other Uses

Nos echó en cara lo que habíamos hecho.	He threw it up to us what we had done.
Hay discordia porque siguen echando leña al fuego.	There's discord because they continue to add fuel to the fire/fan the flames.
Está echando mano al helado.	She's reaching for the ice cream.
Siempre echaba una mano a sus vecinos.	He always gave his neighbors a helping hand.
Es como echar agua en el mar.	It's like carrying coals to Newcastle.
Estaba tan furiosa que echaba humo por los ojos.	She was so furious that her eyes flashed with rage.
La chimenea está echando humo.	The fireplace is smoking.

TOP 30 VERBS

-ar verb; spelling change:
u > ú when stressed

efectúo · efectuaron · efectuado · efectuando

PRESENT

efectúo	efectuamos
efectúas	efectuáis
efectúa	efectúan

PRETERIT

efectué	efectuamos
efectuaste	efectuasteis
efectuó	efectuaron

IMPERFECT

efectuaba	efectuábamos
efectuabas	efectuabais
efectuaba	efectuaban

PRESENT PERFECT

he efectuado	hemos efectuado
has efectuado	habéis efectuado
ha efectuado	han efectuado

FUTURE

efectuaré	efectuaremos
efectuarás	efectuaréis
efectuará	efectuarán

CONDITIONAL

efectuaría	efectuaríamos
efectuarías	efectuaríais
efectuaría	efectuarían

PLUPERFECT

había efectuado	habíamos efectuado
habías efectuado	habíais efectuado
había efectuado	habían efectuado

PRETERIT PERFECT

hube efectuado	hubimos efectuado
hubiste efectuado	hubisteis efectuado
hubo efectuado	hubieron efectuado

FUTURE PERFECT

habré efectuado	habremos efectuado
habrás efectuado	habréis efectuado
habrá efectuado	habrán efectuado

CONDITIONAL PERFECT

habría efectuado	habríamos efectuado
habrías efectuado	habríais efectuado
habría efectuado	habrían efectuado

PRESENT SUBJUNCTIVE

efectúe	efectuemos
efectúes	efectuéis
efectúe	efectúen

PRESENT PERFECT SUBJUNCTIVE

haya efectuado	hayamos efectuado
hayas efectuado	hayáis efectuado
haya efectuado	hayan efectuado

IMPERFECT SUBJUNCTIVE (-ra)

efectuara	efectuáramos
efectuaras	efectuarais
efectuara	efectuaran

or **IMPERFECT SUBJUNCTIVE (-se)**

efectuase	efectuásemos
efectuases	efectuaseis
efectuase	efectuasen

PAST PERFECT SUBJUNCTIVE (-ra)

hubiera efectuado	hubiéramos efectuado
hubieras efectuado	hubierais efectuado
hubiera efectuado	hubieran efectuado

or **PAST PERFECT SUBJUNCTIVE (-se)**

hubiese efectuado	hubiésemos efectuado
hubieses efectuado	hubieseis efectuado
hubiese efectuado	hubiesen efectuado

PROGRESSIVE TENSES

PRESENT	estoy, estás, está, estamos, estáis, están
PRETERIT	estuve, estuviste, estuvo, estuvimos, estuvisteis, estuvieron
IMPERFECT	estaba, estabas, estaba, estábamos, estabais, estaban
FUTURE	estaré, estarás, estará, estaremos, estaréis, estarán
CONDITIONAL	estaría, estarías, estaría, estaríamos, estaríais, estarían
SUBJUNCTIVE	que + corresponding subjunctive tense of estar (see verb 151)

efectuando

COMMANDS

	(nosotros) efectuemos/no efectuemos
(tú) efectúa/no efectúes	(vosotros) efectuad/no efectuéis
(Ud.) efectúe/no efectúe	(Uds.) efectúen/no efectúen

Usage

Se efectúan las compras por teléfono.	*You can make purchases by telephone.*
La compañía está efectuando cambios.	*The company is carrying out/executing changes.*
Ya se efectuaron todas las operaciones necesarias.	*All the necessary operations have been performed.*

ejercer *to practice, be in practice, exercise, exert*

ejerzo · ejercieron · ejercido · ejerciendo   *-er verb; spelling change: c > z/o, a*

PRESENT		PRETERIT	
ejerzo	ejercemos	ejercí	ejercimos
ejerces	ejercéis	ejerciste	ejercisteis
ejerce	ejercen	ejerció	ejercieron

IMPERFECT		PRESENT PERFECT	
ejercía	ejercíamos	he ejercido	hemos ejercido
ejercías	ejercíais	has ejercido	habéis ejercido
ejercía	ejercían	ha ejercido	han ejercido

FUTURE		CONDITIONAL	
ejerceré	ejerceremos	ejercería	ejerceríamos
ejercerás	ejerceréis	ejercerías	ejerceríais
ejercerá	ejercerán	ejercería	ejercerían

PLUPERFECT		PRETERIT PERFECT	
había ejercido	habíamos ejercido	hube ejercido	hubimos ejercido
habías ejercido	habíais ejercido	hubiste ejercido	hubisteis ejercido
había ejercido	habían ejercido	hubo ejercido	hubieron ejercido

FUTURE PERFECT		CONDITIONAL PERFECT	
habré ejercido	habremos ejercido	habría ejercido	habríamos ejercido
habrás ejercido	habréis ejercido	habrías ejercido	habríais ejercido
habrá ejercido	habrán ejercido	habría ejercido	habrían ejercido

PRESENT SUBJUNCTIVE		PRESENT PERFECT SUBJUNCTIVE	
ejerza	ejerzamos	haya ejercido	hayamos ejercido
ejerzas	ejerzáis	hayas ejercido	hayáis ejercido
ejerza	ejerzan	haya ejercido	hayan ejercido

IMPERFECT SUBJUNCTIVE (-ra)		*or* IMPERFECT SUBJUNCTIVE (-se)	
ejerciera	ejerciéramos	ejerciese	ejerciésemos
ejercieras	ejercierais	ejercieses	ejercieseis
ejerciera	ejercieran	ejerciese	ejerciesen

PAST PERFECT SUBJUNCTIVE (-ra)		*or* PAST PERFECT SUBJUNCTIVE (-se)	
hubiera ejercido	hubiéramos ejercido	hubiese ejercido	hubiésemos ejercido
hubieras ejercido	hubierais ejercido	hubieses ejercido	hubieseis ejercido
hubiera ejercido	hubieran ejercido	hubiese ejercido	hubiesen ejercido

PROGRESSIVE TENSES

PRESENT	estoy, estás, está, estamos, estáis, están	
PRETERIT	estuve, estuviste, estuvo, estuvimos, estuvisteis, estuvieron	
IMPERFECT	estaba, estabas, estaba, estábamos, estabais, estaban	ejerciendo
FUTURE	estaré, estarás, estará, estaremos, estaréis, estarán	
CONDITIONAL	estaría, estarías, estaría, estaríamos, estaríais, estarían	
SUBJUNCTIVE	que + *corresponding subjunctive tense of* estar (*see verb 151*)	

COMMANDS

	(nosotros) ejerzamos/no ejerzamos
(tú) ejerce/no ejerzas	(vosotros) ejerced/no ejerzáis
(Ud.) ejerza/no ejerza	(Uds.) ejerzan/no ejerzan

Usage

Benjamín Sandoval ejerce de abogado.	*Benjamín Sandoval practices law.*
El pueblo ejerce el derecho al voto.	*The people exercise the right to vote.*
El presidente en ejercicio ejercía su influencia.	*The acting chairman exerted his influence.*
Los soldados ejercitan mucho en el ejército.	*The soldiers drill/train a lot in the army.*

stem-changing -ir verb: e > i;
spelling change: g > j/o, a

elijo · eligieron · elegido · eligiendo

PRESENT

elijo	elegimos
eliges	elegís
elige	eligen

PRETERIT

elegí	elegimos
elegiste	elegisteis
eligió	eligieron

IMPERFECT

elegía	elegíamos
elegías	elegíais
elegía	elegían

PRESENT PERFECT

he elegido	hemos elegido
has elegido	habéis elegido
ha elegido	han elegido

FUTURE

elegiré	elegiremos
elegirás	elegiréis
elegirá	elegirán

CONDITIONAL

elegiría	elegiríamos
elegirías	elegiríais
elegiría	elegirían

PLUPERFECT

había elegido	habíamos elegido
habías elegido	habíais elegido
había elegido	habían elegido

PRETERIT PERFECT

hube elegido	hubimos elegido
hubiste elegido	hubisteis elegido
hubo elegido	hubieron elegido

FUTURE PERFECT

habré elegido	habremos elegido
habrás elegido	habréis elegido
habrá elegido	habrán elegido

CONDITIONAL PERFECT

habría elegido	habríamos elegido
habrías elegido	habríais elegido
habría elegido	habrían elegido

PRESENT SUBJUNCTIVE

elija	elijamos
elijas	elijáis
elija	elijan

PRESENT PERFECT SUBJUNCTIVE

haya elegido	hayamos elegido
hayas elegido	hayáis elegido
haya elegido	hayan elegido

IMPERFECT SUBJUNCTIVE (-ra)

eligiera	eligiéramos
eligieras	eligierais
eligiera	eligieran

or **IMPERFECT SUBJUNCTIVE (-se)**

eligiese	eligiésemos
eligieses	eligieseis
eligiese	eligiesen

PAST PERFECT SUBJUNCTIVE (-ra)

hubiera elegido	hubiéramos elegido
hubieras elegido	hubierais elegido
hubiera elegido	hubieran elegido

or **PAST PERFECT SUBJUNCTIVE (-se)**

hubiese elegido	hubiésemos elegido
hubieses elegido	hubieseis elegido
hubiese elegido	hubiesen elegido

PROGRESSIVE TENSES

PRESENT	estoy, estás, está, estamos, estáis, están
PRETERIT	estuve, estuviste, estuvo, estuvimos, estuvisteis, estuvieron
IMPERFECT	estaba, estabas, estaba, estábamos, estabais, estaban
FUTURE	estaré, estarás, estará, estaremos, estaréis, estarán
CONDITIONAL	estaría, estarías, estaría, estaríamos, estaríais, estarían
SUBJUNCTIVE	que + corresponding subjunctive tense of estar (see verb 151)

} eligiendo

COMMANDS

	(nosotros) elijamos/no elijamos
(tú) elige/no elijas	(vosotros) elegid/no elijáis
(Ud.) elija/no elija	(Uds.) elijan/no elijan

Usage

—Elige el color.
—Prefiero que lo elijas tú.
El gobernador fue elegido Presidente de los Estados Unidos.

Choose the color.
I prefer that you select it.
The governor was elected President of the United States.

empezar *to begin*

empiezo · empezaron · empezado · empezando   stem-changing -ar verb: *e > ie*;
spelling change: *z > c/e*

PRESENT

empiezo	empezamos
empiezas	empezáis
empieza	empiezan

PRETERIT

empecé	empezamos
empezaste	empezasteis
empezó	empezaron

IMPERFECT

empezaba	empezábamos
empezabas	empezabais
empezaba	empezaban

PRESENT PERFECT

he empezado	hemos empezado
has empezado	habéis empezado
ha empezado	han empezado

FUTURE

empezaré	empezaremos
empezarás	empezaréis
empezará	empezarán

CONDITIONAL

empezaría	empezaríamos
empezarías	empezaríais
empezaría	empezarían

PLUPERFECT

había empezado	habíamos empezado
habías empezado	habíais empezado
había empezado	habían empezado

PRETERIT PERFECT

hube empezado	hubimos empezado
hubiste empezado	hubisteis empezado
hubo empezado	hubieron empezado

FUTURE PERFECT

habré empezado	habremos empezado
habrás empezado	habréis empezado
habrá empezado	habrán empezado

CONDITIONAL PERFECT

habría empezado	habríamos empezado
habrías empezado	habríais empezado
habría empezado	habrían empezado

PRESENT SUBJUNCTIVE

empiece	empecemos
empieces	empecéis
empiece	empiecen

PRESENT PERFECT SUBJUNCTIVE

haya empezado	hayamos empezado
hayas empezado	hayáis empezado
haya empezado	hayan empezado

IMPERFECT SUBJUNCTIVE (-ra)   *or*   **IMPERFECT SUBJUNCTIVE (-se)**

empezara	empezáramos	empezase	empezásemos
empezaras	empezarais	empezases	empezaseis
empezara	empezaran	empezase	empezasen

PAST PERFECT SUBJUNCTIVE (-ra)   *or*   **PAST PERFECT SUBJUNCTIVE (-se)**

hubiera empezado	hubiéramos empezado	hubiese empezado	hubiésemos empezado
hubieras empezado	hubierais empezado	hubieses empezado	hubieseis empezado
hubiera empezado	hubieran empezado	hubiese empezado	hubiesen empezado

PROGRESSIVE TENSES

PRESENT	estoy, estás, está, estamos, estáis, están
PRETERIT	estuve, estuviste, estuvo, estuvimos, estuvisteis, estuvieron
IMPERFECT	estaba, estabas, estaba, estábamos, estabais, estaban
FUTURE	estaré, estarás, estará, estaremos, estaréis, estarán
CONDITIONAL	estaría, estarías, estaría, estaríamos, estaríais, estarían
SUBJUNCTIVE	que + *corresponding subjunctive tense of* estar (*see verb 151*)

} empezando

COMMANDS

	(nosotros) empecemos/no empecemos
(tú) empieza/no empieces	(vosotros) empezad/no empecéis
(Ud.) empiece/no empiece	(Uds.) empiecen/no empiecen

Usage

Empecé el libro ayer.	*I began the book yesterday.*
Empiecen a comer.	*Start to eat.*
Empezó por darnos la bienvenida.	*He began by welcoming us.*
Empiezan a las ocho.	*They'll begin at eight o'clock.*

regular *-ar* verb | **empleo · emplearon · empleado · empleando**

PRESENT
empleo	empleamos
empleas	empleáis
emplea	emplean

PRETERIT
empleé	empleamos
empleaste	empleasteis
empleó	emplearon

IMPERFECT
empleaba	empleábamos
empleabas	empleabais
empleaba	empleaban

PRESENT PERFECT
he empleado	hemos empleado
has empleado	habéis empleado
ha empleado	han empleado

FUTURE
emplearé	emplearemos
emplearás	emplearéis
empleará	emplearán

CONDITIONAL
emplearía	emplearíamos
emplearías	emplearíais
emplearía	emplearían

PLUPERFECT
había empleado	habíamos empleado
habías empleado	habíais empleado
había empleado	habían empleado

PRETERIT PERFECT
hube empleado	hubimos empleado
hubiste empleado	hubisteis empleado
hubo empleado	hubieron empleado

FUTURE PERFECT
habré empleado	habremos empleado
habrás empleado	habréis empleado
habrá empleado	habrán empleado

CONDITIONAL PERFECT
habría empleado	habríamos empleado
habrías empleado	habríais empleado
habría empleado	habrían empleado

PRESENT SUBJUNCTIVE
emplee	empleemos
emplees	empleéis
emplee	empleen

PRESENT PERFECT SUBJUNCTIVE
haya empleado	hayamos empleado
hayas empleado	hayáis empleado
haya empleado	hayan empleado

IMPERFECT SUBJUNCTIVE (-ra)   *or*   IMPERFECT SUBJUNCTIVE (-se)
empleara	empleáramos	emplease	empleásemos
emplearas	emplearais	empleases	empleaseis
empleara	emplearan	emplease	empleasen

PAST PERFECT SUBJUNCTIVE (-ra)   *or*   PAST PERFECT SUBJUNCTIVE (-se)
hubiera empleado	hubiéramos empleado	hubiese empleado	hubiésemos empleado
hubieras empleado	hubierais empleado	hubieses empleado	hubieseis empleado
hubiera empleado	hubieran empleado	hubiese empleado	hubiesen empleado

PROGRESSIVE TENSES
PRESENT	estoy, estás, está, estamos, estáis, están
PRETERIT	estuve, estuviste, estuvo, estuvimos, estuvisteis, estuvieron
IMPERFECT	estaba, estabas, estaba, estábamos, estabais, estaban
FUTURE	estaré, estarás, estará, estaremos, estaréis, estarán
CONDITIONAL	estaría, estarías, estaría, estaríamos, estaríais, estarían
SUBJUNCTIVE	que + *corresponding subjunctive tense of* estar (*see verb 151*)

} empleando

COMMANDS
	(nosotros) empleemos/no empleemos
(tú) emplea/no emplees	(vosotros) emplead/no empleéis
(Ud.) emplee/no emplee	(Uds.) empleen/no empleen

Usage

Emplea otra computadora.	*Use another computer.*
Empleaban un nuevo modelo.	*They used a new model.*
Los fondos fueron mal empleados.	*The funds were misused.*
¿A cuántas personas emplea la compañía?	*How many people does the company employ?*

encantar *to love, be delighted with*

encanta · encantaron · encantado · encantando

regular -*ar* verb; used in
third-person singular and plural
with the indirect object pronoun

PRESENT		PRETERIT	
me encanta(n)	nos encanta(n)	me encantó(-aron)	nos encantó(-aron)
te encanta(n)	os encanta(n)	te encantó(-aron)	os encantó(-aron)
le encanta(n)	les encanta(n)	le encantó(-aron)	les encantó(-aron)

IMPERFECT		PRESENT PERFECT	
me encantaba(n)	nos encantaba(n)	me ha(n) encantado	nos ha(n) encantado
te encantaba(n)	os encantaba(n)	te ha(n) encantado	os ha(n) encantado
le encantaba(n)	les encantaba(n)	le ha(n) encantado	les ha(n) encantado

FUTURE		CONDITIONAL	
me encantará(n)	nos encantará(n)	me encantaría(n)	nos encantaría(n)
te encantará(n)	os encantará(n)	te encantaría(n)	os encantaría(n)
le encantará(n)	les encantará(n)	le encantaría(n)	les encantaría(n)

PLUPERFECT		PRETERIT PERFECT	
me había(n) encantado	nos había(n) encantado	me hubo(-ieron) encantado	nos hubo(-ieron) encantado
te había(n) encantado	os había(n) encantado	te hubo(-ieron) encantado	os hubo(-ieron) encantado
le había(n) encantado	les había(n) encantado	le hubo(-ieron) encantado	les hubo(-ieron) encantado

FUTURE PERFECT		CONDITIONAL PERFECT	
me habrá(n) encantado	nos habrá(n) encantado	me habría(n) encantado	nos habría(n) encantado
te habrá(n) encantado	os habrá(n) encantado	te habría(n) encantado	os habría(n) encantado
le habrá(n) encantado	les habrá(n) encantado	le habría(n) encantado	les habría(n) encantado

PRESENT SUBJUNCTIVE		PRESENT PERFECT SUBJUNCTIVE	
me encante(n)	nos encante(n)	me haya(n) encantado	nos haya(n) encantado
te encante(n)	os encante(n)	te haya(n) encantado	os haya(n) encantado
le encante(n)	les encante(n)	le haya(n) encantado	les haya(n) encantado

IMPERFECT SUBJUNCTIVE (-ra)		*or*	IMPERFECT SUBJUNCTIVE (-se)	
me encantara(n)	nos encantara(n)		me encantase(n)	nos encantase(n)
te encantara(n)	os encantara(n)		te encantase(n)	os encantase(n)
le encantara(n)	les encantara(n)		le encantase(n)	les encantase(n)

PAST PERFECT SUBJUNCTIVE (-ra)		*or*	PAST PERFECT SUBJUNCTIVE (-se)	
me hubiera(n) encantado	nos hubiera(n) encantado		me hubiese(n) encantado	nos hubiese(n) encantado
te hubiera(n) encantado	os hubiera(n) encantado		te hubiese(n) encantado	os hubiese(n) encantado
le hubiera(n) encantado	les hubiera(n) encantado		le hubiese(n) encantado	les hubiese(n) encantado

PROGRESSIVE TENSES

PRESENT		me	está, están	
PRETERIT		te	estuvo, estuvieron	
IMPERFECT		le	estaba, estaban	encantando
FUTURE		nos	estará, estarán	
CONDITIONAL		os	estaría, estarían	
SUBJUNCTIVE	que	les	*corresponding subjunctive tense of* estar (*see verb 151*)	

VERB NOT USED IN COMMANDS

Usage

Le encanta la comida mexicana.	*He loves Mexican food.*
Nos encanta este hotel.	*We love this hotel.*
Le encantan estos libros.	*She loves these books.*
Nos encanta recorrer mundo.	*We love to travel the world over.*
Encantado de conocerlo.	*Pleased to meet you.*

-*ar* verb; spelling change: **encargo · encargaron · encargado · encargando**
g > gu/e

PRESENT		PRETERIT	
encargo	encargamos	encargué	encargamos
encargas	encargáis	encargaste	encargasteis
encarga	encargan	encargó	encargaron

IMPERFECT		PRESENT PERFECT	
encargaba	encargábamos	he encargado	hemos encargado
encargabas	encargabais	has encargado	habéis encargado
encargaba	encargaban	ha encargado	han encargado

FUTURE		CONDITIONAL	
encargaré	encargaremos	encargaría	encargaríamos
encargarás	encargaréis	encargarías	encargaríais
encargará	encargarán	encargaría	encargarían

PLUPERFECT		PRETERIT PERFECT	
había encargado	habíamos encargado	hube encargado	hubimos encargado
habías encargado	habíais encargado	hubiste encargado	hubisteis encargado
había encargado	habían encargado	hubo encargado	hubieron encargado

FUTURE PERFECT		CONDITIONAL PERFECT	
habré encargado	habremos encargado	habría encargado	habríamos encargado
habrás encargado	habréis encargado	habrías encargado	habríais encargado
habrá encargado	habrán encargado	habría encargado	habrían encargado

PRESENT SUBJUNCTIVE		PRESENT PERFECT SUBJUNCTIVE	
encargue	encarguemos	haya encargado	hayamos encargado
encargues	encarguéis	hayas encargado	hayáis encargado
encargue	encarguen	haya encargado	hayan encargado

IMPERFECT SUBJUNCTIVE (-ra)		*or* IMPERFECT SUBJUNCTIVE (-se)	
encargara	encargáramos	encargase	encargásemos
encargaras	encargarais	encargases	encargaseis
encargara	encargaran	encargase	encargasen

PAST PERFECT SUBJUNCTIVE (-ra)		*or* PAST PERFECT SUBJUNCTIVE (-se)	
hubiera encargado	hubiéramos encargado	hubiese encargado	hubiésemos encargado
hubieras encargado	hubierais encargado	hubieses encargado	hubieseis encargado
hubiera encargado	hubieran encargado	hubiese encargado	hubiesen encargado

PROGRESSIVE TENSES

PRESENT	estoy, estás, está, estamos, estáis, están	
PRETERIT	estuve, estuviste, estuvo, estuvimos, estuvisteis, estuvieron	
IMPERFECT	estaba, estabas, estaba, estábamos, estabais, estaban	encargando
FUTURE	estaré, estarás, estará, estaremos, estaréis, estarán	
CONDITIONAL	estaría, estarías, estaría, estaríamos, estaríais, estarían	
SUBJUNCTIVE	que + *corresponding subjunctive tense of* estar (*see verb 151*)	

COMMANDS

	(nosotros) encarguemos/no encarguemos
(tú) encarga/no encargues	(vosotros) encargad/no encarguéis
(Ud.) encargue/no encargue	(Uds.) encarguen/no encarguen

Usage

Nos encargó de los archivos.	*He put us in charge of the files.*
Encargué los discos compactos.	*I ordered the compact discs.*
¿Quién se ha encargado de la oficina?	*Who has taken charge of the office?*
Tú eras el encargado del evento, ¿verdad?	*You were the one in charge of the event, weren't you?*

encender *to light, ignite, turn/put on, inflame*

enciendo · encendieron · encendido · encendiendo   stem-changing -*er* verb:
e > ie

PRESENT		PRETERIT	
enciendo	encendemos	encendí	encendimos
enciendes	encendéis	encendiste	encendisteis
enciende	encienden	encendió	encendieron

IMPERFECT		PRESENT PERFECT	
encendía	encendíamos	he encendido	hemos encendido
encendías	encendíais	has encendido	habéis encendido
encendía	encendían	ha encendido	han encendido

FUTURE		CONDITIONAL	
encenderé	encenderemos	encendería	encenderíamos
encenderás	encenderéis	encenderías	encenderíais
encenderá	encenderán	encendería	encenderían

PLUPERFECT		PRETERIT PERFECT	
había encendido	habíamos encendido	hube encendido	hubimos encendido
habías encendido	habíais encendido	hubiste encendido	hubisteis encendido
había encendido	habían encendido	hubo encendido	hubieron encendido

FUTURE PERFECT		CONDITIONAL PERFECT	
habré encendido	habremos encendido	habría encendido	habríamos encendido
habrás encendido	habréis encendido	habrías encendido	habríais encendido
habrá encendido	habrán encendido	habría encendido	habrían encendido

PRESENT SUBJUNCTIVE		PRESENT PERFECT SUBJUNCTIVE	
encienda	encendamos	haya encendido	hayamos encendido
enciendas	encendáis	hayas encendido	hayáis encendido
encienda	enciendan	haya encendido	hayan encendido

IMPERFECT SUBJUNCTIVE (-ra)		*or* IMPERFECT SUBJUNCTIVE (-se)	
encendiera	encendiéramos	encendiese	encendiésemos
encendieras	encendierais	encendieses	encendieseis
encendiera	encendieran	encendiese	encendiesen

PAST PERFECT SUBJUNCTIVE (-ra)		*or* PAST PERFECT SUBJUNCTIVE (-se)	
hubiera encendido	hubiéramos encendido	hubiese encendido	hubiésemos encendido
hubieras encendido	hubierais encendido	hubieses encendido	hubieseis encendido
hubiera encendido	hubieran encendido	hubiese encendido	hubiesen encendido

PROGRESSIVE TENSES

PRESENT	estoy, estás, está, estamos, estáis, están	
PRETERIT	estuve, estuviste, estuvo, estuvimos, estuvisteis, estuvieron	
IMPERFECT	estaba, estabas, estaba, estábamos, estabais, estaban	encendiendo
FUTURE	estaré, estarás, estará, estaremos, estaréis, estarán	
CONDITIONAL	estaría, estarías, estaría, estaríamos, estaríais, estarían	
SUBJUNCTIVE	que + *corresponding subjunctive tense of* estar (*see verb 151*)	

COMMANDS

	(nosotros) encendamos/no encendamos
(tú) enciende/no enciendas	(vosotros) encended/no encendáis
(Ud.) encienda/no encienda	(Uds.) enciendan/no enciendan

Usage

¡No enciendas la cocina con los fósforos!	*Don't set the kitchen on fire with the matches!*
Se han encendido las velas.	*The candles have been lit.*
Enciende la luz.	*Turn/Put the light on.*
Están encendiendo el conflicto.	*They're inflaming the conflict.*

stem-changing -ar verb: e > ie   **encierro · encerraron · encerrado · encerrando**

PRESENT		PRETERIT	
encierro	encerramos	encerré	encerramos
encierras	encerráis	encerraste	encerrasteis
encierra	encierran	encerró	encerraron

IMPERFECT		PRESENT PERFECT	
encerraba	encerrábamos	he encerrado	hemos encerrado
encerrabas	encerrabais	has encerrado	habéis encerrado
encerraba	encerraban	ha encerrado	han encerrado

FUTURE		CONDITIONAL	
encerraré	encerraremos	encerraría	encerraríamos
encerrarás	encerraréis	encerrarías	encerraríais
encerrará	encerrarán	encerraría	encerrarían

PLUPERFECT		PRETERIT PERFECT	
había encerrado	habíamos encerrado	hube encerrado	hubimos encerrado
habías encerrado	habíais encerrado	hubiste encerrado	hubisteis encerrado
había encerrado	habían encerrado	hubo encerrado	hubieron encerrado

FUTURE PERFECT		CONDITIONAL PERFECT	
habré encerrado	habremos encerrado	habría encerrado	habríamos encerrado
habrás encerrado	habréis encerrado	habrías encerrado	habríais encerrado
habrá encerrado	habrán encerrado	habría encerrado	habrían encerrado

PRESENT SUBJUNCTIVE		PRESENT PERFECT SUBJUNCTIVE	
encierre	encerremos	haya encerrado	hayamos encerrado
encierres	encerréis	hayas encerrado	hayáis encerrado
encierre	encierren	haya encerrado	hayan encerrado

IMPERFECT SUBJUNCTIVE (-ra)		or IMPERFECT SUBJUNCTIVE (-se)	
encerrara	encerráramos	encerrase	encerrásemos
encerraras	encerrarais	encerrases	encerraseis
encerrara	encerraran	encerrase	encerrasen

PAST PERFECT SUBJUNCTIVE (-ra)		or PAST PERFECT SUBJUNCTIVE (-se)	
hubiera encerrado	hubiéramos encerrado	hubiese encerrado	hubiésemos encerrado
hubieras encerrado	hubierais encerrado	hubieses encerrado	hubieseis encerrado
hubiera encerrado	hubieran encerrado	hubiese encerrado	hubiesen encerrado

PROGRESSIVE TENSES

PRESENT	estoy, estás, está, estamos, estáis, están	
PRETERIT	estuve, estuviste, estuvo, estuvimos, estuvisteis, estuvieron	
IMPERFECT	estaba, estabas, estaba, estábamos, estabais, estaban	encerrando
FUTURE	estaré, estarás, estará, estaremos, estaréis, estarán	
CONDITIONAL	estaría, estarías, estaría, estaríamos, estaríais, estarían	
SUBJUNCTIVE	que + corresponding subjunctive tense of estar (see verb 151)	

COMMANDS

	(nosotros) encerremos/no encerremos
(tú) encierra/no encierres	(vosotros) encerrad/no encerréis
(Ud.) encierre/no encierre	(Uds.) encierren/no encierren

Usage

Encerraron el patio con una cerca.	They enclosed/shut in the patio with a fence.
Encierre al perro cuando se vaya.	Shut/lock the dog in when you leave.
El proyecto encierra unas ideas problemáticas.	The project contains some problematic ideas.

encontrar *to find*

stem-changing *-ar* verb:
o > ue

PRESENT		PRETERIT	
encuentro	encontramos	encontré	encontramos
encuentras	encontráis	encontraste	encontrasteis
encuentra	encuentran	encontró	encontraron

IMPERFECT		PRESENT PERFECT	
encontraba	encontrábamos	he encontrado	hemos encontrado
encontrabas	encontrabais	has encontrado	habéis encontrado
encontraba	encontraban	ha encontrado	han encontrado

FUTURE		CONDITIONAL	
encontraré	encontraremos	encontraría	encontraríamos
encontrarás	encontraréis	encontrarías	encontraríais
encontrará	encontrarán	encontraría	encontrarían

PLUPERFECT		PRETERIT PERFECT	
había encontrado	habíamos encontrado	hube encontrado	hubimos encontrado
habías encontrado	habíais encontrado	hubiste encontrado	hubisteis encontrado
había encontrado	habían encontrado	hubo encontrado	hubieron encontrado

FUTURE PERFECT		CONDITIONAL PERFECT	
habré encontrado	habremos encontrado	habría encontrado	habríamos encontrado
habrás encontrado	habréis encontrado	habrías encontrado	habríais encontrado
habrá encontrado	habrán encontrado	habría encontrado	habrían encontrado

PRESENT SUBJUNCTIVE		PRESENT PERFECT SUBJUNCTIVE	
encuentre	encontremos	haya encontrado	hayamos encontrado
encuentres	encontréis	hayas encontrado	hayáis encontrado
encuentre	encuentren	haya encontrado	hayan encontrado

IMPERFECT SUBJUNCTIVE (-ra)		*or*	IMPERFECT SUBJUNCTIVE (-se)	
encontrara	encontráramos		encontrase	encontrásemos
encontraras	encontrarais		encontrases	encontraseis
encontrara	encontraran		encontrase	encontrasen

PAST PERFECT SUBJUNCTIVE (-ra)		*or*	PAST PERFECT SUBJUNCTIVE (-se)	
hubiera encontrado	hubiéramos encontrado		hubiese encontrado	hubiésemos encontrado
hubieras encontrado	hubierais encontrado		hubieses encontrado	hubieseis encontrado
hubiera encontrado	hubieran encontrado		hubiese encontrado	hubiesen encontrado

PROGRESSIVE TENSES

PRESENT	estoy, estás, está, estamos, estáis, están	
PRETERIT	estuve, estuviste, estuvo, estuvimos, estuvisteis, estuvieron	
IMPERFECT	estaba, estabas, estaba, estábamos, estabais, estaban	encontrando
FUTURE	estaré, estarás, estará, estaremos, estaréis, estarán	
CONDITIONAL	estaría, estarías, estaría, estaríamos, estaríais, estarían	
SUBJUNCTIVE	que + *corresponding subjunctive tense of* estar (*see verb 151*)	

COMMANDS

	(nosotros) encontremos/no encontremos
(tú) encuentra/no encuentres	(vosotros) encontrad/no encontréis
(Ud.) encuentre/no encuentre	(Uds.) encuentren/no encuentren

Usage

No encuentro mis anteojos.	*I can't find my eyeglasses.*
¿Cómo encontraste la obra de teatro?	*What did you think of the play?*
¿Cómo se encuentran?	*How are you?/How are you feeling?*
Nos encontramos en el café.	*We met/bumped into each other at the café.*

-ar verb; spelling change: c > qu/e   **enfoco · enfocaron · enfocado · enfocando**

PRESENT		PRETERIT	
enfoco	enfocamos	enfoqué	enfocamos
enfocas	enfocáis	enfocaste	enfocasteis
enfoca	enfocan	enfocó	enfocaron

IMPERFECT		PRESENT PERFECT	
enfocaba	enfocábamos	he enfocado	hemos enfocado
enfocabas	enfocabais	has enfocado	habéis enfocado
enfocaba	enfocaban	ha enfocado	han enfocado

FUTURE		CONDITIONAL	
enfocaré	enfocaremos	enfocaría	enfocaríamos
enfocarás	enfocaréis	enfocarías	enfocaríais
enfocará	enfocarán	enfocaría	enfocarían

PLUPERFECT		PRETERIT PERFECT	
había enfocado	habíamos enfocado	hube enfocado	hubimos enfocado
habías enfocado	habíais enfocado	hubiste enfocado	hubisteis enfocado
había enfocado	habían enfocado	hubo enfocado	hubieron enfocado

FUTURE PERFECT		CONDITIONAL PERFECT	
habré enfocado	habremos enfocado	habría enfocado	habríamos enfocado
habrás enfocado	habréis enfocado	habrías enfocado	habríais enfocado
habrá enfocado	habrán enfocado	habría enfocado	habrían enfocado

PRESENT SUBJUNCTIVE		PRESENT PERFECT SUBJUNCTIVE	
enfoque	enfoquemos	haya enfocado	hayamos enfocado
enfoques	enfoquéis	hayas enfocado	hayáis enfocado
enfoque	enfoquen	haya enfocado	hayan enfocado

IMPERFECT SUBJUNCTIVE (-ra)		or	IMPERFECT SUBJUNCTIVE (-se)	
enfocara	enfocáramos		enfocase	enfocásemos
enfocaras	enfocarais		enfocases	enfocaseis
enfocara	enfocaran		enfocase	enfocasen

PAST PERFECT SUBJUNCTIVE (-ra)		or	PAST PERFECT SUBJUNCTIVE (-se)	
hubiera enfocado	hubiéramos enfocado		hubiese enfocado	hubiésemos enfocado
hubieras enfocado	hubierais enfocado		hubieses enfocado	hubieseis enfocado
hubiera enfocado	hubieran enfocado		hubiese enfocado	hubiesen enfocado

PROGRESSIVE TENSES

PRESENT	estoy, estás, está, estamos, estáis, están	
PRETERIT	estuve, estuviste, estuvo, estuvimos, estuvisteis, estuvieron	
IMPERFECT	estaba, estabas, estaba, estábamos, estabais, estaban	enfocando
FUTURE	estaré, estarás, estará, estaremos, estaréis, estarán	
CONDITIONAL	estaría, estarías, estaría, estaríamos, estaríais, estarían	
SUBJUNCTIVE	que + *corresponding subjunctive tense of* estar (*see verb 151*)	

COMMANDS

	(nosotros) enfoquemos/no enfoquemos
(tú) enfoca/no enfoques	(vosotros) enfocad/no enfoquéis
(Ud.) enfoque/no enfoque	(Uds.) enfoquen/no enfoquen

Usage

Se enfoca la imagen con esta lente.	*You can focus on the image with this lens.*
Enfoquen bien el asunto.	*Consider/Analyze the matter well.*
Enfoca los gemelos de teatro hacia allá.	*Point/Train your opera glasses over there.*
El departamento tiene un enfoque europeo.	*The department has a European focus.*

133

enlazar *to tie together, connect, link*

enlazo · enlazaron · enlazado · enlazando   *-ar* verb; spelling change: *z > c/e*

PRESENT		PRETERIT	
enlazo	enlazamos	enlacé	enlazamos
enlazas	enlazáis	enlazaste	enlazasteis
enlaza	enlazan	enlazó	enlazaron

IMPERFECT		PRESENT PERFECT	
enlazaba	enlazábamos	he enlazado	hemos enlazado
enlazabas	enlazabais	has enlazado	habéis enlazado
enlazaba	enlazaban	ha enlazado	han enlazado

FUTURE		CONDITIONAL	
enlazaré	enlazaremos	enlazaría	enlazaríamos
enlazarás	enlazaréis	enlazarías	enlazaríais
enlazará	enlazarán	enlazaría	enlazarían

PLUPERFECT		PRETERIT PERFECT	
había enlazado	habíamos enlazado	hube enlazado	hubimos enlazado
habías enlazado	habíais enlazado	hubiste enlazado	hubisteis enlazado
había enlazado	habían enlazado	hubo enlazado	hubieron enlazado

FUTURE PERFECT		CONDITIONAL PERFECT	
habré enlazado	habremos enlazado	habría enlazado	habríamos enlazado
habrás enlazado	habréis enlazado	habrías enlazado	habríais enlazado
habrá enlazado	habrán enlazado	habría enlazado	habrían enlazado

PRESENT SUBJUNCTIVE		PRESENT PERFECT SUBJUNCTIVE	
enlace	enlacemos	haya enlazado	hayamos enlazado
enlaces	enlacéis	hayas enlazado	hayáis enlazado
enlace	enlacen	haya enlazado	hayan enlazado

IMPERFECT SUBJUNCTIVE (-ra)		*or* IMPERFECT SUBJUNCTIVE (-se)	
enlazara	enlazáramos	enlazase	enlazásemos
enlazaras	enlazarais	enlazases	enlazaseis
enlazara	enlazaran	enlazase	enlazasen

PAST PERFECT SUBJUNCTIVE (-ra)		*or* PAST PERFECT SUBJUNCTIVE (-se)	
hubiera enlazado	hubiéramos enlazado	hubiese enlazado	hubiésemos enlazado
hubieras enlazado	hubierais enlazado	hubieses enlazado	hubieseis enlazado
hubiera enlazado	hubieran enlazado	hubiese enlazado	hubiesen enlazado

PROGRESSIVE TENSES

PRESENT	estoy, estás, está, estamos, estáis, están	
PRETERIT	estuve, estuviste, estuvo, estuvimos, estuvisteis, estuvieron	
IMPERFECT	estaba, estabas, estaba, estábamos, estabais, estaban	enlazando
FUTURE	estaré, estarás, estará, estaremos, estaréis, estarán	
CONDITIONAL	estaría, estarías, estaría, estaríamos, estaríais, estarían	
SUBJUNCTIVE	que + *corresponding subjunctive tense of* estar (*see verb 151*)	

COMMANDS

	(nosotros) enlacemos/no enlacemos
(tú) enlaza/no enlaces	(vosotros) enlazad/no enlacéis
(Ud.) enlace/no enlace	(Uds.) enlacen/no enlacen

Usage

Enlaza las dos ideas.	*Tie the two ideas together.*
El ferrocarril enlaza las dos ciudades.	*The railroad connects the two cities.*
Los vaqueros usan lazo.	*Cowboys use a lasso.*
Trabaja en el lazo de iteración.	*He's working on the iteration loop.*

-er reflexive verb;   **enloquezco · enloquecieron · enloquecido · enloqueciéndose**
spelling change: *c > zc/o, a*

PRESENT

me enloquezco	nos enloquecemos
te enloqueces	os enloquecéis
se enloquece	se enloquecen

PRETERIT

me enloquecí	nos enloquecimos
te enloqueciste	os enloquecisteis
se enloqueció	se enloquecieron

IMPERFECT

me enloquecía	nos enloquecíamos
te enloquecías	os enloquecíais
se enloquecía	se enloquecían

PRESENT PERFECT

me he enloquecido	nos hemos enloquecido
te has enloquecido	os habéis enloquecido
se ha enloquecido	se han enloquecido

FUTURE

me enloqueceré	nos enloqueceremos
te enloquecerás	os enloqueceréis
se enloquecerá	se enloquecerán

CONDITIONAL

me enloquecería	nos enloqueceríamos
te enloquecerías	os enloqueceríais
se enloquecería	se enloquecerían

PLUPERFECT

me había enloquecido	nos habíamos enloquecido
te habías enloquecido	os habíais enloquecido
se había enloquecido	se habían enloquecido

PRETERIT PERFECT

me hube enloquecido	nos hubimos enloquecido
te hubiste enloquecido	os hubisteis enloquecido
se hubo enloquecido	se hubieron enloquecido

FUTURE PERFECT

me habré enloquecido	nos habremos enloquecido
te habrás enloquecido	os habréis enloquecido
se habrá enloquecido	se habrán enloquecido

CONDITIONAL PERFECT

me habría enloquecido	nos habríamos enloquecido
te habrías enloquecido	os habríais enloquecido
se habría enloquecido	se habrían enloquecido

PRESENT SUBJUNCTIVE

me enloquezca	nos enloquezcamos
te enloquezcas	os enloquezcáis
se enloquezca	se enloquezcan

PRESENT PERFECT SUBJUNCTIVE

me haya enloquecido	nos hayamos enloquecido
te hayas enloquecido	os hayáis enloquecido
se haya enloquecido	se hayan enloquecido

IMPERFECT SUBJUNCTIVE (-ra)

me enloqueciera	nos enloqueciéramos
te enloquecieras	os enloquecierais
se enloqueciera	se enloquecieran

or **IMPERFECT SUBJUNCTIVE (-se)**

me enloqueciese	nos enloqueciésemos
te enloquecieses	os enloquecieseis
se enloqueciese	se enloqueciesen

PAST PERFECT SUBJUNCTIVE (-ra)

me hubiera enloquecido	nos hubiéramos enloquecido
te hubieras enloquecido	os hubierais enloquecido
se hubiera enloquecido	se hubieran enloquecido

or **PAST PERFECT SUBJUNCTIVE (-se)**

me hubiese enloquecido	nos hubiésemos enloquecido
te hubieses enloquecido	os hubieseis enloquecido
se hubiese enloquecido	se hubiesen enloquecido

PROGRESSIVE TENSES

PRESENT	estoy, estás, está, estamos, estáis, están
PRETERIT	estuve, estuviste, estuvo, estuvimos, estuvisteis, estuvieron
IMPERFECT	estaba, estabas, estaba, estábamos, estabais, estaban
FUTURE	estaré, estarás, estará, estaremos, estaréis, estarán
CONDITIONAL	estaría, estarías, estaría, estaríamos, estaríais, estarían
SUBJUNCTIVE	que + *corresponding subjunctive tense of* estar (*see verb 151*)

enloqueciendo (*see page 36*)

COMMANDS

	(nosotros) enloquezcámonos/no nos enloquezcamos
(tú) enloquécete/no te enloquezcas	(vosotros) enloqueceos/no os enloquezcáis
(Ud.) enloquézcase/no se enloquezca	(Uds.) enloquezcan/no se enloquezcan

Usage

Nos enloquece con sus manías.	*She drives us crazy with her eccentricities.*
—Me enloquecen las novelas policíacas.	*I'm mad about detective novels.*
—Yo también estoy loco por ellas.	*I'm also crazy about them.*
Se enloquecieron.	*They went mad/crazy.*

enojarse *to make/get angry, offend, annoy*

enojo · enojaron · enojado · enojándose   regular *-ar* reflexive verb

PRESENT		PRETERIT	
me enojo	nos enojamos	me enojé	nos enojamos
te enojas	os enojáis	te enojaste	os enojasteis
se enoja	se enojan	se enojó	se enojaron

IMPERFECT		PRESENT PERFECT	
me enojaba	nos enojábamos	me he enojado	nos hemos enojado
te enojabas	os enojabais	te has enojado	os habéis enojado
se enojaba	se enojaban	se ha enojado	se han enojado

FUTURE		CONDITIONAL	
me enojaré	nos enojaremos	me enojaría	nos enojaríamos
te enojarás	os enojaréis	te enojarías	os enojaríais
se enojará	se enojarán	se enojaría	se enojarían

PLUPERFECT		PRETERIT PERFECT	
me había enojado	nos habíamos enojado	me hube enojado	nos hubimos enojado
te habías enojado	os habíais enojado	te hubiste enojado	os hubisteis enojado
se había enojado	se habían enojado	se hubo enojado	se hubieron enojado

FUTURE PERFECT		CONDITIONAL PERFECT	
me habré enojado	nos habremos enojado	me habría enojado	nos habríamos enojado
te habrás enojado	os habréis enojado	te habrías enojado	os habríais enojado
se habrá enojado	se habrán enojado	se habría enojado	se habrían enojado

PRESENT SUBJUNCTIVE		PRESENT PERFECT SUBJUNCTIVE	
me enoje	nos enojemos	me haya enojado	nos hayamos enojado
te enojes	os enojéis	te hayas enojado	os hayáis enojado
se enoje	se enojen	se haya enojado	se hayan enojado

IMPERFECT SUBJUNCTIVE (-ra)		*or* IMPERFECT SUBJUNCTIVE (-se)	
me enojara	nos enojáramos	me enojase	nos enojásemos
te enojaras	os enojarais	te enojases	os enojaseis
se enojara	se enojaran	se enojase	se enojasen

PAST PERFECT SUBJUNCTIVE (-ra)		*or* PAST PERFECT SUBJUNCTIVE (-se)	
me hubiera enojado	nos hubiéramos enojado	me hubiese enojado	nos hubiésemos enojado
te hubieras enojado	os hubierais enojado	te hubieses enojado	os hubieseis enojado
se hubiera enojado	se hubieran enojado	se hubiese enojado	se hubiesen enojado

PROGRESSIVE TENSES

PRESENT	estoy, estás, está, estamos, estáis, están
PRETERIT	estuve, estuviste, estuvo, estuvimos, estuvisteis, estuvieron
IMPERFECT	estaba, estabas, estaba, estábamos, estabais, estaban
FUTURE	estaré, estarás, estará, estaremos, estaréis, estarán
CONDITIONAL	estaría, estarías, estaría, estaríamos, estaríais, estarían
SUBJUNCTIVE	que + *corresponding subjunctive tense of* estar *(see verb 151)*

enojando
(see page 36)

COMMANDS

	(nosotros) enojémonos/no nos enojemos
(tú) enójate/no te enojes	(vosotros) enojaos/no os enojéis
(Ud.) enójese/no se enoje	(Uds.) enójense/no se enojen

Usage

Se enojaban.	*They got angry.*
Los enojaste.	*You made them angry.*
Se enojó con sus amigos.	*He got angry with his friends.*
Nos enojamos al ver tal desorden.	*We get annoyed when we see such disorder.*

regular -ar verb   **enseño · enseñaron · enseñado · enseñando**

PRESENT

enseño	enseñamos
enseñas	enseñáis
enseña	enseñan

IMPERFECT

enseñaba	enseñábamos
enseñabas	enseñabais
enseñaba	enseñaban

FUTURE

enseñaré	enseñaremos
enseñarás	enseñaréis
enseñará	enseñarán

PLUPERFECT

había enseñado	habíamos enseñado
habías enseñado	habíais enseñado
había enseñado	habían enseñado

FUTURE PERFECT

habré enseñado	habremos enseñado
habrás enseñado	habréis enseñado
habrá enseñado	habrán enseñado

PRESENT SUBJUNCTIVE

enseñe	enseñemos
enseñes	enseñéis
enseñe	enseñen

IMPERFECT SUBJUNCTIVE (-ra)

enseñara	enseñáramos
enseñaras	enseñarais
enseñara	enseñaran

PAST PERFECT SUBJUNCTIVE (-ra)

hubiera enseñado	hubiéramos enseñado
hubieras enseñado	hubierais enseñado
hubiera enseñado	hubieran enseñado

PRETERIT

enseñé	enseñamos
enseñaste	enseñasteis
enseñó	enseñaron

PRESENT PERFECT

he enseñado	hemos enseñado
has enseñado	habéis enseñado
ha enseñado	han enseñado

CONDITIONAL

enseñaría	enseñaríamos
enseñarías	enseñaríais
enseñaría	enseñarían

PRETERIT PERFECT

hube enseñado	hubimos enseñado
hubiste enseñado	hubisteis enseñado
hubo enseñado	hubieron enseñado

CONDITIONAL PERFECT

habría enseñado	habríamos enseñado
habrías enseñado	habríais enseñado
habría enseñado	habrían enseñado

PRESENT PERFECT SUBJUNCTIVE

haya enseñado	hayamos enseñado
hayas enseñado	hayáis enseñado
haya enseñado	hayan enseñado

or IMPERFECT SUBJUNCTIVE (-se)

enseñase	enseñásemos
enseñases	enseñaseis
enseñase	enseñasen

or PAST PERFECT SUBJUNCTIVE (-se)

hubiese enseñado	hubiésemos enseñado
hubieses enseñado	hubieseis enseñado
hubiese enseñado	hubiesen enseñado

PROGRESSIVE TENSES

PRESENT	estoy, estás, está, estamos, estáis, están	
PRETERIT	estuve, estuviste, estuvo, estuvimos, estuvisteis, estuvieron	
IMPERFECT	estaba, estabas, estaba, estábamos, estabais, estaban	enseñando
FUTURE	estaré, estarás, estará, estaremos, estaréis, estarán	
CONDITIONAL	estaría, estarías, estaría, estaríamos, estaríais, estarían	
SUBJUNCTIVE	que + corresponding subjunctive tense of estar (see verb 151)	

COMMANDS

	(nosotros) enseñemos/no enseñemos
(tú) enseña/no enseñes	(vosotros) enseñad/no enseñéis
(Ud.) enseñe/no enseñe	(Uds.) enseñen/no enseñen

Usage

Enseñaban español en la universidad.	*They taught Spanish at the university.*
Nos enseñó su nueva computadora.	*He showed us his new computer.*
Le enseñé a usar el programa.	*I taught him how to use the program.*
Son niños bien/mal enseñados.	*They're well/badly brought up children.*

entender *to understand*

entiendo · entendieron · entendido · entendiendo   stem-changing *-er* verb:
e > ie

PRESENT		PRETERIT	
entiendo	entendemos	entendí	entendimos
entiendes	entendéis	entendiste	entendisteis
entiende	entienden	entendió	entendieron

IMPERFECT		PRESENT PERFECT	
entendía	entendíamos	he entendido	hemos entendido
entendías	entendíais	has entendido	habéis entendido
entendía	entendían	ha entendido	han entendido

FUTURE		CONDITIONAL	
entenderé	entenderemos	entendería	entenderíamos
entenderás	entenderéis	entenderías	entenderíais
entenderá	entenderán	entendería	entenderían

PLUPERFECT		PRETERIT PERFECT	
había entendido	habíamos entendido	hube entendido	hubimos entendido
habías entendido	habíais entendido	hubiste entendido	hubisteis entendido
había entendido	habían entendido	hubo entendido	hubieron entendido

FUTURE PERFECT		CONDITIONAL PERFECT	
habré entendido	habremos entendido	habría entendido	habríamos entendido
habrás entendido	habréis entendido	habrías entendido	habríais entendido
habrá entendido	habrán entendido	habría entendido	habrían entendido

PRESENT SUBJUNCTIVE		PRESENT PERFECT SUBJUNCTIVE	
entienda	entendamos	haya entendido	hayamos entendido
entiendas	entendáis	hayas entendido	hayáis entendido
entienda	entiendan	haya entendido	hayan entendido

IMPERFECT SUBJUNCTIVE (-ra)		*or*	IMPERFECT SUBJUNCTIVE (-se)	
entendiera	entendiéramos		entendiese	entendiésemos
entendieras	entendierais		entendieses	entendieseis
entendiera	entendieran		entendiese	entendiesen

PAST PERFECT SUBJUNCTIVE (-ra)		*or*	PAST PERFECT SUBJUNCTIVE (-se)	
hubiera entendido	hubiéramos entendido		hubiese entendido	hubiésemos entendido
hubieras entendido	hubierais entendido		hubieses entendido	hubieseis entendido
hubiera entendido	hubieran entendido		hubiese entendido	hubiesen entendido

PROGRESSIVE TENSES

PRESENT	estoy, estás, está, estamos, estáis, están	
PRETERIT	estuve, estuviste, estuvo, estuvimos, estuvisteis, estuvieron	
IMPERFECT	estaba, estabas, estaba, estábamos, estabais, estaban	entendiendo
FUTURE	estaré, estarás, estará, estaremos, estaréis, estarán	
CONDITIONAL	estaría, estarías, estaría, estaríamos, estaríais, estarían	
SUBJUNCTIVE	que + *corresponding subjunctive tense of* estar (*see verb 151*)	

COMMANDS

	(nosotros) entendamos/no entendamos
(tú) entiende/no entiendas	(vosotros) entended/no entendáis
(Ud.) entienda/no entienda	(Uds.) entiendan/no entiendan

Usage

No entiendo el problema.	*I don't understand the problem.*
¿Entiendes francés?	*Do you understand French?*
Me hago entender en inglés.	*I make myself understood in English.*
Entendido.	*All right./Okay./Understood.*

regular -ar verb

entro · entraron · entrado · entrando

PRESENT		PRETERIT	
entro	entramos	entré	entramos
entras	entráis	entraste	entrasteis
entra	entran	entró	entraron

IMPERFECT		PRESENT PERFECT	
entraba	entrábamos	he entrado	hemos entrado
entrabas	entrabais	has entrado	habéis entrado
entraba	entraban	ha entrado	han entrado

FUTURE		CONDITIONAL	
entraré	entraremos	entraría	entraríamos
entrarás	entraréis	entrarías	entraríais
entrará	entrarán	entraría	entrarían

PLUPERFECT		PRETERIT PERFECT	
había entrado	habíamos entrado	hube entrado	hubimos entrado
habías entrado	habíais entrado	hubiste entrado	hubisteis entrado
había entrado	habían entrado	hubo entrado	hubieron entrado

FUTURE PERFECT		CONDITIONAL PERFECT	
habré entrado	habremos entrado	habría entrado	habríamos entrado
habrás entrado	habréis entrado	habrías entrado	habríais entrado
habrá entrado	habrán entrado	habría entrado	habrían entrado

PRESENT SUBJUNCTIVE		PRESENT PERFECT SUBJUNCTIVE	
entre	entremos	haya entrado	hayamos entrado
entres	entréis	hayas entrado	hayáis entrado
entre	entren	haya entrado	hayan entrado

IMPERFECT SUBJUNCTIVE (-ra)		*or* IMPERFECT SUBJUNCTIVE (-se)	
entrara	entráramos	entrase	entrásemos
entraras	entrarais	entrases	entraseis
entrara	entraran	entrase	entrasen

PAST PERFECT SUBJUNCTIVE (-ra)		*or* PAST PERFECT SUBJUNCTIVE (-se)	
hubiera entrado	hubiéramos entrado	hubiese entrado	hubiésemos entrado
hubieras entrado	hubierais entrado	hubieses entrado	hubieseis entrado
hubiera entrado	hubieran entrado	hubiese entrado	hubiesen entrado

PROGRESSIVE TENSES

PRESENT	estoy, estás, está, estamos, estáis, están	
PRETERIT	estuve, estuviste, estuvo, estuvimos, estuvisteis, estuvieron	
IMPERFECT	estaba, estabas, estaba, estábamos, estabais, estaban	entrando
FUTURE	estaré, estarás, estará, estaremos, estaréis, estarán	
CONDITIONAL	estaría, estarías, estaría, estaríamos, estaríais, estarían	
SUBJUNCTIVE	que + *corresponding subjunctive tense of* estar (*see verb 151*)	

COMMANDS

	(nosotros) entremos/no entremos
(tú) entra/no entres	(vosotros) entrad/no entréis
(Ud.) entre/no entre	(Uds.) entren/no entren

Usage

Entraron en el museo/al museo.	They went into the museum.
Entramos en detalles más tarde.	We'll go into details later.
Los disquetes no entran en la caja.	The floppy disks don't fit in the box.
Se entra por la entrada principal.	You go in through the main entrance.

entregar *to hand in/over, deliver*

entrego · entregaron · entregado · entregando   *-ar* verb; spelling change:
$g > gu/e$

PRESENT		PRETERIT	
entrego	entregamos	entregué	entregamos
entregas	entregáis	entregaste	entregasteis
entrega	entregan	entregó	entregaron

IMPERFECT		PRESENT PERFECT	
entregaba	entregábamos	he entregado	hemos entregado
entregabas	entregabais	has entregado	habéis entregado
entregaba	entregaban	ha entregado	han entregado

FUTURE		CONDITIONAL	
entregaré	entregaremos	entregaría	entregaríamos
entregarás	entregaréis	entregarías	entregaríais
entregará	entregarán	entregaría	entregarían

PLUPERFECT		PRETERIT PERFECT	
había entregado	habíamos entregado	hube entregado	hubimos entregado
habías entregado	habíais entregado	hubiste entregado	hubisteis entregado
había entregado	habían entregado	hubo entregado	hubieron entregado

FUTURE PERFECT		CONDITIONAL PERFECT	
habré entregado	habremos entregado	habría entregado	habríamos entregado
habrás entregado	habréis entregado	habrías entregado	habríais entregado
habrá entregado	habrán entregado	habría entregado	habrían entregado

PRESENT SUBJUNCTIVE		PRESENT PERFECT SUBJUNCTIVE	
entregue	entreguemos	haya entregado	hayamos entregado
entregues	entreguéis	hayas entregado	hayáis entregado
entregue	entreguen	haya entregado	hayan entregado

IMPERFECT SUBJUNCTIVE (-ra)		*or*	IMPERFECT SUBJUNCTIVE (-se)	
entregara	entregáramos		entregase	entregásemos
entregaras	entregarais		entregases	entregaseis
entregara	entregaran		entregase	entregasen

PAST PERFECT SUBJUNCTIVE (-ra)		*or*	PAST PERFECT SUBJUNCTIVE (-se)	
hubiera entregado	hubiéramos entregado		hubiese entregado	hubiésemos entregado
hubieras entregado	hubierais entregado		hubieses entregado	hubieseis entregado
hubiera entregado	hubieran entregado		hubiese entregado	hubiesen entregado

PROGRESSIVE TENSES

PRESENT	estoy, estás, está, estamos, estáis, están	
PRETERIT	estuve, estuviste, estuvo, estuvimos, estuvisteis, estuvieron	
IMPERFECT	estaba, estabas, estaba, estábamos, estabais, estaban	entregando
FUTURE	estaré, estarás, estará, estaremos, estaréis, estarán	
CONDITIONAL	estaría, estarías, estaría, estaríamos, estaríais, estarían	
SUBJUNCTIVE	que + *corresponding subjunctive tense of* estar (*see verb 151*)	

COMMANDS

	(nosotros) entreguemos/no entreguemos
(tú) entrega/no entregues	(vosotros) entregad/no entreguéis
(Ud.) entregue/no entregue	(Uds.) entreguen/no entreguen

Usage

Hace una semana que entregué el informe.	*I handed in the report a week ago.*
Nos entregaron los paquetes.	*They delivered the packages to us.*
Dile que me entregue la tarea.	*Tell her to turn in her homework (to me).*
Prefieron la entrega a domicilio.	*They prefer home delivery.*

-ar verb; spelling change:
i > í when stressed

envío · enviaron · enviado · enviando

PRESENT

envío	enviamos
envías	enviáis
envía	envían

PRETERIT

envié	enviamos
enviaste	enviasteis
envió	enviaron

IMPERFECT

enviaba	enviábamos
enviabas	enviabais
enviaba	enviaban

PRESENT PERFECT

he enviado	hemos enviado
has enviado	habéis enviado
ha enviado	han enviado

FUTURE

enviaré	enviaremos
enviarás	enviaréis
enviará	enviarán

CONDITIONAL

enviaría	enviaríamos
enviarías	enviaríais
enviaría	enviarían

PLUPERFECT

había enviado	habíamos enviado
habías enviado	habíais enviado
había enviado	habían enviado

PRETERIT PERFECT

hube enviado	hubimos enviado
hubiste enviado	hubisteis enviado
hubo enviado	hubieron enviado

FUTURE PERFECT

habré enviado	habremos enviado
habrás enviado	habréis enviado
habrá enviado	habrán enviado

CONDITIONAL PERFECT

habría enviado	habríamos enviado
habrías enviado	habríais enviado
habría enviado	habrían enviado

PRESENT SUBJUNCTIVE

envíe	enviemos
envíes	enviéis
envíe	envíen

PRESENT PERFECT SUBJUNCTIVE

haya enviado	hayamos enviado
hayas enviado	hayáis enviado
haya enviado	hayan enviado

IMPERFECT SUBJUNCTIVE (-ra)

enviara	enviáramos
enviaras	enviarais
enviara	enviaran

or IMPERFECT SUBJUNCTIVE (-se)

enviase	enviásemos
enviases	enviaseis
enviase	enviasen

PAST PERFECT SUBJUNCTIVE (-ra)

hubiera enviado	hubiéramos enviado
hubieras enviado	hubierais enviado
hubiera enviado	hubieran enviado

or PAST PERFECT SUBJUNCTIVE (-se)

hubiese enviado	hubiésemos enviado
hubieses enviado	hubieseis enviado
hubiese enviado	hubiesen enviado

PROGRESSIVE TENSES

PRESENT	estoy, estás, está, estamos, estáis, están
PRETERIT	estuve, estuviste, estuvo, estuvimos, estuvisteis, estuvieron
IMPERFECT	estaba, estabas, estaba, estábamos, estabais, estaban
FUTURE	estaré, estarás, estará, estaremos, estaréis, estarán
CONDITIONAL	estaría, estarías, estaría, estaríamos, estaríais, estarían
SUBJUNCTIVE	que + corresponding subjunctive tense of estar (see verb 151)

} enviando

COMMANDS

	(nosotros) enviemos/no enviemos
(tú) envía/no envíes	(vosotros) enviad/no enviéis
(Ud.) envíe/no envíe	(Uds.) envíen/no envíen

Usage

Envié varios mensajes por correo electrónico.	*I sent several e-mail messages.*
Les enviábamos unas tarjetas postales.	*We sent them some postcards.*
Le enviaron al diablo/a paseo.	*They sent him to hell/packing.*
¿Qué te habrán enviado?	*What might they have sent you?*

envolver *to wrap up, involve*

envuelvo · envolvieron · envuelto · envolviendo

stem-changing -er verb:
o > ue (like **volver**)

PRESENT		PRETERIT	
envuelvo	envolvemos	envolví	envolvimos
envuelves	envolvéis	envolviste	envolvisteis
envuelve	envuelven	envolvió	envolvieron

IMPERFECT		PRESENT PERFECT	
envolvía	envolvíamos	he envuelto	hemos envuelto
envolvías	envolvíais	has envuelto	habéis envuelto
envolvía	envolvían	ha envuelto	han envuelto

FUTURE		CONDITIONAL	
envolveré	envolveremos	envolvería	envolveríamos
envolverás	envolveréis	envolverías	envolveríais
envolverá	envolverán	envolvería	envolverían

PLUPERFECT		PRETERIT PERFECT	
había envuelto	habíamos envuelto	hube envuelto	hubimos envuelto
habías envuelto	habíais envuelto	hubiste envuelto	hubisteis envuelto
había envuelto	habían envuelto	hubo envuelto	hubieron envuelto

FUTURE PERFECT		CONDITIONAL PERFECT	
habré envuelto	habremos envuelto	habría envuelto	habríamos envuelto
habrás envuelto	habréis envuelto	habrías envuelto	habríais envuelto
habrá envuelto	habrán envuelto	habría envuelto	habrían envuelto

PRESENT SUBJUNCTIVE		PRESENT PERFECT SUBJUNCTIVE	
envuelva	envolvamos	haya envuelto	hayamos envuelto
envuelvas	envolváis	hayas envuelto	hayáis envuelto
envuelva	envuelvan	haya envuelto	hayan envuelto

IMPERFECT SUBJUNCTIVE (-ra)		*or* IMPERFECT SUBJUNCTIVE (-se)	
envolviera	envolviéramos	envolviese	envolviésemos
envolvieras	envolvierais	envolvieses	envolvieseis
envolviera	envolvieran	envolviese	envolviesen

PAST PERFECT SUBJUNCTIVE (-ra)		*or* PAST PERFECT SUBJUNCTIVE (-se)	
hubiera envuelto	hubiéramos envuelto	hubiese envuelto	hubiésemos envuelto
hubieras envuelto	hubierais envuelto	hubieses envuelto	hubieseis envuelto
hubiera envuelto	hubieran envuelto	hubiese envuelto	hubiesen envuelto

PROGRESSIVE TENSES

PRESENT	estoy, estás, está, estamos, estáis, están
PRETERIT	estuve, estuviste, estuvo, estuvimos, estuvisteis, estuvieron
IMPERFECT	estaba, estabas, estaba, estábamos, estabais, estaban
FUTURE	estaré, estarás, estará, estaremos, estaréis, estarán
CONDITIONAL	estaría, estarías, estaría, estaríamos, estaríais, estarían
SUBJUNCTIVE	que + *corresponding subjunctive tense of* estar (*see verb 151*)

} envolviendo

COMMANDS

	(nosotros) envolvamos/no envolvamos
(tú) envuelve/no envuelvas	(vosotros) envolved/no envolváis
(Ud.) envuelva/no envuelva	(Uds.) envuelvan/no envuelvan

Usage

Envuelve el paquete en este papel.	*Wrap the package up in this paper.*
No nos envuelva en las intrigas palaciegas.	*Don't involve us in court/palace intrigues.*
¿Has envuelto los regalos?	*Have you wrapped up the gifts?*
Sus palabras están envueltas en confusión.	*Their words are enveloped in confusion.*

-*ar* reflexive verb;   **equivoco · equivocaron · equivocado · equivocándose**
spelling change: *c > qu/e*

PRESENT

me equivoco	nos equivocamos
te equivocas	os equivocáis
se equivoca	se equivocan

PRETERIT

me equivoqué	nos equivocamos
te equivocaste	os equivocasteis
se equivocó	se equivocaron

IMPERFECT

me equivocaba	nos equivocábamos
te equivocabas	os equivocabais
se equivocaba	se equivocaban

PRESENT PERFECT

me he equivocado	nos hemos equivocado
te has equivocado	os habéis equivocado
se ha equivocado	se han equivocado

FUTURE

me equivocaré	nos equivocaremos
te equivocarás	os equivocaréis
se equivocará	se equivocarán

CONDITIONAL

me equivocaría	nos equivocaríamos
te equivocarías	os equivocaríais
se equivocaría	se equivocarían

PLUPERFECT

me había equivocado	nos habíamos equivocado
te habías equivocado	os habíais equivocado
se había equivocado	se habían equivocado

PRETERIT PERFECT

me hube equivocado	nos hubimos equivocado
te hubiste equivocado	os hubisteis equivocado
se hubo equivocado	se hubieron equivocado

FUTURE PERFECT

me habré equivocado	nos habremos equivocado
te habrás equivocado	os habréis equivocado
se habrá equivocado	se habrán equivocado

CONDITIONAL PERFECT

me habría equivocado	nos habríamos equivocado
te habrías equivocado	os habríais equivocado
se habría equivocado	se habrían equivocado

PRESENT SUBJUNCTIVE

me equivoque	nos equivoquemos
te equivoques	os equivoquéis
se equivoque	se equivoquen

PRESENT PERFECT SUBJUNCTIVE

me haya equivocado	nos hayamos equivocado
te hayas equivocado	os hayáis equivocado
se haya equivocado	se hayan equivocado

IMPERFECT SUBJUNCTIVE (-ra)

me equivocara	nos equivocáramos
te equivocaras	os equivocarais
se equivocara	se equivocaran

or **IMPERFECT SUBJUNCTIVE (-se)**

me equivocase	nos equivocásemos
te equivocases	os equivocaseis
se equivocase	se equivocasen

PAST PERFECT SUBJUNCTIVE (-ra)

me hubiera equivocado	nos hubiéramos equivocado
te hubieras equivocado	os hubierais equivocado
se hubiera equivocado	se hubieran equivocado

or **PAST PERFECT SUBJUNCTIVE (-se)**

me hubiese equivocado	nos hubiésemos equivocado
te hubieses equivocado	os hubieseis equivocado
se hubiese equivocado	se hubiesen equivocado

PROGRESSIVE TENSES

PRESENT	estoy, estás, está, estamos, estáis, están
PRETERIT	estuve, estuviste, estuvo, estuvimos, estuvisteis, estuvieron
IMPERFECT	estaba, estabas, estaba, estábamos, estabais, estaban
FUTURE	estaré, estarás, estará, estaremos, estaréis, estarán
CONDITIONAL	estaría, estarías, estaría, estaríamos, estaríais, estarían
SUBJUNCTIVE	que + *corresponding subjunctive tense of* estar (*see verb 151*)

equivocando (*see page 36*)

COMMANDS

	(nosotros) equivoquémonos/no nos equivoquemos
(tú) equivócate/no te equivoques	(vosotros) equivocaos/no os equivoquéis
(Ud.) equivóquese/no se equivoque	(Uds.) equivóquense/no se equivoquen

Usage

Se han equivocado.	*They've made a mistake.*
No te equivoques de carretera.	*Don't get on the wrong highway.*
—Llegan el martes si no me equivoco.	*They'll arrive on Tuesday, if I'm not mistaken.*
—Estás equivocado. Será el jueves.	*You're wrong. It's Thursday.*

escoger *to choose*

escojo · escogieron · escogido · escogiendo   *-er verb; spelling change: g > j/o, a*

PRESENT		PRETERIT	
escojo	escogemos	escogí	escogimos
escoges	escogéis	escogiste	escogisteis
escoge	escogen	escogió	escogieron

IMPERFECT		PRESENT PERFECT	
escogía	escogíamos	he escogido	hemos escogido
escogías	escogíais	has escogido	habéis escogido
escogía	escogían	ha escogido	han escogido

FUTURE		CONDITIONAL	
escogeré	escogeremos	escogería	escogeríamos
escogerás	escogeréis	escogerías	escogeríais
escogerá	escogerán	escogería	escogerían

PLUPERFECT		PRETERIT PERFECT	
había escogido	habíamos escogido	hube escogido	hubimos escogido
habías escogido	habíais escogido	hubiste escogido	hubisteis escogido
había escogido	habían escogido	hubo escogido	hubieron escogido

FUTURE PERFECT		CONDITIONAL PERFECT	
habré escogido	habremos escogido	habría escogido	habríamos escogido
habrás escogido	habréis escogido	habrías escogido	habríais escogido
habrá escogido	habrán escogido	habría escogido	habrían escogido

PRESENT SUBJUNCTIVE		PRESENT PERFECT SUBJUNCTIVE	
escoja	escojamos	haya escogido	hayamos escogido
escojas	escojáis	hayas escogido	hayáis escogido
escoja	escojan	haya escogido	hayan escogido

IMPERFECT SUBJUNCTIVE (-ra)		*or* IMPERFECT SUBJUNCTIVE (-se)	
escogiera	escogiéramos	escogiese	escogiésemos
escogieras	escogierais	escogieses	escogieseis
escogiera	escogieran	escogiese	escogiesen

PAST PERFECT SUBJUNCTIVE (-ra)		*or* PAST PERFECT SUBJUNCTIVE (-se)	
hubiera escogido	hubiéramos escogido	hubiese escogido	hubiésemos escogido
hubieras escogido	hubierais escogido	hubieses escogido	hubieseis escogido
hubiera escogido	hubieran escogido	hubiese escogido	hubiesen escogido

PROGRESSIVE TENSES

PRESENT	estoy, estás, está, estamos, estáis, están
PRETERIT	estuve, estuviste, estuvo, estuvimos, estuvisteis, estuvieron
IMPERFECT	estaba, estabas, estaba, estábamos, estabais, estaban
FUTURE	estaré, estarás, estará, estaremos, estaréis, estarán
CONDITIONAL	estaría, estarías, estaría, estaríamos, estaríais, estarían
SUBJUNCTIVE	que + *corresponding subjunctive tense of* estar (*see verb 151*)

} escogiendo

COMMANDS

	(nosotros) escojamos/no escojamos
(tú) escoge/no escojas	(vosotros) escoged/no escojáis
(Ud.) escoja/no escoja	(Uds.) escojan/no escojan

Usage

Escogió los muebles de pino.	*She chose the furniture made of pine.*
Lo escogieron como su representante.	*They chose him as their representative.*
Escoge uno de los platos acompañantes.	*Choose one of the side dishes.*
Hay muchas cosas que escoger.	*There are many things to choose from.*

-ir verb; irregular past participle | escribo · escribieron · escrito · escribiendo

PRESENT		PRETERIT	
escribo	escribimos	escribí	escribimos
escribes	escribís	escribiste	escribisteis
escribe	escriben	escribió	escribieron

IMPERFECT		PRESENT PERFECT	
escribía	escribíamos	he escrito	hemos escrito
escribías	escribíais	has escrito	habéis escrito
escribía	escribían	ha escrito	han escrito

FUTURE		CONDITIONAL	
escribiré	escribiremos	escribiría	escribiríamos
escribirás	escribiréis	escribirías	escribiríais
escribirá	escribirán	escribiría	escribirían

PLUPERFECT		PRETERIT PERFECT	
había escrito	habíamos escrito	hube escrito	hubimos escrito
habías escrito	habíais escrito	hubiste escrito	hubisteis escrito
había escrito	habían escrito	hubo escrito	hubieron escrito

FUTURE PERFECT		CONDITIONAL PERFECT	
habré escrito	habremos escrito	habría escrito	habríamos escrito
habrás escrito	habréis escrito	habrías escrito	habríais escrito
habrá escrito	habrán escrito	habría escrito	habrían escrito

PRESENT SUBJUNCTIVE		PRESENT PERFECT SUBJUNCTIVE	
escriba	escribamos	haya escrito	hayamos escrito
escribas	escribáis	hayas escrito	hayáis escrito
escriba	escriban	haya escrito	hayan escrito

IMPERFECT SUBJUNCTIVE (-ra)		or	IMPERFECT SUBJUNCTIVE (-se)	
escribiera	escribiéramos		escribiese	escribiésemos
escribieras	escribierais		escribieses	escribieseis
escribiera	escribieran		escribiese	escribiesen

PAST PERFECT SUBJUNCTIVE (-ra)		or	PAST PERFECT SUBJUNCTIVE (-se)	
hubiera escrito	hubiéramos escrito		hubiese escrito	hubiésemos escrito
hubieras escrito	hubierais escrito		hubieses escrito	hubieseis escrito
hubiera escrito	hubieran escrito		hubiese escrito	hubiesen escrito

PROGRESSIVE TENSES

PRESENT	estoy, estás, está, estamos, estáis, están	
PRETERIT	estuve, estuviste, estuvo, estuvimos, estuvisteis, estuvieron	
IMPERFECT	estaba, estabas, estaba, estábamos, estabais, estaban	escribiendo
FUTURE	estaré, estarás, estará, estaremos, estaréis, estarán	
CONDITIONAL	estaría, estarías, estaría, estaríamos, estaríais, estarían	
SUBJUNCTIVE	que + _corresponding subjunctive tense of_ estar (_see verb 151_)	

COMMANDS

	(nosotros) escribamos/no escribamos
(tú) escribe/no escribas	(vosotros) escribid/no escribáis
(Ud.) escriba/no escriba	(Uds.) escriban/no escriban

Usage

Ha escrito mensajes por correo electrónico.	_He has written e-mail messages._
Escríbenos.	_Write to us._
Escribía novelas policíacas.	_He wrote detective novels._
¿Cómo se escribe la palabra?	_How do you spell the word?_

escuchar *to listen, hear*

escucho · escucharon · escuchado · escuchando   regular -*ar* verb

PRESENT

escucho	escuchamos
escuchas	escucháis
escucha	escuchan

PRETERIT

escuché	escuchamos
escuchaste	escuchasteis
escuchó	escucharon

IMPERFECT

escuchaba	escuchábamos
escuchabas	escuchabais
escuchaba	escuchaban

PRESENT PERFECT

he escuchado	hemos escuchado
has escuchado	habéis escuchado
ha escuchado	han escuchado

FUTURE

escucharé	escucharemos
escucharás	escucharéis
escuchará	escucharán

CONDITIONAL

escucharía	escucharíamos
escucharías	escucharíais
escucharía	escucharían

PLUPERFECT

había escuchado	habíamos escuchado
habías escuchado	habíais escuchado
había escuchado	habían escuchado

PRETERIT PERFECT

hube escuchado	hubimos escuchado
hubiste escuchado	hubisteis escuchado
hubo escuchado	hubieron escuchado

FUTURE PERFECT

habré escuchado	habremos escuchado
habrás escuchado	habréis escuchado
habrá escuchado	habrán escuchado

CONDITIONAL PERFECT

habría escuchado	habríamos escuchado
habrías escuchado	habríais escuchado
habría escuchado	habrían escuchado

PRESENT SUBJUNCTIVE

escuche	escuchemos
escuches	escuchéis
escuche	escuchen

PRESENT PERFECT SUBJUNCTIVE

haya escuchado	hayamos escuchado
hayas escuchado	hayáis escuchado
haya escuchado	hayan escuchado

IMPERFECT SUBJUNCTIVE (-ra)

escuchara	escucháramos
escucharas	escucharais
escuchara	escucharan

or **IMPERFECT SUBJUNCTIVE (-se)**

escuchase	escuchásemos
escuchases	escuchaseis
escuchase	escuchasen

PAST PERFECT SUBJUNCTIVE (-ra)

hubiera escuchado	hubiéramos escuchado
hubieras escuchado	hubierais escuchado
hubiera escuchado	hubieran escuchado

or **PAST PERFECT SUBJUNCTIVE (-se)**

hubiese escuchado	hubiésemos escuchado
hubieses escuchado	hubieseis escuchado
hubiese escuchado	hubiesen escuchado

PROGRESSIVE TENSES

PRESENT	estoy, estás, está, estamos, estáis, están
PRETERIT	estuve, estuviste, estuvo, estuvimos, estuvisteis, estuvieron
IMPERFECT	estaba, estabas, estaba, estábamos, estabais, estaban
FUTURE	estaré, estarás, estará, estaremos, estaréis, estarán
CONDITIONAL	estaría, estarías, estaría, estaríamos, estaríais, estarían
SUBJUNCTIVE	que + *corresponding subjunctive tense of* estar (*see verb 151*)

} escuchando

COMMANDS

	(nosotros) escuchemos/no escuchemos
(tú) escucha/no escuches	(vosotros) escuchad/no escuchéis
(Ud.) escuche/no escuche	(Uds.) escuchen/no escuchen

Usage

Escuchemos música.	*Let's listen to music.*
Escuché un ruido.	*I heard a noise.*
Escuchaban un disco compacto.	*They were listening to a compact disc.*
Te di un consejo. Espero que me hayas escuchado.	*I gave you a piece of advice. I hope you listened to me.*

stem-changing *-ar* reflexive verb: **esfuerzo · esforzaron · esforzado · esforzándose**
o > ue; spelling change: *z > c/e*

PRESENT		PRETERIT	
me esfuerzo	nos esforzamos	me esforcé	nos esforzamos
te esfuerzas	os esforzáis	te esforzaste	os esforzasteis
se esfuerza	se esfuerzan	se esforzó	se esforzaron

IMPERFECT		PRESENT PERFECT	
me esforzaba	nos esforzábamos	me he esforzado	nos hemos esforzado
te esforzabas	os esforzabais	te has esforzado	os habéis esforzado
se esforzaba	se esforzaban	se ha esforzado	se han esforzado

FUTURE		CONDITIONAL	
me esforzaré	nos esforzaremos	me esforzaría	nos esforzaríamos
te esforzarás	os esforzaréis	te esforzarías	os esforzaríais
se esforzará	se esforzarán	se esforzaría	se esforzarían

PLUPERFECT		PRETERIT PERFECT	
me había esforzado	nos habíamos esforzado	me hube esforzado	nos hubimos esforzado
te habías esforzado	os habíais esforzado	te hubiste esforzado	os hubisteis esforzado
se había esforzado	se habían esforzado	se hubo esforzado	se hubieron esforzado

FUTURE PERFECT		CONDITIONAL PERFECT	
me habré esforzado	nos habremos esforzado	me habría esforzado	nos habríamos esforzado
te habrás esforzado	os habréis esforzado	te habrías esforzado	os habríais esforzado
se habrá esforzado	se habrán esforzado	se habría esforzado	se habrían esforzado

PRESENT SUBJUNCTIVE		PRESENT PERFECT SUBJUNCTIVE	
me esfuerce	nos esforcemos	me haya esforzado	nos hayamos esforzado
te esfuerces	os esforcéis	te hayas esforzado	os hayáis esforzado
se esfuerce	se esfuercen	se haya esforzado	se hayan esforzado

IMPERFECT SUBJUNCTIVE (-ra)		*or*	IMPERFECT SUBJUNCTIVE (-se)	
me esforzara	nos esforzáramos		me esforzase	nos esforzásemos
te esforzaras	os esforzarais		te esforzases	os esforzaseis
se esforzara	se esforzaran		se esforzase	se esforzasen

PAST PERFECT SUBJUNCTIVE (-ra)		*or*	PAST PERFECT SUBJUNCTIVE (-se)	
me hubiera esforzado	nos hubiéramos esforzado		me hubiese esforzado	nos hubiésemos esforzado
te hubieras esforzado	os hubierais esforzado		te hubieses esforzado	os hubieseis esforzado
se hubiera esforzado	se hubieran esforzado		se hubiese esforzado	se hubiesen esforzado

PROGRESSIVE TENSES

PRESENT	estoy, estás, está, estamos, estáis, están
PRETERIT	estuve, estuviste, estuvo, estuvimos, estuvisteis, estuvieron
IMPERFECT	estaba, estabas, estaba, estábamos, estabais, estaban
FUTURE	estaré, estarás, estará, estaremos, estaréis, estarán
CONDITIONAL	estaría, estarías, estaría, estaríamos, estaríais, estarían
SUBJUNCTIVE	que + *corresponding subjunctive tense of* estar (*see verb 151*)

esforzando (*see page 36*)

COMMANDS

	(nosotros) esforcémonos/no nos esforcemos
(tú) esfuérzate/no te esfuerces	(vosotros) esforzaos/no os esforcéis
(Ud.) esfuércese/no se esfuerce	(Uds.) esfuércense/no se esfuercen

Usage

Se esfuerza por triunfar en la vida.	*He's striving to succeed in life.*
Esfuérzate por terminar el trabajo hoy.	*Try hard to finish the work today.*
Se han esforzado lo más posible.	*They've tried as much as possible.*
Haz un esfuerzo por venir.	*Make an effort to/Try to/Do your best to come.*

especializarse *to specialize*

especializo · especializaron · especializado · especializándose

regular -*ar* reflexive verb;
spelling change: *z > c/e*

PRESENT		PRETERIT	
me especializo	nos especializamos	me especialicé	nos especializamos
te especializas	os especializáis	te especializaste	os especializasteis
se especializa	se especializan	se especializó	se especializaron

IMPERFECT		PRESENT PERFECT	
me especializaba	nos especializábamos	me he especializado	nos hemos especializado
te especializabas	os especializabais	te has especializado	os habéis especializado
se especializaba	se especializaban	se ha especializado	se han especializado

FUTURE		CONDITIONAL	
me especializaré	nos especializaremos	me especializaría	nos especializaríamos
te especializarás	os especializaréis	te especializarías	os especializaríais
se especializará	se especializarán	se especializaría	se especializarían

PLUPERFECT		PRETERIT PERFECT	
me había especializado	nos habíamos especializado	me hube especializado	nos hubimos especializado
te habías especializado	os habíais especializado	te hubiste especializado	os hubisteis especializado
se había especializado	se habían especializado	se hubo especializado	se hubieron especializado

FUTURE PERFECT		CONDITIONAL PERFECT	
me habré especializado	nos habremos especializado	me habría especializado	nos habríamos especializado
te habrás especializado	os habréis especializado	te habrías especializado	os habríais especializado
se habrá especializado	se habrán especializado	se habría especializado	se habrían especializado

PRESENT SUBJUNCTIVE		PRESENT PERFECT SUBJUNCTIVE	
me especialice	nos especialicemos	me haya especializado	nos hayamos especializado
te especialices	os especialicéis	te hayas especializado	os hayáis especializado
se especialice	se especialicen	se haya especializado	se hayan especializado

IMPERFECT SUBJUNCTIVE (-ra)		*or*	IMPERFECT SUBJUNCTIVE (-se)	
me especializara	nos especializáramos		me especializase	nos especializásemos
te especializaras	os especializarais		te especializases	os especializaseis
se especializara	se especializaran		se especializase	se especializasen

PAST PERFECT SUBJUNCTIVE (-ra)		*or*	PAST PERFECT SUBJUNCTIVE (-se)	
me hubiera especializado	nos hubiéramos especializado		me hubiese especializado	nos hubiésemos especializado
te hubieras especializado	os hubierais especializado		te hubieses especializado	os hubieseis especializado
se hubiera especializado	se hubieran especializado		se hubiese especializado	se hubiesen especializado

PROGRESSIVE TENSES

PRESENT	estoy, estás, está, estamos, estáis, están
PRETERIT	estuve, estuviste, estuvo, estuvimos, estuvisteis, estuvieron
IMPERFECT	estaba, estabas, estaba, estábamos, estabais, estaban
FUTURE	estaré, estarás, estará, estaremos, estaréis, estarán
CONDITIONAL	estaría, estarías, estaría, estaríamos, estaríais, estarían
SUBJUNCTIVE	que + *corresponding subjunctive tense of* estar (*see verb 151*)

especializando (*see page 36*)

COMMANDS

	(nosotros) especialicémonos/no nos especialicemos
(tú) especialízate/no te especialices	(vosotros) especializaos/no os especialicéis
(Ud.) especialícese/no se especialice	(Uds.) especialícense/no se especialicen

Usage

—¿En qué te especializas? — *What are you specializing in?*
—Mi especialización es economía. — *My major is economics.*
Su padre quiere que se especialice — *Her father wants her to specialize in medicine.*
   en medicina.

regular *-ar* verb | **espero · esperaron · esperado · esperando**

PRESENT		PRETERIT	
espero	esperamos	esperé	esperamos
esperas	esperáis	esperaste	esperasteis
espera	esperan	esperó	esperaron

IMPERFECT		PRESENT PERFECT	
esperaba	esperábamos	he esperado	hemos esperado
esperabas	esperabais	has esperado	habéis esperado
esperaba	esperaban	ha esperado	han esperado

FUTURE		CONDITIONAL	
esperaré	esperaremos	esperaría	esperaríamos
esperarás	esperaréis	esperarías	esperaríais
esperará	esperarán	esperaría	esperarían

PLUPERFECT		PRETERIT PERFECT	
había esperado	habíamos esperado	hube esperado	hubimos esperado
habías esperado	habíais esperado	hubiste esperado	hubisteis esperado
había esperado	habían esperado	hubo esperado	hubieron esperado

FUTURE PERFECT		CONDITIONAL PERFECT	
habré esperado	habremos esperado	habría esperado	habríamos esperado
habrás esperado	habréis esperado	habrías esperado	habríais esperado
habrá esperado	habrán esperado	habría esperado	habrían esperado

PRESENT SUBJUNCTIVE		PRESENT PERFECT SUBJUNCTIVE	
espere	esperemos	haya esperado	hayamos esperado
esperes	esperéis	hayas esperado	hayáis esperado
espere	esperen	haya esperado	hayan esperado

IMPERFECT SUBJUNCTIVE (-ra)		*or*	IMPERFECT SUBJUNCTIVE (-se)	
esperara	esperáramos		esperase	esperásemos
esperaras	esperarais		esperases	esperaseis
esperara	esperaran		esperase	esperasen

PAST PERFECT SUBJUNCTIVE (-ra)		*or*	PAST PERFECT SUBJUNCTIVE (-se)	
hubiera esperado	hubiéramos esperado		hubiese esperado	hubiésemos esperado
hubieras esperado	hubierais esperado		hubieses esperado	hubieseis esperado
hubiera esperado	hubieran esperado		hubiese esperado	hubiesen esperado

PROGRESSIVE TENSES

PRESENT	estoy, estás, está, estamos, estáis, están	
PRETERIT	estuve, estuviste, estuvo, estuvimos, estuvisteis, estuvieron	
IMPERFECT	estaba, estabas, estaba, estábamos, estabais, estaban	esperando
FUTURE	estaré, estarás, estará, estaremos, estaréis, estarán	
CONDITIONAL	estaría, estarías, estaría, estaríamos, estaríais, estarían	
SUBJUNCTIVE	que + *corresponding subjunctive tense of* estar (*see verb 151*)	

COMMANDS

	(nosotros) esperemos/no esperemos
(tú) espera/no esperes	(vosotros) esperad/no esperéis
(Ud.) espere/no espere	(Uds.) esperen/no esperen

Usage

Te esperaremos delante de la tienda.	*We'll wait for you in front of the store.*
—Esperémoslos un poco más.	*Let's wait for them a little while longer.*
—Bueno, pero espero que aparezcan pronto.	*All right, but I hope they appear soon.*
No esperaba encontrarte allí.	*I didn't expect that you'd be there.*

esquío · esquiaron · esquiado · esquiando

-ar verb; spelling change:
i > *í* when stressed

PRESENT		PRETERIT	
esquío	esquiamos	esquié	esquiamos
esquías	esquiáis	esquiaste	esquiasteis
esquía	esquían	esquió	esquiaron

IMPERFECT		PRESENT PERFECT	
esquiaba	esquiábamos	he esquiado	hemos esquiado
esquiabas	esquiabais	has esquiado	habéis esquiado
esquiaba	esquiaban	ha esquiado	han esquiado

FUTURE		CONDITIONAL	
esquiaré	esquiaremos	esquiaría	esquiaríamos
esquiarás	esquiaréis	esquiarías	esquiaríais
esquiará	esquiarán	esquiaría	esquiarían

PLUPERFECT		PRETERIT PERFECT	
había esquiado	habíamos esquiado	hube esquiado	hubimos esquiado
habías esquiado	habíais esquiado	hubiste esquiado	hubisteis esquiado
había esquiado	habían esquiado	hubo esquiado	hubieron esquiado

FUTURE PERFECT		CONDITIONAL PERFECT	
habré esquiado	habremos esquiado	habría esquiado	habríamos esquiado
habrás esquiado	habréis esquiado	habrías esquiado	habríais esquiado
habrá esquiado	habrán esquiado	habría esquiado	habrían esquiado

PRESENT SUBJUNCTIVE		PRESENT PERFECT SUBJUNCTIVE	
esquíe	esquiemos	haya esquiado	hayamos esquiado
esquíes	esquiéis	hayas esquiado	hayáis esquiado
esquíe	esquíen	haya esquiado	hayan esquiado

IMPERFECT SUBJUNCTIVE (-ra)		*or*	IMPERFECT SUBJUNCTIVE (-se)	
esquiara	esquiáramos		esquiase	esquiásemos
esquiaras	esquiarais		esquiases	esquiaseis
esquiara	esquiaran		esquiase	esquiasen

PAST PERFECT SUBJUNCTIVE (-ra)		*or*	PAST PERFECT SUBJUNCTIVE (-se)	
hubiera esquiado	hubiéramos esquiado		hubiese esquiado	hubiésemos esquiado
hubieras esquiado	hubierais esquiado		hubieses esquiado	hubieseis esquiado
hubiera esquiado	hubieran esquiado		hubiese esquiado	hubiesen esquiado

PROGRESSIVE TENSES

PRESENT	estoy, estás, está, estamos, estáis, están	
PRETERIT	estuve, estuviste, estuvo, estuvimos, estuvisteis, estuvieron	
IMPERFECT	estaba, estabas, estaba, estábamos, estabais, estaban	esquiando
FUTURE	estaré, estarás, estará, estaremos, estaréis, estarán	
CONDITIONAL	estaría, estarías, estaría, estaríamos, estaríais, estarían	
SUBJUNCTIVE	que + *corresponding subjunctive tense of* estar (*see verb 151*)	

COMMANDS

	(nosotros) esquiemos/no esquiemos
(tú) esquía/no esquíes	(vosotros) esquiad/no esquiéis
(Ud.) esquíe/no esquíe	(Uds.) esquíen/no esquíen

Usage

Esquiaban en los Alpes.	*They used to ski in the Alps.*
Ahora esquían en las Montañas Rocosas.	*Now they ski in the Rockies.*
Esquíen con nosotros.	*Ski with us.*
Se compró esquíes y botas de esquiar.	*He bought skis and ski boots.*

-er verb; spelling change: *c* > *zc/o, a*

establezco · establecieron · establecido · estableciendo

PRESENT

establezco	establecemos
estableces	establecéis
establece	establecen

IMPERFECT

establecía	establecíamos
establecías	establecíais
establecía	establecían

FUTURE

estableceré	estableceremos
establecerás	estableceréis
establecerá	establecerán

PLUPERFECT

había establecido	habíamos establecido
habías establecido	habíais establecido
había establecido	habían establecido

FUTURE PERFECT

habré establecido	habremos establecido
habrás establecido	habréis establecido
habrá establecido	habrán establecido

PRESENT SUBJUNCTIVE

establezca	establezcamos
establezcas	establezcáis
establezca	establezcan

IMPERFECT SUBJUNCTIVE (-ra)

estableciera	estableciéramos
establecieras	establecierais
estableciera	establecieran

PAST PERFECT SUBJUNCTIVE (-ra)

hubiera establecido	hubiéramos establecido
hubieras establecido	hubierais establecido
hubiera establecido	hubieran establecido

PRETERIT

establecí	establecimos
estableciste	establecisteis
estableció	establecieron

PRESENT PERFECT

he establecido	hemos establecido
has establecido	habéis establecido
ha establecido	han establecido

CONDITIONAL

establecería	estableceríamos
establecerías	estableceríais
establecería	establecerían

PRETERIT PERFECT

hube establecido	hubimos establecido
hubiste establecido	hubisteis establecido
hubo establecido	hubieron establecido

CONDITIONAL PERFECT

habría establecido	habríamos establecido
habrías establecido	habríais establecido
habría establecido	habrían establecido

PRESENT PERFECT SUBJUNCTIVE

haya establecido	hayamos establecido
hayas establecido	hayáis establecido
haya establecido	hayan establecido

or **IMPERFECT SUBJUNCTIVE (-se)**

estableciese	estableciésemos
establecieses	establecieseis
estableciese	estableciesen

or **PAST PERFECT SUBJUNCTIVE (-se)**

hubiese establecido	hubiésemos establecido
hubieses establecido	hubieseis establecido
hubiese establecido	hubiesen establecido

PROGRESSIVE TENSES

PRESENT	estoy, estás, está, estamos, estáis, están
PRETERIT	estuve, estuviste, estuvo, estuvimos, estuvisteis, estuvieron
IMPERFECT	estaba, estabas, estaba, estábamos, estabais, estaban
FUTURE	estaré, estarás, estará, estaremos, estaréis, estarán
CONDITIONAL	estaría, estarías, estaría, estaríamos, estaríais, estarían
SUBJUNCTIVE	que + *corresponding subjunctive tense of* estar (*see verb 151*)

} estableciendo

COMMANDS

	(nosotros) establezcamos/no establezcamos
(tú) establece/no establezcas	(vosotros) estableced/no establezcáis
(Ud.) establezca/no establezca	(Uds.) establezcan/no establezcan

Usage

Se estableció la empresa en 1900.	*The company was established/founded in 1900.*
¿Dónde fue establecida?	*Where was it set up?*
Es bueno que se establezca de ingeniero.	*It's good that he sets himself up as an engineer.*
El establecimiento ha tenido mucho éxito.	*The business has been very successful.*

¿Dónde están?

Están en Roma.	They're in Rome.
Estamos en otoño.	It's fall.

¿Cómo están?

—¿Cómo están? — *How are they?*
—Están bien/de buen humor. — *They're well/in a good mood.*
¿Quién está encargado/al cargo del proyecto? — *Who's responsible for/in charge of the project?*
Estás muy guapo hoy. — *You're looking very handsome today.*
¡Niños, esténse quietos! — *Children, stay still (don't move around)!*
Estuvieron arreglándose/vistiéndose. — *They were getting ready/dressed.*

estar a

Las manzanas están a un dólar la libra. — *Apples are/cost one dollar a pound.*
—¿A cuánto(s) estamos? — *What's the date?*
—Estamos a 25 de noviembre. — *It's November 25.*

estar de

Está de instructor de béisbol. — *He's working as a baseball coach.*
Estarán de vacaciones. — *They're probably on vacation.*

estar en

La sociedad anónima está en sus comienzos. — *The corporation is just starting.*
Está en pañales. — *It's in its infancy* (lit., *diapers*).

estar para

El avión está listo para despegar/aterrizar. — *The plane is about to take off/land.*
Nadie está para fiestas. — *Nobody feels like/is in the mood for a party.*

estar por

Está por verse cómo saldrá. — *It remains to be seen how it will turn out.*
¿Estáis por empezar? — *You're about to begin?*

El tiempo

—¿Está nublado? — *Is it cloudy?*
—No, está despejado. — *No, it's clear.*

Other Uses

La comida estuvo rica/sabrosa. — *The food was good/tasty.*
Estaba ocupado. — *The line was busy* (telephone).
Los chicos están en la luna. — *The kids have their heads in the clouds.*
¡Qué aguacero! Estoy hecho una sopa. — *What a downpour! I'm soaked.*
Parece que están a sus anchas. — *You seem comfortable/at ease.*

TOP 30 VERBS

irregular verb

estoy · estuvieron · estado · estando

PRESENT		PRETERIT	
estoy	estamos	estuve	estuvimos
estás	estáis	estuviste	estuvisteis
está	están	estuvo	estuvieron

IMPERFECT		PRESENT PERFECT	
estaba	estábamos	he estado	hemos estado
estabas	estabais	has estado	habéis estado
estaba	estaban	ha estado	han estado

FUTURE		CONDITIONAL	
estaré	estaremos	estaría	estaríamos
estarás	estaréis	estarías	estaríais
estará	estarán	estaría	estarían

PLUPERFECT		PRETERIT PERFECT	
había estado	habíamos estado	hube estado	hubimos estado
habías estado	habíais estado	hubiste estado	hubisteis estado
había estado	habían estado	hubo estado	hubieron estado

FUTURE PERFECT		CONDITIONAL PERFECT	
habré estado	habremos estado	habría estado	habríamos estado
habrás estado	habréis estado	habrías estado	habríais estado
habrá estado	habrán estado	habría estado	habrían estado

PRESENT SUBJUNCTIVE		PRESENT PERFECT SUBJUNCTIVE	
esté	estemos	haya estado	hayamos estado
estés	estéis	hayas estado	hayáis estado
esté	estén	haya estado	hayan estado

IMPERFECT SUBJUNCTIVE (-ra)		*or*	IMPERFECT SUBJUNCTIVE (-se)	
estuviera	estuviéramos		estuviese	estuviésemos
estuvieras	estuvierais		estuvieses	estuvieseis
estuviera	estuvieran		estuviese	estuviesen

PAST PERFECT SUBJUNCTIVE (-ra)		*or*	PAST PERFECT SUBJUNCTIVE (-se)	
hubiera estado	hubiéramos estado		hubiese estado	hubiésemos estado
hubieras estado	hubierais estado		hubieses estado	hubieseis estado
hubiera estado	hubieran estado		hubiese estado	hubiesen estado

PROGRESSIVE TENSES

PRESENT	estoy, estás, está, estamos, estáis, están	
PRETERIT	estuve, estuviste, estuvo, estuvimos, estuvisteis, estuvieron	
IMPERFECT	estaba, estabas, estaba, estábamos, estabais, estaban	estando
FUTURE	estaré, estarás, estará, estaremos, estaréis, estarán	
CONDITIONAL	estaría, estarías, estaría, estaríamos, estaríais, estarían	
SUBJUNCTIVE	que + *corresponding subjunctive tense of* estar (*see verb 151*)	

COMMANDS

	(nosotros) estemos/no estemos
(tú) está/no estés	(vosotros) estad/no estéis
(Ud.) esté/no esté	(Uds.) estén/no estén

Usage

—¿Cómo están Uds.?	*How are you?*
—Estamos contentos/ocupados.	*We're happy/busy.*
Estaban en el centro.	*They were downtown.*
Están leyendo.	*They're reading.*

estudiar *to study, think about, consider*

estudio · estudiaron · estudiado · estudiando   regular *-ar* verb

PRESENT		PRETERIT	
estudio	estudiamos	estudié	estudiamos
estudias	estudiáis	estudiaste	estudiasteis
estudia	estudian	estudió	estudiaron

IMPERFECT		PRESENT PERFECT	
estudiaba	estudiábamos	he estudiado	hemos estudiado
estudiabas	estudiabais	has estudiado	habéis estudiado
estudiaba	estudiaban	ha estudiado	han estudiado

FUTURE		CONDITIONAL	
estudiaré	estudiaremos	estudiaría	estudiaríamos
estudiarás	estudiaréis	estudiarías	estudiaríais
estudiará	estudiarán	estudiaría	estudiarían

PLUPERFECT		PRETERIT PERFECT	
había estudiado	habíamos estudiado	hube estudiado	hubimos estudiado
habías estudiado	habíais estudiado	hubiste estudiado	hubisteis estudiado
había estudiado	habían estudiado	hubo estudiado	hubieron estudiado

FUTURE PERFECT		CONDITIONAL PERFECT	
habré estudiado	habremos estudiado	habría estudiado	habríamos estudiado
habrás estudiado	habréis estudiado	habrías estudiado	habríais estudiado
habrá estudiado	habrán estudiado	habría estudiado	habrían estudiado

PRESENT SUBJUNCTIVE		PRESENT PERFECT SUBJUNCTIVE	
estudie	estudiemos	haya estudiado	hayamos estudiado
estudies	estudiéis	hayas estudiado	hayáis estudiado
estudie	estudien	haya estudiado	hayan estudiado

IMPERFECT SUBJUNCTIVE (-ra)		*or* IMPERFECT SUBJUNCTIVE (-se)	
estudiara	estudiáramos	estudiase	estudiásemos
estudiaras	estudiarais	estudiases	estudiaseis
estudiara	estudiaran	estudiase	estudiasen

PAST PERFECT SUBJUNCTIVE (-ra)		*or* PAST PERFECT SUBJUNCTIVE (-se)	
hubiera estudiado	hubiéramos estudiado	hubiese estudiado	hubiésemos estudiado
hubieras estudiado	hubierais estudiado	hubieses estudiado	hubieseis estudiado
hubiera estudiado	hubieran estudiado	hubiese estudiado	hubiesen estudiado

PROGRESSIVE TENSES

PRESENT	estoy, estás, está, estamos, estáis, están
PRETERIT	estuve, estuviste, estuvo, estuvimos, estuvisteis, estuvieron
IMPERFECT	estaba, estabas, estaba, estábamos, estabais, estaban
FUTURE	estaré, estarás, estará, estaremos, estaréis, estarán
CONDITIONAL	estaría, estarías, estaría, estaríamos, estaríais, estarían
SUBJUNCTIVE	que + *corresponding subjunctive tense of* estar (*see verb 151*)

} estudiando

COMMANDS

	(nosotros) estudiemos/no estudiemos
(tú) estudia/no estudies	(vosotros) estudiad/no estudiéis
(Ud.) estudie/no estudie	(Uds.) estudien/no estudien

Usage

Estudió administración de empresas.	*He studied business administration.*
Estudia para programadora.	*She's studying to be a computer programmer.*
El comité está estudiando el plan.	*The committee is considering the plan.*
Hicieron un estudio del mercado.	*They did a market survey.*

-ir verb; spelling change: *g > j/o, a*   **exijo · exigieron · exigido · exigiendo**

PRESENT		PRETERIT	
exijo	exigimos	exigí	exigimos
exiges	exigís	exigiste	exigisteis
exige	exigen	exigió	exigieron

IMPERFECT		PRESENT PERFECT	
exigía	exigíamos	he exigido	hemos exigido
exigías	exigíais	has exigido	habéis exigido
exigía	exigían	ha exigido	han exigido

FUTURE		CONDITIONAL	
exigiré	exigiremos	exigiría	exigiríamos
exigirás	exigiréis	exigirías	exigiríais
exigirá	exigirán	exigiría	exigirían

PLUPERFECT		PRETERIT PERFECT	
había exigido	habíamos exigido	hube exigido	hubimos exigido
habías exigido	habíais exigido	hubiste exigido	hubisteis exigido
había exigido	habían exigido	hubo exigido	hubieron exigido

FUTURE PERFECT		CONDITIONAL PERFECT	
habré exigido	habremos exigido	habría exigido	habríamos exigido
habrás exigido	habréis exigido	habrías exigido	habríais exigido
habrá exigido	habrán exigido	habría exigido	habrían exigido

PRESENT SUBJUNCTIVE		PRESENT PERFECT SUBJUNCTIVE	
exija	exijamos	haya exigido	hayamos exigido
exijas	exijáis	hayas exigido	hayáis exigido
exija	exijan	haya exigido	hayan exigido

IMPERFECT SUBJUNCTIVE (-ra)		*or* IMPERFECT SUBJUNCTIVE (-se)	
exigiera	exigiéramos	exigiese	exigiésemos
exigieras	exigierais	exigieses	exigieseis
exigiera	exigieran	exigiese	exigiesen

PAST PERFECT SUBJUNCTIVE (-ra)		*or* PAST PERFECT SUBJUNCTIVE (-se)	
hubiera exigido	hubiéramos exigido	hubiese exigido	hubiésemos exigido
hubieras exigido	hubierais exigido	hubieses exigido	hubieseis exigido
hubiera exigido	hubieran exigido	hubiese exigido	hubiesen exigido

PROGRESSIVE TENSES

PRESENT	estoy, estás, está, estamos, estáis, están
PRETERIT	estuve, estuviste, estuvo, estuvimos, estuvisteis, estuvieron
IMPERFECT	estaba, estabas, estaba, estábamos, estabais, estaban
FUTURE	estaré, estarás, estará, estaremos, estaréis, estarán
CONDITIONAL	estaría, estarías, estaría, estaríamos, estaríais, estarían
SUBJUNCTIVE	que + *corresponding subjunctive tense of* estar (*see verb 151*)

         } exigiendo

COMMANDS

	(nosotros) exijamos/no exijamos
(tú) exige/no exijas	(vosotros) exigid/no exijáis
(Ud.) exija/no exija	(Uds.) exijan/no exijan

Usage

No exijo demasiado.	*I'm not demanding too much.*
Le exigen que pague la deuda.	*They insist that he pay off his debt.*
Es muy exigente con todo el mundo.	*He's very demanding with everybody.*
¡Cuántas exigencias tienen!	*They have so many demands/requirements!*

explicar *to explain, teach, comment upon*

explico · explicaron · explicado · explicando   *-ar* verb; spelling change: *c > qu/e*

PRESENT		PRETERIT	
explico	explicamos	expliqué	explicamos
explicas	explicáis	explicaste	explicasteis
explica	explican	explicó	explicaron

IMPERFECT		PRESENT PERFECT	
explicaba	explicábamos	he explicado	hemos explicado
explicabas	explicabais	has explicado	habéis explicado
explicaba	explicaban	ha explicado	han explicado

FUTURE		CONDITIONAL	
explicaré	explicaremos	explicaría	explicaríamos
explicarás	explicaréis	explicarías	explicaríais
explicará	explicarán	explicaría	explicarían

PLUPERFECT		PRETERIT PERFECT	
había explicado	habíamos explicado	hube explicado	hubimos explicado
habías explicado	habíais explicado	hubiste explicado	hubisteis explicado
había explicado	habían explicado	hubo explicado	hubieron explicado

FUTURE PERFECT		CONDITIONAL PERFECT	
habré explicado	habremos explicado	habría explicado	habríamos explicado
habrás explicado	habréis explicado	habrías explicado	habríais explicado
habrá explicado	habrán explicado	habría explicado	habrían explicado

PRESENT SUBJUNCTIVE		PRESENT PERFECT SUBJUNCTIVE	
explique	expliquemos	haya explicado	hayamos explicado
expliques	expliquéis	hayas explicado	hayáis explicado
explique	expliquen	haya explicado	hayan explicado

IMPERFECT SUBJUNCTIVE (-ra)		*or*	IMPERFECT SUBJUNCTIVE (-se)	
explicara	explicáramos		explicase	explicásemos
explicaras	explicarais		explicases	explicaseis
explicara	explicaran		explicase	explicasen

PAST PERFECT SUBJUNCTIVE (-ra)		*or*	PAST PERFECT SUBJUNCTIVE (-se)	
hubiera explicado	hubiéramos explicado		hubiese explicado	hubiésemos explicado
hubieras explicado	hubierais explicado		hubieses explicado	hubieseis explicado
hubiera explicado	hubieran explicado		hubiese explicado	hubiesen explicado

PROGRESSIVE TENSES

PRESENT	estoy, estás, está, estamos, estáis, están
PRETERIT	estuve, estuviste, estuvo, estuvimos, estuvisteis, estuvieron
IMPERFECT	estaba, estabas, estaba, estábamos, estabais, estaban
FUTURE	estaré, estarás, estará, estaremos, estaréis, estarán
CONDITIONAL	estaría, estarías, estaría, estaríamos, estaríais, estarían
SUBJUNCTIVE	que + *corresponding subjunctive tense of* estar (*see verb 151*)

} explicando

COMMANDS

	(nosotros) expliquemos/no expliquemos
(tú) explica/no expliques	(vosotros) explicad/no expliquéis
(Ud.) explique/no explique	(Uds.) expliquen/no expliquen

Usage

Les expliqué mi idea.	*I explained my idea to them.*
¿Quieres explicarme lo que viste?	*Do you want to comment on what you saw?*
Hace muchos años que explica álgebra.	*She's been teaching algebra for many years.*
No me explico cómo pasó.	*I can't understand how it happened.*

-*ir* verb; spelling change: **extingo · extinguieron · extinguido · extinguiendo**
gu > g/o, a

PRESENT		PRETERIT	
extingo	extinguimos	extinguí	extinguimos
extingues	extinguís	extinguiste	extinguisteis
extingue	extinguen	extinguió	extinguieron

IMPERFECT		PRESENT PERFECT	
extinguía	extinguíamos	he extinguido	hemos extinguido
extinguías	extinguíais	has extinguido	habéis extinguido
extinguía	extinguían	ha extinguido	han extinguido

FUTURE		CONDITIONAL	
extinguiré	extinguiremos	extinguiría	extinguiríamos
extinguirás	extinguiréis	extinguirías	extinguiríais
extinguirá	extinguirán	extinguiría	extinguirían

PLUPERFECT		PRETERIT PERFECT	
había extinguido	habíamos extinguido	hube extinguido	hubimos extinguido
habías extinguido	habíais extinguido	hubiste extinguido	hubisteis extinguido
había extinguido	habían extinguido	hubo extinguido	hubieron extinguido

FUTURE PERFECT		CONDITIONAL PERFECT	
habré extinguido	habremos extinguido	habría extinguido	habríamos extinguido
habrás extinguido	habréis extinguido	habrías extinguido	habríais extinguido
habrá extinguido	habrán extinguido	habría extinguido	habrían extinguido

PRESENT SUBJUNCTIVE		PRESENT PERFECT SUBJUNCTIVE	
extinga	extingamos	haya extinguido	hayamos extinguido
extingas	extingáis	hayas extinguido	hayáis extinguido
extinga	extingan	haya extinguido	hayan extinguido

IMPERFECT SUBJUNCTIVE (-ra)		*or* IMPERFECT SUBJUNCTIVE (-se)	
extinguiera	extinguiéramos	extinguiese	extinguiésemos
extinguieras	extinguierais	extinguieses	extinguieseis
extinguiera	extinguieran	extinguiese	extinguiesen

PAST PERFECT SUBJUNCTIVE (-ra)		*or* PAST PERFECT SUBJUNCTIVE (-se)	
hubiera extinguido	hubiéramos extinguido	hubiese extinguido	hubiésemos extinguido
hubieras extinguido	hubierais extinguido	hubieses extinguido	hubieseis extinguido
hubiera extinguido	hubieran extinguido	hubiese extinguido	hubiesen extinguido

PROGRESSIVE TENSES

PRESENT	estoy, estás, está, estamos, estáis, están	
PRETERIT	estuve, estuviste, estuvo, estuvimos, estuvisteis, estuvieron	
IMPERFECT	estaba, estabas, estaba, estábamos, estabais, estaban	extinguiendo
FUTURE	estaré, estarás, estará, estaremos, estaréis, estarán	
CONDITIONAL	estaría, estarías, estaría, estaríamos, estaríais, estarían	
SUBJUNCTIVE	que + *corresponding subjunctive tense of* estar *(see verb 151)*	

COMMANDS

	(nosotros) extingamos/no extingamos
(tú) extingue/no extingas	(vosotros) extinguid/no extingáis
(Ud.) extinga/no extinga	(Uds.) extingan/no extingan

Usage

Extingue el fuego de campamento.	*Extinguish/Put out the campfire.*
Las vacunas han extinguido ciertas enfermedades.	*Vaccines have wiped out certain diseases.*
Es una especie extinta.	*It's an extinct species.*

faltar *to miss, not go, fail, be missing/lacking, be needed, not be enough*

falto · faltaron · faltado · faltando   regular -ar verb (like **gustar**)

PRESENT		PRETERIT	
falto	faltamos	falté	faltamos
faltas	faltáis	faltaste	faltasteis
falta	faltan	faltó	faltaron

IMPERFECT		PRESENT PERFECT	
faltaba	faltábamos	he faltado	hemos faltado
faltabas	faltabais	has faltado	habéis faltado
faltaba	faltaban	ha faltado	han faltado

FUTURE		CONDITIONAL	
faltaré	faltaremos	faltaría	faltaríamos
faltarás	faltaréis	faltarías	faltaríais
faltará	faltarán	faltaría	faltarían

PLUPERFECT		PRETERIT PERFECT	
había faltado	habíamos faltado	hube faltado	hubimos faltado
habías faltado	habíais faltado	hubiste faltado	hubisteis faltado
había faltado	habían faltado	hubo faltado	hubieron faltado

FUTURE PERFECT		CONDITIONAL PERFECT	
habré faltado	habremos faltado	habría faltado	habríamos faltado
habrás faltado	habréis faltado	habrías faltado	habríais faltado
habrá faltado	habrán faltado	habría faltado	habrían faltado

PRESENT SUBJUNCTIVE		PRESENT PERFECT SUBJUNCTIVE	
falte	faltemos	haya faltado	hayamos faltado
faltes	faltéis	hayas faltado	hayáis faltado
falte	falten	haya faltado	hayan faltado

IMPERFECT SUBJUNCTIVE (-ra)		*or*	IMPERFECT SUBJUNCTIVE (-se)	
faltara	faltáramos		faltase	faltásemos
faltaras	faltarais		faltases	faltaseis
faltara	faltaran		faltase	faltasen

PAST PERFECT SUBJUNCTIVE (-ra)		*or*	PAST PERFECT SUBJUNCTIVE (-se)	
hubiera faltado	hubiéramos faltado		hubiese faltado	hubiésemos faltado
hubieras faltado	hubierais faltado		hubieses faltado	hubieseis faltado
hubiera faltado	hubieran faltado		hubiese faltado	hubiesen faltado

PROGRESSIVE TENSES

PRESENT	estoy, estás, está, estamos, estáis, están	
PRETERIT	estuve, estuviste, estuvo, estuvimos, estuvisteis, estuvieron	
IMPERFECT	estaba, estabas, estaba, estábamos, estabais, estaban	faltando
FUTURE	estaré, estarás, estará, estaremos, estaréis, estarán	
CONDITIONAL	estaría, estarías, estaría, estaríamos, estaríais, estarían	
SUBJUNCTIVE	que + *corresponding subjunctive tense of* estar (*see verb 151*)	

COMMANDS

	(nosotros) faltemos/no faltemos
(tú) falta/no faltes	(vosotros) faltad/no faltéis
(Ud.) falte/no falte	(Uds.) falten/no falten

Usage

Faltaron a clase.	*They missed school/were absent.*
Un jugador faltó al partido.	*One player missed the game.*
Faltó a sus compromisos.	*He failed to meet his obligations.*
¿Cuánto dinero te falta?	*How much money are you short?*

-er verb; spelling change: **favorezco · favorecieron · favorecido · favoreciendo**
c > zc/o, a

PRESENT		PRETERIT	
favorezco	favorecemos	favorecí	favorecimos
favoreces	favorecéis	favoreciste	favorecisteis
favorece	favorecen	favoreció	favorecieron

IMPERFECT		PRESENT PERFECT	
favorecía	favorecíamos	he favorecido	hemos favorecido
favorecías	favorecíais	has favorecido	habéis favorecido
favorecía	favorecían	ha favorecido	han favorecido

FUTURE		CONDITIONAL	
favoreceré	favoreceremos	favorecería	favoreceríamos
favorecerás	favoreceréis	favorecerías	favoreceríais
favorecerá	favorecerán	favorecería	favorecerían

PLUPERFECT		PRETERIT PERFECT	
había favorecido	habíamos favorecido	hube favorecido	hubimos favorecido
habías favorecido	habíais favorecido	hubiste favorecido	hubisteis favorecido
había favorecido	habían favorecido	hubo favorecido	hubieron favorecido

FUTURE PERFECT		CONDITIONAL PERFECT	
habré favorecido	habremos favorecido	habría favorecido	habríamos favorecido
habrás favorecido	habréis favorecido	habrías favorecido	habríais favorecido
habrá favorecido	habrán favorecido	habría favorecido	habrían favorecido

PRESENT SUBJUNCTIVE		PRESENT PERFECT SUBJUNCTIVE	
favorezca	favorezcamos	haya favorecido	hayamos favorecido
favorezcas	favorezcáis	hayas favorecido	hayáis favorecido
favorezca	favorezcan	haya favorecido	hayan favorecido

IMPERFECT SUBJUNCTIVE (-ra)		*or* IMPERFECT SUBJUNCTIVE (-se)	
favoreciera	favoreciéramos	favoreciese	favoreciésemos
favorecieras	favorecierais	favorecieses	favorecieseis
favoreciera	favorecieran	favoreciese	favoreciesen

PAST PERFECT SUBJUNCTIVE (-ra)		*or* PAST PERFECT SUBJUNCTIVE (-se)	
hubiera favorecido	hubiéramos favorecido	hubiese favorecido	hubiésemos favorecido
hubieras favorecido	hubierais favorecido	hubieses favorecido	hubieseis favorecido
hubiera favorecido	hubieran favorecido	hubiese favorecido	hubiesen favorecido

PROGRESSIVE TENSES

PRESENT	estoy, estás, está, estamos, estáis, están	
PRETERIT	estuve, estuviste, estuvo, estuvimos, estuvisteis, estuvieron	
IMPERFECT	estaba, estabas, estaba, estábamos, estabais, estaban	favoreciendo
FUTURE	estaré, estarás, estará, estaremos, estaréis, estarán	
CONDITIONAL	estaría, estarías, estaría, estaríamos, estaríais, estarían	
SUBJUNCTIVE	que + *corresponding subjunctive tense of* estar (*see verb 151*)	

COMMANDS

	(nosotros) favorezcamos/no favorezcamos
(tú) favorece/no favorezcas	(vosotros) favoreced/no favorezcáis
(Ud.) favorezca/no favorezca	(Uds.) favorezcan/no favorezcan

Usage

Las condiciones actuales nos favorecen.	*Present conditions favor us.*
—El azul claro te favorece.	*Light blue looks good on you.*
—Pero el rosado es mi color favorito.	*But pink is my favorite color.*
¿Estás a favor de la pena de muerte?	*Are you in favor of capital punishment?*

fiarse *to trust (in), confide in*

fío · fiaron · fiado · fiándose   *-ar reflexive verb; spelling change: i > í when stressed*

PRESENT		PRETERIT	
me fío	nos fiamos	me fié	nos fiamos
te fías	os fiáis	te fiaste	os fiasteis
se fía	se fían	se fió	se fiaron

IMPERFECT		PRESENT PERFECT	
me fiaba	nos fiábamos	me he fiado	nos hemos fiado
te fiabas	os fiabais	te has fiado	os habéis fiado
se fiaba	se fiaban	se ha fiado	se han fiado

FUTURE		CONDITIONAL	
me fiaré	nos fiaremos	me fiaría	nos fiaríamos
te fiarás	os fiaréis	te fiarías	os fiaríais
se fiará	se fiarán	se fiaría	se fiarían

PLUPERFECT		PRETERIT PERFECT	
me había fiado	nos habíamos fiado	me hube fiado	nos hubimos fiado
te habías fiado	os habíais fiado	te hubiste fiado	os hubisteis fiado
se había fiado	se habían fiado	se hubo fiado	se hubieron fiado

FUTURE PERFECT		CONDITIONAL PERFECT	
me habré fiado	nos habremos fiado	me habría fiado	nos habríamos fiado
te habrás fiado	os habréis fiado	te habrías fiado	os habríais fiado
se habrá fiado	se habrán fiado	se habría fiado	se habrían fiado

PRESENT SUBJUNCTIVE		PRESENT PERFECT SUBJUNCTIVE	
me fíe	nos fiemos	me haya fiado	nos hayamos fiado
te fíes	os fiéis	te hayas fiado	os hayáis fiado
se fíe	se fíen	se haya fiado	se hayan fiado

IMPERFECT SUBJUNCTIVE (-ra)		*or* IMPERFECT SUBJUNCTIVE (-se)	
me fiara	nos fiáramos	me fiase	nos fiásemos
te fiaras	os fiarais	te fiases	os fiaseis
se fiara	se fiaran	se fiase	se fiasen

PAST PERFECT SUBJUNCTIVE (-ra)		*or* PAST PERFECT SUBJUNCTIVE (-se)	
me hubiera fiado	nos hubiéramos fiado	me hubiese fiado	nos hubiésemos fiado
te hubieras fiado	os hubierais fiado	te hubieses fiado	os hubieseis fiado
se hubiera fiado	se hubieran fiado	se hubiese fiado	se hubiesen fiado

PROGRESSIVE TENSES

PRESENT	estoy, estás, está, estamos, estáis, están	
PRETERIT	estuve, estuviste, estuvo, estuvimos, estuvisteis, estuvieron	
IMPERFECT	estaba, estabas, estaba, estábamos, estabais, estaban	fiando
FUTURE	estaré, estarás, estará, estaremos, estaréis, estarán	(*see page 36*)
CONDITIONAL	estaría, estarías, estaría, estaríamos, estaríais, estarían	
SUBJUNCTIVE	que + *corresponding subjunctive tense of* estar (*see verb 151*)	

COMMANDS

	(nosotros) fiémonos/no nos fiemos
(tú) fíate/no te fíes	(vosotros) fiaos/no os fiéis
(Ud.) fíese/no se fíe	(Uds.) fíense/no se fíen

Usage

Me fío de él.	*I trust/trust in him.*
—Fíate de ellos.	*Trust in them.*
—¡Qué va! No son de fiar.	*Nonsense! They are not trustworthy.*
Siempre nos fiábamos de ellos.	*We always trusted in them.*

regular -_ar_ reflexive verb | **fijo · fijaron · fijado · fijándose**

PRESENT		**PRETERIT**	
me fijo	nos fijamos	me fijé	nos fijamos
te fijas	os fijáis	te fijaste	os fijasteis
se fija	se fijan	se fijó	se fijaron

IMPERFECT		**PRESENT PERFECT**	
me fijaba	nos fiábamos	me he fijado	nos hemos fijado
te fijabas	os fijabais	te has fijado	os habéis fijado
se fijaba	se fijaban	se ha fijado	se han fijado

FUTURE		**CONDITIONAL**	
me fijaré	nos fijaremos	me fijaría	nos fijaríamos
te fijarás	os fijaréis	te fijarías	os fijaríais
se fijará	se fijarán	se fijaría	se fijarían

PLUPERFECT		**PRETERIT PERFECT**	
me había fijado	nos habíamos fijado	me hube fijado	nos hubimos fijado
te habías fijado	os habíais fijado	te hubiste fijado	os hubisteis fijado
se había fijado	se habían fijado	se hubo fijado	se hubieron fijado

FUTURE PERFECT		**CONDITIONAL PERFECT**	
me habré fijado	nos habremos fijado	me habría fijado	nos habríamos fijado
te habrás fijado	os habréis fijado	te habrías fijado	os habríais fijado
se habrá fijado	se habrán fijado	se habría fijado	se habrían fijado

PRESENT SUBJUNCTIVE		**PRESENT PERFECT SUBJUNCTIVE**	
me fije	nos fijemos	me haya fijado	nos hayamos fijado
te fijes	os fijéis	te hayas fijado	os hayáis fijado
se fije	se fijen	se haya fijado	se hayan fijado

IMPERFECT SUBJUNCTIVE (-ra)		_or_ **IMPERFECT SUBJUNCTIVE (-se)**	
me fijara	nos fijáramos	me fijase	nos fijásemos
te fijaras	os fijarais	te fijases	os fijaseis
se fijara	se fijaran	se fijase	se fijasen

PAST PERFECT SUBJUNCTIVE (-ra)		_or_ **PAST PERFECT SUBJUNCTIVE (-se)**	
me hubiera fijado	nos hubiéramos fijado	me hubiese fijado	nos hubiésemos fijado
te hubieras fijado	os hubierais fijado	te hubieses fijado	os hubieseis fijado
se hubiera fijado	se hubieran fijado	se hubiese fijado	se hubiesen fijado

PROGRESSIVE TENSES

PRESENT	estoy, estás, está, estamos, estáis, están	
PRETERIT	estuve, estuviste, estuvo, estuvimos, estuvisteis, estuvieron	
IMPERFECT	estaba, estabas, estaba, estábamos, estabais, estaban	fijando
FUTURE	estaré, estarás, estará, estaremos, estaréis, estarán	(_see page 36_)
CONDITIONAL	estaría, estarías, estaría, estaríamos, estaríais, estarían	
SUBJUNCTIVE	que + _corresponding subjunctive tense of_ estar (_see verb 151_)	

COMMANDS

	(nosotros) fijémonos/no nos fijemos
(tú) fíjate/no te fijes	(vosotros) fijaos/no os fijéis
(Ud.) fíjese/no se fije	(Uds.) fíjense/no se fijen

Usage

No se han fijado en sus alrededores.	_They haven't noticed their surroundings._
Fíjese en lo que le dicen.	_Pay attention to what they tell you._
Fíjate.	_Look./Imagine./Just think._
Que fijen la fecha.	_Have them fix/set the date._

fingir *to feign, pretend*

finjo · fingieron · fingido · fingiendo   *-ir* verb; spelling change: *g > j/o, a*

PRESENT		PRETERIT	
finjo	fingimos	fingí	fingimos
finges	fingís	fingiste	fingisteis
finge	fingen	fingió	fingieron

IMPERFECT		PRESENT PERFECT	
fingía	fingíamos	he fingido	hemos fingido
fingías	fingíais	has fingido	habéis fingido
fingía	fingían	ha fingido	han fingido

FUTURE		CONDITIONAL	
fingiré	fingiremos	fingiría	fingiríamos
fingirás	fingiréis	fingirías	fingiríais
fingirá	fingirán	fingiría	fingirían

PLUPERFECT		PRETERIT PERFECT	
había fingido	habíamos fingido	hube fingido	hubimos fingido
habías fingido	habíais fingido	hubiste fingido	hubisteis fingido
había fingido	habían fingido	hubo fingido	hubieron fingido

FUTURE PERFECT		CONDITIONAL PERFECT	
habré fingido	habremos fingido	habría fingido	habríamos fingido
habrás fingido	habréis fingido	habrías fingido	habríais fingido
habrá fingido	habrán fingido	habría fingido	habrían fingido

PRESENT SUBJUNCTIVE		PRESENT PERFECT SUBJUNCTIVE	
finja	finjamos	haya fingido	hayamos fingido
finjas	finjáis	hayas fingido	hayáis fingido
finja	finjan	haya fingido	hayan fingido

IMPERFECT SUBJUNCTIVE (-ra)		*or* IMPERFECT SUBJUNCTIVE (-se)	
fingiera	fingiéramos	fingiese	fingiésemos
fingieras	fingierais	fingieses	fingieseis
fingiera	fingieran	fingiese	fingiesen

PAST PERFECT SUBJUNCTIVE (-ra)		*or* PAST PERFECT SUBJUNCTIVE (-se)	
hubiera fingido	hubiéramos fingido	hubiese fingido	hubiésemos fingido
hubieras fingido	hubierais fingido	hubieses fingido	hubieseis fingido
hubiera fingido	hubieran fingido	hubiese fingido	hubiesen fingido

PROGRESSIVE TENSES

PRESENT	estoy, estás, está, estamos, estáis, están	
PRETERIT	estuve, estuviste, estuvo, estuvimos, estuvisteis, estuvieron	
IMPERFECT	estaba, estabas, estaba, estábamos, estabais, estaban	fingiendo
FUTURE	estaré, estarás, estará, estaremos, estaréis, estarán	
CONDITIONAL	estaría, estarías, estaría, estaríamos, estaríais, estarían	
SUBJUNCTIVE	que + *corresponding subjunctive tense of* estar (*see verb 151*)	

COMMANDS

	(nosotros) finjamos/no finjamos
(tú) finge/no finjas	(vosotros) fingid/no finjáis
(Ud.) finja/no finja	(Uds.) finjan/no finjan

Usage

Fingía tristeza.	*She was feigning sadness.*
Fingen que están tristes.	*They're pretending to be sad.*
Fingió no comprender.	*He pretended not to understand.*
Estamos hartos del fingimiento.	*We're fed up with the pretense.*

stem-changing -ar verb: e > ie;
spelling change: g > gu/e

PRESENT

friego	fregamos
friegas	fregáis
friega	friegan

PRETERIT

fregué	fregamos
fregaste	fregasteis
fregó	fregaron

IMPERFECT

fregaba	fregábamos
fregabas	fregabais
fregaba	fregaban

PRESENT PERFECT

he fregado	hemos fregado
has fregado	habéis fregado
ha fregado	han fregado

FUTURE

fregaré	fregaremos
fregarás	fregaréis
fregará	fregarán

CONDITIONAL

fregaría	fregaríamos
fregarías	fregaríais
fregaría	fregarían

PLUPERFECT

había fregado	habíamos fregado
habías fregado	habíais fregado
había fregado	habían fregado

PRETERIT PERFECT

hube fregado	hubimos fregado
hubiste fregado	hubisteis fregado
hubo fregado	hubieron fregado

FUTURE PERFECT

habré fregado	habremos fregado
habrás fregado	habréis fregado
habrá fregado	habrán fregado

CONDITIONAL PERFECT

habría fregado	habríamos fregado
habrías fregado	habríais fregado
habría fregado	habrían fregado

PRESENT SUBJUNCTIVE

friegue	freguemos
friegues	freguéis
friegue	frieguen

PRESENT PERFECT SUBJUNCTIVE

haya fregado	hayamos fregado
hayas fregado	hayáis fregado
haya fregado	hayan fregado

IMPERFECT SUBJUNCTIVE (-ra)

fregara	fregáramos
fregaras	fregarais
fregara	fregaran

or **IMPERFECT SUBJUNCTIVE (-se)**

fregase	fregásemos
fregases	fregaseis
fregase	fregasen

PAST PERFECT SUBJUNCTIVE (-ra)

hubiera fregado	hubiéramos fregado
hubieras fregado	hubierais fregado
hubiera fregado	hubieran fregado

or **PAST PERFECT SUBJUNCTIVE (-se)**

hubiese fregado	hubiésemos fregado
hubieses fregado	hubieseis fregado
hubiese fregado	hubiesen fregado

PROGRESSIVE TENSES

PRESENT	estoy, estás, está, estamos, estáis, están
PRETERIT	estuve, estuviste, estuvo, estuvimos, estuvisteis, estuvieron
IMPERFECT	estaba, estabas, estaba, estábamos, estabais, estaban
FUTURE	estaré, estarás, estará, estaremos, estaréis, estarán
CONDITIONAL	estaría, estarías, estaría, estaríamos, estaríais, estarían
SUBJUNCTIVE	que + *corresponding subjunctive tense of* estar (*see verb 151*)

} fregando

COMMANDS

	(nosotros) freguemos/no freguemos
(tú) friega/no friegues	(vosotros) fregad/no freguéis
(Ud.) friegue/no friegue	(Uds.) frieguen/no frieguen

Usage

Friego la sartén.	*I'm scrubbing/scouring the frying pan.*
Frieguen los platos.	*Wash the dishes.*
¡Deja de fregarnos!	*Stop annoying/bothering us!* (Lat. Am. usage)
Hay utensilios en el fregadero.	*There are utensils in the sink.*

PRESENT		PRETERIT	
frío	freímos	freí	freímos
fríes	freís	freíste	freísteis
fríe	fríen	frió	frieron

IMPERFECT		PRESENT PERFECT	
freía	freíamos	he frito	hemos frito
freías	freíais	has frito	habéis frito
freía	freían	ha frito	han frito

FUTURE		CONDITIONAL	
freiré	freiremos	freiría	freiríamos
freirás	freiréis	freirías	freiríais
freirá	freirán	freiría	freirían

PLUPERFECT		PRETERIT PERFECT	
había frito	habíamos frito	hube frito	hubimos frito
habías frito	habíais frito	hubiste frito	hubisteis frito
había frito	habían frito	hubo frito	hubieron frito

FUTURE PERFECT		CONDITIONAL PERFECT	
habré frito	habremos frito	habría frito	habríamos frito
habrás frito	habréis frito	habrías frito	habríais frito
habrá frito	habrán frito	habría frito	habrían frito

PRESENT SUBJUNCTIVE		PRESENT PERFECT SUBJUNCTIVE	
fría	friamos	haya frito	hayamos frito
frías	friáis	hayas frito	hayáis frito
fría	frían	haya frito	hayan frito

IMPERFECT SUBJUNCTIVE (-ra)		*or* IMPERFECT SUBJUNCTIVE (-se)	
friera	friéramos	friese	friésemos
frieras	frierais	frieses	frieseis
friera	frieran	friese	friesen

PAST PERFECT SUBJUNCTIVE (-ra)		*or* PAST PERFECT SUBJUNCTIVE (-se)	
hubiera frito	hubiéramos frito	hubiese frito	hubiésemos frito
hubieras frito	hubierais frito	hubieses frito	hubieseis frito
hubiera frito	hubieran frito	hubiese frito	hubiesen frito

PROGRESSIVE TENSES

PRESENT	estoy, estás, está, estamos, estáis, están	
PRETERIT	estuve, estuviste, estuvo, estuvimos, estuvisteis, estuvieron	
IMPERFECT	estaba, estabas, estaba, estábamos, estabais, estaban	friendo
FUTURE	estaré, estarás, estará, estaremos, estaréis, estarán	
CONDITIONAL	estaría, estarías, estaría, estaríamos, estaríais, estarían	
SUBJUNCTIVE	que + *corresponding subjunctive tense of* estar (*see verb 151*)	

COMMANDS

	(nosotros) friamos/no friamos
(tú) fríe/no frías	(vosotros) freíd/no friáis
(Ud.) fría/no fría	(Uds.) frían/no frían

Usage

Fríe el bacalao.	*Fry the codfish.*
La cocinera frió el pollo.	*The chef fried the chicken.*
¡Vete a freír espárragos!	*Go jump in the lake!*
¡Estamos fritos!	*We're done for/all washed up!*

regular *-ar* verb

gano · ganaron · ganado · ganando

PRESENT		PRETERIT	
gano	ganamos	gané	ganamos
ganas	ganáis	ganaste	ganasteis
gana	ganan	ganó	ganaron

IMPERFECT		PRESENT PERFECT	
ganaba	ganábamos	he ganado	hemos ganado
ganabas	ganabais	has ganado	habéis ganado
ganaba	ganaban	ha ganado	han ganado

FUTURE		CONDITIONAL	
ganaré	ganaremos	ganaría	ganaríamos
ganarás	ganaréis	ganarías	ganaríais
ganará	ganarán	ganaría	ganarían

PLUPERFECT		PRETERIT PERFECT	
había ganado	habíamos ganado	hube ganado	hubimos ganado
habías ganado	habíais ganado	hubiste ganado	hubisteis ganado
había ganado	habían ganado	hubo ganado	hubieron ganado

FUTURE PERFECT		CONDITIONAL PERFECT	
habré ganado	habremos ganado	habría ganado	habríamos ganado
habrás ganado	habréis ganado	habrías ganado	habríais ganado
habrá ganado	habrán ganado	habría ganado	habrían ganado

PRESENT SUBJUNCTIVE		PRESENT PERFECT SUBJUNCTIVE	
gane	ganemos	haya ganado	hayamos ganado
ganes	ganéis	hayas ganado	hayáis ganado
gane	ganen	haya ganado	hayan ganado

IMPERFECT SUBJUNCTIVE (-ra)		*or* IMPERFECT SUBJUNCTIVE (-se)	
ganara	ganáramos	ganase	ganásemos
ganaras	ganarais	ganases	ganaseis
ganara	ganaran	ganase	ganasen

PAST PERFECT SUBJUNCTIVE (-ra)		*or* PAST PERFECT SUBJUNCTIVE (-se)	
hubiera ganado	hubiéramos ganado	hubiese ganado	hubiésemos ganado
hubieras ganado	hubierais ganado	hubieses ganado	hubieseis ganado
hubiera ganado	hubieran ganado	hubiese ganado	hubiesen ganado

PROGRESSIVE TENSES

PRESENT	estoy, estás, está, estamos, estáis, están	
PRETERIT	estuve, estuviste, estuvo, estuvimos, estuvisteis, estuvieron	
IMPERFECT	estaba, estabas, estaba, estábamos, estabais, estaban	ganando
FUTURE	estaré, estarás, estará, estaremos, estaréis, estarán	
CONDITIONAL	estaría, estarías, estaría, estaríamos, estaríais, estarían	
SUBJUNCTIVE	que + *corresponding subjunctive tense of* estar (*see verb 151*)	

COMMANDS

	(nosotros) ganemos/no ganemos
(tú) gana/no ganes	(vosotros) ganad/no ganéis
(Ud.) gane/no gane	(Uds.) ganen/no ganen

Usage

Ganan mucho dinero.	*They earn a lot of money.*
El general ganó la guerra.	*The general won the war.*
Ganó el respeto de todos.	*He gained everyone's respect.*
Se ganó la vida escribiendo.	*He earned his living by writing.*

gobernar *to govern, manage, direct*

gobierno · gobernaron · gobernado · gobernando   stem-changing -ar verb: *e > ie*

PRESENT		PRETERIT	
gobierno	gobernamos	goberné	gobernamos
gobiernas	gobernáis	gobernaste	gobernasteis
gobierna	gobiernan	gobernó	gobernaron

IMPERFECT		PRESENT PERFECT	
gobernaba	gobernábamos	he gobernado	hemos gobernado
gobernabas	gobernabais	has gobernado	habéis gobernado
gobernaba	gobernaban	ha gobernado	han gobernado

FUTURE		CONDITIONAL	
gobernaré	gobernaremos	gobernaría	gobernaríamos
gobernarás	gobernaréis	gobernarías	gobernaríais
gobernará	gobernarán	gobernaría	gobernarían

PLUPERFECT		PRETERIT PERFECT	
había gobernado	habíamos gobernado	hube gobernado	hubimos gobernado
habías gobernado	habíais gobernado	hubiste gobernado	hubisteis gobernado
había gobernado	habían gobernado	hubo gobernado	hubieron gobernado

FUTURE PERFECT		CONDITIONAL PERFECT	
habré gobernado	habremos gobernado	habría gobernado	habríamos gobernado
habrás gobernado	habréis gobernado	habrías gobernado	habríais gobernado
habrá gobernado	habrán gobernado	habría gobernado	habrían gobernado

PRESENT SUBJUNCTIVE		PRESENT PERFECT SUBJUNCTIVE	
gobierne	gobernemos	haya gobernado	hayamos gobernado
gobiernes	gobernéis	hayas gobernado	hayáis gobernado
gobierne	gobiernen	haya gobernado	hayan gobernado

IMPERFECT SUBJUNCTIVE (-ra)		*or*	IMPERFECT SUBJUNCTIVE (-se)	
gobernara	gobernáramos		gobernase	gobernásemos
gobernaras	gobernarais		gobernases	gobernaseis
gobernara	gobernaran		gobernase	gobernasen

PAST PERFECT SUBJUNCTIVE (-ra)		*or*	PAST PERFECT SUBJUNCTIVE (-se)	
hubiera gobernado	hubiéramos gobernado		hubiese gobernado	hubiésemos gobernado
hubieras gobernado	hubierais gobernado		hubieses gobernado	hubieseis gobernado
hubiera gobernado	hubieran gobernado		hubiese gobernado	hubiesen gobernado

PROGRESSIVE TENSES

PRESENT	estoy, estás, está, estamos, estáis, están	
PRETERIT	estuve, estuviste, estuvo, estuvimos, estuvisteis, estuvieron	
IMPERFECT	estaba, estabas, estaba, estábamos, estabais, estaban	gobernando
FUTURE	estaré, estarás, estará, estaremos, estaréis, estarán	
CONDITIONAL	estaría, estarías, estaría, estaríamos, estaríais, estarían	
SUBJUNCTIVE	que + *corresponding subjunctive tense of* estar (*see verb 151*)	

COMMANDS

	(nosotros) gobernemos/no gobernemos
(tú) gobierna/no gobiernes	(vosotros) gobernad/no gobernéis
(Ud.) gobierne/no gobierne	(Uds.) gobiernen/no gobiernen

Usage

El presidente gobierna el país.	The president governs the country.
La junta directiva gobierna la empresa.	The board of directors manages the company.
La mejor forma de gobierno es la democracia.	The best form of government is democracy.

-ar verb; spelling change: z > c/e

gozo · gozaron · gozado · gozando

PRESENT	
gozo	gozamos
gozas	gozáis
goza	gozan

PRETERIT	
gocé	gozamos
gozaste	gozasteis
gozó	gozaron

IMPERFECT	
gozaba	gozábamos
gozabas	gozabais
gozaba	gozaban

PRESENT PERFECT	
he gozado	hemos gozado
has gozado	habéis gozado
ha gozado	han gozado

FUTURE	
gozaré	gozaremos
gozarás	gozaréis
gozará	gozarán

CONDITIONAL	
gozaría	gozaríamos
gozarías	gozaríais
gozaría	gozarían

PLUPERFECT	
había gozado	habíamos gozado
habías gozado	habíais gozado
había gozado	habían gozado

PRETERIT PERFECT	
hube gozado	hubimos gozado
hubiste gozado	hubisteis gozado
hubo gozado	hubieron gozado

FUTURE PERFECT	
habré gozado	habremos gozado
habrás gozado	habréis gozado
habrá gozado	habrán gozado

CONDITIONAL PERFECT	
habría gozado	habríamos gozado
habrías gozado	habríais gozado
habría gozado	habrían gozado

PRESENT SUBJUNCTIVE	
goce	gocemos
goces	gocéis
goce	gocen

PRESENT PERFECT SUBJUNCTIVE	
haya gozado	hayamos gozado
hayas gozado	hayáis gozado
haya gozado	hayan gozado

IMPERFECT SUBJUNCTIVE (-ra)		or	IMPERFECT SUBJUNCTIVE (-se)	
gozara	gozáramos		gozase	gozásemos
gozaras	gozarais		gozases	gozaseis
gozara	gozaran		gozase	gozasen

PAST PERFECT SUBJUNCTIVE (-ra)		or	PAST PERFECT SUBJUNCTIVE (-se)	
hubiera gozado	hubiéramos gozado		hubiese gozado	hubiésemos gozado
hubieras gozado	hubierais gozado		hubieses gozado	hubieseis gozado
hubiera gozado	hubieran gozado		hubiese gozado	hubiesen gozado

PROGRESSIVE TENSES

PRESENT	estoy, estás, está, estamos, estáis, están
PRETERIT	estuve, estuviste, estuvo, estuvimos, estuvisteis, estuvieron
IMPERFECT	estaba, estabas, estaba, estábamos, estabais, estaban
FUTURE	estaré, estarás, estará, estaremos, estaréis, estarán
CONDITIONAL	estaría, estarías, estaría, estaríamos, estaríais, estarían
SUBJUNCTIVE	que + *corresponding subjunctive tense of* estar (*see verb 151*)

gozando

COMMANDS

	(nosotros) gocemos/no gocemos
(tú) goza/no goces	(vosotros) gozad/no gocéis
(Ud.) goce/no goce	(Uds.) gocen/no gocen

Usage

¡Que gocen mucho en la fiesta!	*Enjoy yourselves at the party!*
Goza de buena fama.	*He enjoys/has a good reputation.*
¿Gozasteis con su visita?	*Were you thrilled with their visit?*

guiar *to guide, lead/take, drive*

guío · guiaron · guiado · guiando   *-ar* verb; spelling change: *i* > *í* when stressed

PRESENT		PRETERIT	
guío	guiamos	guié	guiamos
guías	guiáis	guiaste	guiasteis
guía	guían	guió	guiaron

IMPERFECT		PRESENT PERFECT	
guiaba	guiábamos	he guiado	hemos guiado
guiabas	guiabais	has guiado	habéis guiado
guiaba	guiaban	ha guiado	han guiado

FUTURE		CONDITIONAL	
guiaré	guiaremos	guiaría	guiaríamos
guiarás	guiaréis	guiarías	guiaríais
guiará	guiarán	guiaría	guiarían

PLUPERFECT		PRETERIT PERFECT	
había guiado	habíamos guiado	hube guiado	hubimos guiado
habías guiado	habíais guiado	hubiste guiado	hubisteis guiado
había guiado	habían guiado	hubo guiado	hubieron guiado

FUTURE PERFECT		CONDITIONAL PERFECT	
habré guiado	habremos guiado	habría guiado	habríamos guiado
habrás guiado	habréis guiado	habrías guiado	habríais guiado
habrá guiado	habrán guiado	habría guiado	habrían guiado

PRESENT SUBJUNCTIVE		PRESENT PERFECT SUBJUNCTIVE	
guíe	guiemos	haya guiado	hayamos guiado
guíes	guiéis	hayas guiado	hayáis guiado
guíe	guíen	haya guiado	hayan guiado

IMPERFECT SUBJUNCTIVE (-ra)		*or* IMPERFECT SUBJUNCTIVE (-se)	
guiara	guiáramos	guiase	guiásemos
guiaras	guiarais	guiases	guiaseis
guiara	guiaran	guiase	guiasen

PAST PERFECT SUBJUNCTIVE (-ra)		*or* PAST PERFECT SUBJUNCTIVE (-se)	
hubiera guiado	hubiéramos guiado	hubiese guiado	hubiésemos guiado
hubieras guiado	hubierais guiado	hubieses guiado	hubieseis guiado
hubiera guiado	hubieran guiado	hubiese guiado	hubiesen guiado

PROGRESSIVE TENSES

PRESENT	estoy, estás, está, estamos, estáis, están	
PRETERIT	estuve, estuviste, estuvo, estuvimos, estuvisteis, estuvieron	
IMPERFECT	estaba, estabas, estaba, estábamos, estabais, estaban	guiando
FUTURE	estaré, estarás, estará, estaremos, estaréis, estarán	
CONDITIONAL	estaría, estarías, estaría, estaríamos, estaríais, estarían	
SUBJUNCTIVE	que + *corresponding subjunctive tense of* estar (*see verb 151*)	

COMMANDS

	(nosotros) guiemos/no guiemos
(tú) guía/no guíes	(vosotros) guiad/no guiéis
(Ud.) guíe/no guíe	(Uds.) guíen/no guíen

Usage

El agente de viajes guió a los turistas.
Guiábamos a los demás hasta salir de la cueva.
¿No quieres guiar mi coche?

The travel agent guided the tourists.
We guided the others until we got out of the cave.
Don't you want to drive my car?

regular *-ar* verb; used in third-person singular and plural with the indirect object pronoun

gusta · gustaron · gustado · gustando

PRESENT		PRETERIT	
me gusta(n)	nos gusta(n)	me gustó(-aron)	nos gustó(-aron)
te gusta(n)	os gusta(n)	te gustó(-aron)	os gustó(-aron)
le gusta(n)	les gusta(n)	le gustó(-aron)	les gustó(-aron)

IMPERFECT		PRESENT PERFECT	
me gustaba(n)	nos gustaba(n)	me ha(n) gustado	nos ha(n) gustado
te gustaba(n)	os gustaba(n)	te ha(n) gustado	os ha(n) gustado
le gustaba(n)	les gustaba(n)	le ha(n) gustado	les ha(n) gustado

FUTURE		CONDITIONAL	
me gustará(n)	nos gustará(n)	me gustaría(n)	nos gustaría(n)
te gustará(n)	os gustará(n)	te gustaría(n)	os gustaría(n)
le gustará(n)	les gustará(n)	le gustaría(n)	les gustaría(n)

PLUPERFECT		PRETERIT PERFECT	
me había(n) gustado	nos había(n) gustado	me hubo(-ieron) gustado	nos hubo(-ieron) gustado
te había(n) gustado	os había(n) gustado	te hubo(-ieron) gustado	os hubo(-ieron) gustado
le había(n) gustado	les había(n) gustado	le hubo(-ieron) gustado	les hubo(-ieron) gustado

FUTURE PERFECT		CONDITIONAL PERFECT	
me habrá(n) gustado	nos habrá(n) gustado	me habría(n) gustado	nos habría(n) gustado
te habrá(n) gustado	os habrá(n) gustado	te habría(n) gustado	os habría(n) gustado
le habrá(n) gustado	les habrá(n) gustado	le habría(n) gustado	les habría(n) gustado

PRESENT SUBJUNCTIVE		PRESENT PERFECT SUBJUNCTIVE	
me guste(n)	nos guste(n)	me haya(n) gustado	nos haya(n) gustado
te guste(n)	os guste(n)	te haya(n) gustado	os haya(n) gustado
le guste(n)	les guste(n)	le haya(n) gustado	les haya(n) gustado

IMPERFECT SUBJUNCTIVE (-ra)		*or* IMPERFECT SUBJUNCTIVE (-se)	
me gustara(n)	nos gustara(n)	me gustase(n)	nos gustase(n)
te gustara(n)	os gustara(n)	te gustase(n)	os gustase(n)
le gustara(n)	les gustara(n)	le gustase(n)	les gustase(n)

PAST PERFECT SUBJUNCTIVE (-ra)		*or* PAST PERFECT SUBJUNCTIVE (-se)	
me hubiera(n) gustado	nos hubiera(n) gustado	me hubiese(n) gustado	nos hubiese(n) gustado
te hubiera(n) gustado	os hubiera(n) gustado	te hubiese(n) gustado	os hubiese(n) gustado
le hubiera(n) gustado	les hubiera(n) gustado	le hubiese(n) gustado	les hubiese(n) gustado

PROGRESSIVE TENSES

PRESENT	me	está, están
PRETERIT	te	estuvo, estuvieron
IMPERFECT	le	estaba, estaban
FUTURE	nos	estará, estarán
CONDITIONAL	os	estaría, estarían
SUBJUNCTIVE que	les	*corresponding subjunctive tense of* estar (*see verb 151*)

gustando

VERB NOT USED IN COMMANDS

Usage

—Me gusta leer sobre la historia. — *I like to read about history.*
—A mí también me gustan los libros de historia. — *I also like history books.*

—¿Les gustó la comedia? — *Did you like the play?*
—No. No nos gustan las comedias musicales. — *No. We don't like musicals.*

Les gustaría pasar más tiempo en París. — *They'd like to spend more time in Paris.*

haber *to have*

he · hubieron · habido · habiendo

irregular verb; auxiliary verb
used to form the compound tenses

PRESENT		PRETERIT	
he	hemos	hube	hubimos
has	habéis	hubiste	hubisteis
ha	han	hubo	hubieron

IMPERFECT		PRESENT PERFECT	
había	habíamos	he habido	hemos habido
habías	habíais	has habido	habéis habido
había	habían	ha habido	han habido

FUTURE		CONDITIONAL	
habré	habremos	habría	habríamos
habrás	habréis	habrías	habríais
habrá	habrán	habría	habrían

PLUPERFECT		PRETERIT PERFECT	
había habido	habíamos habido	hube habido	hubimos habido
habías habido	habíais habido	hubiste habido	hubisteis habido
había habido	habían habido	hubo habido	hubieron habido

FUTURE PERFECT		CONDITIONAL PERFECT	
habré habido	habremos habido	habría habido	habríamos habido
habrás habido	habréis habido	habrías habido	habríais habido
habrá habido	habrán habido	habría habido	habrían habido

PRESENT SUBJUNCTIVE		PRESENT PERFECT SUBJUNCTIVE	
haya	hayamos	haya habido	hayamos habido
hayas	hayáis	hayas habido	hayáis habido
haya	hayan	haya habido	hayan habido

IMPERFECT SUBJUNCTIVE (-ra)		*or* IMPERFECT SUBJUNCTIVE (-se)	
hubiera	hubiéramos	hubiese	hubiésemos
hubieras	hubierais	hubieses	hubieseis
hubiera	hubieran	hubiese	hubiesen

PAST PERFECT SUBJUNCTIVE (-ra)		*or* PAST PERFECT SUBJUNCTIVE (-se)	
hubiera habido	hubiéramos habido	hubiese habido	hubiésemos habido
hubieras habido	hubierais habido	hubieses habido	hubieseis habido
hubiera habido	hubieran habido	hubiese habido	hubiesen habido

VERB NOT USED IN COMMANDS; VERY RARE IN THE PROGRESSIVE

Usage

As auxiliary verb

—¿No has visto al diseñador?
—Es que no ha venido a la oficina hoy.
—Si hubiera venido lo habría visto.

No nos habían dicho nada.

Haven't you seen the designer?
It's that he hasn't come into the office today.
If he had come I would have seen him.

They hadn't told us anything.

Expressions where haber *has its original meaning of "to have"*

Hemos de convocar al profesorado.
La familia tiene mucho dinero en su haber.
Verifique el deber y haber.

We must convene a meeting of the faculty.
The family has a lot of money in its estate.
Check the liabilities and assets/debit and
    credit.

¡Tenemos que habérselas con ese tipo!

We have to have it out/deal with that guy!

PRESENT

hablo	hablamos
hablas	habláis
habla	hablan

IMPERFECT

hablaba	hablábamos
hablabas	hablabais
hablaba	hablaban

FUTURE

hablaré	hablaremos
hablarás	hablaréis
hablará	hablarán

PLUPERFECT

había hablado	habíamos hablado
habías hablado	habíais hablado
había hablado	habían hablado

FUTURE PERFECT

habré hablado	habremos hablado
habrás hablado	habréis hablado
habrá hablado	habrán hablado

PRESENT SUBJUNCTIVE

hable	hablemos
hables	habléis
hable	hablen

IMPERFECT SUBJUNCTIVE (-ra)

hablara	habláramos
hablaras	hablarais
hablara	hablaran

PAST PERFECT SUBJUNCTIVE (-ra)

hubiera hablado	hubiéramos hablado
hubieras hablado	hubierais hablado
hubiera hablado	hubieran hablado

PRETERIT

hablé	hablamos
hablaste	hablasteis
habló	hablaron

PRESENT PERFECT

he hablado	hemos hablado
has hablado	habéis hablado
ha hablado	han hablado

CONDITIONAL

hablaría	hablaríamos
hablarías	hablaríais
hablaría	hablarían

PRETERIT PERFECT

hube hablado	hubimos hablado
hubiste hablado	hubisteis hablado
hubo hablado	hubieron hablado

CONDITIONAL PERFECT

habría hablado	habríamos hablado
habrías hablado	habríais hablado
habría hablado	habrían hablado

PRESENT PERFECT SUBJUNCTIVE

haya hablado	hayamos hablado
hayas hablado	hayáis hablado
haya hablado	hayan hablado

or IMPERFECT SUBJUNCTIVE (-se)

hablase	hablásemos
hablases	hablaseis
hablase	hablasen

or PAST PERFECT SUBJUNCTIVE (-se)

hubiese hablado	hubiésemos hablado
hubieses hablado	hubieseis hablado
hubiese hablado	hubiesen hablado

PROGRESSIVE TENSES

PRESENT	estoy, estás, está, estamos, estáis, están
PRETERIT	estuve, estuviste, estuvo, estuvimos, estuvisteis, estuvieron
IMPERFECT	estaba, estabas, estaba, estábamos, estabais, estaban
FUTURE	estaré, estarás, estará, estaremos, estaréis, estarán
CONDITIONAL	estaría, estarías, estaría, estaríamos, estaríais, estarían
SUBJUNCTIVE	que + *corresponding subjunctive tense of* estar (*see verb 151*)

} hablando

COMMANDS

	(nosotros) hablemos/no hablemos
(tú) habla/no hables	(vosotros) hablad/no habléis
(Ud.) hable/no hable	(Uds.) hablen/no hablen

Usage

—No hablo español muy bien.	*I don't speak Spanish very well.*
—¡Qué va! Hablas con soltura.	*Are you kidding! You speak fluently.*
Se habla inglés aquí.	*English is spoken here.*
Hablemos de las elecciones.	*Let's talk about the election.*

hacer *to do, make*

hago · hicieron · hecho · haciendo   irregular verb

to do, make

—¿Haces las quesadillas?   *Are you making the quesadillas?*
—Mira. Ya están hechas.   *Look. They're already made.*

Hagan todo lo posible para triunfar.   *Do your best/everything possible to win.*

to cause

Su arranque hizo que nos enfadáramos.   *His outburst made us get angry.*

Impersonal Expressions

¿Que tiempo hace?   *What's the weather like?*
Hace buen/mal tiempo.   *The weather is good/bad.*
Hace fresco y viento. Hace 50 grados.   *It's cool and windy. It's 50 degrees.*

hace + time + *que*

—¿Cuánto (tiempo) hace que los viste?   *How long ago did you see them?*
—Hace un mes que los vi.   *I saw them a month ago.*

—¿Cuánto (tiempo) hace que viven aquí?   *How long have you been living here?*
—Hace siete años que vivimos aquí.   *We've been living here for seven years.*

hacer + infinitive *to make/have someone do something*

Sus payasadas nos hacían reír.   *Their antics made us laugh.*
Haz que las visitas pasen a la sala.   *Have the visitors go into the living room.*
Haga preguntas.   *Ask questions.*
Isabel hacía el papel de la reina.   *Isabel played the role of the queen.*
No tienen nada que hacer.   *They don't have anything to do.*
El florero está roto. ¿Quién lo hizo pedazos?   *The vase is broken. Who smashed it to pieces?*

hacerse *to become, get*

Se hizo famoso/rico.   *He became famous/rich.*
Se hace tarde.   *It's getting late.*
El tesorero se hizo cargo/responsable.   *The treasurer took over/assumed
                                                    responsibility.*

No te hagas daño.   *Don't hurt yourself.*

Other Uses

A lo hecho pecho.   *No use crying over spilt milk.*
Lo hecho hecho está.   *What's done is done.*
Dicho y hecho.   *No sooner said than done.*
Del dicho al hecho hay mucho trecho.   *Saying and doing are two different things.*

PRESENT		PRETERIT	
hago	hacemos	hice	hicimos
haces	hacéis	hiciste	hicisteis
hace	hacen	hizo	hicieron

IMPERFECT		PRESENT PERFECT	
hacía	hacíamos	he hecho	hemos hecho
hacías	hacíais	has hecho	habéis hecho
hacía	hacían	ha hecho	han hecho

FUTURE		CONDITIONAL	
haré	haremos	haría	haríamos
harás	haréis	harías	haríais
hará	harán	haría	harían

PLUPERFECT		PRETERIT PERFECT	
había hecho	habíamos hecho	hube hecho	hubimos hecho
habías hecho	habíais hecho	hubiste hecho	hubisteis hecho
había hecho	habían hecho	hubo hecho	hubieron hecho

FUTURE PERFECT		CONDITIONAL PERFECT	
habré hecho	habremos hecho	habría hecho	habríamos hecho
habrás hecho	habréis hecho	habrías hecho	habríais hecho
habrá hecho	habrán hecho	habría hecho	habrían hecho

PRESENT SUBJUNCTIVE		PRESENT PERFECT SUBJUNCTIVE	
haga	hagamos	haya hecho	hayamos hecho
hagas	hagáis	hayas hecho	hayáis hecho
haga	hagan	haya hecho	hayan hecho

IMPERFECT SUBJUNCTIVE (-ra)		*or* IMPERFECT SUBJUNCTIVE (-se)	
hiciera	hiciéramos	hiciese	hiciésemos
hicieras	hicierais	hicieses	hicieseis
hiciera	hicieran	hiciese	hiciesen

PAST PERFECT SUBJUNCTIVE (-ra)		*or* PAST PERFECT SUBJUNCTIVE (-se)	
hubiera hecho	hubiéramos hecho	hubiese hecho	hubiésemos hecho
hubieras hecho	hubierais hecho	hubieses hecho	hubieseis hecho
hubiera hecho	hubieran hecho	hubiese hecho	hubiesen hecho

PROGRESSIVE TENSES

PRESENT	estoy, estás, está, estamos, estáis, están	
PRETERIT	estuve, estuviste, estuvo, estuvimos, estuvisteis, estuvieron	
IMPERFECT	estaba, estabas, estaba, estábamos, estabais, estaban	haciendo
FUTURE	estaré, estarás, estará, estaremos, estaréis, estarán	
CONDITIONAL	estaría, estarías, estaría, estaríamos, estaríais, estarían	
SUBJUNCTIVE	que + *corresponding subjunctive tense of* estar (*see verb 151*)	

COMMANDS

	(nosotros) hagamos/no hagamos
(tú) haz/no hagas	(vosotros) haced/no hagáis
(Ud.) haga/no haga	(Uds.) hagan/no hagan

Usage

Hagamos planes para el fin de semana.	*Let's make plans for the weekend.*
Hizo que terminaran su trabajo.	*He made them finish their work.*
¿Qué estás haciendo?	*What are you doing?*
Haz lo que te dije.	*Do what I told you.*

hay *there is, there are*

hay · hubo · habido · habiendo   irregular verb

PRESENT hay	**PRETERIT** hubo
IMPERFECT había	**PRESENT PERFECT** ha habido
FUTURE habrá	**CONDITIONAL** habría
PLUPERFECT había habido	**PRETERIT PERFECT** hubo habido
FUTURE PERFECT habrá habido	**CONDITIONAL PERFECT** habría habido
PRESENT SUBJUNCTIVE haya	**PRESENT PERFECT SUBJUNCTIVE** haya habido
IMPERFECT SUBJUNCTIVE (-ra) hubiera	*or* **IMPERFECT SUBJUNCTIVE (-se)** hubiese
PAST PERFECT SUBJUNCTIVE (-ra) hubiera habido	*or* **PAST PERFECT SUBJUNCTIVE (-se)** hubiese habido

VERB NOT USED IN COMMANDS; VERY RARE IN THE PROGRESSIVE

Usage

¿Qué hay?	*What's up?/How are you?*
¿Qué hay de nuevo?	*What's new?*
¿Qué hubo?/¿Qué húbole?	*What's up?/How are you?* (Mex.)
Hay mucho dinero en la cuenta.	*There's a lot of money in the account.*
Había mucho dinero hasta que lo retiré.	*There was a lot of money until I withdrew it.*
Hubo un congreso en Filadelfia.	*There was a conference in Philadelphia.*
Había mucha gente en el parque.	*There were many people in the park.*
Habrá entradas en la taquilla.	*There are probably tickets at the box office.*
Ha habido problemas con el módem.	*There have been/We've had problems with the modem.*
Esperamos que haya interés en el proyecto.	*We hope there will be interest in the project.*
Es posible que haya habido dificultades.	*It's possible there have been problems.*
No creían que hubiera suficiente tiempo.	*They didn't think there was enough time.*
Sentíamos que no hubiera habido sitio para todos.	*We were sorry there hadn't been room for everyone.*
Ojalá que no haya embotellamiento.	*I hope there won't be a traffic jam.*
Ojalá que hubiera piscina en el hotel.	*I wish there were a pool in the hotel.*
Hay que leer las obras clásicas.	*It's necessary to/One must read the classics.*
—¿Hay diccionarios bilingües?	*Are there/Do you have bilingual dictionaries?*
—Sí, los hay.	*Yes, there are/we have them.*
No hay de qué.	*You're welcome.*
No hay más que hacer.	*There's no more to be done.*
No hay para quejarse/enfadarse.	*There's no reason to complain/get angry.*

stem-changing -*ir* verb:
e > ie (present), *e > i* (preterit)

hiero · hirieron · herido · hiriendo

PRESENT		PRETERIT	
hiero	herimos	herí	herimos
hieres	herís	heriste	heristeis
hiere	hieren	hirió	hirieron

IMPERFECT		PRESENT PERFECT	
hería	heríamos	he herido	hemos herido
herías	heríais	has herido	habéis herido
hería	herían	ha herido	han herido

FUTURE		CONDITIONAL	
heriré	heriremos	heriría	heriríamos
herirás	heriréis	herirías	heriríais
herirá	herirán	heriría	herirían

PLUPERFECT		PRETERIT PERFECT	
había herido	habíamos herido	hube herido	hubimos herido
habías herido	habíais herido	hubiste herido	hubisteis herido
había herido	habían herido	hubo herido	hubieron herido

FUTURE PERFECT		CONDITIONAL PERFECT	
habré herido	habremos herido	habría herido	habríamos herido
habrás herido	habréis herido	habrías herido	habríais herido
habrá herido	habrán herido	habría herido	habrían herido

PRESENT SUBJUNCTIVE		PRESENT PERFECT SUBJUNCTIVE	
hiera	hiramos	haya herido	hayamos herido
hieras	hiráis	hayas herido	hayáis herido
hiera	hieran	haya herido	hayan herido

IMPERFECT SUBJUNCTIVE (-ra)		*or* IMPERFECT SUBJUNCTIVE (-se)	
hiriera	hiriéramos	hiriese	hiriésemos
hirieras	hirierais	hirieses	hirieseis
hiriera	hirieran	hiriese	hiriesen

PAST PERFECT SUBJUNCTIVE (-ra)		*or* PAST PERFECT SUBJUNCTIVE (-se)	
hubiera herido	hubiéramos herido	hubiese herido	hubiésemos herido
hubieras herido	hubierais herido	hubieses herido	hubieseis herido
hubiera herido	hubieran herido	hubiese herido	hubiesen herido

PROGRESSIVE TENSES

PRESENT	estoy, estás, está, estamos, estáis, están	
PRETERIT	estuve, estuviste, estuvo, estuvimos, estuvisteis, estuvieron	
IMPERFECT	estaba, estabas, estaba, estábamos, estabais, estaban	hiriendo
FUTURE	estaré, estarás, estará, estaremos, estaréis, estarán	
CONDITIONAL	estaría, estarías, estaría, estaríamos, estaríais, estarían	
SUBJUNCTIVE	que + *corresponding subjunctive tense of* estar (*see verb 151*)	

COMMANDS

	(nosotros) hiramos/no hiramos
(tú) hiere/no hieras	(vosotros) herid/no hiráis
(Ud.) hiera/no hiera	(Uds.) hieran/no hieran

Usage

¿Cómo se hirió?	*How did you injure yourself?*
Nos herimos jugando fútbol.	*We hurt ourselves playing soccer.*
Sus palabras nos han herido.	*Her words have offended us.*
Fue herido en la batalla.	*He was wounded in battle.*

hervir *to boil*

hiervo · hirvieron · hervido · hirviendo

stem-changing *-ir* verb:
e > *ie* (present), *e* > *i* (preterit)

PRESENT		PRETERIT	
hiervo	hervimos	herví	hervimos
hierves	hervís	herviste	hervisteis
hierve	hierven	hirvió	hirvieron

IMPERFECT		PRESENT PERFECT	
hervía	hervíamos	he hervido	hemos hervido
hervías	hervíais	has hervido	habéis hervido
hervía	hervían	ha hervido	han hervido

FUTURE		CONDITIONAL	
herviré	herviremos	herviría	herviríamos
hervirás	herviréis	hervirías	herviríais
hervirá	hervirán	herviría	hervirían

PLUPERFECT		PRETERIT PERFECT	
había hervido	habíamos hervido	hube hervido	hubimos hervido
habías hervido	habíais hervido	hubiste hervido	hubisteis hervido
había hervido	habían hervido	hubo hervido	hubieron hervido

FUTURE PERFECT		CONDITIONAL PERFECT	
habré hervido	habremos hervido	habría hervido	habríamos hervido
habrás hervido	habréis hervido	habrías hervido	habríais hervido
habrá hervido	habrán hervido	habría hervido	habrían hervido

PRESENT SUBJUNCTIVE		PRESENT PERFECT SUBJUNCTIVE	
hierva	hirvamos	haya hervido	hayamos hervido
hiervas	hirváis	hayas hervido	hayáis hervido
hierva	hiervan	haya hervido	hayan hervido

IMPERFECT SUBJUNCTIVE (-ra)		*or* IMPERFECT SUBJUNCTIVE (-se)	
hirviera	hirviéramos	hirviese	hirviésemos
hirvieras	hirvierais	hirvieses	hirvieseis
hirviera	hirvieran	hirviese	hirviesen

PAST PERFECT SUBJUNCTIVE (-ra)		*or* PAST PERFECT SUBJUNCTIVE (-se)	
hubiera hervido	hubiéramos hervido	hubiese hervido	hubiésemos hervido
hubieras hervido	hubierais hervido	hubieses hervido	hubieseis hervido
hubiera hervido	hubieran hervido	hubiese hervido	hubiesen hervido

PROGRESSIVE TENSES

PRESENT	estoy, estás, está, estamos, estáis, están	
PRETERIT	estuve, estuviste, estuvo, estuvimos, estuvisteis, estuvieron	
IMPERFECT	estaba, estabas, estaba, estábamos, estabais, estaban	hirviendo
FUTURE	estaré, estarás, estará, estaremos, estaréis, estarán	
CONDITIONAL	estaría, estarías, estaría, estaríamos, estaríais, estarían	
SUBJUNCTIVE	que + *corresponding subjunctive tense of* estar (*see verb 151*)	

COMMANDS

	(nosotros) hirvamos/no hirvamos
(tú) hierve/no hiervas	(vosotros) hervid/no hirváis
(Ud.) hierva/no hierva	(Uds.) hiervan/no hiervan

Usage

El agua está hirviendo.	*The water is boiling.*
La cazuela hierve a fuego lento.	*The stew is simmering.*
Es un hervidero de política extremista.	*It's a hotbed of extremist politics.*
¡Se les hierve la sangre!	*Their blood is boiling!*

-*ir* verb; spelling change: adds *y* before *o, a, e*   **huyo · huyeron · huido · huyendo**

PRESENT		PRETERIT	
huyo	huimos	huí	huimos
huyes	huís	huiste	huisteis
huye	huyen	huyó	huyeron

IMPERFECT		PRESENT PERFECT	
huía	huíamos	he huido	hemos huido
huías	huíais	has huido	habéis huido
huía	huían	ha huido	han huido

FUTURE		CONDITIONAL	
huiré	huiremos	huiría	huiríamos
huirás	huiréis	huirías	huiríais
huirá	huirán	huiría	huirían

PLUPERFECT		PRETERIT PERFECT	
había huido	habíamos huido	hube huido	hubimos huido
habías huido	habíais huido	hubiste huido	hubisteis huido
había huido	habían huido	hubo huido	hubieron huido

FUTURE PERFECT		CONDITIONAL PERFECT	
habré huido	habremos huido	habría huido	habríamos huido
habrás huido	habréis huido	habrías huido	habríais huido
habrá huido	habrán huido	habría huido	habrían huido

PRESENT SUBJUNCTIVE		PRESENT PERFECT SUBJUNCTIVE	
huya	huyamos	haya huido	hayamos huido
huyas	huyáis	hayas huido	hayáis huido
huya	huyan	haya huido	hayan huido

IMPERFECT SUBJUNCTIVE (-ra)		*or* IMPERFECT SUBJUNCTIVE (-se)	
huyera	huyéramos	huyese	huyésemos
huyeras	huyerais	huyeses	huyeseis
huyera	huyeran	huyese	huyesen

PAST PERFECT SUBJUNCTIVE (-ra)		*or* PAST PERFECT SUBJUNCTIVE (-se)	
hubiera huido	hubiéramos huido	hubiese huido	hubiésemos huido
hubieras huido	hubierais huido	hubieses huido	hubieseis huido
hubiera huido	hubieran huido	hubiese huido	hubiesen huido

PROGRESSIVE TENSES

PRESENT	estoy, estás, está, estamos, estáis, están	
PRETERIT	estuve, estuviste, estuvo, estuvimos, estuvisteis, estuvieron	
IMPERFECT	estaba, estabas, estaba, estábamos, estabais, estaban	huyendo
FUTURE	estaré, estarás, estará, estaremos, estaréis, estarán	
CONDITIONAL	estaría, estarías, estaría, estaríamos, estaríais, estarían	
SUBJUNCTIVE	que + *corresponding subjunctive tense of* estar (*see verb 151*)	

COMMANDS

	(nosotros) huyamos/no huyamos
(tú) huye/no huyas	(vosotros) huid/no huyáis
(Ud.) huya/no huya	(Uds.) huyan/no huyan

Usage

Huyeron del huracán.	*They fled from the hurricane.*
Huían de las amenazas del dictador.	*They were fleeing from the dictator's threats.*
El ladrón huyó de la policía.	*The thief escaped from the police.*
Huyeron de hacer la limpieza.	*They avoided cleaning up.*

identificar *to identify*

PRESENT		PRETERIT	
identifico	identificamos	identifiqué	identificamos
identificas	identificáis	identificaste	identificasteis
identifica	identifican	identificó	identificaron

IMPERFECT		PRESENT PERFECT	
identificaba	identificábamos	he identificado	hemos identificado
identificabas	identificabais	has identificado	habéis identificado
identificaba	identificaban	ha identificado	han identificado

FUTURE		CONDITIONAL	
identificaré	identificaremos	identificaría	identificaríamos
identificarás	identificaréis	identificarías	identificaríais
identificará	identificarán	identificaría	identificarían

PLUPERFECT		PRETERIT PERFECT	
había identificado	habíamos identificado	hube identificado	hubimos identificado
habías identificado	habíais identificado	hubiste identificado	hubisteis identificado
había identificado	habían identificado	hubo identificado	hubieron identificado

FUTURE PERFECT		CONDITIONAL PERFECT	
habré identificado	habremos identificado	habría identificado	habríamos identificado
habrás identificado	habréis identificado	habrías identificado	habríais identificado
habrá identificado	habrán identificado	habría identificado	habrían identificado

PRESENT SUBJUNCTIVE		PRESENT PERFECT SUBJUNCTIVE	
identifique	identifiquemos	haya identificado	hayamos identificado
identifiques	identifiquéis	hayas identificado	hayáis identificado
identifique	identifiquen	haya identificado	hayan identificado

IMPERFECT SUBJUNCTIVE (-ra)		*or*	IMPERFECT SUBJUNCTIVE (-se)	
identificara	identificáramos		identificase	identificásemos
identificaras	identificarais		identificases	identificaseis
identificara	identificaran		identificase	identificasen

PAST PERFECT SUBJUNCTIVE (-ra)		*or*	PAST PERFECT SUBJUNCTIVE (-se)	
hubiera identificado	hubiéramos identificado		hubiese identificado	hubiésemos identificado
hubieras identificado	hubierais identificado		hubieses identificado	hubieseis identificado
hubiera identificado	hubieran identificado		hubiese identificado	hubiesen identificado

PROGRESSIVE TENSES

PRESENT	estoy, estás, está, estamos, estáis, están
PRETERIT	estuve, estuviste, estuvo, estuvimos, estuvisteis, estuvieron
IMPERFECT	estaba, estabas, estaba, estábamos, estabais, estaban
FUTURE	estaré, estarás, estará, estaremos, estaréis, estarán
CONDITIONAL	estaría, estarías, estaría, estaríamos, estaríais, estarían
SUBJUNCTIVE	que + *corresponding subjunctive tense of* estar (*see verb 151*)

identificando

COMMANDS

	(nosotros) identifiquemos/no identifiquemos
(tú) identifica/no identifiques	(vosotros) identificad/no identifiquéis
(Ud.) identifique/no identifique	(Uds.) identifiquen/no identifiquen

Usage

Se han identificado unas fuentes bien informadas.
We've identified some well-informed sources.

No pueden identificar el origen del problema.
They can't identify the source of the problem.

Se identifica con el papel que hace.
She identifies with the role she plays.

stem-changing -*ir* verb
(like **pedir**): *e > i*

impido · impidieron · impedido · impidiendo

PRESENT		PRETERIT	
impido	impedimos	impedí	impedimos
impides	impedís	impediste	impedisteis
impide	impiden	impidió	impidieron

IMPERFECT		PRESENT PERFECT	
impedía	impedíamos	he impedido	hemos impedido
impedías	impedíais	has impedido	habéis impedido
impedía	impedían	ha impedido	han impedido

FUTURE		CONDITIONAL	
impediré	impediremos	impediría	impediríamos
impedirás	impediréis	impedirías	impediríais
impedirá	impedirán	impediría	impedirían

PLUPERFECT		PRETERIT PERFECT	
había impedido	habíamos impedido	hube impedido	hubimos impedido
habías impedido	habíais impedido	hubiste impedido	hubisteis impedido
había impedido	habían impedido	hubo impedido	hubieron impedido

FUTURE PERFECT		CONDITIONAL PERFECT	
habré impedido	habremos impedido	habría impedido	habríamos impedido
habrás impedido	habréis impedido	habrías impedido	habríais impedido
habrá impedido	habrán impedido	habría impedido	habrían impedido

PRESENT SUBJUNCTIVE		PRESENT PERFECT SUBJUNCTIVE	
impida	impidamos	haya impedido	hayamos impedido
impidas	impidáis	hayas impedido	hayáis impedido
impida	impidan	haya impedido	hayan impedido

IMPERFECT SUBJUNCTIVE (-ra)		*or*	IMPERFECT SUBJUNCTIVE (-se)	
impidiera	impidiéramos		impidiese	impidiésemos
impidieras	impidierais		impidieses	impidieseis
impidiera	impidieran		impidiese	impidiesen

PAST PERFECT SUBJUNCTIVE (-ra)		*or*	PAST PERFECT SUBJUNCTIVE (-se)	
hubiera impedido	hubiéramos impedido		hubiese impedido	hubiésemos impedido
hubieras impedido	hubierais impedido		hubieses impedido	hubieseis impedido
hubiera impedido	hubieran impedido		hubiese impedido	hubiesen impedido

PROGRESSIVE TENSES

PRESENT	estoy, estás, está, estamos, estáis, están	
PRETERIT	estuve, estuviste, estuvo, estuvimos, estuvisteis, estuvieron	
IMPERFECT	estaba, estabas, estaba, estábamos, estabais, estaban	impidiendo
FUTURE	estaré, estarás, estará, estaremos, estaréis, estarán	
CONDITIONAL	estaría, estarías, estaría, estaríamos, estaríais, estarían	
SUBJUNCTIVE	que + *corresponding subjunctive tense of* estar (*see verb 151*)	

COMMANDS

	(nosotros) impidamos/no impidamos
(tú) impide/no impidas	(vosotros) impedid/no impidáis
(Ud.) impida/no impida	(Uds.) impidan/no impidan

Usage

La ventisca les impidió que condujeran.	*The blizzard prevented them from driving.*
¿Qué impide el progreso en el proyecto?	*What's impeding progress on the project?*
Le impedimos que huyera.	*We kept her from running away.*
El trabajo fue impedido por la oscuridad.	*The work was hindered by darkness.*

importa · importaron · importado · importando   regular *-ar* verb (like **gustar**)

PRESENT		PRETERIT	
me importa(n)	nos importa(n)	me importó(-aron)	nos importó(-aron)
te importa(n)	os importa(n)	te importó(-aron)	os importó(-aron)
le importa(n)	les importa(n)	le importó(-aron)	les importó(-aron)

IMPERFECT		PRESENT PERFECT	
me importaba(n)	nos importaba(n)	me ha(n) importado	nos ha(n) importado
te importaba(n)	os importaba(n)	te ha(n) importado	os ha(n) importado
le importaba(n)	les importaba(n)	le ha(n) importado	les ha(n) importado

FUTURE		CONDITIONAL	
me importará(n)	nos importará(n)	me importaría(n)	nos importaría(n)
te importará(n)	os importará(n)	te importaría(n)	os importaría(n)
le importará(n)	les importará(n)	le importaría(n)	les importaría(n)

PLUPERFECT		PRETERIT PERFECT	
me había(n) importado	nos había(n) importado	me hubo(-ieron) importado	nos hubo(-ieron) importado
te había(n) importado	os había(n) importado	te hubo(-ieron) importado	os hubo(-ieron) importado
le había(n) importado	les había(n) importado	le hubo(-ieron) importado	les hubo(-ieron) importado

FUTURE PERFECT		CONDITIONAL PERFECT	
me habrá(n) importado	nos habrá(n) importado	me habría(n) importado	nos habría(n) importado
te habrá(n) importado	os habrá(n) importado	te habría(n) importado	os habría(n) importado
le habrá(n) importado	les habrá(n) importado	le habría(n) importado	les habría(n) importado

PRESENT SUBJUNCTIVE		PRESENT PERFECT SUBJUNCTIVE	
me importe(n)	nos importe(n)	me haya(n) importado	nos haya(n) importado
te importe(n)	os importe(n)	te haya(n) importado	os haya(n) importado
le importe(n)	les importe(n)	le haya(n) importado	les haya(n) importado

IMPERFECT SUBJUNCTIVE (-ra)		*or*	IMPERFECT SUBJUNCTIVE (-se)	
me importara(n)	nos importara(n)		me importase(n)	nos importase(n)
te importara(n)	os importara(n)		te importase(n)	os importase(n)
le importara(n)	les importara(n)		le importase(n)	les importase(n)

PAST PERFECT SUBJUNCTIVE (-ra)		*or*	PAST PERFECT SUBJUNCTIVE (-se)	
me hubiera(n) importado	nos hubiera(n) importado		me hubiese(n) importado	nos hubiese(n) importado
te hubiera(n) importado	os hubiera(n) importado		te hubiese(n) importado	os hubiese(n) importado
le hubiera(n) importado	les hubiera(n) importado		le hubiese(n) importado	les hubiese(n) importado

PROGRESSIVE TENSES

PRESENT		me	está, están	
PRETERIT		te	estuvo, estuvieron	
IMPERFECT		le	estaba, estaban	importando
FUTURE		nos	estará, estarán	
CONDITIONAL		os	estaría, estarían	
SUBJUNCTIVE	que	les	*corresponding subjunctive tense of* estar (*see verb 151*)	

VERB NOT USED IN COMMANDS (AS REVERSE CONSTRUCTION VERB)

Usage

—¿Les importan los resultados?
—No, no nos importan.
¡No te metas donde no te importa!
Eso no os importaba.
¡No me importa un comino/tres pepinos!
El país importa más de lo que exporta.

Do you care about the results?
No, they don't matter to us.
Don't butt into things that don't concern you!
That didn't concern you.
I couldn't care less!/I don't give a damn!
The country imports more than it exports.

-ir verb; spelling change:
adds y before o, a, e

incluyo · incluyeron · incluido · incluyendo

PRESENT		PRETERIT	
incluyo	incluimos	incluí	incluimos
incluyes	incluís	incluiste	incluisteis
incluye	incluyen	incluyó	incluyeron

IMPERFECT		PRESENT PERFECT	
incluía	incluíamos	he incluido	hemos incluido
incluías	incluíais	has incluido	habéis incluido
incluía	incluían	ha incluido	han incluido

FUTURE		CONDITIONAL	
incluiré	incluiremos	incluiría	incluiríamos
incluirás	incluiréis	incluirías	incluiríais
incluirá	incluirán	incluiría	incluirían

PLUPERFECT		PRETERIT PERFECT	
había incluido	habíamos incluido	hube incluido	hubimos incluido
habías incluido	habíais incluido	hubiste incluido	hubisteis incluido
había incluido	habían incluido	hubo incluido	hubieron incluido

FUTURE PERFECT		CONDITIONAL PERFECT	
habré incluido	habremos incluido	habría incluido	habríamos incluido
habrás incluido	habréis incluido	habrías incluido	habríais incluido
habrá incluido	habrán incluido	habría incluido	habrían incluido

PRESENT SUBJUNCTIVE		PRESENT PERFECT SUBJUNCTIVE	
incluya	incluyamos	haya incluido	hayamos incluido
incluyas	incluyáis	hayas incluido	hayáis incluido
incluya	incluyan	haya incluido	hayan incluido

IMPERFECT SUBJUNCTIVE (-ra)		or IMPERFECT SUBJUNCTIVE (-se)	
incluyera	incluyéramos	incluyese	incluyésemos
incluyeras	incluyerais	incluyeses	incluyeseis
incluyera	incluyeran	incluyese	incluyesen

PAST PERFECT SUBJUNCTIVE (-ra)		or PAST PERFECT SUBJUNCTIVE (-se)	
hubiera incluido	hubiéramos incluido	hubiese incluido	hubiésemos incluido
hubieras incluido	hubierais incluido	hubieses incluido	hubieseis incluido
hubiera incluido	hubieran incluido	hubiese incluido	hubiesen incluido

PROGRESSIVE TENSES

PRESENT	estoy, estás, está, estamos, estáis, están	
PRETERIT	estuve, estuviste, estuvo, estuvimos, estuvisteis, estuvieron	
IMPERFECT	estaba, estabas, estaba, estábamos, estabais, estaban	incluyendo
FUTURE	estaré, estarás, estará, estaremos, estaréis, estarán	
CONDITIONAL	estaría, estarías, estaría, estaríamos, estaríais, estarían	
SUBJUNCTIVE	que + corresponding subjunctive tense of estar (see verb 151)	

COMMANDS

	(nosotros) incluyamos/no incluyamos
(tú) incluye/no incluyas	(vosotros) incluid/no incluyáis
(Ud.) incluya/no incluya	(Uds.) incluyan/no incluyan

Usage

El precio lo incluía todo.	The price included everything.
Incluyo las fotos con mi carta.	I've enclosed the photos with my letter.
¿Qué incluye el plan?	What does the plan comprise?
Aquí tiene el contrato todo incluido.	Here's the contract, everything included.

indicar *to indicate, point out, show, suggest*

indico · indicaron · indicado · indicando   *-ar verb; spelling change: c > qu/e*

PRESENT

indico	indicamos
indicas	indicáis
indica	indican

PRETERIT

indiqué	indicamos
indicaste	indicasteis
indicó	indicaron

IMPERFECT

indicaba	indicábamos
indicabas	indicabais
indicaba	indicaban

PRESENT PERFECT

he indicado	hemos indicado
has indicado	habéis indicado
ha indicado	han indicado

FUTURE

indicaré	indicaremos
indicarás	indicaréis
indicará	indicarán

CONDITIONAL

indicaría	indicaríamos
indicarías	indicaríais
indicaría	indicarían

PLUPERFECT

había indicado	habíamos indicado
habías indicado	habíais indicado
había indicado	habían indicado

PRETERIT PERFECT

hube indicado	hubimos indicado
hubiste indicado	hubisteis indicado
hubo indicado	hubieron indicado

FUTURE PERFECT

habré indicado	habremos indicado
habrás indicado	habréis indicado
habrá indicado	habrán indicado

CONDITIONAL PERFECT

habría indicado	habríamos indicado
habrías indicado	habríais indicado
habría indicado	habrían indicado

PRESENT SUBJUNCTIVE

indique	indiquemos
indiques	indiquéis
indique	indiquen

PRESENT PERFECT SUBJUNCTIVE

haya indicado	hayamos indicado
hayas indicado	hayáis indicado
haya indicado	hayan indicado

IMPERFECT SUBJUNCTIVE (-ra)

indicara	indicáramos
indicaras	indicarais
indicara	indicaran

or **IMPERFECT SUBJUNCTIVE (-se)**

indicase	indicásemos
indicases	indicaseis
indicase	indicasen

PAST PERFECT SUBJUNCTIVE (-ra)

hubiera indicado	hubiéramos indicado
hubieras indicado	hubierais indicado
hubiera indicado	hubieran indicado

or **PAST PERFECT SUBJUNCTIVE (-se)**

hubiese indicado	hubiésemos indicado
hubieses indicado	hubieseis indicado
hubiese indicado	hubiesen indicado

PROGRESSIVE TENSES

PRESENT	estoy, estás, está, estamos, estáis, están	
PRETERIT	estuve, estuviste, estuvo, estuvimos, estuvisteis, estuvieron	
IMPERFECT	estaba, estabas, estaba, estábamos, estabais, estaban	indicando
FUTURE	estaré, estarás, estará, estaremos, estaréis, estarán	
CONDITIONAL	estaría, estarías, estaría, estaríamos, estaríais, estarían	
SUBJUNCTIVE	que + *corresponding subjunctive tense of* estar (*see verb 151*)	

COMMANDS

	(nosotros) indiquemos/no indiquemos
(tú) indica/no indiques	(vosotros) indicad/no indiquéis
(Ud.) indique/no indique	(Uds.) indiquen/no indiquen

Usage

Indique con el dedo el lugar en el mapa.	*Point out the place on the map.*
Han indicado su indiferencia.	*They've indicated their indifference.*
Nos indicó que no estaba contenta.	*She suggested to us she wasn't happy.*
Se indica algo con el índice.	*You point at something with your index finger.*

-ir verb; spelling change:
adds *y* before *o, a, e*

influyo · influyeron · influido · influyendo

PRESENT		PRETERIT	
influyo	influimos	influí	influimos
influyes	influís	influiste	influisteis
influye	influyen	influyó	influyeron

IMPERFECT		PRESENT PERFECT	
influía	influíamos	he influido	hemos influido
influías	influíais	has influido	habéis influido
influía	influían	ha influido	han influido

FUTURE		CONDITIONAL	
influiré	influiremos	influiría	influiríamos
influirás	influiréis	influirías	influiríais
influirá	influirán	influiría	influirían

PLUPERFECT		PRETERIT PERFECT	
había influido	habíamos influido	hube influido	hubimos influido
habías influido	habíais influido	hubiste influido	hubisteis influido
había influido	habían influido	hubo influido	hubieron influido

FUTURE PERFECT		CONDITIONAL PERFECT	
habré influido	habremos influido	habría influido	habríamos influido
habrás influido	habréis influido	habrías influido	habríais influido
habrá influido	habrán influido	habría influido	habrían influido

PRESENT SUBJUNCTIVE		PRESENT PERFECT SUBJUNCTIVE	
influya	influyamos	haya influido	hayamos influido
influyas	influyáis	hayas influido	hayáis influido
influya	influyan	haya influido	hayan influido

IMPERFECT SUBJUNCTIVE (-ra)		*or* IMPERFECT SUBJUNCTIVE (-se)	
influyera	influyéramos	influyese	influyésemos
influyeras	influyerais	influyeses	influyeseis
influyera	influyeran	influyese	influyesen

PAST PERFECT SUBJUNCTIVE (-ra)		*or* PAST PERFECT SUBJUNCTIVE (-se)	
hubiera influido	hubiéramos influido	hubiese influido	hubiésemos influido
hubieras influido	hubierais influido	hubieses influido	hubieseis influido
hubiera influido	hubieran influido	hubiese influido	hubiesen influido

PROGRESSIVE TENSES

PRESENT	estoy, estás, está, estamos, estáis, están
PRETERIT	estuve, estuviste, estuvo, estuvimos, estuvisteis, estuvieron
IMPERFECT	estaba, estabas, estaba, estábamos, estabais, estaban
FUTURE	estaré, estarás, estará, estaremos, estaréis, estarán
CONDITIONAL	estaría, estarías, estaría, estaríamos, estaríais, estarían
SUBJUNCTIVE	que + *corresponding subjunctive tense of* estar (*see verb 151*)

} influyendo

COMMANDS

	(nosotros) influyamos/no influyamos
(tú) influye/no influyas	(vosotros) influid/no influyáis
(Ud.) influya/no influya	(Uds.) influyan/no influyan

Usage

Sus ideas han influido en sus alumnos.	*Her ideas have influenced her pupils.*
Su medio ambiente influye en el escritor.	*A writer is influenced by his environment.*
¿Quiénes influirán en la decisión?	*Who will influence the decision?*
Es una persona de mucha influencia.	*He's a very influential person.*

insistir *to insist, emphasize*

regular *-ir* verb

PRESENT		PRETERIT	
insisto	insistimos	insistí	insistimos
insistes	insistís	insististe	insististeis
insiste	insisten	insistió	insistieron

IMPERFECT		PRESENT PERFECT	
insistía	insistíamos	he insistido	hemos insistido
insistías	insistíais	has insistido	habéis insistido
insistía	insistían	ha insistido	han insistido

FUTURE		CONDITIONAL	
insistiré	insistiremos	insistiría	insistiríamos
insistirás	insistiréis	insistirías	insistiríais
insistirá	insistirán	insistiría	insistirían

PLUPERFECT		PRETERIT PERFECT	
había insistido	habíamos insistido	hube insistido	hubimos insistido
habías insistido	habíais insistido	hubiste insistido	hubisteis insistido
había insistido	habían insistido	hubo insistido	hubieron insistido

FUTURE PERFECT		CONDITIONAL PERFECT	
habré insistido	habremos insistido	habría insistido	habríamos insistido
habrás insistido	habréis insistido	habrías insistido	habríais insistido
habrá insistido	habrán insistido	habría insistido	habrían insistido

PRESENT SUBJUNCTIVE		PRESENT PERFECT SUBJUNCTIVE	
insista	insistamos	haya insistido	hayamos insistido
insistas	insistáis	hayas insistido	hayáis insistido
insista	insistan	haya insistido	hayan insistido

IMPERFECT SUBJUNCTIVE (-ra)		*or* IMPERFECT SUBJUNCTIVE (-se)	
insistiera	insistiéramos	insistiese	insistiésemos
insistieras	insistierais	insistieses	insistieseis
insistiera	insistieran	insistiese	insistiesen

PAST PERFECT SUBJUNCTIVE (-ra)		*or* PAST PERFECT SUBJUNCTIVE (-se)	
hubiera insistido	hubiéramos insistido	hubiese insistido	hubiésemos insistido
hubieras insistido	hubierais insistido	hubieses insistido	hubieseis insistido
hubiera insistido	hubieran insistido	hubiese insistido	hubiesen insistido

PROGRESSIVE TENSES

PRESENT	estoy, estás, está, estamos, estáis, están
PRETERIT	estuve, estuviste, estuvo, estuvimos, estuvisteis, estuvieron
IMPERFECT	estaba, estabas, estaba, estábamos, estabais, estaban
FUTURE	estaré, estarás, estará, estaremos, estaréis, estarán
CONDITIONAL	estaría, estarías, estaría, estaríamos, estaríais, estarían
SUBJUNCTIVE	que + *corresponding subjunctive tense of* estar (*see verb 151*)

insistiendo

COMMANDS

	(nosotros) insistamos/no insistamos
(tú) insiste/no insistas	(vosotros) insistid/no insistáis
(Ud.) insista/no insista	(Uds.) insistan/no insistan

Usage

¡La muy pesada insiste en acompañarnos!	*The big bore insists on coming with us!*
Insisto en que me devuelvas el dinero.	*I insist that you return the money to me.*
Insistían en lo grave de la cuestión.	*They stressed the seriousness of the matter.*
Insistía en que almorzáramos con él.	*He insisted on our having lunch with him.*

regular *-ar* verb (like **gustar**)   **interesa · interesaron · interesado · interesando**

PRESENT		PRETERIT	
me interesa(n)	nos interesa(n)	me interesó(-aron)	nos interesó(-aron)
te interesa(n)	os interesa(n)	te interesó(-aron)	os interesó(-aron)
le interesa(n)	les interesa(n)	le interesó(-aron)	les interesó(-aron)

IMPERFECT		PRESENT PERFECT	
me interesaba(n)	nos interesaba(n)	me ha(n) interesado	nos ha(n) interesado
te interesaba(n)	os interesaba(n)	te ha(n) interesado	os ha(n) interesado
le interesaba(n)	les interesaba(n)	le ha(n) interesado	les ha(n) interesado

FUTURE		CONDITIONAL	
me interesará(n)	nos interesará(n)	me interesaría(n)	nos interesaría(n)
te interesará(n)	os interesará(n)	te interesaría(n)	os interesaría(n)
le interesará(n)	les interesará(n)	le interesaría(n)	les interesaría(n)

PLUPERFECT		PRETERIT PERFECT	
me había(n) interesado	nos había(n) interesado	me hubo(-ieron) interesado	nos hubo(-ieron) interesado
te había(n) interesado	os había(n) interesado	te hubo(-ieron) interesado	os hubo(-ieron) interesado
le había(n) interesado	les había(n) interesado	le hubo(-ieron) interesado	les hubo(-ieron) interesado

FUTURE PERFECT		CONDITIONAL PERFECT	
me habrá(n) interesado	nos habrá(n) interesado	me habría(n) interesado	nos habría(n) interesado
te habrá(n) interesado	os habrá(n) interesado	te habría(n) interesado	os habría(n) interesado
le habrá(n) interesado	les habrá(n) interesado	le habría(n) interesado	les habría(n) interesado

PRESENT SUBJUNCTIVE		PRESENT PERFECT SUBJUNCTIVE	
me interese(n)	nos interese(n)	me haya(n) interesado	nos haya(n) interesado
te interese(n)	os interese(n)	te haya(n) interesado	os haya(n) interesado
le interese(n)	les interese(n)	le haya(n) interesado	les haya(n) interesado

IMPERFECT SUBJUNCTIVE (-ra)		*or* IMPERFECT SUBJUNCTIVE (-se)	
me interesara(n)	nos interesara(n)	me interesase(n)	nos interesase(n)
te interesara(n)	os interesara(n)	te interesase(n)	os interesase(n)
le interesara(n)	les interesara(n)	le interesase(n)	les interesase(n)

PAST PERFECT SUBJUNCTIVE (-ra)		*or* PAST PERFECT SUBJUNCTIVE (-se)	
me hubiera(n) interesado	nos hubiera(n) interesado	me hubiese(n) interesado	nos hubiese(n) interesado
te hubiera(n) interesado	os hubiera(n) interesado	te hubiese(n) interesado	os hubiese(n) interesado
le hubiera(n) interesado	les hubiera(n) interesado	le hubiese(n) interesado	les hubiese(n) interesado

PROGRESSIVE TENSES

PRESENT		me	está, están	
PRETERIT		te	estuvo, estuvieron	
IMPERFECT		le	estaba, estaban	interesando
FUTURE		nos	estará, estarán	
CONDITIONAL		os	estaría, estarían	
SUBJUNCTIVE	que	les	*corresponding subjunctive tense of* estar (*see verb 151*)	

VERB NOT USED IN COMMANDS (AS REVERSE CONSTRUCTION VERB)

Usage

—¿Te interesa trabajar en el negocio?   *Are you interested in working in the business?*
—Me interesaría si pagaran más.   *I'd be interested if it were better paying.*
Nos interesan los métodos que usan.   *We're concerned about the methods they use.*
—¿En qué te interesas?   *What interests do you have?*
—Me intereso por la música y los deportes.   *I'm interested in music and sports.*

introducir *to introduce, show in, cause*

introduzco · introdujeron · introducido · introduciendo — *-ir* verb; spelling change: *c > zc/o, a*; irregular preterit

PRESENT

introduzco	introducimos
introduces	introducís
introduce	introducen

PRETERIT

introduje	introdujimos
introdujiste	introdujisteis
introdujo	introdujeron

IMPERFECT

introducía	introducíamos
introducías	introducíais
introducía	introducían

PRESENT PERFECT

he introducido	hemos introducido
has introducido	habéis introducido
ha introducido	han introducido

FUTURE

introduciré	introduciremos
introducirás	introduciréis
introducirá	introducirán

CONDITIONAL

introduciría	introduciríamos
introducirías	introduciríais
introduciría	introducirían

PLUPERFECT

había introducido	habíamos introducido
habías introducido	habíais introducido
había introducido	habían introducido

PRETERIT PERFECT

hube introducido	hubimos introducido
hubiste introducido	hubisteis introducido
hubo introducido	hubieron introducido

FUTURE PERFECT

habré introducido	habremos introducido
habrás introducido	habréis introducido
habrá introducido	habrán introducido

CONDITIONAL PERFECT

habría introducido	habríamos introducido
habrías introducido	habríais introducido
habría introducido	habrían introducido

PRESENT SUBJUNCTIVE

introduzca	introduzcamos
introduzcas	introduzcáis
introduzca	introduzcan

PRESENT PERFECT SUBJUNCTIVE

haya introducido	hayamos introducido
hayas introducido	hayáis introducido
haya introducido	hayan introducido

IMPERFECT SUBJUNCTIVE (-ra)

introdujera	introdujéramos
introdujeras	introdujerais
introdujera	introdujeran

or ### IMPERFECT SUBJUNCTIVE (-se)

introdujese	introdujésemos
introdujeses	introdujeseis
introdujese	introdujesen

PAST PERFECT SUBJUNCTIVE (-ra)

hubiera introducido	hubiéramos introducido
hubieras introducido	hubierais introducido
hubiera introducido	hubieran introducido

or ### PAST PERFECT SUBJUNCTIVE (-se)

hubiese introducido	hubiésemos introducido
hubieses introducido	hubieseis introducido
hubiese introducido	hubiesen introducido

PROGRESSIVE TENSES

PRESENT	estoy, estás, está, estamos, estáis, están
PRETERIT	estuve, estuviste, estuvo, estuvimos, estuvisteis, estuvieron
IMPERFECT	estaba, estabas, estaba, estábamos, estabais, estaban
FUTURE	estaré, estarás, estará, estaremos, estaréis, estarán
CONDITIONAL	estaría, estarías, estaría, estaríamos, estaríais, estarían
SUBJUNCTIVE	que + *corresponding subjunctive tense of* estar (*see verb 151*)

} introduciendo

COMMANDS

	(nosotros) introduzcamos/no introduzcamos
(tú) introduce/no introduzcas	(vosotros) introducid/no introduzcáis
(Ud.) introduzca/no introduzca	(Uds.) introduzcan/no introduzcan

Usage

Los introdujimos en el club.	*We introduced them into the club.*
Introdúzcala en la sala.	*Show her into the living room.*
Ese tipo introduce confusión en todo.	*That guy causes/creates confusion in everything.*
Es mejor que no se introduzcan en eso.	*It's better that you not interfere in that.*

stem-changing -*ir* verb:
e > *ie* (present), *e* > *i* (preterit)

invierto · invirtieron · invertido · invirtiendo

PRESENT		**PRETERIT**	
invierto	invertimos	invertí	invertimos
inviertes	invertís	invertiste	invertisteis
invierte	invierten	invirtió	invirtieron

IMPERFECT		**PRESENT PERFECT**	
invertía	invertíamos	he invertido	hemos invertido
invertías	invertíais	has invertido	habéis invertido
invertía	invertían	ha invertido	han invertido

FUTURE		**CONDITIONAL**	
invertiré	invertiremos	invertiría	invertiríamos
invertirás	invertiréis	invertirías	invertiríais
invertirá	invertirán	invertiría	invertirían

PLUPERFECT		**PRETERIT PERFECT**	
había invertido	habíamos invertido	hube invertido	hubimos invertido
habías invertido	habíais invertido	hubiste invertido	hubisteis invertido
había invertido	habían invertido	hubo invertido	hubieron invertido

FUTURE PERFECT		**CONDITIONAL PERFECT**	
habré invertido	habremos invertido	habría invertido	habríamos invertido
habrás invertido	habréis invertido	habrías invertido	habríais invertido
habrá invertido	habrán invertido	habría invertido	habrían invertido

PRESENT SUBJUNCTIVE		**PRESENT PERFECT SUBJUNCTIVE**	
invierta	invirtamos	haya invertido	hayamos invertido
inviertas	invirtáis	hayas invertido	hayáis invertido
invierta	inviertan	haya invertido	hayan invertido

IMPERFECT SUBJUNCTIVE (-ra)		*or* **IMPERFECT SUBJUNCTIVE (-se)**	
invirtiera	invirtiéramos	invirtiese	invirtiésemos
invirtieras	invirtierais	invirtieses	invirtieseis
invirtiera	invirtieran	invirtiese	invirtiesen

PAST PERFECT SUBJUNCTIVE (-ra)		*or* **PAST PERFECT SUBJUNCTIVE (-se)**	
hubiera invertido	hubiéramos invertido	hubiese invertido	hubiésemos invertido
hubieras invertido	hubierais invertido	hubieses invertido	hubieseis invertido
hubiera invertido	hubieran invertido	hubiese invertido	hubiesen invertido

PROGRESSIVE TENSES

PRESENT	estoy, estás, está, estamos, estáis, están	
PRETERIT	estuve, estuviste, estuvo, estuvimos, estuvisteis, estuvieron	
IMPERFECT	estaba, estabas, estaba, estábamos, estabais, estaban	invirtiendo
FUTURE	estaré, estarás, estará, estaremos, estaréis, estarán	
CONDITIONAL	estaría, estarías, estaría, estaríamos, estaríais, estarían	
SUBJUNCTIVE	que + *corresponding subjunctive tense of* estar (*see verb 151*)	

COMMANDS

	(nosotros) invirtamos/no invirtamos
(tú) invierte/no inviertas	(vosotros) invertid/no invirtáis
(Ud.) invierta/no invierta	(Uds.) inviertan/no inviertan

Usage

Invirtieron capital de riesgo en la firma.	*They invested venture capital in the company.*
Los actores invertirán sus papeles a partir de hoy.	*The actors will change their roles starting today.*
Ahora invierta el proceso químico.	*Now reverse the chemical process.*

investigar *to investigate, find out, do research*

investigo · investigaron · investigado · investigando   *-ar verb; spelling change:*
g > gu/e

PRESENT		PRETERIT	
investigo	investigamos	investigué	investigamos
investigas	investigáis	investigaste	investigasteis
investiga	investigan	investigó	investigaron

IMPERFECT		PRESENT PERFECT	
investigaba	investigábamos	he investigado	hemos investigado
investigabas	investigabais	has investigado	habéis investigado
investigaba	investigaban	ha investigado	han investigado

FUTURE		CONDITIONAL	
investigaré	investigaremos	investigaría	investigaríamos
investigarás	investigaréis	investigarías	investigaríais
investigará	investigarán	investigaría	investigarían

PLUPERFECT		PRETERIT PERFECT	
había investigado	habíamos investigado	hube investigado	hubimos investigado
habías investigado	habíais investigado	hubiste investigado	hubisteis investigado
había investigado	habían investigado	hubo investigado	hubieron investigado

FUTURE PERFECT		CONDITIONAL PERFECT	
habré investigado	habremos investigado	habría investigado	habríamos investigado
habrás investigado	habréis investigado	habrías investigado	habríais investigado
habrá investigado	habrán investigado	habría investigado	habrían investigado

PRESENT SUBJUNCTIVE		PRESENT PERFECT SUBJUNCTIVE	
investigue	investiguemos	haya investigado	hayamos investigado
investigues	investiguéis	hayas investigado	hayáis investigado
investigue	investiguen	haya investigado	hayan investigado

IMPERFECT SUBJUNCTIVE (-ra)		*or* IMPERFECT SUBJUNCTIVE (-se)	
investigara	investigáramos	investigase	investigásemos
investigaras	investigarais	investigases	investigaseis
investigara	investigaran	investigase	investigasen

PAST PERFECT SUBJUNCTIVE (-ra)		*or* PAST PERFECT SUBJUNCTIVE (-se)	
hubiera investigado	hubiéramos investigado	hubiese investigado	hubiésemos investigado
hubieras investigado	hubierais investigado	hubieses investigado	hubieseis investigado
hubiera investigado	hubieran investigado	hubiese investigado	hubiesen investigado

PROGRESSIVE TENSES

PRESENT	estoy, estás, está, estamos, estáis, están
PRETERIT	estuve, estuviste, estuvo, estuvimos, estuvisteis, estuvieron
IMPERFECT	estaba, estabas, estaba, estábamos, estabais, estaban
FUTURE	estaré, estarás, estará, estaremos, estaréis, estarán
CONDITIONAL	estaría, estarías, estaría, estaríamos, estaríais, estarían
SUBJUNCTIVE	que + *corresponding subjunctive tense of* estar *(see verb 151)*

} investigando

COMMANDS

	(nosotros) investiguemos/no investiguemos
(tú) investiga/no investigues	(vosotros) investigad/no investiguéis
(Ud.) investigue/no investigue	(Uds.) investiguen/no investiguen

Usage

La policía va investigando el crimen.	*The police are investigating the crime.*
Investigan el móvil.	*They're finding out the motive.*
Investigo las causas de la guerra.	*I'm researching the causes of the war.*
¿Cuándo se terminarán las investigaciones?	*When will the research be concluded?*

irregular verb

voy · fueron · ido · yendo

PRESENT		PRETERIT	
voy	vamos	fui	fuimos
vas	vais	fuiste	fuisteis
va	van	fue	fueron

IMPERFECT		PRESENT PERFECT	
iba	íbamos	he ido	hemos ido
ibas	ibais	has ido	habéis ido
iba	iban	ha ido	han ido

FUTURE		CONDITIONAL	
iré	iremos	iría	iríamos
irás	iréis	irías	iríais
irá	irán	iría	irían

PLUPERFECT		PRETERIT PERFECT	
había ido	habíamos ido	hube ido	hubimos ido
habías ido	habíais ido	hubiste ido	hubisteis ido
había ido	habían ido	hubo ido	hubieron ido

FUTURE PERFECT		CONDITIONAL PERFECT	
habré ido	habremos ido	habría ido	habríamos ido
habrás ido	habréis ido	habrías ido	habríais ido
habrá ido	habrán ido	habría ido	habrían ido

PRESENT SUBJUNCTIVE		PRESENT PERFECT SUBJUNCTIVE	
vaya	vayamos	haya ido	hayamos ido
vayas	vayáis	hayas ido	hayáis ido
vaya	vayan	haya ido	hayan ido

IMPERFECT SUBJUNCTIVE (-ra)		or IMPERFECT SUBJUNCTIVE (-se)	
fuera	fuéramos	fuese	fuésemos
fueras	fuerais	fueses	fueseis
fuera	fueran	fuese	fuesen

PAST PERFECT SUBJUNCTIVE (-ra)		or PAST PERFECT SUBJUNCTIVE (-se)	
hubiera ido	hubiéramos ido	hubiese ido	hubiésemos ido
hubieras ido	hubierais ido	hubieses ido	hubieseis ido
hubiera ido	hubieran ido	hubiese ido	hubiesen ido

PROGRESSIVE TENSES

PRESENT	estoy, estás, está, estamos, estáis, están	
PRETERIT	estuve, estuviste, estuvo, estuvimos, estuvisteis, estuvieron	
IMPERFECT	estaba, estabas, estaba, estábamos, estabais, estaban	yendo
FUTURE	estaré, estarás, estará, estaremos, estaréis, estarán	
CONDITIONAL	estaría, estarías, estaría, estaríamos, estaríais, estarían	
SUBJUNCTIVE	que + *corresponding subjunctive tense of* estar (*see verb 151*)	

COMMANDS

	(nosotros) vamos/no vayamos
(tú) ve/no vayas	(vosotros) id/no vayáis
(Ud.) vaya/no vaya	(Uds.) vayan/no vayan

Usage

—¿Uds. van al museo de arte ahora?	*Are you going to the art museum now?*
—No, vamos a ir por la tarde.	*No, we're going to go in the afternoon.*
¿Cómo te va?	*How are you?/How are things?*

TOP 30 VERB ☞

Fueron en coche/tren/avión.	*They went by car/train/plane.*
Ve de compras con Paula.	*Go shopping with Paula.*
Han ido al centro comercial.	*They've gone to the mall.*
¿Cómo te va en la Marina de guerra?	*How's it going for you in the navy?*
El AVE va de Madrid a Sevilla en tres horas.	*The high-speed train goes from Madrid to Seville in three hours.*
El traje te va muy bien.	*The suit is very becoming to you/fits you very well.*

ir + gerund

Van paseándose por el jardín botánico.	*They're strolling through the botanical garden.*
Iban andando al centro.	*They were walking downtown.*

ir + prepositions

Van al médico/al dentista.	*They're going to the doctor/dentist.*
Vamos a divertirnos mucho.	*We're going to have a great time.*
¿Fueron a pie/a caballo/en bicicleta?	*Did they walk/go on horseback/go by bicycle?*
La camisa va bien con este pantalón.	*The shirt goes well with these pants.*
Espero que vayan de viaje/de paseo.	*I hope they'll go on a trip/for a walk.*
Esto va en serio.	*This is getting serious.*
Va para 26 años.	*He's almost 26 years old.*
Voy por el periódico.	*I'm going out for the newspaper.*
—¿Las cosas van bien?	*Are things going well?*
—Por desgracia, van de mal en peor.	*Unfortunately, they're going from bad to worse.*
—Todo va sobre ruedas.	*Everything's going smoothly.*

Other Uses

¡Vaya una idea!	*What an idea!*
¡Qué va!	*Nonsense!/Are you kidding?*
Vamos a ver.	*Let's see.*
¡Ya voy!	*I'm coming!*
¡Vámonos!	*Let's go!/Let's leave!*
¡Vete!/¡Váyase!	*Scram!/Go away!*
El edificio se fue abajo.	*The building collapsed.*
Por todas partes se va a Roma./Todos los caminos van a Roma.	*All roads lead to Rome.*
Su poder se le iba de las manos.	*His power was slipping through his fingers.*
Su nombre se me fue de la memoria.	*Their name slipped my mind.*

TOP 30 VERBS

stem-changing -ar verb: u > ue;
spelling change: g > gu/e

juego · jugaron · jugado · jugando

PRESENT
juego	jugamos
juegas	jugáis
juega	juegan

PRETERIT
jugué	jugamos
jugaste	jugasteis
jugó	jugaron

IMPERFECT
jugaba	jugábamos
jugabas	jugabais
jugaba	jugaban

PRESENT PERFECT
he jugado	hemos jugado
has jugado	habéis jugado
ha jugado	han jugado

FUTURE
jugaré	jugaremos
jugarás	jugaréis
jugará	jugarán

CONDITIONAL
jugaría	jugaríamos
jugarías	jugaríais
jugaría	jugarían

PLUPERFECT
había jugado	habíamos jugado
habías jugado	habíais jugado
había jugado	habían jugado

PRETERIT PERFECT
hube jugado	hubimos jugado
hubiste jugado	hubisteis jugado
hubo jugado	hubieron jugado

FUTURE PERFECT
habré jugado	habremos jugado
habrás jugado	habréis jugado
habrá jugado	habrán jugado

CONDITIONAL PERFECT
habría jugado	habríamos jugado
habrías jugado	habríais jugado
habría jugado	habrían jugado

PRESENT SUBJUNCTIVE
juegue	juguemos
juegues	juguéis
juegue	jueguen

PRESENT PERFECT SUBJUNCTIVE
haya jugado	hayamos jugado
hayas jugado	hayáis jugado
haya jugado	hayan jugado

IMPERFECT SUBJUNCTIVE (-ra)
jugara	jugáramos
jugaras	jugarais
jugara	jugaran

or ### IMPERFECT SUBJUNCTIVE (-se)
jugase	jugásemos
jugases	jugaseis
jugase	jugasen

PAST PERFECT SUBJUNCTIVE (-ra)
hubiera jugado	hubiéramos jugado
hubieras jugado	hubierais jugado
hubiera jugado	hubieran jugado

or ### PAST PERFECT SUBJUNCTIVE (-se)
hubiese jugado	hubiésemos jugado
hubieses jugado	hubieseis jugado
hubiese jugado	hubiesen jugado

PROGRESSIVE TENSES
PRESENT	estoy, estás, está, estamos, estáis, están
PRETERIT	estuve, estuviste, estuvo, estuvimos, estuvisteis, estuvieron
IMPERFECT	estaba, estabas, estaba, estábamos, estabais, estaban
FUTURE	estaré, estarás, estará, estaremos, estaréis, estarán
CONDITIONAL	estaría, estarías, estaría, estaríamos, estaríais, estarían
SUBJUNCTIVE	que + *corresponding subjunctive tense of* estar (*see verb 151*)

} jugando

COMMANDS
	(nosotros) juguemos/no juguemos
(tú) juega/no juegues	(vosotros) jugad/no juguéis
(Ud.) juegue/no juegue	(Uds.) jueguen/no jueguen

Usage

Juego (al) tenis/(al) béisbol los sábados.	*I play tennis/baseball on Saturdays.*
Se jugará el partido la semana próxima.	*The match will be played next week.*
Jugaron limpio/sucio.	*They played fair/foul.*
Decidamos jugando a cara o cruz.	*Let's decide by tossing (a coin) for it.*

justificar *to justify*

justifico · justificaron · justificado · justificando   *-ar* verb; spelling change:
c > qu/e

PRESENT		PRETERIT	
justifico	justificamos	justifiqué	justificamos
justificas	justificáis	justificaste	justificasteis
justifica	justifican	justificó	justificaron

IMPERFECT		PRESENT PERFECT	
justificaba	justificábamos	he justificado	hemos justificado
justificabas	justificabais	has justificado	habéis justificado
justificaba	justificaban	ha justificado	han justificado

FUTURE		CONDITIONAL	
justificaré	justificaremos	justificaría	justificaríamos
justificarás	justificaréis	justificarías	justificaríais
justificará	justificarán	justificaría	justificarían

PLUPERFECT		PRETERIT PERFECT	
había justificado	habíamos justificado	hube justificado	hubimos justificado
habías justificado	habíais justificado	hubiste justificado	hubisteis justificado
había justificado	habían justificado	hubo justificado	hubieron justificado

FUTURE PERFECT		CONDITIONAL PERFECT	
habré justificado	habremos justificado	habría justificado	habríamos justificado
habrás justificado	habréis justificado	habrías justificado	habríais justificado
habrá justificado	habrán justificado	habría justificado	habrían justificado

PRESENT SUBJUNCTIVE		PRESENT PERFECT SUBJUNCTIVE	
justifique	justifiquemos	haya justificado	hayamos justificado
justifiques	justifiquéis	hayas justificado	hayáis justificado
justifique	justifiquen	haya justificado	hayan justificado

IMPERFECT SUBJUNCTIVE (-ra)		*or* IMPERFECT SUBJUNCTIVE (-se)	
justificara	justificáramos	justificase	justificásemos
justificaras	justificarais	justificases	justificaseis
justificara	justificaran	justificase	justificasen

PAST PERFECT SUBJUNCTIVE (-ra)		*or* PAST PERFECT SUBJUNCTIVE (-se)	
hubiera justificado	hubiéramos justificado	hubiese justificado	hubiésemos justificado
hubieras justificado	hubierais justificado	hubieses justificado	hubieseis justificado
hubiera justificado	hubieran justificado	hubiese justificado	hubiesen justificado

PROGRESSIVE TENSES

PRESENT	estoy, estás, está, estamos, estáis, están
PRETERIT	estuve, estuviste, estuvo, estuvimos, estuvisteis, estuvieron
IMPERFECT	estaba, estabas, estaba, estábamos, estabais, estaban
FUTURE	estaré, estarás, estará, estaremos, estaréis, estarán
CONDITIONAL	estaría, estarías, estaría, estaríamos, estaríais, estarían
SUBJUNCTIVE	que + *corresponding subjunctive tense of* estar (*see verb 151*)

} justificando

COMMANDS

	(nosotros) justifiquemos/no justifiquemos
(tú) justifica/no justifiques	(vosotros) justificad/no justifiquéis
(Ud.) justifique/no justifique	(Uds.) justifiquen/no justifiquen

Usage

No se puede justificar sus acciones.	*Their actions cannot be justified.*
Se porta así sin razón que lo justifique.	*He behaves like this without justifiable reason.*
Se justificó con la policía.	*He cleared himself with the police.*
Justifique los márgenes.	*Justify the margins.*

-ar verb; spelling change: g > gu/e **juzgo · juzgaron · juzgado · juzgando**

PRESENT		PRETERIT	
juzgo	juzgamos	juzgué	juzgamos
juzgas	juzgáis	juzgaste	juzgasteis
juzga	juzgan	juzgó	juzgaron

IMPERFECT		PRESENT PERFECT	
juzgaba	juzgábamos	he juzgado	hemos juzgado
juzgabas	juzgabais	has juzgado	habéis juzgado
juzgaba	juzgaban	ha juzgado	han juzgado

FUTURE		CONDITIONAL	
juzgaré	juzgaremos	juzgaría	juzgaríamos
juzgarás	juzgaréis	juzgarías	juzgaríais
juzgará	juzgarán	juzgaría	juzgarían

PLUPERFECT		PRETERIT PERFECT	
había juzgado	habíamos juzgado	hube juzgado	hubimos juzgado
habías juzgado	habíais juzgado	hubiste juzgado	hubisteis juzgado
había juzgado	habían juzgado	hubo juzgado	hubieron juzgado

FUTURE PERFECT		CONDITIONAL PERFECT	
habré juzgado	habremos juzgado	habría juzgado	habríamos juzgado
habrás juzgado	habréis juzgado	habrías juzgado	habríais juzgado
habrá juzgado	habrán juzgado	habría juzgado	habrían juzgado

PRESENT SUBJUNCTIVE		PRESENT PERFECT SUBJUNCTIVE	
juzgue	juzguemos	haya juzgado	hayamos juzgado
juzgues	juzguéis	hayas juzgado	hayáis juzgado
juzgue	juzguen	haya juzgado	hayan juzgado

IMPERFECT SUBJUNCTIVE (-ra)		or IMPERFECT SUBJUNCTIVE (-se)	
juzgara	juzgáramos	juzgase	juzgásemos
juzgaras	juzgarais	juzgases	juzgaseis
juzgara	juzgaran	juzgase	juzgasen

PAST PERFECT SUBJUNCTIVE (-ra)		or PAST PERFECT SUBJUNCTIVE (-se)	
hubiera juzgado	hubiéramos juzgado	hubiese juzgado	hubiésemos juzgado
hubieras juzgado	hubierais juzgado	hubieses juzgado	hubieseis juzgado
hubiera juzgado	hubieran juzgado	hubiese juzgado	hubiesen juzgado

PROGRESSIVE TENSES

PRESENT	estoy, estás, está, estamos, estáis, están	
PRETERIT	estuve, estuviste, estuvo, estuvimos, estuvisteis, estuvieron	
IMPERFECT	estaba, estabas, estaba, estábamos, estabais, estaban	juzgando
FUTURE	estaré, estarás, estará, estaremos, estaréis, estarán	
CONDITIONAL	estaría, estarías, estaría, estaríamos, estaríais, estarían	
SUBJUNCTIVE	que + corresponding subjunctive tense of estar (see verb 151)	

COMMANDS

	(nosotros) juzguemos/no juzguemos
(tú) juzga/no juzgues	(vosotros) juzgad/no juzguéis
(Ud.) juzgue/no juzgue	(Uds.) juzguen/no juzguen

Usage

No se puede juzgar por las apariencias.	You can't judge a book by its cover.
No lo juzgué importante.	I didn't think/consider it important.
Juzgasteis mal a sus competidores.	You misjudged their competitors.
A juzgar por sus comentarios...	Judging by her remarks . . .

lanzar *to throw, fling, launch*

lanzo · lanzaron · lanzado · lanzando   *-ar verb; spelling change: z > c/e*

PRESENT

lanzo	lanzamos
lanzas	lanzáis
lanza	lanzan

PRETERIT

lancé	lanzamos
lanzaste	lanzasteis
lanzó	lanzaron

IMPERFECT

lanzaba	lanzábamos
lanzabas	lanzabais
lanzaba	lanzaban

PRESENT PERFECT

he lanzado	hemos lanzado
has lanzado	habéis lanzado
ha lanzado	han lanzado

FUTURE

lanzaré	lanzaremos
lanzarás	lanzaréis
lanzará	lanzarán

CONDITIONAL

lanzaría	lanzaríamos
lanzarías	lanzaríais
lanzaría	lanzarían

PLUPERFECT

había lanzado	habíamos lanzado
habías lanzado	habíais lanzado
había lanzado	habían lanzado

PRETERIT PERFECT

hube lanzado	hubimos lanzado
hubiste lanzado	hubisteis lanzado
hubo lanzado	hubieron lanzado

FUTURE PERFECT

habré lanzado	habremos lanzado
habrás lanzado	habréis lanzado
habrá lanzado	habrán lanzado

CONDITIONAL PERFECT

habría lanzado	habríamos lanzado
habrías lanzado	habríais lanzado
habría lanzado	habrían lanzado

PRESENT SUBJUNCTIVE

lance	lancemos
lances	lancéis
lance	lancen

PRESENT PERFECT SUBJUNCTIVE

haya lanzado	hayamos lanzado
hayas lanzado	hayáis lanzado
haya lanzado	hayan lanzado

IMPERFECT SUBJUNCTIVE (-ra)   *or* **IMPERFECT SUBJUNCTIVE (-se)**

lanzara	lanzáramos	lanzase	lanzásemos
lanzaras	lanzarais	lanzases	lanzaseis
lanzara	lanzaran	lanzase	lanzasen

PAST PERFECT SUBJUNCTIVE (-ra)   *or* **PAST PERFECT SUBJUNCTIVE (-se)**

hubiera lanzado	hubiéramos lanzado	hubiese lanzado	hubiésemos lanzado
hubieras lanzado	hubierais lanzado	hubieses lanzado	hubieseis lanzado
hubiera lanzado	hubieran lanzado	hubiese lanzado	hubiesen lanzado

PROGRESSIVE TENSES

PRESENT	estoy, estás, está, estamos, estáis, están
PRETERIT	estuve, estuviste, estuvo, estuvimos, estuvisteis, estuvieron
IMPERFECT	estaba, estabas, estaba, estábamos, estabais, estaban
FUTURE	estaré, estarás, estará, estaremos, estaréis, estarán
CONDITIONAL	estaría, estarías, estaría, estaríamos, estaríais, estarían
SUBJUNCTIVE	que + *corresponding subjunctive tense of* estar (*see verb 151*)

} lanzando

COMMANDS

	(nosotros) lancemos/no lancemos
(tú) lanza/no lances	(vosotros) lanzad/no lancéis
(Ud.) lance/no lance	(Uds.) lancen/no lancen

Usage

El lanzador lanzó la pelota.	*The pitcher threw the ball.*
Se lanzó el producto al mercado.	*The product was launched/went on the market.*
Lánzate al agua.	*Jump/Dive into the water.*
Aplazó el lanzamiento de la campaña.	*He postponed the launching of the campaign.*

-er verb with stem ending in a vowel: third-person
singular *-ió* > *-yó* and third-person plural
-ieron > *-yeron* in the preterit

leo · leyeron · leído · leyendo

PRESENT

leo	leemos
lees	leéis
lee	leen

PRETERIT

leí	leímos
leíste	leísteis
leyó	leyeron

IMPERFECT

leía	leíamos
leías	leíais
leía	leían

PRESENT PERFECT

he leído	hemos leído
has leído	habéis leído
ha leído	han leído

FUTURE

leeré	leeremos
leerás	leeréis
leerá	leerán

CONDITIONAL

leería	leeríamos
leerías	leeríais
leería	leerían

PLUPERFECT

había leído	habíamos leído
habías leído	habíais leído
había leído	habían leído

PRETERIT PERFECT

hube leído	hubimos leído
hubiste leído	hubisteis leído
hubo leído	hubieron leído

FUTURE PERFECT

habré leído	habremos leído
habrás leído	habréis leído
habrá leído	habrán leído

CONDITIONAL PERFECT

habría leído	habríamos leído
habrías leído	habríais leído
habría leído	habrían leído

PRESENT SUBJUNCTIVE

lea	leamos
leas	leáis
lea	lean

PRESENT PERFECT SUBJUNCTIVE

haya leído	hayamos leído
hayas leído	hayáis leído
haya leído	hayan leído

IMPERFECT SUBJUNCTIVE (-ra)

leyera	leyéramos
leyeras	leyerais
leyera	leyeran

or **IMPERFECT SUBJUNCTIVE (-se)**

leyese	leyésemos
leyeses	leyeseis
leyese	leyesen

PAST PERFECT SUBJUNCTIVE (-ra)

hubiera leído	hubiéramos leído
hubieras leído	hubierais leído
hubiera leído	hubieran leído

or **PAST PERFECT SUBJUNCTIVE (-se)**

hubiese leído	hubiésemos leído
hubieses leído	hubieseis leído
hubiese leído	hubiesen leído

PROGRESSIVE TENSES

PRESENT	estoy, estás, está, estamos, estáis, están	
PRETERIT	estuve, estuviste, estuvo, estuvimos, estuvisteis, estuvieron	
IMPERFECT	estaba, estabas, estaba, estábamos, estabais, estaban	leyendo
FUTURE	estaré, estarás, estará, estaremos, estaréis, estarán	
CONDITIONAL	estaría, estarías, estaría, estaríamos, estaríais, estarían	
SUBJUNCTIVE	que + *corresponding subjunctive tense of* estar (*see verb 151*)	

COMMANDS

	(nosotros) leamos/no leamos
(tú) lee/no leas	(vosotros) leed/no leáis
(Ud.) lea/no lea	(Uds.) lean/no lean

Usage

Lee el artículo.	*Read the article.*
¿Leen música?	*Do you read music?*
Se entiende leyendo entre líneas.	*You can understand by reading between the lines.*

levantarse *to get up, stand up, rise*

levanto · levantaron · levantado · levantándose   regular *-ar* reflexive verb

PRESENT		PRETERIT	
me levanto	nos levantamos	me levanté	nos levantamos
te levantas	os levantáis	te levantaste	os levantasteis
se levanta	se levantan	se levantó	se levantaron

IMPERFECT		PRESENT PERFECT	
me levantaba	nos levantábamos	me he levantado	nos hemos levantado
te levantabas	os levantabais	te has levantado	os habéis levantado
se levantaba	se levantaban	se ha levantado	se han levantado

FUTURE		CONDITIONAL	
me levantaré	nos levantaremos	me levantaría	nos levantaríamos
te levantarás	os levantaréis	te levantarías	os levantaríais
se levantará	se levantarán	se levantaría	se levantarían

PLUPERFECT		PRETERIT PERFECT	
me había levantado	nos habíamos levantado	me hube levantado	nos hubimos levantado
te habías levantado	os habíais levantado	te hubiste levantado	os hubisteis levantado
se había levantado	se habían levantado	se hubo levantado	se hubieron levantado

FUTURE PERFECT		CONDITIONAL PERFECT	
me habré levantado	nos habremos levantado	me habría levantado	nos habríamos levantado
te habrás levantado	os habréis levantado	te habrías levantado	os habríais levantado
se habrá levantado	se habrán levantado	se habría levantado	se habrían levantado

PRESENT SUBJUNCTIVE		PRESENT PERFECT SUBJUNCTIVE	
me levante	nos levantemos	me haya levantado	nos hayamos levantado
te levantes	os levantéis	te hayas levantado	os hayáis levantado
se levante	se levanten	se haya levantado	se hayan levantado

IMPERFECT SUBJUNCTIVE (-ra)		*or*	IMPERFECT SUBJUNCTIVE (-se)	
me levantara	nos levantáramos		me levantase	nos levantásemos
te levantaras	os levantarais		te levantases	os levantaseis
se levantara	se levantaran		se levantase	se levantasen

PAST PERFECT SUBJUNCTIVE (-ra)		*or*	PAST PERFECT SUBJUNCTIVE (-se)	
me hubiera levantado	nos hubiéramos levantado		me hubiese levantado	nos hubiésemos levantado
te hubieras levantado	os hubierais levantado		te hubieses levantado	os hubieseis levantado
se hubiera levantado	se hubieran levantado		se hubiese levantado	se hubiesen levantado

PROGRESSIVE TENSES

PRESENT	estoy, estás, está, estamos, estáis, están	
PRETERIT	estuve, estuviste, estuvo, estuvimos, estuvisteis, estuvieron	
IMPERFECT	estaba, estabas, estaba, estábamos, estabais, estaban	levantando (*see page 36*)
FUTURE	estaré, estarás, estará, estaremos, estaréis, estarán	
CONDITIONAL	estaría, estarías, estaría, estaríamos, estaríais, estarían	
SUBJUNCTIVE	que + *corresponding subjunctive tense of* estar (*see verb 151*)	

COMMANDS

	(nosotros) levantémonos/no nos levantemos
(tú) levántate/no te levantes	(vosotros) levantaos/no os levantéis
(Ud.) levántese/no se levante	(Uds.) levántense/no se levanten

Usage

Se levantó de la cama/de la mesa.	*She got out of bed/up from the table.*
El pueblo se levantó contra el dictador.	*The people rose up against the dictator.*
Levanten la mano si quieren hablar.	*Raise your hands if you want to speak.*
Tratemos de levantarle el ánimo.	*Let's try to cheer her up.*

-*ar* verb; spelling change: $g > gu/e$ | **llego · llegaron · llegado · llegando**

PRESENT

llego	llegamos
llegas	llegáis
llega	llegan

PRETERIT

llegué	llegamos
llegaste	llegasteis
llegó	llegaron

IMPERFECT

llegaba	llegábamos
llegabas	llegabais
llegaba	llegaban

PRESENT PERFECT

he llegado	hemos llegado
has llegado	habéis llegado
ha llegado	han llegado

FUTURE

llegaré	llegaremos
llegarás	llegaréis
llegará	llegarán

CONDITIONAL

llegaría	llegaríamos
llegarías	llegaríais
llegaría	llegarían

PLUPERFECT

había llegado	habíamos llegado
habías llegado	habíais llegado
había llegado	habían llegado

PRETERIT PERFECT

hube llegado	hubimos llegado
hubiste llegado	hubisteis llegado
hubo llegado	hubieron llegado

FUTURE PERFECT

habré llegado	habremos llegado
habrás llegado	habréis llegado
habrá llegado	habrán llegado

CONDITIONAL PERFECT

habría llegado	habríamos llegado
habrías llegado	habríais llegado
habría llegado	habrían llegado

PRESENT SUBJUNCTIVE

llegue	lleguemos
llegues	lleguéis
llegue	lleguen

PRESENT PERFECT SUBJUNCTIVE

haya llegado	hayamos llegado
hayas llegado	hayáis llegado
haya llegado	hayan llegado

IMPERFECT SUBJUNCTIVE (-ra)

llegara	llegáramos
llegaras	llegarais
llegara	llegaran

or **IMPERFECT SUBJUNCTIVE (-se)**

llegase	llegásemos
llegases	llegaseis
llegase	llegasen

PAST PERFECT SUBJUNCTIVE (-ra)

hubiera llegado	hubiéramos llegado
hubieras llegado	hubierais llegado
hubiera llegado	hubieran llegado

or **PAST PERFECT SUBJUNCTIVE (-se)**

hubiese llegado	hubiésemos llegado
hubieses llegado	hubieseis llegado
hubiese llegado	hubiesen llegado

PROGRESSIVE TENSES

PRESENT	estoy, estás, está, estamos, estáis, están
PRETERIT	estuve, estuviste, estuvo, estuvimos, estuvisteis, estuvieron
IMPERFECT	estaba, estabas, estaba, estábamos, estabais, estaban
FUTURE	estaré, estarás, estará, estaremos, estaréis, estarán
CONDITIONAL	estaría, estarías, estaría, estaríamos, estaríais, estarían
SUBJUNCTIVE	que + *corresponding subjunctive tense of* estar (*see verb 151*)

} llegando

COMMANDS

	(nosotros) lleguemos/no lleguemos
(tú) llega/no llegues	(vosotros) llegad/no lleguéis
(Ud.) llegue/no llegue	(Uds.) lleguen/no lleguen

Usage

No llegaron hasta las cinco.	*They didn't arrive until 5:00.*
¿Adónde quieres llegar con eso?	*What are you driving at with that?*
Llegó a ser Secretario de Relaciones Exteriores.	*He became Secretary of State.*

TOP 30 VERB ☞

llegar *to arrive*

llego · llegaron · llegado · llegando   *-ar* verb; spelling change: *g* > *gu/e*

to arrive

—¿A qué hora llegarán?	*At what time will they arrive?*
—Habrán llegado ya.	*They must have arrived already.*
Dudo que lleguen para las dos.	*I doubt that they'll come by two.*
Por desgracia llegó tarde.	*Unfortunately she was late.*

to come

Llegará el día en que pague los vidrios rotos.	*The day will come when he pays the piper.*
Llegó al poder.	*He came to power.*

to reach

No llega al interruptor.	*She can't reach the switch.*
No llego al cuarto estante.	*I can't reach the fourth shelf.*
Los documentos llegaron a mis manos.	*The papers reached me.*
Los expertos llegaron a una conclusión.	*The experts reached a conclusion.*
Llegó al extremo de mentir.	*She went so far as to lie.*

to find out

Espero que lleguéis a saber la verdad.	*I hope you'll find out the truth.*

to become

Llegó a ser jefe del ejecutivo.	*He became the chief executive.*

to attain, achieve

Esta actriz va a llegar a la fama.	*This actress is going to attain fame/be famous.*

to amount to, come to

Sus ingresos llegaban a cien mil dólares.	*Her income amounted to $100,000.*

to be enough

¿Te llega el dinero?	*Do you have enough money?*
El sueldo no les llega para el mes.	*They don't have enough money for the month.*

to succeed in, manage to

Llegamos a coger el tren de la una.	*We managed to catch the one o'clock train.*
Llegó a recibirse de médico.	*He succeeded in getting his medical degree.*

to get to, end up

Llegaron a platicar de sus problemas.	*They got to talking about their problems.*
Llegó a estudiar en el extranjero.	*She got to study abroad.*

llegado—adjective and noun

—Dimos la bienvenida a los recién llegados.	*We welcomed the newcomers.*
—¿Los visteis a su llegada?	*Did you see them when they arrived?*
Eso fue llegar y besar al santo.	*It was a piece of cake/easy as pie.*

TOP 30 VERBS

regular *-ar* verb

llevo · llevaron · llevado · llevando

PRESENT		PRETERIT	
llevo	llevamos	llevé	llevamos
llevas	lleváis	llevaste	llevasteis
lleva	llevan	llevó	llevaron

IMPERFECT		PRESENT PERFECT	
llevaba	llevábamos	he llevado	hemos llevado
llevabas	llevabais	has llevado	habéis llevado
llevaba	llevaban	ha llevado	han llevado

FUTURE		CONDITIONAL	
llevaré	llevaremos	llevaría	llevaríamos
llevarás	llevaréis	llevarías	llevaríais
llevará	llevarán	llevaría	llevarían

PLUPERFECT		PRETERIT PERFECT	
había llevado	habíamos llevado	hube llevado	hubimos llevado
habías llevado	habíais llevado	hubiste llevado	hubisteis llevado
había llevado	habían llevado	hubo llevado	hubieron llevado

FUTURE PERFECT		CONDITIONAL PERFECT	
habré llevado	habremos llevado	habría llevado	habríamos llevado
habrás llevado	habréis llevado	habrías llevado	habríais llevado
habrá llevado	habrán llevado	habría llevado	habrían llevado

PRESENT SUBJUNCTIVE		PRESENT PERFECT SUBJUNCTIVE	
lleve	llevemos	haya llevado	hayamos llevado
lleves	llevéis	hayas llevado	hayáis llevado
lleve	lleven	haya llevado	hayan llevado

IMPERFECT SUBJUNCTIVE (-ra)		*or* IMPERFECT SUBJUNCTIVE (-se)	
llevara	lleváramos	llevase	llevásemos
llevaras	llevarais	llevases	llevaseis
llevara	llevaran	llevase	llevasen

PAST PERFECT SUBJUNCTIVE (-ra)		*or* PAST PERFECT SUBJUNCTIVE (-se)	
hubiera llevado	hubiéramos llevado	hubiese llevado	hubiésemos llevado
hubieras llevado	hubierais llevado	hubieses llevado	hubieseis llevado
hubiera llevado	hubieran llevado	hubiese llevado	hubiesen llevado

PROGRESSIVE TENSES

PRESENT	estoy, estás, está, estamos, estáis, están	
PRETERIT	estuve, estuviste, estuvo, estuvimos, estuvisteis, estuvieron	
IMPERFECT	estaba, estabas, estaba, estábamos, estabais, estaban	llevando
FUTURE	estaré, estarás, estará, estaremos, estaréis, estarán	
CONDITIONAL	estaría, estarías, estaría, estaríamos, estaríais, estarían	
SUBJUNCTIVE	que + *corresponding subjunctive tense of* estar (*see verb 151*)	

COMMANDS

	(nosotros) llevemos/no llevemos
(tú) lleva/no lleves	(vosotros) llevad/no llevéis
(Ud.) lleve/no lleve	(Uds.) lleven/no lleven

Usage

—¿Me llevas de compras?   *Will you take me shopping?*
—Si tú llevas todos los paquetes.   *If you carry all the packages.*

¿Lleva mucho tiempo estudiando?   *Has she been studying for a long time?*

TOP 30 VERB ☞

llevar *to carry, take, lead, have, wear*

llevo · llevaron · llevado · llevando   regular -*ar* verb

Esta torta lleva vainilla, ¿no?	*This cake has vanilla in it, doesn't it?*
La empresa lleva el nombre de la familia.	*The company bears the family's name.*
Los habían llevado al cine.	*They had taken them to the movies.*
Es importante que lo llevemos adelante.	*It's important that we go ahead with it.*

to bring

Llevabas la alegría a su casa.	*You brought happiness to their house.*

to take time

El proyecto llevará mucho tiempo.	*The project will take a lot of time.*

to have

Este candidato lleva ventaja a los demás.	*This candidate has an advantage over the others.*

llevar + gerund *to have been doing something*

Llevan un mes haciendo la encuesta.	*They've been doing the survey for a month.*

to be

¿Cuánto tiempo llevan Uds. en la ciudad?	*How long have you been in the city?*

to be older, taller than, ahead of

Mi hermano me lleva seis años.	*My brother is six years older than I.*
Te llevo un año en la universidad.	*I'm a year ahead of you in college.*

to wear

Llevabais corbata todos los días.	*You wore a tie every day.*
Se lleva smoking.	*They wear tuxedos.*

to lead

Nos llevó a verlo de otra manera.	*He led us to see it in a different way.*
Llevan una vida muy emocionante.	*They lead a very exciting life.*
Todos los caminos llevan a Roma.	*All roads lead to Rome.*

to run, manage

La junta lleva la empresa con gran éxito.	*The board runs the firm very successfully.*

to carry out, accomplish, conclude

Llevaron a cabo su objetivo.	*They accomplished their goal.*

llevarse *to take/carry off; to get along with*

Lo que el viento se llevó *es una gran película.*	Gone with the Wind *is a great film.*
El ladrón se llevó nuestro equipaje.	*The thief made off with our luggage.*
—¿Se llevan bien o mal?	*Do they get along well or badly?*
—Se llevan como perro y gato.	*They fight like cats and dogs.*

TOP 30 VERBS

stem-changing -er verb: *o* > *ue*; impersonal verb used in third-person singular only

llueve · llovió · llovido · lloviendo

PRESENT	**PRETERIT**
llueve	llovió
IMPERFECT	**PRESENT PERFECT**
llovía	ha llovido
FUTURE	**CONDITIONAL**
lloverá	llovería
PLUPERFECT	**PRETERIT PERFECT**
había llovido	hubo llovido
FUTURE PERFECT	**CONDITIONAL PERFECT**
habrá llovido	habría llovido
PRESENT SUBJUNCTIVE	**PRESENT PERFECT SUBJUNCTIVE**
llueva	haya llovido
IMPERFECT SUBJUNCTIVE (-ra)	*or* **IMPERFECT SUBJUNCTIVE (-se)**
lloviera	lloviese
PAST PERFECT SUBJUNCTIVE (-ra)	*or* **PAST PERFECT SUBJUNCTIVE (-se)**
hubiera llovido	hubiese llovido

PROGRESSIVE TENSES

PRESENT	está
PRETERIT	estuvo
IMPERFECT	estaba
FUTURE	estará
CONDITIONAL	estaría
SUBJUNCTIVE	que + *corresponding subjunctive tense of* estar (*see verb 151*)

} lloviendo

COMMANDS

¡Que llueva!   ¡Que no llueva!

Usage

—¿Llueve?	*Is it raining?*
—Sí, está lloviendo a cántaros.	*Yes, it's raining cats and dogs/pouring.*
Nunca llueve a gusto de todos.	*You can't please everybody.*
Llueve sobre mojado.	*It never rains but it pours.*
El dinero llegó como llovido del cielo.	*The money came out of the blue.*
Hablar con ella es como quien oye llover.	*Talking to her is like talking to a brick wall.*
Me gusta caminar bajo la lluvia.	*I like to walk in the rain.*
La primavera es la estación de las lluvias.	*Spring is the rainy season.*
El mes más lluvioso por esta región es abril.	*The rainiest month in this region is April.*
El dióxido de azufre causa la lluvia ácida.	*Sulphur dioxide causes acid rain.*
Los novios salieron bajo una lluvia de arroz.	*The newlyweds left in a shower of rice.*
Los regalos les llovían.	*They were showered with gifts.*
Llovía a chorros/a mares.	*It was pouring.*
—Llovizna todos los días.	*It drizzles every day.*
—Nada de llovizna hoy sino una lluvia torrencial.	*No drizzle today, but rather torrential rain.*

lucir *to shine, look, excel*

luzco · lucieron · lucido · luciendo *-ir* verb; spelling change: *c > zc/o, a*

PRESENT		PRETERIT	
luzco	lucimos	lucí	lucimos
luces	lucís	luciste	lucisteis
luce	lucen	lució	lucieron

IMPERFECT		PRESENT PERFECT	
lucía	lucíamos	he lucido	hemos lucido
lucías	lucíais	has lucido	habéis lucido
lucía	lucían	ha lucido	han lucido

FUTURE		CONDITIONAL	
luciré	luciremos	luciría	luciríamos
lucirás	luciréis	lucirías	luciríais
lucirá	lucirán	luciría	lucirían

PLUPERFECT		PRETERIT PERFECT	
había lucido	habíamos lucido	hube lucido	hubimos lucido
habías lucido	habíais lucido	hubiste lucido	hubisteis lucido
había lucido	habían lucido	hubo lucido	hubieron lucido

FUTURE PERFECT		CONDITIONAL PERFECT	
habré lucido	habremos lucido	habría lucido	habríamos lucido
habrás lucido	habréis lucido	habrías lucido	habríais lucido
habrá lucido	habrán lucido	habría lucido	habrían lucido

PRESENT SUBJUNCTIVE		PRESENT PERFECT SUBJUNCTIVE	
luzca	luzcamos	haya lucido	hayamos lucido
luzcas	luzcáis	hayas lucido	hayáis lucido
luzca	luzcan	haya lucido	hayan lucido

IMPERFECT SUBJUNCTIVE (-ra)		*or* IMPERFECT SUBJUNCTIVE (-se)	
luciera	luciéramos	luciese	luciésemos
lucieras	lucierais	lucieses	lucieseis
luciera	lucieran	luciese	luciesen

PAST PERFECT SUBJUNCTIVE (-ra)		*or* PAST PERFECT SUBJUNCTIVE (-se)	
hubiera lucido	hubiéramos lucido	hubiese lucido	hubiésemos lucido
hubieras lucido	hubierais lucido	hubieses lucido	hubieseis lucido
hubiera lucido	hubieran lucido	hubiese lucido	hubiesen lucido

PROGRESSIVE TENSES

PRESENT	estoy, estás, está, estamos, estáis, están	
PRETERIT	estuve, estuviste, estuvo, estuvimos, estuvisteis, estuvieron	
IMPERFECT	estaba, estabas, estaba, estábamos, estabais, estaban	luciendo
FUTURE	estaré, estarás, estará, estaremos, estaréis, estarán	
CONDITIONAL	estaría, estarías, estaría, estaríamos, estaríais, estarían	
SUBJUNCTIVE	que + *corresponding subjunctive tense of* estar (*see verb 151*)	

COMMANDS

	(nosotros) luzcamos/no luzcamos
(tú) luce/no luzcas	(vosotros) lucid/no luzcáis
(Ud.) luzca/no luzca	(Uds.) luzcan/no luzcan

Usage

El sol y las estrellas lucen.	*The sun and the stars shine.*
¡Cómo lucen estos diamantes!	*How these diamonds sparkle/give off light!*
Lucen muy guapos.	*You look very handsome.*
Lucía un traje muy de moda.	*She sported/wore a very fashionable suit.*

-ar verb; spelling change: **madrugo · madrugaron · madrugado · madrugando**
g > gu/e

PRESENT		PRETERIT	
madrugo	madrugamos	madrugué	madrugamos
madrugas	madrugáis	madrugaste	madrugasteis
madruga	madrugan	madrugó	madrugaron

IMPERFECT		PRESENT PERFECT	
madrugaba	madrugábamos	he madrugado	hemos madrugado
madrugabas	madrugabais	has madrugado	habéis madrugado
madrugaba	madrugaban	ha madrugado	han madrugado

FUTURE		CONDITIONAL	
madrugaré	madrugaremos	madrugaría	madrugaríamos
madrugarás	madrugaréis	madrugarías	madrugaríais
madrugará	madrugarán	madrugaría	madrugarían

PLUPERFECT		PRETERIT PERFECT	
había madrugado	habíamos madrugado	hube madrugado	hubimos madrugado
habías madrugado	habíais madrugado	hubiste madrugado	hubisteis madrugado
había madrugado	habían madrugado	hubo madrugado	hubieron madrugado

FUTURE PERFECT		CONDITIONAL PERFECT	
habré madrugado	habremos madrugado	habría madrugado	habríamos madrugado
habrás madrugado	habréis madrugado	habrías madrugado	habríais madrugado
habrá madrugado	habrán madrugado	habría madrugado	habrían madrugado

PRESENT SUBJUNCTIVE		PRESENT PERFECT SUBJUNCTIVE	
madrugue	madruguemos	haya madrugado	hayamos madrugado
madrugues	madruguéis	hayas madrugado	hayáis madrugado
madrugue	madruguen	haya madrugado	hayan madrugado

IMPERFECT SUBJUNCTIVE (-ra)		*or*	IMPERFECT SUBJUNCTIVE (-se)	
madrugara	madrugáramos		madrugase	madrugásemos
madrugaras	madrugarais		madrugases	madrugaseis
madrugara	madrugaran		madrugase	madrugasen

PAST PERFECT SUBJUNCTIVE (-ra)		*or*	PAST PERFECT SUBJUNCTIVE (-se)	
hubiera madrugado	hubiéramos madrugado		hubiese madrugado	hubiésemos madrugado
hubieras madrugado	hubierais madrugado		hubieses madrugado	hubieseis madrugado
hubiera madrugado	hubieran madrugado		hubiese madrugado	hubiesen madrugado

PROGRESSIVE TENSES

PRESENT	estoy, estás, está, estamos, estáis, están	
PRETERIT	estuve, estuviste, estuvo, estuvimos, estuvisteis, estuvieron	
IMPERFECT	estaba, estabas, estaba, estábamos, estabais, estaban	madrugando
FUTURE	estaré, estarás, estará, estaremos, estaréis, estarán	
CONDITIONAL	estaría, estarías, estaría, estaríamos, estaríais, estarían	
SUBJUNCTIVE	que + *corresponding subjunctive tense of* estar (*see verb 151*)	

COMMANDS

	(nosotros) madruguemos/no madruguemos
(tú) madruga/no madrugues	(vosotros) madrugad/no madruguéis
(Ud.) madrugue/no madrugue	(Uds.) madruguen/no madruguen

Usage

Es necesario que madruguemos.	*It's necessary that we get up early.*
Se levantó de madrugada.	*She got up very early.*
El niño es muy madrugador.	*The child is an early riser.*
Al que/A quien madruga Dios le ayuda.	*The early bird catches the worm.*

mantener *to maintain, support*

mantengo · mantuvieron · mantenido · manteniendo   irregular verb (like **tener**)

PRESENT		PRETERIT	
mantengo	mantenemos	mantuve	mantuvimos
mantienes	mantenéis	mantuviste	mantuvisteis
mantiene	mantienen	mantuvo	mantuvieron

IMPERFECT		PRESENT PERFECT	
mantenía	manteníamos	he mantenido	hemos mantenido
mantenías	manteníais	has mantenido	habéis mantenido
mantenía	mantenían	ha mantenido	han mantenido

FUTURE		CONDITIONAL	
mantendré	mantendremos	mantendría	mantendríamos
mantendrás	mantendréis	mantendrías	mantendríais
mantendrá	mantendrán	mantendría	mantendrían

PLUPERFECT		PRETERIT PERFECT	
había mantenido	habíamos mantenido	hube mantenido	hubimos mantenido
habías mantenido	habíais mantenido	hubiste mantenido	hubisteis mantenido
había mantenido	habían mantenido	hubo mantenido	hubieron mantenido

FUTURE PERFECT		CONDITIONAL PERFECT	
habré mantenido	habremos mantenido	habría mantenido	habríamos mantenido
habrás mantenido	habréis mantenido	habrías mantenido	habríais mantenido
habrá mantenido	habrán mantenido	habría mantenido	habrían mantenido

PRESENT SUBJUNCTIVE		PRESENT PERFECT SUBJUNCTIVE	
mantenga	mantengamos	haya mantenido	hayamos mantenido
mantengas	mantengáis	hayas mantenido	hayáis mantenido
mantenga	mantengan	haya mantenido	hayan mantenido

IMPERFECT SUBJUNCTIVE (-ra)		*or* IMPERFECT SUBJUNCTIVE (-se)	
mantuviera	mantuviéramos	mantuviese	mantuviésemos
mantuvieras	mantuvierais	mantuvieses	mantuvieseis
mantuviera	mantuvieran	mantuviese	mantuviesen

PAST PERFECT SUBJUNCTIVE (-ra)		*or* PAST PERFECT SUBJUNCTIVE (-se)	
hubiera mantenido	hubiéramos mantenido	hubiese mantenido	hubiésemos mantenido
hubieras mantenido	hubierais mantenido	hubieses mantenido	hubieseis mantenido
hubiera mantenido	hubieran mantenido	hubiese mantenido	hubiesen mantenido

PROGRESSIVE TENSES

PRESENT	estoy, estás, está, estamos, estáis, están
PRETERIT	estuve, estuviste, estuvo, estuvimos, estuvisteis, estuvieron
IMPERFECT	estaba, estabas, estaba, estábamos, estabais, estaban
FUTURE	estaré, estarás, estará, estaremos, estaréis, estarán
CONDITIONAL	estaría, estarías, estaría, estaríamos, estaríais, estarían
SUBJUNCTIVE	que + *corresponding subjunctive tense of* estar (*see verb 151*)

} manteniendo

COMMANDS

	(nosotros) mantengamos/mantengamos
(tú) mantén/no mantengas	(vosotros) mantened/no mantengáis
(Ud.) mantenga/no mantenga	(Uds.) mantengan/no mantengan

Usage

Mantiene a su familia numerosa.	*He supports his large family.*
Mantengan la casa en buen estado.	*Keep the house in good condition.*
—Le pido que me mantenga al día.	*I'm asking you to keep me up to date.*
—Nos mantenemos en contacto entonces.	*Then we'll keep in touch.*

-ar verb; spelling change: *c > qu/e* | **marco · marcaron · marcado · marcando**

PRESENT
marco	marcamos
marcas	marcáis
marca	marcan

PRETERIT
marqué	marcamos
marcaste	marcasteis
marcó	marcaron

IMPERFECT
marcaba	marcábamos
marcabas	marcabais
marcaba	marcaban

PRESENT PERFECT
he marcado	hemos marcado
has marcado	habéis marcado
ha marcado	han marcado

FUTURE
marcaré	marcaremos
marcarás	marcaréis
marcará	marcarán

CONDITIONAL
marcaría	marcaríamos
marcarías	marcaríais
marcaría	marcarían

PLUPERFECT
había marcado	habíamos marcado
habías marcado	habíais marcado
había marcado	habían marcado

PRETERIT PERFECT
hube marcado	hubimos marcado
hubiste marcado	hubisteis marcado
hubo marcado	hubieron marcado

FUTURE PERFECT
habré marcado	habremos marcado
habrás marcado	habréis marcado
habrá marcado	habrán marcado

CONDITIONAL PERFECT
habría marcado	habríamos marcado
habrías marcado	habríais marcado
habría marcado	habrían marcado

PRESENT SUBJUNCTIVE
marque	marquemos
marques	marquéis
marque	marquen

PRESENT PERFECT SUBJUNCTIVE
haya marcado	hayamos marcado
hayas marcado	hayáis marcado
haya marcado	hayan marcado

IMPERFECT SUBJUNCTIVE (-ra)
marcara	marcáramos
marcaras	marcarais
marcara	marcaran

or ## IMPERFECT SUBJUNCTIVE (-se)
marcase	marcásemos
marcases	marcaseis
marcase	marcasen

PAST PERFECT SUBJUNCTIVE (-ra)
hubiera marcado	hubiéramos marcado
hubieras marcado	hubierais marcado
hubiera marcado	hubieran marcado

or ## PAST PERFECT SUBJUNCTIVE (-se)
hubiese marcado	hubiésemos marcado
hubieses marcado	hubieseis marcado
hubiese marcado	hubiesen marcado

PROGRESSIVE TENSES
PRESENT	estoy, estás, está, estamos, estáis, están
PRETERIT	estuve, estuviste, estuvo, estuvimos, estuvisteis, estuvieron
IMPERFECT	estaba, estabas, estaba, estábamos, estabais, estaban
FUTURE	estaré, estarás, estará, estaremos, estaréis, estarán
CONDITIONAL	estaría, estarías, estaría, estaríamos, estaríais, estarían
SUBJUNCTIVE	que + *corresponding subjunctive tense of* estar (*see verb 151*)

} marcando

COMMANDS
	(nosotros) marquemos/no marquemos
(tú) marca/no marques	(vosotros) marcad/no marquéis
(Ud.) marque/no marque	(Uds.) marquen/no marquen

Usage

El año 2001 marcó el comienzo de un nuevo milenio. — *The year 2001 marked the beginning of a new millennium.*
El jugador marcó un gol/una canasta. — *The player scored a goal/a basket.*
Marcaste el código equivocado. — *You dialed the wrong area code.*

mascar *to chew*

masco · mascaron · mascado · mascando   *-ar verb; spelling change: c > qu/e*

PRESENT		PRETERIT	
masco	mascamos	masqué	mascamos
mascas	mascáis	mascaste	mascasteis
masca	mascan	mascó	mascaron

IMPERFECT		PRESENT PERFECT	
mascaba	mascábamos	he mascado	hemos mascado
mascabas	mascabais	has mascado	habéis mascado
mascaba	mascaban	ha mascado	han mascado

FUTURE		CONDITIONAL	
mascaré	mascaremos	mascaría	mascaríamos
mascarás	mascaréis	mascarías	mascaríais
mascará	mascarán	mascaría	mascarían

PLUPERFECT		PRETERIT PERFECT	
había mascado	habíamos mascado	hube mascado	hubimos mascado
habías mascado	habíais mascado	hubiste mascado	hubisteis mascado
había mascado	habían mascado	hubo mascado	hubieron mascado

FUTURE PERFECT		CONDITIONAL PERFECT	
habré mascado	habremos mascado	habría mascado	habríamos mascado
habrás mascado	habréis mascado	habrías mascado	habríais mascado
habrá mascado	habrán mascado	habría mascado	habrían mascado

PRESENT SUBJUNCTIVE		PRESENT PERFECT SUBJUNCTIVE	
masque	masquemos	haya mascado	hayamos mascado
masques	masquéis	hayas mascado	hayáis mascado
masque	masquen	haya mascado	hayan mascado

IMPERFECT SUBJUNCTIVE (-ra)		*or* IMPERFECT SUBJUNCTIVE (-se)	
mascara	mascáramos	mascase	mascásemos
mascaras	mascarais	mascases	mascaseis
mascara	mascaran	mascase	mascasen

PAST PERFECT SUBJUNCTIVE (-ra)		*or* PAST PERFECT SUBJUNCTIVE (-se)	
hubiera mascado	hubiéramos mascado	hubiese mascado	hubiésemos mascado
hubieras mascado	hubierais mascado	hubieses mascado	hubieseis mascado
hubiera mascado	hubieran mascado	hubiese mascado	hubiesen mascado

PROGRESSIVE TENSES

PRESENT	estoy, estás, está, estamos, estáis, están
PRETERIT	estuve, estuviste, estuvo, estuvimos, estuvisteis, estuvieron
IMPERFECT	estaba, estabas, estaba, estábamos, estabais, estaban
FUTURE	estaré, estarás, estará, estaremos, estaréis, estarán
CONDITIONAL	estaría, estarías, estaría, estaríamos, estaríais, estarían
SUBJUNCTIVE	que + *corresponding subjunctive tense of* estar *(see verb 151)*

} mascando

COMMANDS

	(nosotros) masquemos/no masquemos
(tú) masca/no masques	(vosotros) mascad/no masquéis
(Ud.) masque/no masque	(Uds.) masquen/no masquen

Usage

Niños, masquen bien las nueces.	*Children, chew the nuts well.*
No la entendemos porque masca sus palabras.	*We don't understand her because she mumbles.*
Le dieron el trabajo todo moscado.	*They spoon-fed the work to him.*

-er verb; spelling change: c > z/o, a **mezo · mecieron · mecido · meciendo**

PRESENT

mezo	mecemos
meces	mecéis
mece	mecen

PRETERIT

mecí	mecimos
meciste	mecisteis
meció	mecieron

IMPERFECT

mecía	mecíamos
mecías	mecíais
mecía	mecían

PRESENT PERFECT

he mecido	hemos mecido
has mecido	habéis mecido
ha mecido	han mecido

FUTURE

meceré	meceremos
mecerás	meceréis
mecerá	mecerán

CONDITIONAL

mecería	meceríamos
mecerías	meceríais
mecería	mecerían

PLUPERFECT

había mecido	habíamos mecido
habías mecido	habíais mecido
había mecido	habían mecido

PRETERIT PERFECT

hube mecido	hubimos mecido
hubiste mecido	hubisteis mecido
hubo mecido	hubieron mecido

FUTURE PERFECT

habré mecido	habremos mecido
habrás mecido	habréis mecido
habrá mecido	habrán mecido

CONDITIONAL PERFECT

habría mecido	habríamos mecido
habrías mecido	habríais mecido
habría mecido	habrían mecido

PRESENT SUBJUNCTIVE

meza	mezamos
mezas	mezáis
meza	mezan

PRESENT PERFECT SUBJUNCTIVE

haya mecido	hayamos mecido
hayas mecido	hayáis mecido
haya mecido	hayan mecido

IMPERFECT SUBJUNCTIVE (-ra)

meciera	meciéramos
mecieras	mecierais
meciera	mecieran

or **IMPERFECT SUBJUNCTIVE (-se)**

meciese	meciésemos
mecieses	meciéseis
meciese	meciesen

PAST PERFECT SUBJUNCTIVE (-ra)

hubiera mecido	hubiéramos mecido
hubieras mecido	hubierais mecido
hubiera mecido	hubieran mecido

or **PAST PERFECT SUBJUNCTIVE (-se)**

hubiese mecido	hubiésemos mecido
hubieses mecido	hubieseis mecido
hubiese mecido	hubiesen mecido

PROGRESSIVE TENSES

PRESENT	estoy, estás, está, estamos, estáis, están
PRETERIT	estuve, estuviste, estuvo, estuvimos, estuvisteis, estuvieron
IMPERFECT	estaba, estabas, estaba, estábamos, estabais, estaban
FUTURE	estaré, estarás, estará, estaremos, estaréis, estarán
CONDITIONAL	estaría, estarías, estaría, estaríamos, estaríais, estarían
SUBJUNCTIVE	que + corresponding subjunctive tense of estar (see verb 151)

} meciendo

COMMANDS

	(nosotros) mezamos/no mezamos
(tú) mece/no mezas	(vosotros) meced/no mezáis
(Ud.) meza/no meza	(Uds.) mezan/no mezan

Usage

Se mecía en la mecedora.	She was rocking in the rocking chair.
Mece al bebé.	Rock the baby.
Estoy meciendo la cuna.	I'm rocking the cradle.
Mezo a la niña en el columpio.	I'm swinging the child on the swing.

medir *to measure*

mido · midieron · medido · midiendo   stem-changing -ir verb (like **pedir**): *e > i*

PRESENT		PRETERIT	
mido	medimos	medí	medimos
mides	medís	mediste	medisteis
mide	miden	midió	midieron

IMPERFECT		PRESENT PERFECT	
medía	medíamos	he medido	hemos medido
medías	medíais	has medido	habéis medido
medía	medían	ha medido	han medido

FUTURE		CONDITIONAL	
mediré	mediremos	mediría	mediríamos
medirás	mediréis	medirías	mediríais
medirá	medirán	mediría	medirían

PLUPERFECT		PRETERIT PERFECT	
había medido	habíamos medido	hube medido	hubimos medido
habías medido	habíais medido	hubiste medido	hubisteis medido
había medido	habían medido	hubo medido	hubieron medido

FUTURE PERFECT		CONDITIONAL PERFECT	
habré medido	habremos medido	habría medido	habríamos medido
habrás medido	habréis medido	habrías medido	habríais medido
habrá medido	habrán medido	habría medido	habrían medido

PRESENT SUBJUNCTIVE		PRESENT PERFECT SUBJUNCTIVE	
mida	midamos	haya medido	hayamos medido
midas	midáis	hayas medido	hayáis medido
mida	midan	haya medido	hayan medido

IMPERFECT SUBJUNCTIVE (-ra)		*or* IMPERFECT SUBJUNCTIVE (-se)	
midiera	midiéramos	midiese	midiésemos
midieras	midierais	midieses	midieseis
midiera	midieran	midiese	midiesen

PAST PERFECT SUBJUNCTIVE (-ra)		*or* PAST PERFECT SUBJUNCTIVE (-se)	
hubiera medido	hubiéramos medido	hubiese medido	hubiésemos medido
hubieras medido	hubierais medido	hubieses medido	hubieseis medido
hubiera medido	hubieran medido	hubiese medido	hubiesen medido

PROGRESSIVE TENSES

PRESENT	estoy, estás, está, estamos, estáis, están	
PRETERIT	estuve, estuviste, estuvo, estuvimos, estuvisteis, estuvieron	
IMPERFECT	estaba, estabas, estaba, estábamos, estabais, estaban	midiendo
FUTURE	estaré, estarás, estará, estaremos, estaréis, estarán	
CONDITIONAL	estaría, estarías, estaría, estaríamos, estaríais, estarían	
SUBJUNCTIVE	que + *corresponding subjunctive tense of* estar (*see verb 151*)	

COMMANDS

	(nosotros) midamos/no midamos
(tú) mide/no midas	(vosotros) medid/no midáis
(Ud.) mida/no mida	(Uds.) midan/no midan

Usage

Midieron la alfombra con cinta métrica.	*They measured the rug with a tape measure.*
Hay que medir las consecuencias/palabras.	*You have to weigh the consequences/ your words.*
¿Cuánto mides?	*How tall are you?*

stem-changing -ir verb:
e > ie (present), e > i (preterit)

miento · mintieron · mentido · mintiendo

PRESENT

miento	mentimos
mientes	mentís
miente	mienten

PRETERIT

mentí	mentimos
mentiste	mentisteis
mintió	mintieron

IMPERFECT

mentía	mentíamos
mentías	mentíais
mentía	mentían

PRESENT PERFECT

he mentido	hemos mentido
has mentido	habéis mentido
ha mentido	han mentido

FUTURE

mentiré	mentiremos
mentirás	mentiréis
mentirá	mentirán

CONDITIONAL

mentiría	mentiríamos
mentirías	mentiríais
mentiría	mentirían

PLUPERFECT

había mentido	habíamos mentido
habías mentido	habíais mentido
había mentido	habían mentido

PRETERIT PERFECT

hube mentido	hubimos mentido
hubiste mentido	hubisteis mentido
hubo mentido	hubieron mentido

FUTURE PERFECT

habré mentido	habremos mentido
habrás mentido	habréis mentido
habrá mentido	habrán mentido

CONDITIONAL PERFECT

habría mentido	habríamos mentido
habrías mentido	habríais mentido
habría mentido	habrían mentido

PRESENT SUBJUNCTIVE

mienta	mintamos
mientas	mintáis
mienta	mientan

PRESENT PERFECT SUBJUNCTIVE

haya mentido	hayamos mentido
hayas mentido	hayáis mentido
haya mentido	hayan mentido

IMPERFECT SUBJUNCTIVE (-ra)

mintiera	mintiéramos
mintieras	mintierais
mintiera	mintieran

or ### IMPERFECT SUBJUNCTIVE (-se)

mintiese	mintiésemos
mintieses	mintieseis
mintiese	mintiesen

PAST PERFECT SUBJUNCTIVE (-ra)

hubiera mentido	hubiéramos mentido
hubieras mentido	hubierais mentido
hubiera mentido	hubieran mentido

or ### PAST PERFECT SUBJUNCTIVE (-se)

hubiese mentido	hubiésemos mentido
hubieses mentido	hubieseis mentido
hubiese mentido	hubiesen mentido

PROGRESSIVE TENSES

PRESENT	estoy, estás, está, estamos, estáis, están
PRETERIT	estuve, estuviste, estuvo, estuvimos, estuvisteis, estuvieron
IMPERFECT	estaba, estabas, estaba, estábamos, estabais, estaban
FUTURE	estaré, estarás, estará, estaremos, estaréis, estarán
CONDITIONAL	estaría, estarías, estaría, estaríamos, estaríais, estarían
SUBJUNCTIVE	que + corresponding subjunctive tense of estar (see verb 151)

} mintiendo

COMMANDS

	(nosotros) mintamos/no mintamos
(tú) miente/no mienhtas	(vosotros) mentid/no mintáis
(Ud.) mienta/no mienta	(Uds.) mientan/no mientan

Usage

Mintió para que no le echaran la culpa a él.	He lied so that they wouldn't blame him.
Las apariencias mienten.	Appearances deceive.
¡No mientas más!	No more lies!
Decían una sarta de mentiras.	They told a pack of lies.

merecer *to deserve, merit, be worthy*

merezco · merecieron · merecido · mereciendo   *-er* verb; spelling change:
c > zc/o, a

PRESENT		PRETERIT	
merezco	merecemos	merecí	merecimos
mereces	merecéis	mereciste	merecisteis
merece	merecen	mereció	merecieron

IMPERFECT		PRESENT PERFECT	
merecía	merecíamos	he merecido	hemos merecido
merecías	merecíais	has merecido	habéis merecido
merecía	merecían	ha merecido	han merecido

FUTURE		CONDITIONAL	
mereceré	mereceremos	merecería	mereceríamos
merecerás	mereceréis	merecerías	mereceríais
merecerá	merecerán	merecería	merecerían

PLUPERFECT		PRETERIT PERFECT	
había merecido	habíamos merecido	hube merecido	hubimos merecido
habías merecido	habíais merecido	hubiste merecido	hubisteis merecido
había merecido	habían merecido	hubo merecido	hubieron merecido

FUTURE PERFECT		CONDITIONAL PERFECT	
habré merecido	habremos merecido	habría merecido	habríamos merecido
habrás merecido	habréis merecido	habrías merecido	habríais merecido
habrá merecido	habrán merecido	habría merecido	habrían merecido

PRESENT SUBJUNCTIVE		PRESENT PERFECT SUBJUNCTIVE	
merezca	merezcamos	haya merecido	hayamos merecido
merezcas	merezcáis	hayas merecido	hayáis merecido
merezca	merezcan	haya merecido	hayan merecido

IMPERFECT SUBJUNCTIVE (-ra)		*or*	IMPERFECT SUBJUNCTIVE (-se)	
mereciera	mereciéramos		mereciese	mereciésemos
merecieras	merecierais		merecieses	merecieseis
mereciera	merecieran		mereciese	mereciesen

PAST PERFECT SUBJUNCTIVE (-ra)		*or*	PAST PERFECT SUBJUNCTIVE (-se)	
hubiera merecido	hubiéramos merecido		hubiese merecido	hubiésemos merecido
hubieras merecido	hubierais merecido		hubieses merecido	hubieseis merecido
hubiera merecido	hubieran merecido		hubiese merecido	hubiesen merecido

PROGRESSIVE TENSES

PRESENT	estoy, estás, está, estamos, estáis, están
PRETERIT	estuve, estuviste, estuvo, estuvimos, estuvisteis, estuvieron
IMPERFECT	estaba, estabas, estaba, estábamos, estabais, estaban
FUTURE	estaré, estarás, estará, estaremos, estaréis, estarán
CONDITIONAL	estaría, estarías, estaría, estaríamos, estaríais, estarían
SUBJUNCTIVE	que + *corresponding subjunctive tense of* estar (*see verb 151*)

} mereciendo

COMMANDS

	(nosotros) merezcamos/no merezcamos
(tú) merece/no merezcas	(vosotros) mereced/no merezcáis
(Ud.) merezca/no merezca	(Uds.) merezcan/no merezcan

Usage

Su invención merece atención.	*His invention deserves attention.*
Su obra merece ser galardonada.	*His work is prize-worthy.*
Tenían lo que se merecían.	*They got their due/what was coming to them.*
La propuesta merece de consideración.	*The proposal merits consideration.*

stem-changing -*ar* verb: **meriendo · merendaron · merendado · merendando**
e > ie

PRESENT		PRETERIT	
meriendo	merendamos	merendé	merendamos
meriendas	merendáis	merendaste	merendasteis
merienda	meriendan	merendó	merendaron

IMPERFECT		PRESENT PERFECT	
merendaba	merendábamos	he merendado	hemos merendado
merendabas	merendabais	has merendado	habéis merendado
merendaba	merendaban	ha merendado	han merendado

FUTURE		CONDITIONAL	
merendaré	merendaremos	merendaría	merendaríamos
merendarás	merendaréis	merendarías	merendaríais
merendará	merendarán	merendaría	merendarían

PLUPERFECT		PRETERIT PERFECT	
había merendado	habíamos merendado	hube merendado	hubimos merendado
habías merendado	habíais merendado	hubiste merendado	hubisteis merendado
había merendado	habían merendado	hubo merendado	hubieron merendado

FUTURE PERFECT		CONDITIONAL PERFECT	
habré merendado	habremos merendado	habría merendado	habríamos merendado
habrás merendado	habréis merendado	habrías merendado	habríais merendado
habrá merendado	habrán merendado	habría merendado	habrían merendado

PRESENT SUBJUNCTIVE		PRESENT PERFECT SUBJUNCTIVE	
meriende	merendemos	haya merendado	hayamos merendado
meriendes	merendéis	hayas merendado	hayáis merendado
meriende	merienden	haya merendado	hayan merendado

IMPERFECT SUBJUNCTIVE (-ra)		*or* IMPERFECT SUBJUNCTIVE (-se)	
merendara	merendáramos	merendase	merendásemos
merendaras	merendarais	merendases	merendaseis
merendara	merendaran	merendase	merendasen

PAST PERFECT SUBJUNCTIVE (-ra)		*or* PAST PERFECT SUBJUNCTIVE (-se)	
hubiera merendado	hubiéramos merendado	hubiese merendado	hubiésemos merendado
hubieras merendado	hubierais merendado	hubieses merendado	hubieseis merendado
hubiera merendado	hubieran merendado	hubiese merendado	hubiesen merendado

PROGRESSIVE TENSES

PRESENT	estoy, estás, está, estamos, estáis, están	
PRETERIT	estuve, estuviste, estuvo, estuvimos, estuvisteis, estuvieron	
IMPERFECT	estaba, estabas, estaba, estábamos, estabais, estaban	merendando
FUTURE	estaré, estarás, estará, estaremos, estaréis, estarán	
CONDITIONAL	estaría, estarías, estaría, estaríamos, estaríais, estarían	
SUBJUNCTIVE	que + *corresponding subjunctive tense of* estar (*see verb 151*)	

COMMANDS

	(nosotros) merendemos/no merendemos
(tú) merienda/no meriendes	(vosotros) merendad/no merendéis
(Ud.) meriende/no meriende	(Uds.) merienden/no merienden

Usage

¿Meriendas todos los días?	*Do you have an afternoon snack every day?*
—¿Ya merendasteis?	*Did you have your snack already?*
—Sí, merendamos tartas de manzana.	*Yes, we had apple tarts.*
Tomaron la merienda.	*They had a snack.*

Se metió en una confitería.	*She went into a candy store.*
Metió a sus hijos en la cama.	*She put her children to bed.*
El jugador metió el balón en la cesta.	*The player made a basket.*
No puedes meter ni una sola cosa más en el maletín.	*You can't squeeze even one more thing in the little suitcase.*
Cada vez que abre la boca mete la pata.	*Every time she opens her mouth she puts her foot in it.*
Están muy metidos en política.	*They're very involved in politics.*
Te aconsejo que no te metas en un lío.	*I advise you not to get yourself into a jam.*
Siempre andas metido en líos.	*You're always getting into trouble.*

to start

Se metieron a correr.	*They started to run.*

to become

Se metió a diseñadora.	*She became a designer.*
Se metió a abogado.	*He became a lawyer.*

to annoy, tease, pick on

Se metía con los otros niños.	*He was teasing/picking on the other children.*

to meddle

Se mete en todo.	*He interferes in everything.*
No te metas en lo que no te importa.	*Don't go butting into what is none of your business.*
Se mete donde no la llaman.	*She gets into things that are none of her business.*
Metes la nariz (las narices) en todo.	*You stick your nose into everything.*
¡Métete en lo tuyo!	*Mind your own business!*

to get into, go into, enter

Se metieron en dificultades.	*They ran into difficulties.*
—¿Dónde se han metido?	*Where have they gone?*
—Se habrán metido en una tienda.	*They probably went into a store.*
Se metió en sí misma.	*She withdrew into herself.*
Se le metió en la cabeza seguir la pista de los ladrones.	*He got it into his head to track down the thieves.*

TOP 30 VERBS

regular *-er* verb

meto · metieron · metido · metiendo

PRESENT		**PRETERIT**	
meto	metemos	metí	metimos
metes	metéis	metiste	metisteis
mete	meten	metió	metieron

IMPERFECT		**PRESENT PERFECT**	
metía	metíamos	he metido	hemos metido
metías	metíais	has metido	habéis metido
metía	metían	ha metido	han metido

FUTURE		**CONDITIONAL**	
meteré	meteremos	metería	meteríamos
meterás	meteréis	meterías	meteríais
meterá	meterán	metería	meterían

PLUPERFECT		**PRETERIT PERFECT**	
había metido	habíamos metido	hube metido	hubimos metido
habías metido	habíais metido	hubiste metido	hubisteis metido
había metido	habían metido	hubo metido	hubieron metido

FUTURE PERFECT		**CONDITIONAL PERFECT**	
habré metido	habremos metido	habría metido	habríamos metido
habrás metido	habréis metido	habrías metido	habríais metido
habrá metido	habrán metido	habría metido	habrían metido

PRESENT SUBJUNCTIVE		**PRESENT PERFECT SUBJUNCTIVE**	
meta	metamos	haya metido	hayamos metido
metas	metáis	hayas metido	hayáis metido
meta	metan	haya metido	hayan metido

IMPERFECT SUBJUNCTIVE (-ra)		*or* **IMPERFECT SUBJUNCTIVE (-se)**	
metiera	metiéramos	metiese	metiésemos
metieras	metierais	metieses	metieseis
metiera	metieran	metiese	metiesen

PAST PERFECT SUBJUNCTIVE (-ra)		*or* **PAST PERFECT SUBJUNCTIVE (-se)**	
hubiera metido	hubiéramos metido	hubiese metido	hubiésemos metido
hubieras metido	hubierais metido	hubieses metido	hubieseis metido
hubiera metido	hubieran metido	hubiese metido	hubiesen metido

PROGRESSIVE TENSES

PRESENT	estoy, estás, está, estamos, estáis, están	
PRETERIT	estuve, estuviste, estuvo, estuvimos, estuvisteis, estuvieron	
IMPERFECT	estaba, estabas, estaba, estábamos, estabais, estaban	metiendo
FUTURE	estaré, estarás, estará, estaremos, estaréis, estarán	
CONDITIONAL	estaría, estarías, estaría, estaríamos, estaríais, estarían	
SUBJUNCTIVE	que + *corresponding subjunctive tense of* estar (*see verb 151*)	

COMMANDS

	(nosotros) metamos/no metamos
(tú) mete/no metas	(vosotros) meted/no metáis
(Ud.) meta/no meta	(Uds.) metan/no metan

Usage

Mete la moneda en la ranura.	*Put the coin into the slot.*
Metieron a su hijo en una escuela preparatoria.	*They put their son into a prep school.*
¡No me metas en tu embrollo!	*Don't get me mixed up in your mess!*
Metí dinero en una sociedad anónima.	*I invested money in a corporation.*

mirar *to look at*

miro · miraron · mirado · mirando

regular -*ar* verb

PRESENT		PRETERIT	
miro	miramos	miré	miramos
miras	miráis	miraste	mirasteis
mira	miran	miró	miraron

IMPERFECT		PRESENT PERFECT	
miraba	mirábamos	he mirado	hemos mirado
mirabas	mirabais	has mirado	habéis mirado
miraba	miraban	ha mirado	han mirado

FUTURE		CONDITIONAL	
miraré	miraremos	miraría	miraríamos
mirarás	miraréis	mirarías	miraríais
mirará	mirarán	miraría	mirarían

PLUPERFECT		PRETERIT PERFECT	
había mirado	habíamos mirado	hube mirado	hubimos mirado
habías mirado	habíais mirado	hubiste mirado	hubisteis mirado
había mirado	habían mirado	hubo mirado	hubieron mirado

FUTURE PERFECT		CONDITIONAL PERFECT	
habré mirado	habremos mirado	habría mirado	habríamos mirado
habrás mirado	habréis mirado	habrías mirado	habríais mirado
habrá mirado	habrán mirado	habría mirado	habrían mirado

PRESENT SUBJUNCTIVE		PRESENT PERFECT SUBJUNCTIVE	
mire	miremos	haya mirado	hayamos mirado
mires	miréis	hayas mirado	hayáis mirado
mire	miren	haya mirado	hayan mirado

IMPERFECT SUBJUNCTIVE (-ra)		*or* IMPERFECT SUBJUNCTIVE (-se)	
mirara	miráramos	mirase	mirásemos
miraras	mirarais	mirases	miraseis
mirara	miraran	mirase	mirasen

PAST PERFECT SUBJUNCTIVE (-ra)		*or* PAST PERFECT SUBJUNCTIVE (-se)	
hubiera mirado	hubiéramos mirado	hubiese mirado	hubiésemos mirado
hubieras mirado	hubierais mirado	hubieses mirado	hubieseis mirado
hubiera mirado	hubieran mirado	hubiese mirado	hubiesen mirado

PROGRESSIVE TENSES

PRESENT	estoy, estás, está, estamos, estáis, están
PRETERIT	estuve, estuviste, estuvo, estuvimos, estuvisteis, estuvieron
IMPERFECT	estaba, estabas, estaba, estábamos, estabais, estaban
FUTURE	estaré, estarás, estará, estaremos, estaréis, estarán
CONDITIONAL	estaría, estarías, estaría, estaríamos, estaríais, estarían
SUBJUNCTIVE	que + *corresponding subjunctive tense of* estar (*see verb 151*)

mirando

COMMANDS

	(nosotros) miremos/no miremos
(tú) mira/no mires	(vosotros) mirad/no miréis
(Ud.) mire/no mire	(Uds.) miren/no miren

Usage

Miremos la tele.	*Let's watch TV.*
Nos gusta mirar a los transeúntes.	*We like to watch the passersby.*
¡Mire lo que hace!	*Watch what you're doing!*
¡Mira!	*Look!/Look out!* (be careful)/*Look here!* (protesting)

-ar verb; spelling change: **modifico · modificaron · modificado · modificando**
c > qu/e

PRESENT		PRETERIT	
modifico	modificamos	modifiqué	modificamos
modificas	modificáis	modificaste	modificasteis
modifica	modifican	modificó	modificaron

IMPERFECT		PRESENT PERFECT	
modificaba	modificábamos	he modificado	hemos modificado
modificabas	modificabais	has modificado	habéis modificado
modificaba	modificaban	ha modificado	han modificado

FUTURE		CONDITIONAL	
modificaré	modificaremos	modificaría	modificaríamos
modificarás	modificaréis	modificarías	modificaríais
modificará	modificarán	modificaría	modificarían

PLUPERFECT		PRETERIT PERFECT	
había modificado	habíamos modificado	hube modificado	hubimos modificado
habías modificado	habíais modificado	hubiste modificado	hubisteis modificado
había modificado	habían modificado	hubo modificado	hubieron modificado

FUTURE PERFECT		CONDITIONAL PERFECT	
habré modificado	habremos modificado	habría modificado	habríamos modificado
habrás modificado	habréis modificado	habrías modificado	habríais modificado
habrá modificado	habrán modificado	habría modificado	habrían modificado

PRESENT SUBJUNCTIVE		PRESENT PERFECT SUBJUNCTIVE	
modifique	modifiquemos	haya modificado	hayamos modificado
modifiques	modifiquéis	hayas modificado	hayáis modificado
modifique	modifiquen	haya modificado	hayan modificado

IMPERFECT SUBJUNCTIVE (-ra)		*or* IMPERFECT SUBJUNCTIVE (-se)	
modificara	modificáramos	modificase	modificásemos
modificaras	modificarais	modificases	modificaseis
modificara	modificaran	modificase	modificasen

PAST PERFECT SUBJUNCTIVE (-ra)		*or* PAST PERFECT SUBJUNCTIVE (-se)	
hubiera modificado	hubiéramos modificado	hubiese modificado	hubiésemos modificado
hubieras modificado	hubierais modificado	hubieses modificado	hubieseis modificado
hubiera modificado	hubieran modificado	hubiese modificado	hubiesen modificado

PROGRESSIVE TENSES

PRESENT	estoy, estás, está, estamos, estáis, están	
PRETERIT	estuve, estuviste, estuvo, estuvimos, estuvisteis, estuvieron	
IMPERFECT	estaba, estabas, estaba, estábamos, estabais, estaban	modificando
FUTURE	estaré, estarás, estará, estaremos, estaréis, estarán	
CONDITIONAL	estaría, estarías, estaría, estaríamos, estaríais, estarían	
SUBJUNCTIVE	que + *corresponding subjunctive tense of* estar (*see verb 151*)	

COMMANDS

	(nosotros) modifiquemos/no modifiquemos
(tú) modifica/no modifiques	(vosotros) modificad/no modifiquéis
(Ud.) modifique/no modifique	(Uds.) modifiquen/no modifiquen

Usage

Modifiqué el plan original.	*I modified the blueprint.*
Modificaba sus palabras duras.	*He tempered his harsh words.*
El psicólogo investiga la modificación de conducta.	*The psychologist is researching behavior modification.*

moler *to grind, pulverize, wear out, bore*

muelo · molieron · molido · moliendo

stem-changing -er verb:
o > ue (like **volver**)

PRESENT		PRETERIT	
muelo	molemos	molí	molimos
mueles	moléis	moliste	molisteis
muele	muelen	molió	molieron

IMPERFECT		PRESENT PERFECT	
molía	molíamos	he molido	hemos molido
molías	molíais	has molido	habéis molido
molía	molían	ha molido	han molido

FUTURE		CONDITIONAL	
moleré	moleremos	molería	moleríamos
molerás	moleréis	molerías	moleríais
molerá	molerán	molería	molerían

PLUPERFECT		PRETERIT PERFECT	
había molido	habíamos molido	hube molido	hubimos molido
habías molido	habíais molido	hubiste molido	hubisteis molido
había molido	habían molido	hubo molido	hubieron molido

FUTURE PERFECT		CONDITIONAL PERFECT	
habré molido	habremos molido	habría molido	habríamos molido
habrás molido	habréis molido	habrías molido	habríais molido
habrá molido	habrán molido	habría molido	habrían molido

PRESENT SUBJUNCTIVE		PRESENT PERFECT SUBJUNCTIVE	
muela	molamos	haya molido	hayamos molido
muelas	moláis	hayas molido	hayáis molido
muela	muelan	haya molido	hayan molido

IMPERFECT SUBJUNCTIVE (-ra)		or IMPERFECT SUBJUNCTIVE (-se)	
moliera	moliéramos	moliese	moliésemos
molieras	molierais	molieses	molieseis
moliera	molieran	moliese	moliesen

PAST PERFECT SUBJUNCTIVE (-ra)		or PAST PERFECT SUBJUNCTIVE (-se)	
hubiera molido	hubiéramos molido	hubiese molido	hubiésemos molido
hubieras molido	hubierais molido	hubieses molido	hubieseis molido
hubiera molido	hubieran molido	hubiese molido	hubiesen molido

PROGRESSIVE TENSES

PRESENT	estoy, estás, está, estamos, estáis, están	
PRETERIT	estuve, estuviste, estuvo, estuvimos, estuvisteis, estuvieron	
IMPERFECT	estaba, estabas, estaba, estábamos, estabais, estaban	moliendo
FUTURE	estaré, estarás, estará, estaremos, estaréis, estarán	
CONDITIONAL	estaría, estarías, estaría, estaríamos, estaríais, estarían	
SUBJUNCTIVE	que + *corresponding subjunctive tense of* estar (*see verb 151*)	

COMMANDS

	(nosotros) molamos/no molamos
(tú) muele/no muelas	(vosotros) moled/no moláis
(Ud.) muela/no muela	(Uds.) muelan/no muelan

Usage

Muelan el maíz.	*Grind the corn.*
Se muelen los granos de café con el molinillo.	*Coffee beans are ground with the grinder.*
Las muelas muelen la comida.	*Teeth grind food.*
¡Cuánto nos muele!	*How she wears us out!*

regular *-ar* verb | **molesto · molestaron · molestado · molestando**

PRESENT

molesto	molestamos
molestas	molestáis
molesta	molestan

PRETERIT

molesté	molestamos
molestaste	molestasteis
molestó	molestaron

IMPERFECT

molestaba	molestábamos
molestabas	molestabais
molestaba	molestaban

PRESENT PERFECT

he molestado	hemos molestado
has molestado	habéis molestado
ha molestado	han molestado

FUTURE

molestaré	molestaremos
molestarás	molestaréis
molestará	molestarán

CONDITIONAL

molestaría	molestaríamos
molestarías	molestaríais
molestaría	molestarían

PLUPERFECT

había molestado	habíamos molestado
habías molestado	habíais molestado
había molestado	habían molestado

PRETERIT PERFECT

hube molestado	hubimos molestado
hubiste molestado	hubisteis molestado
hubo molestado	hubieron molestado

FUTURE PERFECT

habré molestado	habremos molestado
habrás molestado	habréis molestado
habrá molestado	habrán molestado

CONDITIONAL PERFECT

habría molestado	habríamos molestado
habrías molestado	habríais molestado
habría molestado	habrían molestado

PRESENT SUBJUNCTIVE

moleste	molestemos
molestes	molestéis
moleste	molesten

PRESENT PERFECT SUBJUNCTIVE

haya molestado	hayamos molestado
hayas molestado	hayáis molestado
haya molestado	hayan molestado

IMPERFECT SUBJUNCTIVE (-ra)

molestara	molestáramos
molestaras	molestarais
molestara	molestaran

or **IMPERFECT SUBJUNCTIVE (-se)**

molestase	molestásemos
molestases	molestaseis
molestase	molestasen

PAST PERFECT SUBJUNCTIVE (-ra)

hubiera molestado	hubiéramos molestado
hubieras molestado	hubierais molestado
hubiera molestado	hubieran molestado

or **PAST PERFECT SUBJUNCTIVE (-se)**

hubiese molestado	hubiésemos molestado
hubieses molestado	hubieseis molestado
hubiese molestado	hubiesen molestado

PROGRESSIVE TENSES

PRESENT	estoy, estás, está, estamos, estáis, están
PRETERIT	estuve, estuviste, estuvo, estuvimos, estuvisteis, estuvieron
IMPERFECT	estaba, estabas, estaba, estábamos, estabais, estaban
FUTURE	estaré, estarás, estará, estaremos, estaréis, estarán
CONDITIONAL	estaría, estarías, estaría, estaríamos, estaríais, estarían
SUBJUNCTIVE	que + *corresponding subjunctive tense of* estar (*see verb 151*)

} molestando

COMMANDS

	(nosotros) molestemos/no molestemos
(tú) molesta/no molestes	(vosotros) molestad/no molestéis
(Ud.) moleste/no moleste	(Uds.) molesten/no molesten

Usage

Su modo de pensar me molesta.	*Their way of thinking annoys me.*
¿Te molestan los ruidos?	*Do you mind the noises?*
No se moleste.	*Don't worry./Don't bother.*
Son personas muy molestas.	*They're very trying people.*

morder *to bite*

muerdo · mordieron · mordido · mordiendo

stem-changing *-er* verb:
o > ue (like **volver**)

PRESENT		PRETERIT	
muerdo	mordemos	mordí	mordimos
muerdes	mordéis	mordiste	mordisteis
muerde	muerden	mordió	mordieron

IMPERFECT		PRESENT PERFECT	
mordía	mordíamos	he mordido	hemos mordido
mordías	mordíais	has mordido	habéis mordido
mordía	mordían	ha mordido	han mordido

FUTURE		CONDITIONAL	
morderé	morderemos	mordería	morderíamos
morderás	morderéis	morderías	morderíais
morderá	morderán	mordería	morderían

PLUPERFECT		PRETERIT PERFECT	
había mordido	habíamos mordido	hube mordido	hubimos mordido
habías mordido	habíais mordido	hubiste mordido	hubisteis mordido
había mordido	habían mordido	hubo mordido	hubieron mordido

FUTURE PERFECT		CONDITIONAL PERFECT	
habré mordido	habremos mordido	habría mordido	habríamos mordido
habrás mordido	habréis mordido	habrías mordido	habríais mordido
habrá mordido	habrán mordido	habría mordido	habrían mordido

PRESENT SUBJUNCTIVE		PRESENT PERFECT SUBJUNCTIVE	
muerda	mordamos	haya mordido	hayamos mordido
muerdas	mordáis	hayas mordido	hayáis mordido
muerda	muerdan	haya mordido	hayan mordido

IMPERFECT SUBJUNCTIVE (-ra)		*or*	IMPERFECT SUBJUNCTIVE (-se)	
mordiera	mordiéramos		mordiese	mordiésemos
mordieras	mordierais		mordieses	mordieseis
mordiera	mordieran		mordiese	mordiesen

PAST PERFECT SUBJUNCTIVE (-ra)		*or*	PAST PERFECT SUBJUNCTIVE (-se)	
hubiera mordido	hubiéramos mordido		hubiese mordido	hubiésemos mordido
hubieras mordido	hubierais mordido		hubieses mordido	hubieseis mordido
hubiera mordido	hubieran mordido		hubiese mordido	hubiesen mordido

PROGRESSIVE TENSES

PRESENT	estoy, estás, está, estamos, estáis, están	
PRETERIT	estuve, estuviste, estuvo, estuvimos, estuvisteis, estuvieron	
IMPERFECT	estaba, estabas, estaba, estábamos, estabais, estaban	mordiendo
FUTURE	estaré, estarás, estará, estaremos, estaréis, estarán	
CONDITIONAL	estaría, estarías, estaría, estaríamos, estaríais, estarían	
SUBJUNCTIVE	que + *corresponding subjunctive tense of* estar (*see verb 151*)	

COMMANDS

	(nosotros) mordamos/no mordamos
(tú) muerde/no muerdas	(vosotros) morded/no mordáis
(Ud.) muerda/no muerda	(Uds.) muerdan/no muerdan

Usage

El perro le mordió.	The dog bit him.
El niño muerde la galleta.	The child is nibbling on the cracker.
Mordió el polvo.	He bit the dust.
Muérdete la lengua.	Hold your tongue.

stem-changing *-ir* verb: *o > ue* (present); **muero · murieron · muerto · muriendo**
o > u (preterit) (like **dormir**)

PRESENT		PRETERIT	
muero	morimos	morí	morimos
mueres	morís	moriste	moristeis
muere	mueren	murió	murieron

IMPERFECT		PRESENT PERFECT	
moría	moríamos	he muerto	hemos muerto
morías	moríais	has muerto	habéis muerto
moría	morían	ha muerto	han muerto

FUTURE		CONDITIONAL	
moriré	moriremos	moriría	moriríamos
morirás	moriréis	morirías	moriríais
morirá	morirán	moriría	morirían

PLUPERFECT		PRETERIT PERFECT	
había muerto	habíamos muerto	hube muerto	hubimos muerto
habías muerto	habíais muerto	hubiste muerto	hubisteis muerto
había muerto	habían muerto	hubo muerto	hubieron muerto

FUTURE PERFECT		CONDITIONAL PERFECT	
habré muerto	habremos muerto	habría muerto	habríamos muerto
habrás muerto	habréis muerto	habrías muerto	habríais muerto
habrá muerto	habrán muerto	habría muerto	habrían muerto

PRESENT SUBJUNCTIVE		PRESENT PERFECT SUBJUNCTIVE	
muera	muramos	haya muerto	hayamos muerto
mueras	muráis	hayas muerto	hayáis muerto
muera	mueran	haya muerto	hayan muerto

IMPERFECT SUBJUNCTIVE (-ra)		*or* IMPERFECT SUBJUNCTIVE (-se)	
muriera	muriéramos	muriese	muriésemos
murieras	murierais	murieses	murieseis
muriera	murieran	muriese	muriesen

PAST PERFECT SUBJUNCTIVE (-ra)		*or* PAST PERFECT SUBJUNCTIVE (-se)	
hubiera muerto	hubiéramos muerto	hubiese muerto	hubiésemos muerto
hubieras muerto	hubierais muerto	hubieses muerto	hubieseis muerto
hubiera muerto	hubieran muerto	hubiese muerto	hubiesen muerto

PROGRESSIVE TENSES

PRESENT	estoy, estás, está, estamos, estáis, están	
PRETERIT	estuve, estuviste, estuvo, estuvimos, estuvisteis, estuvieron	
IMPERFECT	estaba, estabas, estaba, estábamos, estabais, estaban	muriendo
FUTURE	estaré, estarás, estará, estaremos, estaréis, estarán	
CONDITIONAL	estaría, estarías, estaría, estaríamos, estaríais, estarían	
SUBJUNCTIVE	que + *corresponding subjunctive tense of* estar (*see verb 151*)	

COMMANDS

	(nosotros) muramos/no muramos
(tú) muere/no mueras	(vosotros) morid/no muráis
(Ud.) muera/no muera	(Uds.) mueran/no mueran

Usage

Todos murieron en edad avanzada.	*They all died old.*
El proscrito murió ahorcado/fusilado.	*The outlaw was hanged/shot.*
Me muero por asistir al concierto.	*I'm dying to go to the concert.*
Se mueren de frío/de hambre/de aburrimiento.	*They're freezing/starving/bored to death.*

mostrar *to show, display*

muestro · mostraron · mostrado · mostrando   stem-changing -ar verb: o > ue

PRESENT		PRETERIT	
muestro	mostramos	mostré	mostramos
muestras	mostráis	mostraste	mostrasteis
muestra	muestran	mostró	mostraron

IMPERFECT		PRESENT PERFECT	
mostraba	mostrábamos	he mostrado	hemos mostrado
mostrabas	mostrabais	has mostrado	habéis mostrado
mostraba	mostraban	ha mostrado	han mostrado

FUTURE		CONDITIONAL	
mostraré	mostraremos	mostraría	mostraríamos
mostrarás	mostraréis	mostrarías	mostraríais
mostrará	mostrarán	mostraría	mostrarían

PLUPERFECT		PRETERIT PERFECT	
había mostrado	habíamos mostrado	hube mostrado	hubimos mostrado
habías mostrado	habíais mostrado	hubiste mostrado	hubisteis mostrado
había mostrado	habían mostrado	hubo mostrado	hubieron mostrado

FUTURE PERFECT		CONDITIONAL PERFECT	
habré mostrado	habremos mostrado	habría mostrado	habríamos mostrado
habrás mostrado	habréis mostrado	habrías mostrado	habríais mostrado
habrá mostrado	habrán mostrado	habría mostrado	habrían mostrado

PRESENT SUBJUNCTIVE		PRESENT PERFECT SUBJUNCTIVE	
muestre	mostremos	haya mostrado	hayamos mostrado
muestres	mostréis	hayas mostrado	hayáis mostrado
muestre	muestren	haya mostrado	hayan mostrado

IMPERFECT SUBJUNCTIVE (-ra)		*or*	IMPERFECT SUBJUNCTIVE (-se)	
mostrara	mostráramos		mostrase	mostrásemos
mostraras	mostrarais		mostrases	mostraseis
mostrara	mostraran		mostrase	mostrasen

PAST PERFECT SUBJUNCTIVE (-ra)		*or*	PAST PERFECT SUBJUNCTIVE (-se)	
hubiera mostrado	hubiéramos mostrado		hubiese mostrado	hubiésemos mostrado
hubieras mostrado	hubierais mostrado		hubieses mostrado	hubieseis mostrado
hubiera mostrado	hubieran mostrado		hubiese mostrado	hubiesen mostrado

PROGRESSIVE TENSES

PRESENT	estoy, estás, está, estamos, estáis, están	
PRETERIT	estuve, estuviste, estuvo, estuvimos, estuvisteis, estuvieron	
IMPERFECT	estaba, estabas, estaba, estábamos, estabais, estaban	mostrando
FUTURE	estaré, estarás, estará, estaremos, estaréis, estarán	
CONDITIONAL	estaría, estarías, estaría, estaríamos, estaríais, estarían	
SUBJUNCTIVE	que + *corresponding subjunctive tense of* estar (*see verb 151*)	

COMMANDS

	(nosotros) mostremos/no mostremos
(tú) muestra/no muestres	(vosotros) mostrad/no mostréis
(Ud.) muestre/no muestre	(Uds.) muestren/no muestren

Usage

Te muestro el programa de gráficas.	*I'll show you the graphics program.*
Muestra gran curiosidad por saber.	*He shows a great curiosity to learn.*
Se mostraban muy atentos con nosotros.	*They were very considerate to us.*
Se venden guantes en el otro mostrador.	*Gloves are sold at the other sales counter.*

stem-changing -*er* verb: | **muevo · movieron · movido · moviendo**
o > *ue* (like **volver**)

PRESENT

muevo	movemos
mueves	movéis
mueve	mueven

PRETERIT

moví	movimos
moviste	movisteis
movió	movieron

IMPERFECT

movía	movíamos
movías	movíais
movía	movían

PRESENT PERFECT

he movido	hemos movido
has movido	habéis movido
ha movido	han movido

FUTURE

moveré	moveremos
moverás	moveréis
moverá	moverán

CONDITIONAL

movería	moveríamos
moverías	moveríais
movería	moverían

PLUPERFECT

había movido	habíamos movido
habías movido	habíais movido
había movido	habían movido

PRETERIT PERFECT

hube movido	hubimos movido
hubiste movido	hubisteis movido
hubo movido	hubieron movido

FUTURE PERFECT

habré movido	habremos movido
habrás movido	habréis movido
habrá movido	habrán movido

CONDITIONAL PERFECT

habría movido	habríamos movido
habrías movido	habríais movido
habría movido	habrían movido

PRESENT SUBJUNCTIVE

mueva	movamos
muevas	mováis
mueva	muevan

PRESENT PERFECT SUBJUNCTIVE

haya movido	hayamos movido
hayas movido	hayáis movido
haya movido	hayan movido

IMPERFECT SUBJUNCTIVE (-ra)

moviera	moviéramos
movieras	movierais
moviera	movieran

or **IMPERFECT SUBJUNCTIVE (-se)**

moviese	moviésemos
movieses	movieseis
moviese	moviesen

PAST PERFECT SUBJUNCTIVE (-ra)

hubiera movido	hubiéramos movido
hubieras movido	hubierais movido
hubiera movido	hubieran movido

or **PAST PERFECT SUBJUNCTIVE (-se)**

hubiese movido	hubiésemos movido
hubieses movido	hubieseis movido
hubiese movido	hubiesen movido

PROGRESSIVE TENSES

PRESENT	estoy, estás, está, estamos, estáis, están
PRETERIT	estuve, estuviste, estuvo, estuvimos, estuvisteis, estuvieron
IMPERFECT	estaba, estabas, estaba, estábamos, estabais, estaban
FUTURE	estaré, estarás, estará, estaremos, estaréis, estarán
CONDITIONAL	estaría, estarías, estaría, estaríamos, estaríais, estarían
SUBJUNCTIVE	que + *corresponding subjunctive tense of* estar (*see verb 151*)

} moviendo

COMMANDS

	(nosotros) movamos/no movamos
(tú) mueve/no muevas	(vosotros) moved/no mováis
(Ud.) mueva/no mueva	(Uds.) muevan/no muevan

Usage

Movió la cabeza de arriba abajo.	*She nodded.*
Mueve la sopa.	*Stir the soup.*
¡Muévete!	*Get a move on!*
Niños, ¡no se muevan!	*Children, don't fidget!*

nacer *to be born*

nazco · nacieron · nacido · naciendo   -er verb; spelling change: *c > zc/o, a*

PRESENT		PRETERIT	
nazco	nacemos	nací	nacimos
naces	nacéis	naciste	nacisteis
nace	nacen	nació	nacieron

IMPERFECT		PRESENT PERFECT	
nacía	nacíamos	he nacido	hemos nacido
nacías	nacíais	has nacido	habéis nacido
nacía	nacían	ha nacido	han nacido

FUTURE		CONDITIONAL	
naceré	naceremos	nacería	naceríamos
nacerás	naceréis	nacerías	naceríais
nacerá	nacerán	nacería	nacerían

PLUPERFECT		PRETERIT PERFECT	
había nacido	habíamos nacido	hube nacido	hubimos nacido
habías nacido	habíais nacido	hubiste nacido	hubisteis nacido
había nacido	habían nacido	hubo nacido	hubieron nacido

FUTURE PERFECT		CONDITIONAL PERFECT	
habré nacido	habremos nacido	habría nacido	habríamos nacido
habrás nacido	habréis nacido	habrías nacido	habríais nacido
habrá nacido	habrán nacido	habría nacido	habrían nacido

PRESENT SUBJUNCTIVE		PRESENT PERFECT SUBJUNCTIVE	
nazca	nazcamos	haya nacido	hayamos nacido
nazcas	nazcáis	hayas nacido	hayáis nacido
nazca	nazcan	haya nacido	hayan nacido

IMPERFECT SUBJUNCTIVE (-ra)		*or*	IMPERFECT SUBJUNCTIVE (-se)	
naciera	naciéramos		naciese	naciésemos
nacieras	nacierais		nacieses	nacieseis
naciera	nacieran		naciese	naciesen

PAST PERFECT SUBJUNCTIVE (-ra)		*or*	PAST PERFECT SUBJUNCTIVE (-se)	
hubiera nacido	hubiéramos nacido		hubiese nacido	hubiésemos nacido
hubieras nacido	hubierais nacido		hubieses nacido	hubieseis nacido
hubiera nacido	hubieran nacido		hubiese nacido	hubiesen nacido

PROGRESSIVE TENSES

PRESENT	estoy, estás, está, estamos, estáis, están	
PRETERIT	estuve, estuviste, estuvo, estuvimos, estuvisteis, estuvieron	
IMPERFECT	estaba, estabas, estaba, estábamos, estabais, estaban	naciendo
FUTURE	estaré, estarás, estará, estaremos, estaréis, estarán	
CONDITIONAL	estaría, estarías, estaría, estaríamos, estaríais, estarían	
SUBJUNCTIVE	que + *corresponding subjunctive tense of* estar (*see verb 151*)	

COMMANDS

	(nosotros) nazcamos/no nazcamos
(tú) nace/no nazcas	(vosotros) naced/no nazcáis
(Ud.) nazca/no nazca	(Uds.) nazcan/no nazcan

Usage

Los gemelos nacieron en marzo.	*The twins were born in March.*
Nace el día y el sol.	*The day is dawning and the sun is rising.*
Nació para diplomático.	*He's a born diplomat.*
Nacía el amor/el rencor entre ellos.	*Love/Resentment was growing between them.*

-ar verb; spelling change: *g > gu/e*   **navego · navegaron · navegado · navegando**

PRESENT		PRETERIT	
navego	navegamos	navegué	navegamos
navegas	navegáis	navegaste	navegasteis
navega	navegan	navegó	navegaron

IMPERFECT		PRESENT PERFECT	
navegaba	navegábamos	he navegado	hemos navegado
navegabas	navegabais	has navegado	habéis navegado
navegaba	navegaban	ha navegado	han navegado

FUTURE		CONDITIONAL	
navegaré	navegaremos	navegaría	navegaríamos
navegarás	navegaréis	navegarías	navegaríais
navegará	navegarán	navegaría	navegarían

PLUPERFECT		PRETERIT PERFECT	
había navegado	habíamos navegado	hube navegado	hubimos navegado
habías navegado	habíais navegado	hubiste navegado	hubisteis navegado
había navegado	habían navegado	hubo navegado	hubieron navegado

FUTURE PERFECT		CONDITIONAL PERFECT	
habré navegado	habremos navegado	habría navegado	habríamos navegado
habrás navegado	habréis navegado	habrías navegado	habríais navegado
habrá navegado	habrán navegado	habría navegado	habrían navegado

PRESENT SUBJUNCTIVE		PRESENT PERFECT SUBJUNCTIVE	
navegue	naveguemos	haya navegado	hayamos navegado
navegues	naveguéis	hayas navegado	hayáis navegado
navegue	naveguen	haya navegado	hayan navegado

IMPERFECT SUBJUNCTIVE (-ra)		*or*	IMPERFECT SUBJUNCTIVE (-se)	
navegara	navegáramos		navegase	navegásemos
navegaras	navegarais		navegases	navegaseis
navegara	navegaran		navegase	navegasen

PAST PERFECT SUBJUNCTIVE (-ra)		*or*	PAST PERFECT SUBJUNCTIVE (-se)	
hubiera navegado	hubiéramos navegado		hubiese navegado	hubiésemos navegado
hubieras navegado	hubierais navegado		hubieses navegado	hubieseis navegado
hubiera navegado	hubieran navegado		hubiese navegado	hubiesen navegado

PROGRESSIVE TENSES

PRESENT	estoy, estás, está, estamos, estáis, están	
PRETERIT	estuve, estuviste, estuvo, estuvimos, estuvisteis, estuvieron	
IMPERFECT	estaba, estabas, estaba, estábamos, estabais, estaban	navegando
FUTURE	estaré, estarás, estará, estaremos, estaréis, estarán	
CONDITIONAL	estaría, estarías, estaría, estaríamos, estaríais, estarían	
SUBJUNCTIVE	que + *corresponding subjunctive tense of* estar (*see verb 151*)	

COMMANDS

	(nosotros) naveguemos/no naveguemos
(tú) navega/no navegues	(vosotros) navegad/no naveguéis
(Ud.) navegue/no navegue	(Uds.) naveguen/no naveguen

Usage

Las naves estadounidenses navegan en el golfo Pérsico.	*United States ships sail in the Persian Gulf.*
Navegó en el Web por dos horas.	*He surfed the Web for two hours.*
Se estudia la navegación costera y fluvial.	*They study coastal and river navigation.*

negar to deny, refuse

niego · negaron · negado · negando

stem-changing -ar verb: *e > ie*;
spelling change: *g > gu/e*

PRESENT		PRETERIT	
niego	negamos	negué	negamos
niegas	negáis	negaste	negasteis
niega	niegan	negó	negaron

IMPERFECT		PRESENT PERFECT	
negaba	negábamos	he negado	hemos negado
negabas	negabais	has negado	habéis negado
negaba	negaban	ha negado	han negado

FUTURE		CONDITIONAL	
negaré	negaremos	negaría	negaríamos
negarás	negaréis	negarías	negaríais
negará	negarán	negaría	negarían

PLUPERFECT		PRETERIT PERFECT	
había negado	habíamos negado	hube negado	hubimos negado
habías negado	habíais negado	hubiste negado	hubisteis negado
había negado	habían negado	hubo negado	hubieron negado

FUTURE PERFECT		CONDITIONAL PERFECT	
habré negado	habremos negado	habría negado	habríamos negado
habrás negado	habréis negado	habrías negado	habríais negado
habrá negado	habrán negado	habría negado	habrían negado

PRESENT SUBJUNCTIVE		PRESENT PERFECT SUBJUNCTIVE	
niegue	neguemos	haya negado	hayamos negado
niegues	neguéis	hayas negado	hayáis negado
niegue	nieguen	haya negado	hayan negado

IMPERFECT SUBJUNCTIVE (-ra)		*or* IMPERFECT SUBJUNCTIVE (-se)	
negara	negáramos	negase	negásemos
negaras	negarais	negases	negaseis
negara	negaran	negase	negasen

PAST PERFECT SUBJUNCTIVE (-ra)		*or* PAST PERFECT SUBJUNCTIVE (-se)	
hubiera negado	hubiéramos negado	hubiese negado	hubiésemos negado
hubieras negado	hubierais negado	hubieses negado	hubieseis negado
hubiera negado	hubieran negado	hubiese negado	hubiesen negado

PROGRESSIVE TENSES

PRESENT	estoy, estás, está, estamos, estáis, están	
PRETERIT	estuve, estuviste, estuvo, estuvimos, estuvisteis, estuvieron	
IMPERFECT	estaba, estabas, estaba, estábamos, estabais, estaban	negando
FUTURE	estaré, estarás, estará, estaremos, estaréis, estarán	
CONDITIONAL	estaría, estarías, estaría, estaríamos, estaríais, estarían	
SUBJUNCTIVE	que + *corresponding subjunctive tense of* estar (*see verb 151*)	

COMMANDS

	(nosotros) neguemos/no neguemos
(tú) niega/no niegues	(vosotros) negad/no neguéis
(Ud.) niegue/no niegue	(Uds.) nieguen/no nieguen

Usage

Es difícil que nieguen los hechos.	*It's difficult for them to deny the facts.*
Les negó la entrada.	*She refused to let them go in.*
Niega haberos estafado.	*He denies having swindled/cheated you.*
¿Por qué te negaste a verlos?	*Why did you refuse to see them?*

stem-changing *-ar* verb: *e > ie*; impersonal verb used in third-person singular only

nieva · nevó · nevado · nevando

PRESENT	**PRETERIT**
nieva	nevó
IMPERFECT	**PRESENT PERFECT**
nevaba	ha nevado
FUTURE	**CONDITIONAL**
nevará	nevaría
PLUPERFECT	**PRETERIT PERFECT**
había nevado	hubo nevado
FUTURE PERFECT	**CONDITIONAL PERFECT**
habrá nevado	habría nevado
PRESENT SUBJUNCTIVE	**PRESENT PERFECT SUBJUNCTIVE**
nieve	haya nevado

IMPERFECT SUBJUNCTIVE (-ra)	*or*	**IMPERFECT SUBJUNCTIVE (-se)**
nevara		nevase
PAST PERFECT SUBJUNCTIVE (-ra)	*or*	**PAST PERFECT SUBJUNCTIVE (-se)**
hubiera nevado		hubiese nevado

PROGRESSIVE TENSES

PRESENT	está	
PRETERIT	estuvo	
IMPERFECT	estaba	} nevando
FUTURE	estará	
CONDITIONAL	estaría	
SUBJUNCTIVE	que + *corresponding subjunctive tense of* estar (*see verb 151*)	

COMMANDS

¡Que nieve!   ¡Que no nieve!

Usage

Nieva./Está nevando.	*It's snowing.*
Nevó mucho.	*It snowed heavily.*
Hubo una fuerte nevada.	*There was a heavy snowfall.*
Habrá tormenta de nieve mañana.	*There will be a snowstorm tomorrow.*
Hubo aludes de nieve en las montañas.	*There were snowslides/avalanches in the mountains.*
Los niños se tiraban bolas de nieve.	*The children threw snowballs at each other.*
Hacían un muñeco de nieve.	*They made a snowman.*
El yeti, llamado el abominable hombre de las nieves, es del Himalaya.	*The yeti, known as the abominable snowman, is from the Himalayas.*
—¿Te gusta *Blancanieves y los siete enanitos?*	*Do you like* Snow White and the Seven Dwarfs?
—Ah sí. Blancanieves tiene la piel tan blanca como la nieve.	*Oh yes. Snow White's skin is as white as snow.*
¡Qué hermosos son los copos de nieve!	*How beautiful the snowflakes are!*
Las montañas Rocosas están siempre nevadas.	*The Rockies are snow-capped mountains.*
—Las carreteras están nevadas.	*The highways are covered with snow.*
—El quitanieves está limpiándolas.	*The snowplow is clearing them.*
Saca los quesos de la nevera.	*Take the cheeses out of the refrigerator.*
Nevisca.	*It's snowing lightly.*

obedecer *to obey*

obedezco · obedecieron · obedecido · obedeciendo *-er* verb; spelling change:
c > zc/o, a

PRESENT		PRETERIT	
obedezco	obedecemos	obedecí	obedecimos
obedeces	obedecéis	obedeciste	obedecisteis
obedece	obedecen	obedeció	obedecieron

IMPERFECT		PRESENT PERFECT	
obedecía	obedecíamos	he obedecido	hemos obedecido
obedecías	obedecíais	has obedecido	habéis obedecido
obedecía	obedecían	ha obedecido	han obedecido

FUTURE		CONDITIONAL	
obedeceré	obedeceremos	obedecería	obedeceríamos
obedecerás	obedeceréis	obedecerías	obedeceríais
obedecerá	obedecerán	obedecería	obedecerían

PLUPERFECT		PRETERIT PERFECT	
había obedecido	habíamos obedecido	hube obedecido	hubimos obedecido
habías obedecido	habíais obedecido	hubiste obedecido	hubisteis obedecido
había obedecido	habían obedecido	hubo obedecido	hubieron obedecido

FUTURE PERFECT		CONDITIONAL PERFECT	
habré obedecido	habremos obedecido	habría obedecido	habríamos obedecido
habrás obedecido	habréis obedecido	habrías obedecido	habríais obedecido
habrá obedecido	habrán obedecido	habría obedecido	habrían obedecido

PRESENT SUBJUNCTIVE		PRESENT PERFECT SUBJUNCTIVE	
obedezca	obedezcamos	haya obedecido	hayamos obedecido
obedezcas	obedezcáis	hayas obedecido	hayáis obedecido
obedezca	obedezcan	haya obedecido	hayan obedecido

IMPERFECT SUBJUNCTIVE (-ra)		*or* IMPERFECT SUBJUNCTIVE (-se)	
obedeciera	obedeciéramos	obedeciese	obedeciésemos
obedecieras	obedecierais	obedecieses	obedecieseis
obedeciera	obedecieran	obedeciese	obedeciesen

PAST PERFECT SUBJUNCTIVE (-ra)		*or* PAST PERFECT SUBJUNCTIVE (-se)	
hubiera obedecido	hubiéramos obedecido	hubiese obedecido	hubiésemos obedecido
hubieras obedecido	hubierais obedecido	hubieses obedecido	hubieseis obedecido
hubiera obedecido	hubieran obedecido	hubiese obedecido	hubiesen obedecido

PROGRESSIVE TENSES

PRESENT	estoy, estás, está, estamos, estáis, están
PRETERIT	estuve, estuviste, estuvo, estuvimos, estuvisteis, estuvieron
IMPERFECT	estaba, estabas, estaba, estábamos, estabais, estaban
FUTURE	estaré, estarás, estará, estaremos, estaréis, estarán
CONDITIONAL	estaría, estarías, estaría, estaríamos, estaríais, estarían
SUBJUNCTIVE	que + *corresponding subjunctive tense of* estar (*see verb 151*)

} obedeciendo

COMMANDS

	(nosotros) obedezcamos/no obedezcamos
(tú) obedece/no obedezcas	(vosotros) obedeced/no obedezcáis
(Ud.) obedezca/no obedezca	(Uds.) obedezcan/no obedezcan

Usage

Obedezcan Uds. la ley.	*Obey the law.*
—Este chiquillo no obedece a sus papás.	*This kid doesn't obey his parents.*
—Su hermano mayor es obediente.	*His older brother is obedient.*
La jefa se hace obedecer.	*The boss commands obedience.*

-ar verb; spelling change: $g > gu/e$ | **obligo · obligaron · obligado · obligando**

PRESENT
obligo	obligamos
obligas	obligáis
obliga	obligan

PRETERIT
obligué	obligamos
obligaste	obligasteis
obligó	obligaron

IMPERFECT
obligaba	obligábamos
obligabas	obligabais
obligaba	obligaban

PRESENT PERFECT
he obligado	hemos obligado
has obligado	habéis obligado
ha obligado	han obligado

FUTURE
obligaré	obligaremos
obligarás	obligaréis
obligará	obligarán

CONDITIONAL
obligaría	obligaríamos
obligarías	obligaríais
obligaría	obligarían

PLUPERFECT
había obligado	habíamos obligado
habías obligado	habíais obligado
había obligado	habían obligado

PRETERIT PERFECT
hube obligado	hubimos obligado
hubiste obligado	hubisteis obligado
hubo obligado	hubieron obligado

FUTURE PERFECT
habré obligado	habremos obligado
habrás obligado	habréis obligado
habrá obligado	habrán obligado

CONDITIONAL PERFECT
habría obligado	habríamos obligado
habrías obligado	habríais obligado
habría obligado	habrían obligado

PRESENT SUBJUNCTIVE
obligue	obliguemos
obligues	obliguéis
obligue	obliguen

PRESENT PERFECT SUBJUNCTIVE
haya obligado	hayamos obligado
hayas obligado	hayáis obligado
haya obligado	hayan obligado

IMPERFECT SUBJUNCTIVE (-ra)
obligara	obligáramos
obligaras	obligarais
obligara	obligaran

or ### IMPERFECT SUBJUNCTIVE (-se)
obligase	obligásemos
obligases	obligaseis
obligase	obligasen

PAST PERFECT SUBJUNCTIVE (-ra)
hubiera obligado	hubiéramos obligado
hubieras obligado	hubierais obligado
hubiera obligado	hubieran obligado

or ### PAST PERFECT SUBJUNCTIVE (-se)
hubiese obligado	hubiésemos obligado
hubieses obligado	hubieseis obligado
hubiese obligado	hubiesen obligado

PROGRESSIVE TENSES
PRESENT	estoy, estás, está, estamos, estáis, están
PRETERIT	estuve, estuviste, estuvo, estuvimos, estuvisteis, estuvieron
IMPERFECT	estaba, estabas, estaba, estábamos, estabais, estaban
FUTURE	estaré, estarás, estará, estaremos, estaréis, estarán
CONDITIONAL	estaría, estarías, estaría, estaríamos, estaríais, estarían
SUBJUNCTIVE	que + *corresponding subjunctive tense of* estar (*see verb 151*)

} obligando

COMMANDS
	(nosotros) obliguemos/no obliguemos
(tú) obliga/no obligues	(vosotros) obligad/no obliguéis
(Ud.) obligue/no obligue	(Uds.) obliguen/no obliguen

Usage

Te obligaron a cumplir tus compromisos. — *They forced you to honor your obligations.*
Es preciso que les obligue a cumplir su promesa. — *It's necessary that you force them to keep their promise.*
Nos obligamos a ceder el asiento a los ancianos. — *We're obliged to give up our seats to old people.*

obtener *to obtain, get*

obtengo · obtuvieron · obtenido · obteniendo   irregular verb (like **tener**)

PRESENT		PRETERIT	
obtengo	obtenemos	obtuve	obtuvimos
obtienes	obtenéis	obtuviste	obtuvisteis
obtiene	obtienen	obtuvo	obtuvieron

IMPERFECT		PRESENT PERFECT	
obtenía	obteníamos	he obtenido	hemos obtenido
obtenías	obteníais	has obtenido	habéis obtenido
obtenía	obtenían	ha obtenido	han obtenido

FUTURE		CONDITIONAL	
obtendré	obtendremos	obtendría	obtendríamos
obtendrás	obtendréis	obtendrías	obtendríais
obtendrá	obtendrán	obtendría	obtendrían

PLUPERFECT		PRETERIT PERFECT	
había obtenido	habíamos obtenido	hube obtenido	hubimos obtenido
habías obtenido	habíais obtenido	hubiste obtenido	hubisteis obtenido
había obtenido	habían obtenido	hubo obtenido	hubieron obtenido

FUTURE PERFECT		CONDITIONAL PERFECT	
habré obtenido	habremos obtenido	habría obtenido	habríamos obtenido
habrás obtenido	habréis obtenido	habrías obtenido	habríais obtenido
habrá obtenido	habrán obtenido	habría obtenido	habrían obtenido

PRESENT SUBJUNCTIVE		PRESENT PERFECT SUBJUNCTIVE	
obtenga	obtengamos	haya obtenido	hayamos obtenido
obtengas	obtengáis	hayas obtenido	hayáis obtenido
obtenga	obtengan	haya obtenido	hayan obtenido

IMPERFECT SUBJUNCTIVE (-ra)		*or* IMPERFECT SUBJUNCTIVE (-se)	
obtuviera	obtuviéramos	obtuviese	obtuviésemos
obtuvieras	obtuvierais	obtuvieses	obtuvieseis
obtuviera	obtuvieran	obtuviese	obtuviesen

PAST PERFECT SUBJUNCTIVE (-ra)		*or* PAST PERFECT SUBJUNCTIVE (-se)	
hubiera obtenido	hubiéramos obtenido	hubiese obtenido	hubiésemos obtenido
hubieras obtenido	hubierais obtenido	hubieses obtenido	hubieseis obtenido
hubiera obtenido	hubieran obtenido	hubiese obtenido	hubiesen obtenido

PROGRESSIVE TENSES

PRESENT	estoy, estás, está, estamos, estáis, están	
PRETERIT	estuve, estuviste, estuvo, estuvimos, estuvisteis, estuvieron	
IMPERFECT	estaba, estabas, estaba, estábamos, estabais, estaban	obteniendo
FUTURE	estaré, estarás, estará, estaremos, estaréis, estarán	
CONDITIONAL	estaría, estarías, estaría, estaríamos, estaríais, estarían	
SUBJUNCTIVE	que + *corresponding subjunctive tense of* estar (*see verb 151*)	

COMMANDS

	(nosotros) obtengamos/no obtengamos
(tú) obtén/no obtengas	(vosotros) obtened/no obtengáis
(Ud.) obtenga/no obtenga	(Uds.) obtengan/no obtengan

Usage

Obtuvieron buenos resultados con la medicina.	*They obtained good results with the medicine.*
¿Dónde obtengo una tarjeta inteligente?	*Where can I get a smart card?*
Ya está obtenida.	*We got it already.*

regular *-ir* verb; unplanned occurrences: **ocurre · ocurrieron · ocurrido · ocurriendo**
se + indirect object pronoun + verb
in third-person singular or plural

PRESENT

se me ocurre(n)	se nos ocurre(n)
se te ocurre(n)	se os ocurre(n)
se le ocurre(n)	se les ocurre(n)

PRETERIT

se me ocurrió(-ieron)	se nos ocurrió(-ieron)
se te ocurrió(-ieron)	se os ocurrió(-ieron)
se le ocurrió(-ieron)	se les ocurrió(-ieron)

IMPERFECT

se me ocurría(n)	se nos ocurría(n)
se te ocurría(n)	se os ocurría(n)
se le ocurría(n)	se les ocurría(n)

PRESENT PERFECT

se me ha(n) ocurrido	se nos ha(n) ocurrido
se te ha(n) ocurrido	se os ha(n) ocurrido
se le ha(n) ocurrido	se les ha(n) ocurrido

FUTURE

se me ocurrirá(n)	se nos ocurrirá(n)
se te ocurrirá(n)	se os ocurrirá(n)
se le ocurrirá(n)	se les ocurrirá(n)

CONDITIONAL

se me ocurriría(n)	se nos ocurriría(n)
se te ocurriría(n)	se os ocurriría(n)
se le ocurriría(n)	se les ocurriría(n)

PLUPERFECT

se me había(n) ocurrido	se nos había(n) ocurrido
se te había(n) ocurrido	se os había(n) ocurrido
se le había(n) ocurrido	se les había(n) ocurrido

PRETERIT PERFECT

se me hubo(-ieron) ocurrido	se nos hubo(-ieron) ocurrido
se te hubo(-ieron) ocurrido	se os hubo(-ieron) ocurrido
se le hubo(-ieron) ocurrido	se les hubo(-ieron) ocurrido

FUTURE PERFECT

se me habrá(n) ocurrido	se nos habrá(n) ocurrido
se te habrá(n) ocurrido	se os habrá(n) ocurrido
se le habrá(n) ocurrido	se les habrá(n) ocurrido

CONDITIONAL PERFECT

se me habría(n) ocurrido	se nos habría(n) ocurrido
se te habría(n) ocurrido	se os habría(n) ocurrido
se le habría(n) ocurrido	se les habría(n) ocurrido

PRESENT SUBJUNCTIVE

se me ocurra(n)	se nos ocurra(n)
se te ocurra(n)	se os ocurra(n)
se le ocurra(n)	se les ocurra(n)

PRESENT PERFECT SUBJUNCTIVE

se me haya(n) ocurrido	se nos haya(n) ocurrido
se te haya(n) ocurrido	se os haya(n) ocurrido
se le haya(n) ocurrido	se les haya(n) ocurrido

IMPERFECT SUBJUNCTIVE (-ra)   *or* **IMPERFECT SUBJUNCTIVE (-se)**

se me ocurriera(n)	se nos ocurriera(n)	se me ocurriese(n)	se nos ocurriese(n)
se te ocurriera(n)	se os ocurriera(n)	se te ocurriese(n)	se os ocurriese(n)
se le ocurriera(n)	se les ocurriera(n)	se le ocurriese(n)	se les ocurriese(n)

PAST PERFECT SUBJUNCTIVE (-ra)   *or* **PAST PERFECT SUBJUNCTIVE (-se)**

se me hubiera(n) ocurrido	se nos hubiera(n) ocurrido	se me hubiese(n) ocurrido	se nos hubiese(n) ocurrido
se te hubiera(n) ocurrido	se os hubiera(n) ocurrido	se te hubiese(n) ocurrido	se os hubiese(n) ocurrido
se le hubiera(n) ocurrido	se les hubiera(n) ocurrido	se le hubiese(n) ocurrido	se les hubiese(n) ocurrido

PROGRESSIVE TENSES

PRESENT	estoy, estás, está, estamos, estáis, están	
PRETERIT	estuve, estuviste, estuvo, estuvimos, estuvisteis, estuvieron	
IMPERFECT	estaba, estabas, estaba, estábamos, estabais, estaban	ocurriendo
FUTURE	estaré, estarás, estará, estaremos, estaréis, estarán	
CONDITIONAL	estaría, estarías, estaría, estaríamos, estaríais, estarían	
SUBJUNCTIVE	que + *corresponding subjunctive tense of* estar (*see verb 151*)	

COMMANDS

¡Que se te/le/os/les ocurra(n)!   ¡Que no se te/le/os/les ocurra(n)!

Usage

Se me ocurrió la idea anoche.	*The idea popped into my head last night.*
Tus sospechas no se le ocurrieron a nadie más.	*Your suspicions didn't occur to anyone else.*
Se nos ocurrió que él había mentido.	*It dawned on us that he had lied.*
¿Cómo se te ocurre tal cosa?	*How could you think of such a thing?*
¿Qué ocurre?/¿Qué ocurrió?	*What's going on?/What happened?*

ofendo · ofendieron · ofendido · ofendiendo   regular *-er* verb

PRESENT		PRETERIT	
ofendo	ofendemos	ofendí	ofendimos
ofendes	ofendéis	ofendiste	ofendisteis
ofende	ofenden	ofendió	ofendieron

IMPERFECT		PRESENT PERFECT	
ofendía	ofendíamos	he ofendido	hemos ofendido
ofendías	ofendíais	has ofendido	habéis ofendido
ofendía	ofendían	ha ofendido	han ofendido

FUTURE		CONDITIONAL	
ofenderé	ofenderemos	ofendería	ofenderíamos
ofenderás	ofenderéis	ofenderías	ofenderíais
ofenderá	ofenderán	ofendería	ofenderían

PLUPERFECT		PRETERIT PERFECT	
había ofendido	habíamos ofendido	hube ofendido	hubimos ofendido
habías ofendido	habíais ofendido	hubiste ofendido	hubisteis ofendido
había ofendido	habían ofendido	hubo ofendido	hubieron ofendido

FUTURE PERFECT		CONDITIONAL PERFECT	
habré ofendido	habremos ofendido	habría ofendido	habríamos ofendido
habrás ofendido	habréis ofendido	habrías ofendido	habríais ofendido
habrá ofendido	habrán ofendido	habría ofendido	habrían ofendido

PRESENT SUBJUNCTIVE		PRESENT PERFECT SUBJUNCTIVE	
ofenda	ofendamos	haya ofendido	hayamos ofendido
ofendas	ofendáis	hayas ofendido	hayáis ofendido
ofenda	ofendan	haya ofendido	hayan ofendido

IMPERFECT SUBJUNCTIVE (-ra)		*or* IMPERFECT SUBJUNCTIVE (-se)	
ofendiera	ofendiéramos	ofendiese	ofendiésemos
ofendieras	ofendierais	ofendieses	ofendieseis
ofendiera	ofendieran	ofendiese	ofendiesen

PAST PERFECT SUBJUNCTIVE (-ra)		*or* PAST PERFECT SUBJUNCTIVE (-se)	
hubiera ofendido	hubiéramos ofendido	hubiese ofendido	hubiésemos ofendido
hubieras ofendido	hubierais ofendido	hubieses ofendido	hubieseis ofendido
hubiera ofendido	hubieran ofendido	hubiese ofendido	hubiesen ofendido

PROGRESSIVE TENSES

PRESENT	estoy, estás, está, estamos, estáis, están	
PRETERIT	estuve, estuviste, estuvo, estuvimos, estuvisteis, estuvieron	
IMPERFECT	estaba, estabas, estaba, estábamos, estabais, estaban	ofendiendo
FUTURE	estaré, estarás, estará, estaremos, estaréis, estarán	
CONDITIONAL	estaría, estarías, estaría, estaríamos, estaríais, estarían	
SUBJUNCTIVE	que + *corresponding subjunctive tense of* estar (*see verb 151*)	

COMMANDS

	(nosotros) ofendamos/no ofendamos
(tú) ofende/no ofendas	(vosotros) ofended/no ofendáis
(Ud.) ofenda/no ofenda	(Uds.) ofendan/no ofendan

Usage

—Tus palabras los ofendieron. — *Your words offended them.*
—Es que se ofenden por todo. — *The fact is that they take offense at everything.*
Se ofendió con sus colegas. — *He had a falling out with his colleagues.*
Lamento que se haya dado por ofendida. — *I'm sorry she took offense.*

-er verb; spelling change: *c > zc/o, a*   **ofrezco · ofrecieron · ofrecido · ofreciendo**

PRESENT		PRETERIT	
ofrezco	ofrecemos	ofrecí	ofrecimos
ofreces	ofrecéis	ofreciste	ofrecisteis
ofrece	ofrecen	ofreció	ofrecieron

IMPERFECT		PRESENT PERFECT	
ofrecía	ofrecíamos	he ofrecido	hemos ofrecido
ofrecías	ofrecíais	has ofrecido	habéis ofrecido
ofrecía	ofrecían	ha ofrecido	han ofrecido

FUTURE		CONDITIONAL	
ofreceré	ofreceremos	ofrecería	ofreceríamos
ofrecerás	ofreceréis	ofrecerías	ofreceríais
ofrecerá	ofrecerán	ofrecería	ofrecerían

PLUPERFECT		PRETERIT PERFECT	
había ofrecido	habíamos ofrecido	hube ofrecido	hubimos ofrecido
habías ofrecido	habíais ofrecido	hubiste ofrecido	hubisteis ofrecido
había ofrecido	habían ofrecido	hubo ofrecido	hubieron ofrecido

FUTURE PERFECT		CONDITIONAL PERFECT	
habré ofrecido	habremos ofrecido	habría ofrecido	habríamos ofrecido
habrás ofrecido	habréis ofrecido	habrías ofrecido	habríais ofrecido
habrá ofrecido	habrán ofrecido	habría ofrecido	habrían ofrecido

PRESENT SUBJUNCTIVE		PRESENT PERFECT SUBJUNCTIVE	
ofrezca	ofrezcamos	haya ofrecido	hayamos ofrecido
ofrezcas	ofrezcáis	hayas ofrecido	hayáis ofrecido
ofrezca	ofrezcan	haya ofrecido	hayan ofrecido

IMPERFECT SUBJUNCTIVE (-ra)		*or* IMPERFECT SUBJUNCTIVE (-se)	
ofreciera	ofreciéramos	ofreciese	ofreciésemos
ofrecieras	ofrecierais	ofrecieses	ofrecieseis
ofreciera	ofrecieran	ofreciese	ofreciesen

PAST PERFECT SUBJUNCTIVE (-ra)		*or* PAST PERFECT SUBJUNCTIVE (-se)	
hubiera ofrecido	hubiéramos ofrecido	hubiese ofrecido	hubiésemos ofrecido
hubieras ofrecido	hubierais ofrecido	hubieses ofrecido	hubieseis ofrecido
hubiera ofrecido	hubieran ofrecido	hubiese ofrecido	hubiesen ofrecido

PROGRESSIVE TENSES

PRESENT	estoy, estás, está, estamos, estáis, están	
PRETERIT	estuve, estuviste, estuvo, estuvimos, estuvisteis, estuvieron	
IMPERFECT	estaba, estabas, estaba, estábamos, estabais, estaban	ofreciendo
FUTURE	estaré, estarás, estará, estaremos, estaréis, estarán	
CONDITIONAL	estaría, estarías, estaría, estaríamos, estaríais, estarían	
SUBJUNCTIVE	que + *corresponding subjunctive tense of* estar (*see verb 151*)	

COMMANDS

	(nosotros) ofrezcamos/no ofrezcamos
(tú) ofrece/no ofrezcas	(vosotros) ofreced/no ofrezcáis
(Ud.) ofrezca/no ofrezca	(Uds.) ofrezcan/no ofrezcan

Usage

Ofréceles estos entremeses.	*Offer them these hors d'oeuvres.*
Te ofrezco mi ayuda.	*I'm offering you my help.*
Se ofreció para ir al correo.	*He offered to go to the post office.*
¿Qué se le ofrece?	*May I help you?* (salesperson to customer)

oír *to hear, listen to*

oigo · oyeron · oído · oyendo

PRESENT

oigo	oímos
oyes	oís
oye	oyen

PRETERIT

oí	oímos
oíste	oísteis
oyó	oyeron

IMPERFECT

oía	oíamos
oías	oíais
oía	oían

PRESENT PERFECT

he oído	hemos oído
has oído	habéis oído
ha oído	han oído

FUTURE

oiré	oiremos
oirás	oiréis
oirá	oirán

CONDITIONAL

oiría	oiríamos
oirías	oiríais
oiría	oirían

PLUPERFECT

había oído	habíamos oído
habías oído	habíais oído
había oído	habían oído

PRETERIT PERFECT

hube oído	hubimos oído
hubiste oído	hubisteis oído
hubo oído	hubieron oído

FUTURE PERFECT

habré oído	habremos oído
habrás oído	habréis oído
habrá oído	habrán oído

CONDITIONAL PERFECT

habría oído	habríamos oído
habrías oído	habríais oído
habría oído	habrían oído

PRESENT SUBJUNCTIVE

oiga	oigamos
oigas	oigáis
oiga	oigan

PRESENT PERFECT SUBJUNCTIVE

haya oído	hayamos oído
hayas oído	hayáis oído
haya oído	hayan oído

IMPERFECT SUBJUNCTIVE (-ra)

oyera	oyéramos
oyeras	oyerais
oyera	oyeran

or **IMPERFECT SUBJUNCTIVE (-se)**

oyese	oyésemos
oyeses	oyeseis
oyese	oyesen

PAST PERFECT SUBJUNCTIVE (-ra)

hubiera oído	hubiéramos oído
hubieras oído	hubierais oído
hubiera oído	hubieran oído

or **PAST PERFECT SUBJUNCTIVE (-se)**

hubiese oído	hubiésemos oído
hubieses oído	hubieseis oído
hubiese oído	hubiesen oído

PROGRESSIVE TENSES

PRESENT	estoy, estás, está, estamos, estáis, están
PRETERIT	estuve, estuviste, estuvo, estuvimos, estuvisteis, estuvieron
IMPERFECT	estaba, estabas, estaba, estábamos, estabais, estaban
FUTURE	estaré, estarás, estará, estaremos, estaréis, estarán
CONDITIONAL	estaría, estarías, estaría, estaríamos, estaríais, estarían
SUBJUNCTIVE	que + *corresponding subjunctive tense of* estar (*see verb 151*)

} oyendo

COMMANDS

	(nosotros) oigamos/no oigamos
(tú) oye/no oigas	(vosotros) oíd/no oigáis
(Ud.) oiga/no oiga	(Uds.) oigan/no oigan

Usage

¿No oyes el ruido?	*Don't you hear the noise?*
La oímos cantar el papel de Carmen.	*We heard her sing the role of Carmen.*
Están oyendo música.	*They're listening to music.*
No he oído hablar de esa marca.	*I haven't heard of that brand.*

irregular verb   **huelo · olieron · olido · oliendo**

PRESENT

huelo	olimos		
hueles	oléis		
huele	huelen		

PRETERIT

olí	olimos
oliste	olisteis
olió	olieron

IMPERFECT

olía	olíamos
olías	olíais
olía	olían

PRESENT PERFECT

he olido	hemos olido
has olido	habéis olido
ha olido	han olido

FUTURE

oleré	oleremos
olerás	oleréis
olerá	olerán

CONDITIONAL

olería	oleríamos
olerías	oleríais
olería	olerían

PLUPERFECT

había olido	habíamos olido
habías olido	habíais olido
había olido	habían olido

PRETERIT PERFECT

hube olido	hubimos olido
hubiste olido	hubisteis olido
hubo olido	hubieron olido

FUTURE PERFECT

habré olido	habremos olido
habrás olido	habréis olido
habrá olido	habrán olido

CONDITIONAL PERFECT

habría olido	habríamos olido
habrías olido	habríais olido
habría olido	habrían olido

PRESENT SUBJUNCTIVE

huela	olamos
huelas	oláis
huela	huelan

PRESENT PERFECT SUBJUNCTIVE

haya olido	hayamos olido
hayas olido	hayáis olido
haya olido	hayan olido

IMPERFECT SUBJUNCTIVE (-ra)

oliera	oliéramos
olieras	olierais
oliera	olieran

or **IMPERFECT SUBJUNCTIVE (-se)**

oliese	oliésemos
olieses	olieseis
oliese	oliesen

PAST PERFECT SUBJUNCTIVE (-ra)

hubiera olido	hubiéramos olido
hubieras olido	hubierais olido
hubiera olido	hubieran olido

or **PAST PERFECT SUBJUNCTIVE (-se)**

hubiese olido	hubiésemos olido
hubieses olido	hubieseis olido
hubiese olido	hubiesen olido

PROGRESSIVE TENSES

PRESENT	estoy, estás, está, estamos, estáis, están
PRETERIT	estuve, estuviste, estuvo, estuvimos, estuvisteis, estuvieron
IMPERFECT	estaba, estabas, estaba, estábamos, estabais, estaban
FUTURE	estaré, estarás, estará, estaremos, estaréis, estarán
CONDITIONAL	estaría, estarías, estaría, estaríamos, estaríais, estarían
SUBJUNCTIVE	que + *corresponding subjunctive tense of* estar (*see verb 151*)

} oliendo

COMMANDS

	(nosotros) olamos/no olamos
(tú) huele/no huelas	(vosotros) oled/no oláis
(Ud.) huela/no huela	(Uds.) huelan/no huelan

Usage

El perfume huele muy bien.	*The perfume smells very nice.*
Huele a muguete.	*It smells like lily of the valley.*
—El negocio huele a fraude.	*The business deal smacks of fraud.*
—En efecto huele mal.	*Indeed it smells fishy/is suspicious.*

oponerse *to oppose, object to, go against*

opongo · opusieron · opuesto · oponiéndose   irregular reflexive verb (like **poner**)

PRESENT		PRETERIT	
me opongo	nos oponemos	me opuse	nos opusimos
te opones	os oponéis	te opusiste	os opusisteis
se opone	se oponen	se opuso	se opusieron

IMPERFECT		PRESENT PERFECT	
me oponía	nos oponíamos	me he opuesto	nos hemos opuesto
te oponías	os oponíais	te has opuesto	os habéis opuesto
se oponía	se oponían	se ha opuesto	se han opuesto

FUTURE		CONDITIONAL	
me opondré	nos opondremos	me opondría	nos opondríamos
te opondrás	os opondréis	te opondrías	os opondríais
se opondrá	se opondrán	se opondría	se opondrían

PLUPERFECT		PRETERIT PERFECT	
me había opuesto	nos habíamos opuesto	me hube opuesto	nos hubimos opuesto
te habías opuesto	os habíais opuesto	te hubiste opuesto	os hubisteis opuesto
se había opuesto	se habían opuesto	se hubo opuesto	se hubieron opuesto

FUTURE PERFECT		CONDITIONAL PERFECT	
me habré opuesto	nos habremos opuesto	me habría opuesto	nos habríamos opuesto
te habrás opuesto	os habréis opuesto	te habrías opuesto	os habríais opuesto
se habrá opuesto	se habrán opuesto	se habría opuesto	se habrían opuesto

PRESENT SUBJUNCTIVE		PRESENT PERFECT SUBJUNCTIVE	
me oponga	nos opongamos	me haya opuesto	nos hayamos opuesto
te opongas	os opongáis	te hayas opuesto	os hayáis opuesto
se oponga	se opongan	se haya opuesto	se hayan opuesto

IMPERFECT SUBJUNCTIVE (-ra)		*or* IMPERFECT SUBJUNCTIVE (-se)	
me opusiera	nos opusiéramos	me opusiese	nos opusiésemos
te opusieras	os opusierais	te opusieses	os opusieseis
se opusiera	se opusieran	se opusiese	se opusiesen

PAST PERFECT SUBJUNCTIVE (-ra)		*or* PAST PERFECT SUBJUNCTIVE (-se)	
me hubiera opuesto	nos hubiéramos opuesto	me hubiese opuesto	nos hubiésemos opuesto
te hubieras opuesto	os hubierais opuesto	te hubieses opuesto	os hubieseis opuesto
se hubiera opuesto	se hubieran opuesto	se hubiese opuesto	se hubiesen opuesto

PROGRESSIVE TENSES

PRESENT	estoy, estás, está, estamos, estáis, están
PRETERIT	estuve, estuviste, estuvo, estuvimos, estuvisteis, estuvieron
IMPERFECT	estaba, estabas, estaba, estábamos, estabais, estaban
FUTURE	estaré, estarás, estará, estaremos, estaréis, estarán
CONDITIONAL	estaría, estarías, estaría, estaríamos, estaríais, estarían
SUBJUNCTIVE	que + *corresponding subjunctive tense of* estar (*see verb 151*)

} oponiendo
(*see page 36*)

COMMANDS

	(nosotros) opongámonos/no nos opongamos
(tú) oponte/no te opongas	(vosotros) oponeos/no os opongáis
(Ud.) opóngase/no se oponga	(Uds.) opónganse/no se opongan

Usage

Me opongo a la propuesta.	I oppose the proposal.
Dudo que se opongan a nuestras recomendaciones.	I doubt they'll object to our recommendations.
¿Por qué os oponíais?	Why did you oppose each other?

-ar verb; spelling change: **organizo · organizaron · organizado · organizando**
z > c/e

PRESENT		PRETERIT	
organizo	organizamos	organicé	organizamos
organizas	organizáis	organizaste	organizasteis
organiza	organizan	organizó	organizaron

IMPERFECT		PRESENT PERFECT	
organizaba	organizábamos	he organizado	hemos organizado
organizabas	organizabais	has organizado	habéis organizado
organizaba	organizaban	ha organizado	han organizado

FUTURE		CONDITIONAL	
organizaré	organizaremos	organizaría	organizaríamos
organizarás	organizaréis	organizarías	organizaríais
organizará	organizarán	organizaría	organizarían

PLUPERFECT		PRETERIT PERFECT	
había organizado	habíamos organizado	hube organizado	hubimos organizado
habías organizado	habíais organizado	hubiste organizado	hubisteis organizado
había organizado	habían organizado	hubo organizado	hubieron organizado

FUTURE PERFECT		CONDITIONAL PERFECT	
habré organizado	habremos organizado	habría organizado	habríamos organizado
habrás organizado	habréis organizado	habrías organizado	habríais organizado
habrá organizado	habrán organizado	habría organizado	habrían organizado

PRESENT SUBJUNCTIVE		PRESENT PERFECT SUBJUNCTIVE	
organice	organicemos	haya organizado	hayamos organizado
organices	organicéis	hayas organizado	hayáis organizado
organice	organicen	haya organizado	hayan organizado

IMPERFECT SUBJUNCTIVE (-ra)		*or* IMPERFECT SUBJUNCTIVE (-se)	
organizara	organizáramos	organizase	organizásemos
organizaras	organizarais	organizases	organizaseis
organizara	organizaran	organizase	organizasen

PAST PERFECT SUBJUNCTIVE (-ra)		*or* PAST PERFECT SUBJUNCTIVE (-se)	
hubiera organizado	hubiéramos organizado	hubiese organizado	hubiésemos organizado
hubieras organizado	hubierais organizado	hubieses organizado	hubieseis organizado
hubiera organizado	hubieran organizado	hubiese organizado	hubiesen organizado

PROGRESSIVE TENSES

PRESENT	estoy, estás, está, estamos, estáis, están	
PRETERIT	estuve, estuviste, estuvo, estuvimos, estuvisteis, estuvieron	
IMPERFECT	estaba, estabas, estaba, estábamos, estabais, estaban	organizando
FUTURE	estaré, estarás, estará, estaremos, estaréis, estarán	
CONDITIONAL	estaría, estarías, estaría, estaríamos, estaríais, estarían	
SUBJUNCTIVE	que + *corresponding subjunctive tense of* estar (*see verb 151*)	

COMMANDS

	(nosotros) organicemos/no organicemos
(tú) organiza/no organices	(vosotros) organizad/no organicéis
(Ud.) organice/no organice	(Uds.) organicen/no organicen

Usage

Organicen la junta general para el martes.	*Organize the general meeting for Tuesday.*
Nos vamos organizando.	*We're getting ourselves set up.*
Se organizó una comida para 200 personas.	*They organized a dinner for 200 people.*
Todo está organizado.	*Everything is arranged.*

pagar *to pay*

pago · pagaron · pagado · pagando   *-ar* verb; spelling change: *g > gu/e*

PRESENT

pago	pagamos
pagas	pagáis
paga	pagan

PRETERIT

pagué	pagamos
pagaste	pagasteis
pagó	pagaron

IMPERFECT

pagaba	pagábamos
pagabas	pagabais
pagaba	pagaban

PRESENT PERFECT

he pagado	hemos pagado
has pagado	habéis pagado
ha pagado	han pagado

FUTURE

pagaré	pagaremos
pagarás	pagaréis
pagará	pagarán

CONDITIONAL

pagaría	pagaríamos
pagarías	pagaríais
pagaría	pagarían

PLUPERFECT

había pagado	habíamos pagado
habías pagado	habíais pagado
había pagado	habían pagado

PRETERIT PERFECT

hube pagado	hubimos pagado
hubiste pagado	hubisteis pagado
hubo pagado	hubieron pagado

FUTURE PERFECT

habré pagado	habremos pagado
habrás pagado	habréis pagado
habrá pagado	habrán pagado

CONDITIONAL PERFECT

habría pagado	habríamos pagado
habrías pagado	habríais pagado
habría pagado	habrían pagado

PRESENT SUBJUNCTIVE

pague	paguemos
pagues	paguéis
pague	paguen

PRESENT PERFECT SUBJUNCTIVE

haya pagado	hayamos pagado
hayas pagado	hayáis pagado
haya pagado	hayan pagado

IMPERFECT SUBJUNCTIVE (-ra)

pagara	pagáramos
pagaras	pagarais
pagara	pagaran

or **IMPERFECT SUBJUNCTIVE (-se)**

pagase	pagásemos
pagases	pagaseis
pagase	pagasen

PAST PERFECT SUBJUNCTIVE (-ra)

hubiera pagado	hubiéramos pagado
hubieras pagado	hubierais pagado
hubiera pagado	hubieran pagado

or **PAST PERFECT SUBJUNCTIVE (-se)**

hubiese pagado	hubiésemos pagado
hubieses pagado	hubieseis pagado
hubiese pagado	hubiesen pagado

PROGRESSIVE TENSES

PRESENT	estoy, estás, está, estamos, estáis, están
PRETERIT	estuve, estuviste, estuvo, estuvimos, estuvisteis, estuvieron
IMPERFECT	estaba, estabas, estaba, estábamos, estabais, estaban
FUTURE	estaré, estarás, estará, estaremos, estaréis, estarán
CONDITIONAL	estaría, estarías, estaría, estaríamos, estaríais, estarían
SUBJUNCTIVE	que + *corresponding subjunctive tense of* estar (*see verb 151*)

} pagando

COMMANDS

	(nosotros) paguemos/no paguemos
(tú) paga/no pagues	(vosotros) pagad/no paguéis
(Ud.) pague/no pague	(Uds.) paguen/no paguen

Usage

Pagué la matrícula.	*I paid the registration fee.*
Todo el mundo paga impuestos.	*Everyone pays taxes.*
Pagarás las consecuencias de tus acciones.	*You'll pay the consequences for your actions.*
Se paga al contado/a plazos.	*You can pay cash/in installments.*

-er verb; spelling change: c > zc/o, a **parezco · parecieron · parecido · pareciendo**

PRESENT		PRETERIT	
parezco	parecemos	parecí	parecimos
pareces	parecéis	pareciste	parecisteis
parece	parecen	pareció	parecieron

IMPERFECT		PRESENT PERFECT	
parecía	parecíamos	he parecido	hemos parecido
parecías	parecíais	has parecido	habéis parecido
parecía	parecían	ha parecido	han parecido

FUTURE		CONDITIONAL	
pareceré	pareceremos	parecería	pareceríamos
parecerás	pareceréis	parecerías	pareceríais
parecerá	parecerán	parecería	parecerían

PLUPERFECT		PRETERIT PERFECT	
había parecido	habíamos parecido	hube parecido	hubimos parecido
habías parecido	habíais parecido	hubiste parecido	hubisteis parecido
había parecido	habían parecido	hubo parecido	hubieron parecido

FUTURE PERFECT		CONDITIONAL PERFECT	
habré parecido	habremos parecido	habría parecido	habríamos parecido
habrás parecido	habréis parecido	habrías parecido	habríais parecido
habrá parecido	habrán parecido	habría parecido	habrían parecido

PRESENT SUBJUNCTIVE		PRESENT PERFECT SUBJUNCTIVE	
parezca	parezcamos	haya parecido	hayamos parecido
parezcas	parezcáis	hayas parecido	hayáis parecido
parezca	parezcan	haya parecido	hayan parecido

IMPERFECT SUBJUNCTIVE (-ra)		or IMPERFECT SUBJUNCTIVE (-se)	
pareciera	pareciéramos	pareciese	pareciésemos
parecieras	parecierais	parecieses	parecieseis
pareciera	parecieran	pareciese	pareciesen

PAST PERFECT SUBJUNCTIVE (-ra)		or PAST PERFECT SUBJUNCTIVE (-se)	
hubiera parecido	hubiéramos parecido	hubiese parecido	hubiésemos parecido
hubieras parecido	hubierais parecido	hubieses parecido	hubieseis parecido
hubiera parecido	hubieran parecido	hubiese parecido	hubiesen parecido

PROGRESSIVE TENSES

PRESENT	estoy, estás, está, estamos, estáis, están	
PRETERIT	estuve, estuviste, estuvo, estuvimos, estuvisteis, estuvieron	
IMPERFECT	estaba, estabas, estaba, estábamos, estabais, estaban	pareciendo
FUTURE	estaré, estarás, estará, estaremos, estaréis, estarán	
CONDITIONAL	estaría, estarías, estaría, estaríamos, estaríais, estarían	
SUBJUNCTIVE	que + *corresponding subjunctive tense of* estar (*see verb 151*)	

COMMANDS

	(nosotros) parezcamos/no parezcamos
(tú) parece/no parezcas	(vosotros) pareced/no parezcáis
(Ud.) parezca/no parezca	(Uds.) parezcan/no parezcan

Usage

Parecen desanimados.	*They look dejected.*
Parece que va a llover.	*It looks as if it's going to rain.*
—¿Qué te parece su idea?	*What do you think of their idea?*
—Me parece genial pero difícil de realizar.	*I think it's brilliant but difficult to implement.*

partir *to divide, share, leave*

parto · partieron · partido · partiendo   regular *-ir* verb

PRESENT		PRETERIT	
parto	partimos	partí	partimos
partes	partís	partiste	partisteis
parte	parten	partió	partieron

IMPERFECT		PRESENT PERFECT	
partía	partíamos	he partido	hemos partido
partías	partíais	has partido	habéis partido
partía	partían	ha partido	han partido

FUTURE		CONDITIONAL	
partiré	partiremos	partiría	partiríamos
partirás	partiréis	partirías	partiríais
partirá	partirán	partiría	partirían

PLUPERFECT		PRETERIT PERFECT	
había partido	habíamos partido	hube partido	hubimos partido
habías partido	habíais partido	hubiste partido	hubisteis partido
había partido	habían partido	hubo partido	hubieron partido

FUTURE PERFECT		CONDITIONAL PERFECT	
habré partido	habremos partido	habría partido	habríamos partido
habrás partido	habréis partido	habrías partido	habríais partido
habrá partido	habrán partido	habría partido	habrían partido

PRESENT SUBJUNCTIVE		PRESENT PERFECT SUBJUNCTIVE	
parta	partamos	haya partido	hayamos partido
partas	partáis	hayas partido	hayáis partido
parta	partan	haya partido	hayan partido

IMPERFECT SUBJUNCTIVE (-ra)		*or* IMPERFECT SUBJUNCTIVE (-se)	
partiera	partiéramos	partiese	partiésemos
partieras	partierais	partieses	partieseis
partiera	partieran	partiese	partiesen

PAST PERFECT SUBJUNCTIVE (-ra)		*or* PAST PERFECT SUBJUNCTIVE (-se)	
hubiera partido	hubiéramos partido	hubiese partido	hubiésemos partido
hubieras partido	hubierais partido	hubieses partido	hubieseis partido
hubiera partido	hubieran partido	hubiese partido	hubiesen partido

PROGRESSIVE TENSES

PRESENT	estoy, estás, está, estamos, estáis, están	
PRETERIT	estuve, estuviste, estuvo, estuvimos, estuvisteis, estuvieron	
IMPERFECT	estaba, estabas, estaba, estábamos, estabais, estaban	partiendo
FUTURE	estaré, estarás, estará, estaremos, estaréis, estarán	
CONDITIONAL	estaría, estarías, estaría, estaríamos, estaríais, estarían	
SUBJUNCTIVE	que + *corresponding subjunctive tense of* estar (*see verb 151*)	

COMMANDS

	(nosotros) partamos/no partamos
(tú) parte/no partas	(vosotros) partid/no partáis
(Ud.) parta/no parta	(Uds.) partan/no partan

Usage

Parte la pera en dos.	Split/Cut the pear into two.
Partamos la pizza en cuatro.	Let's share the pizza among the four of us.
Me parte el alma verlo tan desconsolado.	It breaks my heart to see him so distressed.
Parten para la sierra mañana.	They're leaving for the mountains tomorrow.

regular *-ar* verb

paso · pasaron · pasado · pasando

PRESENT		PRETERIT	
paso	pasamos	pasé	pasamos
pasas	pasáis	pasaste	pasasteis
pasa	pasan	pasó	pasaron

IMPERFECT		PRESENT PERFECT	
pasaba	pasábamos	he pasado	hemos pasado
pasabas	pasabais	has pasado	habéis pasado
pasaba	pasaban	ha pasado	han pasado

FUTURE		CONDITIONAL	
pasaré	pasaremos	pasaría	pasaríamos
pasarás	pasaréis	pasarías	pasaríais
pasará	pasarán	pasaría	pasarían

PLUPERFECT		PRETERIT PERFECT	
había pasado	habíamos pasado	hube pasado	hubimos pasado
habías pasado	habíais pasado	hubiste pasado	hubisteis pasado
había pasado	habían pasado	hubo pasado	hubieron pasado

FUTURE PERFECT		CONDITIONAL PERFECT	
habré pasado	habremos pasado	habría pasado	habríamos pasado
habrás pasado	habréis pasado	habrías pasado	habríais pasado
habrá pasado	habrán pasado	habría pasado	habrían pasado

PRESENT SUBJUNCTIVE		PRESENT PERFECT SUBJUNCTIVE	
pase	pasemos	haya pasado	hayamos pasado
pases	paséis	hayas pasado	hayáis pasado
pase	pasen	haya pasado	hayan pasado

IMPERFECT SUBJUNCTIVE (-ra)		*or* IMPERFECT SUBJUNCTIVE (-se)	
pasara	pasáramos	pasase	pasásemos
pasaras	pasarais	pasases	pasaseis
pasara	pasaran	pasase	pasasen

PAST PERFECT SUBJUNCTIVE (-ra)		*or* PAST PERFECT SUBJUNCTIVE (-se)	
hubiera pasado	hubiéramos pasado	hubiese pasado	hubiésemos pasado
hubieras pasado	hubierais pasado	hubieses pasado	hubieseis pasado
hubiera pasado	hubieran pasado	hubiese pasado	hubiesen pasado

PROGRESSIVE TENSES

PRESENT	estoy, estás, está, estamos, estáis, están	
PRETERIT	estuve, estuviste, estuvo, estuvimos, estuvisteis, estuvieron	
IMPERFECT	estaba, estabas, estaba, estábamos, estabais, estaban	pasando
FUTURE	estaré, estarás, estará, estaremos, estaréis, estarán	
CONDITIONAL	estaría, estarías, estaría, estaríamos, estaríais, estarían	
SUBJUNCTIVE	que + *corresponding subjunctive tense of* estar (*see verb 151*)	

COMMANDS

	(nosotros) pasemos/no pasemos
(tú) pasa/no pases	(vosotros) pasad/no paséis
(Ud.) pase/no pase	(Uds.) pasen/no pasen

Usage

Pásame el pan.	*Pass me the bread.*
¿Qué pasó?	*What happened?*
Pasaron ocho días en San Francisco.	*They spent a week in San Francisco.*
Pasaremos por tu casa.	*We'll drop by to see you.*

TOP 30 VERB ☞

pasar *to pass, happen, spend time*

paso · pasaron · pasado · pasando   regular *-ar* verb

to spend time

Pasamos el día haciendo turismo.   *We spent the day sightseeing.*

to have a good/bad time

Pasamos un buen/mal rato.   *We had a good/bad time.*
¡Que lo pasen bien!   *Have a good time!*
¿Qué tal lo pasaron anoche?   *How did you enjoy yourselves last night?*

to go by, pass

¡Cómo pasa el tiempo!   *How time passes!*

to go on, proceed

Pasemos a otro tema.   *Let's proceed/move on to another topic.*
Pase adelante.   *Go on.*

to be more than/be over (number)

Pasan de los 100.   *There are more than 100.*
No pasa de los 30.   *He's not over 30.*

to go too far

Esta vez pasó de la raya/de los límites.   *This time he went too far/overboard.*

to happen

¿Qué pasa?   *What's happening?*

to be the matter

¿Qué te pasa?   *What's the matter with you?*

to be out of fashion

Este vestido ha pasado de moda.   *This dress has gone out of fashion/style.*

to leave out, omit, miss out

Me parece que han pasado por alto el índice.   *I think they've omitted the index.*

to pass for, be taken for

Él pasaba por el invitado de honor.   *He was taken for the guest of honor.*

to occur to someone, cross someone's mind

No le pasó por la cabeza regalarles algo   *It didn't occur to her to bring a gift to the*
   a los anfitriones.   *hosts.*

Other Uses

El tren pasa por Valencia.   *The train goes through Valencia.*
¡Pase!   *Come in!*
Hay que recordar el pasado.   *We must remember the past.*
Lo pasado, pasado está.   *Let bygones be bygones.*

TOP 30 VERBS

stem-changing *-ir* verb: *e > i*

pido · pidieron · pedido · pidiendo

PRESENT

pido	pedimos
pides	pedís
pide	piden

PRETERIT

pedí	pedimos
pediste	pedisteis
pidió	pidieron

IMPERFECT

pedía	pedíamos
pedías	pedíais
pedía	pedían

PRESENT PERFECT

he pedido	hemos pedido
has pedido	habéis pedido
ha pedido	han pedido

FUTURE

pediré	pediremos
pedirás	pediréis
pedirá	pedirán

CONDITIONAL

pediría	pediríamos
pedirías	pediríais
pediría	pedirían

PLUPERFECT

había pedido	habíamos pedido
habías pedido	habíais pedido
había pedido	habían pedido

PRETERIT PERFECT

hube pedido	hubimos pedido
hubiste pedido	hubisteis pedido
hubo pedido	hubieron pedido

FUTURE PERFECT

habré pedido	habremos pedido
habrás pedido	habréis pedido
habrá pedido	habrán pedido

CONDITIONAL PERFECT

habría pedido	habríamos pedido
habrías pedido	habríais pedido
habría pedido	habrían pedido

PRESENT SUBJUNCTIVE

pida	pidamos
pidas	pidáis
pida	pidan

PRESENT PERFECT SUBJUNCTIVE

haya pedido	hayamos pedido
hayas pedido	hayáis pedido
haya pedido	hayan pedido

IMPERFECT SUBJUNCTIVE (-ra)

pidiera	pidiéramos
pidieras	pidierais
pidiera	pidieran

or **IMPERFECT SUBJUNCTIVE (-se)**

pidiese	pidiésemos
pidieses	pidieseis
pidiese	pidiesen

PAST PERFECT SUBJUNCTIVE (-ra)

hubiera pedido	hubiéramos pedido
hubieras pedido	hubierais pedido
hubiera pedido	hubieran pedido

or **PAST PERFECT SUBJUNCTIVE (-se)**

hubiese pedido	hubiésemos pedido
hubieses pedido	hubieseis pedido
hubiese pedido	hubiesen pedido

PROGRESSIVE TENSES

PRESENT	estoy, estás, está, estamos, estáis, están
PRETERIT	estuve, estuviste, estuvo, estuvimos, estuvisteis, estuvieron
IMPERFECT	estaba, estabas, estaba, estábamos, estabais, estaban
FUTURE	estaré, estarás, estará, estaremos, estaréis, estarán
CONDITIONAL	estaría, estarías, estaría, estaríamos, estaríais, estarían
SUBJUNCTIVE	que + *corresponding subjunctive tense of* estar (*see verb 151*)

} pidiendo

COMMANDS

	(nosotros) pidamos/no pidamos
(tú) pide/no pidas	(vosotros) pedid/no pidáis
(Ud.) pida/no pida	(Uds.) pidan/no pidan

Usage

Pedían demasiado por el coche.	*They were asking too much for the car.*
Me pidió la hoja de pedido.	*He asked me for the order form.*
Le pidieron que les enviara el documento.	*They asked her to send them the document.*
Yo pedí la chuleta de ternera.	*I ordered the veal chop.*

pegar *to stick, hit, paste, put right against*

pego · pegaron · pegado · pegando   *-ar* verb; spelling change: *g > gu/e*

PRESENT		PRETERIT	
pego	pegamos	pegué	pegamos
pegas	pegáis	pegaste	pegasteis
pega	pegan	pegó	pegaron

IMPERFECT		PRESENT PERFECT	
pegaba	pegábamos	he pegado	hemos pegado
pegabas	pegabais	has pegado	habéis pegado
pegaba	pegaban	ha pegado	han pegado

FUTURE		CONDITIONAL	
pegaré	pegaremos	pegaría	pegaríamos
pegarás	pegaréis	pegarías	pegaríais
pegará	pegarán	pegaría	pegarían

PLUPERFECT		PRETERIT PERFECT	
había pegado	habíamos pegado	hube pegado	hubimos pegado
habías pegado	habíais pegado	hubiste pegado	hubisteis pegado
había pegado	habían pegado	hubo pegado	hubieron pegado

FUTURE PERFECT		CONDITIONAL PERFECT	
habré pegado	habremos pegado	habría pegado	habríamos pegado
habrás pegado	habréis pegado	habrías pegado	habríais pegado
habrá pegado	habrán pegado	habría pegado	habrían pegado

PRESENT SUBJUNCTIVE		PRESENT PERFECT SUBJUNCTIVE	
pegue	peguemos	haya pegado	hayamos pegado
pegues	peguéis	hayas pegado	hayáis pegado
pegue	peguen	haya pegado	hayan pegado

IMPERFECT SUBJUNCTIVE (-ra)		*or* IMPERFECT SUBJUNCTIVE (-se)	
pegara	pegáramos	pegase	pegásemos
pegaras	pegarais	pegases	pegaseis
pegara	pegaran	pegase	pegasen

PAST PERFECT SUBJUNCTIVE (-ra)		*or* PAST PERFECT SUBJUNCTIVE (-se)	
hubiera pegado	hubiéramos pegado	hubiese pegado	hubiésemos pegado
hubieras pegado	hubierais pegado	hubieses pegado	hubieseis pegado
hubiera pegado	hubieran pegado	hubiese pegado	hubiesen pegado

PROGRESSIVE TENSES

PRESENT	estoy, estás, está, estamos, estáis, están	
PRETERIT	estuve, estuviste, estuvo, estuvimos, estuvisteis, estuvieron	
IMPERFECT	estaba, estabas, estaba, estábamos, estabais, estaban	pegando
FUTURE	estaré, estarás, estará, estaremos, estaréis, estarán	
CONDITIONAL	estaría, estarías, estaría, estaríamos, estaríais, estarían	
SUBJUNCTIVE	que + *corresponding subjunctive tense of* estar (*see verb 151*)	

COMMANDS

	(nosotros) peguemos/no peguemos
(tú) pega/no pegues	(vosotros) pegad/no peguéis
(Ud.) pegue/no pegue	(Uds.) peguen/no peguen

Usage

Pega la etiqueta aquí.	*Stick/Paste the label here.*
¡No le pegues a tu hermanito!	*Don't hit your little brother!*
No pegué ojo en toda la noche.	*I didn't sleep a wink all night.*
¡Es para pegarse un tiro!	*It's enough to make you scream!*

stem-changing -ar verb: e > ie | **pienso · pensaron · pensado · pensando**

PRESENT

pienso	pensamos
piensas	pensáis
piensa	piensan

IMPERFECT

pensaba	pensábamos
pensabas	pensabais
pensaba	pensaban

FUTURE

pensaré	pensaremos
pensarás	pensaréis
pensará	pensarán

PLUPERFECT

había pensado	habíamos pensado
habías pensado	habíais pensado
había pensado	habían pensado

FUTURE PERFECT

habré pensado	habremos pensado
habrás pensado	habréis pensado
habrá pensado	habrán pensado

PRESENT SUBJUNCTIVE

piense	pensemos
pienses	penséis
piense	piensen

IMPERFECT SUBJUNCTIVE (-ra)

pensara	pensáramos
pensaras	pensarais
pensara	pensaran

PAST PERFECT SUBJUNCTIVE (-ra)

hubiera pensado	hubiéramos pensado
hubieras pensado	hubierais pensado
hubiera pensado	hubieran pensado

PRETERIT

pensé	pensamos
pensaste	pensasteis
pensó	pensaron

PRESENT PERFECT

he pensado	hemos pensado
has pensado	habéis pensado
ha pensado	han pensado

CONDITIONAL

pensaría	pensaríamos
pensarías	pensaríais
pensaría	pensarían

PRETERIT PERFECT

hube pensado	hubimos pensado
hubiste pensado	hubisteis pensado
hubo pensado	hubieron pensado

CONDITIONAL PERFECT

habría pensado	habríamos pensado
habrías pensado	habríais pensado
habría pensado	habrían pensado

PRESENT PERFECT SUBJUNCTIVE

haya pensado	hayamos pensado
hayas pensado	hayáis pensado
haya pensado	hayan pensado

or **IMPERFECT SUBJUNCTIVE (-se)**

pensase	pensásemos
pensases	pensaseis
pensase	pensasen

or **PAST PERFECT SUBJUNCTIVE (-se)**

hubiese pensado	hubiésemos pensado
hubieses pensado	hubieseis pensado
hubiese pensado	hubiesen pensado

PROGRESSIVE TENSES

PRESENT	estoy, estás, está, estamos, estáis, están
PRETERIT	estuve, estuviste, estuvo, estuvimos, estuvisteis, estuvieron
IMPERFECT	estaba, estabas, estaba, estábamos, estabais, estaban
FUTURE	estaré, estarás, estará, estaremos, estaréis, estarán
CONDITIONAL	estaría, estarías, estaría, estaríamos, estaríais, estarían
SUBJUNCTIVE	que + corresponding subjunctive tense of estar (see verb 151)

⎫
⎬ pensando
⎭

COMMANDS

	(nosotros) pensemos/no pensemos
(tú) piensa/no pienses	(vosotros) pensad/no penséis
(Ud.) piense/no piense	(Uds.) piensen/no piensen

Usage

Él piensa mucho.	*He thinks a lot.*
Pensaba que habían llegado.	*I thought they had arrived.*
¿Qué piensan Uds. del gabinete del presidente?	*What do you think of the president's cabinet?*

TOP 30 VERB ☞

pensar *to think*

pensar en *to think of/about*

—¿En qué piensas?	*What are you thinking about?*
—Pienso en lo mucho que tengo que hacer hoy.	*I'm thinking about how much I have to do today.*
Uds. pensaban en todo.	*You thought of everything.*
Piensa en los arreglos para su boda.	*She's thinking about the arrangements for her wedding.*
¡Ojalá que pensara más en sus estudios!	*We wish he would think more about his studies!*
Siempre has pensado en los demás.	*You've always thought about other people.*

how to think about something

—Piensen mucho antes de hacerlo.	*Think hard before you do it.*
—Ya lo hemos pensado bien/dos veces.	*We've thought it over carefully/twice.*
Pensándolo bien, no vamos a ir.	*After thinking it over, we're not going to go.*
Se lanza sin pensar.	*He rushes into things without thinking.*
Piensa por ti mismo.	*Think for yourself.*
Está pensando en voz alta.	*She's thinking aloud.*

pensar de *to think about (have an opinion about)*

—¿Qué piensas del nuevo centro comercial?	*What do you think about the new mall?*
—Pienso que está bien pensado y situado.	*I think it's well thought out and well located.*

pensar + infinitive *to intend to*

Piensan verse en Buenos Aires.	*They intend to meet in Buenos Aires.*
—Piensas estudiar marketing, ¿verdad?	*You intend to study marketing, don't you?*
—Pensaba estudiarlo, pero ahora pienso en la contabilidad.	*I intended to study it, but now I'm thinking about accounting.*

Other Uses

Sólo el pensarlo me da grima.	*The mere thought of it disgusts me.*
¡Ni pensarlo!	*It's out of the question!*
Aristóteles era un gran pensador.	*Aristotle was a great thinker (philosopher).*
Se goza de la libertad de pensamiento en los Estados Unidos.	*We enjoy freedom of thought in the United States.*
No puedo adivinar sus pensamientos.	*I can't read their thoughts.*
El hombre es un animal pensante/que piensa.	*Man is a thinking animal.*
Se quedó pensativo oyendo las noticias.	*He was pensive/thoughtful listening to the news.*
¡No seas mal pensado!	*Don't be evil-minded!*
Pasará el día menos pensado.	*It will happen when least expected.*
Cuando menos se piensa ocurre algo bueno.	*When you least expect it, something good happens.*

TOP 30
VERBS

stem-changing *-er* verb: *e > ie* (present) **pierdo · perdieron · perdido · perdiendo**

PRESENT

pierdo	perdemos
pierdes	perdéis
pierde	pierden

IMPERFECT

perdía	perdíamos
perdías	perdíais
perdía	perdían

FUTURE

perderé	perderemos
perderás	perderéis
perderá	perderán

PLUPERFECT

había perdido	habíamos perdido
habías perdido	habíais perdido
había perdido	habían perdido

FUTURE PERFECT

habré perdido	habremos perdido
habrás perdido	habréis perdido
habrá perdido	habrán perdido

PRESENT SUBJUNCTIVE

pierda	perdamos
pierdas	perdáis
pierda	pierdan

IMPERFECT SUBJUNCTIVE (-ra)

perdiera	perdiéramos
perdieras	perdierais
perdiera	perdieran

PAST PERFECT SUBJUNCTIVE (-ra)

hubiera perdido	hubiéramos perdido
hubieras perdido	hubierais perdido
hubiera perdido	hubieran perdido

PRETERIT

perdí	perdimos
perdiste	perdisteis
perdió	perdieron

PRESENT PERFECT

he perdido	hemos perdido
has perdido	habéis perdido
ha perdido	han perdido

CONDITIONAL

perdería	perderíamos
perderías	perderíais
perdería	perderían

PRETERIT PERFECT

hube perdido	hubimos perdido
hubiste perdido	hubisteis perdido
hubo perdido	hubieron perdido

CONDITIONAL PERFECT

habría perdido	habríamos perdido
habrías perdido	habríais perdido
habría perdido	habrían perdido

PRESENT PERFECT SUBJUNCTIVE

haya perdido	hayamos perdido
hayas perdido	hayáis perdido
haya perdido	hayan perdido

or **IMPERFECT SUBJUNCTIVE (-se)**

perdiese	perdiésemos
perdieses	perdieseis
perdiese	perdiesen

or **PAST PERFECT SUBJUNCTIVE (-se)**

hubiese perdido	hubiésemos perdido
hubieses perdido	hubieseis perdido
hubiese perdido	hubiesen perdido

PROGRESSIVE TENSES

PRESENT	estoy, estás, está, estamos, estáis, están
PRETERIT	estuve, estuviste, estuvo, estuvimos, estuvisteis, estuvieron
IMPERFECT	estaba, estabas, estaba, estábamos, estabais, estaban
FUTURE	estaré, estarás, estará, estaremos, estaréis, estarán
CONDITIONAL	estaría, estarías, estaría, estaríamos, estaríais, estarían
SUBJUNCTIVE	que + *corresponding subjunctive tense of* estar (*see verb 151*)

} perdiendo

COMMANDS

	(nosotros) perdamos/no perdamos
(tú) pierde/no pierdas	(vosotros) perded/no perdáis
(Ud.) pierda/no pierda	(Uds.) pierdan/no pierdan

Usage

Perdió dinero en inversiones equivocadas.	*He lost money in bad investments.*
No pierdas tiempo discutiendo.	*Don't waste time arguing.*
Perdisteis el tren.	*You missed the train.*

TOP 30 VERB ☞

perder *to lose, waste, miss*

Nos perdimos en el bosque.	*We got lost/lost our way in the forest.*
No se pierdan el espectáculo.	*Don't miss the show.*
No pierdas de vista a la niña.	*Don't lose sight of the child.*
El almirante Nelson perdió su vida en la batalla de Trafalgar.	*Admiral Nelson lost his life at the Battle of Trafalgar.*
No pierdan la oportunidad de conocerlo.	*Don't miss the chance to meet him.*
Les perdimos el respeto al verlos borrachos.	*We lost respect for them seeing them drunk.*
No hay tiempo que perder.	*There's no time to lose.*
No tenían nada que perder.	*They had nothing to lose.*
Has perdido peso.	*You've lost weight.*
Salió perdiendo en el concurso de ortografía.	*She lost out in the spelling bee.*
Se van perdiendo ciertas costumbres.	*Certain customs are being lost.*
Las manzanas se echaron a perder por el calor.	*The apples spoiled because of the heat.*
El que todo lo quiere, todo lo pierde.	*The more you want, the less you get.*

perdérsele a alguien (unplanned occurrences) *to lose*

—Se me han perdido las carpetas.	*I've lost/misplaced the folders.*
—¡Se le pierde todo!	*You lose everything!*
—Se me perdió el paraguas.	*I lost my umbrella.*
—Búscalo en la oficina de objetos perdidos.	*Look for it in the lost and found office.*
Se nos perdió un sobre importante.	*We lost/mislaid an important envelope.*

Other Uses

He dado el paquete por perdido.	*I've given up the package as lost.*
—Anda perdido por su novia.	*He's head over heels in love with his fiancée.*
—Y ella está perdidamente enamorada de él.	*And she's madly in love with him.*
Son esfuerzos perdidos.	*They're wasted efforts.*
Aprovecha los ratos perdidos.	*Make the most of your spare moments.*
Se examinan las pérdidas y ganancias.	*They're reviewing profits and losses.*
El embarazo acabó en pérdida.	*The pregnancy ended in a miscarriage.*
Su compromiso en ese grupo será su perdición.	*Their involvement in that group will be their undoing.*
Es un buen/mal perdedor.	*He's a good/bad loser.*

TOP 30 VERBS

regular -*ir* verb | **permito · permitieron · permitido · permitiendo**

PRESENT

permito	permitimos
permites	permitís
permite	permiten

IMPERFECT

permitía	permitíamos
permitías	permitíais
permitía	permitían

FUTURE

permitiré	permitiremos
permitirás	permitiréis
permitirá	permitirán

PLUPERFECT

había permitido	habíamos permitido
habías permitido	habíais permitido
había permitido	habían permitido

FUTURE PERFECT

habré permitido	habremos permitido
habrás permitido	habréis permitido
habrá permitido	habrán permitido

PRESENT SUBJUNCTIVE

permita	permitamos
permitas	permitáis
permita	permitan

IMPERFECT SUBJUNCTIVE (-ra)

permitiera	permitiéramos
permitieras	permitierais
permitiera	permitieran

PAST PERFECT SUBJUNCTIVE (-ra)

hubiera permitido	hubiéramos permitido
hubieras permitido	hubierais permitido
hubiera permitido	hubieran permitido

PRETERIT

permití	permitimos
permitiste	permitisteis
permitió	permitieron

PRESENT PERFECT

he permitido	hemos permitido
has permitido	habéis permitido
ha permitido	han permitido

CONDITIONAL

permitiría	permitiríamos
permitirías	permitiríais
permitiría	permitirían

PRETERIT PERFECT

hube permitido	hubimos permitido
hubiste permitido	hubisteis permitido
hubo permitido	hubieron permitido

CONDITIONAL PERFECT

habría permitido	habríamos permitido
habrías permitido	habríais permitido
habría permitido	habrían permitido

PRESENT PERFECT SUBJUNCTIVE

haya permitido	hayamos permitido
hayas permitido	hayáis permitido
haya permitido	hayan permitido

or **IMPERFECT SUBJUNCTIVE (-se)**

permitiese	permitiésemos
permitieses	permitieseis
permitiese	permitiesen

or **PAST PERFECT SUBJUNCTIVE (-se)**

hubiese permitido	hubiésemos permitido
hubieses permitido	hubieseis permitido
hubiese permitido	hubiesen permitido

PROGRESSIVE TENSES

PRESENT	estoy, estás, está, estamos, estáis, están
PRETERIT	estuve, estuviste, estuvo, estuvimos, estuvisteis, estuvieron
IMPERFECT	estaba, estabas, estaba, estábamos, estabais, estaban
FUTURE	estaré, estarás, estará, estaremos, estaréis, estarán
CONDITIONAL	estaría, estarías, estaría, estaríamos, estaríais, estarían
SUBJUNCTIVE	que + *corresponding subjunctive tense of* estar (*see verb 151*)

} permitiendo

COMMANDS

	(nosotros) permitamos/no permitamos
(tú) permite/no permitas	(vosotros) permitid/no permitáis
(Ud.) permita/no permita	(Uds.) permitan/no permitan

Usage

No permitían que los acompañáramos.	*They didn't permit/allow us to go with them.*
Les permití entrar.	*I let them come in.*
Permítanos pasar.	*Let us go by.*
No se permite comer aquí.	*Eating is not permitted here.*

perseguir *to pursue, chase, go after, persecute, prosecute*

persigo · persiguieron · perseguido · persiguiendo stem-changing -ir verb: *e > i*;
spelling change: *gu > g/o, a* (like **seguir**)

PRESENT		PRETERIT	
persigo	perseguimos	perseguí	perseguimos
persigues	perseguís	perseguiste	perseguisteis
persigue	persiguen	persiguió	persiguieron

IMPERFECT		PRESENT PERFECT	
perseguía	perseguíamos	he perseguido	hemos perseguido
perseguías	perseguíais	has perseguido	habéis perseguido
perseguía	perseguían	ha perseguido	han perseguido

FUTURE		CONDITIONAL	
perseguiré	perseguiremos	perseguiría	perseguiríamos
perseguirás	perseguiréis	perseguirías	perseguiríais
perseguirá	perseguirán	perseguiría	perseguirían

PLUPERFECT		PRETERIT PERFECT	
había perseguido	habíamos perseguido	hube perseguido	hubimos perseguido
habías perseguido	habíais perseguido	hubiste perseguido	hubisteis perseguido
había perseguido	habían perseguido	hubo perseguido	hubieron perseguido

FUTURE PERFECT		CONDITIONAL PERFECT	
habré perseguido	habremos perseguido	habría perseguido	habríamos perseguido
habrás perseguido	habréis perseguido	habrías perseguido	habríais perseguido
habrá perseguido	habrán perseguido	habría perseguido	habrían perseguido

PRESENT SUBJUNCTIVE		PRESENT PERFECT SUBJUNCTIVE	
persiga	persigamos	haya perseguido	hayamos perseguido
persigas	persigáis	hayas perseguido	hayáis perseguido
persiga	persigan	haya perseguido	hayan perseguido

IMPERFECT SUBJUNCTIVE (-ra)		*or* IMPERFECT SUBJUNCTIVE (-se)	
persiguiera	persiguiéramos	persiguiese	persiguiésemos
persiguieras	persiguierais	persiguieses	persiguieseis
persiguiera	persiguieran	persiguiese	persiguiesen

PAST PERFECT SUBJUNCTIVE (-ra)		*or* PAST PERFECT SUBJUNCTIVE (-se)	
hubiera perseguido	hubiéramos perseguido	hubiese perseguido	hubiésemos perseguido
hubieras perseguido	hubierais perseguido	hubieses perseguido	hubieseis perseguido
hubiera perseguido	hubieran perseguido	hubiese perseguido	hubiesen perseguido

PROGRESSIVE TENSES

PRESENT	estoy, estás, está, estamos, estáis, están
PRETERIT	estuve, estuviste, estuvo, estuvimos, estuvisteis, estuvieron
IMPERFECT	estaba, estabas, estaba, estábamos, estabais, estaban
FUTURE	estaré, estarás, estará, estaremos, estaréis, estarán
CONDITIONAL	estaría, estarías, estaría, estaríamos, estaríais, estarían
SUBJUNCTIVE	que + *corresponding subjunctive tense of* estar (*see verb 151*)

⎫ persiguiendo

COMMANDS

	(nosotros) persigamos/no persigamos
(tú) persigue/no persigas	(vosotros) perseguid/no persigáis
(Ud.) persiga/no persiga	(Uds.) persigan/no persigan

Usage

Se perseguirán otros caminos.	*They'll pursue other avenues.*
La policía perseguía a los malhechores.	*The police chased after the bad guys.*
Persiga sus objetivos.	*Pursue your goals.*
Persigue el puesto de administrador.	*He's going after the position of chief executive.*

-er verb; spelling
change: *c* > *zc/o, a*

pertenezco · pertenecieron · pertenecido · perteneciendo

PRESENT

pertenezco	pertenecemos
perteneces	pertenecéis
pertenece	pertenecen

IMPERFECT

pertenecía	pertenecíamos
pertenecías	pertenecíais
pertenecía	pertenecían

FUTURE

perteneceré	perteneceremos
pertenecerás	perteneceréis
pertenecerá	pertenecerán

PLUPERFECT

había pertenecido	habíamos pertenecido
habías pertenecido	habíais pertenecido
había pertenecido	habían pertenecido

FUTURE PERFECT

habré pertenecido	habremos pertenecido
habrás pertenecido	habréis pertenecido
habrá pertenecido	habrán pertenecido

PRESENT SUBJUNCTIVE

pertenezca	pertenezcamos
pertenezcas	pertenezcáis
pertenezca	pertenezcan

IMPERFECT SUBJUNCTIVE (-ra)

perteneciera	perteneciéramos
pertenecieras	pertenecierais
perteneciera	pertenecieran

PAST PERFECT SUBJUNCTIVE (-ra)

hubiera pertenecido	hubiéramos pertenecido
hubieras pertenecido	hubierais pertenecido
hubiera pertenecido	hubieran pertenecido

PRETERIT

pertenecí	pertenecimos
perteneciste	pertenecisteis
perteneció	pertenecieron

PRESENT PERFECT

he pertenecido	hemos pertenecido
has pertenecido	habéis pertenecido
ha pertenecido	han pertenecido

CONDITIONAL

pertenecería	perteneceríamos
pertenecerías	perteneceríais
pertenecería	pertenecerían

PRETERIT PERFECT

hube pertenecido	hubimos pertenecido
hubiste pertenecido	hubisteis pertenecido
hubo pertenecido	hubieron pertenecido

CONDITIONAL PERFECT

habría pertenecido	habríamos pertenecido
habrías pertenecido	habríais pertenecido
habría pertenecido	habrían pertenecido

PRESENT PERFECT SUBJUNCTIVE

haya pertenecido	hayamos pertenecido
hayas pertenecido	hayáis pertenecido
haya pertenecido	hayan pertenecido

or **IMPERFECT SUBJUNCTIVE (-se)**

perteneciese	perteneciésemos
pertenecieses	pertenecieseis
perteneciese	perteneciesen

or **PAST PERFECT SUBJUNCTIVE (-se)**

hubiese pertenecido	hubiésemos pertenecido
hubieses pertenecido	hubieseis pertenecido
hubiese pertenecido	hubiesen pertenecido

PROGRESSIVE TENSES

PRESENT	estoy, estás, está, estamos, estáis, están
PRETERIT	estuve, estuviste, estuvo, estuvimos, estuvisteis, estuvieron
IMPERFECT	estaba, estabas, estaba, estábamos, estabais, estaban
FUTURE	estaré, estarás, estará, estaremos, estaréis, estarán
CONDITIONAL	estaría, estarías, estaría, estaríamos, estaríais, estarían
SUBJUNCTIVE	que + *corresponding subjunctive tense of* estar (*see verb 151*)

} perteneciendo

COMMANDS

	(nosotros) pertenezcamos/no pertenezcamos
(tú) pertenece/no pertenezcas	(vosotros) perteneced/no pertenezcáis
(Ud.) pertenezca/no pertenezca	(Uds.) pertenezcan/no pertenezcan

Usage

Estos terrenos pertenecen a una sociedad
   inmobiliaria.
¿A quién le pertenece esa mochila?
Me pertenece la propiedad intelectual.

*These plots of land belong to a real estate
   company.*
To whom does that backpack belong?
The copyright belongs to me.

planificar *to plan*

planifico · planificaron · planificado · planificando   *-ar* verb; spelling change: c > qu/e

PRESENT

planifico	planificamos
planificas	planificáis
planifica	planifican

PRETERIT

planifiqué	planificamos
planificaste	planificasteis
planificó	planificaron

IMPERFECT

planificaba	planificábamos
planificabas	planificabais
planificaba	planificaban

PRESENT PERFECT

he planificado	hemos planificado
has planificado	habéis planificado
ha planificado	han planificado

FUTURE

planificaré	planificaremos
planificarás	planificaréis
planificará	planificarán

CONDITIONAL

planificaría	planificaríamos
planificarías	planificaríais
planificaría	planificarían

PLUPERFECT

había planificado	habíamos planificado
habías planificado	habíais planificado
había planificado	habían planificado

PRETERIT PERFECT

hube planificado	hubimos planificado
hubiste planificado	hubisteis planificado
hubo planificado	hubieron planificado

FUTURE PERFECT

habré planificado	habremos planificado
habrás planificado	habréis planificado
habrá planificado	habrán planificado

CONDITIONAL PERFECT

habría planificado	habríamos planificado
habrías planificado	habríais planificado
habría planificado	habrían planificado

PRESENT SUBJUNCTIVE

planifique	planifiquemos
planifiques	planifiquéis
planifique	planifiquen

PRESENT PERFECT SUBJUNCTIVE

haya planificado	hayamos planificado
hayas planificado	hayáis planificado
haya planificado	hayan planificado

IMPERFECT SUBJUNCTIVE (-ra)   *or*   **IMPERFECT SUBJUNCTIVE (-se)**

planificara	planificáramos	planificase	planificásemos
planificaras	planificarais	planificases	planificaseis
planificara	planificaran	planificase	planificasen

PAST PERFECT SUBJUNCTIVE (-ra)   *or*   **PAST PERFECT SUBJUNCTIVE (-se)**

hubiera planificado	hubiéramos planificado	hubiese planificado	hubiésemos planificado
hubieras planificado	hubierais planificado	hubieses planificado	hubieseis planificado
hubiera planificado	hubieran planificado	hubiese planificado	hubiesen planificado

PROGRESSIVE TENSES

PRESENT	estoy, estás, está, estamos, estáis, están
PRETERIT	estuve, estuviste, estuvo, estuvimos, estuvisteis, estuvieron
IMPERFECT	estaba, estabas, estaba, estábamos, estabais, estaban
FUTURE	estaré, estarás, estará, estaremos, estaréis, estarán
CONDITIONAL	estaría, estarías, estaría, estaríamos, estaríais, estarían
SUBJUNCTIVE	que + *corresponding subjunctive tense of* estar (*see verb 151*)

} planificando

COMMANDS

	(nosotros) planifiquemos/no planifiquemos
(tú) planifica/no planifiques	(vosotros) planificad/no planifiquéis
(Ud.) planifique/no planifique	(Uds.) planifiquen/no planifiquen

Usage

Los directores planificaban la estrategia.	*The directors planned the strategy.*
Se planifica el desarrollo económico.	*They're planning economic development.*
Se realizó la planificación a corto plazo.	*They carried out the short-term planning.*
El comité de planificadores se reúne los lunes.	*The planners' committee meets on Mondays.*

-ar verb; spelling change: c > qu/e   **platico · platicaron · platicado · platicando**

PRESENT		PRETERIT	
platico	platicamos	platiqué	platicamos
platicas	platicáis	platicaste	platicasteis
platica	platican	platicó	platicaron

IMPERFECT		PRESENT PERFECT	
platicaba	platicábamos	he platicado	hemos platicado
platicabas	platicabais	has platicado	habéis platicado
platicaba	platicaban	ha platicado	han platicado

FUTURE		CONDITIONAL	
platicaré	platicaremos	platicaría	platicaríamos
platicarás	platicaréis	platicarías	platicaríais
platicará	platicarán	platicaría	platicarían

PLUPERFECT		PRETERIT PERFECT	
había platicado	habíamos platicado	hube platicado	hubimos platicado
habías platicado	habíais platicado	hubiste platicado	hubisteis platicado
había platicado	habían platicado	hubo platicado	hubieron platicado

FUTURE PERFECT		CONDITIONAL PERFECT	
habré platicado	habremos platicado	habría platicado	habríamos platicado
habrás platicado	habréis platicado	habrías platicado	habríais platicado
habrá platicado	habrán platicado	habría platicado	habrían platicado

PRESENT SUBJUNCTIVE		PRESENT PERFECT SUBJUNCTIVE	
platique	platiquemos	haya platicado	hayamos platicado
platiques	platiquéis	hayas platicado	hayáis platicado
platique	platiquen	haya platicado	hayan platicado

IMPERFECT SUBJUNCTIVE (-ra)		or IMPERFECT SUBJUNCTIVE (-se)	
platicara	platicáramos	platicase	platicásemos
platicaras	platicarais	platicases	platicaseis
platicara	platicaran	platicase	platicasen

PAST PERFECT SUBJUNCTIVE (-ra)		or PAST PERFECT SUBJUNCTIVE (-se)	
hubiera platicado	hubiéramos platicado	hubiese platicado	hubiésemos platicado
hubieras platicado	hubierais platicado	hubieses platicado	hubieseis platicado
hubiera platicado	hubieran platicado	hubiese platicado	hubiesen platicado

PROGRESSIVE TENSES

PRESENT	estoy, estás, está, estamos, estáis, están
PRETERIT	estuve, estuviste, estuvo, estuvimos, estuvisteis, estuvieron
IMPERFECT	estaba, estabas, estaba, estábamos, estabais, estaban
FUTURE	estaré, estarás, estará, estaremos, estaréis, estarán
CONDITIONAL	estaría, estarías, estaría, estaríamos, estaríais, estarían
SUBJUNCTIVE	que + corresponding subjunctive tense of estar (see verb 151)

} platicando

COMMANDS

	(nosotros) platiquemos/no platiquemos
(tú) platica/no platiques	(vosotros) platicad/no platiquéis
(Ud.) platique/no platique	(Uds.) platiquen/no platiquen

Usage

Platiqué con mis amigos.	I chatted with my friends.
¿Con quién platicabas cuando te vi?	Whom were you talking to when I saw you?
¿Te da tiempo de platicar?	Do you have time to talk?
Platícame lo que pasó.	Tell me what happened.

may (to ask for or give permission)

¿Puedo ir contigo?	*May I go with you?*
¿Se puede?	*May I come in?*
Las niñas no pueden salir solas.	*The girls are not permitted to go out alone.*

may, might (possibility)

Pueden llamar de un momento a otro.	*They may call at any moment.*
Pudo haber llamado.	*He might have called.*
Si tú puedes ir, yo iré también.	*If you can go, I'll go too.*
Si tú pudieras ir, yo iría también.	*If you could go, I would go too.*
Si tú hubieras podido ir, yo habría ido también.	*If you could have gone, I would have gone too.*
¡No puedo más!	*I can't stand/take it anymore!*
No puedo con ellas.	*I can't do anything with them.*
No puedo con las mentiras.	*I can't stand lies.*
Puede que eso pase.	*That might happen.*
Puede que sí./Puede que no.	*Maybe so./Maybe not.*
No podíamos ayudarlo.	*We were powerless to help him.*

Other Uses

Hicieron ejercicio a más no poder.	*They exercised as much as they could/until they reached their limits.*
El Congreso tiene el poder legislativo.	*Congress has legislative power.*
¿Cuál partido político está en el poder?	*Which political party is in power?*
Hay que identificar su base de poder.	*We have to identify your power base.*
Nuestro abogado tiene los poderes.	*Our lawyer has the powers of attorney.*
Hay separación/división de poderes bajo la Constitución.	*There's a separation of powers under the Constitution.*
El contrato fue firmado por poderes.	*The contract was signed by proxy.*
Me parece poderosa su razón.	*I think his argument is powerful.*
Es una familia muy poderosa.	*It's a very wealthy family.*
Querer es poder.	*Where there's a will, there's a way.*

TOP 30 VERBS

irregular verb   **puedo · pudieron · podido · pudiendo**

PRESENT

puedo	podemos
puedes	podéis
puede	pueden

PRETERIT

pude	pudimos
pudiste	pudisteis
pudo	pudieron

IMPERFECT

podía	podíamos
podías	podíais
podía	podían

PRESENT PERFECT

he podido	hemos podido
has podido	habéis podido
ha podido	han podido

FUTURE

podré	podremos
podrás	podréis
podrá	podrán

CONDITIONAL

podría	podríamos
podrías	podríais
podría	podrían

PLUPERFECT

había podido	habíamos podido
habías podido	habíais podido
había podido	habían podido

PRETERIT PERFECT

hube podido	hubimos podido
hubiste podido	hubisteis podido
hubo podido	hubieron podido

FUTURE PERFECT

habré podido	habremos podido
habrás podido	habréis podido
habrá podido	habrán podido

CONDITIONAL PERFECT

habría podido	habríamos podido
habrías podido	habríais podido
habría podido	habrían podido

PRESENT SUBJUNCTIVE

pueda	podamos
puedas	podáis
pueda	puedan

PRESENT PERFECT SUBJUNCTIVE

haya podido	hayamos podido
hayas podido	hayáis podido
haya podido	hayan podido

IMPERFECT SUBJUNCTIVE (-ra)

pudiera	pudiéramos
pudieras	pudierais
pudiera	pudieran

or ### IMPERFECT SUBJUNCTIVE (-se)

pudiese	pudiésemos
pudieses	pudieseis
pudiese	pudiesen

PAST PERFECT SUBJUNCTIVE (-ra)

hubiera podido	hubiéramos podido
hubieras podido	hubierais podido
hubiera podido	hubieran podido

or ### PAST PERFECT SUBJUNCTIVE (-se)

hubiese podido	hubiésemos podido
hubieses podido	hubieseis podido
hubiese podido	hubiesen podido

PROGRESSIVE TENSES

PRESENT	estoy, estás, está, estamos, estáis, están	
PRETERIT	estuve, estuviste, estuvo, estuvimos, estuvisteis, estuvieron	
IMPERFECT	estaba, estabas, estaba, estábamos, estabais, estaban	pudiendo
FUTURE	estaré, estarás, estará, estaremos, estaréis, estarán	
CONDITIONAL	estaría, estarías, estaría, estaríamos, estaríais, estarían	
SUBJUNCTIVE	que + *corresponding subjunctive tense of* estar (*see verb 151*)	

VERB NOT USED IN COMMANDS

Usage

No puedo encontrar mi reloj.	*I can't find my wristwatch.*
No pudo aprovechar las rebajas de enero.	*She couldn't take advantage of the winter clearance sales.*
¿Podemos hablar con el gerente?	*May we speak with the manager?*
Los chicos no podían tomar el metro.	*The children were not allowed to take the subway.*
No puede ser.	*That's impossible.*

El médico lo puso a régimen/a dieta.	*The doctor put him on a diet.*
Pon la televisión.	*Put/Turn the television on.*
Quiero que nos pongan al día.	*I want them to bring us up to date.*
Favor de ponerme con el gerente de ventas.	*Please connect me with the sales manager.*
El plan puso en peligro la vida de todos.	*The plan endangered/jeopardized everyone's life.*
Pongamos un anuncio en el periódico.	*Let's run/take out an ad in the newspaper.*
Pone a su hermano por las nubes.	*She praises her brother to the skies.*
¡Hay que poner fin al chismorreo!	*We must put an end to the gossip!*

ponerse a + **infinitive** *to begin to*

¿Por qué te pusiste a reír?	*Why did you begin to laugh?*
Pónganse de acuerdo de una vez por todas.	*Come to an agreement once and for all.*
Nos pusimos en contacto con él.	*We got in touch with/contacted him.*
¿Cuándo se ponen Uds. en marcha?	*When are you setting out?*

to become, get, turn

Están poniéndose tristes.	*They're becoming sad.*
Se puso furiosa.	*She got furious.*
No te pongas así.	*Don't get like that.*
Se puso pálida al ver el choque.	*She turned pale when she saw the crash.*
Se pusieron enfermos.	*They got sick.*
Se puso gordo/delgado.	*He got fat/thin.*

to put on (an article of clothing)

Pónganse un suéter.	*Put on a sweater (you all).*
Me puso el abrigo.	*He helped me on with my coat.*
Hijo, ponte las botas.	*Son, put on your boots.*
Siempre se ponía prendas verdes.	*She always wore green.*

Other Uses

Se ve bien/mal puesto.	*He looks well/badly dressed.*
Llevaba puestos los nuevos zapatos.	*He was wearing his new shoes.*
Tiene un excelente puesto.	*He has an excellent position.*
Es una puesta del sol impresionante.	*It's a breathtaking sunset.*

TOP 30 VERBS

irregular verb | **pongo · pusieron · puesto · poniendo**

PRESENT

pongo	ponemos
pones	ponéis
pone	ponen

IMPERFECT

ponía	poníamos
ponías	poníais
ponía	ponían

FUTURE

pondré	pondremos
pondrás	pondréis
pondrá	pondrán

PLUPERFECT

había puesto	habíamos puesto
habías puesto	habíais puesto
había puesto	habían puesto

FUTURE PERFECT

habré puesto	habremos puesto
habrás puesto	habréis puesto
habrá puesto	habrán puesto

PRESENT SUBJUNCTIVE

ponga	pongamos
pongas	pongáis
ponga	pongan

IMPERFECT SUBJUNCTIVE (-ra)

pusiera	pusiéramos
pusieras	pusierais
pusiera	pusieran

PAST PERFECT SUBJUNCTIVE (-ra)

hubiera puesto	hubiéramos puesto
hubieras puesto	hubierais puesto
hubiera puesto	hubieran puesto

PRETERIT

puse	pusimos
pusiste	pusisteis
puso	pusieron

PRESENT PERFECT

he puesto	hemos puesto
has puesto	habéis puesto
ha puesto	han puesto

CONDITIONAL

pondría	pondríamos
pondrías	pondríais
pondría	pondrían

PRETERIT PERFECT

hube puesto	hubimos puesto
hubiste puesto	hubisteis puesto
hubo puesto	hubieron puesto

CONDITIONAL PERFECT

habría puesto	habríamos puesto
habrías puesto	habríais puesto
habría puesto	habrían puesto

PRESENT PERFECT SUBJUNCTIVE

haya puesto	hayamos puesto
hayas puesto	hayáis puesto
haya puesto	hayan puesto

or **IMPERFECT SUBJUNCTIVE (-se)**

pusiese	pusiésemos
pusieses	pusieseis
pusiese	pusiesen

or **PAST PERFECT SUBJUNCTIVE (-se)**

hubiese puesto	hubiésemos puesto
hubieses puesto	hubieseis puesto
hubiese puesto	hubiesen puesto

PROGRESSIVE TENSES

PRESENT	estoy, estás, está, estamos, estáis, están
PRETERIT	estuve, estuviste, estuvo, estuvimos, estuvisteis, estuvieron
IMPERFECT	estaba, estabas, estaba, estábamos, estabais, estaban
FUTURE	estaré, estarás, estará, estaremos, estaréis, estarán
CONDITIONAL	estaría, estarías, estaría, estaríamos, estaríais, estarían
SUBJUNCTIVE	que + *corresponding subjunctive tense of* estar (*see verb 151*)

} poniendo

COMMANDS

	(nosotros) pongamos/no pongamos
(tú) pon/no pongas	(vosotros) poned/no pongáis
(Ud.) ponga/no ponga	(Uds.) pongan/no pongan

Usage

¿Pongo las transparencias en la caja?	*Shall I put the slides in the box?*
Pon la mesa.	*Set the table.*
¿Qué película ponen?	*What film are they showing?*
¿Dónde pusiste los disquetes?	*Where did you put the diskettes?*

poseer *to possess, have, own, master, hold (a record)*

poseo · poseyeron · poseído · poseyendo   -er verb with stem ending in a vowel;
third-person preterit forms in -*yó* and -*yeron*

PRESENT		PRETERIT	
poseo	poseemos	poseí	poseímos
posees	poseéis	poseíste	poseísteis
posee	poseen	poseyó	poseyeron

IMPERFECT		PRESENT PERFECT	
poseía	poseíamos	he poseído	hemos poseído
poseías	poseíais	has poseído	habéis poseído
poseía	poseían	ha poseído	han poseído

FUTURE		CONDITIONAL	
poseeré	poseeremos	poseería	poseeríamos
poseerás	poseeréis	poseerías	poseeríais
poseerá	poseerán	poseería	poseerían

PLUPERFECT		PRETERIT PERFECT	
había poseído	habíamos poseído	hube poseído	hubimos poseído
habías poseído	habíais poseído	hubiste poseído	hubisteis poseído
había poseído	habían poseído	hubo poseído	hubieron poseído

FUTURE PERFECT		CONDITIONAL PERFECT	
habré poseído	habremos poseído	habría poseído	habríamos poseído
habrás poseído	habréis poseído	habrías poseído	habríais poseído
habrá poseído	habrán poseído	habría poseído	habrían poseído

PRESENT SUBJUNCTIVE		PRESENT PERFECT SUBJUNCTIVE	
posea	poseamos	haya poseído	hayamos poseído
poseas	poseáis	hayas poseído	hayáis poseído
posea	posean	haya poseído	hayan poseído

IMPERFECT SUBJUNCTIVE (-ra)		*or* IMPERFECT SUBJUNCTIVE (-se)	
poseyera	poseyéramos	poseyese	poseyésemos
poseyeras	poseyerais	poseyeses	poseyeseis
poseyera	poseyeran	poseyese	poseyesen

PAST PERFECT SUBJUNCTIVE (-ra)		*or* PAST PERFECT SUBJUNCTIVE (-se)	
hubiera poseído	hubiéramos poseído	hubiese poseído	hubiésemos poseído
hubieras poseído	hubierais poseído	hubieses poseído	hubieseis poseído
hubiera poseído	hubieran poseído	hubiese poseído	hubiesen poseído

PROGRESSIVE TENSES

PRESENT	estoy, estás, está, estamos, estáis, están
PRETERIT	estuve, estuviste, estuvo, estuvimos, estuvisteis, estuvieron
IMPERFECT	estaba, estabas, estaba, estábamos, estabais, estaban
FUTURE	estaré, estarás, estará, estaremos, estaréis, estarán
CONDITIONAL	estaría, estarías, estaría, estaríamos, estaríais, estarían
SUBJUNCTIVE	que + *corresponding subjunctive tense of* estar (*see verb 151*)

} poseyendo

COMMANDS

	(nosotros) poseamos/no poseamos
(tú) posee/no poseas	(vosotros) poseed/no poseáis
(Ud.) posea/no posea	(Uds.) posean/no posean

Usage

¿Quiénes poseen la escritura de propiedad?	*Who possesses/has the title deed?*
La familia Ortega ya no posee la hacienda.	*The Ortega family no longer owns the ranch.*
Poseía el español.	*He mastered/knew Spanish perfectly.*
Fue poseída por el fantasma.	*She was possessed by the ghost.*

-ar verb; spelling change:
c > qu/e

practico · practicaron · practicado · practicando

PRESENT

practico	practicamos
practicas	practicáis
practica	practican

IMPERFECT

practicaba	practicábamos
practicabas	practicabais
practicaba	practicaban

FUTURE

practicaré	practicaremos
practicarás	practicaréis
practicará	practicarán

PLUPERFECT

había practicado	habíamos practicado
habías practicado	habíais practicado
había practicado	habían practicado

FUTURE PERFECT

habré practicado	habremos practicado
habrás practicado	habréis practicado
habrá practicado	habrán practicado

PRESENT SUBJUNCTIVE

practique	practiquemos
practiques	practiquéis
practique	practiquen

IMPERFECT SUBJUNCTIVE (-ra)

practicara	practicáramos
practicaras	practicarais
practicara	practicaran

PAST PERFECT SUBJUNCTIVE (-ra)

hubiera practicado	hubiéramos practicado
hubieras practicado	hubierais practicado
hubiera practicado	hubieran practicado

PRETERIT

practiqué	practicamos
practicaste	practicasteis
practicó	practicaron

PRESENT PERFECT

he practicado	hemos practicado
has practicado	habéis practicado
ha practicado	han practicado

CONDITIONAL

practicaría	practicaríamos
practicarías	practicaríais
practicaría	practicarían

PRETERIT PERFECT

hube practicado	hubimos practicado
hubiste practicado	hubisteis practicado
hubo practicado	hubieron practicado

CONDITIONAL PERFECT

habría practicado	habríamos practicado
habrías practicado	habríais practicado
habría practicado	habrían practicado

PRESENT PERFECT SUBJUNCTIVE

haya practicado	hayamos practicado
hayas practicado	hayáis practicado
haya practicado	hayan practicado

or **IMPERFECT SUBJUNCTIVE (-se)**

practicase	practicásemos
practicases	practicaseis
practicase	practicasen

or **PAST PERFECT SUBJUNCTIVE (-se)**

hubiese practicado	hubiésemos practicado
hubieses practicado	hubieseis practicado
hubiese practicado	hubiesen practicado

PROGRESSIVE TENSES

PRESENT	estoy, estás, está, estamos, estáis, están
PRETERIT	estuve, estuviste, estuvo, estuvimos, estuvisteis, estuvieron
IMPERFECT	estaba, estabas, estaba, estábamos, estabais, estaban
FUTURE	estaré, estarás, estará, estaremos, estaréis, estarán
CONDITIONAL	estaría, estarías, estaría, estaríamos, estaríais, estarían
SUBJUNCTIVE	que + *corresponding subjunctive tense of estar (see verb 151)*

} practicando

COMMANDS

	(nosotros) practiquemos/no practiquemos
(tú) practica/no practiques	(vosotros) practicad/no practiquéis
(Ud.) practique/no practique	(Uds.) practiquen/no practiquen

Usage

Practicaba el piano todos los días.	*She practiced the piano every day.*
Practican los deportes.	*They go in for sports.*
Practicábamos la natación.	*We used to swim.*
Se aprende un idioma con la práctica.	*You learn a language with practice.*

preferir *to prefer*

prefiero · prefirieron · preferido · prefiriendo

stem-changing -*ir* verb:
e > *ie* (present), *e* > *i* (preterit)

PRESENT		PRETERIT	
prefiero	preferimos	preferí	preferimos
prefieres	preferís	preferiste	preferisteis
prefiere	prefieren	prefirió	prefirieron

IMPERFECT		PRESENT PERFECT	
prefería	preferíamos	he preferido	hemos preferido
preferías	preferíais	has preferido	habéis preferido
prefería	preferían	ha preferido	han preferido

FUTURE		CONDITIONAL	
preferiré	preferiremos	preferiría	preferiríamos
preferirás	preferiréis	preferirías	preferiríais
preferirá	preferirán	preferiría	preferirían

PLUPERFECT		PRETERIT PERFECT	
había preferido	habíamos preferido	hube preferido	hubimos preferido
habías preferido	habíais preferido	hubiste preferido	hubisteis preferido
había preferido	habían preferido	hubo preferido	hubieron preferido

FUTURE PERFECT		CONDITIONAL PERFECT	
habré preferido	habremos preferido	habría preferido	habríamos preferido
habrás preferido	habréis preferido	habrías preferido	habríais preferido
habrá preferido	habrán preferido	habría preferido	habrían preferido

PRESENT SUBJUNCTIVE		PRESENT PERFECT SUBJUNCTIVE	
prefiera	prefiramos	haya preferido	hayamos preferido
prefieras	prefiráis	hayas preferido	hayáis preferido
prefiera	prefieran	haya preferido	hayan preferido

IMPERFECT SUBJUNCTIVE (-ra)		*or* IMPERFECT SUBJUNCTIVE (-se)	
prefiriera	prefiriéramos	prefiriese	prefiriésemos
prefirieras	prefirierais	prefirieses	prefirieseis
prefiriera	prefirieran	prefiriese	prefiriesen

PAST PERFECT SUBJUNCTIVE (-ra)		*or* PAST PERFECT SUBJUNCTIVE (-se)	
hubiera preferido	hubiéramos preferido	hubiese preferido	hubiésemos preferido
hubieras preferido	hubierais preferido	hubieses preferido	hubieseis preferido
hubiera preferido	hubieran preferido	hubiese preferido	hubiesen preferido

PROGRESSIVE TENSES

PRESENT	estoy, estás, está, estamos, estáis, están	
PRETERIT	estuve, estuviste, estuvo, estuvimos, estuvisteis, estuvieron	
IMPERFECT	estaba, estabas, estaba, estábamos, estabais, estaban	prefiriendo
FUTURE	estaré, estarás, estará, estaremos, estaréis, estarán	
CONDITIONAL	estaría, estarías, estaría, estaríamos, estaríais, estarían	
SUBJUNCTIVE	que + *corresponding subjunctive tense of* estar (*see verb 151*)	

COMMANDS

	(nosotros) prefiramos/no prefiramos
(tú) prefiere/no prefieras	(vosotros) preferid/no prefiráis
(Ud.) prefiera/no prefiera	(Uds.) prefieran/no prefieran

Usage

Prefiero mucho más la furgoneta negra.	*I much prefer the black station wagon.*
Prefirieron alquilar la casa en julio.	*They preferred to rent the house in July.*
¿No prefieres que vayamos a un restaurante italiano?	*Don't you prefer we go to an Italian restaurant?*

irregular verb (like **venir**)   **prevengo · previnieron · prevenido · previniendo**

PRESENT

prevengo	prevenimos
previenes	prevenís
previene	previenen

IMPERFECT

prevenía	preveníamos
prevenías	preveníais
prevenía	prevenían

FUTURE

prevendré	prevendremos
prevendrás	prevendréis
prevendrá	prevendrán

PLUPERFECT

había prevenido	habíamos prevenido
habías prevenido	habíais prevenido
había prevenido	habían prevenido

FUTURE PERFECT

habré prevenido	habremos prevenido
habrás prevenido	habréis prevenido
habrá prevenido	habrán prevenido

PRESENT SUBJUNCTIVE

prevenga	prevengamos
prevengas	prevengáis
prevenga	prevengan

IMPERFECT SUBJUNCTIVE (-ra)

previniera	previniéramos
previnieras	previnierais
previniera	previnieran

PAST PERFECT SUBJUNCTIVE (-ra)

hubiera prevenido	hubiéramos prevenido
hubieras prevenido	hubierais prevenido
hubiera prevenido	hubieran prevenido

PRETERIT

previne	previnimos
previniste	previnisteis
previno	previnieron

PRESENT PERFECT

he prevenido	hemos prevenido
has prevenido	habéis prevenido
ha prevenido	han prevenido

CONDITIONAL

prevendría	prevendríamos
prevendrías	prevendríais
prevendría	prevendrían

PRETERIT PERFECT

hube prevenido	hubimos prevenido
hubiste prevenido	hubisteis prevenido
hubo prevenido	hubieron prevenido

CONDITIONAL PERFECT

habría prevenido	habríamos prevenido
habrías prevenido	habríais prevenido
habría prevenido	habrían prevenido

PRESENT PERFECT SUBJUNCTIVE

haya prevenido	hayamos prevenido
hayas prevenido	hayáis prevenido
haya prevenido	hayan prevenido

or **IMPERFECT SUBJUNCTIVE (-se)**

previniese	previniésemos
previnieses	previnieseis
previniese	previniesen

or **PAST PERFECT SUBJUNCTIVE (-se)**

hubiese prevenido	hubiésemos prevenido
hubieses prevenido	hubieseis prevenido
hubiese prevenido	hubiesen prevenido

PROGRESSIVE TENSES

PRESENT	estoy, estás, está, estamos, estáis, están
PRETERIT	estuve, estuviste, estuvo, estuvimos, estuvisteis, estuvieron
IMPERFECT	estaba, estabas, estaba, estábamos, estabais, estaban
FUTURE	estaré, estarás, estará, estaremos, estaréis, estarán
CONDITIONAL	estaría, estarías, estaría, estaríamos, estaríais, estarían
SUBJUNCTIVE	que + *corresponding subjunctive tense of* estar (*see verb 151*)

} previniendo

COMMANDS

	(nosotros) prevengamos/no prevengamos
(tú) prevén/no prevengas	(vosotros) prevenid/no prevengáis
(Ud.) prevenga/no prevenga	(Uds.) prevengan/no prevengan

Usage

Previene que causen problemas.	*He's preventing them from causing problems.*
Te prevengo que tengas cuidado.	*I'm warning you to be careful.*
Más vale prevenir que curar.	*An ounce of prevention is worth a pound of cure.*
Hombre prevenido vale por dos.	*Forewarned is forearmed.*

pruebo · probaron · probado · probando   stem-changing -ar verb: *o > ue*

PRESENT		PRETERIT	
pruebo	probamos	probé	probamos
pruebas	probáis	probaste	probasteis
prueba	prueban	probó	probaron

IMPERFECT		PRESENT PERFECT	
probaba	probábamos	he probado	hemos probado
probabas	probabais	has probado	habéis probado
probaba	probaban	ha probado	han probado

FUTURE		CONDITIONAL	
probaré	probaremos	probaría	probaríamos
probarás	probaréis	probarías	probaríais
probará	probarán	probaría	probarían

PLUPERFECT		PRETERIT PERFECT	
había probado	habíamos probado	hube probado	hubimos probado
habías probado	habíais probado	hubiste probado	hubisteis probado
había probado	habían probado	hubo probado	hubieron probado

FUTURE PERFECT		CONDITIONAL PERFECT	
habré probado	habremos probado	habría probado	habríamos probado
habrás probado	habréis probado	habrías probado	habríais probado
habrá probado	habrán probado	habría probado	habrían probado

PRESENT SUBJUNCTIVE		PRESENT PERFECT SUBJUNCTIVE	
pruebe	probemos	haya probado	hayamos probado
pruebes	probéis	hayas probado	hayáis probado
pruebe	prueben	haya probado	hayan probado

IMPERFECT SUBJUNCTIVE (-ra)		or IMPERFECT SUBJUNCTIVE (-se)	
probara	probáramos	probase	probásemos
probaras	probarais	probases	probaseis
probara	probaran	probase	probasen

PAST PERFECT SUBJUNCTIVE (-ra)		or PAST PERFECT SUBJUNCTIVE (-se)	
hubiera probado	hubiéramos probado	hubiese probado	hubiésemos probado
hubieras probado	hubierais probado	hubieses probado	hubieseis probado
hubiera probado	hubieran probado	hubiese probado	hubiesen probado

PROGRESSIVE TENSES

PRESENT	estoy, estás, está, estamos, estáis, están	
PRETERIT	estuve, estuviste, estuvo, estuvimos, estuvisteis, estuvieron	
IMPERFECT	estaba, estabas, estaba, estábamos, estabais, estaban	probando
FUTURE	estaré, estarás, estará, estaremos, estaréis, estarán	
CONDITIONAL	estaría, estarías, estaría, estaríamos, estaríais, estarían	
SUBJUNCTIVE	que + *corresponding subjunctive tense of* estar (*see verb 151*)	

COMMANDS

	(nosotros) probemos/no probemos
(tú) prueba/no pruebes	(vosotros) probad/no probéis
(Ud.) pruebe/no pruebe	(Uds.) prueben/no prueben

Usage

Probaba su fuerza levantando pesas.	*He tested his strength by weight lifting.*
Sus éxitos prueban sus talentos.	*Her successes prove her ability.*
Probemos un poco de todo.	*Let's try/taste a little of everything.*
Pruébate este impermeable.	*Try on this raincoat.*

-*ir* verb; *c* > *zc/o, a*;
irregular preterit

produzco · produjeron · producido · produciendo

PRESENT

produzco	producimos
produces	producís
produce	producen

PRETERIT

produje	produjimos
produjiste	produjisteis
produjo	produjeron

IMPERFECT

producía	producíamos
producías	producíais
producía	producían

PRESENT PERFECT

he producido	hemos producido
has producido	habéis producido
ha producido	han producido

FUTURE

produciré	produciremos
producirás	produciréis
producirá	producirán

CONDITIONAL

produciría	produciríamos
producirías	produciríais
produciría	producirían

PLUPERFECT

había producido	habíamos producido
habías producido	habíais producido
había producido	habían producido

PRETERIT PERFECT

hube producido	hubimos producido
hubiste producido	hubisteis producido
hubo producido	hubieron producido

FUTURE PERFECT

habré producido	habremos producido
habrás producido	habréis producido
habrá producido	habrán producido

CONDITIONAL PERFECT

habría producido	habríamos producido
habrías producido	habríais producido
habría producido	habrían producido

PRESENT SUBJUNCTIVE

produzca	produzcamos
produzcas	produzcáis
produzca	produzcan

PRESENT PERFECT SUBJUNCTIVE

haya producido	hayamos producido
hayas producido	hayáis producido
haya producido	hayan producido

IMPERFECT SUBJUNCTIVE (-ra)

produjera	produjéramos
produjeras	produjerais
produjera	produjeran

or **IMPERFECT SUBJUNCTIVE (-se)**

produjese	produjésemos
produjeses	produjeseis
produjese	produjesen

PAST PERFECT SUBJUNCTIVE (-ra)

hubiera producido	hubiéramos producido
hubieras producido	hubierais producido
hubiera producido	hubieran producido

or **PAST PERFECT SUBJUNCTIVE (-se)**

hubiese producido	hubiésemos producido
hubieses producido	hubieseis producido
hubiese producido	hubiesen producido

PROGRESSIVE TENSES

PRESENT	estoy, estás, está, estamos, estáis, están
PRETERIT	estuve, estuviste, estuvo, estuvimos, estuvisteis, estuvieron
IMPERFECT	estaba, estabas, estaba, estábamos, estabais, estaban
FUTURE	estaré, estarás, estará, estaremos, estaréis, estarán
CONDITIONAL	estaría, estarías, estaría, estaríamos, estaríais, estarían
SUBJUNCTIVE	que + *corresponding subjunctive tense of* estar (*see verb 151*)

} produciendo

COMMANDS

	(nosotros) produzcamos/no produzcamos
(tú) produce/no produzcas	(vosotros) producid/no produzcáis
(Ud.) produzca/no produzca	(Uds.) produzcan/no produzcan

Usage

Se producen coches.	*They manufacture cars.*
La compañía producía productos alimenticios.	*The company produced foodstuffs.*
El manzano no produjo manzanas este año.	*The apple tree didn't bear apples this year.*
Ojalá que la sociedad produzca beneficios.	*I hope the corporation will yield profits.*

250 | prohibir *to forbid, prohibit*

prohíbo · prohibieron · prohibido · prohibiendo *-ir verb; spelling change: i > í when stressed*

PRESENT		PRETERIT	
prohíbo	prohibimos	prohibí	prohibimos
prohíbes	prohibís	prohibiste	prohibisteis
prohíbe	prohíben	prohibió	prohibieron

IMPERFECT		PRESENT PERFECT	
prohibía	prohibíamos	he prohibido	hemos prohibido
prohibías	prohibíais	has prohibido	habéis prohibido
prohibía	prohibían	ha prohibido	han prohibido

FUTURE		CONDITIONAL	
prohibiré	prohibiremos	prohibiría	prohibiríamos
prohibirás	prohibiréis	prohibirías	prohibiríais
prohibirá	prohibirán	prohibiría	prohibirían

PLUPERFECT		PRETERIT PERFECT	
había prohibido	habíamos prohibido	hube prohibido	hubimos prohibido
habías prohibido	habíais prohibido	hubiste prohibido	hubisteis prohibido
había prohibido	habían prohibido	hubo prohibido	hubieron prohibido

FUTURE PERFECT		CONDITIONAL PERFECT	
habré prohibido	habremos prohibido	habría prohibido	habríamos prohibido
habrás prohibido	habréis prohibido	habrías prohibido	habríais prohibido
habrá prohibido	habrán prohibido	habría prohibido	habrían prohibido

PRESENT SUBJUNCTIVE		PRESENT PERFECT SUBJUNCTIVE	
prohíba	prohibamos	haya prohibido	hayamos prohibido
prohíbas	prohibáis	hayas prohibido	hayáis prohibido
prohíba	prohíban	haya prohibido	hayan prohibido

IMPERFECT SUBJUNCTIVE (-ra)		*or*	IMPERFECT SUBJUNCTIVE (-se)	
prohibiera	prohibiéramos		prohibiese	prohibiésemos
prohibieras	prohibierais		prohibieses	prohibieseis
prohibiera	prohibieran		prohibiese	prohibiesen

PAST PERFECT SUBJUNCTIVE (-ra)		*or*	PAST PERFECT SUBJUNCTIVE (-se)	
hubiera prohibido	hubiéramos prohibido		hubiese prohibido	hubiésemos prohibido
hubieras prohibido	hubierais prohibido		hubieses prohibido	hubieseis prohibido
hubiera prohibido	hubieran prohibido		hubiese prohibido	hubiesen prohibido

PROGRESSIVE TENSES

PRESENT	estoy, estás, está, estamos, estáis, están
PRETERIT	estuve, estuviste, estuvo, estuvimos, estuvisteis, estuvieron
IMPERFECT	estaba, estabas, estaba, estábamos, estabais, estaban
FUTURE	estaré, estarás, estará, estaremos, estaréis, estarán
CONDITIONAL	estaría, estarías, estaría, estaríamos, estaríais, estarían
SUBJUNCTIVE	que + *corresponding subjunctive tense of* estar (*see verb 151*)

} prohibiendo

COMMANDS

	(nosotros) prohibamos/no prohibamos
(tú) prohíbe/no prohíbas	(vosotros) prohibid/no prohibáis
(Ud.) prohíba/no prohíba	(Uds.) prohíban/no prohíban

Usage

Hija, te prohibimos que vuelvas tan tarde.	*We forbid you to come back so late.*
Hija, te prohibimos volver tan tarde.	*We forbid you to come back so late.*
Se prohíbe entrar aquí por la seguridad nacional.	*We're forbidden from entering here because of national security.*

stem-changing -er verb: **promuevo · promovieron · promovido · promoviendo**
o > ue (like **mover**)

PRESENT		PRETERIT	
promuevo	promovemos	promoví	promovimos
promueves	promovéis	promoviste	promovisteis
promueve	promueven	promovió	promovieron

IMPERFECT		PRESENT PERFECT	
promovía	promovíamos	he promovido	hemos promovido
promovías	promovíais	has promovido	habéis promovido
promovía	promovían	ha promovido	han promovido

FUTURE		CONDITIONAL	
promoveré	promoveremos	promovería	promoveríamos
promoverás	promoveréis	promoverías	promoveríais
promoverá	promoverán	promovería	promoverían

PLUPERFECT		PRETERIT PERFECT	
había promovido	habíamos promovido	hube promovido	hubimos promovido
habías promovido	habíais promovido	hubiste promovido	hubisteis promovido
había promovido	habían promovido	hubo promovido	hubieron promovido

FUTURE PERFECT		CONDITIONAL PERFECT	
habré promovido	habremos promovido	habría promovido	habríamos promovido
habrás promovido	habréis promovido	habrías promovido	habríais promovido
habrá promovido	habrán promovido	habría promovido	habrían promovido

PRESENT SUBJUNCTIVE		PRESENT PERFECT SUBJUNCTIVE	
promueva	promovamos	haya promovido	hayamos promovido
promuevas	promováis	hayas promovido	hayáis promovido
promueva	promuevan	haya promovido	hayan promovido

IMPERFECT SUBJUNCTIVE (-ra)		*or* IMPERFECT SUBJUNCTIVE (-se)	
promoviera	promoviéramos	promoviese	promoviésemos
promovieras	promovierais	promovieses	promovieseis
promoviera	promovieran	promoviese	promoviesen

PAST PERFECT SUBJUNCTIVE (-ra)		*or* PAST PERFECT SUBJUNCTIVE (-se)	
hubiera promovido	hubiéramos promovido	hubiese promovido	hubiésemos promovido
hubieras promovido	hubierais promovido	hubieses promovido	hubieseis promovido
hubiera promovido	hubieran promovido	hubiese promovido	hubiesen promovido

PROGRESSIVE TENSES

PRESENT	estoy, estás, está, estamos, estáis, están	
PRETERIT	estuve, estuviste, estuvo, estuvimos, estuvisteis, estuvieron	
IMPERFECT	estaba, estabas, estaba, estábamos, estabais, estaban	promoviendo
FUTURE	estaré, estarás, estará, estaremos, estaréis, estarán	
CONDITIONAL	estaría, estarías, estaría, estaríamos, estaríais, estarían	
SUBJUNCTIVE	que + *corresponding subjunctive tense of* estar (*see verb 151*)	

COMMANDS

	(nosotros) promovamos/no promovamos
(tú) promueve/no promuevas	(vosotros) promoved/no promováis
(Ud.) promueva/no promueva	(Uds.) promuevan/no promuevan

Usage

Se promueve el producto con la campaña publicitaria.	*The advertising campaign promotes the product.*
Promovieron la rebelión.	*They caused/stirred up the rebellion.*
Espero que lo hayan promovido a gerente.	*I hope he was promoted to manager.*

proteger *to protect*

protejo · protegieron · protegido · protegiendo   *-er* verb; spelling change:
g > j/o, a

PRESENT		PRETERIT	
protejo	protegemos	protegí	protegimos
proteges	protegéis	protegiste	protegisteis
protege	protegen	protegió	protegieron

IMPERFECT		PRESENT PERFECT	
protegía	protegíamos	he protegido	hemos protegido
protegías	protegíais	has protegido	habéis protegido
protegía	protegían	ha protegido	han protegido

FUTURE		CONDITIONAL	
protegeré	protegeremos	protegería	protegeríamos
protegerás	protegeréis	protegerías	protegeríais
protegerá	protegerán	protegería	protegerían

PLUPERFECT		PRETERIT PERFECT	
había protegido	habíamos protegido	hube protegido	hubimos protegido
habías protegido	habíais protegido	hubiste protegido	hubisteis protegido
había protegido	habían protegido	hubo protegido	hubieron protegido

FUTURE PERFECT		CONDITIONAL PERFECT	
habré protegido	habremos protegido	habría protegido	habríamos protegido
habrás protegido	habréis protegido	habrías protegido	habríais protegido
habrá protegido	habrán protegido	habría protegido	habrían protegido

PRESENT SUBJUNCTIVE		PRESENT PERFECT SUBJUNCTIVE	
proteja	protejamos	haya protegido	hayamos protegido
protejas	protejáis	hayas protegido	hayáis protegido
proteja	protejan	haya protegido	hayan protegido

IMPERFECT SUBJUNCTIVE (-ra)		*or* IMPERFECT SUBJUNCTIVE (-se)	
protegiera	protegiéramos	protegiese	protegiésemos
protegieras	protegierais	protegieses	protegieseis
protegiera	protegieran	protegiese	protegiesen

PAST PERFECT SUBJUNCTIVE (-ra)		*or* PAST PERFECT SUBJUNCTIVE (-se)	
hubiera protegido	hubiéramos protegido	hubiese protegido	hubiésemos protegido
hubieras protegido	hubierais protegido	hubieses protegido	hubieseis protegido
hubiera protegido	hubieran protegido	hubiese protegido	hubiesen protegido

PROGRESSIVE TENSES

PRESENT	estoy, estás, está, estamos, estáis, están	
PRETERIT	estuve, estuviste, estuvo, estuvimos, estuvisteis, estuvieron	
IMPERFECT	estaba, estabas, estaba, estábamos, estabais, estaban	protegiendo
FUTURE	estaré, estarás, estará, estaremos, estaréis, estarán	
CONDITIONAL	estaría, estarías, estaría, estaríamos, estaríais, estarían	
SUBJUNCTIVE	que + *corresponding subjunctive tense of* estar (*see verb 151*)	

COMMANDS

	(nosotros) protejamos/no protejamos
(tú) protege/no protejas	(vosotros) proteged/no protejáis
(Ud.) proteja/no proteja	(Uds.) protejan/no protejan

Usage

El camuflaje protege a los soldados.	*Camouflage protects soldiers.*
Protéjanse del sol.	*Protect yourselves from the sun.*
¡Que Dios les proteja!	*May God protect you!*
Son los protegidos del Primer Ministro.	*They're the Prime Minister's protégés.*

-ar verb; spelling change:
c > qu/e

provoco · provocaron · provocado · provocando

PRESENT		PRETERIT	
provoco	provocamos	provoqué	provocamos
provocas	provocáis	provocaste	provocasteis
provoca	provocan	provocó	provocaron

IMPERFECT		PRESENT PERFECT	
provocaba	provocábamos	he provocado	hemos provocado
provocabas	provocabais	has provocado	habéis provocado
provocaba	provocaban	ha provocado	han provocado

FUTURE		CONDITIONAL	
provocaré	provocaremos	provocaría	provocaríamos
provocarás	provocaréis	provocarías	provocaríais
provocará	provocarán	provocaría	provocarían

PLUPERFECT		PRETERIT PERFECT	
había provocado	habíamos provocado	hube provocado	hubimos provocado
habías provocado	habíais provocado	hubiste provocado	hubisteis provocado
había provocado	habían provocado	hubo provocado	hubieron provocado

FUTURE PERFECT		CONDITIONAL PERFECT	
habré provocado	habremos provocado	habría provocado	habríamos provocado
habrás provocado	habréis provocado	habrías provocado	habríais provocado
habrá provocado	habrán provocado	habría provocado	habrían provocado

PRESENT SUBJUNCTIVE		PRESENT PERFECT SUBJUNCTIVE	
provoque	provoquemos	haya provocado	hayamos provocado
provoques	provoquéis	hayas provocado	hayáis provocado
provoque	provoquen	haya provocado	hayan provocado

IMPERFECT SUBJUNCTIVE (-ra)		or	IMPERFECT SUBJUNCTIVE (-se)	
provocara	provocáramos		provocase	provocásemos
provocaras	provocarais		provocases	provocaseis
provocara	provocaran		provocase	provocasen

PAST PERFECT SUBJUNCTIVE (-ra)		or	PAST PERFECT SUBJUNCTIVE (-se)	
hubiera provocado	hubiéramos provocado		hubiese provocado	hubiésemos provocado
hubieras provocado	hubierais provocado		hubieses provocado	hubieseis provocado
hubiera provocado	hubieran provocado		hubiese provocado	hubiesen provocado

PROGRESSIVE TENSES

PRESENT	estoy, estás, está, estamos, estáis, están	
PRETERIT	estuve, estuviste, estuvo, estuvimos, estuvisteis, estuvieron	
IMPERFECT	estaba, estabas, estaba, estábamos, estabais, estaban	provocando
FUTURE	estaré, estarás, estará, estaremos, estaréis, estarán	
CONDITIONAL	estaría, estarías, estaría, estaríamos, estaríais, estarían	
SUBJUNCTIVE	que + corresponding subjunctive tense of estar (see verb 151)	

COMMANDS

	(nosotros) provoquemos/no provoquemos
(tú) provoca/no provoques	(vosotros) provocad/no provoquéis
(Ud.) provoque/no provoque	(Uds.) provoquen/no provoquen

Usage

Provoca a todos con su descaro.	*She provokes everyone with her impudence.*
¿Qué provocó el ruido tan fuerte?	*What caused the very loud noise?*
El pacto violado provocó la guerra.	*The broken pact started the war.*
No me provoca comer ahora.	*I don't feel like eating now.*

publicar *to publish, publicize*

publico · publicaron · publicado · publicando   *-ar verb; spelling change: c > qu/e*

PRESENT		PRETERIT	
publico	publicamos	publiqué	publicamos
publicas	publicáis	publicaste	publicasteis
publica	publican	publicó	publicaron

IMPERFECT		PRESENT PERFECT	
publicaba	publicábamos	he publicado	hemos publicado
publicabas	publicabais	has publicado	habéis publicado
publicaba	publicaban	ha publicado	han publicado

FUTURE		CONDITIONAL	
publicaré	publicaremos	publicaría	publicaríamos
publicarás	publicaréis	publicarías	publicaríais
publicará	publicarán	publicaría	publicarían

PLUPERFECT		PRETERIT PERFECT	
había publicado	habíamos publicado	hube publicado	hubimos publicado
habías publicado	habíais publicado	hubiste publicado	hubisteis publicado
había publicado	habían publicado	hubo publicado	hubieron publicado

FUTURE PERFECT		CONDITIONAL PERFECT	
habré publicado	habremos publicado	habría publicado	habríamos publicado
habrás publicado	habréis publicado	habrías publicado	habríais publicado
habrá publicado	habrán publicado	habría publicado	habrían publicado

PRESENT SUBJUNCTIVE		PRESENT PERFECT SUBJUNCTIVE	
publique	publiquemos	haya publicado	hayamos publicado
publiques	publiquéis	hayas publicado	hayáis publicado
publique	publiquen	haya publicado	hayan publicado

IMPERFECT SUBJUNCTIVE (-ra)		*or* IMPERFECT SUBJUNCTIVE (-se)	
publicara	publicáramos	publicase	publicásemos
publicaras	publicarais	publicases	publicaseis
publicara	publicaran	publicase	publicasen

PAST PERFECT SUBJUNCTIVE (-ra)		*or* PAST PERFECT SUBJUNCTIVE (-se)	
hubiera publicado	hubiéramos publicado	hubiese publicado	hubiésemos publicado
hubieras publicado	hubierais publicado	hubieses publicado	hubieseis publicado
hubiera publicado	hubieran publicado	hubiese publicado	hubiesen publicado

PROGRESSIVE TENSES

PRESENT	estoy, estás, está, estamos, estáis, están	
PRETERIT	estuve, estuviste, estuvo, estuvimos, estuvisteis, estuvieron	
IMPERFECT	estaba, estabas, estaba, estábamos, estabais, estaban	publicando
FUTURE	estaré, estarás, estará, estaremos, estaréis, estarán	
CONDITIONAL	estaría, estarías, estaría, estaríamos, estaríais, estarían	
SUBJUNCTIVE	que + *corresponding subjunctive tense of* estar (*see verb 151*)	

COMMANDS

	(nosotros) publiquemos/no publiquemos
(tú) publica/no publiques	(vosotros) publicad/no publiquéis
(Ud.) publique/no publique	(Uds.) publiquen/no publiquen

Usage

La editorial publica libros de historia.	*The publishing house publishes history books.*
Se publicó la antología en 2001.	*The anthology was published in 2001.*
Se ve mucha publicidad disimulada y subliminal.	*We see a lot of sneaky and subliminal advertising.*

stem-changing -ar verb: *e > ie*   **quiebro · quebraron · quebrado · quebrando**

PRESENT

quiebro	quebramos
quiebras	quebráis
quiebra	quiebran

PRETERIT

quebré	quebramos
quebraste	quebrasteis
quebró	quebraron

IMPERFECT

quebraba	quebrábamos
quebrabas	quebrabais
quebraba	quebraban

PRESENT PERFECT

he quebrado	hemos quebrado
has quebrado	habéis quebrado
ha quebrado	han quebrado

FUTURE

quebraré	quebraremos
quebrarás	quebraréis
quebrará	quebrarán

CONDITIONAL

quebraría	quebraríamos
quebrarías	quebraríais
quebraría	quebrarían

PLUPERFECT

había quebrado	habíamos quebrado
habías quebrado	habíais quebrado
había quebrado	habían quebrado

PRETERIT PERFECT

hube quebrado	hubimos quebrado
hubiste quebrado	hubisteis quebrado
hubo quebrado	hubieron quebrado

FUTURE PERFECT

habré quebrado	habremos quebrado
habrás quebrado	habréis quebrado
habrá quebrado	habrán quebrado

CONDITIONAL PERFECT

habría quebrado	habríamos quebrado
habrías quebrado	habríais quebrado
habría quebrado	habrían quebrado

PRESENT SUBJUNCTIVE

quiebre	quebremos
quiebres	quebréis
quiebre	quiebren

PRESENT PERFECT SUBJUNCTIVE

haya quebrado	hayamos quebrado
hayas quebrado	hayáis quebrado
haya quebrado	hayan quebrado

IMPERFECT SUBJUNCTIVE (-ra)

quebrara	quebráramos
quebraras	quebrarais
quebrara	quebraran

or ## IMPERFECT SUBJUNCTIVE (-se)

quebrase	quebrásemos
quebrases	quebraseis
quebrase	quebrasen

PAST PERFECT SUBJUNCTIVE (-ra)

hubiera quebrado	hubiéramos quebrado
hubieras quebrado	hubierais quebrado
hubiera quebrado	hubieran quebrado

or ## PAST PERFECT SUBJUNCTIVE (-se)

hubiese quebrado	hubiésemos quebrado
hubieses quebrado	hubieseis quebrado
hubiese quebrado	hubiesen quebrado

PROGRESSIVE TENSES

PRESENT	estoy, estás, está, estamos, estáis, están
PRETERIT	estuve, estuviste, estuvo, estuvimos, estuvisteis, estuvieron
IMPERFECT	estaba, estabas, estaba, estábamos, estabais, estaban
FUTURE	estaré, estarás, estará, estaremos, estaréis, estarán
CONDITIONAL	estaría, estarías, estaría, estaríamos, estaríais, estarían
SUBJUNCTIVE	que + *corresponding subjunctive tense of* estar (*see verb 151*)

} quebrando

COMMANDS

	(nosotros) quebremos/no quebremos
(tú) quiebra/no quiebres	(vosotros) quebrad/no quebréis
(Ud.) quiebre/no quiebre	(Uds.) quiebren/no quiebren

Usage

De repente alguien quebró el silencio.	*Suddenly someone broke the silence.*
Se quebró el dedo jugando baloncesto.	*He broke his finger playing basketball.*
Es improbable que la empresa quiebre.	*It's improbable the company will go bankrupt.*
Se nos quebraron las tazas y los platillos.	*We broke the cups and saucers.*

quedarse *to stay, remain*

quedo · quedaron · quedado · quedándose regular *-ar* reflexive verb

PRESENT		PRETERIT	
me quedo	nos quedamos	me quedé	nos quedamos
te quedas	os quedáis	te quedaste	os quedasteis
se queda	se quedan	se quedó	se quedaron

IMPERFECT		PRESENT PERFECT	
me quedaba	nos quedábamos	me he quedado	nos hemos quedado
te quedabas	os quedabais	te has quedado	os habéis quedado
se quedaba	se quedaban	se ha quedado	se han quedado

FUTURE		CONDITIONAL	
me quedaré	nos quedaremos	me quedaría	nos quedaríamos
te quedarás	os quedaréis	te quedarías	os quedaríais
se quedará	se quedarán	se quedaría	se quedarían

PLUPERFECT		PRETERIT PERFECT	
me había quedado	nos habíamos quedado	me hube quedado	nos hubimos quedado
te habías quedado	os habíais quedado	te hubiste quedado	os hubisteis quedado
se había quedado	se habían quedado	se hubo quedado	se hubieron quedado

FUTURE PERFECT		CONDITIONAL PERFECT	
me habré quedado	nos habremos quedado	me habría quedado	nos habríamos quedado
te habrás quedado	os habréis quedado	te habrías quedado	os habríais quedado
se habrá quedado	se habrán quedado	se habría quedado	se habrían quedado

PRESENT SUBJUNCTIVE		PRESENT PERFECT SUBJUNCTIVE	
me quede	nos quedemos	me haya quedado	nos hayamos quedado
te quedes	os quedéis	te hayas quedado	os hayáis quedado
se quede	se queden	se haya quedado	se hayan quedado

IMPERFECT SUBJUNCTIVE (-ra)		*or*	IMPERFECT SUBJUNCTIVE (-se)	
me quedara	nos quedáramos		me quedase	nos quedásemos
te quedaras	os quedarais		te quedases	os quedaseis
se quedara	se quedaran		se quedase	se quedasen

PAST PERFECT SUBJUNCTIVE (-ra)		*or*	PAST PERFECT SUBJUNCTIVE (-se)	
me hubiera quedado	nos hubiéramos quedado		me hubiese quedado	nos hubiésemos quedado
te hubieras quedado	os hubierais quedado		te hubieses quedado	os hubieseis quedado
se hubiera quedado	se hubieran quedado		se hubiese quedado	se hubiesen quedado

PROGRESSIVE TENSES

PRESENT	estoy, estás, está, estamos, estáis, están
PRETERIT	estuve, estuviste, estuvo, estuvimos, estuvisteis, estuvieron
IMPERFECT	estaba, estabas, estaba, estábamos, estabais, estaban
FUTURE	estaré, estarás, estará, estaremos, estaréis, estarán
CONDITIONAL	estaría, estarías, estaría, estaríamos, estaríais, estarían
SUBJUNCTIVE	que + *corresponding subjunctive tense of* estar (*see verb 151*)

quedando (*see page 36*)

COMMANDS

	(nosotros) quedémonos/no nos quedemos
(tú) quédate/no te quedes	(vosotros) quedaos/no os quedéis
(Ud.) quédese/no se quede	(Uds.) quédense/no se queden

Usage

Nos quedamos en el café un par de horas.	*We stayed at the café a couple of hours.*
Se quedaron pensativos.	*They remained pensive.*
Beethoven se quedó sordo.	*Beethoven became/went deaf.*
Me quedo con la bufanda azul, señorita.	*I'll take the blue scarf, Miss. (in a store)*

irregular verb | **quiero · quisieron · querido · queriendo**

PRESENT		PRETERIT	
quiero	queremos	quise	quisimos
quieres	queréis	quisiste	quisisteis
quiere	quieren	quiso	quisieron

IMPERFECT		PRESENT PERFECT	
quería	queríamos	he querido	hemos querido
querías	queríais	has querido	habéis querido
quería	querían	ha querido	han querido

FUTURE		CONDITIONAL	
querré	querremos	querría	querríamos
querrás	querréis	querrías	querríais
querrá	querrán	querría	querrían

PLUPERFECT		PRETERIT PERFECT	
había querido	habíamos querido	hube querido	hubimos querido
habías querido	habíais querido	hubiste querido	hubisteis querido
había querido	habían querido	hubo querido	hubieron querido

FUTURE PERFECT		CONDITIONAL PERFECT	
habré querido	habremos querido	habría querido	habríamos querido
habrás querido	habréis querido	habrías querido	habríais querido
habrá querido	habrán querido	habría querido	habrían querido

PRESENT SUBJUNCTIVE		PRESENT PERFECT SUBJUNCTIVE	
quiera	queramos	haya querido	hayamos querido
quieras	queráis	hayas querido	hayáis querido
quiera	quieran	haya querido	hayan querido

IMPERFECT SUBJUNCTIVE (-ra)		*or* IMPERFECT SUBJUNCTIVE (-se)	
quisiera	quisiéramos	quisiese	quisiésemos
quisieras	quisierais	quisieses	quisieseis
quisiera	quisieran	quisiese	quisiesen

PAST PERFECT SUBJUNCTIVE (-ra)		*or* PAST PERFECT SUBJUNCTIVE (-se)	
hubiera querido	hubiéramos querido	hubiese querido	hubiésemos querido
hubieras querido	hubierais querido	hubieses querido	hubieseis querido
hubiera querido	hubieran querido	hubiese querido	hubiesen querido

PROGRESSIVE TENSES

PRESENT	estoy, estás, está, estamos, estáis, están	
PRETERIT	estuve, estuviste, estuvo, estuvimos, estuvisteis, estuvieron	
IMPERFECT	estaba, estabas, estaba, estábamos, estabais, estaban	queriendo
FUTURE	estaré, estarás, estará, estaremos, estaréis, estarán	
CONDITIONAL	estaría, estarías, estaría, estaríamos, estaríais, estarían	
SUBJUNCTIVE	que + *corresponding subjunctive tense of* estar (*see verb 151*)	

COMMANDS

	(nosotros) queramos/no queramos
(tú) quiere/no quieras	(vosotros) quered/no queráis
(Ud.) quiera/no quiera	(Uds.) quieran/no quieran

Usage

Quiero una tarjeta telefónica.	*I want a telephone card.*
¿Quiere Ud. dejar un recado?	*Do you want to leave a message?*
No quisieron aceptar la oferta.	*They refused to accept the offer.*

TOP 30 VERB ☞

querer *to want, wish, love*

quiero · quisieron · querido · queriendo   irregular verb

Quisiera hablar con el presidente, por favor.	*I would like to speak with the chairman, please.*
Queremos mucho a nuestros hijos.	*We love our children dearly.*
¿Qué quieres que yo haga?	*What do you want me to do?*
Queríamos que fueran con nosotros.	*We wanted them to go with us.*
Haz lo que quieras.	*Do as you wish/like.*
Quisiéramos que regresaran de México.	*We wish they'd return from Mexico.*
¿Qué quieres de mí?	*What do you want from me?*
No quieren que se sepa todavía.	*They don't want it made known yet.*

querer decir *to mean*

¿Qué quieres decir con esto?	*What do you mean by this?*
No sé qué quiere decir.	*I don't know what it means.*
Como y cuando quieras.	*As you like and whenever you like.*
¡Por lo que más quieras!	*For heaven's sake!*

querer bien/mal *to like, be fond of/dislike, have it in for*

La queremos bien.	*We like her./We're fond of her.*
No sé por qué lo quieren mal.	*I don't know why they dislike him/have it in for him.*

Other Uses

Querer es poder.	*Where there's a will, there's a way.*
Quien bien te quiere te hará llorar.	*Spare the rod and spoil the child.*
La novia/El novio contesta *sí quiero.*	*The bride/The groom answers, "I do."*
Se quieren/Nos queremos mucho.	*They love/We love each other dearly.*
Todos les tenemos mucho querer.	*We all have a lot of affection for them./ We're all very fond of them.*
Se dice *me quiere, no me quiere* arrancando los pétalos de una margarita.	*You say "He/She loves me, he/she loves me not" as you pull the petals off a daisy.*
Querido Felipe/Querida Laura	*Dear Felipe/Dear Laura* (salutation in letter)
Sí, querido/querida, te acompaño.	*Yes, dear/darling, I'll go with you.*
Quiere llover/nevar.	*It looks like (It's trying to) rain/snow.*
Lo hizo sin querer.	*He did it unintentionally.*

TOP 30 VERBS

-ar verb; spelling change: $z > c/e$ **realizo · realizaron · realizado · realizando**

PRESENT	
realizo	realizamos
realizas	realizáis
realiza	realizan

PRETERIT	
realicé	realizamos
realizaste	realizasteis
realizó	realizaron

IMPERFECT	
realizaba	realizábamos
realizabas	realizabais
realizaba	realizaban

PRESENT PERFECT	
he realizado	hemos realizado
has realizado	habéis realizado
ha realizado	han realizado

FUTURE	
realizaré	realizaremos
realizarás	realizaréis
realizará	realizarán

CONDITIONAL	
realizaría	realizaríamos
realizarías	realizaríais
realizaría	realizarían

PLUPERFECT	
había realizado	habíamos realizado
habías realizado	habíais realizado
había realizado	habían realizado

PRETERIT PERFECT	
hube realizado	hubimos realizado
hubiste realizado	hubisteis realizado
hubo realizado	hubieron realizado

FUTURE PERFECT	
habré realizado	habremos realizado
habrás realizado	habréis realizado
habrá realizado	habrán realizado

CONDITIONAL PERFECT	
habría realizado	habríamos realizado
habrías realizado	habríais realizado
habría realizado	habrían realizado

PRESENT SUBJUNCTIVE	
realice	realicemos
realices	realicéis
realice	realicen

PRESENT PERFECT SUBJUNCTIVE	
haya realizado	hayamos realizado
hayas realizado	hayáis realizado
haya realizado	hayan realizado

IMPERFECT SUBJUNCTIVE (-ra)		or	IMPERFECT SUBJUNCTIVE (-se)	
realizara	realizáramos		realizase	realizásemos
realizaras	realizarais		realizases	realizaseis
realizara	realizaran		realizase	realizasen

PAST PERFECT SUBJUNCTIVE (-ra)		or	PAST PERFECT SUBJUNCTIVE (-se)	
hubiera realizado	hubiéramos realizado		hubiese realizado	hubiésemos realizado
hubieras realizado	hubierais realizado		hubieses realizado	hubieseis realizado
hubiera realizado	hubieran realizado		hubiese realizado	hubiesen realizado

PROGRESSIVE TENSES

PRESENT	estoy, estás, está, estamos, estáis, están	
PRETERIT	estuve, estuviste, estuvo, estuvimos, estuvisteis, estuvieron	
IMPERFECT	estaba, estabas, estaba, estábamos, estabais, estaban	realizando
FUTURE	estaré, estarás, estará, estaremos, estaréis, estarán	
CONDITIONAL	estaría, estarías, estaría, estaríamos, estaríais, estarían	
SUBJUNCTIVE	que + corresponding subjunctive tense of estar (see verb 151)	

COMMANDS

	(nosotros) realicemos/no realicemos
(tú) realiza/no realices	(vosotros) realizad/no realicéis
(Ud.) realice/no realice	(Uds.) realicen/no realicen

Usage

Espero que realices todas tus ambiciones.	I hope you realize all your ambitions.
Se realizó la encuesta.	The survey was carried out/completed.
Uds. ya han realizado mucho.	You've already accomplished a lot.
Realice las gestiones necesarias.	Take the necessary steps.

rechazar *to reject, turn down, refuse, repel*

rechazo · rechazaron · rechazado · rechazando   *-ar* verb; spelling change: *z > c/e*

PRESENT		PRETERIT	
rechazo	rechazamos	rechacé	rechazamos
rechazas	rechazáis	rechazaste	rechazasteis
rechaza	rechazan	rechazó	rechazaron

IMPERFECT		PRESENT PERFECT	
rechazaba	rechazábamos	he rechazado	hemos rechazado
rechazabas	rechazabais	has rechazado	habéis rechazado
rechazaba	rechazaban	ha rechazado	han rechazado

FUTURE		CONDITIONAL	
rechazaré	rechazaremos	rechazaría	rechazaríamos
rechazarás	rechazaréis	rechazarías	rechazaríais
rechazará	rechazarán	rechazaría	rechazarían

PLUPERFECT		PRETERIT PERFECT	
había rechazado	habíamos rechazado	hube rechazado	hubimos rechazado
habías rechazado	habíais rechazado	hubiste rechazado	hubisteis rechazado
había rechazado	habían rechazado	hubo rechazado	hubieron rechazado

FUTURE PERFECT		CONDITIONAL PERFECT	
habré rechazado	habremos rechazado	habría rechazado	habríamos rechazado
habrás rechazado	habréis rechazado	habrías rechazado	habríais rechazado
habrá rechazado	habrán rechazado	habría rechazado	habrían rechazado

PRESENT SUBJUNCTIVE		PRESENT PERFECT SUBJUNCTIVE	
rechace	rechacemos	haya rechazado	hayamos rechazado
rechaces	rechacéis	hayas rechazado	hayáis rechazado
rechace	rechacen	haya rechazado	hayan rechazado

IMPERFECT SUBJUNCTIVE (-ra)		*or* IMPERFECT SUBJUNCTIVE (-se)	
rechazara	rechazáramos	rechazase	rechazásemos
rechazaras	rechazarais	rechazases	rechazaseis
rechazara	rechazaran	rechazase	rechazasen

PAST PERFECT SUBJUNCTIVE (-ra)		*or* PAST PERFECT SUBJUNCTIVE (-se)	
hubiera rechazado	hubiéramos rechazado	hubiese rechazado	hubiésemos rechazado
hubieras rechazado	hubierais rechazado	hubieses rechazado	hubieseis rechazado
hubiera rechazado	hubieran rechazado	hubiese rechazado	hubiesen rechazado

PROGRESSIVE TENSES

PRESENT	estoy, estás, está, estamos, estáis, están	
PRETERIT	estuve, estuviste, estuvo, estuvimos, estuvisteis, estuvieron	
IMPERFECT	estaba, estabas, estaba, estábamos, estabais, estaban	rechazando
FUTURE	estaré, estarás, estará, estaremos, estaréis, estarán	
CONDITIONAL	estaría, estarías, estaría, estaríamos, estaríais, estarían	
SUBJUNCTIVE	que + *corresponding subjunctive tense of* estar (*see verb 151*)	

COMMANDS

	(nosotros) rechacemos/no rechacemos
(tú) rechaza/no rechaces	(vosotros) rechazad/no rechacéis
(Ud.) rechace/no rechace	(Uds.) rechacen/no rechacen

Usage

¿Por qué rechazó Ud. la oferta?	*Why did you reject the offer?*
Rechacé su invitación.	*I refused their invitation.*
Los soldados rechazaron el ataque.	*The soldiers repelled the attack.*
Rechazó a sus dos pretendientes.	*She rejected her two suitors.*

regular -*ir* verb

recibo · recibieron · recibido · recibiendo

PRESENT		PRETERIT	
recibo	recibimos	recibí	recibimos
recibes	recibís	recibiste	recibisteis
recibe	reciben	recibió	recibieron

IMPERFECT		PRESENT PERFECT	
recibía	recibíamos	he recibido	hemos recibido
recibías	recibíais	has recibido	habéis recibido
recibía	recibían	ha recibido	han recibido

FUTURE		CONDITIONAL	
recibiré	recibiremos	recibiría	recibiríamos
recibirás	recibiréis	recibirías	recibiríais
recibirá	recibirán	recibiría	recibirían

PLUPERFECT		PRETERIT PERFECT	
había recibido	habíamos recibido	hube recibido	hubimos recibido
habías recibido	habíais recibido	hubiste recibido	hubisteis recibido
había recibido	habían recibido	hubo recibido	hubieron recibido

FUTURE PERFECT		CONDITIONAL PERFECT	
habré recibido	habremos recibido	habría recibido	habríamos recibido
habrás recibido	habréis recibido	habrías recibido	habríais recibido
habrá recibido	habrán recibido	habría recibido	habrían recibido

PRESENT SUBJUNCTIVE		PRESENT PERFECT SUBJUNCTIVE	
reciba	recibamos	haya recibido	hayamos recibido
recibas	recibáis	hayas recibido	hayáis recibido
reciba	reciban	haya recibido	hayan recibido

IMPERFECT SUBJUNCTIVE (-ra)		*or* IMPERFECT SUBJUNCTIVE (-se)	
recibiera	recibiéramos	recibiese	recibiésemos
recibieras	recibierais	recibieses	recibieseis
recibiera	recibieran	recibiese	recibiesen

PAST PERFECT SUBJUNCTIVE (-ra)		*or* PAST PERFECT SUBJUNCTIVE (-se)	
hubiera recibido	hubiéramos recibido	hubiese recibido	hubiésemos recibido
hubieras recibido	hubierais recibido	hubieses recibido	hubieseis recibido
hubiera recibido	hubieran recibido	hubiese recibido	hubiesen recibido

PROGRESSIVE TENSES

PRESENT	estoy, estás, está, estamos, estáis, están	
PRETERIT	estuve, estuviste, estuvo, estuvimos, estuvisteis, estuvieron	
IMPERFECT	estaba, estabas, estaba, estábamos, estabais, estaban	recibiendo
FUTURE	estaré, estarás, estará, estaremos, estaréis, estarán	
CONDITIONAL	estaría, estarías, estaría, estaríamos, estaríais, estarían	
SUBJUNCTIVE	que + *corresponding subjunctive tense of* estar (*see verb 151*)	

COMMANDS

	(nosotros) recibamos/no recibamos
(tú) recibe/no recibas	(vosotros) recibid/no recibáis
(Ud.) reciba/no reciba	(Uds.) reciban/no reciban

Usage

¿Recibiste cartas?	*Did you get/receive letters?*
Siempre nos reciben muy calurosamente.	*They always receive us warmly.*
Los recibiremos con los brazos abiertos.	*We'll welcome them with open arms.*
Se recibió de ingeniero.	*He graduated as an engineer.*

recoger *to collect, gather, pick, pick up*

recojo · recogieron · recogido · recogiendo   *-er verb; spelling change:* $g > j/o, a$

PRESENT		PRETERIT	
recojo	recogemos	recogí	recogimos
recoges	recogéis	recogiste	recogisteis
recoge	recogen	recogió	recogieron

IMPERFECT		PRESENT PERFECT	
recogía	recogíamos	he recogido	hemos recogido
recogías	recogíais	has recogido	habéis recogido
recogía	recogían	ha recogido	han recogido

FUTURE		CONDITIONAL	
recogeré	recogeremos	recogería	recogeríamos
recogerás	recogeréis	recogerías	recogeríais
recogerá	recogerán	recogería	recogerían

PLUPERFECT		PRETERIT PERFECT	
había recogido	habíamos recogido	hube recogido	hubimos recogido
habías recogido	habíais recogido	hubiste recogido	hubisteis recogido
había recogido	habían recogido	hubo recogido	hubieron recogido

FUTURE PERFECT		CONDITIONAL PERFECT	
habré recogido	habremos recogido	habría recogido	habríamos recogido
habrás recogido	habréis recogido	habrías recogido	habríais recogido
habrá recogido	habrán recogido	habría recogido	habrían recogido

PRESENT SUBJUNCTIVE		PRESENT PERFECT SUBJUNCTIVE	
recoja	recojamos	haya recogido	hayamos recogido
recojas	recojáis	hayas recogido	hayáis recogido
recoja	recojan	haya recogido	hayan recogido

IMPERFECT SUBJUNCTIVE (-ra)		*or* IMPERFECT SUBJUNCTIVE (-se)	
recogiera	recogiéramos	recogiese	recogiésemos
recogieras	recogierais	recogieses	recogieseis
recogiera	recogieran	recogiese	recogiesen

PAST PERFECT SUBJUNCTIVE (-ra)		*or* PAST PERFECT SUBJUNCTIVE (-se)	
hubiera recogido	hubiéramos recogido	hubiese recogido	hubiésemos recogido
hubieras recogido	hubierais recogido	hubieses recogido	hubieseis recogido
hubiera recogido	hubieran recogido	hubiese recogido	hubiesen recogido

PROGRESSIVE TENSES

PRESENT	estoy, estás, está, estamos, estáis, están
PRETERIT	estuve, estuviste, estuvo, estuvimos, estuvisteis, estuvieron
IMPERFECT	estaba, estabas, estaba, estábamos, estabais, estaban
FUTURE	estaré, estarás, estará, estaremos, estaréis, estarán
CONDITIONAL	estaría, estarías, estaría, estaríamos, estaríais, estarían
SUBJUNCTIVE	que + *corresponding subjunctive tense of* estar (*see verb 151*)

} recogiendo

COMMANDS

	(nosotros) recojamos/no recojamos
(tú) recoge/no recojas	(vosotros) recoged/no recojáis
(Ud.) recoja/no recoja	(Uds.) recojan/no recojan

Usage

Todavía recojo datos.	I'm still collecting data.
En otoño se recogen las hojas caídas.	In the autumn we gather up the fallen leaves.
Recojamos fresas.	Let's pick strawberries.
¿Quieres que te recoja a las dos?	Do you want me to pick you up at two o'clock?

stem-changing -*ar* verb: *e > ie*	**recomiendo · recomendaron · recomendado · recomendando**		

PRESENT

recomiendo	recomendamos
recomiendas	recomendáis
recomienda	recomiendan

PRETERIT

recomendé	recomendamos
recomendaste	recomendasteis
recomendó	recomendaron

IMPERFECT

recomendaba	recomendábamos
recomendabas	recomendabais
recomendaba	recomendaban

PRESENT PERFECT

he recomendado	hemos recomendado
has recomendado	habéis recomendado
ha recomendado	han recomendado

FUTURE

recomendaré	recomendaremos
recomendarás	recomendaréis
recomendará	recomendarán

CONDITIONAL

recomendaría	recomendaríamos
recomendarías	recomendaríais
recomendaría	recomendarían

PLUPERFECT

había recomendado	habíamos recomendado
habías recomendado	habíais recomendado
había recomendado	habían recomendado

PRETERIT PERFECT

hube recomendado	hubimos recomendado
hubiste recomendado	hubisteis recomendado
hubo recomendado	hubieron recomendado

FUTURE PERFECT

habré recomendado	habremos recomendado
habrás recomendado	habréis recomendado
habrá recomendado	habrán recomendado

CONDITIONAL PERFECT

habría recomendado	habríamos recomendado
habrías recomendado	habríais recomendado
habría recomendado	habrían recomendado

PRESENT SUBJUNCTIVE

recomiende	recomendemos
recomiendes	recomendéis
recomiende	recomienden

PRESENT PERFECT SUBJUNCTIVE

haya recomendado	hayamos recomendado
hayas recomendado	hayáis recomendado
haya recomendado	hayan recomendado

IMPERFECT SUBJUNCTIVE (-ra)

recomendara	recomendáramos
recomendaras	recomendarais
recomendara	recomendaran

or **IMPERFECT SUBJUNCTIVE (-se)**

recomendase	recomendásemos
recomendases	recomendaseis
recomendase	recomendasen

PAST PERFECT SUBJUNCTIVE (-ra)

hubiera recomendado	hubiéramos recomendado
hubieras recomendado	hubierais recomendado
hubiera recomendado	hubieran recomendado

or **PAST PERFECT SUBJUNCTIVE (-se)**

hubiese recomendado	hubiésemos recomendado
hubieses recomendado	hubieseis recomendado
hubiese recomendado	hubiesen recomendado

PROGRESSIVE TENSES

PRESENT	estoy, estás, está, estamos, estáis, están
PRETERIT	estuve, estuviste, estuvo, estuvimos, estuvisteis, estuvieron
IMPERFECT	estaba, estabas, estaba, estábamos, estabais, estaban
FUTURE	estaré, estarás, estará, estaremos, estaréis, estarán
CONDITIONAL	estaría, estarías, estaría, estaríamos, estaríais, estarían
SUBJUNCTIVE	que + *corresponding subjunctive tense of estar (see verb 151)*

} recomendando

COMMANDS

	(nosotros) recomendemos/no recomendemos
(tú) recomienda/no recomiendes	(vosotros) recomendad/no recomendéis
(Ud.) recomiende/no recomiende	(Uds.) recomienden/no recomienden

Usage

Recomiendo estos libros de consulta.	*I recommend these reference books.*
Les recomendé que visitaran la feria del libro.	*I advised them to visit the book fair.*
Me lo recomendaron.	*They recommended it to me.*
¿Puedo valerme de su recomendación?	*May I give you as a reference?*

reconocer *to recognize, acknowledge, admit*

reconozco · reconocieron · reconocido · reconociendo   *-er verb; spelling change:*
c > zc/o, a

PRESENT		PRETERIT	
reconozco	reconocemos	reconocí	reconocimos
reconoces	reconocéis	reconociste	reconocisteis
reconoce	reconocen	reconoció	reconocieron

IMPERFECT		PRESENT PERFECT	
reconocía	reconocíamos	he reconocido	hemos reconocido
reconocías	reconocíais	has reconocido	habéis reconocido
reconocía	reconocían	ha reconocido	han reconocido

FUTURE		CONDITIONAL	
reconoceré	reconoceremos	reconocería	reconoceríamos
reconocerás	reconoceréis	reconocerías	reconoceríais
reconocerá	reconocerán	reconocería	reconocerían

PLUPERFECT		PRETERIT PERFECT	
había reconocido	habíamos reconocido	hube reconocido	hubimos reconocido
habías reconocido	habíais reconocido	hubiste reconocido	hubisteis reconocido
había reconocido	habían reconocido	hubo reconocido	hubieron reconocido

FUTURE PERFECT		CONDITIONAL PERFECT	
habré reconocido	habremos reconocido	habría reconocido	habríamos reconocido
habrás reconocido	habréis reconocido	habrías reconocido	habríais reconocido
habrá reconocido	habrán reconocido	habría reconocido	habrían reconocido

PRESENT SUBJUNCTIVE		PRESENT PERFECT SUBJUNCTIVE	
reconozca	reconozcamos	haya reconocido	hayamos reconocido
reconozcas	reconozcáis	hayas reconocido	hayáis reconocido
reconozca	reconozcan	haya reconocido	hayan reconocido

IMPERFECT SUBJUNCTIVE (-ra)		*or* IMPERFECT SUBJUNCTIVE (-se)	
reconociera	reconociéramos	reconociese	reconociésemos
reconocieras	reconocierais	reconocieses	reconocieseis
reconociera	reconocieran	reconociese	reconociesen

PAST PERFECT SUBJUNCTIVE (-ra)		*or* PAST PERFECT SUBJUNCTIVE (-se)	
hubiera reconocido	hubiéramos reconocido	hubiese reconocido	hubiésemos reconocido
hubieras reconocido	hubierais reconocido	hubieses reconocido	hubieseis reconocido
hubiera reconocido	hubieran reconocido	hubiese reconocido	hubiesen reconocido

PROGRESSIVE TENSES

PRESENT	estoy, estás, está, estamos, estáis, están	
PRETERIT	estuve, estuviste, estuvo, estuvimos, estuvisteis, estuvieron	
IMPERFECT	estaba, estabas, estaba, estábamos, estabais, estaban	reconociendo
FUTURE	estaré, estarás, estará, estaremos, estaréis, estarán	
CONDITIONAL	estaría, estarías, estaría, estaríamos, estaríais, estarían	
SUBJUNCTIVE	que + *corresponding subjunctive tense of* estar (*see verb 151*)	

COMMANDS

	(nosotros) reconozcamos/no reconozcamos
(tú) reconoce/no reconozcas	(vosotros) reconoced/no reconozcáis
(Ud.) reconozca/no reconozca	(Uds.) reconozcan/no reconozcan

Usage

No los reconocí.	I didn't recognize them.
Se ha reconocido el nuevo gobierno.	The new government has been recognized.
¡Reconozca sus equivocaciones!	Acknowledge/Admit your mistakes!
Los soldados reconocieron el área.	The soldiers reconnoitered/made a reconnaissance of the area.

stem-changing *-ar* verb: *o > ue*   **recuerdo · recordaron · recordado · recordando**

PRESENT		**PRETERIT**	
recuerdo	recordamos	recordé	recordamos
recuerdas	recordáis	recordaste	recordasteis
recuerda	recuerdan	recordó	recordaron

IMPERFECT		**PRESENT PERFECT**	
recordaba	recordábamos	he recordado	hemos recordado
recordabas	recordabais	has recordado	habéis recordado
recordaba	recordaban	ha recordado	han recordado

FUTURE		**CONDITIONAL**	
recordaré	recordaremos	recordaría	recordaríamos
recordarás	recordaréis	recordarías	recordaríais
recordará	recordarán	recordaría	recordarían

PLUPERFECT		**PRETERIT PERFECT**	
había recordado	habíamos recordado	hube recordado	hubimos recordado
habías recordado	habíais recordado	hubiste recordado	hubisteis recordado
había recordado	habían recordado	hubo recordado	hubieron recordado

FUTURE PERFECT		**CONDITIONAL PERFECT**	
habré recordado	habremos recordado	habría recordado	habríamos recordado
habrás recordado	habréis recordado	habrías recordado	habríais recordado
habrá recordado	habrán recordado	habría recordado	habrían recordado

PRESENT SUBJUNCTIVE		**PRESENT PERFECT SUBJUNCTIVE**	
recuerde	recordemos	haya recordado	hayamos recordado
recuerdes	recordéis	hayas recordado	hayáis recordado
recuerde	recuerden	haya recordado	hayan recordado

IMPERFECT SUBJUNCTIVE (-ra)		*or* **IMPERFECT SUBJUNCTIVE (-se)**	
recordara	recordáramos	recordase	recordásemos
recordaras	recordarais	recordases	recordaseis
recordara	recordaran	recordase	recordasen

PAST PERFECT SUBJUNCTIVE (-ra)		*or* **PAST PERFECT SUBJUNCTIVE (-se)**	
hubiera recordado	hubiéramos recordado	hubiese recordado	hubiésemos recordado
hubieras recordado	hubierais recordado	hubieses recordado	hubieseis recordado
hubiera recordado	hubieran recordado	hubiese recordado	hubiesen recordado

PROGRESSIVE TENSES

PRESENT	estoy, estás, está, estamos, estáis, están	
PRETERIT	estuve, estuviste, estuvo, estuvimos, estuvisteis, estuvieron	
IMPERFECT	estaba, estabas, estaba, estábamos, estabais, estaban	recordando
FUTURE	estaré, estarás, estará, estaremos, estaréis, estarán	
CONDITIONAL	estaría, estarías, estaría, estaríamos, estaríais, estarían	
SUBJUNCTIVE	que + *corresponding subjunctive tense of* estar (*see verb 151*)	

COMMANDS

	(nosotros) recordemos/no recordemos
(tú) recuerda/no recuerdes	(vosotros) recordad/no recordéis
(Ud.) recuerde/no recuerde	(Uds.) recuerden/no recuerden

Usage

¿No recuerdas lo que pasó ese día?	*Don't you remember/recall what happened that day?*
Si no recuerdo mal...	*If I remember correctly . . .*
Me recuerdas a mi prima.	*You remind me of my cousin.*
Déjame recordarte.	*Let me remind you.*

reducir *to reduce*

reduzco · redujeron · reducido · reduciendo

-ir verb; *c > zc/o, a*;
irregular preterit

PRESENT		PRETERIT	
reduzco	reducimos	reduje	redujimos
reduces	reducís	redujiste	redujisteis
reduce	reducen	redujo	redujeron

IMPERFECT		PRESENT PERFECT	
reducía	reducíamos	he reducido	hemos reducido
reducías	reducíais	has reducido	habéis reducido
reducía	reducían	ha reducido	han reducido

FUTURE		CONDITIONAL	
reduciré	reduciremos	reduciría	reduciríamos
reducirás	reduciréis	reducirías	reduciríais
reducirá	reducirán	reduciría	reducirían

PLUPERFECT		PRETERIT PERFECT	
había reducido	habíamos reducido	hube reducido	hubimos reducido
habías reducido	habíais reducido	hubiste reducido	hubisteis reducido
había reducido	habían reducido	hubo reducido	hubieron reducido

FUTURE PERFECT		CONDITIONAL PERFECT	
habré reducido	habremos reducido	habría reducido	habríamos reducido
habrás reducido	habréis reducido	habrías reducido	habríais reducido
habrá reducido	habrán reducido	habría reducido	habrían reducido

PRESENT SUBJUNCTIVE		PRESENT PERFECT SUBJUNCTIVE	
reduzca	reduzcamos	haya reducido	hayamos reducido
reduzcas	reduzcáis	hayas reducido	hayáis reducido
reduzca	reduzcan	haya reducido	hayan reducido

IMPERFECT SUBJUNCTIVE (-ra)		*or*	IMPERFECT SUBJUNCTIVE (-se)	
redujera	redujéramos		redujese	redujésemos
redujeras	redujerais		redujeses	redujeseis
redujera	redujeran		redujese	redujesen

PAST PERFECT SUBJUNCTIVE (-ra)		*or*	PAST PERFECT SUBJUNCTIVE (-se)	
hubiera reducido	hubiéramos reducido		hubiese reducido	hubiésemos reducido
hubieras reducido	hubierais reducido		hubieses reducido	hubieseis reducido
hubiera reducido	hubieran reducido		hubiese reducido	hubiesen reducido

PROGRESSIVE TENSES

PRESENT	estoy, estás, está, estamos, estáis, están
PRETERIT	estuve, estuviste, estuvo, estuvimos, estuvisteis, estuvieron
IMPERFECT	estaba, estabas, estaba, estábamos, estabais, estaban
FUTURE	estaré, estarás, estará, estaremos, estaréis, estarán
CONDITIONAL	estaría, estarías, estaría, estaríamos, estaríais, estarían
SUBJUNCTIVE	que + *corresponding subjunctive tense of* estar (*see verb 151*)

> reduciendo

COMMANDS

	(nosotros) reduzcamos/no reduzcamos
(tú) reduce/no reduzcas	(vosotros) reducid/no reduzcáis
(Ud.) reduzca/no reduzca	(Uds.) reduzcan/no reduzcan

Usage

Es bueno que se reduzca la tasa de interés.	*It's good that the interest rate is being lowered.*
Reducían los gastos.	*They were reducing their expenses.*
Se reduce la cifra en una tercera parte.	*The number is reduced by a third.*
Todo lo que prometía se reduce a nada.	*Everything she was promising amounts to nothing.*

to replace, substitute **reemplazar**

-ar verb; spelling change: *z > c/e*

reemplazo · reemplazaron · reemplazado · reemplazando

PRESENT

reemplazo	reemplazamos
reemplazas	reemplazáis
reemplaza	reemplazan

PRETERIT

reemplacé	reemplazamos
reemplazaste	reemplazasteis
reemplazó	reemplazaron

IMPERFECT

reemplazaba	reemplazábamos
reemplazabas	reemplazabais
reemplazaba	reemplazaban

PRESENT PERFECT

he reemplazado	hemos reemplazado
has reemplazado	habéis reemplazado
ha reemplazado	han reemplazado

FUTURE

reemplazaré	reemplazaremos
reemplazarás	reemplazaréis
reemplazará	reemplazarán

CONDITIONAL

reemplazaría	reemplazaríamos
reemplazarías	reemplazaríais
reemplazaría	reemplazarían

PLUPERFECT

había reemplazado	habíamos reemplazado
habías reemplazado	habíais reemplazado
había reemplazado	habían reemplazado

PRETERIT PERFECT

hube reemplazado	hubimos reemplazado
hubiste reemplazado	hubisteis reemplazado
hubo reemplazado	hubieron reemplazado

FUTURE PERFECT

habré reemplazado	habremos reemplazado
habrás reemplazado	habréis reemplazado
habrá reemplazado	habrán reemplazado

CONDITIONAL PERFECT

habría reemplazado	habríamos reemplazado
habrías reemplazado	habríais reemplazado
habría reemplazado	habrían reemplazado

PRESENT SUBJUNCTIVE

reemplace	reemplacemos
reemplaces	reemplacéis
reemplace	reemplacen

PRESENT PERFECT SUBJUNCTIVE

haya reemplazado	hayamos reemplazado
hayas reemplazado	hayáis reemplazado
haya reemplazado	hayan reemplazado

IMPERFECT SUBJUNCTIVE (-ra)

reemplazara	reemplazáramos
reemplazaras	reemplazarais
reemplazara	reemplazaran

or **IMPERFECT SUBJUNCTIVE (-se)**

reemplazase	reemplazásemos
reemplazases	reemplazaseis
reemplazase	reemplazasen

PAST PERFECT SUBJUNCTIVE (-ra)

hubiera reemplazado	hubiéramos reemplazado
hubieras reemplazado	hubierais reemplazado
hubiera reemplazado	hubieran reemplazado

or **PAST PERFECT SUBJUNCTIVE (-se)**

hubiese reemplazado	hubiésemos reemplazado
hubieses reemplazado	hubieseis reemplazado
hubiese reemplazado	hubiesen reemplazado

PROGRESSIVE TENSES

PRESENT	estoy, estás, está, estamos, estáis, están
PRETERIT	estuve, estuviste, estuvo, estuvimos, estuvisteis, estuvieron
IMPERFECT	estaba, estabas, estaba, estábamos, estabais, estaban
FUTURE	estaré, estarás, estará, estaremos, estaréis, estarán
CONDITIONAL	estaría, estarías, estaría, estaríamos, estaríais, estarían
SUBJUNCTIVE	que + *corresponding subjunctive tense of* estar (see verb 151)

} reemplazando

COMMANDS

	(nosotros) reemplacemos/no reemplacemos
(tú) reemplaza/no reemplaces	(vosotros) reemplazad/no reemplacéis
(Ud.) reemplace/no reemplace	(Uds.) reemplacen/no reemplacen

Usage

Reemplaza la bombilla quemada.	*Replace the burned-out bulb.*
Se reemplazan algunos empleados.	*Some employees are being replaced.*
Reemplacé los vasos que faltaban.	*I replaced the missing glasses.*
Los maestros incompetentes serán reemplazados.	*Incompetent teachers will be replaced.*

referirse *to refer, mean*

refiero · refirieron · referido · refiriéndose

stem-changing -ir reflexive verb:
e > ie (present), *e > i* (preterit)

PRESENT		PRETERIT	
me refiero	nos referimos	me referí	nos referimos
te refieres	os referís	te referiste	os referisteis
se refiere	se refieren	se refirió	se refirieron

IMPERFECT		PRESENT PERFECT	
me refería	nos referíamos	me he referido	nos hemos referido
te referías	os referíais	te has referido	os habéis referido
se refería	se referían	se ha referido	se han referido

FUTURE		CONDITIONAL	
me referiré	nos referiremos	me referiría	nos referiríamos
te referirás	os referiréis	te referirías	os referiríais
se referirá	se referirán	se referiría	se referirían

PLUPERFECT		PRETERIT PERFECT	
me había referido	nos habíamos referido	me hube referido	nos hubimos referido
te habías referido	os habíais referido	te hubiste referido	os hubisteis referido
se había referido	se habían referido	se hubo referido	se hubieron referido

FUTURE PERFECT		CONDITIONAL PERFECT	
me habré referido	nos habremos referido	me habría referido	nos habríamos referido
te habrás referido	os habréis referido	te habrías referido	os habríais referido
se habrá referido	se habrán referido	se habría referido	se habrían referido

PRESENT SUBJUNCTIVE		PRESENT PERFECT SUBJUNCTIVE	
me refiera	nos refiramos	me haya referido	nos hayamos referido
te refieras	os refiráis	te hayas referido	os hayáis referido
se refiera	se refieran	se haya referido	se hayan referido

IMPERFECT SUBJUNCTIVE (-ra)		*or* IMPERFECT SUBJUNCTIVE (-se)	
me refiriera	nos refiriéramos	me refiriese	nos refiriésemos
te refirieras	os refirierais	te refirieses	os refirieseis
se refiriera	se refirieran	se refiriese	se refiriesen

PAST PERFECT SUBJUNCTIVE (-ra)		*or* PAST PERFECT SUBJUNCTIVE (-se)	
me hubiera referido	nos hubiéramos referido	me hubiese referido	nos hubiésemos referido
te hubieras referido	os hubierais referido	te hubieses referido	os hubieseis referido
se hubiera referido	se hubieran referido	se hubiese referido	se hubiesen referido

PROGRESSIVE TENSES

PRESENT	estoy, estás, está, estamos, estáis, están
PRETERIT	estuve, estuviste, estuvo, estuvimos, estuvisteis, estuvieron
IMPERFECT	estaba, estabas, estaba, estábamos, estabais, estaban
FUTURE	estaré, estarás, estará, estaremos, estaréis, estarán
CONDITIONAL	estaría, estarías, estaría, estaríamos, estaríais, estarían
SUBJUNCTIVE	que + *corresponding subjunctive tense of* estar (*see verb 151*)

refiriendo
(*see page 36*)

COMMANDS

	(nosotros) refirámonos/no nos refiramos
(tú) refiérete/no te refieras	(vosotros) referios/no os refiráis
(Ud.) refiérase/no se refiera	(Uds.) refiéranse/no se refieran

Usage

—¿A qué te refieres?	What are you referring to?
—Me refiero a lo que te expliqué ayer.	I'm talking about what I explained to you yesterday.
Se refería a sus notas.	She referred to her notes.
¿Estás refiriéndote al capítulo 18?	You're referring to chapter 18?

stem-changing -*ar* verb: *e > ie*;
spelling change: *g > gu/e*

riego · regaron · regado · regando

PRESENT		PRETERIT	
riego	regamos	regué	regamos
riegas	regáis	regaste	regasteis
riega	riegan	regó	regaron

IMPERFECT		PRESENT PERFECT	
regaba	regábamos	he regado	hemos regado
regabas	regabais	has regado	habéis regado
regaba	regaban	ha regado	han regado

FUTURE		CONDITIONAL	
regaré	regaremos	regaría	regaríamos
regarás	regaréis	regarías	regaríais
regará	regarán	regaría	regarían

PLUPERFECT		PRETERIT PERFECT	
había regado	habíamos regado	hube regado	hubimos regado
habías regado	habíais regado	hubiste regado	hubisteis regado
había regado	habían regado	hubo regado	hubieron regado

FUTURE PERFECT		CONDITIONAL PERFECT	
habré regado	habremos regado	habría regado	habríamos regado
habrás regado	habréis regado	habrías regado	habríais regado
habrá regado	habrán regado	habría regado	habrían regado

PRESENT SUBJUNCTIVE		PRESENT PERFECT SUBJUNCTIVE	
riegue	reguemos	haya regado	hayamos regado
riegues	reguéis	hayas regado	hayáis regado
riegue	rieguen	haya regado	hayan regado

IMPERFECT SUBJUNCTIVE (-ra)		*or* IMPERFECT SUBJUNCTIVE (-se)	
regara	regáramos	regase	regásemos
regaras	regarais	regases	regaseis
regara	regaran	regase	regasen

PAST PERFECT SUBJUNCTIVE (-ra)		*or* PAST PERFECT SUBJUNCTIVE (-se)	
hubiera regado	hubiéramos regado	hubiese regado	hubiésemos regado
hubieras regado	hubierais regado	hubieses regado	hubieseis regado
hubiera regado	hubieran regado	hubiese regado	hubiesen regado

PROGRESSIVE TENSES

PRESENT	estoy, estás, está, estamos, estáis, están	
PRETERIT	estuve, estuviste, estuvo, estuvimos, estuvisteis, estuvieron	
IMPERFECT	estaba, estabas, estaba, estábamos, estabais, estaban	regando
FUTURE	estaré, estarás, estará, estaremos, estaréis, estarán	
CONDITIONAL	estaría, estarías, estaría, estaríamos, estaríais, estarían	
SUBJUNCTIVE	que + *corresponding subjunctive tense of* estar (*see verb 151*)	

COMMANDS

	(nosotros) reguemos/no reguemos
(tú) riega/no riegues	(vosotros) regad/no reguéis
(Ud.) riegue/no riegue	(Uds.) rieguen/no rieguen

Usage

Riegue las flores cuando se ponga el sol.	*Water the flowers at sunset.*
Regaron los campos durante la sequía.	*They irrigated the fields during the drought.*
Es preciso que reguemos el césped mañana.	*It's necessary we water the lawn tomorrow.*
Se emplea el riego en esta región desértica.	*They use irrigation in this desert region.*

reír *to laugh*

río · rieron · reído · riendo

stem-changing *-ir* verb: *e > i*

PRESENT		PRETERIT	
río	reímos	reí	reímos
ríes	reís	reíste	reísteis
ríe	ríen	rió	rieron

IMPERFECT		PRESENT PERFECT	
reía	reíamos	he reído	hemos reído
reías	reíais	has reído	habéis reído
reía	reían	ha reído	han reído

FUTURE		CONDITIONAL	
reiré	reiremos	reiría	reiríamos
reirás	reiréis	reirías	reiríais
reirá	reirán	reiría	reirían

PLUPERFECT		PRETERIT PERFECT	
había reído	habíamos reído	hube reído	hubimos reído
habías reído	habíais reído	hubiste reído	hubisteis reído
había reído	habían reído	hubo reído	hubieron reído

FUTURE PERFECT		CONDITIONAL PERFECT	
habré reído	habremos reído	habría reído	habríamos reído
habrás reído	habréis reído	habrías reído	habríais reído
habrá reído	habrán reído	habría reído	habrían reído

PRESENT SUBJUNCTIVE		PRESENT PERFECT SUBJUNCTIVE	
ría	riamos	haya reído	hayamos reído
rías	riáis	hayas reído	hayáis reído
ría	rían	haya reído	hayan reído

IMPERFECT SUBJUNCTIVE (-ra)		*or* IMPERFECT SUBJUNCTIVE (-se)	
riera	riéramos	riese	riésemos
rieras	rierais	rieses	rieseis
riera	rieran	riese	riesen

PAST PERFECT SUBJUNCTIVE (-ra)		*or* PAST PERFECT SUBJUNCTIVE (-se)	
hubiera reído	hubiéramos reído	hubiese reído	hubiésemos reído
hubieras reído	hubierais reído	hubieses reído	hubieseis reído
hubiera reído	hubieran reído	hubiese reído	hubiesen reído

PROGRESSIVE TENSES

PRESENT	estoy, estás, está, estamos, estáis, están
PRETERIT	estuve, estuviste, estuvo, estuvimos, estuvisteis, estuvieron
IMPERFECT	estaba, estabas, estaba, estábamos, estabais, estaban
FUTURE	estaré, estarás, estará, estaremos, estaréis, estarán
CONDITIONAL	estaría, estarías, estaría, estaríamos, estaríais, estarían
SUBJUNCTIVE	que + *corresponding subjunctive tense of* estar (*see verb 151*)

} riendo

COMMANDS

	(nosotros) riamos/no riamos
(tú) ríe/no rías	(vosotros) reíd/no riáis
(Ud.) ría/no ría	(Uds.) rían/no rían

Usage

Se echó a reír.	*She started to laugh.*
Rieron a carcajadas.	*They split their sides laughing.*
Me reí mucho.	*I had a good laugh.*
Nos dio risa.	*It made us laugh.*

stem-changing *-ir* verb: *e > i*

riño · riñeron · reñido · riñendo

PRESENT

riño	reñimos
riñes	reñís
riñe	riñen

IMPERFECT

reñía	reñíamos
reñías	reñíais
reñía	reñían

FUTURE

reñiré	reñiremos
reñirás	reñiréis
reñirá	reñirán

PLUPERFECT

había reñido	habíamos reñido
habías reñido	habíais reñido
había reñido	habían reñido

FUTURE PERFECT

habré reñido	habremos reñido
habrás reñido	habréis reñido
habrá reñido	habrán reñido

PRESENT SUBJUNCTIVE

riña	riñamos
riñas	riñáis
riña	riñan

IMPERFECT SUBJUNCTIVE (-ra)

riñera	riñéramos
riñeras	riñerais
riñera	riñeran

PAST PERFECT SUBJUNCTIVE (-ra)

hubiera reñido	hubiéramos reñido
hubieras reñido	hubierais reñido
hubiera reñido	hubieran reñido

PRETERIT

reñí	reñimos
reñiste	reñisteis
riñó	riñeron

PRESENT PERFECT

he reñido	hemos reñido
has reñido	habéis reñido
ha reñido	han reñido

CONDITIONAL

reñiría	reñiríamos
reñirías	reñiríais
reñiría	reñirían

PRETERIT PERFECT

hube reñido	hubimos reñido
hubiste reñido	hubisteis reñido
hubo reñido	hubieron reñido

CONDITIONAL PERFECT

habría reñido	habríamos reñido
habrías reñido	habríais reñido
habría reñido	habrían reñido

PRESENT PERFECT SUBJUNCTIVE

haya reñido	hayamos reñido
hayas reñido	hayáis reñido
haya reñido	hayan reñido

or **IMPERFECT SUBJUNCTIVE (-se)**

riñese	riñésemos
riñeses	riñeseis
riñese	riñesen

or **PAST PERFECT SUBJUNCTIVE (-se)**

hubiese reñido	hubiésemos reñido
hubieses reñido	hubieseis reñido
hubiese reñido	hubiesen reñido

PROGRESSIVE TENSES

PRESENT	estoy, estás, está, estamos, estáis, están
PRETERIT	estuve, estuviste, estuvo, estuvimos, estuvisteis, estuvieron
IMPERFECT	estaba, estabas, estaba, estábamos, estabais, estaban
FUTURE	estaré, estarás, estará, estaremos, estaréis, estarán
CONDITIONAL	estaría, estarías, estaría, estaríamos, estaríais, estarían
SUBJUNCTIVE	que + *corresponding subjunctive tense of* estar (*see verb 151*)

} riñendo

COMMANDS

	(nosotros) riñamos/no riñamos
(tú) riñe/no riñas	(vosotros) reñid/no riñáis
(Ud.) riña/no riña	(Uds.) riñan/no riñan

Usage

—¿Por qué reñiste con tu amiga?	*Why did you quarrel with your friend?*
—Reñimos por una tontería.	*We argued over a foolish thing.*
Seguían riñendo.	*They kept on fighting.*
Lo riñes como si fuera un niño.	*You're scolding him as if he were a child.*

repetir *to repeat, do again, recite*

repito · repitieron · repetido · repitiendo   stem-changing *-ir* verb: *e > i*

PRESENT		PRETERIT	
repito	repetimos	repetí	repetimos
repites	repetís	repetiste	repetisteis
repite	repiten	repitió	repitieron

IMPERFECT		PRESENT PERFECT	
repetía	repetíamos	he repetido	hemos repetido
repetías	repetíais	has repetido	habéis repetido
repetía	repetían	ha repetido	han repetido

FUTURE		CONDITIONAL	
repetiré	repetiremos	repetiría	repetiríamos
repetirás	repetiréis	repetirías	repetiríais
repetirá	repetirán	repetiría	repetirían

PLUPERFECT		PRETERIT PERFECT	
había repetido	habíamos repetido	hube repetido	hubimos repetido
habías repetido	habíais repetido	hubiste repetido	hubisteis repetido
había repetido	habían repetido	hubo repetido	hubieron repetido

FUTURE PERFECT		CONDITIONAL PERFECT	
habré repetido	habremos repetido	habría repetido	habríamos repetido
habrás repetido	habréis repetido	habrías repetido	habríais repetido
habrá repetido	habrán repetido	habría repetido	habrían repetido

PRESENT SUBJUNCTIVE		PRESENT PERFECT SUBJUNCTIVE	
repita	repitamos	haya repetido	hayamos repetido
repitas	repitáis	hayas repetido	hayáis repetido
repita	repitan	haya repetido	hayan repetido

IMPERFECT SUBJUNCTIVE (-ra)		*or* IMPERFECT SUBJUNCTIVE (-se)	
repitiera	repitiéramos	repitiese	repitiésemos
repitieras	repitierais	repitieses	repitieseis
repitiera	repitieran	repitiese	repitiesen

PAST PERFECT SUBJUNCTIVE (-ra)		*or* PAST PERFECT SUBJUNCTIVE (-se)	
hubiera repetido	hubiéramos repetido	hubiese repetido	hubiésemos repetido
hubieras repetido	hubierais repetido	hubieses repetido	hubieseis repetido
hubiera repetido	hubieran repetido	hubiese repetido	hubiesen repetido

PROGRESSIVE TENSES

PRESENT	estoy, estás, está, estamos, estáis, están	
PRETERIT	estuve, estuviste, estuvo, estuvimos, estuvisteis, estuvieron	
IMPERFECT	estaba, estabas, estaba, estábamos, estabais, estaban	repitiendo
FUTURE	estaré, estarás, estará, estaremos, estaréis, estarán	
CONDITIONAL	estaría, estarías, estaría, estaríamos, estaríais, estarían	
SUBJUNCTIVE	que + *corresponding subjunctive tense of* estar (*see verb 151*)	

COMMANDS

	(nosotros) repitamos/no repitamos
(tú) repite/no repitas	(vosotros) repetid/no repitáis
(Ud.) repita/no repita	(Uds.) repitan/no repitan

Usage

Repitan Uds. la oración.	*Repeat the sentence.*
Repitió el poema.	*She recited the poem.*
¡Qué rico está el flan! Voy a repetir.	*The custard is so delicious! I'll have another helping.*
¡Que no se repita!	*Don't let it happen again!*

to catch a cold/chill **resfriarse**

-ar reflexive verb; spelling change: **resfrío · resfriaron · resfriado · resfriándose**
i > í when stressed

PRESENT		PRETERIT	
me resfrío	nos resfriamos	me resfrié	nos resfriamos
te resfrías	os resfriáis	te resfriaste	os resfriasteis
se resfría	se resfrían	se resfrió	se resfriaron

IMPERFECT		PRESENT PERFECT	
me resfriaba	nos resfriábamos	me he resfriado	nos hemos resfriado
te resfriabas	os resfriabais	te has resfriado	os habéis resfriado
se resfriaba	se resfriaban	se ha resfriado	se han resfriado

FUTURE		CONDITIONAL	
me resfriaré	nos resfriaremos	me resfriaría	nos resfriaríamos
te resfriarás	os resfriaréis	te resfriarías	os resfriaríais
se resfriará	se resfriarán	se resfriaría	se resfriarían

PLUPERFECT		PRETERIT PERFECT	
me había resfriado	nos habíamos resfriado	me hube resfriado	nos hubimos resfriado
te habías resfriado	os habíais resfriado	te hubiste resfriado	os hubisteis resfriado
se había resfriado	se habían resfriado	se hubo resfriado	se hubieron resfriado

FUTURE PERFECT		CONDITIONAL PERFECT	
me habré resfriado	nos habremos resfriado	me habría resfriado	nos habríamos resfriado
te habrás resfriado	os habréis resfriado	te habrías resfriado	os habríais resfriado
se habrá resfriado	se habrán resfriado	se habría resfriado	se habrían resfriado

PRESENT SUBJUNCTIVE		PRESENT PERFECT SUBJUNCTIVE	
me resfríe	nos resfriemos	me haya resfriado	nos hayamos resfriado
te resfríes	os resfriéis	te hayas resfriado	os hayáis resfriado
se resfríe	se resfríen	se haya resfriado	se hayan resfriado

IMPERFECT SUBJUNCTIVE (-ra)		or IMPERFECT SUBJUNCTIVE (-se)	
me resfriara	nos resfriáramos	me resfriase	nos resfriásemos
te resfriaras	os resfriarais	te resfriases	os resfriaseis
se resfriara	se resfriaran	se resfriase	se resfriasen

PAST PERFECT SUBJUNCTIVE (-ra)		or PAST PERFECT SUBJUNCTIVE (-se)	
me hubiera resfriado	nos hubiéramos resfriado	me hubiese resfriado	nos hubiésemos resfriado
te hubieras resfriado	os hubierais resfriado	te hubieses resfriado	os hubieseis resfriado
se hubiera resfriado	se hubieran resfriado	se hubiese resfriado	se hubiesen resfriado

PROGRESSIVE TENSES

PRESENT	estoy, estás, está, estamos, estáis, están
PRETERIT	estuve, estuviste, estuvo, estuvimos, estuvisteis, estuvieron
IMPERFECT	estaba, estabas, estaba, estábamos, estabais, estaban
FUTURE	estaré, estarás, estará, estaremos, estaréis, estarán
CONDITIONAL	estaría, estarías, estaría, estaríamos, estaríais, estarían
SUBJUNCTIVE	que + corresponding subjunctive tense of estar (see verb 151)

resfriando
(see page 36)

COMMANDS

	(nosotros) resfriémonos/no nos resfriemos
(tú) resfríate/no te resfríes	(vosotros) resfriaos/no os resfriéis
(Ud.) resfríese/no se resfríe	(Uds.) resfríense/no se resfríen

Usage

Se resfrió.	She caught a cold.
Siento que se hayan resfriado.	I'm sorry you've caught a cold.
Cree que está resfriándose.	She thinks she's catching a cold.
Todos están resfriados por ella.	Everyone has a cold because of her.

resolver *to solve, resolve, dissolve*

resuelvo · resolvieron · resuelto · resolviendo   stem-changing -er verb: *o > ue*

PRESENT		PRETERIT	
resuelvo	resolvemos	resolví	resolvimos
resuelves	resolvéis	resolviste	resolvisteis
resuelve	resuelven	resolvió	resolvieron

IMPERFECT		PRESENT PERFECT	
resolvía	resolvíamos	he resuelto	hemos resuelto
resolvías	resolvíais	has resuelto	habéis resuelto
resolvía	resolvían	ha resuelto	han resuelto

FUTURE		CONDITIONAL	
resolveré	resolveremos	resolvería	resolveríamos
resolverás	resolveréis	resolverías	resolveríais
resolverá	resolverán	resolvería	resolverían

PLUPERFECT		PRETERIT PERFECT	
había resuelto	habíamos resuelto	hube resuelto	hubimos resuelto
habías resuelto	habíais resuelto	hubiste resuelto	hubisteis resuelto
había resuelto	habían resuelto	hubo resuelto	hubieron resuelto

FUTURE PERFECT		CONDITIONAL PERFECT	
habré resuelto	habremos resuelto	habría resuelto	habríamos resuelto
habrás resuelto	habréis resuelto	habrías resuelto	habríais resuelto
habrá resuelto	habrán resuelto	habría resuelto	habrían resuelto

PRESENT SUBJUNCTIVE		PRESENT PERFECT SUBJUNCTIVE	
resuelva	resolvamos	haya resuelto	hayamos resuelto
resuelvas	resolváis	hayas resuelto	hayáis resuelto
resuelva	resuelvan	haya resuelto	hayan resuelto

IMPERFECT SUBJUNCTIVE (-ra)		*or* IMPERFECT SUBJUNCTIVE (-se)	
resolviera	resolviéramos	resolviese	resolviésemos
resolvieras	resolvierais	resolvieses	resolvieseis
resolviera	resolvieran	resolviese	resolviesen

PAST PERFECT SUBJUNCTIVE (-ra)		*or* PAST PERFECT SUBJUNCTIVE (-se)	
hubiera resuelto	hubiéramos resuelto	hubiese resuelto	hubiésemos resuelto
hubieras resuelto	hubierais resuelto	hubieses resuelto	hubieseis resuelto
hubiera resuelto	hubieran resuelto	hubiese resuelto	hubiesen resuelto

PROGRESSIVE TENSES

PRESENT	estoy, estás, está, estamos, estáis, están
PRETERIT	estuve, estuviste, estuvo, estuvimos, estuvisteis, estuvieron
IMPERFECT	estaba, estabas, estaba, estábamos, estabais, estaban
FUTURE	estaré, estarás, estará, estaremos, estaréis, estarán
CONDITIONAL	estaría, estarías, estaría, estaríamos, estaríais, estarían
SUBJUNCTIVE	que + *corresponding subjunctive tense of* estar (*see verb 151*)

resolviendo

COMMANDS

	(nosotros) resolvamos/no resolvamos
(tú) resuelve/no resuelvas	(vosotros) resolved/no resolváis
(Ud.) resuelva/no resuelva	(Uds.) resuelvan/no resuelvan

Usage

Resolvimos la cuestión.	*We resolved the question.*
¿Resolviste el problema?	*Did you solve the problem?*
No te preocupes. Todo se resolverá.	*Don't worry. Everything will work out.*
Se resolvió a aceptar las consecuencias.	*She made up her mind to accept the consequences.*

-*ir* reflexive verb · **reúno · reunieron · reunido · reuniéndose**

PRESENT

me reúno	nos reunimos
te reúnes	os reunís
se reúne	se reúnen

PRETERIT

me reuní	nos reunimos
te reuniste	os reunisteis
se reunió	se reunieron

IMPERFECT

me reunía	nos reuníamos
te reunías	os reuníais
se reunía	se reunían

PRESENT PERFECT

me he reunido	nos hemos reunido
te has reunido	os habéis reunido
se ha reunido	se han reunido

FUTURE

me reuniré	nos reuniremos
te reunirás	os reuniréis
se reunirá	se reunirán

CONDITIONAL

me reuniría	nos reuniríamos
te reunirías	os reuniríais
se reuniría	se reunirían

PLUPERFECT

me había reunido	nos habíamos reunido
te habías reunido	os habíais reunido
se había reunido	se habían reunido

PRETERIT PERFECT

me hube reunido	nos hubimos reunido
te hubiste reunido	os hubisteis reunido
se hubo reunido	se hubieron reunido

FUTURE PERFECT

me habré reunido	nos habremos reunido
te habrás reunido	os habréis reunido
se habrá reunido	se habrán reunido

CONDITIONAL PERFECT

me habría reunido	nos habríamos reunido
te habrías reunido	os habríais reunido
se habría reunido	se habrían reunido

PRESENT SUBJUNCTIVE

me reúna	nos reunamos
te reúnas	os reunáis
se reúna	se reúnan

PRESENT PERFECT SUBJUNCTIVE

me haya reunido	nos hayamos reunido
te hayas reunido	os hayáis reunido
se haya reunido	se hayan reunido

IMPERFECT SUBJUNCTIVE (-ra) *or* **IMPERFECT SUBJUNCTIVE (-se)**

me reuniera	nos reuniéramos	me reuniese	nos reuniésemos
te reunieras	os reunierais	te reunieses	os reunieseis
se reuniera	se reunieran	se reuniese	se reuniesen

PAST PERFECT SUBJUNCTIVE (-ra) *or* **PAST PERFECT SUBJUNCTIVE (-se)**

me hubiera reunido	nos hubiéramos reunido	me hubiese reunido	nos hubiésemos reunido
te hubieras reunido	os hubierais reunido	te hubieses reunido	os hubieseis reunido
se hubiera reunido	se hubieran reunido	se hubiese reunido	se hubiesen reunido

PROGRESSIVE TENSES

PRESENT	estoy, estás, está, estamos, estáis, están
PRETERIT	estuve, estuviste, estuvo, estuvimos, estuvisteis, estuvieron
IMPERFECT	estaba, estabas, estaba, estábamos, estabais, estaban
FUTURE	estaré, estarás, estará, estaremos, estaréis, estarán
CONDITIONAL	estaría, estarías, estaría, estaríamos, estaríais, estarían
SUBJUNCTIVE	que + *corresponding subjunctive tense of* estar *(see verb 151)*

reuniendo
(see page 36)

COMMANDS

	(nosotros) reunámonos/no nos reunamos
(tú) reúnete/no te reúnas	(vosotros) reunios/no os reunáis
(Ud.) reúnase/no se reúna	(Uds.) reúnanse/no se reúnan

Usage

Nos reuniremos para cenar.	*We'll get together to have dinner.*
Me reúno contigo a las cuatro.	*I'll meet you at 4:00.*
Las dos cámaras se reunieron ayer.	*The two houses met/were in session yesterday.*
Reunamos fondos para esta caridad.	*Let's collect money for this charity.*

rezar *to pray, say, go, apply*

rezo · rezaron · rezado · rezando   *-ar verb; spelling change: z > c/e*

PRESENT

rezo	rezamos
rezas	rezáis
reza	rezan

PRETERIT

recé	rezamos
rezaste	rezasteis
rezó	rezaron

IMPERFECT

rezaba	rezábamos
rezabas	rezabais
rezaba	rezaban

PRESENT PERFECT

he rezado	hemos rezado
has rezado	habéis rezado
ha rezado	han rezado

FUTURE

rezaré	rezaremos
rezarás	rezaréis
rezará	rezarán

CONDITIONAL

rezaría	rezaríamos
rezarías	rezaríais
rezaría	rezarían

PLUPERFECT

había rezado	habíamos rezado
habías rezado	habíais rezado
había rezado	habían rezado

PRETERIT PERFECT

hube rezado	hubimos rezado
hubiste rezado	hubisteis rezado
hubo rezado	hubieron rezado

FUTURE PERFECT

habré rezado	habremos rezado
habrás rezado	habréis rezado
habrá rezado	habrán rezado

CONDITIONAL PERFECT

habría rezado	habríamos rezado
habrías rezado	habríais rezado
habría rezado	habrían rezado

PRESENT SUBJUNCTIVE

rece	recemos
reces	recéis
rece	recen

PRESENT PERFECT SUBJUNCTIVE

haya rezado	hayamos rezado
hayas rezado	hayáis rezado
haya rezado	hayan rezado

IMPERFECT SUBJUNCTIVE (-ra)

rezara	rezáramos
rezaras	rezarais
rezara	rezaran

or IMPERFECT SUBJUNCTIVE (-se)

rezase	rezásemos
rezases	rezaseis
rezase	rezasen

PAST PERFECT SUBJUNCTIVE (-ra)

hubiera rezado	hubiéramos rezado
hubieras rezado	hubierais rezado
hubiera rezado	hubieran rezado

or PAST PERFECT SUBJUNCTIVE (-se)

hubiese rezado	hubiésemos rezado
hubieses rezado	hubieseis rezado
hubiese rezado	hubiesen rezado

PROGRESSIVE TENSES

PRESENT	estoy, estás, está, estamos, estáis, están
PRETERIT	estuve, estuviste, estuvo, estuvimos, estuvisteis, estuvieron
IMPERFECT	estaba, estabas, estaba, estábamos, estabais, estaban
FUTURE	estaré, estarás, estará, estaremos, estaréis, estarán
CONDITIONAL	estaría, estarías, estaría, estaríamos, estaríais, estarían
SUBJUNCTIVE	que + *corresponding subjunctive tense of* estar (*see verb 151*)

} rezando

COMMANDS

	(nosotros) recemos/no recemos
(tú) reza/no reces	(vosotros) rezad/no recéis
(Ud.) rece/no rece	(Uds.) recen/no recen

Usage

Rezaban todas las mañanas.	*They said prayers every morning.*
Rezan a Dios.	*They pray to God.*
El cartel reza así.	*The poster says/goes/reads like this.*
La ley reza solamente con los ciudadanos.	*The law applies only to citizens.*

stem-changing *-ar* verb: *o > ue*   **ruedo · rodaron · rodado · rodando**

PRESENT

ruedo	rodamos
ruedas	rodáis
rueda	ruedan

PRETERIT

rodé	rodamos
rodaste	rodasteis
rodó	rodaron

IMPERFECT

rodaba	rodábamos
rodabas	rodabais
rodaba	rodaban

PRESENT PERFECT

he rodado	hemos rodado
has rodado	habéis rodado
ha rodado	han rodado

FUTURE

rodaré	rodaremos
rodarás	rodaréis
rodará	rodarán

CONDITIONAL

rodaría	rodaríamos
rodarías	rodaríais
rodaría	rodarían

PLUPERFECT

había rodado	habíamos rodado
habías rodado	habíais rodado
había rodado	habían rodado

PRETERIT PERFECT

hube rodado	hubimos rodado
hubiste rodado	hubisteis rodado
hubo rodado	hubieron rodado

FUTURE PERFECT

habré rodado	habremos rodado
habrás rodado	habréis rodado
habrá rodado	habrán rodado

CONDITIONAL PERFECT

habría rodado	habríamos rodado
habrías rodado	habríais rodado
habría rodado	habrían rodado

PRESENT SUBJUNCTIVE

ruede	rodemos
ruedes	rodéis
ruede	rueden

PRESENT PERFECT SUBJUNCTIVE

haya rodado	hayamos rodado
hayas rodado	hayáis rodado
haya rodado	hayan rodado

IMPERFECT SUBJUNCTIVE (-ra)

rodara	rodáramos
rodaras	rodarais
rodara	rodaran

or **IMPERFECT SUBJUNCTIVE (-se)**

rodase	rodásemos
rodases	rodaseis
rodase	rodasen

PAST PERFECT SUBJUNCTIVE (-ra)

hubiera rodado	hubiéramos rodado
hubieras rodado	hubierais rodado
hubiera rodado	hubieran rodado

or **PAST PERFECT SUBJUNCTIVE (-se)**

hubiese rodado	hubiésemos rodado
hubieses rodado	hubieseis rodado
hubiese rodado	hubiesen rodado

PROGRESSIVE TENSES

PRESENT	estoy, estás, está, estamos, estáis, están	
PRETERIT	estuve, estuviste, estuvo, estuvimos, estuvisteis, estuvieron	
IMPERFECT	estaba, estabas, estaba, estábamos, estabais, estaban	rodando
FUTURE	estaré, estarás, estará, estaremos, estaréis, estarán	
CONDITIONAL	estaría, estarías, estaría, estaríamos, estaríais, estarían	
SUBJUNCTIVE	que + *corresponding subjunctive tense of* estar (*see verb 151*)	

COMMANDS

	(nosotros) rodemos/no rodemos
(tú) rueda/no ruedes	(vosotros) rodad/no rodéis
(Ud.) ruede/no ruede	(Uds.) rueden/no rueden

Usage

La pelota rodaba por la calle.	*The ball was rolling in the street.*
Ruedan la película en Granada.	*They're shooting the film in Granada.*
Rodaron por el mundo.	*They roamed/traveled the world over.*
Pasa algo con la rueda delantera/trasera.	*Something's wrong with the front/back wheel.*

rogar *to request, ask, beg, pray*

ruego · rogaron · rogado · rogando

stem-changing *-ar* verb: *o > ue*;
spelling change: *g > gu/e*

PRESENT		PRETERIT	
ruego	rogamos	rogué	rogamos
ruegas	rogáis	rogaste	rogasteis
ruega	ruegan	rogó	rogaron

IMPERFECT		PRESENT PERFECT	
rogaba	rogábamos	he rogado	hemos rogado
rogabas	rogabais	has rogado	habéis rogado
rogaba	rogaban	ha rogado	han rogado

FUTURE		CONDITIONAL	
rogaré	rogaremos	rogaría	rogaríamos
rogarás	rogaréis	rogarías	rogaríais
rogará	rogarán	rogaría	rogarían

PLUPERFECT		PRETERIT PERFECT	
había rogado	habíamos rogado	hube rogado	hubimos rogado
habías rogado	habíais rogado	hubiste rogado	hubisteis rogado
había rogado	habían rogado	hubo rogado	hubieron rogado

FUTURE PERFECT		CONDITIONAL PERFECT	
habré rogado	habremos rogado	habría rogado	habríamos rogado
habrás rogado	habréis rogado	habrías rogado	habríais rogado
habrá rogado	habrán rogado	habría rogado	habrían rogado

PRESENT SUBJUNCTIVE		PRESENT PERFECT SUBJUNCTIVE	
ruegue	roguemos	haya rogado	hayamos rogado
ruegues	roguéis	hayas rogado	hayáis rogado
ruegue	rueguen	haya rogado	hayan rogado

IMPERFECT SUBJUNCTIVE (-ra)		*or* IMPERFECT SUBJUNCTIVE (-se)	
rogara	rogáramos	rogase	rogásemos
rogaras	rogarais	rogases	rogaseis
rogara	rogaran	rogase	rogasen

PAST PERFECT SUBJUNCTIVE (-ra)		*or* PAST PERFECT SUBJUNCTIVE (-se)	
hubiera rogado	hubiéramos rogado	hubiese rogado	hubiésemos rogado
hubieras rogado	hubierais rogado	hubieses rogado	hubieseis rogado
hubiera rogado	hubieran rogado	hubiese rogado	hubiesen rogado

PROGRESSIVE TENSES

PRESENT	estoy, estás, está, estamos, estáis, están	
PRETERIT	estuve, estuviste, estuvo, estuvimos, estuvisteis, estuvieron	
IMPERFECT	estaba, estabas, estaba, estábamos, estabais, estaban	rogando
FUTURE	estaré, estarás, estará, estaremos, estaréis, estarán	
CONDITIONAL	estaría, estarías, estaría, estaríamos, estaríais, estarían	
SUBJUNCTIVE	que + *corresponding subjunctive tense of* estar (*see verb 151*)	

COMMANDS

	(nosotros) roguemos/no roguemos
(tú) ruega/no ruegues	(vosotros) rogad/no roguéis
(Ud.) ruegue/no ruegue	(Uds.) rueguen/no rueguen

Usage

Les rogué que me mantuvieran al día.	*I requested that they keep me up to date.*
Te ruego más comprensión.	*I beg you to show more understanding.*
Ruegan a Dios.	*They pray to God.*
Se ruega no pisar el césped.	*Please don't walk on the grass.*

-er verb; irregular past participle   **rompo · rompieron · roto · rompiendo**

PRESENT		PRETERIT	
rompo	rompemos	rompí	rompimos
rompes	rompéis	rompiste	rompisteis
rompe	rompen	rompió	rompieron

IMPERFECT		PRESENT PERFECT	
rompía	rompíamos	he roto	hemos roto
rompías	rompíais	has roto	habéis roto
rompía	rompían	ha roto	han roto

FUTURE		CONDITIONAL	
romperé	romperemos	rompería	romperíamos
romperás	romperéis	romperías	romperíais
romperá	romperán	rompería	romperían

PLUPERFECT		PRETERIT PERFECT	
había roto	habíamos roto	hube roto	hubimos roto
habías roto	habíais roto	hubiste roto	hubisteis roto
había roto	habían roto	hubo roto	hubieron roto

FUTURE PERFECT		CONDITIONAL PERFECT	
habré roto	habremos roto	habría roto	habríamos roto
habrás roto	habréis roto	habrías roto	habríais roto
habrá roto	habrán roto	habría roto	habrían roto

PRESENT SUBJUNCTIVE		PRESENT PERFECT SUBJUNCTIVE	
rompa	rompamos	haya roto	hayamos roto
rompas	rompáis	hayas roto	hayáis roto
rompa	rompan	haya roto	hayan roto

IMPERFECT SUBJUNCTIVE (-ra)		or	IMPERFECT SUBJUNCTIVE (-se)	
rompiera	rompiéramos		rompiese	rompiésemos
rompieras	rompierais		rompieses	rompieseis
rompiera	rompieran		rompiese	rompiesen

PAST PERFECT SUBJUNCTIVE (-ra)		or	PAST PERFECT SUBJUNCTIVE (-se)	
hubiera roto	hubiéramos roto		hubiese roto	hubiésemos roto
hubieras roto	hubierais roto		hubieses roto	hubieseis roto
hubiera roto	hubieran roto		hubiese roto	hubiesen roto

PROGRESSIVE TENSES

PRESENT	estoy, estás, está, estamos, estáis, están	
PRETERIT	estuve, estuviste, estuvo, estuvimos, estuvisteis, estuvieron	
IMPERFECT	estaba, estabas, estaba, estábamos, estabais, estaban	rompiendo
FUTURE	estaré, estarás, estará, estaremos, estaréis, estarán	
CONDITIONAL	estaría, estarías, estaría, estaríamos, estaríais, estarían	
SUBJUNCTIVE	que + corresponding subjunctive tense of estar (see verb 151)	

COMMANDS

	(nosotros) rompamos/no rompamos
(tú) rompe/no rompas	(vosotros) romped/no rompáis
(Ud.) rompa/no rompa	(Uds.) rompan/no rompan

Usage

No rompas el papel.	Don't rip the paper.
La cortina se rompió.	The curtain tore.
Rompió con su amiga.	She broke with/had a falling out with her friend.
Se rompió el codo.	He broke his elbow.

¿Sabes hacer autoedición?	*Do you know how to do desktop publishing?*
La salsa sabe a frambuesas.	*The sauce tastes of/like raspberries.*
Háganos saber qué pasa.	*Let us know/Inform us what happens.*
¡Qué sé yo!/¡Yo qué sé!	*How do/should I know!*
¡Ya lo sé!	*I know!*
No ocurrió nada que yo sepa.	*Nothing happened as far as I know/to my knowledge.*
No sabes dónde te metes.	*You don't know what you're letting yourself in for.*
Este tipo no sabe nada de nada.	*This guy doesn't know anything about anything.*
¡Tú no sabes ni jota/ni papa de eso!	*You don't have a clue about that!*
¿Sabes el poema de memoria?	*Do you know the poem by heart?*
¿Sabe lo del aplazamiento?	*Do you know about the postponement?*
No se puede saber lo que sucederá.	*There's no way of knowing what will happen.*
Saben de sobra lo que yo pienso.	*You know only too well what I think.*
Uds. saben cuántas son cinco.	*You know what's up.*
Se quedaron en nuestro hotel sin saberlo nosotros.	*They stayed at our hotel without our knowing it.*
—Buscamos una persona que sepa mucho español.	*We're looking for someone who is very good in Spanish.*
—Sé de alguien que sabe hablar, leer y escribirlo.	*I know of someone who knows how to speak, read, and write it.*
No se sabe.	*Nobody knows.*
¿Se puede saber por qué lo hiciste?	*Might I ask why you did it?*

Other Uses

Son unos sabios.	*They're learned people/scholars.*
Poseen mucha sabiduría.	*They have a lot of knowledge/wisdom.*
¡Qué sabelotodo es!	*What a know-it-all he is!*
Es sabihondo.	*He's pedantic/a know-it-all.*
El arroz con pollo sabe bien.	*The chicken with rice tastes good.*
Hay que saborear el plato.	*You have to taste/savor the dish.*
Tiene sabor a canela.	*It has a cinnamon flavor.*
Es una cocina sin sabor.	*It's tasteless/insipid cuisine.*
Cada uno sabe dónde le aprieta el zapato.	*Everyone knows his own weakness.*

TOP 30 VERBS

irregular verb

sé · supieron · sabido · sabiendo

PRESENT		PRETERIT	
sé	sabemos	supe	supimos
sabes	sabéis	supiste	supisteis
sabe	saben	supo	supieron

IMPERFECT		PRESENT PERFECT	
sabía	sabíamos	he sabido	hemos sabido
sabías	sabíais	has sabido	habéis sabido
sabía	sabían	ha sabido	han sabido

FUTURE		CONDITIONAL	
sabré	sabremos	sabría	sabríamos
sabrás	sabréis	sabrías	sabríais
sabrá	sabrán	sabría	sabrían

PLUPERFECT		PRETERIT PERFECT	
había sabido	habíamos sabido	hube sabido	hubimos sabido
habías sabido	habíais sabido	hubiste sabido	hubisteis sabido
había sabido	habían sabido	hubo sabido	hubieron sabido

FUTURE PERFECT		CONDITIONAL PERFECT	
habré sabido	habremos sabido	habría sabido	habríamos sabido
habrás sabido	habréis sabido	habrías sabido	habríais sabido
habrá sabido	habrán sabido	habría sabido	habrían sabido

PRESENT SUBJUNCTIVE		PRESENT PERFECT SUBJUNCTIVE	
sepa	sepamos	haya sabido	hayamos sabido
sepas	sepáis	hayas sabido	hayáis sabido
sepa	sepan	haya sabido	hayan sabido

IMPERFECT SUBJUNCTIVE (-ra)		*or* IMPERFECT SUBJUNCTIVE (-se)	
supiera	supiéramos	supiese	supiésemos
supieras	supierais	supieses	supieseis
supiera	supieran	supiese	supiesen

PAST PERFECT SUBJUNCTIVE (-ra)		*or* PAST PERFECT SUBJUNCTIVE (-se)	
hubiera sabido	hubiéramos sabido	hubiese sabido	hubiésemos sabido
hubieras sabido	hubierais sabido	hubieses sabido	hubieseis sabido
hubiera sabido	hubieran sabido	hubiese sabido	hubiesen sabido

PROGRESSIVE TENSES

PRESENT	estoy, estás, está, estamos, estáis, están	
PRETERIT	estuve, estuviste, estuvo, estuvimos, estuvisteis, estuvieron	
IMPERFECT	estaba, estabas, estaba, estábamos, estabais, estaban	sabiendo
FUTURE	estaré, estarás, estará, estaremos, estaréis, estarán	
CONDITIONAL	estaría, estarías, estaría, estaríamos, estaríais, estarían	
SUBJUNCTIVE	que + *corresponding subjunctive tense of* estar (*see verb 151*)	

COMMANDS

	(nosotros) sepamos/no sepamos
(tú) sabe/no sepas	(vosotros) sabed/no sepáis
(Ud.) sepa/no sepa	(Uds.) sepan/no sepan

Usage

Sé español e inglés.	*I know Spanish and English.*
Sabía muy bien la literatura inglesa.	*She knew English literature very well.*
No sé dónde ni con quién está.	*I don't know where nor with whom she is.*
Supe que habías trabajado con ellos.	*I found out/learned you had worked with them.*

sacar *to take out, remove, get*

PRESENT		PRETERIT	
saco	sacamos	saqué	sacamos
sacas	sacáis	sacaste	sacasteis
saca	sacan	sacó	sacaron

IMPERFECT		PRESENT PERFECT	
sacaba	sacábamos	he sacado	hemos sacado
sacabas	sacabais	has sacado	habéis sacado
sacaba	sacaban	ha sacado	han sacado

FUTURE		CONDITIONAL	
sacaré	sacaremos	sacaría	sacaríamos
sacarás	sacaréis	sacarías	sacaríais
sacará	sacarán	sacaría	sacarían

PLUPERFECT		PRETERIT PERFECT	
había sacado	habíamos sacado	hube sacado	hubimos sacado
habías sacado	habíais sacado	hubiste sacado	hubisteis sacado
había sacado	habían sacado	hubo sacado	hubieron sacado

FUTURE PERFECT		CONDITIONAL PERFECT	
habré sacado	habremos sacado	habría sacado	habríamos sacado
habrás sacado	habréis sacado	habrías sacado	habríais sacado
habrá sacado	habrán sacado	habría sacado	habrían sacado

PRESENT SUBJUNCTIVE		PRESENT PERFECT SUBJUNCTIVE	
saque	saquemos	haya sacado	hayamos sacado
saques	saquéis	hayas sacado	hayáis sacado
saque	saquen	haya sacado	hayan sacado

IMPERFECT SUBJUNCTIVE (-ra)		*or* IMPERFECT SUBJUNCTIVE (-se)	
sacara	sacáramos	sacase	sacásemos
sacaras	sacarais	sacases	sacaseis
sacara	sacaran	sacase	sacasen

PAST PERFECT SUBJUNCTIVE (-ra)		*or* PAST PERFECT SUBJUNCTIVE (-se)	
hubiera sacado	hubiéramos sacado	hubiese sacado	hubiésemos sacado
hubieras sacado	hubierais sacado	hubieses sacado	hubieseis sacado
hubiera sacado	hubieran sacado	hubiese sacado	hubiesen sacado

PROGRESSIVE TENSES

PRESENT	estoy, estás, está, estamos, estáis, están	
PRETERIT	estuve, estuviste, estuvo, estuvimos, estuvisteis, estuvieron	
IMPERFECT	estaba, estabas, estaba, estábamos, estabais, estaban	sacando
FUTURE	estaré, estarás, estará, estaremos, estaréis, estarán	
CONDITIONAL	estaría, estarías, estaría, estaríamos, estaríais, estarían	
SUBJUNCTIVE	que + *corresponding subjunctive tense of* estar (*see verb 151*)	

COMMANDS

	(nosotros) saquemos/no saquemos
(tú) saca/no saques	(vosotros) sacad/no saquéis
(Ud.) saque/no saque	(Uds.) saquen/no saquen

Usage

Lo saqué todo de mi mochila.	*I took everything out of my backpack.*
Saca unos títulos de la lista.	*Remove some titles from the list.*
Sacaremos las entradas.	*We'll get the tickets.*
Sacaste muy buenas notas.	*You got very good grades.*

irregular verb

PRESENT

salgo	salimos
sales	salís
sale	salen

PRETERIT

salí	salimos
saliste	salisteis
salió	salieron

IMPERFECT

salía	salíamos
salías	salíais
salía	salían

PRESENT PERFECT

he salido	hemos salido
has salido	habéis salido
ha salido	han salido

FUTURE

saldré	saldremos
saldrás	saldréis
saldrá	saldrán

CONDITIONAL

saldría	saldríamos
saldrías	saldríais
saldría	saldrían

PLUPERFECT

había salido	habíamos salido
habías salido	habíais salido
había salido	habían salido

PRETERIT PERFECT

hube salido	hubimos salido
hubiste salido	hubisteis salido
hubo salido	hubieron salido

FUTURE PERFECT

habré salido	habremos salido
habrás salido	habréis salido
habrá salido	habrán salido

CONDITIONAL PERFECT

habría salido	habríamos salido
habrías salido	habríais salido
habría salido	habrían salido

PRESENT SUBJUNCTIVE

salga	salgamos
salgas	salgáis
salga	salgan

PRESENT PERFECT SUBJUNCTIVE

haya salido	hayamos salido
hayas salido	hayáis salido
haya salido	hayan salido

IMPERFECT SUBJUNCTIVE (-ra)

saliera	saliéramos
salieras	salierais
saliera	salieran

or **IMPERFECT SUBJUNCTIVE (-se)**

saliese	saliésemos
salieses	salieseis
saliese	saliesen

PAST PERFECT SUBJUNCTIVE (-ra)

hubiera salido	hubiéramos salido
hubieras salido	hubierais salido
hubiera salido	hubieran salido

or **PAST PERFECT SUBJUNCTIVE (-se)**

hubiese salido	hubiésemos salido
hubieses salido	hubieseis salido
hubiese salido	hubiesen salido

PROGRESSIVE TENSES

PRESENT	estoy, estás, está, estamos, estáis, están	
PRETERIT	estuve, estuviste, estuvo, estuvimos, estuvisteis, estuvieron	
IMPERFECT	estaba, estabas, estaba, estábamos, estabais, estaban	saliendo
FUTURE	estaré, estarás, estará, estaremos, estaréis, estarán	
CONDITIONAL	estaría, estarías, estaría, estaríamos, estaríais, estarían	
SUBJUNCTIVE	que + *corresponding subjunctive tense of* estar (*see verb 151*)	

COMMANDS

	(nosotros) salgamos/no salgamos
(tú) sal/no salgas	(vosotros) salid/no salgáis
(Ud.) salga/no salga	(Uds.) salgan/no salgan

Usage

Salgamos más tarde.	*Let's go out later.*
El tren sale a las 7:00.	*The train leaves at 7:00.*
El autor salió en la tele.	*The author appeared on TV.*
Salieron a pasear/de paseo.	*They went out for a walk.*

TOP 30 VERB ☞

El proyecto salió bien/mal.	*The project worked/turned out well/badly.*
Siempre se sale con la suya.	*She always gets her own way.*
¡Te has salido de los límites!	*You've gone beyond the limits!*
Saldremos de viaje en mayo.	*We'll go on a trip in May.*
Salgo para la oficina.	*I'm leaving for the office.*
¿De dónde sales?	*Where are you coming from?*
Los gemelos salieron a su mamá.	*The twins take after their mother.*
Las flores ya están saliendo.	*The flowers are coming out now.*
Toma una decisión, salga lo que salga.	*Make a decision, come what may.*
Salió del compromiso.	*She broke the engagement.*
Siento que hayan salido perdiendo.	*I'm sorry you lost out.*
Al bebé le ha salido un diente.	*The baby has cut a tooth.*

to turn out, go

Me alegro de que la reunión haya salido bien.	*I'm glad the meeting went well.*
Salió encantadora.	*She turned out to be charming.*
¿Te salió bien el examen?	*Did you do well on the exam?*
—¿Les salió cara la comida?	*Did the meal cost you a lot?*
—No mucho. Nos salió a 100 dólares.	*Not much. It cost us/came to 100 dollars.*

salirse

Este producto se sale de lo corriente.	*This product is out of the ordinary.*
El agua/El gas se está saliendo.	*The water/The gas is leaking.*
Traten de no salirse del tema.	*Try not to digress/get off the topic.*

Other Uses

Bolivia y Paraguay no tienen salida al mar.	*Bolivia and Paraguay are landlocked/have no outlet to the sea.*
¡Se salió de sus casillas!	*He lost his temper!*
Los programadores tienen muchas salidas hoy en día.	*Programmers have many opportunities/ openings today.*
Es una calle sin salida.	*It's a dead-end street.*
No tenemos otra salida que aguantarlos.	*We have no choice/alternative but to put up with them.*
Es un administrador sobresaliente.	*He's an outstanding manager.*
Tiene la mandíbula salida/los ojos salidos.	*He has a prominent jaw/bulging eyes.*

TOP 30
VERBS

irregular verb | **satisfago · satisficieron · satisfecho · satisfaciendo**

PRESENT

satisfago	satisfacemos
satisfaces	satisfacéis
satisface	satisfacen

PRETERIT

satisfice	satisficimos
satisficiste	satisficisteis
satisfizo	satisficieron

IMPERFECT

satisfacía	satisfacíamos
satisfacías	satisfacíais
satisfacía	satisfacían

PRESENT PERFECT

he satisfecho	hemos satisfecho
has satisfecho	habéis satisfecho
ha satisfecho	han satisfecho

FUTURE

satisfaré	satisfaremos
satisfarás	satisfaréis
satisfará	satisfarán

CONDITIONAL

satisfaría	satisfaríamos
satisfarías	satisfaríais
satisfaría	satisfarían

PLUPERFECT

había satisfecho	habíamos satisfecho
habías satisfecho	habíais satisfecho
había satisfecho	habían satisfecho

PRETERIT PERFECT

hube satisfecho	hubimos satisfecho
hubiste satisfecho	hubisteis satisfecho
hubo satisfecho	hubieron satisfecho

FUTURE PERFECT

habré satisfecho	habremos satisfecho
habrás satisfecho	habréis satisfecho
habrá satisfecho	habrán satisfecho

CONDITIONAL PERFECT

habría satisfecho	habríamos satisfecho
habrías satisfecho	habríais satisfecho
habría satisfecho	habrían satisfecho

PRESENT SUBJUNCTIVE

satisfaga	satisfagamos
satisfagas	satisfagáis
satisfaga	satisfagan

PRESENT PERFECT SUBJUNCTIVE

haya satisfecho	hayamos satisfecho
hayas satisfecho	hayáis satisfecho
haya satisfecho	hayan satisfecho

IMPERFECT SUBJUNCTIVE (-ra)

satisficiera	satisficiéramos
satisficieras	satisficierais
satisficiera	satisficieran

or **IMPERFECT SUBJUNCTIVE (-se)**

satisficiese	satisficiésemos
satisficieses	satisficieseis
satisficiese	satisficiesen

PAST PERFECT SUBJUNCTIVE (-ra)

hubiera satisfecho	hubiéramos satisfecho
hubieras satisfecho	hubierais satisfecho
hubiera satisfecho	hubieran satisfecho

or **PAST PERFECT SUBJUNCTIVE (-se)**

hubiese satisfecho	hubiésemos satisfecho
hubieses satisfecho	hubieseis satisfecho
hubiese satisfecho	hubiesen satisfecho

PROGRESSIVE TENSES

PRESENT	estoy, estás, está, estamos, estáis, están
PRETERIT	estuve, estuviste, estuvo, estuvimos, estuvisteis, estuvieron
IMPERFECT	estaba, estabas, estaba, estábamos, estabais, estaban
FUTURE	estaré, estarás, estará, estaremos, estaréis, estarán
CONDITIONAL	estaría, estarías, estaría, estaríamos, estaríais, estarían
SUBJUNCTIVE	que + *corresponding subjunctive tense of* estar (*see verb 151*)

} satisfaciendo

COMMANDS

	(nosotros) satisfagamos/no satisfagamos
(tú) satisfaz (satisface)/no satisfagas	(vosotros) satisfaced/no satisfagáis
(Ud.) satisfaga/no satisfaga	(Uds.) satisfagan/no satisfagan

Usage

El candidato satisface todos los requisitos. | *The candidate satisfies all the requirements.*
Satisficieron los gastos. | *They met/covered expenses.*
Es importante que satisfaga la deuda pronto. | *It's important that you pay the debt soon.*
Comí mucho. Estoy satisfecho. | *I ate a lot. I'm full.*

secar *to dry, wipe*

seco · secaron · secado · secando   *-ar* verb; spelling change: *c > qu/e*

PRESENT		PRETERIT	
seco	secamos	sequé	secamos
secas	secáis	secaste	secasteis
seca	secan	secó	secaron

IMPERFECT		PRESENT PERFECT	
secaba	secábamos	he secado	hemos secado
secabas	secabais	has secado	habéis secado
secaba	secaban	ha secado	han secado

FUTURE		CONDITIONAL	
secaré	secaremos	secaría	secaríamos
secarás	secaréis	secarías	secaríais
secará	secarán	secaría	secarían

PLUPERFECT		PRETERIT PERFECT	
había secado	habíamos secado	hube secado	hubimos secado
habías secado	habíais secado	hubiste secado	hubisteis secado
había secado	habían secado	hubo secado	hubieron secado

FUTURE PERFECT		CONDITIONAL PERFECT	
habré secado	habremos secado	habría secado	habríamos secado
habrás secado	habréis secado	habrías secado	habríais secado
habrá secado	habrán secado	habría secado	habrían secado

PRESENT SUBJUNCTIVE		PRESENT PERFECT SUBJUNCTIVE	
seque	sequemos	haya secado	hayamos secado
seques	sequéis	hayas secado	hayáis secado
seque	sequen	haya secado	hayan secado

IMPERFECT SUBJUNCTIVE (-ra)		*or* IMPERFECT SUBJUNCTIVE (-se)	
secara	secáramos	secase	secásemos
secaras	secarais	secases	secaseis
secara	secaran	secase	secasen

PAST PERFECT SUBJUNCTIVE (-ra)		*or* PAST PERFECT SUBJUNCTIVE (-se)	
hubiera secado	hubiéramos secado	hubiese secado	hubiésemos secado
hubieras secado	hubierais secado	hubieses secado	hubieseis secado
hubiera secado	hubieran secado	hubiese secado	hubiesen secado

PROGRESSIVE TENSES

PRESENT	estoy, estás, está, estamos, estáis, están
PRETERIT	estuve, estuviste, estuvo, estuvimos, estuvisteis, estuvieron
IMPERFECT	estaba, estabas, estaba, estábamos, estabais, estaban
FUTURE	estaré, estarás, estará, estaremos, estaréis, estarán
CONDITIONAL	estaría, estarías, estaría, estaríamos, estaríais, estarían
SUBJUNCTIVE	que + *corresponding subjunctive tense of* estar (*see verb 151*)

secando

COMMANDS

	(nosotros) sequemos/no sequemos
(tú) seca/no seques	(vosotros) secad/no sequéis
(Ud.) seque/no seque	(Uds.) sequen/no sequen

Usage

Seque los platos.	*Dry the plates.*
Secó el agua.	*He wiped up the water.*
Nos secábamos al sol después de nadar.	*We dried ourselves in the sun after swimming.*
Se secó la tierra por falta de lluvia.	*The earth dried up for lack of rain.*

stem-changing -ir verb: e > i;
spelling change: gu > g/o, a

sigo · siguieron · seguido · siguiendo

PRESENT

sigo	seguimos
sigues	seguís
sigue	siguen

IMPERFECT

seguía	seguíamos
seguías	seguíais
seguía	seguían

FUTURE

seguiré	seguiremos
seguirás	seguiréis
seguirá	seguirán

PLUPERFECT

había seguido	habíamos seguido
habías seguido	habíais seguido
había seguido	habían seguido

FUTURE PERFECT

habré seguido	habremos seguido
habrás seguido	habréis seguido
habrá seguido	habrán seguido

PRESENT SUBJUNCTIVE

siga	sigamos
sigas	sigáis
siga	sigan

IMPERFECT SUBJUNCTIVE (-ra)

siguiera	siguiéramos
siguieras	siguierais
siguiera	siguieran

PAST PERFECT SUBJUNCTIVE (-ra)

hubiera seguido	hubiéramos seguido
hubieras seguido	hubierais seguido
hubiera seguido	hubieran seguido

PRETERIT

seguí	seguimos
seguiste	seguisteis
siguió	siguieron

PRESENT PERFECT

he seguido	hemos seguido
has seguido	habéis seguido
ha seguido	han seguido

CONDITIONAL

seguiría	seguiríamos
seguirías	seguiríais
seguiría	seguirían

PRETERIT PERFECT

hube seguido	hubimos seguido
hubiste seguido	hubisteis seguido
hubo seguido	hubieron seguido

CONDITIONAL PERFECT

habría seguido	habríamos seguido
habrías seguido	habríais seguido
habría seguido	habrían seguido

PRESENT PERFECT SUBJUNCTIVE

haya seguido	hayamos seguido
hayas seguido	hayáis seguido
haya seguido	hayan seguido

or **IMPERFECT SUBJUNCTIVE (-se)**

siguiese	siguiésemos
siguieses	siguieseis
siguiese	siguiesen

or **PAST PERFECT SUBJUNCTIVE (-se)**

hubiese seguido	hubiésemos seguido
hubieses seguido	hubieseis seguido
hubiese seguido	hubiesen seguido

PROGRESSIVE TENSES

PRESENT	estoy, estás, está, estamos, estáis, están
PRETERIT	estuve, estuviste, estuvo, estuvimos, estuvisteis, estuvieron
IMPERFECT	estaba, estabas, estaba, estábamos, estabais, estaban
FUTURE	estaré, estarás, estará, estaremos, estaréis, estarán
CONDITIONAL	estaría, estarías, estaría, estaríamos, estaríais, estarían
SUBJUNCTIVE	que + corresponding subjunctive tense of estar (see verb 151)

} siguiendo

COMMANDS

	(nosotros) sigamos/no sigamos
(tú) sigue/no sigas	(vosotros) seguid/no sigáis
(Ud.) siga/no siga	(Uds.) sigan/no sigan

Usage

Seguimos la pista.	*We followed the trail.*
Siguen con sus estudios.	*They're continuing their studies.*
¿Por qué no seguiste mis consejos?	*Why didn't you follow my advice?*
¡Sigan Uds.!	*Continue!/Go on!*

TOP 30 VERB ☞

seguir *to follow, continue, pursue*

sigo · siguieron · seguido · siguiendo stem-changing *-ir* verb: *e > i*;
spelling change: *gu > g/o, a*

Sigo sin saber lo que pasó.	*I still don't know what happened.*
¿Seguís estudiando inglés?	*Are you still studying English?*
¡Siguen siendo muy monos!	*They continue to be/They're still very cute!*
El sábado sigue al viernes.	*Saturday follows Friday.*
Siguió el buen ejemplo de su hermano.	*She followed the good example of her brother.*
Para una vista espléndida sigue la costa.	*Follow the coastline for a wonderful view.*
Dudo que la gente siga lo que dice.	*I doubt people are following what he's saying.*
A veces es mejor no seguir la corriente.	*Sometimes it's better not to follow the crowd.*
Sigue tu camino sin compararte con los demás.	*Follow your own path without comparing yourself to other people.*
Las notas siguen en la página 77.	*The notes are continued on page 77.*
Sigan Uds. por la autopista de peaje.	*Continue along the turnpike.*

take

Sigue cuatro cursos.	*She's taking four courses.*
Sigue la carrera de ingeniero.	*He's studying engineering.*
Su catarro sigue su curso.	*The cold is taking/following its course.*

seguir + present participle

—¿Sigo con mi informe?	*Shall I continue with my report?*
—Sí, sigue escribiéndolo.	*Yes, keep on writing.*
—Siguen en La Florida, ¿verdad?	*They're still in Florida, aren't they?*
—Sí, siguen viviendo en Miami.	*Yes, they're still living in Miami.*

Other Uses

Sigue.	*Continued./Turn over. (letter, official paper)*
Se trasladarán a Las Vegas el año siguiente.	*They'll move to Las Vegas next year.*
Para enterarse, lea lo siguiente.	*To find out, read the following.*
Nos pusimos en marcha al día siguiente.	*We set out the following day.*
Los vimos en seguida.	*We saw them right away/immediately.*
Son tres días seguidos de nieve.	*We've had three days in a row of snow.*
Sigan aquí derecho.	*Go straight ahead.*
Dio siete conciertos muy seguidos.	*She gave seven concerts, one right after the other.*
Iban en seguimiento de los culpables.	*They went in pursuit of the culprits.*
¡No faltan seguidores en el estadio!	*There's no shortage of supporters/fans in the stadium!*

TOP 30 VERBS

stem-changing -ar reflexive verb: *e > ie* **siento · sentaron · sentado · sentándose**

PRESENT		PRETERIT	
me siento	nos sentamos	me senté	nos sentamos
te sientas	os sentáis	te sentaste	os sentasteis
se sienta	se sientan	se sentó	se sentaron

IMPERFECT		PRESENT PERFECT	
me sentaba	nos sentábamos	me he sentado	nos hemos sentado
te sentabas	os sentabais	te has sentado	os habéis sentado
se sentaba	se sentaban	se ha sentado	se han sentado

FUTURE		CONDITIONAL	
me sentaré	nos sentaremos	me sentaría	nos sentaríamos
te sentarás	os sentaréis	te sentarías	os sentaríais
se sentará	se sentarán	se sentaría	se sentarían

PLUPERFECT		PRETERIT PERFECT	
me había sentado	nos habíamos sentado	me hube sentado	nos hubimos sentado
te habías sentado	os habíais sentado	te hubiste sentado	os hubisteis sentado
se había sentado	se habían sentado	se hubo sentado	se hubieron sentado

FUTURE PERFECT		CONDITIONAL PERFECT	
me habré sentado	nos habremos sentado	me habría sentado	nos habríamos sentado
te habrás sentado	os habréis sentado	te habrías sentado	os habríais sentado
se habrá sentado	se habrán sentado	se habría sentado	se habrían sentado

PRESENT SUBJUNCTIVE		PRESENT PERFECT SUBJUNCTIVE	
me siente	nos sentemos	me haya sentado	nos hayamos sentado
te sientes	os sentéis	te hayas sentado	os hayáis sentado
se siente	se sienten	se haya sentado	se hayan sentado

IMPERFECT SUBJUNCTIVE (-ra)		*or* IMPERFECT SUBJUNCTIVE (-se)	
me sentara	nos sentáramos	me sentase	nos sentásemos
te sentaras	os sentarais	te sentases	os sentaseis
se sentara	se sentaran	se sentase	se sentasen

PAST PERFECT SUBJUNCTIVE (-ra)		*or* PAST PERFECT SUBJUNCTIVE (-se)	
me hubiera sentado	nos hubiéramos sentado	me hubiese sentado	nos hubiésemos sentado
te hubieras sentado	os hubierais sentado	te hubieses sentado	os hubieseis sentado
se hubiera sentado	se hubieran sentado	se hubiese sentado	se hubiesen sentado

PROGRESSIVE TENSES

PRESENT	estoy, estás, está, estamos, estáis, están	
PRETERIT	estuve, estuviste, estuvo, estuvimos, estuvisteis, estuvieron	
IMPERFECT	estaba, estabas, estaba, estábamos, estabais, estaban	sentando
FUTURE	estaré, estarás, estará, estaremos, estaréis, estarán	*(see page 36)*
CONDITIONAL	estaría, estarías, estaría, estaríamos, estaríais, estarían	
SUBJUNCTIVE	que + *corresponding subjunctive tense of* estar *(see verb 151)*	

COMMANDS

	(nosotros) sentémonos/no nos sentemos
(tú) siéntate/no te sientes	(vosotros) sentaos/no os sentéis
(Ud.) siéntese/no se siente	(Uds.) siéntense/no se sienten

Usage

La azafata nos sentó.	*The flight attendant seated us.*
Siéntense, por favor.	*Please take your seats.*
Hay que sentar las reglas de una vez.	*We must establish the rules once and for all.*
Esta moda no te sienta nada bien.	*This style doesn't suit/become you at all.*

sentirse *to feel*

siento · sintieron · sentido · sintiéndose

stem-changing -ir reflexive verb:
e > *ie* (present), *e* > *i* (preterit)

PRESENT		PRETERIT	
me siento	nos sentimos	me sentí	nos sentimos
te sientes	os sentís	te sentiste	os sentisteis
se siente	se sienten	se sintió	se sintieron

IMPERFECT		PRESENT PERFECT	
me sentía	nos sentíamos	me he sentido	nos hemos sentido
te sentías	os sentíais	te has sentido	os habéis sentido
se sentía	se sentían	se ha sentido	se han sentido

FUTURE		CONDITIONAL	
me sentiré	nos sentiremos	me sentiría	nos sentiríamos
te sentirás	os sentiréis	te sentirías	os sentiríais
se sentirá	se sentirán	se sentiría	se sentirían

PLUPERFECT		PRETERIT PERFECT	
me había sentido	nos habíamos sentido	me hube sentido	nos hubimos sentido
te habías sentido	os habíais sentido	te hubiste sentido	os hubisteis sentido
se había sentido	se habían sentido	se hubo sentido	se hubieron sentido

FUTURE PERFECT		CONDITIONAL PERFECT	
me habré sentido	nos habremos sentido	me habría sentido	nos habríamos sentido
te habrás sentido	os habréis sentido	te habrías sentido	os habríais sentido
se habrá sentido	se habrán sentido	se habría sentido	se habrían sentido

PRESENT SUBJUNCTIVE		PRESENT PERFECT SUBJUNCTIVE	
me sienta	nos sintamos	me haya sentido	nos hayamos sentido
te sientas	os sintáis	te hayas sentido	os hayáis sentido
se sienta	se sientan	se haya sentido	se hayan sentido

IMPERFECT SUBJUNCTIVE (-ra)		*or* IMPERFECT SUBJUNCTIVE (-se)	
me sintiera	nos sintiéramos	me sintiese	nos sintiésemos
te sintieras	os sintierais	te sintieses	os sintieseis
se sintiera	se sintieran	se sintiese	se sintiesen

PAST PERFECT SUBJUNCTIVE (-ra)		*or* PAST PERFECT SUBJUNCTIVE (-se)	
me hubiera sentido	nos hubiéramos sentido	me hubiese sentido	nos hubiésemos sentido
te hubieras sentido	os hubierais sentido	te hubieses sentido	os hubieseis sentido
se hubiera sentido	se hubieran sentido	se hubiese sentido	se hubiesen sentido

PROGRESSIVE TENSES

PRESENT	estoy, estás, está, estamos, estáis, están
PRETERIT	estuve, estuviste, estuvo, estuvimos, estuvisteis, estuvieron
IMPERFECT	estaba, estabas, estaba, estábamos, estabais, estaban
FUTURE	estaré, estarás, estará, estaremos, estaréis, estarán
CONDITIONAL	estaría, estarías, estaría, estaríamos, estaríais, estarían
SUBJUNCTIVE	que + *corresponding subjunctive tense of* estar (*see verb 151*)

sintiendo
(*see page 36*)

COMMANDS

	(nosotros) sintámonos/no nos sintamos
(tú) siéntete/no te sientas	(vosotros) sentíos/no os sintáis
(Ud.) siéntase/no se sienta	(Uds.) siéntanse/no se sientan

Usage

—¿Cómo te sientes?	*How do you feel?*
—Me siento bien.	*I feel well.*
Se sienten dispuestos a todo.	*They feel prepared/ready for everything.*
Se siente como un pez en el agua.	*She feels completely at home.*

irregular verb   **soy · fueron · sido · siendo**

PRESENT			PRETERIT	
soy	somos		fui	fuimos
eres	sois		fuiste	fuisteis
es	son		fue	fueron

IMPERFECT			PRESENT PERFECT	
era	éramos		he sido	hemos sido
eras	erais		has sido	habéis sido
era	eran		ha sido	han sido

FUTURE			CONDITIONAL	
seré	seremos		sería	seríamos
serás	seréis		serías	seríais
será	serán		sería	serían

PLUPERFECT			PRETERIT PERFECT	
había sido	habíamos sido		hube sido	hubimos sido
habías sido	habíais sido		hubiste sido	hubisteis sido
había sido	habían sido		hubo sido	hubieron sido

FUTURE PERFECT			CONDITIONAL PERFECT	
habré sido	habremos sido		habría sido	habríamos sido
habrás sido	habréis sido		habrías sido	habríais sido
habrá sido	habrán sido		habría sido	habrían sido

PRESENT SUBJUNCTIVE			PRESENT PERFECT SUBJUNCTIVE	
sea	seamos		haya sido	hayamos sido
seas	seáis		hayas sido	hayáis sido
sea	sean		haya sido	hayan sido

IMPERFECT SUBJUNCTIVE (-ra)		*or*	IMPERFECT SUBJUNCTIVE (-se)	
fuera	fuéramos		fuese	fuésemos
fueras	fuerais		fueses	fueseis
fuera	fueran		fuese	fuesen

PAST PERFECT SUBJUNCTIVE (-ra)		*or*	PAST PERFECT SUBJUNCTIVE (-se)	
hubiera sido	hubiéramos sido		hubiese sido	hubiésemos sido
hubieras sido	hubierais sido		hubieses sido	hubieseis sido
hubiera sido	hubieran sido		hubiese sido	hubiesen sido

PROGRESSIVE TENSES

PRESENT	estoy, estás, está, estamos, estáis, están
PRETERIT	estuve, estuviste, estuvo, estuvimos, estuvisteis, estuvieron
IMPERFECT	estaba, estabas, estaba, estábamos, estabais, estaban
FUTURE	estaré, estarás, estará, estaremos, estaréis, estarán
CONDITIONAL	estaría, estarías, estaría, estaríamos, estaríais, estarían
SUBJUNCTIVE	que + *corresponding subjunctive tense of* estar (*see verb 151*)

} siendo

COMMANDS

	(nosotros) seamos/no seamos
(tú) sé/no seas	(vosotros) sed/no seáis
(Ud.) sea/no sea	(Uds.) sean/no sean

Usage

El consultor es inteligente y simpático.	*The consultant is intelligent and nice.*
Somos de los Estados Unidos.	*We're from the United States.*
La calculadora es de la ingeniera.	*The calculator is the engineer's.*
¿Uds. son ingleses?	*Are you English?*

TOP 30 VERB ☞

soy · fueron · sido · siendo   irregular verb

ser + adjective

La directora adjunta era sagaz.	The deputy director was shrewd.
Sus amigos son protestantes/judíos/católicos.	His friends are Protestant/Jewish/Catholic.
—¿De qué colores son las flores que plantaste?	What colors are the flowers you planted?
—Los tulipanes son rojos y los narcisos amarillos.	The tulips are red and the daffodils yellow.
—¿Cómo son?	What are they like?/What do they look like?
—Son encantadores/guapos.	They're charming/good-looking.

ser de *from, belong to, to be, be made of*

—¿De dónde son tus colegas?	Where are your co-workers from?
—Son de Chile y la Argentina.	They're from Chile and Argentina.
—Son de origen francés e inglés.	They're of French and English background/descent.
—¿De quién son estas carpetas?	Whose folders are these?
—Son del programador.	They're the programmer's.
—¿De qué es la bolsa?	What's the handbag made of?
—Es de cuero.	It's (made of) leather.

ser para

—¿Para quién es esta caja de bombones?	Whom is this box of chocolates for?
—Es para los secretarios.	It's for the secretaries.

ser to express time, dates, days of the week

—¿Qué hora es?	What time is it?
—Es la una y cuarto.	It's 1:15.
—¿Cuál es la fecha de hoy?	What's today's date?
—Es el 22 de febrero.	It's February 22nd.
—¿Qué día es hoy?	What day is today?
—Es viernes.	It's Friday.

ser to express an event taking place

La reunión será en la sala de conferencias.	The meeting will be in the conference room.
Será a las diez de la mañana.	It will take place at 10:00 A.M.

ser to express future of probability

Los exámenes serán fáciles.	The exams are probably easy.

ser + **past participle** to express passive voice

El informe fue escrito por un estadístico.	The report was written by a statistician.

Other Uses

Si no fuera por Uds., no podríamos proceder.	If it weren't for you, we couldn't carry on.
Érase una vez... (*cuentos de hadas*)	Once upon a time . . . (fairy tales)

TOP 30
VERBS

stem-changing *-ir* verb: e > i | **sirvo · sirvieron · servido · sirviendo**

PRESENT		PRETERIT	
sirvo	servimos	serví	servimos
sirves	servís	serviste	servisteis
sirve	sirven	sirvió	sirvieron

IMPERFECT		PRESENT PERFECT	
servía	servíamos	he servido	hemos servido
servías	servíais	has servido	habéis servido
servía	servían	ha servido	han servido

FUTURE		CONDITIONAL	
serviré	serviremos	serviría	serviríamos
servirás	serviréis	servirías	serviríais
servirá	servirán	serviría	servirían

PLUPERFECT		PRETERIT PERFECT	
había servido	habíamos servido	hube servido	hubimos servido
habías servido	habíais servido	hubiste servido	hubisteis servido
había servido	habían servido	hubo servido	hubieron servido

FUTURE PERFECT		CONDITIONAL PERFECT	
habré servido	habremos servido	habría servido	habríamos servido
habrás servido	habréis servido	habrías servido	habríais servido
habrá servido	habrán servido	habría servido	habrían servido

PRESENT SUBJUNCTIVE		PRESENT PERFECT SUBJUNCTIVE	
sirva	sirvamos	haya servido	hayamos servido
sirvas	sirváis	hayas servido	hayáis servido
sirva	sirvan	haya servido	hayan servido

IMPERFECT SUBJUNCTIVE (-ra)		or	IMPERFECT SUBJUNCTIVE (-se)	
sirviera	sirviéramos		sirviese	sirviésemos
sirvieras	sirvierais		sirvieses	sirvieseis
sirviera	sirvieran		sirviese	sirviesen

PAST PERFECT SUBJUNCTIVE (-ra)		or	PAST PERFECT SUBJUNCTIVE (-se)	
hubiera servido	hubiéramos servido		hubiese servido	hubiésemos servido
hubieras servido	hubierais servido		hubieses servido	hubieseis servido
hubiera servido	hubieran servido		hubiese servido	hubiesen servido

PROGRESSIVE TENSES

PRESENT	estoy, estás, está, estamos, estáis, están	
PRETERIT	estuve, estuviste, estuvo, estuvimos, estuvisteis, estuvieron	
IMPERFECT	estaba, estabas, estaba, estábamos, estabais, estaban	sirviendo
FUTURE	estaré, estarás, estará, estaremos, estaréis, estarán	
CONDITIONAL	estaría, estarías, estaría, estaríamos, estaríais, estarían	
SUBJUNCTIVE	que + *corresponding subjunctive tense of* estar (*see verb 151*)	

COMMANDS

	(nosotros) sirvamos/no sirvamos
(tú) sirve/no sirvas	(vosotros) servid/no sirváis
(Ud.) sirva/no sirva	(Uds.) sirvan/no sirvan

Usage

Se sirve vino con la comida.	*Wine is served with the meal.*
Es importante servir a la patria.	*It's important to serve one's country.*
No sirve quejarse.	*There's no use in complaining.*
Eso no sirve para nada.	*That's no good at all./It's useless.*

TOP 30 VERB ☞

¿En qué puedo servirle?	*What can I do for you?/May I help you? (in a store)*
Te toca a ti servir la pelota.	*It's your turn to serve the ball.*
El mozo nos sirvió con esmero.	*He was an attentive waiter. (The waiter served us with care.)*
Sirvamos la cena a las ocho.	*Let's serve dinner at 8:00.*
Han servido muchas causas.	*They've served many causes.*
Eso no le sirve de mucho.	*That won't do him much good.*

servir de

Churchill sirvió de Primer Ministro durante la guerra.	*Churchill served as Prime Minister during the war.*
Servía de intérprete en la Organización de Naciones Unidas.	*She served as interpreter at the United Nations.*

servir para

Nunca he servido para tales cosas.	*I've never been good at such things.*
Coger un berrinche no te sirve para nada.	*It's no use for you to have a tantrum.*
¿Para qué sirve este aparato?	*What's this device for?*

servirse

Sírvanse Uds.	*Help yourselves.*
Me sirvo más pan.	*I'll help myself to more bread.*
Sírvase acomodarse.	*Please make yourself comfortable.*

servirse de

Nos servimos del correo electrónico.	*We use e-mail.*
Se servía de varios libros de consulta.	*He used several reference books.*

Other Uses

El pollo servido con una salsa picante estuvo rico.	*The chicken served with a spicy sauce was delicious.*
¿Estás contento con tu servidor?	*Are you happy with your server?*
Se ofrece servicio a domicilio.	*They offer home delivery service.*
Es miembro del Servicio Secreto.	*He's a member of the Secret Service.*
Hizo el servicio militar.	*He completed his military service.*
A la camarera se le olvidaron las servilletas.	*The waitress forgot the napkins.*
La familia tiene tres sirvientes.	*The family has three servants.*

-ar verb; spelling change:
c > qu/e

significo · significaron · significado · significando

PRESENT		PRETERIT	
significo	significamos	signifiqué	significamos
significas	significáis	significaste	significasteis
significa	significan	significó	significaron

IMPERFECT		PRESENT PERFECT	
significaba	significábamos	he significado	hemos significado
significabas	significabais	has significado	habéis significado
significaba	significaban	ha significado	han significado

FUTURE		CONDITIONAL	
significaré	significaremos	significaría	significaríamos
significarás	significaréis	significarías	significaríais
significará	significarán	significaría	significarían

PLUPERFECT		PRETERIT PERFECT	
había significado	habíamos significado	hube significado	hubimos significado
habías significado	habíais significado	hubiste significado	hubisteis significado
había significado	habían significado	hubo significado	hubieron significado

FUTURE PERFECT		CONDITIONAL PERFECT	
habré significado	habremos significado	habría significado	habríamos significado
habrás significado	habréis significado	habrías significado	habríais significado
habrá significado	habrán significado	habría significado	habrían significado

PRESENT SUBJUNCTIVE		PRESENT PERFECT SUBJUNCTIVE	
signifique	signifiquemos	haya significado	hayamos significado
signifiques	signifiquéis	hayas significado	hayáis significado
signifique	signifiquen	haya significado	hayan significado

IMPERFECT SUBJUNCTIVE (-ra)		or	IMPERFECT SUBJUNCTIVE (-se)	
significara	significáramos		significase	significásemos
significaras	significarais		significases	significaseis
significara	significaran		significase	significasen

PAST PERFECT SUBJUNCTIVE (-ra)		or	PAST PERFECT SUBJUNCTIVE (-se)	
hubiera significado	hubiéramos significado		hubiese significado	hubiésemos significado
hubieras significado	hubierais significado		hubieses significado	hubieseis significado
hubiera significado	hubieran significado		hubiese significado	hubiesen significado

PROGRESSIVE TENSES

PRESENT	estoy, estás, está, estamos, estáis, están	
PRETERIT	estuve, estuviste, estuvo, estuvimos, estuvisteis, estuvieron	
IMPERFECT	estaba, estabas, estaba, estábamos, estabais, estaban	significando
FUTURE	estaré, estarás, estará, estaremos, estaréis, estarán	
CONDITIONAL	estaría, estarías, estaría, estaríamos, estaríais, estarían	
SUBJUNCTIVE	que + corresponding subjunctive tense of estar (see verb 151)	

COMMANDS

¡Que signifique(n)!   ¡Que no signifique(n)!

Usage

La palabra española superávit significa surplus en inglés.	The Spanish word superávit means surplus in English.
Su cooperación significa mucho para nosotros.	Their cooperation means a lot to us.
¿Cuál es el significado de eso?	What's the meaning/significance of that?
Faltan unos signos de puntuación.	Some punctuation marks are missing.
Recibieron una cantidad significante de dinero.	They received a significant amount of money.

| **sobrar** *to have left over, be left over, have more than enough*

sobra · sobraron · sobrado · sobrando   regular *-ar* verb (like **gustar**)

PRESENT

me sobra(n)	nos sobra(n)
te sobra(n)	os sobra(n)
le sobra(n)	les sobra(n)

PRETERIT

me sobró(-aron)	nos sobró(-aron)
te sobró(-aron)	os sobró(-aron)
le sobró(-aron)	les sobró(-aron)

IMPERFECT

me sobraba(n)	nos sobraba(n)
te sobraba(n)	os sobraba(n)
le sobraba(n)	les sobraba(n)

PRESENT PERFECT

me ha(n) sobrado	nos ha(n) sobrado
te ha(n) sobrado	os ha(n) sobrado
le ha(n) sobrado	les ha(n) sobrado

FUTURE

me sobrará(n)	nos sobrará(n)
te sobrará(n)	os sobrará(n)
le sobrará(n)	les sobrará(n)

CONDITIONAL

me sobraría(n)	nos sobraría(n)
te sobraría(n)	os sobraría(n)
le sobraría(n)	les sobraría(n)

PLUPERFECT

me había(n) sobrado	nos había(n) sobrado
te había(n) sobrado	os había(n) sobrado
le había(n) sobrado	les había(n) sobrado

PRETERIT PERFECT

me hubo(-ieron) sobrado	nos hubo(-ieron) sobrado
te hubo(-ieron) sobrado	os hubo(-ieron) sobrado
le hubo(-ieron) sobrado	les hubo(-ieron) sobrado

FUTURE PERFECT

me habrá(n) sobrado	nos habrá(n) sobrado
te habrá(n) sobrado	os habrá(n) sobrado
le habrá(n) sobrado	les habrá(n) sobrado

CONDITIONAL PERFECT

me habría(n) sobrado	nos habría(n) sobrado
te habría(n) sobrado	os habría(n) sobrado
le habría(n) sobrado	les habría(n) sobrado

PRESENT SUBJUNCTIVE

me sobre(n)	nos sobre(n)
te sobre(n)	os sobre(n)
le sobre(n)	les sobre(n)

PRESENT PERFECT SUBJUNCTIVE

me haya(n) sobrado	nos haya(n) sobrado
te haya(n) sobrado	os haya(n) sobrado
le haya(n) sobrado	les haya(n) sobrado

IMPERFECT SUBJUNCTIVE (-ra)   *or* IMPERFECT SUBJUNCTIVE (-se)

me sobrara(n)	nos sobrara(n)	me sobrase(n)	nos sobrase(n)
te sobrara(n)	os sobrara(n)	te sobrase(n)	os sobrase(n)
le sobrara(n)	les sobrara(n)	le sobrase(n)	les sobrase(n)

PAST PERFECT SUBJUNCTIVE (-ra)   *or* PAST PERFECT SUBJUNCTIVE (-se)

me hubiera(n) sobrado	nos hubiera(n) sobrado	me hubiese(n) sobrado	nos hubiese(n) sobrado
te hubiera(n) sobrado	os hubiera(n) sobrado	te hubiese(n) sobrado	os hubiese(n) sobrado
le hubiera(n) sobrado	les hubiera(n) sobrado	le hubiese(n) sobrado	les hubiese(n) sobrado

PROGRESSIVE TENSES

PRESENT	me	está, están	
PRETERIT	te	estuvo, estuvieron	
IMPERFECT	le	estaba, estaban	sobrando
FUTURE	nos	estará, estarán	
CONDITIONAL	os	estaría, estarían	
SUBJUNCTIVE	que les	*corresponding subjunctive tense of* estar (*see verb 151*)	

COMMANDS

¡Que te/le/os/les sobre(n)!   ¡Que no te/le/os/les sobre(n)!

Usage

—¿Te sobra dinero?   *Do you have any money left over?*
—Sí, me sobran 78 dólares.   *Yes, I have 78 dollars left over.*
Le sobra el tiempo desde que se jubiló.   *He has plenty of time since he retired.*
Le sobra carisma/paciencia.   *She's very charismatic/patient.*
Les sobra entusiasmo.   *They have plenty of enthusiasm.*

stem-changing *-er* verb: *o > ue*   **suelo · solieron · solido · soliendo**

PRESENT		PRETERIT NOT USED
suelo	solemos	
sueles	soléis	
suele	suelen	

IMPERFECT		PRESENT PERFECT NOT USED
solía	solíamos	
solías	solíais	
solía	solían	

FUTURE NOT USED	CONDITIONAL NOT USED

PLUPERFECT NOT USED	PRETERIT PERFECT NOT USED

FUTURE PERFECT NOT USED	CONDITIONAL PERFECT NOT USED

PRESENT SUBJUNCTIVE		PRESENT PERFECT SUBJUNCTIVE	
suela	solamos	haya solido	hayamos solido
suelas	soláis	hayas solido	hayáis solido
suela	suelan	haya solido	hayan solido

IMPERFECT SUBJUNCTIVE (-ra)		*or* IMPERFECT SUBJUNCTIVE (-se)	
soliera	soliéramos	soliese	soliésemos
solieras	solierais	solieses	solieseis
soliera	solieran	soliese	soliesen

PAST PERFECT SUBJUNCTIVE (-ra)		*or* PAST PERFECT SUBJUNCTIVE (-se)	
hubiera solido	hubiéramos solido	hubiese solido	hubiésemos solido
hubieras solido	hubierais solido	hubieses solido	hubieseis solido
hubiera solido	hubieran solido	hubiese solido	hubiesen solido

VERB NOT USED IN COMMANDS OR PROGRESSIVE

Usage

Suelo viajar en verano.	*I usually travel in summer.*
Solía tomar el tren de las ocho.	*She was accustomed to taking the 8:00 train.*
Suelen trasnochar.	*They frequently stay up very late/all night.*
No suele haber problemas con esta marca.	*There are generally no problems with this brand.*
Solían ver tele por la tarde.	*They used to watch TV in the afternoon.*
Suele nevar mucho en la sierra.	*It often snows/It tends to snow a lot in the mountains.*

sollozar *to sob*

PRESENT		PRETERIT	
sollozo	sollozamos	sollocé	sollozamos
sollozas	sollozáis	sollozaste	sollozasteis
solloza	sollozan	sollozó	sollozaron

IMPERFECT		PRESENT PERFECT	
sollozaba	sollozábamos	he sollozado	hemos sollozado
sollozabas	sollozabais	has sollozado	habéis sollozado
sollozaba	sollozaban	ha sollozado	han sollozado

FUTURE		CONDITIONAL	
sollozaré	sollozaremos	sollozaría	sollozaríamos
sollozarás	sollozaréis	sollozarías	sollozaríais
sollozará	sollozarán	sollozaría	sollozarían

PLUPERFECT		PRETERIT PERFECT	
había sollozado	habíamos sollozado	hube sollozado	hubimos sollozado
habías sollozado	habíais sollozado	hubiste sollozado	hubisteis sollozado
había sollozado	habían sollozado	hubo sollozado	hubieron sollozado

FUTURE PERFECT		CONDITIONAL PERFECT	
habré sollozado	habremos sollozado	habría sollozado	habríamos sollozado
habrás sollozado	habréis sollozado	habrías sollozado	habríais sollozado
habrá sollozado	habrán sollozado	habría sollozado	habrían sollozado

PRESENT SUBJUNCTIVE		PRESENT PERFECT SUBJUNCTIVE	
solloce	sollocemos	haya sollozado	hayamos sollozado
solloces	sollocéis	hayas sollozado	hayáis sollozado
solloce	sollocen	haya sollozado	hayan sollozado

IMPERFECT SUBJUNCTIVE (-ra)		*or*	IMPERFECT SUBJUNCTIVE (-se)	
sollozara	sollozáramos		sollozase	sollozásemos
sollozaras	sollozarais		sollozases	sollozaseis
sollozara	sollozaran		sollozase	sollozasen

PAST PERFECT SUBJUNCTIVE (-ra)		*or*	PAST PERFECT SUBJUNCTIVE (-se)	
hubiera sollozado	hubiéramos sollozado		hubiese sollozado	hubiésemos sollozado
hubieras sollozado	hubierais sollozado		hubieses sollozado	hubieseis sollozado
hubiera sollozado	hubieran sollozado		hubiese sollozado	hubiesen sollozado

PROGRESSIVE TENSES

PRESENT	estoy, estás, está, estamos, estáis, están
PRETERIT	estuve, estuviste, estuvo, estuvimos, estuvisteis, estuvieron
IMPERFECT	estaba, estabas, estaba, estábamos, estabais, estaban
FUTURE	estaré, estarás, estará, estaremos, estaréis, estarán
CONDITIONAL	estaría, estarías, estaría, estaríamos, estaríais, estarían
SUBJUNCTIVE	que + *corresponding subjunctive tense of* estar (*see verb 151*)

} sollozando

COMMANDS

	(nosotros) sollocemos/no sollocemos
(tú) solloza/no solloces	(vosotros) sollozad/no sollocéis
(Ud.) solloce/no solloce	(Uds.) sollocen/no sollocen

Usage

El pobre niño se durmió sollozando.	*The poor child sobbed himself to sleep.*
Deja de sollozar.	*Stop sobbing.*
No sé por qué estalló en sollozos.	*I don't know why he burst into sobs.*
Nos hablaba entre sollozos.	*He talked to us while sobbing.*

stem-changing -ar verb: o > ue | **suelto · soltaron · soltado · soltando**

PRESENT

suelto	soltamos
sueltas	soltáis
suelta	sueltan

IMPERFECT

soltaba	soltábamos
soltabas	soltabais
soltaba	soltaban

FUTURE

soltaré	soltaremos
soltarás	soltaréis
soltará	soltarán

PLUPERFECT

había soltado	habíamos soltado
habías soltado	habíais soltado
había soltado	habían soltado

FUTURE PERFECT

habré soltado	habremos soltado
habrás soltado	habréis soltado
habrá soltado	habrán soltado

PRESENT SUBJUNCTIVE

suelte	soltemos
sueltes	soltéis
suelte	suelten

IMPERFECT SUBJUNCTIVE (-ra)

soltara	soltáramos
soltaras	soltarais
soltara	soltaran

PAST PERFECT SUBJUNCTIVE (-ra)

hubiera soltado	hubiéramos soltado
hubieras soltado	hubierais soltado
hubiera soltado	hubieran soltado

PRETERIT

solté	soltamos
soltaste	soltasteis
soltó	soltaron

PRESENT PERFECT

he soltado	hemos soltado
has soltado	habéis soltado
ha soltado	han soltado

CONDITIONAL

soltaría	soltaríamos
soltarías	soltaríais
soltaría	soltarían

PRETERIT PERFECT

hube soltado	hubimos soltado
hubiste soltado	hubisteis soltado
hubo soltado	hubieron soltado

CONDITIONAL PERFECT

habría soltado	habríamos soltado
habrías soltado	habríais soltado
habría soltado	habrían soltado

PRESENT PERFECT SUBJUNCTIVE

haya soltado	hayamos soltado
hayas soltado	hayáis soltado
haya soltado	hayan soltado

or **IMPERFECT SUBJUNCTIVE (-se)**

soltase	soltásemos
soltases	soltaseis
soltase	soltasen

or **PAST PERFECT SUBJUNCTIVE (-se)**

hubiese soltado	hubiésemos soltado
hubieses soltado	hubieseis soltado
hubiese soltado	hubiesen soltado

PROGRESSIVE TENSES

PRESENT	estoy, estás, está, estamos, estáis, están
PRETERIT	estuve, estuviste, estuvo, estuvimos, estuvisteis, estuvieron
IMPERFECT	estaba, estabas, estaba, estábamos, estabais, estaban
FUTURE	estaré, estarás, estará, estaremos, estaréis, estarán
CONDITIONAL	estaría, estarías, estaría, estaríamos, estaríais, estarían
SUBJUNCTIVE	que + *corresponding subjunctive tense of* estar (*see verb 151*)

soltando

COMMANDS

	(nosotros) soltemos/no soltemos
(tú) suelta/no sueltes	(vosotros) soltad/no soltéis
(Ud.) suelte/no suelte	(Uds.) suelten/no suelten

Usage

Suéltame el nudo.	*Undo/Loosen the knot for me.*
Por fin soltaron a los rehenes.	*They finally released the hostages.*
Hay que atar los cabos sueltos.	*We must tie up the loose ends.*

NOTE: *Suelto* is an alternate form of the past participle.

sonar *to sound, ring, blow*

sueno · sonaron · sonado · sonando

stem-changing -ar verb: *o > ue*

PRESENT		PRETERIT	
sueno	sonamos	soné	sonamos
suenas	sonáis	sonaste	sonasteis
suena	suenan	sonó	sonaron

IMPERFECT		PRESENT PERFECT	
sonaba	sonábamos	he sonado	hemos sonado
sonabas	sonabais	has sonado	habéis sonado
sonaba	sonaban	ha sonado	han sonado

FUTURE		CONDITIONAL	
sonaré	sonaremos	sonaría	sonaríamos
sonarás	sonaréis	sonarías	sonaríais
sonará	sonarán	sonaría	sonarían

PLUPERFECT		PRETERIT PERFECT	
había sonado	habíamos sonado	hube sonado	hubimos sonado
habías sonado	habíais sonado	hubiste sonado	hubisteis sonado
había sonado	habían sonado	hubo sonado	hubieron sonado

FUTURE PERFECT		CONDITIONAL PERFECT	
habré sonado	habremos sonado	habría sonado	habríamos sonado
habrás sonado	habréis sonado	habrías sonado	habríais sonado
habrá sonado	habrán sonado	habría sonado	habrían sonado

PRESENT SUBJUNCTIVE		PRESENT PERFECT SUBJUNCTIVE	
suene	sonemos	haya sonado	hayamos sonado
suenes	sonéis	hayas sonado	hayáis sonado
suene	suenen	haya sonado	hayan sonado

IMPERFECT SUBJUNCTIVE (-ra)		*or* IMPERFECT SUBJUNCTIVE (-se)	
sonara	sonáramos	sonase	sonásemos
sonaras	sonarais	sonases	sonaseis
sonara	sonaran	sonase	sonasen

PAST PERFECT SUBJUNCTIVE (-ra)		*or* PAST PERFECT SUBJUNCTIVE (-se)	
hubiera sonado	hubiéramos sonado	hubiese sonado	hubiésemos sonado
hubieras sonado	hubierais sonado	hubieses sonado	hubieseis sonado
hubiera sonado	hubieran sonado	hubiese sonado	hubiesen sonado

PROGRESSIVE TENSES

PRESENT	estoy, estás, está, estamos, estáis, están	
PRETERIT	estuve, estuviste, estuvo, estuvimos, estuvisteis, estuvieron	
IMPERFECT	estaba, estabas, estaba, estábamos, estabais, estaban	sonando
FUTURE	estaré, estarás, estará, estaremos, estaréis, estarán	
CONDITIONAL	estaría, estarías, estaría, estaríamos, estaríais, estarían	
SUBJUNCTIVE	que + *corresponding subjunctive tense of* estar (*see verb 151*)	

COMMANDS

	(nosotros) sonemos/no sonemos
(tú) suena/no suenes	(vosotros) sonad/no sonéis
(Ud.) suene/no suene	(Uds.) suenen/no suenen

Usage

La flauta suena brillante.	*The flute sounds brilliant.*
La letra hache no suena en español.	*The letter "h" isn't sounded/pronounced in Spanish.*
¿No oyes sonar el celular?	*Don't you hear the cell phone ringing?*
Las campanas suenan al mediodía.	*The bells ring at noon.*

stem-changing *-ir* verb: *e > i*   **sonrío · sonrieron · sonreído · sonriendo**

PRESENT		PRETERIT	
sonrío	sonreímos	sonreí	sonreímos
sonríes	sonreís	sonreíste	sonreísteis
sonríe	sonríen	sonrió	sonrieron

IMPERFECT		PRESENT PERFECT	
sonreía	sonreíamos	he sonreído	hemos sonreído
sonreías	sonreíais	has sonreído	habéis sonreído
sonreía	sonreían	ha sonreído	han sonreído

FUTURE		CONDITIONAL	
sonreiré	sonreiremos	sonreiría	sonreiríamos
sonreirás	sonreiréis	sonreirías	sonreiríais
sonreirá	sonreirán	sonreiría	sonreirían

PLUPERFECT		PRETERIT PERFECT	
había sonreído	habíamos sonreído	hube sonreído	hubimos sonreído
habías sonreído	habíais sonreído	hubiste sonreído	hubisteis sonreído
había sonreído	habían sonreído	hubo sonreído	hubieron sonreído

FUTURE PERFECT		CONDITIONAL PERFECT	
habré sonreído	habremos sonreído	habría sonreído	habríamos sonreído
habrás sonreído	habréis sonreído	habrías sonreído	habríais sonreído
habrá sonreído	habrán sonreído	habría sonreído	habrían sonreído

PRESENT SUBJUNCTIVE		PRESENT PERFECT SUBJUNCTIVE	
sonría	sonriamos	haya sonreído	hayamos sonreído
sonrías	sonriáis	hayas sonreído	hayáis sonreído
sonría	sonrían	haya sonreído	hayan sonreído

IMPERFECT SUBJUNCTIVE (-ra)		or	IMPERFECT SUBJUNCTIVE (-se)	
sonriera	sonriéramos		sonriese	sonriésemos
sonrieras	sonrierais		sonrieses	sonrieseis
sonriera	sonrieran		sonriese	sonriesen

PAST PERFECT SUBJUNCTIVE (-ra)		or	PAST PERFECT SUBJUNCTIVE (-se)	
hubiera sonreído	hubiéramos sonreído		hubiese sonreído	hubiésemos sonreído
hubieras sonreído	hubierais sonreído		hubieses sonreído	hubieseis sonreído
hubiera sonreído	hubieran sonreído		hubiese sonreído	hubiesen sonreído

PROGRESSIVE TENSES

PRESENT	estoy, estás, está, estamos, estáis, están	
PRETERIT	estuve, estuviste, estuvo, estuvimos, estuvisteis, estuvieron	
IMPERFECT	estaba, estabas, estaba, estábamos, estabais, estaban	sonriendo
FUTURE	estaré, estarás, estará, estaremos, estaréis, estarán	
CONDITIONAL	estaría, estarías, estaría, estaríamos, estaríais, estarían	
SUBJUNCTIVE	que + *corresponding subjunctive tense of* estar (*see verb 151*)	

COMMANDS

	(nosotros) sonriamos/no sonriamos
(tú) sonríe/no sonrías	(vosotros) sonreíd/no sonriáis
(Ud.) sonría/no sonría	(Uds.) sonrían/no sonrían

Usage

Sus payasadas nos hacían sonreír.	*Their antics made us smile.*
Ojalá que la vida/la fortuna nos sonría.	*We hope life/fortune will smile on us.*
Nos sonrieron.	*They smiled at us.*
¡Te sonríes de contento!	*You're beaming with joy!*

soñar *to dream*

sueño · soñaron · soñado · soñando   stem-changing -ar verb: *o > ue*

PRESENT		PRETERIT	
sueño	soñamos	soñé	soñamos
sueñas	soñáis	soñaste	soñasteis
sueña	sueñan	soñó	soñaron

IMPERFECT		PRESENT PERFECT	
soñaba	soñábamos	he soñado	hemos soñado
soñabas	soñabais	has soñado	habéis soñado
soñaba	soñaban	ha soñado	han soñado

FUTURE		CONDITIONAL	
soñaré	soñaremos	soñaría	soñaríamos
soñarás	soñaréis	soñarías	soñaríais
soñará	soñarán	soñaría	soñarían

PLUPERFECT		PRETERIT PERFECT	
había soñado	habíamos soñado	hube soñado	hubimos soñado
habías soñado	habíais soñado	hubiste soñado	hubisteis soñado
había soñado	habían soñado	hubo soñado	hubieron soñado

FUTURE PERFECT		CONDITIONAL PERFECT	
habré soñado	habremos soñado	habría soñado	habríamos soñado
habrás soñado	habréis soñado	habrías soñado	habríais soñado
habrá soñado	habrán soñado	habría soñado	habrían soñado

PRESENT SUBJUNCTIVE		PRESENT PERFECT SUBJUNCTIVE	
sueñe	soñemos	haya soñado	hayamos soñado
sueñes	soñéis	hayas soñado	hayáis soñado
sueñe	sueñen	haya soñado	hayan soñado

IMPERFECT SUBJUNCTIVE (-ra)		*or* IMPERFECT SUBJUNCTIVE (-se)	
soñara	soñáramos	soñase	soñásemos
soñaras	soñarais	soñases	soñaseis
soñara	soñaran	soñase	soñasen

PAST PERFECT SUBJUNCTIVE (-ra)		*or* PAST PERFECT SUBJUNCTIVE (-se)	
hubiera soñado	hubiéramos soñado	hubiese soñado	hubiésemos soñado
hubieras soñado	hubierais soñado	hubieses soñado	hubieseis soñado
hubiera soñado	hubieran soñado	hubiese soñado	hubiesen soñado

PROGRESSIVE TENSES

PRESENT	estoy, estás, está, estamos, estáis, están	
PRETERIT	estuve, estuviste, estuvo, estuvimos, estuvisteis, estuvieron	
IMPERFECT	estaba, estabas, estaba, estábamos, estabais, estaban	soñando
FUTURE	estaré, estarás, estará, estaremos, estaréis, estarán	
CONDITIONAL	estaría, estarías, estaría, estaríamos, estaríais, estarían	
SUBJUNCTIVE	que + *corresponding subjunctive tense of* estar (*see verb 151*)	

COMMANDS

	(nosotros) soñemos/no soñemos
(tú) sueña/no sueñes	(vosotros) soñad/no soñéis
(Ud.) sueñe/no sueñe	(Uds.) sueñen/no sueñen

Usage

Sueñan todas las noches.	*They have dreams every night.*
Soñó que estaba en Sevilla.	*She dreamed she was in Seville.*
¿Sueñas conmigo?	*Do you dream about me?*
¡Ni lo sueñes!/¡Ni en sueños!	*Not on your life!*

irregular verb (like **tener**) **sostengo · sostuvieron · sostenido · sosteniendo**

PRESENT

sostengo	sostenemos
sostienes	sostenéis
sostiene	sostienen

PRETERIT

sostuve	sostuvimos
sostuviste	sostuvisteis
sostuvo	sostuvieron

IMPERFECT

sostenía	sosteníamos
sostenías	sosteníais
sostenía	sostenían

PRESENT PERFECT

he sostenido	hemos sostenido
has sostenido	habéis sostenido
ha sostenido	han sostenido

FUTURE

sostendré	sostendremos
sostendrás	sostendréis
sostendrá	sostendrán

CONDITIONAL

sostendría	sostendríamos
sostendrías	sostendríais
sostendría	sostendrían

PLUPERFECT

había sostenido	habíamos sostenido
habías sostenido	habíais sostenido
había sostenido	habían sostenido

PRETERIT PERFECT

hube sostenido	hubimos sostenido
hubiste sostenido	hubisteis sostenido
hubo sostenido	hubieron sostenido

FUTURE PERFECT

habré sostenido	habremos sostenido
habrás sostenido	habréis sostenido
habrá sostenido	habrán sostenido

CONDITIONAL PERFECT

habría sostenido	habríamos sostenido
habrías sostenido	habríais sostenido
habría sostenido	habrían sostenido

PRESENT SUBJUNCTIVE

sostenga	sostengamos
sostengas	sostengáis
sostenga	sostengan

PRESENT PERFECT SUBJUNCTIVE

haya sostenido	hayamos sostenido
hayas sostenido	hayáis sostenido
haya sostenido	hayan sostenido

IMPERFECT SUBJUNCTIVE (-ra)

sostuviera	sostuviéramos
sostuvieras	sostuvierais
sostuviera	sostuvieran

or ### IMPERFECT SUBJUNCTIVE (-se)

sostuviese	sostuviésemos
sostuvieses	sostuvieseis
sostuviese	sostuviesen

PAST PERFECT SUBJUNCTIVE (-ra)

hubiera sostenido	hubiéramos sostenido
hubieras sostenido	hubierais sostenido
hubiera sostenido	hubieran sostenido

or ### PAST PERFECT SUBJUNCTIVE (-se)

hubiese sostenido	hubiésemos sostenido
hubieses sostenido	hubieseis sostenido
hubiese sostenido	hubiesen sostenido

PROGRESSIVE TENSES

PRESENT	estoy, estás, está, estamos, estáis, están
PRETERIT	estuve, estuviste, estuvo, estuvimos, estuvisteis, estuvieron
IMPERFECT	estaba, estabas, estaba, estábamos, estabais, estaban
FUTURE	estaré, estarás, estará, estaremos, estaréis, estarán
CONDITIONAL	estaría, estarías, estaría, estaríamos, estaríais, estarían
SUBJUNCTIVE	que + *corresponding subjunctive tense of* estar (*see verb 151*)

} sosteniendo

COMMANDS

	(nosotros) sostengamos/no sostengamos
(tú) sostén/no sostengas	(vosotros) sostened/no sostengáis
(Ud.) sostenga/no sostenga	(Uds.) sostengan/no sostengan

Usage

¿Me sostienes el cuadro?	*Can you hold up/support the picture for me?*
No puede sostener los líos.	*She can't bear the problems.*
Sostenían buenas relaciones.	*They maintained good relations.*
Se sostiene trabajando en un banco.	*She supports herself working in a bank.*

subir *to go up, take up, increase, raise*

subo · subieron · subido · subiendo   regular *-ir* verb

PRESENT		PRETERIT	
subo	subimos	subí	subimos
subes	subís	subiste	subisteis
sube	suben	subió	subieron

IMPERFECT		PRESENT PERFECT	
subía	subíamos	he subido	hemos subido
subías	subíais	has subido	habéis subido
subía	subían	ha subido	han subido

FUTURE		CONDITIONAL	
subiré	subiremos	subiría	subiríamos
subirás	subiréis	subirías	subiríais
subirá	subirán	subiría	subirían

PLUPERFECT		PRETERIT PERFECT	
había subido	habíamos subido	hube subido	hubimos subido
habías subido	habíais subido	hubiste subido	hubisteis subido
había subido	habían subido	hubo subido	hubieron subido

FUTURE PERFECT		CONDITIONAL PERFECT	
habré subido	habremos subido	habría subido	habríamos subido
habrás subido	habréis subido	habrías subido	habríais subido
habrá subido	habrán subido	habría subido	habrían subido

PRESENT SUBJUNCTIVE		PRESENT PERFECT SUBJUNCTIVE	
suba	subamos	haya subido	hayamos subido
subas	subáis	hayas subido	hayáis subido
suba	suban	haya subido	hayan subido

IMPERFECT SUBJUNCTIVE (-ra)		*or* IMPERFECT SUBJUNCTIVE (-se)	
subiera	subiéramos	subiese	subiésemos
subieras	subierais	subieses	subieseis
subiera	subieran	subiese	subiesen

PAST PERFECT SUBJUNCTIVE (-ra)		*or* PAST PERFECT SUBJUNCTIVE (-se)	
hubiera subido	hubiéramos subido	hubiese subido	hubiésemos subido
hubieras subido	hubierais subido	hubieses subido	hubieseis subido
hubiera subido	hubieran subido	hubiese subido	hubiesen subido

PROGRESSIVE TENSES

PRESENT	estoy, estás, está, estamos, estáis, están	
PRETERIT	estuve, estuviste, estuvo, estuvimos, estuvisteis, estuvieron	
IMPERFECT	estaba, estabas, estaba, estábamos, estabais, estaban	subiendo
FUTURE	estaré, estarás, estará, estaremos, estaréis, estarán	
CONDITIONAL	estaría, estarías, estaría, estaríamos, estaríais, estarían	
SUBJUNCTIVE	que + *corresponding subjunctive tense of* estar (*see verb 151*)	

COMMANDS

	(nosotros) subamos/no subamos
(tú) sube/no subas	(vosotros) subid/no subáis
(Ud.) suba/no suba	(Uds.) suban/no suban

Usage

Suban al séptimo piso.	Go up to the seventh floor.
¿Subimos en ascensor o escalera mecánica?	Shall we go up by elevator or escalator?
Súbeme los paquetes, por favor.	Please carry the packages up for me.
Esperamos que no se suban los precios.	We hope that prices don't rise.

regular -er verb   **sucedo · sucedieron · sucedido · sucediendo**

PRESENT		PRETERIT	
sucedo	sucedemos	sucedí	sucedimos
sucedes	sucedéis	sucediste	sucedisteis
sucede	suceden	sucedió	sucedieron

IMPERFECT		PRESENT PERFECT	
sucedía	sucedíamos	he sucedido	hemos sucedido
sucedías	sucedíais	has sucedido	habéis sucedido
sucedía	sucedían	ha sucedido	han sucedido

FUTURE		CONDITIONAL	
sucederé	sucederemos	sucedería	sucederíamos
sucederás	sucederéis	sucederías	sucederíais
sucederá	sucederán	sucedería	sucederían

PLUPERFECT		PRETERIT PERFECT	
había sucedido	habíamos sucedido	hube sucedido	hubimos sucedido
habías sucedido	habíais sucedido	hubiste sucedido	hubisteis sucedido
había sucedido	habían sucedido	hubo sucedido	hubieron sucedido

FUTURE PERFECT		CONDITIONAL PERFECT	
habré sucedido	habremos sucedido	habría sucedido	habríamos sucedido
habrás sucedido	habréis sucedido	habrías sucedido	habríais sucedido
habrá sucedido	habrán sucedido	habría sucedido	habrían sucedido

PRESENT SUBJUNCTIVE		PRESENT PERFECT SUBJUNCTIVE	
suceda	sucedamos	haya sucedido	hayamos sucedido
sucedas	sucedáis	hayas sucedido	hayáis sucedido
suceda	sucedan	haya sucedido	hayan sucedido

IMPERFECT SUBJUNCTIVE (-ra)		*or*	IMPERFECT SUBJUNCTIVE (-se)	
sucediera	sucediéramos		sucediese	sucediésemos
sucedieras	sucedierais		sucedieses	sucedieseis
sucediera	sucedieran		sucediese	sucediesen

PAST PERFECT SUBJUNCTIVE (-ra)		*or*	PAST PERFECT SUBJUNCTIVE (-se)	
hubiera sucedido	hubiéramos sucedido		hubiese sucedido	hubiésemos sucedido
hubieras sucedido	hubierais sucedido		hubieses sucedido	hubieseis sucedido
hubiera sucedido	hubieran sucedido		hubiese sucedido	hubiesen sucedido

PROGRESSIVE TENSES

PRESENT	estoy, estás, está, estamos, estáis, están	
PRETERIT	estuve, estuviste, estuvo, estuvimos, estuvisteis, estuvieron	
IMPERFECT	estaba, estabas, estaba, estábamos, estabais, estaban	sucediendo
FUTURE	estaré, estarás, estará, estaremos, estaréis, estarán	
CONDITIONAL	estaría, estarías, estaría, estaríamos, estaríais, estarían	
SUBJUNCTIVE	que + *corresponding subjunctive tense of* estar (*see verb 151*)	

COMMANDS

	(nosotros) sucedamos/no sucedamos
(tú) sucede/no sucedas	(vosotros) suceded/no sucedáis
(Ud.) suceda/no suceda	(Uds.) sucedan/no sucedan

Usage

Sucedió algo increíble.	*Something incredible happened.*
El príncipe sucedió a su padre el rey.	*The prince succeeded his father the king.*
¿Qué sucede?	*What's going on?/What's the matter?*
Suceda lo que suceda.	*Come what may./Whatever may happen.*

sufro · sufrieron · sufrido · sufriendo   regular *-ir* verb

PRESENT		PRETERIT	
sufro	sufrimos	sufrí	sufrimos
sufres	sufrís	sufriste	sufristeis
sufre	sufren	sufrió	sufrieron

IMPERFECT		PRESENT PERFECT	
sufría	sufríamos	he sufrido	hemos sufrido
sufrías	sufríais	has sufrido	habéis sufrido
sufría	sufrían	ha sufrido	han sufrido

FUTURE		CONDITIONAL	
sufriré	sufriremos	sufriría	sufriríamos
sufrirás	sufriréis	sufrirías	sufriríais
sufrirá	sufrirán	sufriría	sufrirían

PLUPERFECT		PRETERIT PERFECT	
había sufrido	habíamos sufrido	hube sufrido	hubimos sufrido
habías sufrido	habíais sufrido	hubiste sufrido	hubisteis sufrido
había sufrido	habían sufrido	hubo sufrido	hubieron sufrido

FUTURE PERFECT		CONDITIONAL PERFECT	
habré sufrido	habremos sufrido	habría sufrido	habríamos sufrido
habrás sufrido	habréis sufrido	habrías sufrido	habríais sufrido
habrá sufrido	habrán sufrido	habría sufrido	habrían sufrido

PRESENT SUBJUNCTIVE		PRESENT PERFECT SUBJUNCTIVE	
sufra	suframos	haya sufrido	hayamos sufrido
sufras	sufráis	hayas sufrido	hayáis sufrido
sufra	sufran	haya sufrido	hayan sufrido

IMPERFECT SUBJUNCTIVE (-ra)		*or* IMPERFECT SUBJUNCTIVE (-se)	
sufriera	sufriéramos	sufriese	sufriésemos
sufrieras	sufrierais	sufrieses	sufrieseis
sufriera	sufrieran	sufriese	sufriesen

PAST PERFECT SUBJUNCTIVE (-ra)		*or* PAST PERFECT SUBJUNCTIVE (-se)	
hubiera sufrido	hubiéramos sufrido	hubiese sufrido	hubiésemos sufrido
hubieras sufrido	hubierais sufrido	hubieses sufrido	hubieseis sufrido
hubiera sufrido	hubieran sufrido	hubiese sufrido	hubiesen sufrido

PROGRESSIVE TENSES

PRESENT	estoy, estás, está, estamos, estáis, están	
PRETERIT	estuve, estuviste, estuvo, estuvimos, estuvisteis, estuvieron	
IMPERFECT	estaba, estabas, estaba, estábamos, estabais, estaban	sufriendo
FUTURE	estaré, estarás, estará, estaremos, estaréis, estarán	
CONDITIONAL	estaría, estarías, estaría, estaríamos, estaríais, estarían	
SUBJUNCTIVE	que + *corresponding subjunctive tense of* estar (*see verb 151*)	

COMMANDS

	(nosotros) suframos/no suframos
(tú) sufre/no sufras	(vosotros) sufrid/no sufráis
(Ud.) sufra/no sufra	(Uds.) sufran/no sufran

Usage

Sufre de dolores de cabeza.	*He suffers from headaches.*
No nos gusta que sufras su insolencia.	*We don't like you to put up with her insolence.*
¡Sufre las consecuencias de tus acciones!	*Suffer the consequences of your actions!*
¿Cuándo sufriste el accidente de coche?	*When did you have the car accident?*

stem-changing -*ir* verb:
e > ie (present), *e > i* (preterit)

sugiero · sugirieron · sugerido · sugiriendo

PRESENT

sugiero	sugerimos
sugieres	sugerís
sugiere	sugieren

PRETERIT

sugerí	sugerimos
sugeriste	sugeristeis
sugirió	sugirieron

IMPERFECT

sugería	sugeríamos
sugerías	sugeríais
sugería	sugerían

PRESENT PERFECT

he sugerido	hemos sugerido
has sugerido	habéis sugerido
ha sugerido	han sugerido

FUTURE

sugeriré	sugeriremos
sugerirás	sugeriréis
sugerirá	sugerirán

CONDITIONAL

sugeriría	sugeriríamos
sugerirías	sugeriríais
sugeriría	sugerirían

PLUPERFECT

había sugerido	habíamos sugerido
habías sugerido	habíais sugerido
había sugerido	habían sugerido

PRETERIT PERFECT

hube sugerido	hubimos sugerido
hubiste sugerido	hubisteis sugerido
hubo sugerido	hubieron sugerido

FUTURE PERFECT

habré sugerido	habremos sugerido
habrás sugerido	habréis sugerido
habrá sugerido	habrán sugerido

CONDITIONAL PERFECT

habría sugerido	habríamos sugerido
habrías sugerido	habríais sugerido
habría sugerido	habrían sugerido

PRESENT SUBJUNCTIVE

sugiera	sugiramos
sugieras	sugiráis
sugiera	sugieran

PRESENT PERFECT SUBJUNCTIVE

haya sugerido	hayamos sugerido
hayas sugerido	hayáis sugerido
haya sugerido	hayan sugerido

IMPERFECT SUBJUNCTIVE (-ra)

sugiriera	sugiriéramos
sugirieras	sugirierais
sugiriera	sugirieran

or **IMPERFECT SUBJUNCTIVE (-se)**

sugiriese	sugiriésemos
sugirieses	sugirieseis
sugiriese	sugiriesen

PAST PERFECT SUBJUNCTIVE (-ra)

hubiera sugerido	hubiéramos sugerido
hubieras sugerido	hubierais sugerido
hubiera sugerido	hubieran sugerido

or **PAST PERFECT SUBJUNCTIVE (-se)**

hubiese sugerido	hubiésemos sugerido
hubieses sugerido	hubieseis sugerido
hubiese sugerido	hubiesen sugerido

PROGRESSIVE TENSES

PRESENT	estoy, estás, está, estamos, estáis, están	
PRETERIT	estuve, estuviste, estuvo, estuvimos, estuvisteis, estuvieron	
IMPERFECT	estaba, estabas, estaba, estábamos, estabais, estaban	sugiriendo
FUTURE	estaré, estarás, estará, estaremos, estaréis, estarán	
CONDITIONAL	estaría, estarías, estaría, estaríamos, estaríais, estarían	
SUBJUNCTIVE	que + *corresponding subjunctive tense of* estar (*see verb 151*)	

COMMANDS

	(nosotros) sugiramos/no sugiramos
(tú) sugiere/no sugieras	(vosotros) sugerid/no sugiráis
(Ud.) sugiera/no sugiera	(Uds.) sugieran/no sugieran

Usage

—¿Qué nos sugieres?
—Sugiero que aplacen la reunión.
Uds. han sugerido todo lo posible.
Sugirió que le habían hecho una mala jugada.

What can you suggest to us?
I suggest that you postpone the meeting.
You've suggested everything possible.
She insinuated that they had played a dirty trick on her.

suponer *to suppose, assume, mean, entail*

supongo · supusieron · supuesto · suponiendo   irregular verb (like **poner**)

PRESENT		PRETERIT	
supongo	suponemos	supuse	supusimos
supones	suponéis	supusiste	supusisteis
supone	suponen	supuso	supusieron

IMPERFECT		PRESENT PERFECT	
suponía	suponíamos	he supuesto	hemos supuesto
suponías	suponíais	has supuesto	habéis supuesto
suponía	suponían	ha supuesto	han supuesto

FUTURE		CONDITIONAL	
supondré	supondremos	supondría	supondríamos
supondrás	supondréis	supondrías	supondríais
supondrá	supondrán	supondría	supondrían

PLUPERFECT		PRETERIT PERFECT	
había supuesto	habíamos supuesto	hube supuesto	hubimos supuesto
habías supuesto	habíais supuesto	hubiste supuesto	hubisteis supuesto
había supuesto	habían supuesto	hubo supuesto	hubieron supuesto

FUTURE PERFECT		CONDITIONAL PERFECT	
habré supuesto	habremos supuesto	habría supuesto	habríamos supuesto
habrás supuesto	habréis supuesto	habrías supuesto	habríais supuesto
habrá supuesto	habrán supuesto	habría supuesto	habrían supuesto

PRESENT SUBJUNCTIVE		PRESENT PERFECT SUBJUNCTIVE	
suponga	supongamos	haya supuesto	hayamos supuesto
supongas	supongáis	hayas supuesto	hayáis supuesto
suponga	supongan	haya supuesto	hayan supuesto

IMPERFECT SUBJUNCTIVE (-ra)		*or*	IMPERFECT SUBJUNCTIVE (-se)	
supusiera	supusiéramos		supusiese	supusiésemos
supusieras	supusierais		supusieses	supusieseis
supusiera	supusieran		supusiese	supusiesen

PAST PERFECT SUBJUNCTIVE (-ra)		*or*	PAST PERFECT SUBJUNCTIVE (-se)	
hubiera supuesto	hubiéramos supuesto		hubiese supuesto	hubiésemos supuesto
hubieras supuesto	hubierais supuesto		hubieses supuesto	hubieseis supuesto
hubiera supuesto	hubieran supuesto		hubiese supuesto	hubiesen supuesto

PROGRESSIVE TENSES

PRESENT	estoy, estás, está, estamos, estáis, están
PRETERIT	estuve, estuviste, estuvo, estuvimos, estuvisteis, estuvieron
IMPERFECT	estaba, estabas, estaba, estábamos, estabais, estaban
FUTURE	estaré, estarás, estará, estaremos, estaréis, estarán
CONDITIONAL	estaría, estarías, estaría, estaríamos, estaríais, estarían
SUBJUNCTIVE	que + *corresponding subjunctive tense of* estar (*see verb 151*)

} suponiendo

COMMANDS

	(nosotros) supongamos/no supongamos
(tú) supón/no supongas	(vosotros) suponed/no supongáis
(Ud.) suponga/no suponga	(Uds.) supongan/no supongan

Usage

Suponemos que no has oído nada.	*We suppose/assume you haven't heard anything.*
Esta empresa supone la cooperación de todos.	*This undertaking means/entails everyone's cooperation.*
Supongo que sí/que no.	*I suppose so./I suppose not.*

-*ir* verb; spelling change: *g* > *j/o, a*   **surjo · surgieron · surgido · surgiendo**

PRESENT		PRETERIT	
surjo	surgimos	surgí	surgimos
surges	surgís	surgiste	surgisteis
surge	surgen	surgió	surgieron

IMPERFECT		PRESENT PERFECT	
surgía	surgíamos	he surgido	hemos surgido
surgías	surgíais	has surgido	habéis surgido
surgía	surgían	ha surgido	han surgido

FUTURE		CONDITIONAL	
surgiré	surgiremos	surgiría	surgiríamos
surgirás	surgiréis	surgirías	surgiríais
surgirá	surgirán	surgiría	surgirían

PLUPERFECT		PRETERIT PERFECT	
había surgido	habíamos surgido	hube surgido	hubimos surgido
habías surgido	habíais surgido	hubiste surgido	hubisteis surgido
había surgido	habían surgido	hubo surgido	hubieron surgido

FUTURE PERFECT		CONDITIONAL PERFECT	
habré surgido	habremos surgido	habría surgido	habríamos surgido
habrás surgido	habréis surgido	habrías surgido	habríais surgido
habrá surgido	habrán surgido	habría surgido	habrían surgido

PRESENT SUBJUNCTIVE		PRESENT PERFECT SUBJUNCTIVE	
surja	surjamos	haya surgido	hayamos surgido
surjas	surjáis	hayas surgido	hayáis surgido
surja	surjan	haya surgido	hayan surgido

IMPERFECT SUBJUNCTIVE (-ra)		*or* IMPERFECT SUBJUNCTIVE (-se)	
surgiera	surgiéramos	surgiese	surgiésemos
surgieras	surgierais	surgieses	surgieseis
surgiera	surgieran	surgiese	surgiesen

PAST PERFECT SUBJUNCTIVE (-ra)		*or* PAST PERFECT SUBJUNCTIVE (-se)	
hubiera surgido	hubiéramos surgido	hubiese surgido	hubiésemos surgido
hubieras surgido	hubierais surgido	hubieses surgido	hubieseis surgido
hubiera surgido	hubieran surgido	hubiese surgido	hubiesen surgido

PROGRESSIVE TENSES

PRESENT	estoy, estás, está, estamos, estáis, están	
PRETERIT	estuve, estuviste, estuvo, estuvimos, estuvisteis, estuvieron	
IMPERFECT	estaba, estabas, estaba, estábamos, estabais, estaban	surgiendo
FUTURE	estaré, estarás, estará, estaremos, estaréis, estarán	
CONDITIONAL	estaría, estarías, estaría, estaríamos, estaríais, estarían	
SUBJUNCTIVE	que + *corresponding subjunctive tense of* estar (*see verb 151*)	

COMMANDS

	(nosotros) surjamos/no surjamos
(tú) surge/no surjas	(vosotros) surgid/no surjáis
(Ud.) surja/no surja	(Uds.) surjan/no surjan

Usage

Un oasis surgió en el desierto.	*An oasis sprung up in the desert.*
Ha surgido una nueva flautista joven.	*A new young flutist has appeared on the scene.*
Surgían conflictos entre los socios del club.	*Conflicts arose among the club members.*
¿De dónde surgieron esas personas?	*Where did those people come from?*

sustituir *to substitute, replace*

sustituyo · sustituyeron · sustituido · sustituyendo   *-ir* verb; spelling change:
adds *y* before *o, a, e*

PRESENT		PRETERIT	
sustituyo	sustituimos	sustituí	sustituimos
sustituyes	sustituís	sustituiste	sustituisteis
sustituye	sustituyen	sustituyó	sustituyeron

IMPERFECT		PRESENT PERFECT	
sustituía	sustituíamos	he sustituido	hemos sustituido
sustituías	sustituíais	has sustituido	habéis sustituido
sustituía	sustituían	ha sustituido	han sustituido

FUTURE		CONDITIONAL	
sustituiré	sustituiremos	sustituiría	sustituiríamos
sustituirás	sustituiréis	sustituirías	sustituiríais
sustituirá	sustituirán	sustituiría	sustituirían

PLUPERFECT		PRETERIT PERFECT	
había sustituido	habíamos sustituido	hube sustituido	hubimos sustituido
habías sustituido	habíais sustituido	hubiste sustituido	hubisteis sustituido
había sustituido	habían sustituido	hubo sustituido	hubieron sustituido

FUTURE PERFECT		CONDITIONAL PERFECT	
habré sustituido	habremos sustituido	habría sustituido	habríamos sustituido
habrás sustituido	habréis sustituido	habrías sustituido	habríais sustituido
habrá sustituido	habrán sustituido	habría sustituido	habrían sustituido

PRESENT SUBJUNCTIVE		PRESENT PERFECT SUBJUNCTIVE	
sustituya	sustituyamos	haya sustituido	hayamos sustituido
sustituyas	sustituyáis	hayas sustituido	hayáis sustituido
sustituya	sustituyan	haya sustituido	hayan sustituido

IMPERFECT SUBJUNCTIVE (-ra)		*or* IMPERFECT SUBJUNCTIVE (-se)	
sustituyera	sustituyéramos	sustituyese	sustituyésemos
sustituyeras	sustituyerais	sustituyeses	sustituyeseis
sustituyera	sustituyeran	sustituyese	sustituyesen

PAST PERFECT SUBJUNCTIVE (-ra)		*or* PAST PERFECT SUBJUNCTIVE (-se)	
hubiera sustituido	hubiéramos sustituido	hubiese sustituido	hubiésemos sustituido
hubieras sustituido	hubierais sustituido	hubieses sustituido	hubieseis sustituido
hubiera sustituido	hubieran sustituido	hubiese sustituido	hubiesen sustituido

PROGRESSIVE TENSES	
PRESENT	estoy, estás, está, estamos, estáis, están
PRETERIT	estuve, estuviste, estuvo, estuvimos, estuvisteis, estuvieron
IMPERFECT	estaba, estabas, estaba, estábamos, estabais, estaban
FUTURE	estaré, estarás, estará, estaremos, estaréis, estarán
CONDITIONAL	estaría, estarías, estaría, estaríamos, estaríais, estarían
SUBJUNCTIVE	que + *corresponding subjunctive tense of* estar (*see verb 151*)

} sustituyendo

COMMANDS

	(nosotros) sustituyamos/no sustituyamos
(tú) sustituye/no sustituyas	(vosotros) sustituid/no sustituyáis
(Ud.) sustituya/no sustituya	(Uds.) sustituyan/no sustituyan

Usage

Sustituya esta impresora por otra.	*Replace this printer with another.*
El director adjunto sustituyó al director.	*The assistant director substituted for the director.*
El sustituto sustituye al primer actor hoy.	*The understudy is replacing the lead actor today.*
No se permite ninguna sustitución.	*No substitutions allowed.*

stem-changing *-ar* verb: *e > ie*   **tiemblo · temblaron · temblado · temblando**

PRESENT

tiemblo	temblamos
tiemblas	tembláis
tiembla	tiemblan

PRETERIT

temblé	temblamos
temblaste	temblasteis
tembló	temblaron

IMPERFECT

temblaba	temblábamos
temblabas	temblabais
temblaba	temblaban

PRESENT PERFECT

he temblado	hemos temblado
has temblado	habéis temblado
ha temblado	han temblado

FUTURE

temblaré	temblaremos
temblarás	temblaréis
temblará	temblarán

CONDITIONAL

temblaría	temblaríamos
temblarías	temblaríais
temblaría	temblarían

PLUPERFECT

había temblado	habíamos temblado
habías temblado	habíais temblado
había temblado	habían temblado

PRETERIT PERFECT

hube temblado	hubimos temblado
hubiste temblado	hubisteis temblado
hubo temblado	hubieron temblado

FUTURE PERFECT

habré temblado	habremos temblado
habrás temblado	habréis temblado
habrá temblado	habrán temblado

CONDITIONAL PERFECT

habría temblado	habríamos temblado
habrías temblado	habríais temblado
habría temblado	habrían temblado

PRESENT SUBJUNCTIVE

tiemble	temblemos
tiembles	tembléis
tiemble	tiemblen

PRESENT PERFECT SUBJUNCTIVE

haya temblado	hayamos temblado
hayas temblado	hayáis temblado
haya temblado	hayan temblado

IMPERFECT SUBJUNCTIVE (-ra)

temblara	tembláramos
temblaras	temblarais
temblara	temblaran

or **IMPERFECT SUBJUNCTIVE (-se)**

temblase	temblásemos
temblases	temblaseis
temblase	temblasen

PAST PERFECT SUBJUNCTIVE (-ra)

hubiera temblado	hubiéramos temblado
hubieras temblado	hubierais temblado
hubiera temblado	hubieran temblado

or **PAST PERFECT SUBJUNCTIVE (-se)**

hubiese temblado	hubiésemos temblado
hubieses temblado	hubieseis temblado
hubiese temblado	hubiesen temblado

PROGRESSIVE TENSES

PRESENT	estoy, estás, está, estamos, estáis, están
PRETERIT	estuve, estuviste, estuvo, estuvimos, estuvisteis, estuvieron
IMPERFECT	estaba, estabas, estaba, estábamos, estabais, estaban
FUTURE	estaré, estarás, estará, estaremos, estaréis, estarán
CONDITIONAL	estaría, estarías, estaría, estaríamos, estaríais, estarían
SUBJUNCTIVE	que + *corresponding subjunctive tense of* estar (*see verb 151*)

temblando

COMMANDS

	(nosotros) temblemos/no temblemos
(tú) tiembla/no tiembles	(vosotros) temblad/no tembléis
(Ud.) tiemble/no tiemble	(Uds.) tiemblen/no tiemblen

Usage

Los edificios temblaban durante el temblor de tierra.	*The buildings were shaking during the earthquake.*
Tiemblas. Será el frío.	*You're shivering. It must be the cold.*
La película de horror les hacía temblar de miedo.	*The horror film made them tremble with fear.*

temer *to be afraid, fear*

temo · temieron · temido · temiendo   regular *-er* verb

PRESENT		PRETERIT	
temo	tememos	temí	temimos
temes	teméis	temiste	temisteis
teme	temen	temió	temieron

IMPERFECT		PRESENT PERFECT	
temía	temíamos	he temido	hemos temido
temías	temíais	has temido	habéis temido
temía	temían	ha temido	han temido

FUTURE		CONDITIONAL	
temeré	temeremos	temería	temeríamos
temerás	temeréis	temerías	temeríais
temerá	temerán	temería	temerían

PLUPERFECT		PRETERIT PERFECT	
había temido	habíamos temido	hube temido	hubimos temido
habías temido	habíais temido	hubiste temido	hubisteis temido
había temido	habían temido	hubo temido	hubieron temido

FUTURE PERFECT		CONDITIONAL PERFECT	
habré temido	habremos temido	habría temido	habríamos temido
habrás temido	habréis temido	habrías temido	habríais temido
habrá temido	habrán temido	habría temido	habrían temido

PRESENT SUBJUNCTIVE		PRESENT PERFECT SUBJUNCTIVE	
tema	temamos	haya temido	hayamos temido
temas	temáis	hayas temido	hayáis temido
tema	teman	haya temido	hayan temido

IMPERFECT SUBJUNCTIVE (-ra)		*or* IMPERFECT SUBJUNCTIVE (-se)	
temiera	temiéramos	temiese	temiésemos
temieras	temierais	temieses	temieseis
temiera	temieran	temiese	temiesen

PAST PERFECT SUBJUNCTIVE (-ra)		*or* PAST PERFECT SUBJUNCTIVE (-se)	
hubiera temido	hubiéramos temido	hubiese temido	hubiésemos temido
hubieras temido	hubierais temido	hubieses temido	hubieseis temido
hubiera temido	hubieran temido	hubiese temido	hubiesen temido

PROGRESSIVE TENSES

PRESENT	estoy, estás, está, estamos, estáis, están
PRETERIT	estuve, estuviste, estuvo, estuvimos, estuvisteis, estuvieron
IMPERFECT	estaba, estabas, estaba, estábamos, estabais, estaban
FUTURE	estaré, estarás, estará, estaremos, estaréis, estarán
CONDITIONAL	estaría, estarías, estaría, estaríamos, estaríais, estarían
SUBJUNCTIVE	que + *corresponding subjunctive tense of* estar (*see verb 151*)

} temiendo

COMMANDS

	(nosotros) temamos/no temamos
(tú) teme/no temas	(vosotros) temed/no temáis
(Ud.) tema/no tema	(Uds.) teman/no teman

Usage

No temen el calentamiento de la Tierra.	*They're not afraid of global warming.*
Temía que nos fuéramos sin él.	*He feared we'd leave without him.*
¿Te temes que no te inviten a la fiesta?	*Are you afraid you won't be invited to the party?*
La gente temía por su vida.	*People feared for their lives.*

irregular verb

tengo · tuvieron · tenido · teniendo

PRESENT		PRETERIT	
tengo	tenemos	tuve	tuvimos
tienes	tenéis	tuviste	tuvisteis
tiene	tienen	tuvo	tuvieron

IMPERFECT		PRESENT PERFECT	
tenía	teníamos	he tenido	hemos tenido
tenías	teníais	has tenido	habéis tenido
tenía	tenían	ha tenido	han tenido

FUTURE		CONDITIONAL	
tendré	tendremos	tendría	tendríamos
tendrás	tendréis	tendrías	tendríais
tendrá	tendrán	tendría	tendrían

PLUPERFECT		PRETERIT PERFECT	
había tenido	habíamos tenido	hube tenido	hubimos tenido
habías tenido	habíais tenido	hubiste tenido	hubisteis tenido
había tenido	habían tenido	hubo tenido	hubieron tenido

FUTURE PERFECT		CONDITIONAL PERFECT	
habré tenido	habremos tenido	habría tenido	habríamos tenido
habrás tenido	habréis tenido	habrías tenido	habríais tenido
habrá tenido	habrán tenido	habría tenido	habrían tenido

PRESENT SUBJUNCTIVE		PRESENT PERFECT SUBJUNCTIVE	
tenga	tengamos	haya tenido	hayamos tenido
tengas	tengáis	hayas tenido	hayáis tenido
tenga	tengan	haya tenido	hayan tenido

IMPERFECT SUBJUNCTIVE (-ra)		*or*	IMPERFECT SUBJUNCTIVE (-se)	
tuviera	tuviéramos		tuviese	tuviésemos
tuvieras	tuvierais		tuvieses	tuvieseis
tuviera	tuvieran		tuviese	tuviesen

PAST PERFECT SUBJUNCTIVE (-ra)		*or*	PAST PERFECT SUBJUNCTIVE (-se)	
hubiera tenido	hubiéramos tenido		hubiese tenido	hubiésemos tenido
hubieras tenido	hubierais tenido		hubieses tenido	hubieseis tenido
hubiera tenido	hubieran tenido		hubiese tenido	hubiesen tenido

PROGRESSIVE TENSES

PRESENT	estoy, estás, está, estamos, estáis, están	
PRETERIT	estuve, estuviste, estuvo, estuvimos, estuvisteis, estuvieron	
IMPERFECT	estaba, estabas, estaba, estábamos, estabais, estaban	teniendo
FUTURE	estaré, estarás, estará, estaremos, estaréis, estarán	
CONDITIONAL	estaría, estarías, estaría, estaríamos, estaríais, estarían	
SUBJUNCTIVE	que + *corresponding subjunctive tense of* estar (*see verb 151*)	

COMMANDS

	(nosotros) tengamos/no tengamos
(tú) ten/no tengas	(vosotros) tened/no tengáis
(Ud.) tenga/no tenga	(Uds.) tengan/no tengan

Usage

¿Tienes otra computadora?	*Do you have another computer?*
—¿Qué tienes?	*What's the matter/wrong with you?*
—Tengo dolor de cabeza.	*I have a headache.*

TOP 30 VERB ☞

Ten paciencia.	*Be patient.*
Tiene veintiséis años.	*He's 26 years old.*
—¿Tienen la junta anual esta semana?	*Are they having/holding the annual meeting this week?*
—No, tendrá lugar el mes que viene.	*No, it will take place next month.*
Les pido que me tengan al día.	*I ask that you keep me up to date.*
Tenga en cuenta lo que dijeron.	*Bear/Keep in mind what they said.*
Eso no tiene nada que ver contigo.	*That has nothing to do with you.*
¿Qué tenéis como objetivo?	*What is your objective/goal?*
—¿Tienes sellos?	*Do you have any stamps?*
—Sí. Los tengo a mano.	*Yes. I have them right here/handy.*
Si tuviera tiempo, asistiría al concierto.	*If I had time I would attend the concert.*

tener + noun *to be + adjective*

—¿Tienes hambre/sed?	*Are you hungry/thirsty?*
—Sí, tengo mucha hambre/mucha sed.	*Yes, I'm very hungry/very thirsty.*
Tienen frío/calor/celos/miedo.	*They're cold/warm/jealous/afraid.*
Tienen éxito/fama/razón/suerte.	*They're successful/famous/right/lucky.*
Tengo prisa por llegar.	*I'm in a hurry to get there.*

tener que + infinitive *to have to, must*

—¿No tienes que salir para el aeropuerto ahora?	*Don't you have to leave for the airport now?*
—Todavía no. No tengo que estar hasta las seis.	*Not yet. I don't have to be there until 6:00.*
Tenemos que firmar estos papeles.	*We have to sign these papers.*

to hold

¿Tiene algo en la mano?	*Are you holding something in your hand?*
La abuela tiene al bebé en brazos.	*The grandmother is holding the baby in her arms.*

to own

Tenían una casa en la playa.	*They owned a beach house.*

Other Uses

Tiene los ojos azules/verdes.	*She has blue/green eyes.*
Tiene el pelo castaño/rubio.	*She has brown/blond hair.*
Le teníamos por trabajador.	*We considered him (to be) a hard worker.*
Tiene puesto el smoking.	*He is wearing/has on his tuxedo.*
No tiene nada de particular.	*It's nothing special.*
Lo tienen todo.	*They have everything.*
Quien más tiene más quiere.	*The more you have, the more you want.*

TOP 30 VERBS

-*ar* verb; spelling change: *c > qu/e* **toco · tocaron · tocado · tocando**

PRESENT

toco	tocamos
tocas	tocáis
toca	tocan

PRETERIT

toqué	tocamos
tocaste	tocasteis
tocó	tocaron

IMPERFECT

tocaba	tocábamos
tocabas	tocabais
tocaba	tocaban

PRESENT PERFECT

he tocado	hemos tocado
has tocado	habéis tocado
ha tocado	han tocado

FUTURE

tocaré	tocaremos
tocarás	tocaréis
tocará	tocarán

CONDITIONAL

tocaría	tocaríamos
tocarías	tocaríais
tocaría	tocarían

PLUPERFECT

había tocado	habíamos tocado
habías tocado	habíais tocado
había tocado	habían tocado

PRETERIT PERFECT

hube tocado	hubimos tocado
hubiste tocado	hubisteis tocado
hubo tocado	hubieron tocado

FUTURE PERFECT

habré tocado	habremos tocado
habrás tocado	habréis tocado
habrá tocado	habrán tocado

CONDITIONAL PERFECT

habría tocado	habríamos tocado
habrías tocado	habríais tocado
habría tocado	habrían tocado

PRESENT SUBJUNCTIVE

toque	toquemos
toques	toquéis
toque	toquen

PRESENT PERFECT SUBJUNCTIVE

haya tocado	hayamos tocado
hayas tocado	hayáis tocado
haya tocado	hayan tocado

IMPERFECT SUBJUNCTIVE (-ra)

tocara	tocáramos
tocaras	tocarais
tocara	tocaran

or **IMPERFECT SUBJUNCTIVE (-se)**

tocase	tocásemos
tocases	tocaseis
tocase	tocasen

PAST PERFECT SUBJUNCTIVE (-ra)

hubiera tocado	hubiéramos tocado
hubieras tocado	hubierais tocado
hubiera tocado	hubieran tocado

or **PAST PERFECT SUBJUNCTIVE (-se)**

hubiese tocado	hubiésemos tocado
hubieses tocado	hubieseis tocado
hubiese tocado	hubiesen tocado

PROGRESSIVE TENSES

PRESENT	estoy, estás, está, estamos, estáis, están
PRETERIT	estuve, estuviste, estuvo, estuvimos, estuvisteis, estuvieron
IMPERFECT	estaba, estabas, estaba, estábamos, estabais, estaban
FUTURE	estaré, estarás, estará, estaremos, estaréis, estarán
CONDITIONAL	estaría, estarías, estaría, estaríamos, estaríais, estarían
SUBJUNCTIVE	que + *corresponding subjunctive tense of* estar (*see verb 151*)

} tocando

COMMANDS

	(nosotros) toquemos/no toquemos
(tú) toca/no toques	(vosotros) tocad/no toquéis
(Ud.) toque/no toque	(Uds.) toquen/no toquen

Usage

Les pido que no toquen las figurillas de cristal.	*I ask you not to touch the little glass figures.*
Toca la flauta/el clarinete/el violín.	*She plays the flute/the clarinet/the violin.*
Toque el timbre y toque a la puerta.	*Ring the bell and knock at the door.*
Me tocó a mí presidir la reunión.	*It was up to me to chair the meeting.*

tomar *to take, have to eat or drink*

Los soldados tomaron el fuerte del enemigo.	*The soldiers took the enemy's stronghold.*
No es capaz de tomar decisiones.	*She's incapable of making decisions.*
Me tomé la libertad de enviarles mi historial.	*I took the liberty of sending them my CV.*
Toma, aquí tienes la videocinta.	*Here, here's the videotape.*
El sondeo toma el pulso a la opinión pública.	*Polls take the pulse of public opinion.*
¿Tienes ganas de tomar el sol?	*Do you feel like sunbathing?*
Les tomamos afecto a los chiquillos.	*We're becoming fond of the kids.*
¿Por qué están tomándole odio?	*Why are you starting to hate him?*
Tomó la noticia a bien/a mal.	*She took the news well/badly.*
—¿Qué clases tomas este semestre?	*What classes are you taking this semester?*
—Tomo macroeconomía y mercadeo.	*I'm taking macroeconomics and marketing.*
¿Qué tomaste para el almuerzo?	*What did you have for lunch?*
¿A qué hora tomasteis la cena?	*At what time did you have dinner?*
¿Por quiénes nos toman?	*Whom do they take us for?*
Hemos tomado las medidas necesarias.	*We've taken the necessary measures/steps.*
Tomad el discurso por escrito.	*Write down the speech.*
¿Tomáis apuntes?	*Are you taking notes?*
—¿Ha tomado Ud. en cuenta lo que dije?	*Have you taken into account what I said?*
—Sí, lo tomo en consideración.	*Yes, I'm bearing it in mind.*
Me tomaban por extranjera.	*They took me for a foreigner.*
El enfermero le tomó la temperatura/el pulso.	*The nurse took his temperature/pulse.*
Muchachita, ¡tómate tus vitaminas!	*Take your vitamins!*
Se tomaron unas vacaciones en el Caribe.	*They took a vacation in the Caribbean.*
Se tomó la molestia de recogernos.	*He took the trouble to pick us up.*

Other Uses

Chico, ¡te están tomando el pelo!	*Hey, they're pulling your leg/teasing you!*
La toma del alcázar fue una batalla sangrienta.	*The capture of the palace/fortress was a bloody battle.*
Les gusta la toma de decisiones en equipo.	*They like decision making as a team.*
Esos tipos están tomados.	*Those guys are drunk.*

TOP 30 VERBS

regular *-ar* verb

tomo · tomaron · tomado · tomando

PRESENT		PRETERIT	
tomo	tomamos	tomé	tomamos
tomas	tomáis	tomaste	tomasteis
toma	toman	tomó	tomaron

IMPERFECT		PRESENT PERFECT	
tomaba	tomábamos	he tomado	hemos tomado
tomabas	tomabais	has tomado	habéis tomado
tomaba	tomaban	ha tomado	han tomado

FUTURE		CONDITIONAL	
tomaré	tomaremos	tomaría	tomaríamos
tomarás	tomaréis	tomarías	tomaríais
tomará	tomarán	tomaría	tomarían

PLUPERFECT		PRETERIT PERFECT	
había tomado	habíamos tomado	hube tomado	hubimos tomado
habías tomado	habíais tomado	hubiste tomado	hubisteis tomado
había tomado	habían tomado	hubo tomado	hubieron tomado

FUTURE PERFECT		CONDITIONAL PERFECT	
habré tomado	habremos tomado	habría tomado	habríamos tomado
habrás tomado	habréis tomado	habrías tomado	habríais tomado
habrá tomado	habrán tomado	habría tomado	habrían tomado

PRESENT SUBJUNCTIVE		PRESENT PERFECT SUBJUNCTIVE	
tome	tomemos	haya tomado	hayamos tomado
tomes	toméis	hayas tomado	hayáis tomado
tome	tomen	haya tomado	hayan tomado

IMPERFECT SUBJUNCTIVE (-ra)		*or* IMPERFECT SUBJUNCTIVE (-se)	
tomara	tomáramos	tomase	tomásemos
tomaras	tomarais	tomases	tomaseis
tomara	tomaran	tomase	tomasen

PAST PERFECT SUBJUNCTIVE (-ra)		*or* PAST PERFECT SUBJUNCTIVE (-se)	
hubiera tomado	hubiéramos tomado	hubiese tomado	hubiésemos tomado
hubieras tomado	hubierais tomado	hubieses tomado	hubieseis tomado
hubiera tomado	hubieran tomado	hubiese tomado	hubiesen tomado

PROGRESSIVE TENSES

PRESENT	estoy, estás, está, estamos, estáis, están	
PRETERIT	estuve, estuviste, estuvo, estuvimos, estuvisteis, estuvieron	
IMPERFECT	estaba, estabas, estaba, estábamos, estabais, estaban	tomando
FUTURE	estaré, estarás, estará, estaremos, estaréis, estarán	
CONDITIONAL	estaría, estarías, estaría, estaríamos, estaríais, estarían	
SUBJUNCTIVE	que + *corresponding subjunctive tense of* estar (*see verb 151*)	

COMMANDS

	(nosotros) tomemos/no tomemos
(tú) toma/no tomes	(vosotros) tomad/no toméis
(Ud.) tome/no tome	(Uds.) tomen/no tomen

Usage

Tomemos un taxi.	*Let's take a taxi.*
Han tomado muchas fotos.	*They've taken a lot of photos.*
¿Tomó el desayuno/el almuerzo/la cena?	*Did you have/eat breakfast/lunch/dinner?*
¿Qué tomas con el sándwich?	*What are you drinking with your sandwich?*

torcer *to twist, turn, bend, distort*

tuerzo · torcieron · torcido · torciendo

stem-changing -er verb: *o > ue*;
spelling change: *c > z/o, a*

PRESENT		PRETERIT	
tuerzo	torcemos	torcí	torcimos
tuerces	torcéis	torciste	torcisteis
tuerce	tuercen	torció	torcieron

IMPERFECT		PRESENT PERFECT	
torcía	torcíamos	he torcido	hemos torcido
torcías	torcíais	has torcido	habéis torcido
torcía	torcían	ha torcido	han torcido

FUTURE		CONDITIONAL	
torceré	torceremos	torcería	torceríamos
torcerás	torceréis	torcerías	torceríais
torcerá	torcerán	torcería	torcerían

PLUPERFECT		PRETERIT PERFECT	
había torcido	habíamos torcido	hube torcido	hubimos torcido
habías torcido	habíais torcido	hubiste torcido	hubisteis torcido
había torcido	habían torcido	hubo torcido	hubieron torcido

FUTURE PERFECT		CONDITIONAL PERFECT	
habré torcido	habremos torcido	habría torcido	habríamos torcido
habrás torcido	habréis torcido	habrías torcido	habríais torcido
habrá torcido	habrán torcido	habría torcido	habrían torcido

PRESENT SUBJUNCTIVE		PRESENT PERFECT SUBJUNCTIVE	
tuerza	torzamos	haya torcido	hayamos torcido
tuerzas	torzáis	hayas torcido	hayáis torcido
tuerza	tuerzan	haya torcido	hayan torcido

IMPERFECT SUBJUNCTIVE (-ra)		*or* IMPERFECT SUBJUNCTIVE (-se)	
torciera	torciéramos	torciese	torciésemos
torcieras	torcierais	torcieses	torcieseis
torciera	torcieran	torciese	torciesen

PAST PERFECT SUBJUNCTIVE (-ra)		*or* PAST PERFECT SUBJUNCTIVE (-se)	
hubiera torcido	hubiéramos torcido	hubiese torcido	hubiésemos torcido
hubieras torcido	hubierais torcido	hubieses torcido	hubieseis torcido
hubiera torcido	hubieran torcido	hubiese torcido	hubiesen torcido

PROGRESSIVE TENSES

PRESENT	estoy, estás, está, estamos, estáis, están
PRETERIT	estuve, estuviste, estuvo, estuvimos, estuvisteis, estuvieron
IMPERFECT	estaba, estabas, estaba, estábamos, estabais, estaban
FUTURE	estaré, estarás, estará, estaremos, estaréis, estarán
CONDITIONAL	estaría, estarías, estaría, estaríamos, estaríais, estarían
SUBJUNCTIVE	que + *corresponding subjunctive tense of* estar (*see verb 151*)

torciendo

COMMANDS

	(nosotros) torzamos/no torzamos
(tú) tuerce/no tuerzas	(vosotros) torced/no torzáis
(Ud.) tuerza/no tuerza	(Uds.) tuerzan/no tuerzan

Usage

¡Ella te torció el brazo!	*She twisted your arm/made you give in!*
Este juez tuerce la ley.	*This judge bends the law.*
No tuerzas la verdad/el sentido de las palabras.	*Don't distort the truth/meaning of the words.*

regular *-ar* verb　　　　　　　**trabajo · trabajaron · trabajado · trabajando**

PRESENT		PRETERIT	
trabajo	trabajamos	trabajé	trabajamos
trabajas	trabajáis	trabajaste	trabajasteis
trabaja	trabajan	trabajó	trabajaron

IMPERFECT		PRESENT PERFECT	
trabajaba	trabajábamos	he trabajado	hemos trabajado
trabajabas	trabajabais	has trabajado	habéis trabajado
trabajaba	trabajaban	ha trabajado	han trabajado

FUTURE		CONDITIONAL	
trabajaré	trabajaremos	trabajaría	trabajaríamos
trabajarás	trabajaréis	trabajarías	trabajaríais
trabajará	trabajarán	trabajaría	trabajarían

PLUPERFECT		PRETERIT PERFECT	
había trabajado	habíamos trabajado	hube trabajado	hubimos trabajado
habías trabajado	habíais trabajado	hubiste trabajado	hubisteis trabajado
había trabajado	habían trabajado	hubo trabajado	hubieron trabajado

FUTURE PERFECT		CONDITIONAL PERFECT	
habré trabajado	habremos trabajado	habría trabajado	habríamos trabajado
habrás trabajado	habréis trabajado	habrías trabajado	habríais trabajado
habrá trabajado	habrán trabajado	habría trabajado	habrían trabajado

PRESENT SUBJUNCTIVE		PRESENT PERFECT SUBJUNCTIVE	
trabaje	trabajemos	haya trabajado	hayamos trabajado
trabajes	trabajéis	hayas trabajado	hayáis trabajado
trabaje	trabajen	haya trabajado	hayan trabajado

IMPERFECT SUBJUNCTIVE (-ra)		*or*	IMPERFECT SUBJUNCTIVE (-se)	
trabajara	trabajáramos		trabajase	trabajásemos
trabajaras	trabajarais		trabajases	trabajaseis
trabajara	trabajaran		trabajase	trabajasen

PAST PERFECT SUBJUNCTIVE (-ra)		*or*	PAST PERFECT SUBJUNCTIVE (-se)	
hubiera trabajado	hubiéramos trabajado		hubiese trabajado	hubiésemos trabajado
hubieras trabajado	hubierais trabajado		hubieses trabajado	hubieseis trabajado
hubiera trabajado	hubieran trabajado		hubiese trabajado	hubiesen trabajado

PROGRESSIVE TENSES

PRESENT	estoy, estás, está, estamos, estáis, están	
PRETERIT	estuve, estuviste, estuvo, estuvimos, estuvisteis, estuvieron	
IMPERFECT	estaba, estabas, estaba, estábamos, estabais, estaban	trabajando
FUTURE	estaré, estarás, estará, estaremos, estaréis, estarán	
CONDITIONAL	estaría, estarías, estaría, estaríamos, estaríais, estarían	
SUBJUNCTIVE	que + *corresponding subjunctive tense of* estar (*see verb 151*)	

COMMANDS

	(nosotros) trabajemos/no trabajemos
(tú) trabaja/no trabajes	(vosotros) trabajad/no trabajéis
(Ud.) trabaje/no trabaje	(Uds.) trabajen/no trabajen

Usage

Trabaja en la tecnología de punta.	*He works in cutting-edge technology.*
Trabajaba en una consultoría.	*I worked at a consulting firm.*
Trabaja de programadora.	*She works as a programmer.*
Trabajarán para sus padres.	*They'll work for their parents.*

traducir *to translate, interpret, express*

traduzco · tradujeron · traducido · traduciendo   *irregular verb*

PRESENT		PRETERIT	
traduzco	traducimos	traduje	tradujimos
traduces	traducís	tradujiste	tradujisteis
traduce	traducen	tradujo	tradujeron

IMPERFECT		PRESENT PERFECT	
traducía	traducíamos	he traducido	hemos traducido
traducías	traducíais	has traducido	habéis traducido
traducía	traducían	ha traducido	han traducido

FUTURE		CONDITIONAL	
traduciré	traduciremos	traduciría	traduciríamos
traducirás	traduciréis	traducirías	traduciríais
traducirá	traducirán	traduciría	traducirían

PLUPERFECT		PRETERIT PERFECT	
había traducido	habíamos traducido	hube traducido	hubimos traducido
habías traducido	habíais traducido	hubiste traducido	hubisteis traducido
había traducido	habían traducido	hubo traducido	hubieron traducido

FUTURE PERFECT		CONDITIONAL PERFECT	
habré traducido	habremos traducido	habría traducido	habríamos traducido
habrás traducido	habréis traducido	habrías traducido	habríais traducido
habrá traducido	habrán traducido	habría traducido	habrían traducido

PRESENT SUBJUNCTIVE		PRESENT PERFECT SUBJUNCTIVE	
traduzca	traduzcamos	haya traducido	hayamos traducido
traduzcas	traduzcáis	hayas traducido	hayáis traducido
traduzca	traduzcan	haya traducido	hayan traducido

IMPERFECT SUBJUNCTIVE (-ra)		*or* IMPERFECT SUBJUNCTIVE (-se)	
tradujera	tradujéramos	tradujese	tradujésemos
tradujeras	tradujerais	tradujeses	tradujeseis
tradujera	tradujeran	tradujese	tradujesen

PAST PERFECT SUBJUNCTIVE (-ra)		*or* PAST PERFECT SUBJUNCTIVE (-se)	
hubiera traducido	hubiéramos traducido	hubiese traducido	hubiésemos traducido
hubieras traducido	hubierais traducido	hubieses traducido	hubieseis traducido
hubiera traducido	hubieran traducido	hubiese traducido	hubiesen traducido

PROGRESSIVE TENSES

PRESENT	estoy, estás, está, estamos, estáis, están	
PRETERIT	estuve, estuviste, estuvo, estuvimos, estuvisteis, estuvieron	
IMPERFECT	estaba, estabas, estaba, estábamos, estabais, estaban	traduciendo
FUTURE	estaré, estarás, estará, estaremos, estaréis, estarán	
CONDITIONAL	estaría, estarías, estaría, estaríamos, estaríais, estarían	
SUBJUNCTIVE	que + *corresponding subjunctive tense of* estar (*see verb 151*)	

COMMANDS

	(nosotros) traduzcamos/no traduzcamos
(tú) traduce/no traduzcas	(vosotros) traducid/no traduzcáis
(Ud.) traduzca/no traduzca	(Uds.) traduzcan/no traduzcan

Usage

Traduzca la carta del inglés al español.	*Translate the letter from English into Spanish.*
Tradujo la pieza literalmente.	*He translated the piece literally.*
Esta obra no se traduce fácilmente.	*This work is not easily interpreted.*
Le dijeron que tradujera los poemas.	*He was told to translate the poems.*

irregular verb | **traigo · trajeron · traído · trayendo**

PRESENT

traigo	traemos
traes	traéis
trae	traen

PRETERIT

traje	trajimos
trajiste	trajisteis
trajo	trajeron

IMPERFECT

traía	traíamos
traías	traíais
traía	traían

PRESENT PERFECT

he traído	hemos traído
has traído	habéis traído
ha traído	han traído

FUTURE

traeré	traeremos
traerás	traeréis
traerá	traerán

CONDITIONAL

traería	traeríamos
traerías	traeríais
traería	traerían

PLUPERFECT

había traído	habíamos traído
habías traído	habíais traído
había traído	habían traído

PRETERIT PERFECT

hube traído	hubimos traído
hubiste traído	hubisteis traído
hubo traído	hubieron traído

FUTURE PERFECT

habré traído	habremos traído
habrás traído	habréis traído
habrá traído	habrán traído

CONDITIONAL PERFECT

habría traído	habríamos traído
habrías traído	habríais traído
habría traído	habrían traído

PRESENT SUBJUNCTIVE

traiga	traigamos
traigas	traigáis
traiga	traigan

PRESENT PERFECT SUBJUNCTIVE

haya traído	hayamos traído
hayas traído	hayáis traído
haya traído	hayan traído

IMPERFECT SUBJUNCTIVE (-ra)

trajera	trajéramos
trajeras	trajerais
trajera	trajeran

or ### IMPERFECT SUBJUNCTIVE (-se)

trajese	trajésemos
trajeses	trajeseis
trajese	trajesen

PAST PERFECT SUBJUNCTIVE (-ra)

hubiera traído	hubiéramos traído
hubieras traído	hubierais traído
hubiera traído	hubieran traído

or ### PAST PERFECT SUBJUNCTIVE (-se)

hubiese traído	hubiésemos traído
hubieses traído	hubieseis traído
hubiese traído	hubiesen traído

PROGRESSIVE TENSES

PRESENT	estoy, estás, está, estamos, estáis, están
PRETERIT	estuve, estuviste, estuvo, estuvimos, estuvisteis, estuvieron
IMPERFECT	estaba, estabas, estaba, estábamos, estabais, estaban
FUTURE	estaré, estarás, estará, estaremos, estaréis, estarán
CONDITIONAL	estaría, estarías, estaría, estaríamos, estaríais, estarían
SUBJUNCTIVE	que + *corresponding subjunctive tense of* estar (*see verb 151*)

} trayendo

COMMANDS

	(nosotros) traigamos/no traigamos
(tú) trae/no traigas	(vosotros) traed/no traigáis
(Ud.) traiga/no traiga	(Uds.) traigan/no traigan

Usage

El cartero trajo el correo.	*The mailman brought the mail.*
¿Qué te trae a este barrio?	*What brings you to this neighborhood?*
Tráigame las carpetas.	*Bring me the folders.*
¡Trae!	*Give it to me!*

TOP 30 VERB ☞

Su modo de ser le traía problemas.	*His manner caused him problems.*
Trae puesto un traje muy elegante.	*She's wearing an elegant suit.*
¡Traen y llevan a todo el mundo!	*They gossip about everyone!*
Traigámosle flores.	*Let's bring her flowers.*
Tráeme noticias.	*Bring me news.*
Se cree que eso trae buena/mala suerte.	*People think that brings good/bad luck.*
¿Podemos traer a nuestro compañero?	*May we bring our friend along?*
Traigamos pizza esta noche.	*Let's bring in pizza tonight.*
¿Has traído un cheque contigo?	*Have you brought a check with you?*

to have

Sus gastos les traen preocupados.	*Her expenses have them concerned.*
¿Traes aspirinas?	*Do you have aspirin on you?*
La propuesta trae sus problemas.	*The proposal has its problems.*

to carry, have

El periódico de hoy trae un editorial sobre la política exterior.	*Today's newspaper has an editorial about foreign policy.*

to not care

¡Sus berrinches me traen sin cuidado!	*I don't care/give a damn about his tantrums!*

Other Uses

Esta anécdota me trae a la mente el día de su boda.	*This anecdote brings to mind/reminds me of their wedding day.*
Trae a sus empleados de aquí para allá.	*He orders his employees about/keeps his employees busy.*
¿Este chico no os trae loco?	*Doesn't this kid drive you crazy?*
Tráete tu partida de nacimiento.	*Bring along your birth certificate.*
¿Qué se traen entre manos?	*What are they up to/planning?*
No me interesan estas ideas traídas y llevadas.	*I'm not interested in these hackneyed ideas.*
Dijo algo traído por los pelos.	*He said something far-fetched.*
El traje de lana gris es elegante.	*The gray wool suit is elegant.*
¡Contraes amistad con todos!	*You make friends with everyone!*
Esas playas atraen a muchos turistas.	*Those beaches attract/bring a lot of tourists.*

-ar verb; spelling change: g > gu/e

trago · tragaron · tragado · tragando

PRESENT		PRETERIT	
trago	tragamos	tragué	tragamos
tragas	tragáis	tragaste	tragasteis
traga	tragan	tragó	tragaron

IMPERFECT		PRESENT PERFECT	
tragaba	tragábamos	he tragado	hemos tragado
tragabas	tragabais	has tragado	habéis tragado
tragaba	tragaban	ha tragado	han tragado

FUTURE		CONDITIONAL	
tragaré	tragaremos	tragaría	tragaríamos
tragarás	tragaréis	tragarías	tragaríais
tragará	tragarán	tragaría	tragarían

PLUPERFECT		PRETERIT PERFECT	
había tragado	habíamos tragado	hube tragado	hubimos tragado
habías tragado	habíais tragado	hubiste tragado	hubisteis tragado
había tragado	habían tragado	hubo tragado	hubieron tragado

FUTURE PERFECT		CONDITIONAL PERFECT	
habré tragado	habremos tragado	habría tragado	habríamos tragado
habrás tragado	habréis tragado	habrías tragado	habríais tragado
habrá tragado	habrán tragado	habría tragado	habrían tragado

PRESENT SUBJUNCTIVE		PRESENT PERFECT SUBJUNCTIVE	
trague	traguemos	haya tragado	hayamos tragado
tragues	traguéis	hayas tragado	hayáis tragado
trague	traguen	haya tragado	hayan tragado

IMPERFECT SUBJUNCTIVE (-ra)		or IMPERFECT SUBJUNCTIVE (-se)	
tragara	tragáramos	tragase	tragásemos
tragaras	tragarais	tragases	tragaseis
tragara	tragaran	tragase	tragasen

PAST PERFECT SUBJUNCTIVE (-ra)		or PAST PERFECT SUBJUNCTIVE (-se)	
hubiera tragado	hubiéramos tragado	hubiese tragado	hubiésemos tragado
hubieras tragado	hubierais tragado	hubieses tragado	hubieseis tragado
hubiera tragado	hubieran tragado	hubiese tragado	hubiesen tragado

PROGRESSIVE TENSES

PRESENT	estoy, estás, está, estamos, estáis, están	
PRETERIT	estuve, estuviste, estuvo, estuvimos, estuvisteis, estuvieron	
IMPERFECT	estaba, estabas, estaba, estábamos, estabais, estaban	tragando
FUTURE	estaré, estarás, estará, estaremos, estaréis, estarán	
CONDITIONAL	estaría, estarías, estaría, estaríamos, estaríais, estarían	
SUBJUNCTIVE	que + corresponding subjunctive tense of estar (see verb 151)	

COMMANDS

	(nosotros) traguemos/no traguemos
(tú) traga/no tragues	(vosotros) tragad/no traguéis
(Ud.) trague/no trague	(Uds.) traguen/no traguen

Usage

¡La niña ha tragado su comida por fin!	The child has finally swallowed her food!
¡Te tragas cuánto te dicen!	You swallow everything they tell you!
¡No la podemos tragar!	We can't stand/stomach her!
¡No hay quién se lo trague!	Nobody will swallow/believe that!

tranquilizarse *to calm down, reassure*

tranquilizo · tranquilizaron · tranquilizado · tranquilizándose   *-ar* reflexive verb;
spelling change: *z > c/e*

PRESENT		PRETERIT	
me tranquilizo	nos tranquilizamos	me tranquilicé	nos tranquilizamos
te tranquilizas	os tranquilizáis	te tranquilizaste	os tranquilizasteis
se tranquiliza	se tranquilizan	se tranquilizó	se tranquilizaron

IMPERFECT		PRESENT PERFECT	
me tranquilizaba	nos tranquilizábamos	me he tranquilizado	nos hemos tranquilizado
te tranquilizabas	os tranquilizabais	te has tranquilizado	os habéis tranquilizado
se tranquilizaba	se tranquilizaban	se ha tranquilizado	se han tranquilizado

FUTURE		CONDITIONAL	
me tranquilizaré	nos tranquilizaremos	me tranquilizaría	nos tranquilizaríamos
te tranquilizarás	os tranquilizaréis	te tranquilizarías	os tranquilizaríais
se tranquilizará	se tranquilizarán	se tranquilizaría	se tranquilizarían

PLUPERFECT		PRETERIT PERFECT	
me había tranquilizado	nos habíamos tranquilizado	me hube tranquilizado	nos hubimos tranquilizado
te habías tranquilizado	os habíais tranquilizado	te hubiste tranquilizado	os hubisteis tranquilizado
se había tranquilizado	se habían tranquilizado	se hubo tranquilizado	se hubieron tranquilizado

FUTURE PERFECT		CONDITIONAL PERFECT	
me habré tranquilizado	nos habremos tranquilizado	me habría tranquilizado	nos habríamos tranquilizado
te habrás tranquilizado	os habréis tranquilizado	te habrías tranquilizado	os habríais tranquilizado
se habrá tranquilizado	se habrán tranquilizado	se habría tranquilizado	se habrían tranquilizado

PRESENT SUBJUNCTIVE		PRESENT PERFECT SUBJUNCTIVE	
me tranquilice	nos tranquilicemos	me haya tranquilizado	nos hayamos tranquilizado
te tranquilices	os tranquilicéis	te hayas tranquilizado	os hayáis tranquilizado
se tranquilice	se tranquilicen	se haya tranquilizado	se hayan tranquilizado

IMPERFECT SUBJUNCTIVE (-ra)		*or* IMPERFECT SUBJUNCTIVE (-se)	
me tranquilizara	nos tranquilizáramos	me tranquilizase	nos tranquilizásemos
te tranquilizaras	os tranquilizarais	te tranquilizases	os tranquilizaseis
se tranquilizara	se tranquilizaran	se tranquilizase	se tranquilizasen

PAST PERFECT SUBJUNCTIVE (-ra)		*or* PAST PERFECT SUBJUNCTIVE (-se)	
me hubiera tranquilizado	nos hubiéramos tranquilizado	me hubiese tranquilizado	nos hubiésemos tranquilizado
te hubieras tranquilizado	os hubierais tranquilizado	te hubieses tranquilizado	os hubieseis tranquilizado
se hubiera tranquilizado	se hubieran tranquilizado	se hubiese tranquilizado	se hubiesen tranquilizado

PROGRESSIVE TENSES

PRESENT	estoy, estás, está, estamos, estáis, están	
PRETERIT	estuve, estuviste, estuvo, estuvimos, estuvisteis, estuvieron	
IMPERFECT	estaba, estabas, estaba, estábamos, estabais, estaban	tranquilizando (*see page 36*)
FUTURE	estaré, estarás, estará, estaremos, estaréis, estarán	
CONDITIONAL	estaría, estarías, estaría, estaríamos, estaríais, estarían	
SUBJUNCTIVE	que + *corresponding subjunctive tense of* estar (*see verb 151*)	

COMMANDS

	(nosotros) tranquilicémonos/no nos tranquilicemos
(tú) tranquilízate/no te tranquilices	(vosotros) tranquilizaos/no os tranquilicéis
(Ud.) tranquilícese/no se tranquilice	(Uds.) tranquilícense/no se tranquilicen

Usage

¡Tranquilícense!	*Calm down!/Don't worry!*
¿Pudiste tranquilizarlos?	*Were you able to reassure them?*
El mar está tranquilizándose.	*The sea is calming down.*
Espero que os tranquilicéis.	*I hope you'll calm down.*

regular *-ar* verb | **trato · trataron · tratado · tratando**

PRESENT

trato	tratamos
tratas	tratáis
trata	tratan

PRETERIT

traté	tratamos
trataste	tratasteis
trató	trataron

IMPERFECT

trataba	tratábamos
tratabas	tratabais
trataba	trataban

PRESENT PERFECT

he tratado	hemos tratado
has tratado	habéis tratado
ha tratado	han tratado

FUTURE

trataré	trataremos
tratarás	trataréis
tratará	tratarán

CONDITIONAL

trataría	trataríamos
tratarías	trataríais
trataría	tratarían

PLUPERFECT

había tratado	habíamos tratado
habías tratado	habíais tratado
había tratado	habían tratado

PRETERIT PERFECT

hube tratado	hubimos tratado
hubiste tratado	hubisteis tratado
hubo tratado	hubieron tratado

FUTURE PERFECT

habré tratado	habremos tratado
habrás tratado	habréis tratado
habrá tratado	habrán tratado

CONDITIONAL PERFECT

habría tratado	habríamos tratado
habrías tratado	habríais tratado
habría tratado	habrían tratado

PRESENT SUBJUNCTIVE

trate	tratemos
trates	tratéis
trate	traten

PRESENT PERFECT SUBJUNCTIVE

haya tratado	hayamos tratado
hayas tratado	hayáis tratado
haya tratado	hayan tratado

IMPERFECT SUBJUNCTIVE (-ra)

tratara	tratáramos
trataras	tratarais
tratara	trataran

or **IMPERFECT SUBJUNCTIVE (-se)**

tratase	tratásemos
tratases	trataseis
tratase	tratasen

PAST PERFECT SUBJUNCTIVE (-ra)

hubiera tratado	hubiéramos tratado
hubieras tratado	hubierais tratado
hubiera tratado	hubieran tratado

or **PAST PERFECT SUBJUNCTIVE (-se)**

hubiese tratado	hubiésemos tratado
hubieses tratado	hubieseis tratado
hubiese tratado	hubiesen tratado

PROGRESSIVE TENSES

PRESENT	estoy, estás, está, estamos, estáis, están
PRETERIT	estuve, estuviste, estuvo, estuvimos, estuvisteis, estuvieron
IMPERFECT	estaba, estabas, estaba, estábamos, estabais, estaban
FUTURE	estaré, estarás, estará, estaremos, estaréis, estarán
CONDITIONAL	estaría, estarías, estaría, estaríamos, estaríais, estarían
SUBJUNCTIVE	que + *corresponding subjunctive tense of* estar (*see verb 151*)

} tratando

COMMANDS

	(nosotros) tratemos/no tratemos
(tú) trata/no trates	(vosotros) tratad/no tratéis
(Ud.) trate/no trate	(Uds.) traten/no traten

Usage

Trata la teoría en su tesis.	*He deals with/treats the theory in his thesis.*
Les pedimos que trataran el asunto con discreción.	*We asked them to handle the matter discreetly.*
Nos trataron magníficamente.	*They treated/entertained us royally.*

tropezar *to stumble, trip, run into, come across*

tropiezo · tropezaron · tropezado · tropezando   stem-changing -ar verb: *e > ie*;
spelling change: *z > c/e*

PRESENT		PRETERIT	
tropiezo	tropezamos	tropecé	tropezamos
tropiezas	tropezáis	tropezaste	tropezasteis
tropieza	tropiezan	tropezó	tropezaron

IMPERFECT		PRESENT PERFECT	
tropezaba	tropezábamos	he tropezado	hemos tropezado
tropezabas	tropezabais	has tropezado	habéis tropezado
tropezaba	tropezaban	ha tropezado	han tropezado

FUTURE		CONDITIONAL	
tropezaré	tropezaremos	tropezaría	tropezaríamos
tropezarás	tropezaréis	tropezarías	tropezaríais
tropezará	tropezarán	tropezaría	tropezarían

PLUPERFECT		PRETERIT PERFECT	
había tropezado	habíamos tropezado	hube tropezado	hubimos tropezado
habías tropezado	habíais tropezado	hubiste tropezado	hubisteis tropezado
había tropezado	habían tropezado	hubo tropezado	hubieron tropezado

FUTURE PERFECT		CONDITIONAL PERFECT	
habré tropezado	habremos tropezado	habría tropezado	habríamos tropezado
habrás tropezado	habréis tropezado	habrías tropezado	habríais tropezado
habrá tropezado	habrán tropezado	habría tropezado	habrían tropezado

PRESENT SUBJUNCTIVE		PRESENT PERFECT SUBJUNCTIVE	
tropiece	tropecemos	haya tropezado	hayamos tropezado
tropieces	tropecéis	hayas tropezado	hayáis tropezado
tropiece	tropiecen	haya tropezado	hayan tropezado

IMPERFECT SUBJUNCTIVE (-ra)		*or*	IMPERFECT SUBJUNCTIVE (-se)	
tropezara	tropezáramos		tropezase	tropezásemos
tropezaras	tropezarais		tropezases	tropezaseis
tropezara	tropezaran		tropezase	tropezasen

PAST PERFECT SUBJUNCTIVE (-ra)		*or*	PAST PERFECT SUBJUNCTIVE (-se)	
hubiera tropezado	hubiéramos tropezado		hubiese tropezado	hubiésemos tropezado
hubieras tropezado	hubierais tropezado		hubieses tropezado	hubieseis tropezado
hubiera tropezado	hubieran tropezado		hubiese tropezado	hubiesen tropezado

PROGRESSIVE TENSES

PRESENT	estoy, estás, está, estamos, estáis, están	
PRETERIT	estuve, estuviste, estuvo, estuvimos, estuvisteis, estuvieron	
IMPERFECT	estaba, estabas, estaba, estábamos, estabais, estaban	tropezando
FUTURE	estaré, estarás, estará, estaremos, estaréis, estarán	
CONDITIONAL	estaría, estarías, estaría, estaríamos, estaríais, estarían	
SUBJUNCTIVE	que + *corresponding subjunctive tense of* estar (*see verb 151*)	

COMMANDS

	(nosotros) tropecemos/no tropecemos
(tú) tropieza/no tropieces	(vosotros) tropezad/no tropecéis
(Ud.) tropiece/no tropiece	(Uds.) tropiecen/no tropiecen

Usage

Tropezó con algo y se cayó.	*He tripped on something and fell.*
Tropecé con unos amigos.	*I ran into some friends.*
Es dudoso que hayan tropezado en sus cálculos.	*It's doubtful they've made a mistake in their calculations.*

-ar verb; spelling change: *z* > *c/e*   **utilizo · utilizaron · utilizado · utilizando**

PRESENT		PRETERIT	
utilizo	utilizamos	utilicé	utilizamos
utilizas	utilizáis	utilizaste	utilizasteis
utiliza	utilizan	utilizó	utilizaron

IMPERFECT		PRESENT PERFECT	
utilizaba	utilizábamos	he utilizado	hemos utilizado
utilizabas	utilizabais	has utilizado	habéis utilizado
utilizaba	utilizaban	ha utilizado	han utilizado

FUTURE		CONDITIONAL	
utilizaré	utilizaremos	utilizaría	utilizaríamos
utilizarás	utilizaréis	utilizarías	utilizaríais
utilizará	utilizarán	utilizaría	utilizarían

PLUPERFECT		PRETERIT PERFECT	
había utilizado	habíamos utilizado	hube utilizado	hubimos utilizado
habías utilizado	habíais utilizado	hubiste utilizado	hubisteis utilizado
había utilizado	habían utilizado	hubo utilizado	hubieron utilizado

FUTURE PERFECT		CONDITIONAL PERFECT	
habré utilizado	habremos utilizado	habría utilizado	habríamos utilizado
habrás utilizado	habréis utilizado	habrías utilizado	habríais utilizado
habrá utilizado	habrán utilizado	habría utilizado	habrían utilizado

PRESENT SUBJUNCTIVE		PRESENT PERFECT SUBJUNCTIVE	
utilice	utilicemos	haya utilizado	hayamos utilizado
utilices	utilicéis	hayas utilizado	hayáis utilizado
utilice	utilicen	haya utilizado	hayan utilizado

IMPERFECT SUBJUNCTIVE (-ra)		*or* IMPERFECT SUBJUNCTIVE (-se)	
utilizara	utilizáramos	utilizase	utilizásemos
utilizaras	utilizarais	utilizases	utilizaseis
utilizara	utilizaran	utilizase	utilizasen

PAST PERFECT SUBJUNCTIVE (-ra)		*or* PAST PERFECT SUBJUNCTIVE (-se)	
hubiera utilizado	hubiéramos utilizado	hubiese utilizado	hubiésemos utilizado
hubieras utilizado	hubierais utilizado	hubieses utilizado	hubieseis utilizado
hubiera utilizado	hubieran utilizado	hubiese utilizado	hubiesen utilizado

PROGRESSIVE TENSES

PRESENT	estoy, estás, está, estamos, estáis, están	
PRETERIT	estuve, estuviste, estuvo, estuvimos, estuvisteis, estuvieron	
IMPERFECT	estaba, estabas, estaba, estábamos, estabais, estaban	utilizando
FUTURE	estaré, estarás, estará, estaremos, estaréis, estarán	
CONDITIONAL	estaría, estarías, estaría, estaríamos, estaríais, estarían	
SUBJUNCTIVE	que + *corresponding subjunctive tense of* estar (*see verb 151*)	

COMMANDS

	(nosotros) utilicemos/no utilicemos
(tú) utiliza/no utilices	(vosotros) utilizad/no utilicéis
(Ud.) utilice/no utilice	(Uds.) utilicen/no utilicen

Usage

Utilicen los recursos económicos que tienen.	*Use/Exploit the economic resources you have.*
Aprende a utilizar la computadora.	*She's learning how to use the computer.*
Se utiliza la energía nuclear.	*They're making use of/harnessing nuclear power.*

vaciar *to empty*

vacío · vaciaron · vaciado · vaciando

regular -*ar* verb;
spelling change: *i* > *í* when stressed

PRESENT		PRETERIT	
vacío	vaciamos	vacié	vaciamos
vacías	vaciáis	vaciaste	vaciasteis
vacía	vacían	vació	vaciaron

IMPERFECT		PRESENT PERFECT	
vaciaba	vaciábamos	he vaciado	hemos vaciado
vaciabas	vaciabais	has vaciado	habéis vaciado
vaciaba	vaciaban	ha vaciado	han vaciado

FUTURE		CONDITIONAL	
vaciaré	vaciaremos	vaciaría	vaciaríamos
vaciarás	vaciaréis	vaciarías	vaciaríais
vaciará	vaciarán	vaciaría	vaciarían

PLUPERFECT		PRETERIT PERFECT	
había vaciado	habíamos vaciado	hube vaciado	hubimos vaciado
habías vaciado	habíais vaciado	hubiste vaciado	hubisteis vaciado
había vaciado	habían vaciado	hubo vaciado	hubieron vaciado

FUTURE PERFECT		CONDITIONAL PERFECT	
habré vaciado	habremos vaciado	habría vaciado	habríamos vaciado
habrás vaciado	habréis vaciado	habrías vaciado	habríais vaciado
habrá vaciado	habrán vaciado	habría vaciado	habrían vaciado

PRESENT SUBJUNCTIVE		PRESENT PERFECT SUBJUNCTIVE	
vacíe	vaciemos	haya vaciado	hayamos vaciado
vacíes	vaciéis	hayas vaciado	hayáis vaciado
vacíe	vacíen	haya vaciado	hayan vaciado

IMPERFECT SUBJUNCTIVE (-ra)		or IMPERFECT SUBJUNCTIVE (-se)	
vaciara	vaciáramos	vaciase	vaciásemos
vaciaras	vaciarais	vaciases	vaciaseis
vaciara	vaciaran	vaciase	vaciasen

PAST PERFECT SUBJUNCTIVE (-ra)		or PAST PERFECT SUBJUNCTIVE (-se)	
hubiera vaciado	hubiéramos vaciado	hubiese vaciado	hubiésemos vaciado
hubieras vaciado	hubierais vaciado	hubieses vaciado	hubieseis vaciado
hubiera vaciado	hubieran vaciado	hubiese vaciado	hubiesen vaciado

PROGRESSIVE TENSES

PRESENT	estoy, estás, está, estamos, estáis, están	
PRETERIT	estuve, estuviste, estuvo, estuvimos, estuvisteis, estuvieron	
IMPERFECT	estaba, estabas, estaba, estábamos, estabais, estaban	vaciando
FUTURE	estaré, estarás, estará, estaremos, estaréis, estarán	
CONDITIONAL	estaría, estarías, estaría, estaríamos, estaríais, estarían	
SUBJUNCTIVE	que + *corresponding subjunctive tense of* estar (*see verb 151*)	

COMMANDS

	(nosotros) vaciemos/no vaciemos
(tú) vacía/no vacíes	(vosotros) vaciad/no vaciéis
(Ud.) vacíe/no vacíe	(Uds.) vacíen/no vacíen

Usage

Vacía los vasos.	*Empty the glasses.*
Han vaciado las cubetas.	*They've cleaned out the buckets.*
Siente un vacío en la vida.	*He feels an emptiness/a void in his life.*
¿Está vacío el apartamento?	*Is the apartment vacant/unoccupied?*

irregular verb

valgo · valieron · valido · valiendo

PRESENT		PRETERIT	
valgo	valemos	valí	valimos
vales	valéis	valiste	valisteis
vale	valen	valió	valieron

IMPERFECT		PRESENT PERFECT	
valía	valíamos	he valido	hemos valido
valías	valíais	has valido	habéis valido
valía	valían	ha valido	han valido

FUTURE		CONDITIONAL	
valdré	valdremos	valdría	valdríamos
valdrás	valdréis	valdrías	valdríais
valdrá	valdrán	valdría	valdrían

PLUPERFECT		PRETERIT PERFECT	
había valido	habíamos valido	hube valido	hubimos valido
habías valido	habíais valido	hubiste valido	hubisteis valido
había valido	habían valido	hubo valido	hubieron valido

FUTURE PERFECT		CONDITIONAL PERFECT	
habré valido	habremos valido	habría valido	habríamos valido
habrás valido	habréis valido	habrías valido	habríais valido
habrá valido	habrán valido	habría valido	habrían valido

PRESENT SUBJUNCTIVE		PRESENT PERFECT SUBJUNCTIVE	
valga	valgamos	haya valido	hayamos valido
valgas	valgáis	hayas valido	hayáis valido
valga	valgan	haya valido	hayan valido

IMPERFECT SUBJUNCTIVE (-ra)		*or* IMPERFECT SUBJUNCTIVE (-se)	
valiera	valiéramos	valiese	valiésemos
valieras	valierais	valieses	valieseis
valiera	valieran	valiese	valiesen

PAST PERFECT SUBJUNCTIVE (-ra)		*or* PAST PERFECT SUBJUNCTIVE (-se)	
hubiera valido	hubiéramos valido	hubiese valido	hubiésemos valido
hubieras valido	hubierais valido	hubieses valido	hubieseis valido
hubiera valido	hubieran valido	hubiese valido	hubiesen valido

PROGRESSIVE TENSES

PRESENT	estoy, estás, está, estamos, estáis, están	
PRETERIT	estuve, estuviste, estuvo, estuvimos, estuvisteis, estuvieron	
IMPERFECT	estaba, estabas, estaba, estábamos, estabais, estaban	valiendo
FUTURE	estaré, estarás, estará, estaremos, estaréis, estarán	
CONDITIONAL	estaría, estarías, estaría, estaríamos, estaríais, estarían	
SUBJUNCTIVE	que + *corresponding subjunctive tense of* estar (*see verb 151*)	

COMMANDS

	(nosotros) valgamos/no valgamos
(tú) vale/no valgas	(vosotros) valed/no valgáis
(Ud.) valga/no valga	(Uds.) valgan/no valgan

Usage

¿Cuánto vale el collar?	*How much is the necklace worth?*
Las uvas valen dos dólares la libra.	*Grapes cost two dollars per pound.*
Su apoyo vale mucho para nosotros.	*Their support means a lot to us.*
Sus investigaciones le valieron el premio Nóbel.	*His research won him the Nobel Prize.*

vencer *to conquer, defeat, overcome, expire*

venzo · vencieron · vencido · venciendo   *-er* verb; spelling change: *c > z/o, a*

PRESENT		PRETERIT	
venzo	vencemos	vencí	vencimos
vences	vencéis	venciste	vencisteis
vence	vencen	venció	vencieron

IMPERFECT		PRESENT PERFECT	
vencía	vencíamos	he vencido	hemos vencido
vencías	vencíais	has vencido	habéis vencido
vencía	vencían	ha vencido	han vencido

FUTURE		CONDITIONAL	
venceré	venceremos	vencería	venceríamos
vencerás	venceréis	vencerías	venceríais
vencerá	vencerán	vencería	vencerían

PLUPERFECT		PRETERIT PERFECT	
había vencido	habíamos vencido	hube vencido	hubimos vencido
habías vencido	habíais vencido	hubiste vencido	hubisteis vencido
había vencido	habían vencido	hubo vencido	hubieron vencido

FUTURE PERFECT		CONDITIONAL PERFECT	
habré vencido	habremos vencido	habría vencido	habríamos vencido
habrás vencido	habréis vencido	habrías vencido	habríais vencido
habrá vencido	habrán vencido	habría vencido	habrían vencido

PRESENT SUBJUNCTIVE		PRESENT PERFECT SUBJUNCTIVE	
venza	venzamos	haya vencido	hayamos vencido
venzas	venzáis	hayas vencido	hayáis vencido
venza	venzan	haya vencido	hayan vencido

IMPERFECT SUBJUNCTIVE (-ra)		*or* IMPERFECT SUBJUNCTIVE (-se)	
venciera	venciéramos	venciese	venciésemos
vencieras	vencierais	vencieses	vencieseis
venciera	vencieran	venciese	venciesen

PAST PERFECT SUBJUNCTIVE (-ra)		*or* PAST PERFECT SUBJUNCTIVE (-se)	
hubiera vencido	hubiéramos vencido	hubiese vencido	hubiésemos vencido
hubieras vencido	hubierais vencido	hubieses vencido	hubieseis vencido
hubiera vencido	hubieran vencido	hubiese vencido	hubiesen vencido

PROGRESSIVE TENSES

PRESENT	estoy, estás, está, estamos, estáis, están
PRETERIT	estuve, estuviste, estuvo, estuvimos, estuvisteis, estuvieron
IMPERFECT	estaba, estabas, estaba, estábamos, estabais, estaban
FUTURE	estaré, estarás, estará, estaremos, estaréis, estarán
CONDITIONAL	estaría, estarías, estaría, estaríamos, estaríais, estarían
SUBJUNCTIVE	que + *corresponding subjunctive tense of* estar (*see verb 151*)

venciendo

COMMANDS

	(nosotros) venzamos/no venzamos
(tú) vence/no venzas	(vosotros) venced/no venzáis
(Ud.) venza/no venza	(Uds.) venzan/no venzan

Usage

Vencieron al enemigo/al otro equipo.	*They defeated the enemy/the other team.*
Venció las desventajas.	*She overcame the obstacles/handicaps.*
Se vence tu carnet de conducir este año.	*Your driver's license expires this year.*
¡No se den por vencidos!	*Don't give up/admit defeat!*

regular *-er* verb

vendo · vendieron · vendido · vendiendo

PRESENT		PRETERIT	
vendo	vendemos	vendí	vendimos
vendes	vendéis	vendiste	vendisteis
vende	venden	vendió	vendieron

IMPERFECT		PRESENT PERFECT	
vendía	vendíamos	he vendido	hemos vendido
vendías	vendíais	has vendido	habéis vendido
vendía	vendían	ha vendido	han vendido

FUTURE		CONDITIONAL	
venderé	venderemos	vendería	venderíamos
venderás	venderéis	venderías	venderíais
venderá	venderán	vendería	venderían

PLUPERFECT		PRETERIT PERFECT	
había vendido	habíamos vendido	hube vendido	hubimos vendido
habías vendido	habíais vendido	hubiste vendido	hubisteis vendido
había vendido	habían vendido	hubo vendido	hubieron vendido

FUTURE PERFECT		CONDITIONAL PERFECT	
habré vendido	habremos vendido	habría vendido	habríamos vendido
habrás vendido	habréis vendido	habrías vendido	habríais vendido
habrá vendido	habrán vendido	habría vendido	habrían vendido

PRESENT SUBJUNCTIVE		PRESENT PERFECT SUBJUNCTIVE	
venda	vendamos	haya vendido	hayamos vendido
vendas	vendáis	hayas vendido	hayáis vendido
venda	vendan	haya vendido	hayan vendido

IMPERFECT SUBJUNCTIVE (-ra)		*or* IMPERFECT SUBJUNCTIVE (-se)	
vendiera	vendiéramos	vendiese	vendiésemos
vendieras	vendierais	vendieses	vendieseis
vendiera	vendieran	vendiese	vendiesen

PAST PERFECT SUBJUNCTIVE (-ra)		*or* PAST PERFECT SUBJUNCTIVE (-se)	
hubiera vendido	hubiéramos vendido	hubiese vendido	hubiésemos vendido
hubieras vendido	hubierais vendido	hubieses vendido	hubieseis vendido
hubiera vendido	hubieran vendido	hubiese vendido	hubiesen vendido

PROGRESSIVE TENSES

PRESENT	estoy, estás, está, estamos, estáis, están
PRETERIT	estuve, estuviste, estuvo, estuvimos, estuvisteis, estuvieron
IMPERFECT	estaba, estabas, estaba, estábamos, estabais, estaban
FUTURE	estaré, estarás, estará, estaremos, estaréis, estarán
CONDITIONAL	estaría, estarías, estaría, estaríamos, estaríais, estarían
SUBJUNCTIVE	que + *corresponding subjunctive tense of* estar (*see verb 151*)

} vendiendo

COMMANDS

	(nosotros) vendamos/no vendamos
(tú) vende/no vendas	(vosotros) vended/no vendáis
(Ud.) venda/no venda	(Uds.) vendan/no vendan

Usage

Vendieron su casa por mucho dinero.	*They sold their house for a lot of money.*
Se venden videodiscos aquí.	*Videodiscs are sold here.*
El político se vendió por el dinero/el poder.	*The politician sold himself for money/power.*
Las fresas se venden a $4 la libra.	*Strawberries are selling at $4 a pound.*

vengar *to avenge, take revenge*

vengo · vengaron · vengado · vengando　　　*-ar* verb; spelling change: *g > gu/e*

PRESENT		PRETERIT	
vengo	vengamos	vengué	vengamos
vengas	vengáis	vengaste	vengasteis
venga	vengan	vengó	vengaron

IMPERFECT		PRESENT PERFECT	
vengaba	vengábamos	he vengado	hemos vengado
vengabas	vengabais	has vengado	habéis vengado
vengaba	vengaban	ha vengado	han vengado

FUTURE		CONDITIONAL	
vengaré	vengaremos	vengaría	vengaríamos
vengarás	vengaréis	vengarías	vengaríais
vengará	vengarán	vengaría	vengarían

PLUPERFECT		PRETERIT PERFECT	
había vengado	habíamos vengado	hube vengado	hubimos vengado
habías vengado	habíais vengado	hubiste vengado	hubisteis vengado
había vengado	habían vengado	hubo vengado	hubieron vengado

FUTURE PERFECT		CONDITIONAL PERFECT	
habré vengado	habremos vengado	habría vengado	habríamos vengado
habrás vengado	habréis vengado	habrías vengado	habríais vengado
habrá vengado	habrán vengado	habría vengado	habrían vengado

PRESENT SUBJUNCTIVE		PRESENT PERFECT SUBJUNCTIVE	
vengue	venguemos	haya vengado	hayamos vengado
vengues	venguéis	hayas vengado	hayáis vengado
vengue	venguen	haya vengado	hayan vengado

IMPERFECT SUBJUNCTIVE (-ra)		*or*	IMPERFECT SUBJUNCTIVE (-se)	
vengara	vengáramos		vengase	vengásemos
vengaras	vengarais		vengases	vengaseis
vengara	vengaran		vengase	vengasen

PAST PERFECT SUBJUNCTIVE (-ra)		*or*	PAST PERFECT SUBJUNCTIVE (-se)	
hubiera vengado	hubiéramos vengado		hubiese vengado	hubiésemos vengado
hubieras vengado	hubierais vengado		hubieses vengado	hubieseis vengado
hubiera vengado	hubieran vengado		hubiese vengado	hubiesen vengado

PROGRESSIVE TENSES

PRESENT	estoy, estás, está, estamos, estáis, están
PRETERIT	estuve, estuviste, estuvo, estuvimos, estuvisteis, estuvieron
IMPERFECT	estaba, estabas, estaba, estábamos, estabais, estaban
FUTURE	estaré, estarás, estará, estaremos, estaréis, estarán
CONDITIONAL	estaría, estarías, estaría, estaríamos, estaríais, estarían
SUBJUNCTIVE	que + *corresponding subjunctive tense of* estar *(see verb 151)*

} vengando

COMMANDS

	(nosotros) venguemos/no venguemos
(tú) venga/no vengues	(vosotros) vengad/no venguéis
(Ud.) vengue/no vengue	(Uds.) venguen/no venguen

Usage

Alguien vengó el asesinato.	*Someone avenged the murder.*
Se vengaron del malhechor.	*They took revenge on the wrongdoer.*
¿Cómo te vengaste por el delito?	*How did you avenge yourself for the crime?*
Se clama venganza.	*They demand vengeance.*

irregular verb   **vengo · vinieron · venido · viniendo**

PRESENT		PRETERIT	
vengo	venimos	vine	vinimos
vienes	venís	viniste	vinisteis
viene	vienen	vino	vinieron

IMPERFECT		PRESENT PERFECT	
venía	veníamos	he venido	hemos venido
venías	veníais	has venido	habéis venido
venía	venían	ha venido	han venido

FUTURE		CONDITIONAL	
vendré	vendremos	vendría	vendríamos
vendrás	vendréis	vendrías	vendríais
vendrá	vendrán	vendría	vendrían

PLUPERFECT		PRETERIT PERFECT	
había venido	habíamos venido	hube venido	hubimos venido
habías venido	habíais venido	hubiste venido	hubisteis venido
había venido	habían venido	hubo venido	hubieron venido

FUTURE PERFECT		CONDITIONAL PERFECT	
habré venido	habremos venido	habría venido	habríamos venido
habrás venido	habréis venido	habrías venido	habríais venido
habrá venido	habrán venido	habría venido	habrían venido

PRESENT SUBJUNCTIVE		PRESENT PERFECT SUBJUNCTIVE	
venga	vengamos	haya venido	hayamos venido
vengas	vengáis	hayas venido	hayáis venido
venga	vengan	haya venido	hayan venido

IMPERFECT SUBJUNCTIVE (-ra)		*or* IMPERFECT SUBJUNCTIVE (-se)	
viniera	viniéramos	viniese	viniésemos
vinieras	vinierais	vinieses	vinieseis
viniera	vinieran	viniese	viniesen

PAST PERFECT SUBJUNCTIVE (-ra)		*or* PAST PERFECT SUBJUNCTIVE (-se)	
hubiera venido	hubiéramos venido	hubiese venido	hubiésemos venido
hubieras venido	hubierais venido	hubieses venido	hubieseis venido
hubiera venido	hubieran venido	hubiese venido	hubiesen venido

PROGRESSIVE TENSES

PRESENT	estoy, estás, está, estamos, estáis, están	
PRETERIT	estuve, estuviste, estuvo, estuvimos, estuvisteis, estuvieron	
IMPERFECT	estaba, estabas, estaba, estábamos, estabais, estaban	viniendo
FUTURE	estaré, estarás, estará, estaremos, estaréis, estarán	
CONDITIONAL	estaría, estarías, estaría, estaríamos, estaríais, estarían	
SUBJUNCTIVE	que + *corresponding subjunctive tense of* estar (*see verb 151*)	

COMMANDS

	(nosotros) vengamos/no vengamos
(tú) ven/no vengas	(vosotros) venid/no vengáis
(Ud.) venga/no venga	(Uds.) vengan/no vengan

Usage

Viene a las diez.	*He's coming at 10:00.*
¿De dónde venís?	*Where are you coming from?*
Vinieron muy tarde.	*They arrived very late.*

Los nopales vienen de México.	*Prickly pears come from Mexico.*
¡No vengas con cuentos!	*Don't tell stories!*
La idea no me vino a la mente.	*The idea didn't cross my mind.*
¡Ven acá!	*Come here!*
¿De qué aldea viene la cerámica?	*What village does the pottery come from?*

to be

La dedicatoria viene en la página siguiente.	*The dedication is on the next page.*
Vienen enojados.	*They're angry.*

venirle bien/mal *to suit, be convenient, be good for, come in handy,*
fit (clothing)/to not suit, be inconvenient

Nos viene bien verlos el miércoles.	*It's convenient for us to see them on Wednesday.*
Les venían bien los ejercicios.	*The exercises were good for them.*
Te viene mal el blue-jean.	*The blue jeans don't fit you.*

venir a parar *to come to, end up, turn out*

¿En qué vino a parar su discusión?	*How did their argument end up?*

venir a *to reach, arrive at, end up*

Hemos venido a un acuerdo.	*We've reached an understanding.*
Vinieron a desconfiar de sus socios.	*They ended up distrusting their associates.*
Ven a recogernos a las siete.	*Come get us/Come for us at 7:00.*

Other Uses

Venga lo que venga.	*Come what may.*
Voy y vengo.	*I'll be right back.*
¡Viene de perlas!	*It's just right/the thing!*
El negocio se ha venido abajo.	*The business deal has fallen through/ collapsed.*
Vuestros planes están viniéndose al suelo.	*Your plans are falling through.*
Todo se les vino encima.	*Everything came tumbling down/went wrong for them.*
¿Os vais la semana/el mes que viene?	*Are you leaving next week/month?*
Ojalá haya progreso en los años venideros.	*We hope there will be progress in the coming years.*
Tendrá un porvenir espléndido.	*He'll have a wonderful future.*
Les diste la bienvenida.	*You welcomed them.*
¡Qué vaivén hoy! ¡Tantas idas y venidas!	*What bustle today! So many comings and goings!*
Es una persona venida a menos.	*She has come down in the world/in status.*

TOP 30
VERBS

irregular verb

veo · vieron · visto · viendo

PRESENT		PRETERIT	
veo	vemos	vi	vimos
ves	veis	viste	visteis
ve	ven	vio	vieron

IMPERFECT		PRESENT PERFECT	
veía	veíamos	he visto	hemos visto
veías	veíais	has visto	habéis visto
veía	veían	ha visto	han visto

FUTURE		CONDITIONAL	
veré	veremos	vería	veríamos
verás	veréis	verías	veríais
verá	verán	vería	verían

PLUPERFECT		PRETERIT PERFECT	
había visto	habíamos visto	hube visto	hubimos visto
habías visto	habíais visto	hubiste visto	hubisteis visto
había visto	habían visto	hubo visto	hubieron visto

FUTURE PERFECT		CONDITIONAL PERFECT	
habré visto	habremos visto	habría visto	habríamos visto
habrás visto	habréis visto	habrías visto	habríais visto
habrá visto	habrán visto	habría visto	habrían visto

PRESENT SUBJUNCTIVE		PRESENT PERFECT SUBJUNCTIVE	
vea	veamos	haya visto	hayamos visto
veas	veáis	hayas visto	hayáis visto
vea	vean	haya visto	hayan visto

IMPERFECT SUBJUNCTIVE (-ra)		*or* IMPERFECT SUBJUNCTIVE (-se)	
viera	viéramos	viese	viésemos
vieras	vierais	vieses	vieseis
viera	vieran	viese	viesen

PAST PERFECT SUBJUNCTIVE (-ra)		*or* PAST PERFECT SUBJUNCTIVE (-se)	
hubiera visto	hubiéramos visto	hubiese visto	hubiésemos visto
hubieras visto	hubierais visto	hubieses visto	hubieseis visto
hubiera visto	hubieran visto	hubiese visto	hubiesen visto

PROGRESSIVE TENSES

PRESENT	estoy, estás, está, estamos, estáis, están	
PRETERIT	estuve, estuviste, estuvo, estuvimos, estuvisteis, estuvieron	
IMPERFECT	estaba, estabas, estaba, estábamos, estabais, estaban	viendo
FUTURE	estaré, estarás, estará, estaremos, estaréis, estarán	
CONDITIONAL	estaría, estarías, estaría, estaríamos, estaríais, estarían	
SUBJUNCTIVE	que + *corresponding subjunctive tense of* estar (*see verb 151*)	

COMMANDS

	(nosotros) veamos/no veamos
(tú) ve/no veas	(vosotros) ved/no veáis
(Ud.) vea/no vea	(Uds.) vean/no vean

Usage

Las vi en la oficina.	*I saw them at the office.*
Veían la tele.	*They were watching TV.*
Vean estos papeles.	*Look at these papers.*

TOP 30 VERB ☞

ver   *to see, watch, look at*

veo · vieron · visto · viendo   irregular verb

No veo el rumbo que debemos tomar.	*I don't know the direction we should take.*
Hace una semana que no nos vemos.	*We haven't seen each other for a week.*
Véase el índice.	*See the table of contents.*
¡A ver!/¡Vamos a ver!	*Let's see!*
Voy a ver qué pasa.	*I'm going to see what's going on.*
Ya veremos.	*We'll see.*
¡Ya ves!	*You see!*
Verás al llegar.	*You'll see when you arrive.*
Eso está por ver.	*That remains to be seen.*
Esto no tiene nada que ver contigo.	*This doesn't concern/have anything to do with you.*
Ver es creer.	*Seeing is believing.*
Si no lo veo, no lo creo.	*I would never have believed it./Seeing's believing.*
Los vimos paseándose en el centro.	*We saw them taking a walk downtown.*
¿Han visto aterrizar el avión?	*Have you seen the plane land?*

Cómo se ven las cosas

Lo ven todo color de rosa.	*They see everything through rose-colored glasses./They're optimistic.*
Antes lo veían todo negro.	*They used to be pessimistic.*

Other Uses

¡No puedo verlos ni en pintura!	*I can't stand them/stand the sight of them!*
No ve ni jota.	*He's as blind as a bat.*
Nunca podía ver más allá de sus narices.	*He was never able to see further than the end of his nose.*
La vi abatida.	*I found her downcast.*
¡Ya te ves millonario!	*You already see/imagine yourself a millionaire!*
Su corbata llamativa se ve de lejos.	*You can see his loud/gaudy tie a mile away.*
Os visteis en el café.	*You met/saw each other at the café.*
Tiene buena vista.	*She has good sight.*
Es un hermoso hotel con vistas a la sierra.	*It's a beautiful hotel with a view of the mountains.*
El jefe dio el visto bueno al proyecto.	*The boss approved the project.*
Por lo visto no ha cambiado de idea.	*Apparently/Obviously he hasn't changed his mind.*

TOP 30 VERBS

stem-changing -ir reflexive verb: e > i   **visto · vistieron · vestido · vistiéndose**

PRESENT

me visto	nos vestimos
te vistes	os vestís
se viste	se visten

IMPERFECT

me vestía	nos vestíamos
te vestías	os vestíais
se vestía	se vestían

FUTURE

me vestiré	nos vestiremos
te vestirás	os vestiréis
se vestirá	se vestirán

PLUPERFECT

me había vestido	nos habíamos vestido
te habías vestido	os habíais vestido
se había vestido	se habían vestido

FUTURE PERFECT

me habré vestido	nos habremos vestido
te habrás vestido	os habréis vestido
se habrá vestido	se habrán vestido

PRESENT SUBJUNCTIVE

me vista	nos vistamos
te vistas	os vistáis
se vista	se vistan

IMPERFECT SUBJUNCTIVE (-ra)

me vistiera	nos vistiéramos
te vistieras	os vistierais
se vistiera	se vistieran

PAST PERFECT SUBJUNCTIVE (-ra)

me hubiera vestido	nos hubiéramos vestido
te hubieras vestido	os hubierais vestido
se hubiera vestido	se hubieran vestido

PRETERIT

me vestí	nos vestimos
te vestiste	os vestisteis
se vistió	se vistieron

PRESENT PERFECT

me he vestido	nos hemos vestido
te has vestido	os habéis vestido
se ha vestido	se han vestido

CONDITIONAL

me vestiría	nos vestiríamos
te vestirías	os vestiríais
se vestiría	se vestirían

PRETERIT PERFECT

me hube vestido	nos hubimos vestido
te hubiste vestido	os hubisteis vestido
se hubo vestido	se hubieron vestido

CONDITIONAL PERFECT

me habría vestido	nos habríamos vestido
te habrías vestido	os habríais vestido
se habría vestido	se habrían vestido

PRESENT PERFECT SUBJUNCTIVE

me haya vestido	nos hayamos vestido
te hayas vestido	os hayáis vestido
se haya vestido	se hayan vestido

or **IMPERFECT SUBJUNCTIVE (-se)**

me vistiese	nos vistiésemos
te vistieses	os vistieseis
se vistiese	se vistiesen

or **PAST PERFECT SUBJUNCTIVE (-se)**

me hubiese vestido	nos hubiésemos vestido
te hubieses vestido	os hubieseis vestido
se hubiese vestido	se hubiesen vestido

PROGRESSIVE TENSES

PRESENT	estoy, estás, está, estamos, estáis, están	
PRETERIT	estuve, estuviste, estuvo, estuvimos, estuvisteis, estuvieron	
IMPERFECT	estaba, estabas, estaba, estábamos, estabais, estaban	vistiendo
FUTURE	estaré, estarás, estará, estaremos, estaréis, estarán	(see page 36)
CONDITIONAL	estaría, estarías, estaría, estaríamos, estaríais, estarían	
SUBJUNCTIVE	que + corresponding subjunctive tense of estar (see verb 151)	

COMMANDS

	(nosotros) vistámonos/no nos vistamos
(tú) vístete/no te vistas	(vosotros) vestíos/no os vistáis
(Ud.) vístase/no se vista	(Uds.) vístanse/no se vistan

Usage

Vistió a los niños.	She dressed the children.
Vístete ahora mismo.	Get dressed right now.
Siempre se vestía de azul.	She always dressed in blue.
Están muy bien vestidos.	They're very well dressed.

327 viajar *to travel*

PRESENT		PRETERIT	
viajo	viajamos	viajé	viajamos
viajas	viajáis	viajaste	viajasteis
viaja	viajan	viajó	viajaron

IMPERFECT		PRESENT PERFECT	
viajaba	viajábamos	he viajado	hemos viajado
viajabas	viajabais	has viajado	habéis viajado
viajaba	viajaban	ha viajado	han viajado

FUTURE		CONDITIONAL	
viajaré	viajaremos	viajaría	viajaríamos
viajarás	viajaréis	viajarías	viajaríais
viajará	viajarán	viajaría	viajarían

PLUPERFECT		PRETERIT PERFECT	
había viajado	habíamos viajado	hube viajado	hubimos viajado
habías viajado	habíais viajado	hubiste viajado	hubisteis viajado
había viajado	habían viajado	hubo viajado	hubieron viajado

FUTURE PERFECT		CONDITIONAL PERFECT	
habré viajado	habremos viajado	habría viajado	habríamos viajado
habrás viajado	habréis viajado	habrías viajado	habríais viajado
habrá viajado	habrán viajado	habría viajado	habrían viajado

PRESENT SUBJUNCTIVE		PRESENT PERFECT SUBJUNCTIVE	
viaje	viajemos	haya viajado	hayamos viajado
viajes	viajéis	hayas viajado	hayáis viajado
viaje	viajen	haya viajado	hayan viajado

IMPERFECT SUBJUNCTIVE (-ra)		*or* IMPERFECT SUBJUNCTIVE (-se)	
viajara	viajáramos	viajase	viajásemos
viajaras	viajarais	viajases	viajaseis
viajara	viajaran	viajase	viajasen

PAST PERFECT SUBJUNCTIVE (-ra)		*or* PAST PERFECT SUBJUNCTIVE (-se)	
hubiera viajado	hubiéramos viajado	hubiese viajado	hubiésemos viajado
hubieras viajado	hubierais viajado	hubieses viajado	hubieseis viajado
hubiera viajado	hubieran viajado	hubiese viajado	hubiesen viajado

PROGRESSIVE TENSES

PRESENT	estoy, estás, está, estamos, estáis, están	
PRETERIT	estuve, estuviste, estuvo, estuvimos, estuvisteis, estuvieron	
IMPERFECT	estaba, estabas, estaba, estábamos, estabais, estaban	viajando
FUTURE	estaré, estarás, estará, estaremos, estaréis, estarán	
CONDITIONAL	estaría, estarías, estaría, estaríamos, estaríais, estarían	
SUBJUNCTIVE	que + *corresponding subjunctive tense of* estar (*see verb 151*)	

COMMANDS

	(nosotros) viajemos/no viajemos
(tú) viaja/no viajes	(vosotros) viajad/no viajéis
(Ud.) viaje/no viaje	(Uds.) viajen/no viajen

Usage

Viajamos por los Estados Unidos. *We traveled through the United States.*
Viajaron por la autopista todo el tiempo. *They traveled/rode on the highway the whole time.*

¿Viajaste en tren de ida y vuelta? *You traveled by train round trip?*

regular *-ar* verb · · · · · · · · · · · · · · · · · · **visito · visitaron · visitado · visitando**

PRESENT
visito	visitamos
visitas	visitáis
visita	visitan

PRETERIT
visité	visitamos
visitaste	visitasteis
visitó	visitaron

IMPERFECT
visitaba	visitábamos
visitabas	visitabais
visitaba	visitaban

PRESENT PERFECT
he visitado	hemos visitado
has visitado	habéis visitado
ha visitado	han visitado

FUTURE
visitaré	visitaremos
visitarás	visitaréis
visitará	visitarán

CONDITIONAL
visitaría	visitaríamos
visitarías	visitaríais
visitaría	visitarían

PLUPERFECT
había visitado	habíamos visitado
habías visitado	habíais visitado
había visitado	habían visitado

PRETERIT PERFECT
hube visitado	hubimos visitado
hubiste visitado	hubisteis visitado
hubo visitado	hubieron visitado

FUTURE PERFECT
habré visitado	habremos visitado
habrás visitado	habréis visitado
habrá visitado	habrán visitado

CONDITIONAL PERFECT
habría visitado	habríamos visitado
habrías visitado	habríais visitado
habría visitado	habrían visitado

PRESENT SUBJUNCTIVE
visite	visitemos
visites	visitéis
visite	visiten

PRESENT PERFECT SUBJUNCTIVE
haya visitado	hayamos visitado
hayas visitado	hayáis visitado
haya visitado	hayan visitado

IMPERFECT SUBJUNCTIVE (-ra)
visitara	visitáramos
visitaras	visitarais
visitara	visitaran

or IMPERFECT SUBJUNCTIVE (-se)
visitase	visitásemos
visitases	visitaseis
visitase	visitasen

PAST PERFECT SUBJUNCTIVE (-ra)
hubiera visitado	hubiéramos visitado
hubieras visitado	hubierais visitado
hubiera visitado	hubieran visitado

or PAST PERFECT SUBJUNCTIVE (-se)
hubiese visitado	hubiésemos visitado
hubieses visitado	hubieseis visitado
hubiese visitado	hubiesen visitado

PROGRESSIVE TENSES
PRESENT	estoy, estás, está, estamos, estáis, están
PRETERIT	estuve, estuviste, estuvo, estuvimos, estuvisteis, estuvieron
IMPERFECT	estaba, estabas, estaba, estábamos, estabais, estaban
FUTURE	estaré, estarás, estará, estaremos, estaréis, estarán
CONDITIONAL	estaría, estarías, estaría, estaríamos, estaríais, estarían
SUBJUNCTIVE	que + *corresponding subjunctive tense of* estar (*see verb 151*)

} visitando

COMMANDS
	(nosotros) visitemos/no visitemos
(tú) visita/no visites	(vosotros) visitad/no visitéis
(Ud.) visite/no visite	(Uds.) visiten/no visiten

Usage

—¿Visitamos el Museo Arqueológico? — *Shall we visit the Archaeological Museum?*
—Primero visitemos a nuestros amigos. — *First let's visit our friends.*

¿Estabas de visita en casa de tus abuelos? — *Were you visiting your grandparents?*
Tenemos visita el fin de semana. — *We're having visitors on the weekend.*

vivir *to live*

PRESENT		PRETERIT	
vivo	vivimos	viví	vivimos
vives	vivís	viviste	vivisteis
vive	viven	vivió	vivieron

IMPERFECT		PRESENT PERFECT	
vivía	vivíamos	he vivido	hemos vivido
vivías	vivíais	has vivido	habéis vivido
vivía	vivían	ha vivido	han vivido

FUTURE		CONDITIONAL	
viviré	viviremos	viviría	viviríamos
vivirás	viviréis	vivirías	viviríais
vivirá	vivirán	viviría	vivirían

PLUPERFECT		PRETERIT PERFECT	
había vivido	habíamos vivido	hube vivido	hubimos vivido
habías vivido	habíais vivido	hubiste vivido	hubisteis vivido
había vivido	habían vivido	hubo vivido	hubieron vivido

FUTURE PERFECT		CONDITIONAL PERFECT	
habré vivido	habremos vivido	habría vivido	habríamos vivido
habrás vivido	habréis vivido	habrías vivido	habríais vivido
habrá vivido	habrán vivido	habría vivido	habrían vivido

PRESENT SUBJUNCTIVE		PRESENT PERFECT SUBJUNCTIVE	
viva	vivamos	haya vivido	hayamos vivido
vivas	viváis	hayas vivido	hayáis vivido
viva	vivan	haya vivido	hayan vivido

IMPERFECT SUBJUNCTIVE (-ra)		*or* IMPERFECT SUBJUNCTIVE (-se)	
viviera	viviéramos	viviese	viviésemos
vivieras	vivierais	vivieses	vivieseis
viviera	vivieran	viviese	viviesen

PAST PERFECT SUBJUNCTIVE (-ra)		*or* PAST PERFECT SUBJUNCTIVE (-se)	
hubiera vivido	hubiéramos vivido	hubiese vivido	hubiésemos vivido
hubieras vivido	hubierais vivido	hubieses vivido	hubieseis vivido
hubiera vivido	hubieran vivido	hubiese vivido	hubiesen vivido

PROGRESSIVE TENSES

PRESENT	estoy, estás, está, estamos, estáis, están	
PRETERIT	estuve, estuviste, estuvo, estuvimos, estuvisteis, estuvieron	
IMPERFECT	estaba, estabas, estaba, estábamos, estabais, estaban	viviendo
FUTURE	estaré, estarás, estará, estaremos, estaréis, estarán	
CONDITIONAL	estaría, estarías, estaría, estaríamos, estaríais, estarían	
SUBJUNCTIVE	que + *corresponding subjunctive tense of* estar (*see verb 151*)	

COMMANDS

	(nosotros) vivamos/no vivamos
(tú) vive/no vivas	(vosotros) vivid/no viváis
(Ud.) viva/no viva	(Uds.) vivan/no vivan

Usage

—¿Dónde vives? — *Where do you live?*
—Hace dos años que vivo en la ciudad. — *I've been living in the city for two years.*
Se vive bien. — *They live well./Life is good.*
¡Ojalá viviéramos para siempre! — *If only we could live forever!*

stem-changing *-ar* verb: *o > ue*   **vuelo · volaron · volado · volando**

PRESENT		PRETERIT	
vuelo	volamos	volé	volamos
vuelas	voláis	volaste	volasteis
vuela	vuelan	voló	volaron

IMPERFECT		PRESENT PERFECT	
volaba	volábamos	he volado	hemos volado
volabas	volabais	has volado	habéis volado
volaba	volaban	ha volado	han volado

FUTURE		CONDITIONAL	
volaré	volaremos	volaría	volaríamos
volarás	volaréis	volarías	volaríais
volará	volarán	volaría	volarían

PLUPERFECT		PRETERIT PERFECT	
había volado	habíamos volado	hube volado	hubimos volado
habías volado	habíais volado	hubiste volado	hubisteis volado
había volado	habían volado	hubo volado	hubieron volado

FUTURE PERFECT		CONDITIONAL PERFECT	
habré volado	habremos volado	habría volado	habríamos volado
habrás volado	habréis volado	habrías volado	habríais volado
habrá volado	habrán volado	habría volado	habrían volado

PRESENT SUBJUNCTIVE		PRESENT PERFECT SUBJUNCTIVE	
vuele	volemos	haya volado	hayamos volado
vueles	voléis	hayas volado	hayáis volado
vuele	vuelen	haya volado	hayan volado

IMPERFECT SUBJUNCTIVE (-ra)		*or* IMPERFECT SUBJUNCTIVE (-se)	
volara	voláramos	volase	volásemos
volaras	volarais	volases	volaseis
volara	volaran	volase	volasen

PAST PERFECT SUBJUNCTIVE (-ra)		*or* PAST PERFECT SUBJUNCTIVE (-se)	
hubiera volado	hubiéramos volado	hubiese volado	hubiésemos volado
hubieras volado	hubierais volado	hubieses volado	hubieseis volado
hubiera volado	hubieran volado	hubiese volado	hubiesen volado

PROGRESSIVE TENSES

PRESENT	estoy, estás, está, estamos, estáis, están	
PRETERIT	estuve, estuviste, estuvo, estuvimos, estuvisteis, estuvieron	
IMPERFECT	estaba, estabas, estaba, estábamos, estabais, estaban	volando
FUTURE	estaré, estarás, estará, estaremos, estaréis, estarán	
CONDITIONAL	estaría, estarías, estaría, estaríamos, estaríais, estarían	
SUBJUNCTIVE	que + *corresponding subjunctive tense of* estar (*see verb 151*)	

COMMANDS

	(nosotros) volemos/no volemos
(tú) vuela/no vueles	(vosotros) volad/no voléis
(Ud.) vuele/no vuele	(Uds.) vuelen/no vuelen

Usage

Volamos por encima de los Pirineos.	*We flew over the Pyrenees.*
El joven se echó a volar.	*The young man went off on his own.*
¡Cómo vuela el tiempo!	*How time flies!*
Vimos volar el edificio.	*We watched the building be demolished.*

volver *to go/come back, return, turn*

vuelvo · volvieron · vuelto · volviendo

stem-changing -er verb: *o* > *ue*

Sus logros le han vuelto más seguro de sí mismo.	*His achievements have made him more confident.*
No vuelvas atrás.	*Don't turn back.*
Volverán a su pueblo natal.	*They'll go back to their hometown.*

volver a + infinitive *to do something again*

No vuelva a decírselo.	*Don't tell them (it) again.*
Vuelvo a marcar el número.	*I'm dialing the number again.*
Volved a consultar con vuestros asesores.	*Consult with your advisors again.*
Han vuelto a tocar la pieza.	*They've started to play the piece again.*

¿Qué se puede volver?

Vuelve los panqueques antes que se quemen.	*Turn the pancakes before they burn.*
Es feo que le haya vuelto la espalda a su amigo.	*It's awful she turned her back on her friend.*
Vuelve la página.	*Turn the page.*
Parece que ha vuelto la hoja.	*It seems he's turned over a new leaf.*
¿Por qué volviste el suéter al revés?	*Why did you turn the sweater inside out?*
Vuelvan al tema en discusión.	*Return to the subject under discussion.*

volverse *to become/go* + adjective

Se había vuelto imposible.	*She had become impossible.*
Se volvieron locos.	*They went crazy.*
Dale el vuelto.	*Give him the change.*
Ya están de vuelta del viaje.	*They're already back from their trip.*
Demos una vuelta.	*Let's go for a walk.*
La Tierra da vueltas alrededor del sol.	*The Earth revolves around the sun.*
No le des más vueltas a la cuestión.	*Don't think about the matter anymore./ Let the matter be.*
El quiosco queda a la vuelta de la esquina.	*The kiosk is just around the corner.*

devolverle algo a alguien *to return something to someone*

¿Para cuándo te habrá devuelto el dinero?	*By when will she have returned the money to you?*
Le devolvieron la palabra a la presidenta.	*The floor was given back to the chairwoman.*

TOP 30 VERBS

stem-changing *-er* verb: *o > ue*   **vuelvo · volvieron · vuelto · volviendo**

PRESENT		PRETERIT	
vuelvo	volvemos	volví	volvimos
vuelves	volvéis	volviste	volvisteis
vuelve	vuelven	volvió	volvieron

IMPERFECT		PRESENT PERFECT	
volvía	volvíamos	he vuelto	hemos vuelto
volvías	volvíais	has vuelto	habéis vuelto
volvía	volvían	ha vuelto	han vuelto

FUTURE		CONDITIONAL	
volveré	volveremos	volvería	volveríamos
volverás	volveréis	volverías	volveríais
volverá	volverán	volvería	volverían

PLUPERFECT		PRETERIT PERFECT	
había vuelto	habíamos vuelto	hube vuelto	hubimos vuelto
habías vuelto	habíais vuelto	hubiste vuelto	hubisteis vuelto
había vuelto	habían vuelto	hubo vuelto	hubieron vuelto

FUTURE PERFECT		CONDITIONAL PERFECT	
habré vuelto	habremos vuelto	habría vuelto	habríamos vuelto
habrás vuelto	habréis vuelto	habrías vuelto	habríais vuelto
habrá vuelto	habrán vuelto	habría vuelto	habrían vuelto

PRESENT SUBJUNCTIVE		PRESENT PERFECT SUBJUNCTIVE	
vuelva	volvamos	haya vuelto	hayamos vuelto
vuelvas	volváis	hayas vuelto	hayáis vuelto
vuelva	vuelvan	haya vuelto	hayan vuelto

IMPERFECT SUBJUNCTIVE (-ra)		*or*	IMPERFECT SUBJUNCTIVE (-se)	
volviera	volviéramos		volviese	volviésemos
volvieras	volvierais		volvieses	volvieseis
volviera	volvieran		volviese	volviesen

PAST PERFECT SUBJUNCTIVE (-ra)		*or*	PAST PERFECT SUBJUNCTIVE (-se)	
hubiera vuelto	hubiéramos vuelto		hubiese vuelto	hubiésemos vuelto
hubieras vuelto	hubierais vuelto		hubieses vuelto	hubieseis vuelto
hubiera vuelto	hubieran vuelto		hubiese vuelto	hubiesen vuelto

PROGRESSIVE TENSES

PRESENT	estoy, estás, está, estamos, estáis, están	
PRETERIT	estuve, estuviste, estuvo, estuvimos, estuvisteis, estuvieron	
IMPERFECT	estaba, estabas, estaba, estábamos, estabais, estaban	volviendo
FUTURE	estaré, estarás, estará, estaremos, estaréis, estarán	
CONDITIONAL	estaría, estarías, estaría, estaríamos, estaríais, estarían	
SUBJUNCTIVE	que + *corresponding subjunctive tense of* estar (*see verb 151*)	

COMMANDS

	(nosotros) volvamos/no volvamos
(tú) vuelve/no vuelvas	(vosotros) volved/no volváis
(Ud.) vuelva/no vuelva	(Uds.) vuelvan/no vuelvan

Usage

Volvimos al atardecer.	*We returned at dusk.*
No volverán tarde.	*They won't come back late.*
¿Volvéis a salir?	*Are you going out again?*
Se ha vuelto más agradable.	*She has become more pleasant.*

yacer *to lie (dead)*

yazco/yazgo/yago · yacieron · yacido · yaciendo   irregular verb; spelling change:
c > zc/o, a

PRESENT		PRETERIT	
yazco	yacemos	yací	yacimos
yaces	yacéis	yaciste	yacisteis
yace	yacen	yació	yacieron

IMPERFECT		PRESENT PERFECT	
yacía	yacíamos	he yacido	hemos yacido
yacías	yacíais	has yacido	habéis yacido
yacía	yacían	ha yacido	han yacido

FUTURE		CONDITIONAL	
yaceré	yaceremos	yacería	yaceríamos
yacerás	yaceréis	yacerías	yaceríais
yacerá	yacerán	yacería	yacerían

PLUPERFECT		PRETERIT PERFECT	
había yacido	habíamos yacido	hube yacido	hubimos yacido
habías yacido	habíais yacido	hubiste yacido	hubisteis yacido
había yacido	habían yacido	hubo yacido	hubieron yacido

FUTURE PERFECT		CONDITIONAL PERFECT	
habré yacido	habremos yacido	habría yacido	habríamos yacido
habrás yacido	habréis yacido	habrías yacido	habríais yacido
habrá yacido	habrán yacido	habría yacido	habrían yacido

PRESENT SUBJUNCTIVE		PRESENT PERFECT SUBJUNCTIVE	
yazca	yazcamos	haya yacido	hayamos yacido
yazcas	yazcáis	hayas yacido	hayáis yacido
yazca	yazcan	haya yacido	hayan yacido

IMPERFECT SUBJUNCTIVE (-ra)		*or* IMPERFECT SUBJUNCTIVE (-se)	
yaciera	yaciéramos	yaciese	yaciésemos
yacieras	yacierais	yacieses	yacieseis
yaciera	yacieran	yaciese	yaciesen

PAST PERFECT SUBJUNCTIVE (-ra)		*or* PAST PERFECT SUBJUNCTIVE (-se)	
hubiera yacido	hubiéramos yacido	hubiese yacido	hubiésemos yacido
hubieras yacido	hubierais yacido	hubieses yacido	hubieseis yacido
hubiera yacido	hubieran yacido	hubiese yacido	hubiesen yacido

PROGRESSIVE TENSES

PRESENT	estoy, estás, está, estamos, estáis, están	
PRETERIT	estuve, estuviste, estuvo, estuvimos, estuvisteis, estuvieron	
IMPERFECT	estaba, estabas, estaba, estábamos, estabais, estaban	yaciendo
FUTURE	estaré, estarás, estará, estaremos, estaréis, estarán	
CONDITIONAL	estaría, estarías, estaría, estaríamos, estaríais, estarían	
SUBJUNCTIVE	que + *corresponding subjunctive tense of* estar (*see verb 151*)	

COMMANDS

	(nosotros) yazcamos/no yazcamos
(tú) yace/no yazcas	(vosotros) yaced/no yazcáis
(Ud.) yazca/no yazca	(Uds.) yazcan/no yazcan

Usage

Aquí yace Napoleón. (*muerto*)	*Here lies Napoleon.* (dead)
Yacen los reyes españoles difuntos en la cripta del Escorial.	*The dead Spanish kings lie in the crypt in El Escorial.*
Hay ricos yacimientos de carbón en la región.	*There are rich coal deposits in the region.*

-*ir* verb; spelling change:
c > z/o, a

zurzo · zurcieron · zurcido · zurciendo

PRESENT		PRETERIT	
zurzo	zurcimos	zurcí	zurcimos
zurces	zurcís	zurciste	zurcisteis
zurce	zurcen	zurció	zurcieron

IMPERFECT		PRESENT PERFECT	
zurcía	zurcíamos	he zurcido	hemos zurcido
zurcías	zurcíais	has zurcido	habéis zurcido
zurcía	zurcían	ha zurcido	han zurcido

FUTURE		CONDITIONAL	
zurciré	zurciremos	zurciría	zurciríamos
zurcirás	zurciréis	zurcirías	zurciríais
zurcirá	zurcirán	zurciría	zurcirían

PLUPERFECT		PRETERIT PERFECT	
había zurcido	habíamos zurcido	hube zurcido	hubimos zurcido
habías zurcido	habíais zurcido	hubiste zurcido	hubisteis zurcido
había zurcido	habían zurcido	hubo zurcido	hubieron zurcido

FUTURE PERFECT		CONDITIONAL PERFECT	
habré zurcido	habremos zurcido	habría zurcido	habríamos zurcido
habrás zurcido	habréis zurcido	habrías zurcido	habríais zurcido
habrá zurcido	habrán zurcido	habría zurcido	habrían zurcido

PRESENT SUBJUNCTIVE		PRESENT PERFECT SUBJUNCTIVE	
zurza	zurzamos	haya zurcido	hayamos zurcido
zurzas	zurzáis	hayas zurcido	hayáis zurcido
zurza	zurzan	haya zurcido	hayan zurcido

IMPERFECT SUBJUNCTIVE (-ra)		*or* IMPERFECT SUBJUNCTIVE (-se)	
zurciera	zurciéramos	zurciese	zurciésemos
zurcieras	zurcierais	zurcieses	zurcieseis
zurciera	zurcieran	zurciese	zurciesen

PAST PERFECT SUBJUNCTIVE (-ra)		*or* PAST PERFECT SUBJUNCTIVE (-se)	
hubiera zurcido	hubiéramos zurcido	hubiese zurcido	hubiésemos zurcido
hubieras zurcido	hubierais zurcido	hubieses zurcido	hubieseis zurcido
hubiera zurcido	hubieran zurcido	hubiese zurcido	hubiesen zurcido

PROGRESSIVE TENSES

PRESENT	estoy, estás, está, estamos, estáis, están	
PRETERIT	estuve, estuviste, estuvo, estuvimos, estuvisteis, estuvieron	
IMPERFECT	estaba, estabas, estaba, estábamos, estabais, estaban	zurciendo
FUTURE	estaré, estarás, estará, estaremos, estaréis, estarán	
CONDITIONAL	estaría, estarías, estaría, estaríamos, estaríais, estarían	
SUBJUNCTIVE	que + *corresponding subjunctive tense of* estar (*see verb 151*)	

COMMANDS

	(nosotros) zurzamos/no zurzamos
(tú) zurce/no zurzas	(vosotros) zurcid/no zurzáis
(Ud.) zurza/no zurza	(Uds.) zurzan/no zurzan

Usage

Zurce el vestido.	*She's mending the dress.*
Espero que zurzas las costuras deshechas.	*I hope you'll sew up the ripped seams.*
Sigue zurciendo mentiras.	*He keeps on making up lies.*
Te has enmarañado en un zurcido de mentiras.	*You've gotten tangled up in a web of lies.*

English-Spanish Verb Index

Use this index to look up the 333 model verbs by their English meanings. If more than one Spanish verb is given as an equivalent, consult the usage notes in each of them to find which one best expresses what you want to say.

A

able: be able **poder** 242
accept **aceptar** 5
accomplish **realizar** 258
accustomed: be accustomed to
  acostumbrarse 10
ache **doler** 119
achieve **realizar** 258
acquire **adquirir** 14
act **actuar** 11
add **agregar** 18, **añadir** 25
advise **aconsejar** 7
afflict **afligir** 16
agree **convenir** 87
allow **permitir** 237
angry: be angry **enojarse** 135
announce **anunciar** 24
annoy **molestar** 210
answer **contestar** 83
appear **aparecer** 27, **parecer** 230,
  surgir 303
apply **aplicar** 29
approach **acercarse** 6
approve **aprobar** 31
argue **reñir** 270
arrange **arreglar** 33
arrive **llegar** 193, **llevar** 194
ashamed: be ashamed **avergonzarse**
  42
ask for **pedir** 233
attack **atacar** 35
attend **asistir** 34

attend to **atender** 36
attract **atraer** 37
attribute **atribuir** 40
avenge **vengar** 323

B

baptize **bautizar** 46
be **estar** 151, **ser** 287, **quedar** 256
beg **rogar** 277
begin **comenzar** 65, **empezar** 125
believe **creer** 94
belong **pertenecer** 239
bite **morder** 211
bless **bendecir** 48
boil **hervir** 173
bored: be bored **aburrirse** 3
born: be born **nacer** 215
bother **molestar** 210
break **quebrar** 255, **romper** 278
bring **traer** 313
build **construir** 80
bump into **tropezar** 317
buy **comprar** 68

C

call together **convocar** 89
calm down **tranquilizarse** 315
can **poder** 242
care about **importar** 177
carry **cargar** 58
carry out **efectuar** 122, **realizar**
  258

Irregular Verb Form Index

It can sometimes be difficult to derive the infinitive of a verb from a particularly irregular verb form. The following will guide you to the infinitive and model verb number so that you can see these irregular forms as part of a complete conjugation.

A

abierto **abrir** 2
acierto, *etc.* **acertar** 6
actúo, *etc.* **actuar** 11
acuerdo, *etc.* **acordar** 8
acuesto, *etc.* **acostar** 9
adelgacé **adelgazar** 13
adquiero, *etc.* **adquirir** 14
advierto, *etc.* **advertir** 15
aflijo **afligir** 16
agradezco **agradecer** 17
agregué **agregar** 18
alcancé **alcanzar** 19
almorcé **almorzar** 21
almuerzo, *etc.* **almorzar** 21
amenacé **amenazar** 23
anduve, *etc.* **andar** 24
anduviera, *etc.* **andar** 24
anduviese, *etc.* **andar** 24
apagué **apagar** 26
aplacé **aplazar** 28
apliqué **aplicar** 29
apruebo **aprobar** 31
arranqué **arrancar** 32
ataqué **atacar** 35
atiendo, *etc.* **atender** 36
atraje, *etc.* **atraer** 37
atrajera, *etc.* **atraer** 37
atrajese, *etc.* **atraer** 37
atrayendo **atraer** 37
atravieso, *etc.* **atravesar** 38

atribuyendo **atribuir** 40
atribuyera, *etc.* **atribuir** 40
atribuyese, *etc.* **atribuir** 40
atribuyo, *etc.* **atribuir** 40
avancé **avanzar** 41
avergoncé **avergonzar** 42
avergüenzo, *etc.* **avergonzar** 42
averigüé **averiguar** 43

B

bauticé **bautizar** 46
bendiciendo **bendecir** 48
bendigo **bendecir** 48
bendije **bendecir** 48
bendijera, *etc.* **bendecir** 48
bendijese, *etc.* **bendecir** 48
bostecé **bostezar** 49
brinqué **brincar** 50
busqué **buscar** 51

C

cabré, *etc.* **caber** 52
cabría, *etc.* **caber** 52
caído **caer** 53
caigo **caer** 53
caliento, *etc.* **calentar** 54
caractericé **caracterizar** 56
cargué **cargar** 58
castigué **castigar** 59
cayendo **caer** 53
cayera, *etc.* **caer** 53

Spanish Verb Index

This index contains more than 2,300 verbs that are cross-referenced to a fully conjugated verb that follows the same pattern. Verbs that are models appear in bold type. (Note that in the Spanish alphabet, ñ is a separate letter.)

A

C

caber *to fit* 52
caer *to fall* 53
calar *to drench, penetrate* 169
calcar *to trace, copy* 51
calcular *to calculate, work out* 169
calentar *to heat, warm* 54
calificar *to classify, grade* 51
callarse *to be/keep quiet* 169
calmarse *to calm down* 169
calumniar *to slander* 169
calzar *to put shoes on* 19
cambiar *to change, exchange* 55
caminar *to walk* 169
cancelar *to cancel* 169
cansarse *to get/become tired* 169
cantar *to sing* 169
canturrear *to sing softly* 169
capacitar *to train, qualify* 169
captar *to attract, grasp* 169
capturar *to capture, apprehend* 169
caracterizar *to characterize* 56
carcomer *to eat away, gnaw* 66
carecer *to lack* 57
cargar *to load, charge, burden* 58
carraspear *to clear one's throat* 169
casarse *to get married* 169
castigar *to punish* 59
causar *to cause* 169
cautivar *to capture, captivate* 169
cavar *to dig, delve into* 169
cavilar *to ponder* 169
cazar *to hunt, catch* 19
cebar *to fatten, bait, fuel* 169
ceder *to cede, yield, hand over* 66
cegar *to blind* 217
celebrar *to celebrate, praise* 169
cenar *to have/eat dinner* 169
censurar *to censor, criticize* 169
centrar *to center* 169
ceñir *to be tight* (clothing), *gird, surround* 270
cepillarse *to brush* 169
cercar *to fence in, surround* 51

cerciorar *to assure* 169
cerner *to sift, clear* 137
cerrar *to close* 60
certificar *to certify, register* 51
cesar *to stop* 169
chamuscar *to scorch* 51
charlar *to chat, chatter* 61
chiflar *to whistle* 169
chillar *to shriek, be loud* 169
chismear *to gossip* 169
chispear *to spark, sparkle, be brilliant* 169
chocar *to crash, clash* 51
chupar *to suck* 169
cicatrizar *to heal* 19
cifrar *to encode* 169
cimentar *to lay the foundation, consolidate* 235
cincelar *to chisel, carve* 169
circular *to circulate* 169
circundar *to surround, encircle* 169
citar *to make an appointment, quote* 169
civilizar *to civilize* 19
clamar *to clamor* 169
clarificar *to clarify* 51
clasificar *to classify, sort* 51
claudicar *to back down* 51
clausurar *to bring to a close, shut* 169
clavar *to nail, rivet* 169
coaccionar *to coerce* 169
coagular *to coagulate* 169
cobijar *to cover, harbor* 169
cobrar *to cash, charge* 169
cocer *to cook, boil, bake* 310
cocinar *to cook* 169
codear *to elbow* 169
coexistir *to coexist* 329
coger *to get, take, grasp* 62
cohibir *to inhibit* 250
colaborar *to collaborate, contribute* 169
colar *to strain, filter, pass, slip in* 81

E

J

jabonar *to soap, wash, lather* 169
jactarse *to boast, brag* 169
jadear *to pant, gasp, puff* 169
jalear *to encourage, cheer on* 169
jalonar *to mark/stake out, dot* 169
jaquear *to check* (chess), *harass* 169
jaranear *to go on a binge/spree, have a good time* 169
jaspear *to marble, mottle, streak* 169
jerarquizar *to hierarchize* 19
jeringar *to inject, syringe* 193
jinetear *to ride around on horseback* 169
jipar *to hiccup* 169
jorobar *to bother, get on one's nerves* 169
jubilar *to retire* 169
jugar *to play* 187
juntar *to join, unite* 169
jurar *to swear* 169
justiciar *to condemn, execute* 169
justificar *to justify* 188
juzgar *to judge* 189

L

laborar *to work, till, plow* 169
labrar *to work, carve, cut, cultivate, build* 169
lacear *to adorn with bows, lasso* 169
lacerar *to lacerate, tear, damage* 169
lacrar *to seal with wax, strike* (an illness) 169
lactar *to nurse, breast-feed* 169
ladear *to lean, tilt, incline* 169
ladrar *to bark* 169
lagrimear *to water* (eyes), *weep* 169
laicizar *to laicize* 19
lamentar *to be sorry, regret, lament* 169
lamer *to lick* 66
laminar *to laminate, roll into sheets* 169
lancear *to spear, lance* 169

lanzar *to throw* 190
laquear *to lacquer* 169
largar *to let go, release, loosen, give* 193
lastimarse *to hurt oneself* 169
laurear *to crown with laurels, honor* 169
lavar *to wash* 169
leer *to read* 191
legar *to bequeath, delegate* 193
legislar *to legislate* 169
legitimar *to legitimize* 169
lesionar *to damage, wound* 169
leudar *to leaven* 169
levantarse *to get up* 192
liar *to tie, bind, roll* 140
liberar *to liberate, free, release* 169
libertar *to liberate, free, release* 169
librar *to save, rescue, relieve, release* 169
licenciarse *to graduate in* (a field) 169
licuar *to liquefy* 169
lidiar *to fight combat, fight bulls* 169
ligar *to tie, bind* 193
limar *to file, polish* 169
limitar *to limit, reduce, border on* 169
limpiar *to clean* 169
lindar *to border on, adjoin, be adjacent* 169
linear *to draw lines, sketch* 169
liquidar *to liquefy, liquidate, sell off* 169
lisonjear *to flatter, delight* 169
litigar *to litigate, dispute* 193
llamar *to call* 169
llegar *to arrive* 193
llenar *to fill* 169
llevar *to carry, take* 194
llorar *to cry* 169
lloriquear *to whimper, whine* 169
llover *to rain* 195
loar *to praise* 169
localizar *to find, locate, situate* 19

T